KB038953

리더십의 이론과 실제 그리고 개발

강성록 · 고재원 · 김용주 · 박희태 · 이민수 · 이현엽 · 임유신 · 정원호 공저

LEADERSHIP : Theory, Practice, and Development

학지사

머리말

동서고금을 막론하고 리더와 리더십이 조직과 국가의 흥망성쇠에 미치는 영향이 매우 지대하였던 만큼, 성공적인 리더와 리더십에 대한 논의는 매우 오래전부터 시대를 지배하는 사람들의 중요한 관심사였다. 논어의『군자론(君子論)』, 법가(法家)의『한비자(韓非子)』, Plato의『국가론』, Machiavelli의『군주론』등은 우리에게 잘 알려진 대표적인 리더십 이론 서적이다. 리더십에 대한 관심은 오늘날에도 그 기세가 여전하다. 세계적인 검색 사이트에 'Leadership'을 입력하면 약 7억 건의 자료가 검색될 정도로 리더십은 일반인은 물론 여러 학문 분야에 걸쳐 널리 회자되고 있으며, 시중의 대형 서점에서도 리더십과 관련하여 다양한 관점에서 저술된 책을 상당히 많이 볼 수 있다. 오늘날 리더십은 이미 심리학, 경영학, 정치학, 행정학, 교육학 등 여러 분야에 걸쳐 매우 활발하게 연구되고 있는 주제이다.

오늘날 모든 조직에서 리더십을 중요하게 여기는 가장 주된 이유는 무엇일까? 그것은 바로 올바르고 효과적인 리더십이 조직 구성원들의 성과를 증대시키고, 조직과 삶에 대한 만족도를 충족시켜 주기 때문이다. 그렇기 때문에 리더를 양성하는 교육기관에서는 저마다 리더십에 대한 교육과 경험을 강조하고 있으며, 국내외를 막론하고 장교를 양성하는 사관학교에서는 리더십이 생도교육과정에서 필수과목으로 운영되고 있다.

대학의 교육과정에서 리더십을 강의하기 위해서는 이에 적합한 교과서가 필수적이다. 그런데 이미 출간된 리더십 관련 저술들을 살펴보면, 리더십을 개인의 주관적 경험과 직관에 의존하여 설명하거나, 자기계발서 수준에서 제작된 경우가 많다. 또한 여러 교육기관에서 사용하고 있는 리더십 교재의 내용을 보면, 리더십 이론에 대해서 다양하고 포괄적으로 기술하고 있으나 리더십 개발에 대한 논의는 거의 없는 경우가 대부분이다.

이 책은 기존의 교과서와 구분되는 몇 가지 특징을 갖고 있다. 먼저, 이 책은 기존의 교재들과 유사하게 리더십의 이론에 대해 설명하면서도 리더십이 실제적으로 구현될 수 있는 다양한 실제적인 역량에 대해서 설명하고 있다는 점에서 이론과 실제를 겸한다고 볼 수 있다. 이 책의 전반부(제1~6장)는 리더십의 개념 및 본질에 대하여 고찰하고, 리더십 이론 및 연구들을 리더의 특성, 행동, 상황의 측면에서 구분하여 개관하였으며, 카리스마와 변혁적 리더십, 리더-부하 교환과 팔로워십, 팀 리더십에 대해 다루었다. 이 책의 중반부(제7~11장)는 리더십의 실제 부분으로서 동기 유발과 보상, 상담 및 스트레스 관리, 의사소통, 여성 리더십, 군 리더십 등의 주제들을 다루었다. 아울러 이 책의 후반부(제12~14장)는 리더십 개발에 대해 설명하였다. 리더십이 중요한 만큼 리더십의 개발에 대한 논의가 필요하다고 판단되었다. 리더십 개발에 대한 논의는 개인 수준과 집단 수준 그리고 조직 수준에서 이루어졌다.

각 장별 집필 담당자는 다음과 같다. 강성록 교수가 제2장 '리더 특성 연구'와 제8장 '상담 및 스트레스 관리'를 담당하였고, 고재원 교수가 제1장 '리더십 개관', 제3장 '리더 행동 연구', 제10장 '여성과 리더십'을 담당하였다. 김용주 교수는 제4장 '카리스마적 · 변혁적 · 윤리적 리더십', 제11장 '군과 리더십', 제12장 '리더십 개발'을 담당하였다. 박희태 교수는 제9장 '의사소통'을 담당하였으며, 이민수 교수는 제7장 '동기 유발'을 담당하였다. 이현엽 교수는 제13장 '집단의 본질 및 분석'을 담당하였고, 임유신 박사가 제5장 '리더-부하 교환, 팔로워십'과 제14장 '조직변화 관리'를 담당하였다. 정원호 박사는 제6장 '팀 리더십'을 담당하였다. 이렇게 총 8명의 집필자가 『리더십의 이론과 실제 그리고 개발』이라는 제목으로 각 자의 영역에서 의욕과 열성을 가지고 노력하였으나 결과적으로 여러 면에서 부족한 점이 많을 것으로 생각된다.

진정한 리더로의 성장과 개발은 리더십에 관한 지식의 제공만으로 달성될 수 없다. 리더십에 대한 지식과 더불어 '지원과 피드백이 함께하는' 경험과 성찰(reflection)이 함께 이루어져야 한다. 리더십 이론에 관한 책을 읽는다거나 리더십 강좌를 수강한다고 해서 효과적인 리더십을 보장받는 것은 아니다. 효과적인 리더로 성장하기 위해서는 이론에 기초하여 훈련과 경험이 요구되며, 효과적인 피드백을 통한 내면화와 반성적 숙고가 함께 이루어져야 한다. 아무쪼록 이 책이 리더로 성장하고자 하는 모든 이에게 조금이라도 도움이 되기를 간절히 소망해 본다.

끝으로 어려운 여건 속에서도 이 책의 저술을 지원해 주신 육군사관학교와 학지사의 김진환 사장님 그리고 편집을 맡은 이영민 대리님을 비롯하여 관계자 여러분에게 깊은 감사를 드린다.

2021년 8월
화랑대에서 저자 일동

차례

제1장

리더십 개관

집단이 존재하는 곳이라면 어디서든 리더십이란 화두는 많은 사람의 관심사이다. 동서양의 많은 서적이 여러 분야의 지도자들에 관한 이야기로 가득 차 있는 것을 보면 리더십이라는 문제에 대한 사람들의 관심이 어느 정도인가를 쉽게 짐작할 수 있으며, 그 분야는 군사 분야뿐 아니라 정치, 종교, 사회, 예술 등의 영역을 아우르고 있다.

리더십에 관한 사람들의 첫 번째 관심은 아마도 한 집단에서 어떠한 사람이 리더로 부각되고, 또 리더로 선출될 것인가(leader emergence)의 문제일 것이다. 이러한 관심은 사람들이 스스로 리더가 되고 싶은 욕구를 갖고 있거나, 자신이 좋아하는 사람을 리더로 만들고 싶은 욕구를 갖고 있기 때문으로 풀이된다. 사실상 리더십에 관한 초기의 과학적 연구도 이런 문제에 대한 해답을 얻고자 하는 데서 시작되었다(Stogdill, 1948, 1974).

리더십 문제에 관한 두 번째 관심사는 리더 직책을 담당한 사람이 어떻게 하면 그의 역할을 성공적으로 수행해 낼 수 있을 것이냐의 문제이다. 즉, 리더십의 효과성(leadership effectiveness)에 관한 문제라고 할 수 있다. 군이나 정부 조직 또는 기업체와 같은 공식 조직체에서 각급 제대의 지휘관이나 부서장은 조직의 임명에 의해 리더의 직책을 맡게 된다. 이들은 예하 구성원들에 의해 선출된 리더가 아니지만 리더의 직책을 담당한 이상 리더로서의 역할을 성공적으로 완수하기를 바랄 것이다. 따라서 이들에게는 어떤 사람이 리더로 선출되느냐의 문제보다는 어떻게 하면 성공적인 리더가 되느냐의 문제가 더 중요한 관심사이며, 현대적 리더십 연구의 대부분은 이 문제에 대한 해답을 찾는 데 초점을 맞추고 있다. 관련된 학문 분야를 굳이 구분해 본다면, 주로 사회심리학, 교육학, 정치학, 사회학 등의 분야에서 리더 출현과 선출의 문제에 대해 관심을 가진다고 볼 수 있으며, 산업/조직심리학이나 경영학 등의 분야에서는 임명된 리더의 효과성에 대한 문제에 관심을 가진다고 분류해 볼 수 있을 것이다.

이 책은 리더의 출현 또는 선출의 문제보다는 임명된 리더의 효과성에 관한 문제에 주로 초점을 맞추고 저술되었다. 사관생도들은 사관학교를 졸업하면서 장교로 임관하여 소부대의 지휘자로 임무를 수행하는 것을 시작으로, 중견 간부를 거쳐서 고위 정책 결정자에 이르기까지 각급 제대의 지휘관과 참모를 역임하게 된다. 이들은 군생활의 전체 기간을 누군가의 리더로서 역할을 수행하면서 동시에 누군가의 부하로서 역할을 수행하는 모습으로 살아간다. 아울러 이들 중 대부분은 자신의 성향 또는 특성이나 선호와 무관하게 조직의 임명에 의해 특정 조직의 리더로 부임하며, 보임된 그 조직의 성과달성과 발전을 위해 모든 노력을 투입하는 삶을 살아간다. 조직 내 리더들의 이러한 삶의 모습은 군장교에게만 한정되는 것은 아니다. 이는 최고경영자나 자영업자를 제외하면 기업 조직을 포함한 대부분의 조직생활자가 직면하는 현장의 모습이므로 이 책의 독자가 굳이 사관생도나 군장교들에게 한정될 필요는 없다.

따라서 대부분의 사람에게는 누가 리더로 선출되느냐의 문제보다 어떻게 하면 리더로서 성공적으로 임무를 완수할 수 있을 것이냐가 더 중요한 문제가 된다. 이러한 이유 때문에 이 책에서는 리더의 선출 문제보다는 리더의 효과성 문제에 초점을 더 맞출 것이다. 현대 사회에서 리더 위치에 서게 되는 사람의 대부분은 조직체에서 임명된 리더이다. 따라서 리더십 효과성에 관한 지식은 공무원 조직체나 기업체의 관리자가 될 사람들에게도 유용한 지식을 제공해 줄 것이다. 사회운동이나 정치 지도자와 같이 구성원에 의해 선출되는 리더의 경우에도 리더로 선출된 이후에 성공적인 리더가 되고자 하는 데 있어서 이 책이 좋은 지침서가 될 것이라는 점은 부언할 필요가 없을 것이다.

1. 과학적 리더십 연구의 역사

리더십이라는 문제에 관한 논의는 인류의 역사와 기록이 존재하는 시기부터 계속 있어 왔지만, 오랜 기간 동안 사변적인 수준에 머물러 있었다. 고대 중국의 유명한 병서(兵書)인『삼략(三略)』이나 법가(法家)의 사상서인『한비자(韓非子)』, 서구의 플라톤의『국가론』이나 마키아벨리의『군주론』등이 고전적인 의미의 대표적인 리더십 이론 서적이라고 볼 수 있다. 이러한 저술들은 리더십의 문제를 주로 지도자가 어떠한 품성과 자질을 갖추어야 하며, 어떤 식의 행동을 해야 하는가에 관하여 사변적 수준과 당위론적인 입장에서 논의하였다. 따라서 현대의 관점에서 보면 현실적으로 어떤 특성을 갖춘 리더가 더 성공적이고, 어떤 방식의 행동을 하는 리더가 더 효과적인가에 관한 증거의 제시, 즉 과학적 자료에 기반한 실증적인 검증은 결여된 주장이었다.

리더십 연구에 관한 진일보된 시각의 접근은 19세기 중반의 Carlyle(1841)의『영웅과 영웅 숭배』라는 저서에서 나타나기 시작했다. 그는 이 책에서 역사는 뛰어난 소수의 위인들에 의해서 만들어지며, 그러한 위인들은 보통 사람과는 다른 훌륭한 자질이나 특성을 타고 난다고 보았다. 그리하여 그는 유럽의 과거 역사에서 뛰어난 인물들이 지녔던 특성을 찾으려는 시도를 하였다. 이러한 위인(偉人) 이론은 그 후 영국의 우생학자인 Galton(1869)의 '뛰어난 자질과 능력은 유전적으로 결정된다'는 유전론에 힘입어 더욱 발전하게 된다. Woods(1913)는 14개 국가를 대상으로 하여 각 국가에서 오백 년 내지 천 년에 걸친 기간의 국세나 치적을 조사하였는데, 이것이 통치자의 능력과 거의 정비례한다는 결과를 보고하였다. 즉, 훌륭한 능력과 자질을 소유한 통치자가 다스린 나라는 융성하며, 그러한 자질은 유전된다는 것이었다.

리더십에 대한 과학적 연구의 발전은 20세기에 들어서면서 심리학의 발달과 더불어 시작되었다고 보는 것이 일반적이며, 특히 태도(attitude)나 성격(personality), 지능 등과 같은 인간에 대한 새로운 구성개념(construct)를 제시하고, 이를 과학적이고 경험적으로 측정하는 기법을 사용하면서부터 본격화되기 시작하였다. 따라서 19세기에 등장한 위인 이론은 심리 측정 기법의 발달과 결합되어 '특성론'이라는 이론적 접근으로 발전하였다. 이는 리더가 보유하고 있는 정신 능력이나 심리적 특성이 보통 사람들과는 어떻게 다른가를 각종 심리 검사나 태도 척도를 사용하여 측정하여 알아보려는 방법이다. 이 특성론은 리더십 연구에 대한 최초의 과학적인 이론적 접근이라고 볼 수 있다.

약 반세기 동안 활기를 띠었던 리더 특성에 대한 연구는 많은 연구가 진행되었음에도 불구하고 그다지 고무적인 결과를 내어놓지는 못했다. 즉, 성공적인 리더가 되기 위해서는 어떤 심리적 능력이나 특성을 갖추어야 되는가에 대한 많은 탐색과 제시가 있었고 다양한 목록의 특성이 언급되었지만, 일관성 있는 결론이 모아지지 않았던 것이다. 그래서 초기의 야심적이었던 특성 연구자들의 의욕은 한풀 꺾였으며, 이로 인해 다른 활로를 모색해야 한다는 필요성이 제기되었다.

1940대 후반부터 심리학은 행동주의적 연구접근이 융성하고 이런 영향으로 인해 리더십 연구에서도 행동주의적 접근이 대두되었다. 리더십 연구에서 행동적 접근이 많은 관심을 받게 된 것은 크게 두 가지 이유에서 생각해 볼 수 있다.

첫째, 과학(science)의 본질은 객관적 관찰과 측정을 통해 타당성 있는 수량적 자료를 획득하는 일이다. 즉, 리더십 연구가 과학에 기반한 접근을 하기 위해서는 측정 내용에 객관성과 타당성이 있어야 하며, 자료는 가능한 한 정밀하게 수량화되어야 한다. 리더십 분야의 연구에서도 이러한 시대사조가 영향을 미친다. 따라서 눈으로 볼 수 없는, 그래서 타당성 있는 측정이 어려운 내적 특성을 규명하려고 하기보다는, 객관적 관찰과 측정이 용이한 외적 행동을 연구하는 것이 바람직하다는 견해가 우세해지면서 리더의 행동에 대한 연구가 활기를 띠게 되었다.

둘째, 리더 훈련에 있어서 행동 연구적 접근이 더 효과적이라는 점이 인식된 것이다. 내적인 특성은 발견하기도 어렵거니와, 장기간의 성장 과정과 생활을 통해 형성되어 온 것이기 때문에 변화시키기도 어려우며 변화 여부를 평가하기도 어렵다. 이에 비해 외적인 행동은 리더 훈련에서의 목표 설정과 그 훈련의 효과성을 평가하기가 훨씬 더 용이한 대상이다. 그래서 1950년대 이후 약 20년간은 리더 행동에 대한 연구가 성황을 이루었다.

1960년대 후반에 접어들면서 기존의 리더 특성이나 리더 행동에 관한 연구접근 방법에 중요한 비판이 가해졌다. 즉, 기존의 특성 연구나 행동 연구는 모든 상황에서(상황 요인과 상관없이) 성공적일 수 있는 특성이나 행동이 무엇인가를 찾아내려고 노력해 왔는데 그런 일반적 요인에 대해 연구자들이 합의를 이룰 수 없었다는 것이다. 그 이유는 부하의 특성이나 과제의 성질과 같은 상황적 요소가 달라짐에 따라 동일한 특성이나 행동도 그 효과가 달라진다는 사실이 발견된 것이다(Fiedler, 1964, 1967; House, 1971; Evans, 1974; Hersey & Blanchard, 1969). 이것이 곧 리더십에 대한 상황 부합적 접근으로 연결된다.

리더의 내적 특성과 외적 행동에 대한 연구와는 별도로, 리더십에 관한 전통적 연구의 한 범주로서 리더가 사용하는 권력의 유형 및 이들의 상대적 효과에 관한 연구가 1960년대 이후 지속적으로 있어 왔다. 리더십의 핵심이 되는 요소 중 하나는 부하에게 영향력을 행사한다는 것이다. 권력-영향력 연구는 이런 영향력이 어디에서 나오는 것이며, 어떤 영향력 형태를 어떤 방식으로 행사하는 것이 집단 임무 달성과 구성원의 만족도를 높이는 데 더 효과적인가를 밝히는 것이다.

1970년대 후반에 접어들면서 리더십 연구는 심리학을 포함하는 사회과학 전반에 걸쳐 인지주의적 관점(cognitive approach)과 인본주의적 관점(humanistic psychology)이 확장되고, 국제적으로 기업들의 경쟁이 치열해지면서 기업의 생존 전략 모색이 핵심적인 문제로 대두됨에 따라 조직 문화(organizational culture)와 같은 문제가 주요 관심사로 부각되는 등 새로운 방향으로 연구가 진행되었다.

1980년대부터는 변혁적 리더십 이론, 진정성 리더십 이론 등과 같은 보다 다양한 관점의 많은 리더십 이론이 등장하였으며, 더 나아가 리더십 과정을 리더만의 역할로 보지 않고 부하들의 적극적이고 능동적 역할을 강조하는 팔로워십 관련 이론도 등장하게 되었다. 이 책에서는 이 최신 이론 중에서 가장 보편적으로 수용되고 널리 알려진 변혁적 리더십 이론을 별도의 장으로 제시하였다.

독자들이 이 책을 장별로 따라 읽으면서 행여라도 특정 시기에 리더십에 대한 특성론적 접근이 쇠퇴하고 행동주의적 접근이 융성하거나 또는 상황론적 접근이 새롭게 대두되었다고 해서 이전의 리더십 연구접근이 완전히 사라진 것이라는 오해는 하지 않기를 바란다. 즉, 리더십 연구자들의 관심이 특성에서 행동으로, 행동에서 상황으로 움직였다고 해서 특성론적 접근이나 행동적 접근 등이 사라진 것은 아니며, 현대에도 이러한 다양한 관점의 연구접근이 모두 공존하고 있다는 점을 정확히 이해해 주기를 기대한다. 이와 같은 다양한 접근과 관점이 리더십 연구에 도입되거나 태동함으로 인해 리더십이라는 현상에 대한 우리의 이해도는 훨씬 넓어졌으며, 보다 정확해지고 있다고 인식하는 것이 바람직하겠다.

2. 리더십의 정의와 관련 개념

1) 리더십의 정의

(1) 리더십의 정의와 관련된 쟁점

논의를 더 진행시키기 전에 여기서 과연 리더십이 무엇인가에 관한 정의를 먼저 살펴볼 필요가 있다. 리더십에 대한 정의는 리더십을 연구하는 사람들의 수만큼이나 다양하다(Stogdill, 1974). 리더십 현상을 조망하는 관점에 따라서, 또한 시대사조(zeitgeist)에 따라서 리더십의 정의는 변화해 왔기 때문에 리더십을 하나의 합의된 용어와 문장으로 정의하기는 쉽지 않다. 초기의 리더십 연구에서는 리더십을 일반적으로 '집단의 목표를 달성하기 위하여 구성원들을 동기화시키고, 그들에게 영향력을 발휘하는 과정'이라고 보았으며, 실제로 현대의 많은 리더십 교재는 이런 고전적이면서 보편적인 리더십 정의를 채택하고 있다.

이 정의는 리더가 집단의 성패를 좌우하는 핵심적인 인물(agent)로서, 그의 부하에 대한 동기화 능력과 영향력 발휘 기술이 중요하다는 점을 강조하며 기본적으로 리더가 집단을 이끌어 가는 중심인물이라는 점을 전제하고 있다. 즉, 부하는 리더의 지도하에서 그를 잘 따라가기만 하면 집단의 목표가 성공적으로 달성될 것이라는 가정이다. '나를 따르라(Follow me).'라는 구호가 이러한 입장의 정의를 상징적으로 표현하는 것이라고 볼 수 있다. 이것을 우리가 이 책에서 사용하고자 하는 '현대적 입장'에서의 정의와 대비하여 '전통적 입장'에서의 리더십이라고 명명하기로 하자.

전통적 리더십의 정의에 입각한 연구들은 집단 임무 수행의 성패는 리더가 결정적인 열쇠를 쥐고 있다고 보기 때문에 그가 어떤 인물이고, 어떤 행동을 하며, 또한 어떤 방식으로 권력을 획득하는지가 주요 연구 대상이었다. 그러나 리더십이라는 복잡한 현상에 대한 이해가 확장되고, 사회의 가치관이 민주적인 방향으로 변화함에 따라서 리더십이라는 복잡한 현상을 바라보는 시각에서도 큰 변화가 일어나게 되었다.

현대에 와서는 '리더' 역할 수행의 중요성만큼이나 '부하'의 역할과 중요성에 대한 인식도 매우 커졌으며, 부하 역할 자체의 중요성을 강조하지는 않는다고 하더라도 최소한 부하들을 현재 있는 모습 그대로보다는 더 적극적이고 유능한 사람으로 바꾸고 변화시켜야 한다는 관점에는 대부분 동의하고 있다. 이러한 변화의 물결에 맞추어서 등장한 리더십 연구의 주요 접근이 바로 변혁적 리더십이다. 변혁적 리더십에서는 부하를 이기적 욕심이나 공포와 같은 하위 욕구만을 가진 존재로 보기보다는 자유, 평등, 자아실현과 같은 고차원적 동기도 가지고 있다고 파악하기 때문에 단순히 지시와 영향력 행사만으로는 부하를 동기화시키기 어려우며, 집단의 성패가 리더 한 사람의 역량에 의해 좌우되는 것이 아닌 집단 구성원 전체의 총체적 역량에 의해 결정된다고 보는 것이다.

리더십 연구에 대한 이러한 최근의 관점들을 통합적으로 고려하여 Forsyth(1990)는 리더십을 '집단과 각 구성원들의 목표 달성을 촉진하기 위하여 각 구성원들이 다른 구성원들에게 영향을 미치고 또한 그들을 동기화시키는 상호적 · 교환적 · 변혁적 과정'으로 정의한다. 이러한 정의는 앞에서 정의한 '전통적 정의'에 대비되는 '현대적 정의'라고 할 수 있다.

현대적 정의에서는 리더십을 상호적(reciprocal) 과정으로 파악한다. 즉, 부하는 리더의 영향을 받는다. 예컨대 리더의 인간적 매력에 이끌려서, 또는 리더의 추궁을 받지 않기 위해서 일을 열심히 한다. 그러나 리더 역시 부하의 영향을 받는다. 리더는 부하의 요구를 잘 살펴서 리더십 행동을 조정한다. 또한 리더와 부하는 모두 외부적 요구에 따라 적절히 대처를 해야 하고, 자신들에게 유리한 환경을 조성해 나가야 한다. 이처럼 리더, 구성원, 환경의 세 가지 요소는 어느 한 요소가 다른 요소에 일방적으로 영향을 주는 것이 아니라, 서로가 서로에게 영향을 주고받는 것이다. 리더십은 유동적이고 역동적(dynamic)인 과정이기 때문에 이 세 가지 요소 사이에 끊임없이 조정과 조율이 일어난다.

현대적 정의에서도 전통적 정의와 마찬가지로 리더십에 교환적(transactional) 과정이 개입됨을 인정한다. 즉, 리더는 일을 잘 하는 부하에게 상을 주고, 일을 못 하는 부하에게는 벌을 준다. 부하들이 성공적으로 임무를 완수하면 리더는 거기에서 보람을 느끼고, 집단 임무를 완수함으로써 리더는 자신의 상관으로부터 인정을 받고 승진도 한다. 이처럼 리더와 부하는 일방적으로 누가 누구에게 은혜를 베풀거나 받는 관계가 아니다. 리더-구성원 관계는 각자 자신의 역할을 훌륭히 수행할 경우 상호 간에 보상을 주고받는 교환적 관계이다. 즉, 리더와 구성원은 각자가 원하는 금전적 또는 사회적 보상을 얻기 위하여 상호 간 시간과 노력을 거래하는 관계이다. 이는 현대적 리더십 정의의 '조직과 구성원의 목표 달성'이라는 문구와도 일맥상통하는 개념이다. 일부 동호회를 제외한다면 어떤 구성원도 조직 내 생활과 활동 그 자체만을 목표로 해서 조직에 들어오는 경우는 없다. 사람들이 조직을 선택하고 가입하는 것은 조직활동을 통해 자기 개인의 삶의 목표를 달성하고자 하는 것이며 개인으로 혼자 있는 것보다는 조직활동이 그 목표 달성에 더 유리하다고 판단했기 때문일 것이다. 따라서 조직과 리더는 금전적 보상과 승진이라는 가시적이고 객관적 형태의 보상물뿐만 아니라 인정과 칭찬, 성취감, 성장의 느낌 등 각 개인이 원하는 것을 적절하게 제공하는 것이 전제가 되어야 한다.

현대적 정의에서는 리더십에서 변혁적(transformational) 과정에 주목한다.[1] 이순신 장군은 위험을 무릅쓰고 적탄이 날아오는 진두에 서서 지휘를 함으로써 부하들의 전의를 북돋웠다. 중국의 명장 오기(吳起)는 부하의 등에 난 종기를 자신의 입으로 빨아서 치료해 줌으로써 그 부하의 목숨을 건 충성심을 이끌어 내었다. 그는 또 부하들이 식사를 시작하지 않았으면 자신도 식사를 하지 않았고, 부하들의 숙영 시설이 준비되지 않았으면 자신도 숙소에 들지 않았다고 한다. 이처럼 리더십이란 자신의 권한이나 권력을 단순히 휘두르는 것이 아니라 부하들의 신념, 가치, 욕구를 변화시키고, 그들을 일치 단결시켜서 목표를 향해 매진하게 만드는 것이다. 즉, 리더는 부하를 동기화시키고, 자신감을 갖게 만들며, 만족감을 갖도록 해 주어야 한다. 나아가서 부하의 고차원적 욕구, 즉 자아실현적 욕구를 자극하여 스스로 일을 찾아서 하면서 보람을 느끼도록 만들어야 한다는 것이다.

우리는 여기서 리더십에 관한 현대적 정의의 의미를 전적으로 수용하면서 논의의 편의상 전통적인 리더십의 정의 또한 받아들이고자 한다. 이것은 표현상의 간결성을 취하기 위한 목적 이외의 다른 의미는 없다.

2) 리더십 관련 개념과 논쟁점

(1) 리더십과 영향력

리더십 문제에서의 한 가지 주요 논쟁점은 리더십(지도력)과 영향력을 같은 개념으로 보느냐, 또는 구분되는 개념으로 보느냐의 문제이다. 먼저 이 두 가지 개념을 굳이 구분할

---

1) transformational의 어원적 분석인 trans- + form + -ation + -al을 그대로 번역하면 '변형적'이란 표현이 정확하지만, transformational leadership에 대한 국내 저술들의 일반적 번역이 '혁신적 리더십', 또는 '변혁적 리더십'이므로 이 책에서는 '변혁적'이란 번역을 사용한다.

필요가 없다고 보는 관점의 주장을 보자. 이들은 집단 내의 구성원들 간에 영향력이 발휘되는 모든 과정을 집합적으로 일컬어서 리더십이라고 본다. 통상 집단 내에는 공식적으로 지정된 리더가 있기 마련이지만, 그런 경우라고 하더라도 그 공식적인 리더가 항상 가장 많은 영향력을 발휘하는 것은 아니다. 사안에 따라서 또는 상황에 따라서는 가장 많은 영향력을 발휘하는 사람이 달라질 수도 있는데, 이처럼 그 상황에서 가장 많은 영향력을 발휘하는 사람을 리더라고 볼 수 있다. 그리고 영향력을 행사하는 목적이 집단의 목표를 달성하기 위한 것이든 개인적인 목적을 달성하기 위한 것이든 무관하게 영향력을 발휘하는 사람을 리더라고 볼 수 있다. 또한 이러한 영향력은 그것이 다른 사람의 자발적인 동기를 불러일으키는 것이든, 이기심에 호소하는 것이든, 공포감을 유발하는 것이든 상관없이 상대방에게 영향력을 발휘하는 사람을 곧 리더로 간주한다. 그래서 이 입장은 영향력이라는 개념으로 리더십 현상을 충분히 이해하고 설명할 수 있으므로 영향력이란 용어만으로 충분하다는 것이다.

반면, 이 두 개념을 명확히 구분되는 것으로 보는 학자들은 영향력 발휘 과정 그 자체가 곧 리더십은 아니라고 본다. 리더십이란 단순한 영향력 발휘 이상의 내용을 포함한다는 것이다. 집단 내의 역할 구조를 보면 리더와 부하의 역할이 분화되어 있어서 담당하는 기능이 서로 다르고, 리더에게는 부하에게 영향력을 행사할 수 있는 권한이 부여되는데 리더가 그의 역할과 기능을 수행하는 과정에서 이 영향력을 발휘하는 것이 리더십이라는 것이다. 부하가 영향력을 발휘하는 경우도 있을 수 있지만 이것을 리더십이라고 보지는 않는다. 나아가 집단의 목표를 달성하기 위하여 리더가 영향력을 발휘하는 것이 리더십이며, 개인적인 목적이나 기타의 목적을 위하여 영향력을 행사하는 것은 진정한 의미의 리더십이 아니라고 본다. 또한 부하의 자발적이고 진정한 복종을 유도하고 부하를 동기화시키는 방향으로 영향력을 발휘하는 것이 리더십이며, 권한이나 강제 또는 보상을 이용하여 외형적인 복종을 강요하는 영향력의 행사는 진정한 의미의 리더십이 아니라고 본다.

리더십과 영향력을 동일한 과정으로 보는 입장은 리더십에 대한 광의적인 관점이다. 반면, 이 두 과정을 구분이 되는 것으로 보는 입장은 리더십에 대한 협의적인 관점이다. 비공식적 집단에서의 리더십이나 리더의 출현 과정에서의 리더십을 다루는 경우에는 광의적인 관점이 더 유용할 수 있을 것이다. 반면, 군이나 공무원 또는 대규모 기업체와 같은 공식적인 조직체에서의 리더십을 다루는 경우에는 협의적인 관점이 더 유용할 수 있을 것이다. 그러나 리더십에 대한 이해를 더 풍부하게 만들기 위해서는 이 두 관점이 가지고 있는 시사점을 동시에 고려하는 것이 필요하다.

(2) 리더십과 관리

리더십과 관련된 개념상의 논쟁점 중에서 또 하나의 중요한 주제는 리더십과 관리(management)의 구분에 관한 것이다. 일반적으로 리더십과 관리라는 것이 서로 확연히 구분되는 개념인 것으로 더 널리 알려져 있으며, 세부적으로 구분하자면 리더십은 감성적인 요소가 더 많이 개입되는 과정인 반면, 관리는 이성적인 요소가 더 많은 과정인 것으로 구분한다. 그래서 카리스마적 리더나 영웅적 리더라는 말은 많이 들어 보았겠지만, 카리스마적 관리자 또는 영웅적 관리자라는 말은 별로 들어 보지 못했을 것이다. 또 리더십이라는 말을 들으면 '모험, 역동성, 창조, 변화, 비전' 등과 같은 단어가 연상이 되는 반면, 관리라는 말을 들으면 '효율성, 계획, 규정과 절차, 사무, 통제' 등과 같은 단어가 머리에 떠오른다. 관리 이론가들은 전통적으로 관리의 목적을 '관리의 대상자들을 설정된 기준과 절차에 맞추어서 잘 가동되도록 하는 것'이라고 보았으며, 직접적인 대면 상황에서의 관리자와 부하들 간의 상호작용 문제에 관해서는 거의 관심을 기울이지 않았다. 이러한 직접 대면 상황에서의 상호작용 문제는 리더십의 문제라고 본 것이다. 이러한 관점이 리더십과 관리라는 개념을 서로 구분되는 개념으로 보게 만들었다.

리더십 연구자들 중에서도 많은 학자가 이런 관리 이론가들의 관점에 동조한다. 예를 들면, Bennis와 Nanus(1985, p. 21)는 "관리자들은 일이 올바르게 되도록 하는 사람이고(Do things right), 리더는 옳은 일을 하는 사람이다(Do right things)."라는 말로써 관리자와 리더를 구분했다. 또 Zaleznik(1977)은 관리자는 일을 어떻게 하면 잘 해낼 수 있을까라는 문제에 대해 관심을 갖는 사람인 반면, 리더는 어떻게 하면 이 일을 부하들로 하여금 의미 있는 일로 생각하게끔 만들까라는 문제에 관심을 갖는 사람이라고 했다. 다른 말로 풀어 보자면 관리 이론가들의 절대적 판단 기준은 효율성(efficiency)의 문제이다. 즉, 조직을 운영하기 위해 필요한 다양한 관리의 영역, 즉 재무, 회계, 생산공정, 인력 등에 대해 가장 적은 노력과 비용으로 가장 많은 산출물과 결과를 도출하는 것에 관심을 갖는다는 것이다. 하지만 리더십 이론가들의 판단 기준은 효과성(effectiveness)에 보다 중점을 두고 있다고 보아야 할 것이다.

이처럼 리더십과 관리를 구분되는 개념으로 보는 학자들의 입장을 요약해 본다면, 리더는 부하들을 동기화시키고 자발적으로 따라오게 만들려는 사람인 반면, 관리자는 자신에게 부여된 권한을 행사하여 자신의 책임과 의무를 완수하려는 사람이라는 것이다.

그러나 실제에 있어서는 리더도 전통적인 관리자의 기능에 해당하는 역할들을 수행하며, 관리자 역시 리더가 수행한다고 구분되는 기능들을 수행한다. 예를 들면, 전통적으로 관리의 고유 기능이라고 정의되는 정책 입안, 조정, 통제와 같은 기능을 관리자가 수행한다고 할 때 부하들과의 직접적인 대면 접촉이 없이 어떻게 이러한 기능을 수행할 수 있을 것인가? 또한 리더가 집단 목표 달성을 위하여 부하들을 동기화시키고 자발적인 복종을 유도하려고 할 때 사전 계획이나 조정, 통제 활동이 없이 어떻게 성공적으로 부하들을 동기화시킬 수 있을 것인가? 이러한 문제점 때문에 다른 학자들은 리더십과 관리라는 개념을 굳이 구분할 필요가 없다고 보는 입장을 보인다(Yukl, 1989).

리더십과 관리라는 개념이 개념적으로는 충분히 구분이 되는 것이지만, 이러한 기능을 실제로 수행하는 현장의 리더나 관리자의 행동을 관찰해 보면 리더와 관리자를 구분하는 입장의 학자들이 구분하는 것처럼 그렇게 확연히 구분하는 것이 쉽지는 않다.

그러나 리더 또는 관리자를 리더적인 리더와 관리자적인 리더, 또는 리더적인 관리자와 관리자적인 관리자로 구분하는 것은 현실적으로도 가능하다고 본다. 같은 중대장이라고 하더라도 더욱더 부하의 동기를 유발하려고 노력하고, 비전을 제시하려고 하며, 직접적인 대면 접촉을 통하여 부하들과의 친밀감을 형성하려고 노력하는 중대장은 리더적인 리더라고 볼 수 있을 것이다. 반면, 부하들과의 대면 접촉을 최소화하고, 규정과 방침에 입각하여 중대를 지휘하며, 통계치와 효율성의 문제를 더 중요하게 생각하는 중대장은 관리자적인 리더라고 볼 수 있을 것이다.

리더십과 관리는 개념적으로는 명확히 구분이 되는 용어이다. 그러나 앞에서 논의한 바와 같이 리더와 관리자를 그들이 수행하는 직책의 명칭에 근거하여 양자를 구분하는 것은 의미가 없다. 따라서 이 책에서는 리더와 관리자라는 용어를 상호 교환적으로 사용할 것이다.

(3) 리더십의 이론과 실제

다른 학문적 주제에서도 비슷한 경우가 있겠지만 리더십에 관해서는 많은 사람이, 특히 현장에서 리더의 역할을 경험해 본 사람일수록 '이론은 이론이고 실제는 실제이다.'라는 말을 많이 한다. 다시 말해서, 이론이란 학자들이 책상머리에 앉아서 하는 것이기 때문에 현실 조직 장면에서는 별로 유용하지 않다는 뜻이다. 그래서 리더십 문제에 관해서 학자들의 의견을 경청하려고 하기보다는 오랜 세월 리더로서의 경험을 풍부하게 갖고 있는 사람들의 경험담을 듣는 것이 더 유용하다고 생각하는 사람이 많다.

현장에서 리더 역할을 담당하는 사람에게 있어서 리더십은 경험을 통하여 습득하고, 습득된 리더십을 창조적으로 발휘하는 일종의 예술(art)의 성격을 갖는 대상이다. 반면, 리더십을 연구하는 학자들에게는 과학적(science) 연구의 대상이 되는 객관적 현상이다. 따라서 현장의 리더는 자신이 당면한 현장에서 경험한 성공 사례나 실패 사례에 초점이 국한되기 쉽지만, 리더십을 연구하는 학자들은 수많은 구체적인 상황에 보편적으로 적용될 수 있는 리더십의 기본 원리에 관한 지식과 이론을 찾고자 한다. 물론 리더십 전문 연구자가 되는 것이 훌륭한 리더가 되는 필요조건도 아니고 충분조건도 아니다. 리더십에 관해서 강의를 전혀 들어 본 적도 없고, 더구나 리더십 훈련 프로그램에 참가해 본 적이 전혀 없는 사람도 훌륭한 리더가 되는 경우를 우리 주변에서 얼마든지 볼 수 있다. 그러나 이러한 사실이 곧 리더십에 관한 학문적 연구 결과를 아는 것이 리더십을 향상시키는 데 아무런 도움이 되지 않는다는 말은 아니다. 비록 리더십에 관한 학문적 지식을 갖추는 것이 리더십을 성공적으로 발휘하는 데 필요충분조건은 아니라고 하더라도, 리더십 연구에서 밝혀진 주요 결과에 관한 지식을 갖추는 것이 리더십 현상에 대한 개인의 분석 능력을 향상시키고, 나아가 보다 성공적인 리더로 성장하도록 도와준다는 것은 두말할 나위가 없다.

현장의 리더는 자신이 체득한 리더십의 원리를 일상적인 용어로 기술하며, 상황을 구체적이고 세부적으로 기술한다. 따라서 일반 사람들이 들으면 이해가 쉽고 생동감 있게 느껴진다. 그러나 이런 이론은 대부분 타당성이나 일반성이 검증된 바가 없는 각 개인의 제한된 경험일 뿐이며, 따라서 확실하고 객관적 지식으로서 받아들이기가 어렵다. 아울러 대상 조직의 사업 영역이 변하거나 리더의 직책이 달라지거나 부하들의 평균적 수준과 상태가 달라질 경우에 그 리더의 경험에 기반한 방책과 원리가 동일하게 작동할 가능성은 급격히 낮아질 수도 있다.

한편, 리더십 연구자들은 보다 정제된 전문적 용어로써 현상을 객관적으로 관찰하여 기술하고 여러 상황에 보편적으로 적용될 수 있는 일반 원리를 추출해 내기 때문에 추상적인 이론을 제시하게 된다. 이처럼 다소 생소하게 느껴지는 전문적 용어와 이론의 추상적 성격 때문에 일반인들은 그 이론을 탁상공론으로 치부해 버리는 경향이 강하다. 그러나 과학적 연구방법을 통하여 나온 리더십 연구자들의 이론이 훨씬 더 확실하고 보편적이며 따라서 리더십 현상의 이해에 더 유용한 지식임은 두말할 필요가 없다.

리더십은 다양한 상황 속에서 전개될 수밖에 없는데, 리더십 연구자들은 이 다양한 상황에서 공통적으로 적용될 수 있는 일반적인 원리 또는 법칙성을 찾아내려고 한다. 이러한 원리를 추출하는 과정에서 자연히 개별 상황과 관련된 구체적이고 세부적인 정보는 생략될 수밖에 없다. 따라서 현장의 리더가 이러한 이론이나 모델을 적용하고자 할 때는 자신의 상황에 맞도록 구체성과 세부성을 보완하여야 한다. 그러나 리더십 이론을 실제에 잘 적용한다는 것이 누워서 떡 먹기 식의 그런 쉬운 일은 결코 아니다. 현장의 리더는 자신이 당면한 상황을 끊임없이 연구하여 이론을 제대로 적용할 수 있는 능력을 길러야 한다. 명장이란 지휘 이론을 충분히 이해하고, 그것을 제대로 적용하는 사람을 말한다. 중국의 『삼국지』에 나오는 '읍참마속(泣斬馬謖)'이라는 고사를 보면, 마속(馬謖)은 병서는 구구절절이 잘 외는 사람이었지만 현실에 적용하는 능력이 부족하여 결국 기산 전투에서 패배하고 만다. 그래서 비유적으로 말한다면 '성공적인 리더십'이라는 그림을 그리는 데 있어서 방향과 윤곽을 잡아 주는 것이 학자가 하는 일이라면, 세부 사항들을 그려 넣어서 그 그림을 완성하는 것은 현장의 각 리더가 해야 할 몫이라고 할 수 있다. 현장의 리더들이 성공적인 리더가 되기 위해서 추상성이 높아 좀 어려워 보이더라도 리더십의 이론이나 모델에 관한 지식을 습득하는 것이 중요한 이유가 바로 여기에 있다. 이론은 실제와 결코 다른 것이 아니다. 다만 잘못된 이론이 실제와 다른 것이다.

또 한 가지 중요한 사항은 어떤 조직이든 리더십 이론을 이론 그대로 적용하고 활용하는 것에는 많은 제한 사항이 따라올 수밖에 없다는 점도 염두에 둘 필요가 있다. 즉, 이론은 다양한 조직의 특유성이나 상황 요소를 배제한 보편적 공통 요소만을 다루고 축약한 것이다. 따라서 리더십 이론을 특정조직에 이론 그대로 적용하는 것은 리더로서 '최소한의 성공'을 보장해 주기는 하지만, '최대한의 리더십' 발휘를 결코 보장해 줄 수 없다. 이론들을 숙달한 리더는 대상조직의 고유한 특성과 현황을 고려하면서 특정한 리더십 이론의 적용 가능성을 검토한 이후에 적절한 보완적 적용 준비 과정이 반드시 필요하다는 점이다. 비유를 들자면, 리더십 이론은 많은 고객이 좋아하거나 좋아할 가능성이 높은 '좋은 식재료'에 해당하지만, 어떤 쉐프(리더)도 식재료를 그대로 손님들에게 내놓지는 않는다는 점이다. 쉐프 자신만의 요리법과 레시피를 바탕으로 최소한의 요리 과정을 거쳐야 비로서 식재료가 고급요리로 변모하고 많은 사람의 식사를 즐겁게 만들어 줄 수 있는 것이다. 즉, 견고한 이론에 철저히 바탕하면서도(science적인 측면), 조직 상황적 요소에 적합한 보완 조치와 적용 노력이 가미(art적인 측면)되어야 최고의 리더십 효과성을 발휘할 수 있다.

3. 리더십 연구의 이론적 접근

물리학, 화학 또는 생물학 등의 이과계의 학문과는 달리 사회과학 분야에서는 고도로 정교화되고 잘 정립된 것으로 내세울 만한 이론이나 법칙이 드물다. 사회과학의 하위 분야인 리더십 연구도 예외가 아니다. 리더십은 많은 사람에게 연구관심의 대상이 되어 왔으며 과거 약 1세기 동안 리더십에 관한 수많은 경험적 연구가 이루어졌다. 하지만, 어떤 사람이 리더로서 적합한 자질을 갖추고 있는가 또는 어떤 사람이 리더로서 성공적이었는가 여부를 평가하는 문제 등과 같은 리더십 연구에서 핵심이 되는 질문뿐만 아니라 리더십의 제반 현상에 관해 명확하게 답변해 줄 수 있는 단일한 이론 또는 이론적 체계는 현재까지 확립되어 있지 않다. 리더십이라는 문제가 복잡한 현상인 만큼 그에 관한 연구의 접근 방법 또는 이론적 관점 또한 다양하다. 이러한 접근 방법의 다양성이 리더십 현상의 제반 문제에 대하여 단일하고도 명쾌한 답변을 제시할 수 없게 만들지만, 바로 그러한 다양한 접근 방법에 의한 다각적 분석이 복잡한 리더십 현상을 포괄적이고 심도 있게 이해하는 데 도움이 될 것이다.

1) 리더십 연구의 접근 방법

리더십 연구들은 연구에 따라 몇 가지 가정에 있어서 차이를 보이는데, 이러한 차이를 바탕으로 하여 리더십 연구접근 방법을 분류할 수 있다. 한 가지 분류는 리더십 현상 연구에 있어서 리더의 특성 또는 행동을 원인적 요소로 볼 것인가 아니면 결과적 요소로 볼 것인가의 문제이다. 리더의 특성 또는 행동을 원인적 요소로 보는 경우는 리더의 어떠한 특성 또는 행동이 어떤 효과를 초래하느냐를 분석하게 되는데, 여기서 독립 변인은 리더의 특성 또는 행동이 되고 종속 변인은 리더십의 효과, 즉 리더십의 성과 여부가 된다. 대부분의 리더십 연구는 이 분석틀에 속한다.

리더의 특성 또는 행동을 원인적 요소, 즉 독립 변인으로 취급한 연구는 다시 두 가지 분류 차원의 조합에 따라 네 가지 범주로 분류될 수 있다. 한 가지 분류 차원은 리더십 효과의 보편성 또는 상황 특수성 여부에 관한 가정의 문제이다. 즉, 모든 상황에 일관성 있게 적용될 수 있는 한 가지 또는 한 세트의 가장 효과적인 리더 특성이나 행동이 있다고 보느냐, 아니면 상황의 특수성에 따라 효과적인 리더 특성이나 행동이 달라진다고 보느냐의 문제인데, 전자의 경우는 리더십 효과의 보편적(universal) 관점이고, 후자의 경우는 상황 부합적(situation contingent) 또는 상황 특수적(situation specific) 관점이라고 명명된다.

다른 한 가지 분류 차원은 리더의 어떤 속성을 연구 대상으로 삼을 것이냐의 문제이다. 즉, 가시적으로 관찰되지는 않지만 리더십 효과와 관련된다고 생각되는 심리적 특성에 연구의 초점을 둘 것인가, 아니면 가시적 관찰이 가능한 리더의 행동에 초점을 둘 것인가의 문제이다. 전자는 특성론적 관점이고, 후자는 행동주의적 관점이라고 할 수 있다. 〈표 1-1〉에 이러한 분류 방식이 요약되어 있다.

〈표 1-1〉 리더십 연구에 대한 특성적/행동적 접근의 세부 분류

		리더십 효과의 보편성에 대한 가정	
		상황 요인 미고려(보편성)	상황 요인 고려(가변성)
리더십의 개념화 방식	리더의 특성	특성적 접근	상황 부합적 접근(특성)
	리더의 행동	행동적 접근	상황 부합적 접근(행동)

마지막으로 리더십을 결과적 요소로 보는 상황적 접근의 경우는 어떠한 상황이 리더로 하여금 어떤 행동을 하게 만드느냐를 분석한다. 따라서 이러한 연구에서는 상황적 요인이 독립 변인이 되고 리더십 행동이 종속 변인으로 취급된다.

이러한 논의를 종합하여 리더십 연구의 이론적 접근들을 분류해 본다면 특성적 접근, 행동적 접근, 상황 부합적 접근, 그리고 상황적 접근의 네 가지로 분류할 수 있다.

앞서 언급한 네 가지 접근은 리더십에 대한 과학적 연구의 역사적 발전 과정에 따라 순차적으로 나타난 것으로서 각각은 현재까지도 영향력 있는 연구접근 방법으로서의 위상을 확보하고 있다.

2) 현대 리더십 연구의 주요 이론 구분

(1) 특성적 접근

특성적 접근은 리더가 가지고 있는 개인적 특성에 초점을 맞추는 연구접근으로서 여기서 말하는 특성이란 리더 개인에게 내재된 독특하고 고유하면서도 안정된 내적 속성, 즉 성격, 동기, 가치관, 지능, 기술 등과 같은 것을 말한다. 리더십에 관한 과학적인 연구가 시작된 20세기 초반에는 리더와 비리더를 구분 짓는 특성이 무엇인가를 밝히려는 연구들로 성황을 이루었다. 그러나 약 반세기의 이러한 노력은 결정적인 결론을 얻지 못하고 막을 내렸다. 그 이후의 특성 연구는 리더 중에서 어떤 특성을 가진 리더가 더 성공적인가라는 문제에 초점을 맞추어 이루어지고 있다. 리더 특성에 관한 연구는 제2장에서 자세히 다룰 것이다.

3. 리더십 연구의 이론적 접근

(2) 행동적 접근

특성적 접근이 눈에 보이지는 않지만 리더가 내적으로 갖고 있다고 생각되는 특성을 연구하는 것이라면, 행동적 접근은 우리가 가시적으로 관찰할 수 있는 리더의 행동이나 활동을 연구하는 것이다. 눈에 보이지 않는 특성을 연구한다는 것이 연구방법상 많은 문제점을 갖고 있기 때문에 관찰 및 측정이 가능한 행동을 연구하는 것이 더 낫겠다는 입장에서 행동적 접근이 시작되었다.

리더 행동 연구는 크게 두 갈래의 범주로 나눌 수 있는데, 하나는 기술 연구(descriptive research)이고, 다른 하나는 설명 연구(explanation research)이다. 기술 연구는 리더가 어떤 식의 행동 패턴을 보이며, 어떤 행동을 가장 많이 하는가 등과 같이 리더의 행동을 객관적으로 관찰하여 있는 그대로 기술하는 것이다. 이런 연구는 제3자에 의한 직접 관찰이나 리더 자신의 일지(diary) 기록 또는 면접을 통하여 이루어진다. 리더 행동 관찰 연구(behavior observation research)에서는 리더의 행동 또는 활동을 단순하게 기술하는 것뿐만 아니라 역할, 기능, 관행 등의 측면에서 범주로 분류하여 정리하기도 한다. 또 리더의 직무상 요구되는 행동이 무엇인가를 기술하게 하는 방식으로 리더의 행동을 기술하는 직무기술 연구(job description research)도 이 분야의 연구에 속한다.

설명 연구는 성공적인 리더와 그렇지 못한 리더를 구분하는 리더 행동이 무엇인가를 밝혀내려는 연구로서 리더 행동 연구에서 주류가 되는 분야이다. 20세기 후반에는 효과적인 리더 행동 패턴이 무엇인가를 찾아내려는 연구들이 매우 활발하게 진행되었다. 이 연구에서는 대부분 설문지를 이용하였는데, 리더 행동과 부하 만족도 간, 또는 리더 행동과 업무성과 간의 상관관계를 알아보는 연구들이 주종을 이룬다. 리더 행동에 관한 연구는 제3장에서 논의할 것이다.

(3) 상황 부합적 접근

특성 연구나 행동 연구가 처음 시작될 때에는 모든 상황에 일반적으로 적용될 수 있는 가장 효과적인 특성이나 행동이 무엇인가를 발견한다는 것이 묵시적인 기본 가정이었다. 그러나 연구가 축적되면서 예상하지 못했던 사실들이 발견되었다. 상황에 따라서 효과적인 리더 특성이나 행동이 달라진다는 것이다. 이런 결과에 기초하여 리더 특성이나 행동이 제대로 효과를 나타나게 만들거나, 효과가 나타나지 않게 만드는 상황적 요인을 찾는 연구들이 등장했다. 이것이 바로 상황 부합적 접근이다. 상황 부합적 연구에서는 효과적인 리더 특성이나 리더 행동과 이런 특성이나 행동의 효과를 조정하는(moderate) 상황 요인이 무엇인가를 밝히는 것이 연구의 주요 관건이 된다. 리더 특성에 관한 상황 부합적 연구는 제2장의 후반부에서 논의할 것이고, 리더 행동에 관한 상황 부합적 연구는 제3장의 후반부에서 논의할 것이다.

3) 최근의 이론적 경향

1970년대 후반 이후의 리더십 연구는 심리학 또는 사회과학 전반에 걸쳐 인지적 관점과 인본주의적 관점이 확장되고, 국제적으로 기업들의 경쟁이 치열해지면서 기업의 생존 전략 모색이 핵심적인 문제로 대두됨에 따라 새로운 방향으로 연구가 진행되었다.

인지주의(cognitive approach)는 행동주의가 연구의 과학성을 지나치게 추구함으로써 편협한 말초주의에 빠졌다고 비판하면서 등장한 관점이다. 행동주의자들은 연구에서의 엄격한 과학성을 달성하기 위하여 객관적인 관찰과 측정이 가능한 외현적 행동만을 연구 대상으로 삼아야 한다고 하였다. 그러나 인간의 보다 더 중요한 측면인 인지적 요소를 조명하지 않고서는 인간에 대한 충분한 이해는 어려우며, 행동주의적 접근만으로는 인간의 정신세계를 다루는 데 절대적인 한계가 있다는 비판점이 대두되었다.

또한 행동주의는 인간을 환경적 자극에 단순히 반응하는 수동적인 존재로서 파악하고 있는데, 이러한 관점이 인간을 잘못 보고 있는 것이라는 점도 비판의 대상이 되었다. 인간은 환경 자극에 수동적으로 반응하는 무생물적인 기계가 아니며, 정보를 적극적으로 추구하고 가용한 정보를 재구성하여 적극적으로 해석하는 능동적 존재라는 것이다. 따라서 이러한 정신세계에서 일어나고 있는 정보처리 과정을 탐구하지 않고서는 인간 이해는 완전할 수 없다는 것이다.

이런 관점의 변화에 부가하여 여러 분야의 공학 및 심리학적 지식과 기술의 발전도 인지주의가 자신감 있는 목소리를 내게 된 배경으로서 한몫을 했다고 볼 수 있다. 컴퓨터, 정밀한 기계 및 각종 공학적 지식과 기술의 발달 그리고 이제는 100여 년이라는 상당한 기간의 역사를 갖는 과학적 심리학이 그동안 축적해 놓은 지식과 기법 등이 심리학자들로 하여금 인간의 정신세계에 대한 과학적 접근을 모색하게 하는 데 자신감을 불어넣어 준 것이다.

이러한 시대적 배경에 힘입어 외현 행동(overt behavior)에 추가하여 인간의 정신세계(mental processes)를 직접적으로 연구 대상으로 삼아야 한다는 인지주의가 등장하였다. 이러한 인지주의의 물결에 영향을 받은 리더십 연구는 리더나 부하의 지각 과정

(perceptual processes)에 연구의 초점을 둔다.

인지주의적 관점과 더불어 크게 부각된 사조가 바로 인본주의이다. 인본주의 (humanistic psychology)는 행동주의나 정신분석학적 견해가 인간을 지나치게 수동적인 존재로 가정하며 인간의 본성을 비관적으로 본다는 점을 비판하면서 새로운 인간관을 제시하였다.

이 관점은 행동주의가 인간의 행동이 환경 자극에 대한 반응으로서 일어나고, 이러한 자극에 대한 반응 경향성도 과거의 학습 경험의 결과로 형성된 것이라고 보는 관점에 반대하고, 인간은 미래에 대한 목표와 희망, 포부 등을 갖고 있으며, 이러한 미래 지향적 관점에서 자신의 행동을 능동적으로 계획하고 결정한다는 입장을 취한다. 행동주의가 인간 행동의 동인을 과거에서 찾는다면 인본주의는 인간 행동의 원동력을 미래에서 찾는다. 따라서 인본주의에 의하면 인간은 자유 의지를 갖고 있으며, 이 자유 의지에 따라 자신의 운명을 개척해 나가고, 창조적인 삶을 만들어 간다고 보는 것이다.

또한 인본주의는 정신분석학에서 가정하는 인간관에 반대한다. 정신분석학에서는 인간은 생후 5세까지의 경험으로 형성된 성격에 의해 이후의 일생 동안의 행동 방식이 결정되며, 생후 5세까지의 경험 중 성격 형성에 가장 중요한 역할을 하는 것은 타고나는 생물학적인 힘인 성 본능이라고 본다. 인본주의는 이러한 관점에 대해 반대하면서 인간의 행동이 과거지사에 의해 결정되기보다는, 미래에 대한 기대에 의해 방향 지어지며, 인간의 행동에 힘을 불어넣는 가장 중요한 동기적 요인은 성 본능이 아니라 각 개인이 타고나는 성장 잠재력을 최대한으로 실현하려고 하는 자아실현(self-actualization)의 동기라는 것이다. 따라서 인본주의적 관점의 리더십 연구는 자아실현 동기의 자극과 잠재력 개발이라는 문제에 초점을 둔다.

리더십 연구에서 새로운 방향을 모색하게 만든 또 다른 영향원은 1980년대에 들어서서 국제적으로 기업들 간에 경쟁이 치열해졌다는 점이다. 1980년대에 들어서 미국의 기업들은 외국 기업, 특히 일본 기업들의 거센 도전에 직면하여 종전과 같은 경쟁 우위를 확보하기가 어렵다는 문제의식을 갖게 되었다. 이에 따라서 비교 문화적 연구들이 성행하면서 일본 기업, 일본 문화에 대한 재조명 작업이 활발하게 일어났다. 일본 기업들이 조직원들로부터 절대적인 충성심을 이끌어 내는 비법이 무엇인가가 미국 기업 경영자들의 큰 관심사였다. 이들의 잠정적인 결론은 그것은 일본의 가부장적 문화에 근거하는 주군에 대한 충성이라는 것이었고, 이러한 아이디어에 입각하여 카리스마적 리더에 대한 연구가 다시 활기를 띠게 되었으며, 아울러 조직 문화에 대한 관심도 각광을 받았다.

인지주의, 인본주의, 카리스마 등의 관점은 서로 차이도 많지만 많은 관련성을 가지고 있다. 각각의 관점을 대표하는 이론을 굳이 대응시켜 본다면, 인지주의-귀인 이론, 인본주의-변혁적 리더십 이론, 카리스마-카리스마적 리더십 이론이라고 할 수 있다. 그러나 이 관점들은 복합적으로 상호 연결되어서 최근의 리더십 이론의 개념적 기초가 되고 있다. 이런 새로운 관점의 등장에 따라서 최근의 리더십 이론과 훈련 프로그램에는 카리스마, 변혁(transformation), 희망(vision), 영감(inspiration), 권한 부여(empowerment), 자기-리드(self-lead), 수퍼 리더십(super leadership), 팔로워십(followership) 등과 같은 용어가 많이 사용되고 있다.

(1) 인지적 접근

인간의 인식 내용은 그 대상의 본질을 있는 그대로 본 객관적인 것인가, 아니면 개인의 해석에 따라서 달라지는 주관적인 것인가? 인지적 접근 중의 하나인 귀인 이론(attribution theory)은 이런 물음의 정답이 무엇인가에 대해서는 별로 관심이 없다. 다만 귀인 이론에서는 개인의 인식 내용이 객관적인 것이든 주관성이 개입되어 편파된 것이든 상관할 것 없이, 인식된 그 내용이 사람의 차후 판단과 행동에 영향을 미친다는 사실을 중요시한다.

바람직한 리더의 특성과 행동에 대한 종전의 관점은 리더의 그러한 특성과 행동이 객관적으로 존재하는 것임을 묵시적으로 가정하고 있다. 따라서 바람직한 특성을 함양하고, 바람직한 행동 양식을 습득하면 성공적인 리더가 될 수 있다고 본다. 그러나 같은 리더의 행동이라 할지라도 부하들마다 인식하고 평가하는 것은 다르다. 예를 들면, '나를 따르라'는 식의 행동을 하는 소대장에 대해 강력한 리더십이 있는 훌륭한 리더라고 긍정적으로 평가하는 소대원이 있는가 하면, 권위주의적 리더라고 부정적으로 평가하는 소대원이 있을 수 있다. 또 이와 반대로 서로 다른 내용의 행동을 같은 것으로 인식할 수도 있다. 따라서 귀인 이론적 입장에 의하면 바람직한 리더의 특성이나 행동이란 리더가 갖추어야 할 객관적인 요소라기보다는 부하의 눈에 비친 것으로서, 부하들이 가지고 있는 리더상에 부합되는 특성이나 행동이라고 본다. 다음에서 귀인 이론적 입장의 리더십 연구에 대해 간략하게 살펴보자.

사람들은 저마다 어떤 경위를 통해서건 리더십에 관한 이론(implicit leadership theories)을 형성하고(Lord, De Vader, & Alliger, 1986), 또한 바람직한 리더의 자질이나 행동에 대한 리더상(leader prototypes)이 무엇인가에 관해 나름대로의 견해를 갖고 있다(Foti, Fraser, & Lord, 1982). 부하는 이러한 자신의 이론이나 견해에 입각하여 리더를 보고 평가한다. 그

3. 리더십 연구의 이론적 접근

래서 부하는 자신이 가지고 있는 리더상에 부합되는 특성을 갖고 있다고 생각되는 리더나 자신의 리더십 이론에 부합되는 방식으로 행동하는 리더를 훌륭한 리더라고 평가한다. 예를 들면, 부하들이 '리더란 외향적이고, 남성적이며, 주도적인 사람이어야 한다'고 생각한다면, 부하들로부터 훌륭한 리더라는 인정을 받기 위해서는 자신이 이러한 특성을 갖고 있음을 부하들에게 보여 주어야 한다. 따라서 훌륭한 리더라는 인상을 부하들에게 심어 주기 위해서는 먼저 부하들이 어떤 리더상 또는 리더십 이론을 갖고 있는가를 파악하는 것이 중요하다.

부하가 리더를 어떻게 인식하는가에 따라서 부하의 리더에 대한 평가와 행동이 달라지듯이, 리더 또한 부하의 행동을 어떻게 인식하는가에 따라 부하에 대한 평가와 행동이 달라진다. 부하가 일을 잘 수행하지 못했을 경우 리더는 그 원인이 어디에 있는가를 판단하여 그러한 문제점을 어떻게 시정할지를 결정한다. 여기서 부하의 저조한 성과의 원인을 판단함에 있어 리더는 두 가지 방향으로 생각할 수 있다. 즉, 그 원인을 부하의 결함(예컨대, 노력 부족 또는 능력 부족)에서 찾을 수도 있고(내부 귀인: internal attribution), 외부적 요인(예컨대, 너무 어려운 과제, 자원 부족, 지원 부족, 정보 부족 또는 불운)에서 찾을 수도 있다(외부 귀인, external attribution).

부하의 저조한 성과에 대해 외부 귀인을 했을 경우, 리더는 더 쉬운 과제를 부여하거나 자원과 지원을 증가시키거나 정보를 제공하고 불운에 대해 위로를 해 주는 등 상황을 변화시키는 조치를 취할 것이다. 내부 귀인을 했을 경우, 그것이 능력 부족에 기인한다고 생각한다면 리더는 보다 상세하게 일하는 방법을 가르치거나 구체적으로 감독하고 또는 더 쉬운 일을 맡도록 과제를 바꾸어 주는 조치를 취할 것이다. 내부 귀인에서도 주원인이 노력 부족이나 책임감 부족에서 나온 것으로 생각한다면, 리더는 경고를 하거나 처벌을 내릴 수 있고 부하에 대한 감독을 강화할 수도 있으며, 다른 동기 유발 방법을 강구할 수도 있다.

Mitchell을 중심으로 한 여러 학자의 연구에 의하면(예: Mitchell & Liden, 1982) 리더는 내부 귀인을 많이 하는 경향을 보이며, 그에 대한 조치는 주로 처벌을 증가시킨다는 경우가 많았다. 이에 비해 부하는 자신들의 저조한 성과의 원인을 주로 외부적인 요인 탓으로 돌리는 경향을 보인다. 이런 점에서 리더 역할 수행에 문제가 발생한다. 리더는 저조한 성과를 부하의 잘못 때문이라고 생각하고 그에 따라 처벌을 증가시키는 반면, 부하들은 그 문제가 자신들의 잘못 때문이 아니라 외부적인 요인 때문이라고 생각하기 때문에 상하 간 불신과 불만감이 팽배해질 수 있다.

이러한 연구 결과들은 대인 지각(person perception), 귀인 과정(attribution processes) 및 귀인 오류(attributional biases) 등과 같은 사회 인지(social cognition)적 접근이 리더십 연구에서 인과관계의 과정을 규명하는 데 하나의 유용한 접근법을 제공해 줄 것이라는 점을 시사한다.

(2) 카리스마적 리더십

카리스마란 원래 그리스어로서 예언이나 기적을 행할 수 있는 '천부적 자질'이라는 뜻의 말이다. 사회학자 Max Weber(1947)가 직책이나 전통 등의 권위에 의거하지 않고, 부하들이 특별한 자질을 갖춘 리더라고 자발적으로 추앙함으로써 갖게 되는 영향력이라는 의미로 사용했다. 카리스마적 리더에 관한 주제는 정치학이나 사회학 분야에서 정치 지도자, 사회운동가, 종교 지도자 등과 관련해서 논의되어 오다가, 1980년대에 들어서서 심리학 및 조직행동학의 리더십 분야에서 본격적으로 논의되기 시작했다.

House(1977)는 현대적 카리스마 리더십 이론의 선구자이다. 그는 카리스마적 리더가 어떤 방식으로 행동하고 보통 사람들과는 어떻게 다르며, 어떤 상황에서 카리스마적 리더가 출현할 가능성이 가장 많은가에 대한 이론을 제시하였다. House에 의하면 카리스마적 리더는 권력 동기와 자신감이 강하고, 부하들에게 능력 있고 강하다는 이미지를 심어 주며, 부하들의 가치관, 이상, 영감에 호소함으로써 집단의 목표를 일종의 이데올로기적 목표로 만든다. 또한 행동을 통하여 모범을 보임으로써 리더를 추앙하고 동일시하게 만들며, 부하에 대한 기대감과 신뢰감을 마음속에 심어 줌으로써 부하의 성취 욕구와 리더에 대한 충성심을 이끌어 낸다. 한편, 카리스마적 리더의 예하에 있는 부하들은 리더가 가진 신념이 옳은 것이라고 확신하고, 리더의 요구에 의문을 제기하지 않고 따르며, 리더를 진정으로 좋아하여 자발적으로 복종한다. 이들은 또 집단의 일을 자신의 일처럼 여기고, 일을 잘 해야겠다는 마음 자세를 갖추고 있다.

Bass(1985)는 House의 이론을 확장하여, 카리스마적 리더의 특성, 출현 조건, 카리스마적 리더십의 효과에 대해 부가적인 명제들을 제시하였고, Conger와 Kanungo(1987)는 귀인 이론적 관점에서 카리스마적 리더십을 조명하는 이론을 제안하였다.

(3) 변혁적 리더십

Burns(1978)는 종전의 리더십을 거래적(transactional) 리더십이라고 명명하고 자신이 제안한 변혁적 리더십과 대비시키면서 그의 이론을 전개하고 있다. Burns에 의하면 거래적 리더십은 개인의 이기적 관심을 자극하여 부하를 동기화시키는 방법이다. 선거 출마자들은 각종 공약 사업을 내걸어서 주민들의 표와 거래한다. 회사의 고용자는 임금과 직위를 갖고서 피고용자의 노동과 교환한다. 이에 비해서 변혁적 리더십은 고차원적인 가치관과 도덕성을 자극하여 동기화시킨다. 부하의 반응에 따라서 행동을 변경해 가면서 고차원적 동기가 유발되도록 꾸준히 노력한다. 변혁적 리더는 이러한 변혁적 목표를 달성하기 위하여 개인적 수준에서의 영향력 과정에만 관심을 갖는 것뿐만 아니라, 조직체의 구조적 수준에서도 체제의 변화와 기구의 개혁을 시도한다.

Burns(1978)는 변혁적(transformational) 리더십을 "리더와 부하가 상호 간 더 높은 도덕적 및 동기적 수준을 갖도록 만드는 과정"이라고 정의하고 있다. 변혁적 리더는 공포, 탐욕, 질투, 미움 등과 같은 하등 수준의 감정을 이용하는 것이 아니라, 자유, 정의, 평등, 평화, 인본주의 등 고등 수준의 이상과 도덕적 가치에 호소함으로써 부하의 의식을 고양하고 집단의 목표 달성을 추진한다. Maslow(1954)의 욕구 단계설에 비추어 본다면 변혁적 리더는 부하들에게서 고차원적 동기를 불러일으키는 사람이다. 이러한 리더 밑에 있는 부하들은 '일상적인 자신'에서 '더 훌륭한 자신'으로 변환하게 된다. 변혁적 리더십은 조직체의 직책 위계상에서 어느 누구에 의해서라도 발휘될 수 있다. 상급자의 변혁적 리더십에 의해 부하가 변환될 수도 있고, 부하의 변혁적 행동에 의해 상급자가 변환될 수도 있다. 이것은 보통 사람들에 의해 일상적으로 일어날 수 있는 것이지만, 결코 보통의 일상적인 것은 아니다.

Bass(1985)는 Burns의 이론과 카리스마적 이론을 종합하여 새로운 이론을 제시하였다. 그는 변혁적이라는 것을 부하에 대한 리더의 영향이라는 관점에서 정의하고 있다. 변혁적 리더십 아래에서 부하는 리더를 신뢰하고, 숭배하며, 충성으로 모시고, 존경하며, 자신들에게 기대되는 것 이상의 일을 하도록 동기화된다. 리더가 부하를 이렇게 변화시키는 방법은 부하들로 하여금 그들이 과업 완수에 중요하고 가치로운 존재라는 것을 인식하게 만들고, 그들로 하여금 이기적인 관심을 초월하여 집단 이익에 관심을 갖게 하여 그들의 고차원적 욕구를 활성화시키는 것이다. Bass는 변혁적 리더십을 카리스마와 구분하고 있다. 예를 들면, 인기 연예인이나 운동 선수들도 카리스마적인 사람들이기는 하지만, 추종자들에게 체계적인 변화를 일으킬 영향력은 갖고 있지 않다. 카리스마는 변혁적 리더십의 한 필요조건은 될 수 있지만 충분조건은 되지 않는다. 변혁적 리더는 부하들에게서 강렬한 감정을 이끌어 내고, 리더를 동일시하게 만드는 것은 물론, 인도자 또는 스승으로서 부하들을 체계적으로 변화시키는 사람이다.

변혁적 리더십 이론은 리더십에 관한 이해의 폭을 넓히는 데 중요한 공헌을 했다. 이 이론은 리더십 과정에서 이성적 과정뿐만 아니라 감정의 흐름(emotional processes)을 이해하는 것이 중요하고, 또한 도구적 행동뿐만 아니라 상징적 행동(symnbolic behavior)을 활용하는 것 또한 중요하다는 점을 일깨워 준다. 변혁적 리더십 이론이 최근에 갑자기 출현하여 전혀 새로운 주제를 다루고 있는 것은 아니다. Argyris(1964)나 McGregor(1960), Likert(1967) 등과 같은 학자에 의해 오래 전부터 논의되어 오던 권한 공유, 상호 신뢰, 참여적 리더십, 삶의 질, 지지적 관계 등과 같은 주제를 변혁적 리더십 이론이 발전적으로 통합 및 정교화시켜 나가고 있는 것이다.

4. 리더십 연구방법

이 장의 초반부에서 언급되었듯이 리더십 문제에 관한 주요한 논쟁점 중의 하나는 이론과 실제 간의 괴리 문제이다. 리더십에 관한 과학적 연구가 행해진 지도 이미 한 세기가 넘어섰으며, 그 기간이 길어진 만큼 가치 있는 연구도 많이 축적되었다. 그러나 리더십을 전문적으로 연구하는 학자들은 그들의 연구 결과를 직접적인 소비자들인 리더나 장차 리더가 될 사람들이 즉각적으로 활용할 수 있는 지식의 형태로 만들어 놓는 문제에 대해서는 소홀해 왔다(Hogan, Curphy, & Hogan, 1994). 뿐만 아니라 전문 학술지에 실리는 리더십에 관한 논문이나 리더십 전문 서적들은 일반 독자가 그 내용을 이해하기가 매우 어려운 용어와 문장으로 가득 차 있다. 따라서 현장의 리더는 학술적인 연구 결과보다는 대중적 책자나 신문 또는 잡지에 실리는 글을 더 선호하기 쉽다. 그러나 문제는 리더십에 관한 이러한 대중적인 글들은 타당성 있는 연구 절차를 거치지 않은 것으로서, 독자들의 이해를 쉽게 할 목적으로 현상을 과도하게 단순화시켜 제시하는 경우도 많고, 때로는 오히려 해악이 될 수 있는 내용을 리더십의 비법인 것처럼 소개하는 경우도 많다.

이 책은 리더십에 관한 학술적인 연구 결과들을 리더십에 관심이 있는 일반 사람들이 읽고 이해할 수 있도록 집필한 리더십 개론서이다. 그러나 내용을 아무리 쉽게 기술한다고 하더라도 리더십 연구방법론에 관한 기초적인 지식이 전혀 없는 독자들이 리더십에 관한 학술적 연구 결과를 소개하는 책을 읽고 이해한다는 것은 그리 쉬운 일이 아니다. 따라서 여기서는 리더십에 관한 학술적 개론서를 읽고 이해하는 데 최소한으로 필요한 리더십의 과학적 연구방법론에 관해 간략하게 설명하려고 한다.

1) 리더십 연구의 일반적 모델

모델(model)이란, 관심의 대상이 되는 복잡한 현상에 대하여 그 저변에 깔려 있는 근본 원리를 찾아내어 그 원리를 간단명료하게 제시해 주는 이해의 틀이라고 볼 수 있다. 우리가 관심을 갖는 현상에 대해 알고 싶어 하는 것은 그 현상에서 원인이 무엇이고 결과는 무엇이며, 또 그러한 원인-결과 간의 관계에 영향을 미치는 다른 요인으로서 어떤 것들이 있는가 하는 것이다. 따라서 모델은 그 현상을 이해하는 데 유용한 주요 요소인 독립 변인, 종속 변인, 매개 변인, 조정 변인에 해당되는 것이 무엇이며, 이 변인들이 서로 어떤 관계를 갖고 있는가를 보여 준다.

변인 간의 예상되는 인과관계에서 원인이 된다고 생각되는 변인을 독립 변인(independent variable)이라 하고, 그 인과관계에서 결과에 해당된다고 생각되는 변인을 종속 변인(dependent variable)이라고 한다. 예를 들면, 권위주의적 리더와 민주적 리더를 비교해 본 결과 민주적 리더 아래에 있는 부하들이 자신의 일에 대해 더 만족감을 느낀다는 결과가 나왔다고 할 때, 여기서 독립 변인은 리더의 행동 스타일(권위주의적 또는 민주적)이고 종속 변인은 부하의 업무 만족도이다. 앞서 소개된 리더십 연구의 이론적 접근의 경우를 예로 들어 본다면, 특성적 접근, 행동적 접근에서는 각각 리더의 특성, 행동이 독립 변인이고, 리더십의 효과(또는 성과)가 종속 변인이 된다. 상황적 접근에서는 상황적 요인이 독립 변인이 되고, 리더의 행동이 종속 변인이 된다.

독립 변인과 종속 변인 사이에 개입하여 독립 변인의 영향을 받아서 값이 변화되고, 이것이 다시 종속 변인에게 영향을 주는 요인을 매개 변인(intervening variable)이라고 한다. 이 매개 변인은 주로 행동적 접근에서 많이 사용되는 것인데, 예를 들어 설명하면 다음과 같다. 리더의 어떤 행동이 부하의 동기에 영향을 주고, 이 동기 수준이 다시 집단의 생산성에 어떤 효과를 미쳤다면, 리더의 행동은 독립 변인이고, 부하의 동기 수준은 매개 변인이며, 집단의 생산성은 종속 변인이 된다.

독립 변인이 종속 변인에 영향을 미치는 수위를 조절하는 영향력을 갖는 상황적 변인을 조정 변인(moderator variable)이라고 한다. 예를 들면, 일반적으로 리더가 배려적인 행동을 많이 할수록 부하들의 업무 만족도는 높아지는 것으로 알려져 있다. 그러나 이러한 배려 행동과 부하의 업무 만족도 간의 정비례 관계가 전문가 집단에서는 반비례적으로 나오거나 상관관계가 없다고 나올 수 있다. 이런 경우 독립 변인은 리더의 배려 행동이고, 종속 변인은 부하의 업무 만족도이다. 여기서 독립 변인의 효과가 상황에 따라서 서로 정반대로 나오게도 만들고, 또한 효과가 나오지 않도록 만드는 요인이 있음을 알 수 있는데, 이것은 바로 부하 집단의 특성(즉, 전문가 집단이냐 비전문가 집단이냐) 때문이며, 이 부하 집단의 특성이 바로 조정 변인이다. 조정 변인은 독립 변인과는 달리 그 자체로서는 종속 변인에 어떤 영향을 미치지 않는다. 그러나 독립 변인은 종속 변인의 방향이나 정도에 영향을 미친다. 리더십 연구의 이론적 접근에서 상황 조정 변인이 포함되는 접근은 상황 부합적 접근이다. 상황 부합적 접근에서 독립 변인은 리더의 특성이나 행동이고, 종속 변인은 리더십의 효과(또는 성과)이고, 조정 변인은 부하의 특성, 과제의 특성, 리더의 직책 권력 등과 같은 상황적 요인이다.

2) 리더십 연구 설계

연구 설계란, 관심의 대상이 되는 현상에 대하여 어떤 측면들을 관찰할 것이며 자료는 어떤 방식으로 수집할 것인지에 관한 계획이다. 심리학자들은 과학자이기 때문에 현상의 기저에 깔려 있는 인과관계를 파악하기를 원한다. 단적으로 결론을 내리자면 현상의 인과관계를 파악할 수 있는 가장 좋은 방법은 실험 연구방법이다. 그러나 여러 가지 제약 조건으로 인하여 실험 연구방법을 사용할 수 없는 경우가 많다. 그런 경우에는 차선책으로서 관련 변인 간의 관계성을 알아보는 상관관계 연구를 설계할 수 있다. 경우에 따라서는 현상의 있는 모습 그대로를 체계적으로 기술 및 정리하는 것으로 만족할 수밖에 없는 경우도 있다. 이런 연구방법들은 사회과학의 공통적인 연구방법이며, 리더십 연구에서도 동일한 방법들을 사용한다.

(1) 실험 연구

실험 연구(experimental research)는 어떤 결과 변인의 원인이 되는 변인이 무엇인가라는 물음에 대한 해답, 즉 두 변인 간의 인과의 관계성(causal relationship)을 규명하기 위한 연구방법이다. 변인(variable)이란 관찰 및 연구될 개체의 속성(attribute) 중에서 개체마다 서로 다른 값을 갖는 것을 말한다. 예를 들면, 특성적 접근을 하는 연구자의 경우, 리더의 특성 중의 하나인 지능은 리더마다 서로 다르기 때문에 지능은 리더에 관한 변인 중의 하나이다. 두개골의 크기나 성별도 역시 같은 맥락에서 리더 특성의 또 다른 변인들이다. 리더의 눈의 개수는 비록 리더가 가지고 있는 속성 중의 하나이지만 모든 리더가 똑같이 두 개씩 가지고 있으므로 변인이 아니다. 이런 것은 상수(constant)라고 한다.

실험적 연구접근의 기본 논리는 실험자가 변인들 간의 예상되는 인과관계에서 원인이 된다고 생각되는 변인(독립 변인, independent variable)의 값을 조작하고, 그 인과관계에서 결과에 해당된다고 생각되는 변인(종속 변인, dependent variable)상에서 독립 변인의 효과가 나타나는지 여부를 관찰하는 것이다. 이때, 독립 변인을 제외한 다른 모든 원인이 될 만한 변인(가외 변인, extraneous variable 또는 confounding variable)은 일정하게 되도록 통제를 한다. 독립 변인의 조작이란 독립 변인의 값을 실험자가 의도적으로 변화시킨다는 것을 말한다. 종속 변인의 관찰이란 독립 변인의 결과로 종속 변인에서 나타나는 값의 변화를 관찰 및 측정한다는 것을 말한다. 종속 변인 상에서 값의 변화가 있었다면, 그리고 그 값의 변화가 독립 변인에서의 값의 변화에 따라 규칙성 있게 변화했다면, 다른 원인이 될 만한 모든 변인(가외 변인)이 일정하게 되도록 통제하였으므로, 종속 변인 상에서의 변화는 바로 독립 변인에서의 변화에 그 원인이 있다는 결론을 내릴 수 있다.

실험 연구가 가능한가 여부는 일차적으로 독립 변인을 실험자가 조작할 수 있느냐 여부에 달려 있다. 예를 들어서, '두개골의 크기가 지능의 수준을 결정하는가?'라는 질문에 대해서는 실험적인 연구가 불가능하다. 왜냐하면 사람의 두개골의 크기는 실험자가 마음대로 변화시킬 수 있는 성질의 것이 아니기 때문이다. 다음으로는 가외 변인들의 통제가 가능한가 여부가 실험의 성패를 좌우한다. 아무리 실험이 잘 이루어졌다고 하더라도 가외 변인에 대한 통제에서 실패하면 종속 변인 상에서의 변화가 어떤 원인 때문에 발생한 것인지를 알 수 없기 때문이다. 마지막으로 종속 변인에 대한 관찰이 가능해야 한다. 그리고 종속 변인의 측정치가 정밀할수록 실험의 정밀도는 높아진다.

실험을 하기 위해서는 이외에도 여러 가지 고려 사항이 많이 있지만 실험의 논리는 앞서 기술된 내용이 기본적인 골격이다. 이런 논리에 입각하여 연구를 설계한다면 그 연구는 실험 연구라고 부를 수 있다. 그러므로 실험은 실험실에서(실험실 실험)뿐만 아니라 교실이나 거리에서도(현장 실험) 이루어질 수 있다. 실험을 하기 위해서는 복잡하고 정밀한 도구와 기계가 요구되는 경우도 있지만, 연필과 종이만 있어도 실험은 가능한 것이다.

리더십에 관한 고전적인 실험 연구의 한 예는 Lewin, Lippitt 및 White(1939)가 진행한 리더십 유형과 그 효과 간의 관계를 검증한 것이다. 이 실험에서 연구자들은 대학생 3인을 선발하여 각각을 독재적·민주적·자유방임적 스타일의 지도자로 행동하도록 훈련시켰다. 그 다음에 초등학교 고학년 학생들을 각 유형의 지도자에게 무선적으로 배정한 후 이 초등학생들이 과제를 얼마나 열심히 하고, 과제의 성과는 어떻게 나오며, 리더에 대한 만족도는 어떠한가 등의 문제를 측정하였다. 이 연구에서 독립 변인은 리더의 지도자 스타일이고 종속 변인은 과제를 열심히 하는 정도, 집단 성과, 리더에 대한 만족도 등이다.

리더십 연구 중에서 실험 연구는 사실상 그리 많지 않다. 왜냐하면 리더십 연구에서 독립 변인을 조작하는 것이 생각보다 쉽지 않기 때문이다. 따라서 리더십 연구의 대부분은 상관관계 연구라고 보는 것이 일반적으로 타당하다.

(2) 상관관계 연구

실험 연구가 곤란한 경우에는 차선책으로서 상관관계 연구(correlational research)를 할 수 있다. 실험 연구가 불가능한 경우는 대개 독립 변인의 조작이 불가능하거나 가외 변인의 통제가 어려운 상황이다. 이런 때는 서로 관계성이 있어 보이는 두 변인의 값을 측정하여 두 변인의 공변성(covariance)을 알아보는 연구를 할 수 있다. 이것이 상관관계 연구이다. 상관관계 연구에서는 독립 변인이나 가외 변인이라는 용어는 사용되지 않는다. 왜냐하면 여기서는 변인의 조작이나 통제라는 것이 없기 때문이다. 여기서는 관련이 있다고 생각되는 변인들을 관찰 및 측정하여 그들 간의 관계성을 검토하는 것이다.

상관관계 연구는 변인들 간에 관계성이 있느냐 여부를 알 수 있게 해 줄 뿐이지, 어떤 변인이 원인이고 어떤 변인이 결과인지는 밝혀 줄 수 없다. 또한 연구에 포함되지 않은 제3의 변인이 있어서 그것이 연구에서 측정된 변인들의 공변하는 원인이 되는지의 여부도 알 수 없다. 최근에는 통계적인 기법이 발달하여 상관관계 연구에서 얻어진 자료에 대하여 고급 수준의 복잡한 통계적 기법을 사용하여 인과관계를 밝히기도 한다. 그러나 기본적으로 상관관계 연구로는 인과의 관계성을 확증적으로 밝히기가 어렵다.

앞서 이미 언급했듯이 리더십 연구의 대부분은 상관관계 연구이다. 리더십 문제에 관한 상관관계 연구의 대표적인 예로서 Fleishman과 Harris(1962)의 연구를 들 수 있다. 이들은 트럭 제조 공장 현장감독들의 리더십 행동을 질문지를 통하여 측정하였다. 이 리더십 행동은 업무적 행동과 배려적 행동으로 구분되어 측정되었다. 그 다음에 이 측정 결과가 그들의 감독하에 있는 근로자들의 이직률과 어떤 상관관계가 있는지를 살펴보았다. 연구 결과를 보면 현장감독의 업무적 행동이 높을수록 이와 정비례하여 이직률도 높았다. 반면, 현장감독의 배려적 행동이 높을수록 이직률은 낮았다. 감독의 업무적 행동과 부하의 이직률은 정비례하는데, 이 경우에 두 변인 간에 정적 상관관계(positive correlation)가 있다고 말한다. 감독의 배려적 행동과 부하의 이직률은 반비례하는데, 이 경우에는 두 변인 간에 부적 상관관계(negative correlation)가 있다고 말한다.

(3) 기술 연구

상관관계 연구조차 설계하기 어려운 문제에 대해서는 기술 연구(descriptive research)를 하는 것으로 만족하고, 이 기술 연구의 결과에 기초하여 추후 보다 수준 높은 연구를 계획할 수 있다. 기술 연구는 현상을 있는 그대로 상세하고 정밀하게 관찰하고 기록하는 것을 말한다. 관찰 결과는 체계적으로 분류될 수도 있다. 초기의 동물학은 동물을 유목으로 분류하는 데 심혈을 기울였는데, 이는 기술 연구의 한 좋은 예이다. 현재 리더십 연구에서 기술 연구는 통상 상관관계 연구나 실험 연구를 하기 위한 사전 연구 또는 기초 단계 연구로서 실시되는 경우가 많다.

기술 연구의 한 대표적인 예가 자연 관찰(naturalistic observation)이다. 이것은 관심의 대상이 되는 현상에 대하여 자연 상태에서 일어나는 그대로를 관찰하는 것이다. 예를 들면, 군에서 지휘관이 실제로 어떤 행동을 하며 각 행동마다 어느 정도의 시간을 보내는지를 알아 보기 위하여 전속부관으로 하여금 일정 기간 동안 지휘관의 행동을 관찰·기록하게 한 다음 그 결과를 체계적으로 분류 및 정리하면, 이것은 자연 관찰 연구의 좋은 예가 된다. 자연 관찰을 하는 경우에는 관찰 대상자가 자신이 관찰되고 있다는 사실을 모르게 하여야만 관찰 대상자가 꾸미는 행동을 하는 것을 방지할 수 있다. 그러나 관찰 대상자가 자신이 관찰된다는 사실을 모르게 하는 것은 윤리적인 문제를 야기하므로 관찰 대상자의 사전 동의를 받는 것이 필요하다.

기술 연구의 다른 좋은 예로서 사례 연구(case study)가 있다. 사례 연구는 관심의 대상이 되는 몇몇 개체나 사건에 대하여 집중적이고 심층적인 관찰을 하는 것이다. 자연 관찰도 하고, 면접도 하고, 심리 검사도 하고, 관련 기록물을 검토하기도 한다. 사례에 관련된 중요한 변인들에 대한 모든 정보를 수집하고 체계적으로 정리하여 기술함으로써 그 개체나 사건에 대한 심층적인 이해를 도모하는 것이다. 리더십 분야에서의 사례 연구는 대체로 성공적인 리더를 선정하여 그의 성공 요인을 분석하는 것이다. 사례 연구를 접할 때 몇 가지 주의해야 할 점이 있는데, 사례 연구에서 성공 요인으로 분석된 것이 정말로 성공 요인이었는지를 객관적으로 검증할 수 있는 방법이 없다는 것, 리더 요인이 아닌 다른 상황 요인이 그 리더의 성공에 더 결정적인 작용을 했을 수 있는데 이 문제에 대하여 확인을 하기 어렵다는 것이 주요 문제점이다. 이런 문제점이 있음에도 불구하고 사례 연구는 흥미 있고 가치 있는 읽을거리를 제공해 주고 또한 리더십 문제에 관한 창조적이고 새로운 시각을 갖게 해 준다는 장점을 갖고 있다.

3) 자료 수집 방법

연구 설계에서 관찰 및 측정할 변인을 선정하면 다음 단계는 이 변인에 대한 객관적이고 정확한 자료를 수집하는 것이다. 자료 수집 방법은 크게 객관적 관찰 방법, 내성에 기초한 관찰 방법, 문헌 및 기록물을 활용하는 방법으로 구분할 수 있다.

(1) 객관적 관찰

객관적 관찰은 관찰 대상자를 연구자 또는 관찰자가 직접 관찰 및 측정하는 것을 말한다. 관찰자는 관찰할 내용을 기입해 놓은 점검표를 사용하거나, Likert형 평정 척도나 의미 분척(semantic differentials)과 같은 평정 척도(rating scale)를 이용하거나, 줄자, 저울, 시계, 혈압계, 심전도계 등과 같은 기계나 도구를 사용하여 관찰 및 측정할 수 있다. 객관적 관찰의 한 예를 보자. 미래의 군사 지도자가 될 사관생도를 선발할 때 구두 발표력을 성공적인 지도자의 중요한 예측 지표라고 결정하였다면 구두 발표력을 측정하려고 할 것이다. 이때, 면접위원들이 응시자들에게 특정한 주제를 주고 5분간 발표를 하도록 한 다음 그들의 구두 발표력을 평가하는 것은 객관적 관찰에 속한다.

객관적 관찰을 통하여 획득할 수 있는 자료는 대상의 물리적인 속성(예: 키, 몸무게 등)이나 외현적 행동(예: 발표량, 부지런한 정도, 업무적 행동, 배려적 행동 등)과 각종 생리적 반응(예: 혈압, 심장 박동수, 뇌파, 피부 전류량 등) 등이다.

(2) 내성에 기초한 관찰

사람의 태도, 가치관, 기호, 성격 특성, 지능 등과 같은 내적인 특성은 외부에서는 볼 수가 없는 것들이므로 객관적 관찰 및 측정이 불가능하다. 이런 것에 대해서는 측정 대상자인 본인에게 직접 내적 상태를 물어 보는 방법으로 측정할 수밖에 없다. 측정 대상자는 질문을 접하면, 그에 따라 현재 자신의 생각이나 감정, 과거 기억 등을 살펴보고(즉, 內省) 응답한다. 이때 사용되는 도구가 질문지나 심리 검사이다. 구두로 직접 질문하고 응답을 듣는 방법은 면접이라고 한다.

질문지(questionnaire)는 측정하려고 하는 내용을 기술한 문항의 집합이다. 조사 대상자는 질문지의 문항들을 읽어 보고 그 문항들에 대해 응답한다. 질문지를 작성할 때는 질문의 문항들이 타당하고 신뢰할 수 있는 응답을 얻을 수 있게 잘 만들어졌는지 면밀히 검토하여야 한다. 리더십 연구에서 가장 많이 사용되는 것이 질문지이다. 리더의 행동을 측정한다든가, 리더에 대한 부하들의 만족도를 측정할 때 거의 대부분 질문지를 통해서 측정한다. 리더 행동이나 부하 만족도를 측정하는 항목들로 구성된 질문지를 만든 다음 부하들에게 이 질문지에 응답을 하게 한다. 이때, 부하들은 현재 자신이 가지고 있는 생각이나 과거의 기억 속에 들어 있는 생각을 정리하여 질문지상의 항목에 응답한다.

심리 검사(psychological test)는 질문지와 유사하지만, 훨씬 더 복잡하고 정교한 과정을 거쳐서 만들어진다. 그러나 심리 검사가 질문지와 다른 가장 큰 차이점은 심리 검사에서는 검사 점수의 규준(norm)이 있다는 것이다. 검사 점수의 규준이라는 것은 피검사자가 속한 모집단(population)의 점수 분포를 말한다. 검사에서는 피검사자의 점수를 대조해 볼 수 있는 규준이 있으므로, 피검사자는 자신의 점수가 전체 분포에서 어느 위치에 있는가를 알 수 있다.

면접은 질문자와 응답자가 직접 대면하여 질문과 응답을 주고받는 방법이다. 대면 상태에서 질의응답을 하므로, 의문이 있거나 이해가 되지 않는 부분이 있으면 서로 다시 물어보고 확인할 수 있어 조사나 측정 결과가 더 정확해질 수 있다. 그러나 다른 한편으로는 남이 보는 앞에서 응답을 해야 하는 상황이므로 솔직한 답변이 나오지 않거나 반응이 왜곡될 수 있다. 전반적으로 내성에 기초한 측정치들은 의도적(예: 좋은 인상을 주기 위한 왜곡)이건 비의도적(예: 망각, 기억의 재구성)이건 반응의 왜곡 가능성이 높다는 약점을 갖고 있다.

(3) 문헌 및 기록물

문헌(archives) 및 기록물(records)은 개인이나 기관 또는 단체가 그들의 실적이나 행적, 또는 구성원들의 행동이나 활동을 기록해 놓은 것을 말한다. 이것은 보고서, 책자, 일지, 사진, 녹음 테이프, 비디오 테이프 등의 형태로 기록된다. 신문, 잡지, TV 프로그램 등과 같은 대중 매체도 좋은 기록물의 원천이다. 군에서 리더십 연구에서 사용할 수 있는 기록 자료의 예를 몇 가지 들어 본다면 각종 인사 사고자 수, 군기 사고자 수, 입원 환자 수, 소원 수리 신청자 수 등이다. 최근에는 네트워크 및 데이터 마이닝 기술 등의 급격한 발달로 빅데이터를 활용하거나 텍스트 마이닝 기법 등을 통한 자료분석도 늘어나고 있다.

문헌 및 기록물은 연구자가 접근하기 어려운 정보나 방대한 양의 정보를 제공해 준다는 이점을 갖고 있다. 그러나 연구자가 원하는 정보가 누락되어 있거나, 원하는 수준에 미치지 못하는 척도 값이거나, 요약된 통계치만 나와 있고 원자료가 없는 경우에는 연구자가 원하는 자료를 구할 방도가 없다는 점이 가장 큰 문제점이다. 또한 문헌 및 기록물에 나와 있는 자료가 얼마나 객관적이고 타당성 있는 관찰과 측정에 기초하고 있는 것인지 확인하기가 거의 불가능하다는 또 다른 문제점이 있다.

4) 리더십의 효과 측정

리더십을 일의적으로 정의하기가 어렵듯이, 리더십의 효과(effectiveness) 역시 간단하게 정의할 수 있는 문제가 아니다. 리더가 부하와 집단에 미치는 영향은 다각적인 측면에서 조명해 볼 수 있고, 무엇을 성공적인 결과라고 보는지도 사람에 따라 달라질 수 있기 때문이다. 우선 리더십 효과의 기준으로 생각할 수 있는 것들을 열거해 보면 다음과 같다.

- 집단의 업무 성과: 소대 사격 성적, 전투력 측정 성적, 인사 사고 건수 등
- 집단의 목표 달성 여부: 전투의 승패, 경기의 승패, 우수 중대 선발 등
- 집단의 생존 여부: 국가의 흥망, 기업의 도산 여부, 집단의 존폐 등
- 집단의 성장: 국가의 영토 확장, 조직의 규모 확대, 구성원 수의 증가 등
- 집단의 준비 태세: 임무 부여 시 즉각 가동 능력, 사기, 응집성 등
- 집단의 위기 대처 능력: 집단의 구조조정 능력, 조직 운영의 신축성 정도 등
- 리더에 대한 부하의 만족도: 질문지로 측정한 만족도, 고충 처리 신청 수 등
- 집단 목표에 대한 부하의 헌신 정도: 임무 완수 의지, 책임감, 충성심 등
- 부하 복지와 발전: 부하의 업무 수행 여건, 능력 향상, 부하의 승진 등
- 리더로서의 지위 확보: 부하의 지지 정도, 선거에서의 당선 등
- 리더의 승진: 리더의 상위직으로의 승진, 리더의 좋은 보직으로의 영전 등

이 기준들은 객관적으로 측정될 수 있는 것이 있는가 하면, 주관적인 평가에 의존하여 측정할 수밖에 없는 것도 있다. 주관적인 평가에 의존하여 측정하는 경우 측정 결과가 얼마나 신뢰성과 타당성을 갖는 값인가에 관한 문제가 중요한 고려 사항으로 등장한다.

이처럼 다양한 리더십 효과의 기준 중에서 어떤 것이 가장 적합한 기준인지의 문제는 리더십 효과의 기준을 선택하는 사람 또는 연구자의 가치관이나 목적에 따라 달라지므로 매우 임의적인 판단에 속하는 문제이다. 상사들은 집단의 과업 성과가 리더십 효과의 가장 적절한 기준이라고 생각할 것이다. 반면, 부하들은 리더에 대한 만족도나 부하의 발전을 더 적합한 기준으로 볼 것이다. 외부에서는 그 리더가 승진을 했는가 여부를 중요한 지

표로 생각할 수 있다. 연구자들의 경우 관찰이나 측정이 용이하여 연구하기가 쉬운 기준을 선호하는 경향이 있을 것이다.

이 기준들은 궁극적 기준에 해당하는 것들이 있는가 하면, 중간 목표 수준에 해당하는 기준도 있고 단기적 기준에 해당하는 것도 있다. 예를 들면, 전투에서의 승리라는 것은 군 지휘 통솔에서의 궁극적 목표이며 리더십 효과의 궁극적 기준이 된다. 집단의 사기나 응집성은 중간 목표에 해당하는 것이라고 볼 수 있다. 군기 사고자의 수와 같은 것은 단기적 목표가 될 수 있다.

리더십 효과의 기준끼리 정적 상관관계를 보이는 것이 있는가 하면, 부적인 상관관계를 갖는 것도 있을 수 있다. 예를 들면, 부대에서 군기 사고자의 수가 감소함에 따라 부대원들의 사기가 낮아질 수 있다. 이때, 군기 사고자의 수를 리더십 효과의 기준으로 삼는다면 이 부대의 지휘관의 리더십은 훌륭하다고 평가된다. 그러나 부대원의 사기 정도를 리더십 효과의 기준으로 삼는다면 이 지휘관의 리더십은 낮다고 평가될 것이다.

이처럼 리더십의 효과를 평가한다는 것은 매우 복잡하고 어려운 일이다. 어느 한 가지 기준에 의해 리더십의 효과를 완전하게 평가할 수는 없기 때문이다. 모든 기준이 어느 정도의 효용성과 타당성을 갖고 있지만, 또한 모든 기준이 불완전하다는 속성도 내포하고 있다. 리더십이라는 현상이 복잡한 만큼 리더십에 대한 정의도 다양하고 효과의 기준도 다양하다. 이 정의와 기준의 다양성이 독자들을 혼란스럽게 만들 수도 있지만, 이런 문제에 대한 논의는 리더십에 대한 이해를 심화시키는 데 도움이 될 것이며 나아가 특정 상황에서 적절한 효과 기준이 무엇인가를 판단하여 선택하는 안목을 높여 주는 데 기여할 것이다.

참고문헌

Argyris, C. (1964). *Integrating the individual and the organization*. New York: Wiley.

Bass, B. M. (1985). *Leadership and performance beyond expectations*. New York: Free Press.

Bennis, W. G., & Nanus, B. (1985). *Leaders: The strategies for taking charge*. New York: Harper & Row.

Burns, J. M. (1978). *Leadership*. New York: Harper & Row.

Carlyle, T. (1841, 1907). *Heroes and hero worship*. Boston: Adams.

Conger, J. A., & Kanungo, R. N. (1987). Toward a behavioral theory of charismatic leadership in organizational settings. *Academy of Management Journal, 12*, 637-647.

Evans, M. G. (1970). The effects of supervisory behavior on the path-goal relationship. *Organizational Behavior and Human Performance, 5*, 277-298.

Fiedler, F. E. (1964). A contingency model of leadership effectiveness. In L. Berkowitz (Ed.), *Advances in experimental social psychology*. New York: Academic Press.

Fiedler, F. E. (1967). *A theory of leadership effectiveness*. New York: McGraw-Hill.

Fleishman, E. A., & Harris, E. F. (1962). Patterns of leadership behavior related to employee grievances and turnover. *Personnel Psychology, 15*, 43-56.

Forsyth, D. R. (1991) *Group Dynamics*. Belmont, CA: Thomson.

Hersey, P., & Blanchard, K. H. (1969). Life cycle theory of leadership. *Training and Development Journal, 23*, 26-34.

Hogan, R. J., Curphy, G. J., & Hogan, J. (1994). What we know aout personality: Leadership and effectiveness. *American Psychologist, 49*, 493-504.

House, R. J. (1971). A path-goal theory of leader effectiveness. *Administrative Science Quarterly, 16*, 321-339.

House, R. J. (1977). A 1976 theory of charismatic leadership. In J. G. Hunt & L. L. Larson (Eds.), *Leadership: The cutting edge*. Carbondale: Southern Illinois University Press.

Lewin, K., Lippitt, R., & White, R. K. (1939). Patterns of aggressive behavior in experimentally created social climates. *Journal of Social Psychology, 10*, 271-301.

Likert, R. (1967). *The human organization: Its management and value*. New York: McGraw-Hill.

Lord, R. G., De Vader, C. L., & Alliger, G. M. (1986). A meta-analysis of the relation between personality traits and leadership: An application of validity generalization procedures. *Journal of Applied Psychology, 71*, 402-410.

Maslow, A. H. (1954). *Motivation and personality*. New York: Harper.

McGregor, D. (1960). *The human side of enterprise*. New York: McGraw-Hill.

Mitchell, T. R., & Liden, R. C. (1982). The effects of social contexts on performance evaluations. *Organizational Behavoir and Human Performance, 29*, 241-256.

Stogdill, R. M. (1948). Personal factors associated with leadership: A survey of the literature. *Journal of Psychology, 25*, 35-71.

Stogdill, R. M. (1963). *Manual for the Leader Behavior Description Questionnaire-Form* XII. Columbus: Ohio State University, Bureau of Business Research.

Stogdill, R. M. (1974). *Handbook of leadership: A survey of theory and research.* New York: Free Press.

Weber, M. (1946). The sociology of charismatic authority. In H. H. Mills & C. W. Mills (Eds. and Trans.), *From Max Weber: Essays in Sociology.* New York: Oxford University Press.

Yukl, G. A. (1988). *Development and validation of the managerial practices questionnaire.* Technical Report, State University of New York at Albany.

Yukl, G. A. (1989). *Leadership in Organization* (2nd ed.). Englewood Cliffs, NJ: Prentice Hall.

Zaleznik, A. (1977). Managers and leaders: Are they different? *Harvard Business Review, 55,* 67-80.

제2장

리더 특성 연구

리더십 연구는 위인들에 관한 연구에서 시작되었다. 예로부터 사람들은 소수의 뛰어난 위인에 의해 역사가 만들어지며, 그러한 위인은 남다른 뛰어난 자질이나 특성을 타고난다고 생각했다. 그래서 사람들은 보통 사람과 다른 위인의 타고난 자질이 무엇인가를 알아보려고 노력하였다. 위인이 어떤 신체적 특성, 성격 특성, 능력 등을 가지고 있는지 발견할 수 있다면, 리더십에 관한 많은 수수께끼가 풀릴 수 있을 것이라고 생각했다. Carlyle(1841)의 저서 『영웅과 영웅 숭배』는 그러한 노력의 결정판이라고 볼 수 있다.

이 장은 20세기 후반에 이루어진 리더 특성 연구 중에서 대표적이고 유용한 연구 결과를 중심으로 정리하였다. 상황 부합 모델은 학자에 따라서 상황적 접근에 속하는 것으로 따로 분류하기도 하지만, 리더 특성 연구에서 상황 요인의 효과를 부가하여 고려하는 연구이므로 특성 연구의 발전된 형태로 보는 것이 타당하다. 따라서 Fiedler의 부합 모델을 이 장에 포함시켜 논의하였다.

1. 개관

특성(trait)이란 한 개인이 보유하고 있는 성격, 기질, 욕구, 동기, 가치관 등의 성격적 특성과 여러 심리적 능력 및 기술과 같은 속성을 통칭하는 심리학적 용어이다. 특성은 다음과 같은 특징을 갖는 것으로 정의된다. 첫째, 한 개인이 내부적으로 보유하고 있는 것으로서 직접적인 관찰은 불가능하다. 그러나 간접적인 측정이나 추리는 가능하다. 둘째, 특성은 유전과 오랜 경험이 축적되어 형성되는 것으로서 단기간에 쉽게 잘 변화되지 않는다. 셋째, 특성은 사람들에 따라 보유하고 있는 정도가 다르며, 이러한 개인차가 각 개인의 독특한 특성, 즉 개성이 나타나는 요인이 된다. 넷째, 특성은 한 사람으로 하여금 여러 상황에 걸쳐 일관성 있고 체제화된 방식으로 행동을 하게 만드는 원인이 되는 것이다.

위인의 특성에 대한 관심에서 비롯된 리더십의 특성 연구는 심리학의 발달, 특히 태도나 성격 특성을 측정하는 심리 측정적 기법의 발전을 활용하여 20세기 초반부터 활발히 전개되었다. 이와 더불어 리더십 연구는 자연스럽게 리더와 비리더를 구별하는 특성을 찾으려는 접근법으로 나타났다. 그러나 이러한 접근법은 그다지 성공적이지 못하였기 때문에 특성 연구는 효과적인 리더와 비효과적인 리더를 구별하는 심리적 특성이 무엇인가를 연구하는 쪽으로 방향을 바꾸었다. 그 후 20세기 중반을 전후하여 위세를 떨쳤던 행동주의에 눌려 일종의 잠복기 상태를 유지하다가 최근에는 다방면으로 활로를 모색하여 재도

약의 길을 열고 있다. 즉, 카리스마적 리더십, 변혁적 리더십 등 효과적인 리더십에 영향을 미치는 개인 특성의 역할이 다시 강조되고 있다(Northous, 2001).

20세기 초반부터 중반까지의 약 반세기 동안 리더의 특성에 관한 연구가 백여 편 이상 이루어졌다. 이 연구들은 주로 리더와 리더가 아닌 사람들 간에 신체적 특징(예: 키, 용모)이나 성격 특성(예: 자존심, 지배성, 정서 안정성) 또는 심리적 능력(예: 일반 지능, 언어 유창성, 창조성, 사회적 통찰력) 면에서 어떠한 차이가 있는가를 비교한 것이었다. 이 시기에 성공적인 리더와 그렇지 못한 리더를 비교한 연구, 즉 리더 특성과 리더십 효과 간의 상관관계를 측정한 연구도 있었지만 이런 연구는 소수에 불과했다.

이 기간에 이루어진 리더 특성 연구들은 Stogdill의 1948년 개관 논문에 잘 요약되어 있다. Stogdill은 이 논문에서 1904년에서 1948년 사이에 발표된 124편의 특성 연구의 결과를 검토하였다. 이 연구에서 리더의 여러 특성이 제시되었으나, 각 특성의 상대적 중요성은 상황에 따라 달랐고 리더가 되는 것을 보장해 주는 필요충분조건이라고 할 만한 특성은 발견되지 않았다. 이로 인해 특성 연구의 전망은 매우 어둡다고 평가되었다. 더불어서 1950년대를 전후하여 심리학을 비롯한 사회과학 분야 전반이 행동주의적 접근법에 의해 주도되었기 때문에 리더십 연구에 있어서도 리더의 특성에 관한 연구는 퇴조하는 것처럼 보였다. 그러나 산업 심리학자들은 관리자 선발의 문제를 다루면서 특성 연구를 계속 진행하였고, 다각도로 특성 연구의 활로를 모색하였다. 이러한 노력에 힘입어 특성 연구는 다시 많은 진전을 이루게 되었다(Stogdill, 1974).

특성 연구가 진일보하게 된 배경은, 첫째, 연구의 초점을 리더와 리더가 아닌 사람들 간의 특성 차이를 규명하기보다는 리더들 중에서 어떤 특성을 가진 리더가 더 유능한가, 즉 어떤 특성이 리더십 효과와 관계가 있는가를 찾는 쪽으로 전환하였다는 점을 들 수 있다. 둘째, 리더십 효과를 예측하는 특성으로서 추상적인 수준에서의 성격 특성이나 일반 지능보다는 구체적으로 측정 가능한 수준에서 성격 특성(예: 성격, 동기)이나 기술 등을 연구하게 된 점이다. 셋째, 연구방법에 있어서 많은 진전이 있었다. 1950년대 이후의 연구들은 기존의 연구방법 이외에도 평가 센터 접근법(Bray, Campbell, & Grant, 1974), 행동 사건 면접법(Boyatzis, 1982), 중도 탈락한 관리자 면접(McCall & Lombardo, 1983) 등과 같은 다양한 연구방법을 동원하여 성공적인 리더의 특성을 규명하려고 하였다. 넷째, 리더 특성의 효과가 일관성이 없었던 이유는 상황에 따라 효과가 달라지기 때문임을 가정하여 상황 요인을 고려한 상황 부합 이론을 발전시킨 점이다.

1974년에 Stogdill은 1949년에서 1970년 사이에 이루어진 163편의 특성 연구를 다시 개관한 논문을 발표하였다. 이 개관 논문에서 Stogdill은 자신이 1948년에 발표한 논문에서 특성 연구에 대해 너무 성급하게 회의적인 진단을 내렸음을 인정하고, 진일보된 연구의 결과로 효과적인 리더의 특성에 관하여 상당히 일관성 있고 유용한 연구 결과가 축적되었다는 사실을 희망적으로 평가하였다. 물론, 이러한 평가는 특성 연구가 초기의 입장으로 되돌아가도 된다는 것을 의미하는 것은 아니다. 20세기 후반의 약 반세기 동안 특성 연구에서 나온 결과는 어떤 특성을 보유하고 있는 리더가 그렇지 않은 리더에 비해 리더로서의 성공 가능성이 더 높다는 결론을 내리게 만들었다. 물론, 이 말은 그러한 특성을 보유하고 있다는 것이 반드시 리더로서의 성공을 보장한다는 의미는 아니다. 특정한 특성을 가진 사람이 어떤 상황에서는 성공적이 될 수 있지만, 다른 상황에서는 그렇지 못할 수 있다. 더 나아가서 서로 다른 특성 조합을 가진 두 사람이 동일한 상황하에서 똑같이 성공적이 될 수도 있다. Stogdill(1974)의 이론적 고찰은 이후의 연구와 메타분석 연구에서 재확인되었다(Bass, 1990, 2008; Judge, Piccolo, & Kosalka, 2009; Zaccaro, 2007).

2. 특성 연구방법의 발달

리더의 특성에 관한 초기 연구는 일관성 있는 결과를 보여 주지 못하였으나, 다양한 영역에서 진일보한 연구방법의 사용과 더불어 특성 연구에 대한 관심도를 높여 주었다. 이러한 발전은 특히 관리자의 평가와 선발과 관련된 연구 분야에서 두드러지게 나타났다. 이 분야에서 주로 사용된 연구방법에는 평가 센터 방법, 실패한 관리자 면접 연구, 주요 사건 기법 연구 등이 있다.

1) 평가 센터 방법

관리자 선발에 관한 특성론적 접근 방법이 비판을 받고 있을 무렵, 평가 센터(assessment center)라는 선발 방법이 하나의 돌파구를 마련해 주는 계기가 되었다. 평가 센터란 관리자로서의 잠재력을 평가하는 데 사용되는 절차들의 표준화된 세트를 말하며, 다수의 평가자들이 다양한 상황에서 다양한 평가방법을 이용하여 피평가자들을 종합적으로 평가할 수 있는 장점이 있다. 이 평가 프로그램은 관리자로서의 특성과 기술을 평가하는 여러 가지 방법을 선별 조합하여 구성할 수 있는데, 면접이나 지필 검사와 같은 전통적 방법 이외에도 투사 검사나 상황 검사, 문서나 구두를 통한 의사소통 기술 평가 등이 포함된다.

평가 센터에서 사용하는 투사 검사는 해석이 애매한 그림을 주고 평가 대상자에게 그 그림을 해석하게 하거나, 불완전한 문장을 주고 문장을 완성시킨 다음 그 응답을 분석하여 관리자로서의 잠재력을 평가하는 방법이다. 상황 검사로서 통상 많이 사용되는 방법으로는 '바구니 속 검사법(In-Basket Test)'과 '리더 없는 집단 토의법(Leaderless Group Discussion)'이 있다. '바구니 속 검사법'은 가상적인 관리자의 바구니 속에 편지, 메모, 보고서 등을 쌓아 놓고 제한된 시간 내에 응시자로 하여금 관리자로서 그 문제들을 처리하게끔 하는 방법이다. '리더 없는 집단 토의 방법'은 지명된 리더가 없는 집단 상황에 응시자들을 집어넣고 토론을 진행시키고, 시험관은 각 응시자의 주도성, 주장성, 설득력, 지배성, 협조성 등을 관찰하여 평가한다.

응시자에 대한 종합 평가는 면접, 지필 검사, 성장사, 투사 검사, 상황 검사 등을 각각 담당한 시험관들이 모여서 각자의 평가 내용을 집단적으로 토의하고, 상충되는 평가가 있는 경우 이를 조정한다. 따라서 평가자들은 다양한 평가 자료에서 나온 정보를 종합하여 각 응시자의 동기, 기술, 행동 경향성 등에 대한 하나의 통합된 그림을 그려 낸다고 할 수 있다.

Bray, Campbell과 Grant(1974)에 의해 평가 센터 방법의 타당성을 가장 잘 보여 준 연구가 수행되었다. 그들은 미국의 한 전신 전화 회사인 AT&T사에서 이 평가 센터 방법을 사용하여 관리자의 특성 및 기술과 관리자로서의 성공 여부 간의 상관관계를 확인하는 연구를 실시하였다. 연구 대상자들을 평가 센터 방법에 의해 평가하고, 8년이 지난 후에 그 사람들의 승진 여부와 최초 평가 시의 각 평가 요소의 점수를 비교해 보았다. 먼저 종합 점수에 근거한 예측 결과를 보면, 중간 관리자로 승진이 예측되었던 사람들 중에서는 64%가 실제로 승진하였고, 승진되지 못하리라고 예측되었던 사람들 중에서는 32%가 승진하였다.

AT&T사의 종단적 연구는 20년이 경과한 후에 2차 결과가 발표되었다(Howard & Bray, 1990). 20년 경과 후의 승진을 예측하는 데 중요한 요인으로 밝혀진 것은 승진 욕구, 지배성(권력 욕구), 대인관계 기술, 구두 의사소통 기술, 인지적 기술(예: 창조성, 비평적 사고) 그리고 행정적 기술(계획 및 조직 능력)이었다. 성취 욕구, 자신감, 활력, 안전 욕구(이 요인은 부적 상관) 등은 8년 후의 승진 예측보다는 20년 후의 승진 예측에서 더 좋은 예측 요인이 되는 것으로 나타났다.

AT&T사에서 실시된 연구에서 발견된 또 하나의 중요한 사실은 어떤 특성이 관리자로서 성공하는 데 적합한 것인가의 여부는 직무 상황에 의해 영향을 받는다는 것이었다. 리더 특성에 근거한 성공 여부의 예측력은 그 사람의 직무 상황이 좋을수록 더 높았다. 여기서 직무 상황이 좋다는 것은, 예컨대 관리자로서의 능력을 발전시키도록 격려해 주고, 현직책의 임무 범위를 초과하지만 도전해 볼 만한 더 큰 임무와 책임을 부여해 주며, 성공적이고 성취 지향적인 관리자로서의 모범을 보여 주는 상관 밑에서 근무하는 상황 등을 말한다. 따라서 훌륭한 개인적인 자질의 보유와 그 자질이 잘 발휘되도록 해 주는 상황이 결합될 때 승진이 잘 이루어진다는 결론이 나온다.

2) 실패한 관리자 면접 연구

리더의 특성에 관한 초기 연구는 리더의 신체적 특성, 성격 특성, 심리적 특성 등 주로 성공한 관리자의 특징에 초점을 두었지만, 실패한 관리자의 특성과 실패의 원인을 파악하는 것도 성공적인 리더의 자질과 특성을 제시하는 데 도움을 줄 수 있다. 그 대표적인 예로, 미국의 창조적 리더십 센터(Center for Creative Leadership: CCL)의 연구자들(Lombardo & McCauley, 1988; McCall & Lombardo, 1983)은 면접을 통하여 실패한 관리자와 성공한 관리자 사이의 유사점과 차이점을 분석하였다.

이 연구에서 성공한 관리자와 실패한 관리자를 딱 부러지게 구분하는 공식같은 것은 찾을 수 없었지만, 몇 가지 유용한 결과가 도출되었다. 두 집단의 관리자는 모두 야심적이고, 실무 능력이 우수했으며, 이전의 성공 경력이 대단했고, 고속 승진자들로 이름난 사람들이었다. 모든 관리자가 각각 나름대로의 장점과 단점을 갖고 있었다. 성공 집단으로 분류된 관리자가 장점만을 갖고 있고, 실패 집단으로 분류된 관리자가 단점만을 갖고 있는 것은 아니었다. 실패 원인이 명백하게 본인 탓인 관리자도 있었지만, 경제 불황이나 정치적 불안정 등에 의한 순전히 불운 때문에 실패한 관리자도 있었다.

성공한 관리자는 정서 안정성과 침착성이 뛰어났고, 자신의 과오를 인정하고 책임을 지려고 하며, 문제점을 시정하려고 하였다. 그들은 또한 성실성이 높았고, 대인관계 기술이 뛰어났으며, 전문적 기술과 인지적 기술 측면에서 폭넓은 시각과 전문성을 갖추고 있었다. 이에 반해 실패한 관리자는 정서 안정성이 낮았으며, 자신의 실패에 대하여 보다 방어적이었고, 과오를 감추거나 남의 탓으로 돌리려는 경향이 많았다. 그리고 성실성과 대인관계 기술이 부족했다. 대인관계 기술의 부족은 하위직의 관리자로 있을 때는 큰 문제점이 되지 않았으나 상위직으로 올라갔을 때는 문제점으로 대두되었는데, 훌륭한 전문적 기술의 보유가 이 결점을 상쇄시켜 주지는 못하였다. 전문적 기술과 인지적 기술 측면에서 실패한 관리자들도 훌륭한 기술을 보유하고 있었는데, 고위직의 관리자로 승진했을 때는 그러한 장점이 오히려 단점으로 되는 수가 많았다. 즉, 자신의 능력을 과신하여 거만해짐으로써 다른 사람의 조언에 귀 기울이지 않고, 상관 노릇을 지나치게 하여 다른 사람들을 불쾌하게 만들고, 자신과 비슷하거나 더 나은 기능을 보유하고 있는 부하를 마구잡이로 부리는 행동을 함으로써 그런 결과가 초래되었다. 또 다른 경우에서는 관리자가 보유한 전문 기술이 아주 좁은 분야에 국한된 것이었는데, 고위직의 관리자로 승진하기는 했지만 그 분야의 지식의 발전 속도가 너무 빨라서 요구되는 전문적 기술을 미처 따라잡지 못해 결국 성공적인 업무 수행을 하지 못하게 되었다.

3) 주요 사건 기법 연구

Boyatzis(1982)는 관리자로서의 성공 여부와 상관이 있는 관리자 역량(competency)을 발견해 내기 위하여 사기업 조직과 공공 조직을 대상으로 일련의 연구를 실시하였다. 역량은 관리자 효과성 점수에 기초하여 사전에 선정된 관리자들을 대상으로 면접을 실시하여 주요 사건들을 수집하는 '행동 사건 면접 방법(behavioral event interview)'을 사용해 측정되었다. 관리자 효과성 점수가 낮은 사람, 중간인 사람, 높은 사람의 전 범위에 걸쳐 관리자 253명을 연구 대상으로 하였다. 면접에서 수집된 사건들은 역량 범주로 분류되었는데, 이 역량 범주란 관리자의 행동을 당시의 의도, 상황 등과 함께 고려한 분석에서 추리하여 도출한 특성이나 기술들이다. 변량분석 결과 9개의 역량이 의미 있는 것으로 나왔다. 즉, 관리자 효과성 점수가 높은 사람일수록 이 역량 점수도 더 높게 나왔다. 그 9개의 역량은 성격 특성과 관련된 것(효율성 지향, 영향력에 대한 관심, 적극성, 자기확신감), 대인관계 기술과 관련된 것(구두 발표 기술, 사회화된 권력 사용, 집단 과정의 관리), 개념적 기술과 관련된 것(개념화 능력, 개념의 진단적 사용) 등이었다.

효율성 지향 과업 목표에 대한 관심, 높은 내적 작업 기준, 높은 성취 동기를 말하는 것으로 도전해 볼 만하면서 현실성 있는 목표 및 시한의 설정, 구체적인 행동 계획의 수립, 장애극복 방안 마련, 작업의 효율적 조직화, 성과 강조 등이 이에 해당된다.

영향력에 대한 관심 권력욕과 권력 상징에 대한 높은 관심을 말하는 것으로 주장적 행동, 타인에 대한 영향력(impact) 발휘 시도, 높은 지위의 직책 추구, 자신이 속한 조직의 생산품과 서비스의 평판에 대한 관심 표명 등이 이에 해당된다.

적극성(proactivity) 자기효능감(self-efficacy)과 내적 통제소재(internal locus of control, '내 탓이오')에 대한 강한 신념을 말하는 것으로 일의 발생을 수동적으로 기다리기보다는 능동적으로 주도, 장애 극복을 위한 방안의 단계적 조치, 다양한 원천으로부터의 정보 수집, 성패에 대한 책임의 수용 등이 이에 해당된다.

자기확신감 자기 자신의 아이디어와 능력에 대한 신념을 말하는 것으로 적절한 자세, 태도, 몸짓과 함께 주저함이 없는 단호한 행동, 우왕좌왕하지 않으며 확실한 의견 제시 등이 이에 해당된다.

구두 발표 기술 발표를 명확히 하고 설득력 있게 만들기 위하여 상징적·언어적·비언어적 행동과 시각 보조 재료를 활용하는 능력을 말한다.

사회화된 권력(socialized power)의 사용 조직망과 동맹을 만들고, 타인으로부터 협조를 얻어 내며, 건설적인 방법으로 갈등을 해결하고, 타인에게 영향을 주기 위하여 역할 모델을 사용하는 등의 능력을 말한다.

집단 과정의 관리 구성원들이 집단에 동일시하고 단체정신을 갖게 만드는 능력을 말하는 것으로 집단 정체감을 나타내는 상징 제작, 공동의 이익과 협동의 필요성 강조, 성공적인 팀워크 조성, 구성원의 공헌에 대한 공개적 칭찬 등이 이에 해당된다.

개념화 능력 수집된 정보에서 어떤 패턴이나 관계성을 찾아내고(귀납적 추리), 개념이나 모델을 만들거나 적절한 비유를 사용하여 그 의미를 전달하는 능력 및 문제에 대한 창조적 해결책이나 새로운 통찰을 발전시키는 능력을 말한다.

개념의 진단적 사용 개념이나 모델을 사용하여 사건을 해석하고, 상황을 분석하며, 관련 있는 정보와 그렇지 못한 정보를 분간하고, 계획으로부터의 이탈 여부를 탐지하는 연역적 추론 능력을 말한다.

3. 리더의 성격 특성

많은 연구가 리더의 성격 특성과 효과적인 리더십의 관계를 연구하였다. 육군본부(2003)의 지휘통솔, Yukl(2013), Northouse(2013) 등의 연구 결과를 검토해 본 결과, 비교적 일관성 있게 나타나는 리더의 성격 특성을 발견할 수 있었다. 여기에서는 활력 수준과 스트레스에 대한 내구력, 정서적 안정감과 성숙도, 사교성, 낙관주의와 자신감, 결단력, 성실성, 통제소재, 지능 등과 같은 리더의 성격 특성을 제시하고자 한다.

1) 활력 수준과 스트레스 내구력

리더는 부하들이 경험하지 못하는 과중한 스트레스를 경험하게 된다. 그들은 조직의 운명을 가르는 어려운 결정의 순간에 직면할 때도 있고, 부하들의 다양한 요구와 갈등을 해소하는 역할을 수행하기도 한다. 이러한 상황에서 신체적으로 활력(vitality) 수준이 높고 스트레스에 대한 내구력이 높은 리더는 더 나은 의사결정을 통해 부하들에게 방향을 제시해 줄 수 있을 뿐만 아니라 구성원 간의 갈등을 봉합하고 긴장감 있는 대인관계 상황에 대해 효과적으로 대처할 수 있다.

군에서 지휘관은 신체적 건강과 강인한 체력을 요구받는다. 특히 전시(戰時)에는 그 중요성이 배가되는데, Clausewitz는 "전쟁은 육체의 피로와 마찰을 수반한다. 그 영향은 심대하여 지휘관의 판단력과 실천력을 좌우한다."라고 하였다(육군본부, 2003). 전투에서 지휘관은 오랜 시간 동안 수면을 취하지 못한 채 긴박한 상황에서 중요한 의사결정을 내려야 할 때도 있다. 이러한 상황에서 부하들은 지휘관의 표정 하나에도 크게 영향을 받게 되는데, 지휘관은 신체적 활력과 스트레스에 대한 내구력을 바탕으로 냉철하고 시의적절한 판단을 할 수 있어야 한다. 건강을 잃은 지휘관은 판단력과 의지가 흐려지고 투지를 잃게 되어 부대 지휘에 큰 타격을 준다.

2) 정서적 안정감과 성숙도

정서적으로 성숙한 사람(emotional maturity)은 감정조절을 잘하면서 차분하게 부여된 임무를 처리할 줄 아는 사람을 의미한다. 그들은 자신의 강약점을 정확하게 인식하며, 자기중심적이지 않아 다른 사람의 의견이나 태도에 관심을 가진다. 다른 사람의 비판을 더 잘 수용하며, 실수를 통해서 배우는 것을 두려워하지 않는 등 방어적이지 않다(Bennis & Nanus, 1985). 그리고 스트레스를 잘 조절하고 자기통제력이 강하며, 위기에 직면해도 이에 잘 적응하므로 실수와 실패가 적다. 그러므로 정서적으로 성숙한 리더는 상하급자, 동료와 더 협력적인 관계를 유지할 수 있다. 반면, 앞에서 살펴보았던 실패한 관리자 면접 연구에서 실패한 관리자들은 어려운 시기에 처했을 때 그에 대한 대처가 미숙하고, 변덕스러우며, 화를 잘 내고, 일관성 없는 행동을 잘 보였는데, 이러한 행동이 부하, 동료 및 상사와의 대인관계를 나쁘게 만드는 원인이 되었다(Lombardo & McCauley, 1988; McCall & Lombardo, 1983).

최근에는 정서지능(emotional intelligence)의 개념이 주목을 받고 있는데, 이는 정서를 지각하고 표현하며, 사고를 촉진하고, 정서를 이해하고 추론하며, 자신의 내적인 정서와 타인과의 관계에 있어서의 정서를 효과적으로 관리하는 능력을 의미한다(Goleman, 1995, 1998: Mayer, Salovey, & Caruso, 2000). 이러한 정서지능이 높은 리더는 자신뿐만 아니라 타인의 정서에 보다 민감하고, 자신의 정서가 타인에게 어떻게 영향을 미치는가에 대해 민감하기 때문에 효과적인 리더가 될 수 있다.

3) 사교성

사교성(sociability)은 즐거운 사회적 관계를 구축할 수 있는 리더의 능력을 의미한다. 사람들은 사교적인 리더를 원하는데, 사교성이 있는 리더는 우호적이고 외향적이며 친절하고 개방적이며 예의바르고 재치가 있기 때문이다. 사교적인 리더는 다른 사람들의 욕구를 잘 알아차리고 그들의 안녕에 대해 관심을 갖는다. 그리고 그들은 대인 기술이 뛰어나며 부하들과 협력적인 인간관계를 유지한다.

외향적이며 다른 사람들과 어울리기를 좋아하는 사람이 더 수월하게 사교성이 생길지도 모른다. 그러나 내성적인 성격을 가지고 있거나 혼자 있는 것을 더 선호하는 사람이더라도 사회성을 높이는 것이 불가능한 것은 아니다. 우호적이며 친절하고 배려 있고 사람들과 잘 어울리며 다른 사람들과 강력한 유대 관계를 형성해 나가기 위해 노력하는 것은 리더의 사회성을 발전시키는 데 도움이 된다.

군에서 지휘관에게 필요한 사교성으로 부하애(部下愛)를 고려해 볼 수 있다. 지휘관이 전투에서 부하들을 강하게 몰아치고 혹독한 요구를 하여도 부하들이 불평 없이 받아들이는 이유는 평소 지휘관이 보여 준 부하들에 대한 관심과 사랑을 인식하기 때문에 가능한 것이다(육군본부, 2003). 부하의 종기를 빨아 준 오기 장군의 일화, 손자병법의 지형(地形) 편의 "視卒如嬰兒 故可與之赴深谿 視卒如愛子 故可與之俱死(병사 돌보기를 어린아이를 돌보듯이 하면, 함께 깊은 계곡에 들어갈 수 있다. 병사 돌보기를 사랑하는 자식을 대하듯 하면, 그와 함께 죽을 수 있는 것이다.)", Marshall 장군의 골육지정을 통한 지휘통솔 강조 등, 그 예는 수없이 많다. 육도삼략(六韜三略)에서는 "장수는 병사들이 자리에 앉기 전에 앉지 말라. 병사들이 식사하기 전에 식사하지 말라. 샘이 다 되기 전에 목이 마르다고 하지 말라. 막사가 다 되기 전에 피로하다고 하지 말라. 식사가 다 되기 전에 배고프다고 말하지 말라. 장수는 겨울에 외투를 입지 말며, 여름에 부채를 쓰지 말며, 비 올 때 우의를 입지 말라. 그렇게 하면 병사들이 전력을 다해서 충성할 것이다."라고 적고 있다.

4) 낙관주의와 자신감

낙관주의(optimism)는 매사에 사물의 긍정적인 면을 보려고 노력하는 경향을 의미한다. 리더는 미래에 대한 비전을 바탕으로 구성원들의 구심점 역할을 할 수 있어야 하는데, 낙관적인 리더는 부하들에게 미래를 위한 희망을 주고, 어려운 상황에서도 기회를 찾아내는 능력을 지니고 있다.

자신감(self-confidence)은 자신의 유능성과 역량을 확신하는 것을 말하는데, 자존감, 자신의 능력에 대한 신뢰, 자기효능감 등을 포함한다. 자신감이 높은 리더는 영향력을 발휘하기 위한 시도, 어려운 과업과 도전적인 목표 설정에 주저하지 않으며, 주도적이며 끈기 있게 행동하고, 결단력 있는 모습을 보여 준다. 이에 따라 부하들의 동기부여와 몰입을 높일 수 있다. 반면, 자신감이 없는 리더는 영향력을 발휘하기를 꺼리고, 부하들에게 적극적으로 실천하도록 강요할 용기도 없기 때문에 설령 영향력 행사를 시도하더라도 성공할 가능성이 낮다. 이처럼 자신감은 리더의 효과성이나 승진과 정적 상관관계를 보이게 된다. 그러나 지나친 자신감은 경솔한 결정을 내리게 하거나 거만하고 독재적으로 비춰질 가능성이 있다(Yukl, 2013).

5) 결단력

결단력(determination)이란 일을 완성하겠다는 욕망과 의지를 의미하며, 진취성, 지속성, 지배성, 추진력 등의 특성이 포함된다. 결단력이 있는 리더는 집중을 아주 잘 하고 과제에 주의를 기울이며, 목표를 명확히 하고, 비전을 표현하며, 목표를 향해 노력하도록 부하들을 격려한다. 그리고 그들은 필요할 때 자기주장을 잘하며, 주도적이고, 어려움에 직면했을 때 굽힐 줄 모르고 참아 내는 능력을 보유하고 있다. 그들은 목표를 완수하고자 하는 집념이 있다.

Marshall 장군은 "진정한 결단이란 최선의 방도를 산출해 내기 어려울 때에 이 딜레마를 해결하는 것이며, 그것은 캄캄한 어둠 속으로 뛰어들어 큰 모험을 받아들이는, 거의 도박사의 정신으로 행하여지는 것이다. 이러한 것이 전장에서 군사 작전이 진행되는 방법이다."라고 결단력의 어려움을 강조하였다. 전투에서 결정적인 순간은 오직 지휘관의 결심에 달려 있다. 그리고 위료자(尉繚子)가 "용병(用兵)에 있어서는 재빨리 결심하고 작전을 확정지어야 한다. 만약 먼저 작전을 확정하지 못하고 결심이 재빨리 되지 않으면 진퇴의 방향이 정해지지 않고 의구심이 생겨 반드시 패하게 된다."라고 강조하였듯 결단력은 신속을 요한다. 그러므로 지휘관은 평시에 정확한 정보를 수집하고 분석하여 상황이 발생하였을 때 단기간에 결단을 내릴 수 있도록 철저히 준비해야만 한다(육군본부, 2003).

6) 성실성

성실성(integrity)은 진실성, 정직성, 윤리성, 신뢰성을 의미하며, 대인신뢰의 주요 결정 요인이다. 부하의 신뢰를 유발하는 원동력은 리더의 능력이라기보다는 성실성이다. 성실성은 리더십의 모든 측면을 뒷받침하며, 리더가 영향을 미치는 능력에서 핵심적인 부분을 이룬다. 성실성에 의문이 제기되는 리더는 부하의 충성심을 얻거나 동료와 상사로부터 협력과 지원을 얻기 어렵다.

성실성에 대한 지표는 정직하고 진실한 정도, 약속을 지키는 것, 리더가 부하에게 봉사와 충성의 책임을 이행하는 정도, 비밀보장에 대한 신뢰 등이 있다. 성실성이 있는 리더는 원칙을 고수하면서 부하들에게 자신의 가치를 일관되게 표현하고 행동에 옮기며, 또한 자신의 행동에 책임을 진다. 그리고 성실한 리더는 충성스럽고 속임수가 없기 때문에, 다른 사람들로부터 신뢰를 받는다. 미국의 창조적 리더십 센터에서 실시한 실패한 관리자 면접 연구에서 성공적인 관리자는 성실성이 높았다. 그들은 경쟁자와의 경쟁 문제나 상급자의 눈에 들기 위한 일에 초점을 맞추기보다는 직무 자체에 충실했고 부하들의 욕구를 보살피는 데 초점을 두었다. 반면, 실패한 관리자들은 승진에 대한 야심이 너무 지나쳐서 남을 희생시키는 일도 서슴지 않았다. 이들은 신의를 저버리거나 약속을 뒤집는 것을 쉽게 생각하기 때문에 신뢰할 수 있는 사람들은 아니었다. 이러한 성실성은 진성 리더십(authentic leadership)의 중요한 측면으로 간주된다.

군에서도 따뜻하면서도 엄격한 지휘관은 부하들의 신뢰를 얻게 되어 부대를 잘 지휘통솔해 나갈 수 있으며, 전투 시에 부하들은 지휘관을 믿고 명령에 복종하게 된다(육군본부, 2003). Eisenhower 장군은 "지휘관을 두려워하는 군대는 지휘관을 신뢰하는 군대보다 결코 강하지 못하다."라고 할 만큼 지휘관과 부하 사이의 신뢰를 강조하였다.

7) 통제소재

Rotter(1954)에 의해 발전된 통제소재(locus of control)는 개인이 그들에게 영향을 미치는 사건을 통제해서 영향을 미칠 수 있는 정도를 의미하는데, 내적 통제소재와 외적 통제소재로 구분된다. 내적 통제소재가 높은 사람은 그들의 삶을 스스로 통제할 수 있다고 믿는데 반해, 외적 통제소재가 높은 사람은 우연이나 운과 같이 그들이 영향을 미칠 수 없는 환경적 요소에 의해 그들의 의사결정과 삶이 결정된다고 믿는다. 연구에 따르면, 리더는 외적 통제소재보다는 내적 통제소재를 사용하는 것이 효과적이다. 내적 통제소재가 높은 리더는 자기 자신의 행동을 잘 통제하고 사회적·정치적 활동에 주도적으로 참여하며, 많은 정보를 능동적으로 수집하고 활용한다. 그리고 자신의 행동과 조직의 성과에 더 많은 책임을 지며, 미래 지향적이고 성취 지향적이다. 그들은 실패했을 때에도 외부 요인이 아닌 자신의 능력에서 그 원인을 찾으며, 이를 학습의 기회로 삼는다. 또한 부하를 적극적으로 설득하여 자신의 의지에 따르도록 만들 수 있다고 확신하며(Goodstadt & Hjelle, 1973), 부하의 설득 여부는 리더 자신에게 달려 있다고 믿기 때문에 유연하게 대처하여 민주적이고 혁신적인 참여적 리더가 되기 쉽다(Miller, Kets De Vries, & Toulouse, 1982).

8) 지능

성격 특성은 아니지만 지능(intelligence) 또한 리더십과 정적 상관관계가 있는 것으로 알려져 있다. 즉, 리더는 비리더보다 더 높은 지능을 가지는 경향이 있는데(Zaccaro, Kemp, & Bader, 2004), 언어 능력, 지각 능력, 추리력이 좋을수록 더 좋은 리더가 될 가능성이 높다. 지능이 우수한 리더는 이러한 강점이 모여 훌륭한 사고력과 통찰력을 가지고 있다고 볼 수 있다. 군 간부 선발에서도 이러한 지적 능력은 중요한 요소로 간주되는데,

한국국방연구원(KIDA)에서 개발한 간부선발 검사 중 인지능력 적성 검사는 언어 능력, 지각 속도, 자료해석, 공간지각의 요소를 측정하고 있다(최광현, 정선구, 김인국, 김정명, 구영준, 박미영, 2009). 그러나 리더와 부하의 지적 능력이 너무 차이가 나면 의사소통에 어려움을 겪을 수도 있다는 점에 유의할 필요가 있다.

Chevalier Follard는 "전쟁은 무지한 자에게는 도박이고, 전문가에게는 과학이다."라고 하였으며, Montgomery 원수는 "군인들은 군사면의 확실한 지식을 충분히 갖추고 있는 지휘관에게 흔쾌히 따른다."라고 하였다. 이를 통해 지휘관은 높은 지적 능력을 바탕으로 군사 전문지식을 갖추어야 함을 알 수 있다. 독일 군대에서는 지능이 낮은 상관 밑에 지능이 높은 부하를 두지 않는 것을 원칙으로 하며, 특히 그 차이가 30 이상이 되면 하극상이 난다는 통계 결과를 밝힌 바 있다(육군본부, 2003).

4. 리더의 동기

앞서 논의된 특성 연구들은 리더로서의 승진 여부를 예측하는 데 리더의 동기가 하나의 중요한 요인이 된다는 것을 보여 주고 있다. 동기(motive)란 특정한 유형의 자극이나 경험을 갖고 싶어 하는 욕구를 말한다. 심리학에서는 동기를 크게 생리적 욕구(예: 목마름, 배고픔)와 사회적 욕구(예: 권력 욕구, 성취 욕구, 친애 욕구, 자존심의 욕구, 독립의 욕구)의 두 가지로 나눈다. 욕구나 동기는 사람이 어떤 정보나 사건에 주목을 할 것인가에 영향을 주고, 어떤 행동을 시작, 강화, 유지할 것인가에 영향을 준다는 점에서 그 중요성을 찾을 수 있다. 그리고 리더가 특정한 활동에 대해 갖는 흥미, 윤리와 도덕에 대한 판단에 가치관 등도 리더의 효과성을 예측하는 변인이 될 수 있다.

1) Miner의 동기 이론

Miner(1965)는 대규모의 위계적 조직에 근무하는 관리자들을 대상으로 하여 어떤 유형의 동기적 특성이 승진에 중요한 요인이 되는가를 연구하였다. 관리자의 직책에 통상적으로 요구되는 역할이 무엇인가에 대한 분석을 기초로 하고, 역할 이론 및 정신분석 이론을 참조하여 관리자의 역할과 그에 관련되는 6개의 동기 유형으로 상관에 대한 긍정적 태도, 동급자와의 경쟁 욕구, 적극적 주장의 욕구, 권력 행사의 욕구, 두드러져 보이려는 욕구,

일상적인 행정 업무 수행에서의 자발성(Miner, 1978, 1985)을 제시하였다.

Miner는 관리자의 동기를 측정하는 'Miner 문장 완성 척도'라는 투사 검사를 제작하였다. 이 검사는 위에서 언급된 6개의 동기 각각에 대한 점수와 전체적인 종합 점수를 제공해 준다. 이 검사를 사용하여 30년간 실시된 관리자의 동기와 승진 간의 관계에 관한 33편의 연구 결과를 요약해 보면 다음과 같다(Miner, 1978, 1985).

우선 종합 점수와 승진 간에는 유의미한 상관관계가 있었다. 다음에 각각의 동기와 승진 간의 관계를 보면 권력 행사의 욕구, 동급자와의 경쟁 욕구 및 상관에 대한 긍정적 태도가 승진과 상관관계가 높게 나왔다. 두드러져 보이려는 욕구와 일상적인 행정 업무 수행에서의 자발성은 유의미한 상관관계가 비교적 빈번히 나왔으며, 적극적 주장의 욕구는 승진 예측에서 가장 덜 중요한 요인인 것으로 밝혀졌다.

이러한 연구 결과들은 대규모 관료 조직의 관리자를 대상으로 한 것이었는데, 소규모이고 덜 관료적인 조직의 관리자를 대상으로 한 연구에서는 이와 같은 유의미한 상관관계가 나오지 않았다. 이런 차이가 나오게 된 원인에 대한 설명 중 하나로 성공 또는 승진 여부에 관한 기준이 서로 다르기 때문이라는 것을 들 수 있다. 다른 설명으로는 Miner의 검사에 의해 측정된 동기가 소규모의 덜 관료화된 조직에서는 리더십의 효과성에 중요한 관련 요인이 되지 않는다는 가설을 생각해 볼 수 있다. 이 가설을 지지하는 한 가지 증거로서 Berman과 Miner(1985)의 연구를 들 수 있는데, 이들에 의하면 소규모의 가족소유 회사의 최고 관리자와 대규모 관료 조직에서 승진하여 그 조직의 최고 관리자가 된 사람을 비교한 결과, 후자에게서 관리자 동기가 더 높은 것으로 나타났다. 그러나 두 부류의 관리자 모두 실패한 관리자들보다는 동기 점수가 더 높게 나왔다.

2) McClelland의 관리자 동기 연구

McClelland는 사람들이 사회적 욕구를 획득하는 방식에 대한 광범위한 연구를 진행하였다. 그는 인간의 욕구가 무엇이며, 어떻게 필요하고, 어떻게 접근해야 하는지를 세분화하여 동기부여 과정을 설명하고자 하였다. 이를 위해 McClelland(1965, 1985)는 주제 통각 검사(Thematic Apperception Test: TAT)라는 투사 검사를 사용하여 관리자의 동기를 측정하였다. 주제 통각 검사란 해석이 애매한 상황 속에 처해 있는 사람을 그린 31장의 그림으로 구성된 검사인데, 피검자의 과제는 그 그림을 보고 현재 일어나고 있는 일, 직전에 있었던 일, 그리고 앞으로 전개될 일 등에 관한 이야기를 만드는 것이다. 그 이야기 속에는 피검자의 공상이나 환상, 희망 사항이 들어가게 되는데 이것을 분석하여 기저에 깔린 욕구나 동기를 찾아낸다. McClelland의 연구에서는 주제 통각 검사를 사용하여 권력 욕구, 성취 욕구, 친애 욕구의 세 가지 동기를 측정하였다.

(1) 권력 욕구

타인에게 영향력을 미치는 것, 상대방이나 경쟁자를 패배시키는 것, 논쟁에서 이기는 것, 권한이 더 큰 직책에 오르는 것 등의 내용이 담긴 이야기들은 강한 권력 욕구(need for power)가 있음을 나타낸다. McClelland는 대규모 조직의 관리자나 간부에게는 강한 권력 욕구가 중요하다는 것을 밝혔다. 이러한 직책에 있는 관리자들은 업무의 성격상 동료나 부하 또는 상관에게 영향력을 행사하는 것이 요구되기 때문이다. 권력 욕구가 낮은 사람은 조직체의 활동을 효과적으로 조직 및 지시하는 데 필요한 주장성이나 자신감이 부족할 가능성이 크다.

강한 권력 욕구가 바람직한 것이기는 하지만, 이러한 욕구가 어떻게 표현되느냐가 중요하다. 권력 욕구는 전횡적(personalized) 권력 지향형으로 나타날 수도 있고, 사회화된 권력 지향형으로 표현될 수도 있다. 전횡적 권력 지향형의 사람은 자제력 또는 자기통제력이 부족하고, 충동적으로 권력을 사용한다. McClelland와 Burnham(1976)에 의하면 이 유형의 사람들은 타인에게 무례하게 굴고, 애주가임을 자랑하며, 호화로운 승용차나 큰 사무실과 같이 개인적 권위를 과시할 수 있는 상징물을 좋아한다고 한다. 이런 사람들은 남에게 도움과 조언을 주기도 하지만, 그렇게 하는 이유는 자신이 우월하며 도움 받는 사람은 자신보다 못하고 자신에게 의지하고 있다는 것을 나타내고 싶어 하기 때문이다. 이런 유형의 관리자는 때로 조직원에게 충성심과 단체정신을 잘 고취시키는 경우도 있지만, 구성원들 간의 역할이 서로 불명확해지게 만든다. 이런 리더 아래의 부하들은 문제가 생기면 그 문제를 주도적이고 신속하게 해결하려고 나서기보다는 그 문제를 외면하거나 리더의 지시가 내려올 때까지 기다리기만 한다. 나아가서 부하의 충성이라는 것도 리더를 향한 것이지 조직을 향한 것이 아니어서, 그 리더가 떠나고 나면 조직은 쉽게 와해되고 단체정신도 쉽게 사라진다.

반면, 사회화된 권력 지향형의 사람은 정서적으로 보다 성숙한 사람들이다. 이들은 집단 전체의 이익을 위해 권력을 행사한다. 타인을 조종하기 위해 권력을 행사하는 것을 싫어하며, 덜 이기적이고, 덜 방어적이며, 축재를 하지 않고, 장기적 안목을 갖고 있으며, 전문가의 조언을 더 잘 수용한다. 이런 유형의 관리자들은 조직이 성공적으로 운영되도록 하기 위하여 권력을 사용하며, 조직의 발전을 위하여 자신의 이익을 기꺼이 희생한다. 또 가능한 한 강제적 리더십이나 전제적 리더십보다는 참여적 리더십을 사용하려고 한다. 그러한 리더는 부하들로 하여금 자부심과 책임감을 갖게 만들고, 사소한 규정으로 부하를 구속하려 들지 않으며, 조직의 구조를 명확히 하고 그 조직의 구성원임을 자랑스럽게 생각하도록 만든다.

(2) 성취 욕구

도전적인 목표의 성취, 신기록의 수립, 어려운 과제의 성공적 완수, 이전에는 없었던 일의 개시 등의 내용이 담긴 이야기들은 강한 성취 욕구(need for achievement)를 나타낸다. 성취 욕구가 강한 사람은 자신의 통제 범위를 벗어나는 우연 요인보다는 자신의 노력이나 능력에 의해 성공 여부가 판가름 나는 일을 더 좋아한다. 그들은 너무 쉽거나 너무 어려운 것보다는 중간 정도 어려운 과제를 더 선호한다. 또 자신이 가지고 있는 기술을 적용해 볼 수 있고, 문제해결에서 주도성을 발휘해 볼 수 있는 과제를 좋아한다. 그들은 자신의 수행 결과에 관해 즉각적이고 구체적인 피드백을 받고 싶어 한다. 그럼으로써 자신의 일이 얼마나 진척되었고 얼마나 성공적으로 목표를 달성했는지를 보고 즐길 수 있기 때문이다.

성취 욕구와 관리자 효과성 간의 관계에 관한 연구 결과는 매우 복잡하게 나온다. 어떤 연구는 정적 상관관계를 보고하고(Stahl, 1983; Wainer & Rubin, 1969), 다른 연구는 부적인 상관관계를 보고하며(House, Spangler, & Woycke, 1991), 또 어떤 연구는 상관관계가 없다고 보고한다(Miller & Toulouse, 1986). 이러한 일치되지 않는 연구 결과에 대한 한 가지 설명으로서 성취 욕구와 관리자 효과성 간에 역 U형의 곡선적 관계가 있을 것이라는 가설을 생각해 볼 수 있다. 즉, 성취 욕구가 너무 높거나 너무 낮은 관리자보다는 중간 정도의 성취 욕구를 가진 관리자가 더 효과적일 수 있다는 것이다.

성취 욕구가 너무 강하면 개인적인 성취에 집착하는 우를 범할 수가 있다. 이것이 문제가 되는 이유는 조직 전체의 성과를 최대화하는 데 방해 요소로 작용할 수 있기 때문이다. 성취 욕구가 너무 우세한 동기가 되어 버리면 관리자는 모든 일을 자기 혼자서 처리하려고 하고, 위임하기를 꺼리며, 부하들이 가져야 할 책임감과 헌신하려는 정신을 상실하게 만든다(McClelland & Burnham, 1976; Miller & Toulouse, 1986).

성취 욕구는 사회화된 권력 욕구와 결합되었을 때 관리자의 효과성에 긍정적인 작용을 한다. 이 경우에는 높은 성취 욕구가 자신이 이끄는 집단을 성공적이 되도록 하기 위하여 노력을 배가하게 만든다. 그러나 만약 성취 욕구가 전횡적 권력 욕구와 결합하면, 이 리더의 성취 욕구는 오로지 리더 자신의 승진을 위한 행동을 강화하는 데 기여할 것이다. 미국의 창조적 리더십 센터(CCL)에서 나온 연구에 의하면, 이런 리더는 종국에는 자신과 집단에게 모두 해로운 결과를 가져온다.

(3) 친애 욕구

다른 사람과 친밀한 관계를 맺거나 깨진 우정을 회복하는 것, 집단의 일원이 되는 것, 사교 활동에 참여하는 것, 가족이나 친구들과 동고동락하는 것 등의 내용을 담고 있는 이야기는 강한 친애 욕구(need for affiliation)를 나타낸다. 친애 욕구가 강한 사람은 타인이 자신을 좋아하거나 수용해 줄 때 가장 큰 만족을 느끼며, 우호적이고 협조적인 사람들과 같이 일하기를 좋아한다. 그들은 또한 일 때문에 대인관계가 깨어지는 것을 원하지 않는다.

관리자로서 성공하는 데는 중간 정도의 친애 욕구를 갖는 것이 적절한 것으로 보인다. 친애 욕구가 너무 강한 사람은 반드시 필요하지만 사람들이 싫어하는 결정은 내리지 않으려고 하며, 사적인 친분에 따라서 보상이나 호의를 베풀고, 규칙으로부터의 예외도 잘 인정해 준다. 이런 유형의 관리자는 절차나 규칙을 잘 무시하고, 따라서 부하들로 하여금 무력감과 무책임감을 갖게 만들고, 앞으로 어떤 일이 진행될 것인지, 관리자와는 어떤 관계에 있는지, 또 심지어는 무슨 일을 해야 하는 것인지에 대해 감을 잡을 수 없게 만든다.

반면, 친애 욕구가 너무 낮은 사람은 가족이나 소수의 아주 친밀한 친구를 제외하고는 다른 사람들과 사귀는 것을 싫어하는 '고독을 씹는 사람'인 경우가 많다. 관리자는 사회적 또는 공공적 활동에 참여하여 부하나 상관 또는 동료들과 적절한 대인관계를 유지하는 것이 필수 불가결한데, 친애 욕구가 너무 낮은 사람은 그러한 사회 활동을 잘 해내지 못하는 경우가 많다.

(4) 세 가지 동기와 리더 효과성에 관한 연구

앞에서 논의된 세 가지 동기와 리더로서의 성공이나 승진과의 관계에 관한 연구 결과는 일반적으로 사회화된 권력 욕구가 강하고, 성취 욕구와 친애 욕구는 중간 정도로 강한 사람이 성공적임을 보여 주고 있다(Boyatzis, 1982; McClelland, 1975; McClelland & Boyatzis, 1982; McClelland & Burnham, 1976; Winter, 1973).

주의할 점은 강한 사회화된 권력 지향성이 모든 유형의 리더에게 다 중요한 요소는 아니라는 것이다. McClelland와 Boyatzis(1982)의 연구에 의하면, 비기능직 관리자의 경우 고위직의 관리자로 승진하는 데는 권력 욕구가 중요한 요인이지만, 하위직에서는 성취 욕구가 더 중요한 요인이었다. 기능직 관리자의 경우에는 성취 욕구나 권력 욕구의 그 어떤 것도 그리 중요한 요인이 되지 못했다. 아마도 기능직 관리자의 경우에는 동기보다는 전문적 기술이나 언어 유창성이 더 중요한 요인이 될 가능성이 있다. 그리고 어떤 동기 조합이 가장 좋은 것인지는 관리자의 유형에 따라서 달라질 수 있음에도 주목해야 한다.

3) 리더의 흥미와 가치관

리더의 효과성을 예측하는 데 유용한 또 다른 특성으로 리더의 흥미와 가치관을 들 수 있다. 어떤 연구에서는 리더와 비리더 사이의 차이가 비교되었고, 다른 연구에서는 흥미와 가치관이 리더로서의 성공 여부와 어떤 상관이 있는지가 연구되었다.

(1) 리더의 흥미

흥미란, 한 사람이 특정 활동에 참여하고 싶어 하는 정도를 말한다. 흥미는 직업의 선택뿐만 아니라 그 직업에서의 성공 여부를 예측하는 데도 중요한 요인이 되는 것으로 알려져 왔다. 따라서 리더 역할과 관련되는 활동을 좋아하는 사람이 리더가 되는 길을 선택하고, 또 거기서 성공하게 될 것이라고 가정하는 데 무리가 없어 보인다. 그러나 Nash(1965, 1966)가 관리자의 직업 흥미에 관한 연구들을 검토해 본 결과, 그러한 가정은 부분적으로만 지지됨을 발견했다.

성공적인 관리자들은 언어적 활동과 설득적 활동에 흥미를 많이 보이고, 사람들과의 상호작용, 특히 자신이 지배적인 위치를 점유하는 관계에 강한 흥미를 갖는다. 추가적으로 성공적인 관리자들은 독자적 사고, 주도적 행동 및 위험 부담을 내포하는 활동을 선호하였다.

(2) 리더의 가치관

가치관이란 무엇이 옳고 그르며, 윤리적인가 비윤리적인가 또는 도덕적인가 비도덕적인가에 대한 내면화된 판단체계라고 할 수 있다. 가치관은 상황이나 문제를 어떻게 지각하느냐에 영향을 미치고, 또한 어떤 것을 선호하며, 얼마만큼 원하며, 어떤 것을 선택할 것인가에 영향을 미친다는 점에서 중요한 요소이다. 리더 연구에서 가치관을 측정하는 데 가장 널리 사용되어 온 척도는 Allport-Vernon 가치관 측정 척도(Allport, Vernon, & Lindsey, 1960)와 Gordon(1976)의 대인관계 가치관 조사서(Survey of Interpersonal

Values: SIV)이다. SIV에 의해 측정되는 가치관은 지지(support), 동조(conformity), 인정(recognition), 독립성(independence), 자선심(benevolence), 리더십이다.

가치관과 관리자 효과성 사이의 관계에 대한 연구는 관리자의 직책이 무엇인가에 따라 다른 결과를 보였다(Nash, 1965; Gordon, 1975, 1976). SIV를 사용한 연구에 의하면, 리더십이 관리자 효과성과 정적 상관관계를 보인 반면, 지지·동조·자선심은 부적 상관관계를 보였다(Gordon, 1976). Gordon은 또 SIV를 사용하여 리더와 비리더를 비교해 보았는데, 관리자와 군 장교는 리더십의 점수가 높지만 지지의 점수는 낮게 나왔다. 이는 그들이 타인에게 영향을 미치는 것에 대해서는 높은 가치를 두고 있는 반면, 타인으로부터 지지적인 주목을 받는 것에 대해서는 가치를 덜 부여하는 것으로 해석된다.

England(1967), Lusk와 Oliver(1974)는 관리자들의 개인적 가치관을 조사하기 위하여 관리자들로 하여금 여러 가지 개념의 중요성 정도, 유쾌성 정도, 윤리성-도덕성 정도 및 성공에의 도구성 정도를 평가하도록 하였다. 그 결과, 관리자들은 숙련성(skill), 야망성(ambition), 성취욕, 창조성 등과 같은 자질이 중요할 뿐만 아니라 성공에의 도구성도 높다고 생각하는 경향을 보였다. 충성심, 신뢰성, 명예심, 인내심, 위엄성, 합리성, 개인주의 등의 자질은 중요하긴 하지만 성공에의 도구성은 낮다고 보았다. 모험성, 강압성, 권력성, 공격성 등의 자질은 중요하진 않지만 성공에의 도구성은 높다고 평가하였다.

5. 리더의 기술

리더가 적합한 성격 특성과 동기만 갖추었다고 해서 성공적이 될 것이라는 보장은 없다. 성공적인 리더가 되기 위해서는 직무 수행에 관련된 능력이나 기술(skill) 또한 구비해야 한다. 성공적인 리더의 기술 유형에 관한 연구가 많이 있었는데, 이 절에서는 Katz와 Mann 등에 의해 제안된 기술 유형론을 중심으로 살펴보고자 한다.

1) 세 가지 기술 유형론

리더의 기술을 분류하는 방법 중에서 가장 널리 알려진 것으로서 세 가지 기술 유형론(three-skill taxonomy)이 있다. 이 유형론은 Katz(1955)에 의해 처음 제안되었으며, 후에 Mann(1965) 역시 비슷한 관점을 제시하였다. 그 세 가지 유형의 기술이란 전문적 기술,

대인관계 기술, 개념적 기술이다.

전문적 기술(technical skill)은 전문화된 활동을 수행하기 위해 필요한 방법, 과정 및 기법에 관한 지식과 그러한 활동을 하는 데 관련된 도구를 사용하고 장비를 조작하는 능력을 말한다. 전문적 기술은 직업교육 기관에서의 직업교육이나 실무 담당 경험을 통하여 습득하게 된다.

대인관계 기술(interpersonal skill)은 인간의 행동과 대인 상호작용 과정에 관한 지식, 타인의 언행을 보고 그의 감정, 태도 및 동기를 파악하는 능력(사회적 감각), 명확하고 효과적으로 의사소통하는 능력(언변, 설득력), 타인과의 효과적이고 협조적인 관계 형성 및 유지 능력(정치적 · 외교적 감각) 등을 말한다.

개념적 기술(conceptual skill)은 일반적 분석 능력, 논리적 사고력, 복잡하고 애매한 관계성들 속에서 개념을 찾고 이를 개념화하는 능력, 아이디어 생산과 문제해결에서의 창조성, 사건을 분석하여 추이를 파악하고 변화를 예측하며 호재와 악재를 발견해 내는 능력(귀납 및 연역적 추리 능력) 등을 말한다.

기본적으로 전문적 기술은 사물에 관한 것이고, 대인관계 기술은 사람에 관한 것이며, 개념적 기술은 아이디어와 개념에 관한 것이다. 리더로서의 역할을 수행하기 위해서는 이 세 가지 유형의 기술이 모두 요구된다(Bass, 1990). 그러나 상황에 따라서 한 기술이 다른 것에 비해 상대적으로 더 중요해질 수 있다.

2) 상황에 따른 각 기술의 상대적 중요성

기술의 상대적 중요성에 영향을 미치는 상황적 요인 중의 하나가 조직 위계 내에서의 직급의 수준이다(Boyatzis, 1982; Katz, 1955; Mann, 1965; Mishauk, 1971; Porter & Henry, 1964). 최고 관리자의 주된 업무는 전략적 결정을 내리는 것인 경우가 많기 때문에, 이 직급의 관리자에게는 개념적 기술이 가장 중요하다. 전략적 결정 사항의 질적 수준은 궁극적으로 그 결정을 내린 사람의 개념적 기술 수준에 의해 좌우된다. 물론 이러한 결정을 내리는 데는 다소간의 전문적 기술도 필요하고, 사람들을 접촉하고 정보를 수집하며 부하들에게 결정 사항을 잘 실행하도록 만들기 위한 대인관계 기술도 상당히 필요하다는 것은 두말할 필요가 없다(Katz & Kahn, 1978). 중간 직급의 관리자들이 하는 주요 역할은 기존의 구조를 잘 유지하고 상부에서 수립한 정책과 목표를 실행에 옮기는 방안을 발전시키는 것이다. 따라서 이들에게는 세 가지 기술이 동등하게 중요하다. 하위직의 관리자들은 정책을 실행에 옮기고, 기존의 조직 구조 내에서 업무가 중단 없이 잘 가동되도록 할 책임을 맡고 있다. 따라서 이들에게는 다른 기술보다 전문적 기술이 가장 중요하다. [그림 2-1]은 관리자의 직급 수준에 따른 세 가지 기술의 상대적 중요도를 도시한 것이다.

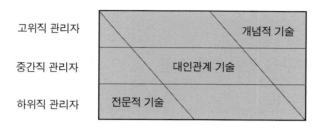

[그림 2-1]　관리자의 직급 수준에 따른 세 가지 기술의 상대적 중요도

고위직의 관리자에게 요구되는 기술 유형이 조직체의 종류, 규모 및 권한의 중앙 집중 정도에 따라 달라진다는 결과를 보인 연구가 있다(McLennan, 1967). 예를 들면, 결정권한이 고도로 중앙 집중화된 조직에서는 최고 관리자에게 전문적 기술의 중요성이 더 커진다. 최고 관리자가 전반적인 관리 책임 이외에도 기능적으로 전문화된 역할을 담당하고 있는 조직에서는 최고 관리자에게 전문적 기술의 중요성이 더 높아진다. 전략적 결정이나 경영 혁신에 중간직 관리자의 참여를 장려하는 조직에서는 중간직 관리자들에게서 개념적 기술의 중요성이 더 높아진다. 팀형의 구조를 갖는 조직체에서는 중간 및 하위직 관리자에게서 대인관계 기술의 중요성이 더 커진다.

관리자의 기술에 관해서 연구자들의 관심을 끄는 한 가지 문제는 어떤 상황에서 유용한 기술이 다른 상황에서도 역시 유용할 것인가의 문제이다. 일반적으로 공통된 결과는 하위직 관리자에게서는 전문적 기술이 핵심이 되는데, 분야에 따라서 그 기술이 너무 다르기 때문에 기능적으로 다른 전문 분야로의 전이가 매우 어렵다는 것이다. 한편, 고위직에서의 관리자 기술의 전이 가능성에 관한 연구 결과는 일정하지가 않다. Katz(1955)는 풍부한 대인관계 기술과 개념적 기술을 갖춘 고위직 관리자는 다른 직종의 회사로 옮긴다고 하더라도 별 어려움이 없다고 하였다. 그러나 다른 사람들은 최고위 관리자라고 하더라도 회사에 따라 소유자가 다르고, 전통, 회사의 분위기, 문화가 다르기 때문에 기술의 전이 가능성이 매우 제한된다고 본다(Dale, 1960; Kotter, 1982; McLennan, 1967; Shetty & Peery, 1976). 그리고 유능한 관리자로 인정받아 다른 회사로부터 영입되어 온 고위 관리자는 대인관계망과 원활한 상호작용 관계를 수립하기 위해서 수년에 걸친 기간이 필요할지도 모른다. 반면, 내부에서 승진한 관리자에게는 그러한 부담이 훨씬 적을 것이다. 따라서 고위직 관리자가 다른 직종의 고위직 관리자로 가게 될 경우, 담당 직책이 그 직종의 전문적 기술을 많이 알아야 하고, 또한 폭넓은 대인관계망을 필요로 하는 것일 경우에는 성공적으로 업무를 수행하기가 어려울 것이다.

6. 리더 특성 연구의 상황 부합 이론

이 장의 초반부에서 언급되었듯이 리더 특성의 효과가 상황에 따라 다르게 나온다는 초기의 특성 연구에 대한 비판에 기초하여 리더십 효과에 대한 보편적 관점 대신 상황 특수적 관점의 접근 방법인 상황 부합 모델(contingency model)이 등장하게 되었다. Fiedler의 LPC 부합 이론은 몇 안 되는 리더 특성의 상황 부합 모델 중의 하나인데, 1964년에 발표된 이래로 수많은 경험적 연구가 행해진 이론이다. 그 후 Fiedler는 또 다른 부합 모델인 인지적 자원 이론(cognitive resource theory)을 제안하였다. 이 절에서는 Fiedler의 이 두 가지 이론을 소개할 것이다.

1) Fiedler의 LPC 부합 모델

Fiedler(1964, 1967)의 LPC 부합 모델은 상황 요인이 어떤 방식으로 리더의 특성과 그 효과 간의 관계를 조절하는가(moderate)를 기술하고 있다. Fiedler의 연구는 1953년부터 시작되었는데, 성격 특성 점수인 LPC(Least Preferred Coworker) 점수로 리더십의 효과를 예측하고자 하였다. LPC 점수는 응답자에게 과거부터 현재에 이르기까지 함께 일했던 모든 동료 중 함께 일하기가 가장 싫은(또는 싫었던) 한 사람을 선택한 후, 그 사람을 양극 형용사 척도들로 구성된 질문지상에서 평가하도록 하여 얻어진다. 양극 형용사 척도가 여러 개 있으므로 그 척도들에서 평가된 점수를 모두 합하면 그것이 곧 응답자의 LPC 점수가 된다. LPC 점수는 가장 싫어하는 동료의 점수가 아닌, 응답자 본인의 점수임을 주목하라. LPC 척도의 한 예가 [그림 2-2]에 나와 있다.

☞ 설문 응답 요령:

　직장에서 함께 일하고 있는 사람에 대해 어떻게 생각하는가는 사람마다 그 방식이 다릅니다. 다음에 의미가 서로 반대가 되는 형용사 쌍이 나와 있습니다. 귀하께서 할 일은 귀하가 함께 일하고 있는 어느 한 사람에 대한 느낌을 묘사해 주는 것인데, 그 방식은 두 반대말 사이에 나와 있는 8개의 칸 중에서 어느 하나에 체크를 하는 것입니다. 각 칸은 귀하가 생각하고 있는 사람을 그 형용사가 얼마나 잘 들어맞게 묘사하는 것인가를 나타냅니다. 다음에 한 가지 예가 나와 있습니다.

매우 깔끔한 : ____ : ____ : ____ : ____ : ____ : ____ : ____ : ____ : 불결한
　　　　　　 8　　 7　　 6　　 5　　 4　　 3　　 2　　 1
　　　　　　 매우　상당히　비교적　약간　　약간　비교적　상당히　매우
　　　　　　 깔끔　깔끔　　깔끔　　깔끔　불결　불결　불결　불결

　이제, 귀하가 가장 함께 일하고 싶지 않은 사람을 한 사람 생각해 주십시오. 그 사람은 현재 귀하의 직장에 함께 있는 사람일 수도 있고, 과거에 같은 직장에 있었던 사람일 수도 있습니다. 그 사람은 귀하가 가장 싫어하는 사람이 아닐 수도 있습니다. 다만 그 사람은 귀하가 함께 일을 하기에 가장 싫은 사람이어야 합니다. 그 사람에 대해 귀하께서 어떻게 생각하는지 다음에 표시해 주십시오.

유쾌하다 :	____ :	____ :	____ :	| :	____ :	____ :	____ :	____	:불쾌하다
친절하다 :	____ :	____ :	____ :	| :	____ :	____ :	____ :	____	:불친절하다
거부적이다 :	____ :	____ :	____ :	| :	____ :	____ :	____ :	____	:수용적이다
배려성이 많다 :	____ :	____ :	____ :	| :	____ :	____ :	____ :	____	:배려성이 없다
의욕이 부족하다 :	____ :	____ :	____ :	| :	____ :	____ :	____ :	____	:의욕적이다
경직되어 있다 :	____ :	____ :	____ :	| :	____ :	____ :	____ :	____	:여유가 있다
멀게 느껴진다 :	____ :	____ :	____ :	| :	____ :	____ :	____ :	____	:가깝게 느껴진다
차갑다 :	____ :	____ :	____ :	| :	____ :	____ :	____ :	____	:따뜻하다
협조적이다 :	____ :	____ :	____ :	| :	____ :	____ :	____ :	____	:비협조적이다
지지적이다 :	____ :	____ :	____ :	| :	____ :	____ :	____ :	____	:적대적이다
따분하다 :	____ :	____ :	____ :	| :	____ :	____ :	____ :	____	:재미있다
남과 잘 다툰다 :	____ :	____ :	____ :	| :	____ :	____ :	____ :	____	:남과 잘 지낸다
자신감 있다 :	____ :	____ :	____ :	| :	____ :	____ :	____ :	____	:자신감 없다
유능하다 :	____ :	____ :	____ :	| :	____ :	____ :	____ :	____	:무능하다
우울하다 :	____ :	____ :	____ :	| :	____ :	____ :	____ :	____	:명랑하다
개방적이다 :	____ :	____ :	____ :	| :	____ :	____ :	____ :	____	:폐쇄적이다
비열하다 :	____ :	____ :	____ :	| :	____ :	____ :	____ :	____	:정정당당하다
불성실하다 :	____ :	____ :	____ :	| :	____ :	____ :	____ :	____	:성실하다

[그림 2-2]　LPC 척도의 예

'가장 싫어하는 동료'를 평가함에 있어서 전반적으로 부정적인 평가를 하는 사람은 낮은 LPC 점수를 받고, 관대하게 평가하는 사람은 높은 LPC 점수를 받는다. LPC 점수가 의미하는 바는 여러 차례 바뀌었다. Fiedler(1978)의 해석에 의하면, LPC 점수는 평가자의 동기 위계(motive hierarchy)를 나타낸다. 고(高)-LPC 점수의 리더의 경우, 일차적 동기는 친애 욕구(관계 지향적 행동)이고, 이차적 동기는 과업 목표의 성취(과업 지향적 행동)이다. 친애 욕구는 부하를 포함하여 다른 사람들과 친밀한 대인관계를 유지하는 것인데, 관계가 좀 소원해질 것 같으면 배려적이고 지지적인 방식으로 행동하도록 한다. 이차적 동기인 과업 목표의 성취는 일차적 동기인 친애 욕구가 충족된 후에 비로소 중요한 동기로 떠오른다. 반면, 저(低)-LPC 점수의 리더의 경우에는 일차적 동기가 과업 목표의 성취이며, 이차적 동기는 친애 욕구이다. 이러한 리더는 과업상에 문제가 있으면 항상 과업 지향적 행동을 강조한다. 그리고 부하들과 좋은 관계를 유지하고자 하는 친애 욕구는 집단의 업무가 잘 돌아가고 있고 심각한 과업상의 문제가 없을 때만 중요한 것으로 부상된다.

리더의 LPC 점수와 리더십 효과 사이의 관계는 상황 유리도(有利度, situational favorability) 또는 상황 통제력(situational control)이라고 하는 상황 변인에 따라 달라진다. Fiedler에 의하면 상황 유리도란 리더가 부하를 통제함에 있어서 상황적 여건이 리더에게 어느 정도 유리한가의 정도를 말한다. 상황 유리도는 그 상황 내에 있는 다음의 세 가지 측면에 근거하여 측정된다.

- 리더-부하 관계: 리더가 부하의 지지와 충성을 받고 있는 정도 및 부하들과의 우호적이고 협조적인 관계를 유지하고 있는 정도
- 과업 구조: 과업 수행을 위한 표준 작업 절차, 완제품이나 서비스의 요건에 대한 상세한 명세서, 과업 수행 과정 및 결과 평가에 관한 객관적 지표 등이 구비되어 있는 정도
- 직책 권력: 리더가 부하의 성과를 평가하고 그에 따라 상벌을 줄 수 있는 권한을 보유하고 있는 정도

상황 유리도는 상황의 이 세 가지 요소에 각각의 가중치를 주어서 합산을 함으로써 계산할 수 있다. 각 요소의 중요성 정도에 따라 가중치가 부여되는데, 그 중요도는 리더-부하 관계, 과업 구조, 직책 권력의 순서(4:2:1의 비율)라고 가정하고 있다. 세 요소 각각을 유리-불리의 두 수준으로 나누어서 조합하면, 총 여덟 가지의 상황 유리도 수준이 나온다. 가중치의 합인 7에 10점을 곱하여 70점 만점으로 계산할 때, 상황 유리도가 51점 이

상이면 높음으로, 21~50점이면 중간, 20점 이하이면 낮음으로 구분된다(Fiedler & Garcia, 1987). 리더-부하 관계가 좋고, 과업이 잘 구조화되어 있으며, 리더가 충분한 직책 권력을 갖고 있는 상황이 리더에게 가장 유리한 조건이다. 리더-부하 관계가 좋으면 부하들은 리더의 요구나 지시를 무시하는 일이 없이 순종한다. 과업이 잘 구조화되어 있으면 리더가 부하에게 일을 지시하기에도 편리하고 업무 수행을 감독하기에도 좋다. 리더가 직책 권력을 충분히 갖고 있으면 부하들에게 영향력을 발휘하기가 용이해진다. 리더에게 가장 불리한 상황은 리더-부하 관계가 나쁘고, 직책 권력은 낮으며, 과업이 구조화되어 있지 않은 조건이다. 이 모델에서 취급되는 변인 간의 인과적 관계가 [그림 2-3]에 요약되어 있다.

[그림 2-3] Fiedler의 부합 이론에서의 변인 간의 인과관계

Fiedler에 의하면, 상황 유리도가 낮거나 중간 정도인 조건에서는 리더는 자신의 일차적 동기를 충족하는 방향으로 행동을 한다. 그래서 저-LPC의 리더는 과업 지향적인 행동을 하고, 고-LPC의 리더는 관계 지향적인 행동을 한다. 상황 유리도가 높은 조건에서 리더는 자신의 일차적인 동기가 충족되었으므로 이차적인 동기를 충족시키는 방향으로 행동을 한다. 그래서 저-LPC의 리더는 관계 지향적인 행동을 하고, 고-LPC의 리더는 과업 지향적인 행동을 한다.

Fiedler는 상황 유리도의 수준에 따라서 효과적인 리더 행동이 무엇인가에 관하여 다음과 같은 가정을 한다. 상황 유리도가 낮은 조건에서는 과업 지향적 행동을 하는 것이 집단 성과를 높이는 데 더 효과적이다. 반면, 상황 유리도가 중간이거나 높은 조건에서는 리더의 관계 지향적 행동이 집단 성과를 높이는 데 더 중요한 요인이 된다.

이러한 가정에 비추어 본다면 상황 유리도의 각 조건별로 어떤 리더가 더 효과적일 것인지를 예측할 수 있다. 상황 유리도가 낮은 조건에서는 각 리더는 자신의 일차적 동기를 충족하는 방향으로 행동한다. 즉, 저-LPC의 리더는 과업 지향적으로 행동하고, 고-LPC의 리더는 관계 지향적으로 행동한다. 이 조건에서는 과업 지향적으로 행동하는 리더가 더 효과적이므로 저-LPC의 리더가 더 효과적이다.

상황 유리도가 중간 정도인 조건에서도 각 리더는 자신의 일차적 동기를 충족하는 방향으로 행동한다. 즉, 저-LPC의 리더는 과업 지향적으로 행동하고, 고-LPC의 리더는 관계 지향적으로 행동한다. 이 조건에서는 관계 지향적으로 행동하는 리더가 더 효과적이므로 고-LPC의 리더가 더 효과적이다.

상황 유리도가 높은 조건에서는 각 리더는 자신의 일차적 동기가 이미 충족되었으므로 이차적 동기를 충족하는 방향으로 행동한다. 즉, 저-LPC의 리더는 관계 지향적으로 행동하고, 고-LPC의 리더는 과업 지향적으로 행동한다. 그런데 이 조건에서는 관계 지향적으로 행동하는 리더가 더 효과적이므로 저-LPC의 리더가 더 효과적이다. [그림 2-4]에는 상황에 따라 효과적인 행동이 무엇인가에 대한 이 모델의 처방이 도시되어 있다.

과거 약 20여 년 동안 이 모델을 검증하기 위한 연구가 많이 나왔다. Strube와 Garcia

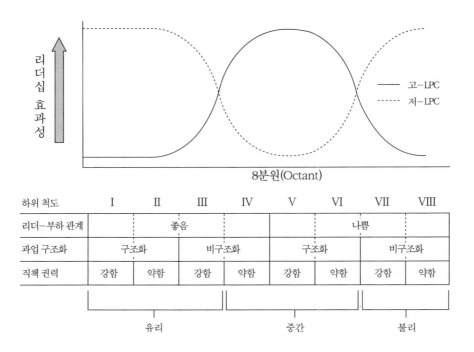

[그림 2-4] Fiedler의 LPC 부합 모델에서 상황별 리더의 효과성

(1981), Peters, Hartke와 Pohlmann(1985)이 그 연구들을 개관하였는데, 비록 여덟 가지 상황 조건 모두에서 다 지지된 것은 아니고 또 현장 연구에서는 실험실 연구만큼의 강력한 결과가 나오지는 않았지만, 연구 결과는 전반적으로 이 모델을 지지하는 것으로 나타났다. [그림 2-5]에 LPC 모델을 검증한 연구 결과가 나와 있다.

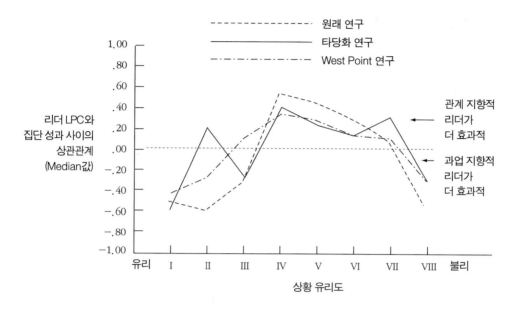

[그림 2-5] LPC 모델의 타당성 검증 연구 결과

이러한 고무적인 결과에도 불구하고 이 모델 자체와 모델 검증에서 사용된 방법에 대한 비판 또한 강도가 높다. 주요 비판 내용은 다음과 같다.

첫째, LPC 점수의 의미가 불명확하다. 그 점수에 대한 해석은 여러 차례 임의적으로 변경되었다. 최근에 나온 해석이란 것도 의문의 여지가 많아서 앞으로 또다시 변경될 소지를 안고 있다(Yukl, 1970). 둘째, 이 모델은 진정한 의미에서 이론이라고 보기 어렵다. 왜냐하면 리더의 LPC 점수가 집단 성과에 어떤 방식으로 영향을 미치는가를 설명하지 못하고 있다(Ashour, 1973). 이 모델에서는 LPC 점수와 집단 성과 사이를 매개해 주는 변인이나 리더 행동을 제시하지 못하고 있다. 셋째, 이 모델에 대한 경험적 지지 증거가 약하다. 대부분의 연구에서 나온 상관계수의 값이 통계적으로 유의미하지 못하였다(Graen, Alvares, Orris, & Martella, 1970; McMahon, 1972; Vecchio, 1983). 넷째, 상황 유리도를 계산하는 데 사용된 가중치의 결정이 임의적이며, 명확한 논리적 근거가 없다. 또 상황의 세 측면이 통합되어 하나의 차원으로 취급되었는데, 그렇게 해야 할 근거가 무엇인지에 대한 설명이 없다(Shiflett, 1973). 다섯째, LPC 점수의 분포를 생각해 보면 중간 점수대의 리더가 높은 점수대와 낮은 점수대의 리더를 모두 합한 수보다 더 많을 것이다. 그럼에도 불구하고 이 모델과 대부분의 검증 연구는 LPC 점수가 중간인 리더들에 대해서는 별로 많이 다루지 않았다. 연구 결과들은 LPC 점수가 중간인 리더들이 그 점수가 더 높거나 더 낮은 리더에 비해 오히려 더 성공적일 것이라는 점(여덟 가지의 상황 조건 중 다섯 조건)을 시사하고 있다. 이것은 아마도 중간대의 점수를 갖는 리더들이 친애 욕구와 성취 욕구를 균형 있게 갖추었기 때문일 수 있음을 시사한다(Kennedy, 1982; Shiflett, 1973). 여섯째, 이 모델은 과업 구조를 이미 주어진 것으로서 취급했는데 많은 경우, 특히 작업 과정이 제대로 명세화되어 있지 않은 경우에는 리더가 바로 그 과업 구조를 조직화할 책임을 지고 있는 것이다. 어떤 연구는 LPC 점수가 집단 성과에 미치는 효과보다 과업 구조를 잘 조정하는 것이 집단 성과에 미치는 효과가 더 크고, 그 차이가 10배에까지 달한다고 보고하고 있다(O'Brien & Kabanoff, 1981).

Fiedler(1973, 1977)는 언급된 비판에 대하여 일부 보완 설명을 제시하고 있지만, 이 모델의 타당성에 관해서는 아직까지 논란이 많으며, 현재는 이 모델이 처음 제안되었을 때만큼의 주목은 끌지 못하고 있다. 이 이론의 주된 공헌점은 리더십 연구에서 상황 요인을 주요한 설명 변인으로 고려하도록 만들었다는 점이다.

2) 인지적 자원 이론

리더십 특성 연구에 대한 이전의 개관 논문들은 지능과 리더십 효과 사이의 상관관계가 매우 미약하다는 사실을 지적하고 있다(Ghiselli, 1966; Stogdill, 1974). Fiedler와 그의 동료들(Fiedler, 1986; Fiedler & Garcia, 1987)은 인지적 자원 이론(cognitive resource theory)에서 지능을 포함하여 리더의 인지적 능력이 리더십 효과성과 어떤 관계가 있는가를 상황 부합 이론적 접근으로 재조명하고 있다. 즉, 지능이나 경험과 같은 인지적 자원이 어떤 조건하에서 집단 성과와 관련성을 보일 것인가를 다룬다. 사실상 지능이나 경험이 리더십 효과성과 어떤 관계를 갖는가를 밝히는 것은 매우 중요한 일이다. 왜냐하면 많은 조직체에서 관리자를 선발할 때 지능과 경험의 정도를 선발 시험의 중요한 요소로 간주하고 있기 때문이다.

이 이론에 포함되는 중요 변인들을 보면, 두 개의 특성 변인(지능과 경험), 두 개의 상황 변인(대인관계 스트레스와 집단의 지지) 그리고 한 개의 리더 행동 변인(지시적 리더십)이 있다. 이 이론의 첫 번째 명제는 리더의 능력이라는 특성은 그 리더가 지시적 리더십 유형을 구사하는 사람이고, 부하들이 과업을 성공적으로 수행하기 위해서는 리더의 지도를 필요로 하는 경우에서만 집단 성과에 영향을 미친다는 것이다. 즉, 계획 입안 및 실행 방안 수립 시 리더의 지능이 우수할수록 더 훌륭한 안이 나올 것이고, 리더의 계획과 결정 사항은 지시적 행동을 통해 부하들에게 잘 전달될 것이므로, 리더가 자신이 결정한 안을 강력하게 밀고 나갈 수 있는 경우에만 그의 능력이 집단 성과에 반영될 수 있다는 것이다.

부하의 능력이 리더보다 더 나은 경우에는 비지시적 또는 참여적 리더가 지시적 또는 전제적 리더보다 더 효과적이다. 이 모델의 이러한 논리는 Vroom-Yetton의 모델과 일치하는 것으로서 여러 연구에 의해 지지받고 있다(Blyth, 1987; Fiedler & Garcia, 1987).

이 이론의 두 번째 명제는 스트레스 정도가 지능과 리더가 내린 결정 사항의 질적 수준 간의 관계에서 조절 변인적 역할을 한다는 것이다. 스트레스의 원천으로는 여러 가지가 있을 수 있는데, 역할 갈등을 불러일으키거나 필요한 자원과 지지를 제공해 주지 않으면서 과도한 요구만 하는 상관이 스트레스의 원천이 된다. 다른 스트레스의 원천으로는 작업 과정에서 심각한 문제가 자주 발생한다든가, 부하들과 심한 마찰을 빚고 있다든가 하는 것을 들 수 있다. 스트레스가 낮은 경우에는 능력이 제대로 발휘될 수 있으므로 지능이 높을수록 양질의 계획이나 결정이 나오게 된다. 그러나 스트레스가 높은 경우에는 그러한 관계가 사라지거나 오히려 부적 상관관계가 나올 수 있다. 이 이론은 우수한 지능의 리더가 때로는 스트레스 상황하에서 수준 이하의 결정을 내리는 이유에 대한 몇 가지 설명을 제공해 준다. 그중에서 가장 그럴듯한 설명은 스트레스가 의사결정 과정에 간섭한다는 것이다. 스트레스가 강하면 리더는 주의가 분산되어서 문제에 집중하기가 어려워진다. 리더는 위축되고, 그 결과 집단 전체까지 우왕좌왕하게 만들 수 있다. 또한 자신의 인상이나 평판이 나빠질까 봐 불안해져서 그로 인해 수준 이하의 결정을 내릴 수도 있다.

이 이론에서는 지능과 경험을 구분하여 다루고 있다. 경험은 통상 그 직종에 종사한 기간이나 그 직책에 보직된 기간의 길이로 정의되는데, 경험이 많을수록 문제를 효과적으로 처리하는 방법이 습관화된다고 가정한다. 또 스트레스 상황하에서는 과제를 새로운 시각에서 바라보기보다는 이전의 경험에 비추어서 처리한다고 가정한다. 여기서 세 번째의 명제가 나오는데, 즉 높은 대인관계 스트레스 상황하에서는 경험이 리더가 내리는 결정의 질적 수준과 정적 상관관계를 보이지만, 낮은 스트레스 상황에서는 그러한 관계가 없어진다고 본다. 즉, 경험이 풍부한 리더는 스트레스가 적은 상황에서는 주로 지능을 활용하고 스트레스가 많은 상황에서는 주로 경험을 활용하는 반면, 경험이 적은 리더는 활용할 수 있는 경험이 없으므로 두 상황에서 모두 지능에 의존한다는 것이다. 이 명제에 대한 지지 증거도 상당수 있다(Frost, 1983; Potter & Fiedler, 1981).

마지막으로 언급될 변인은 과제의 종류라는 상황 변인이다. 즉, 과제의 효과적인 완수를 위해서 리더의 지능이나 경험이 얼마나 요구되는지에 관한 것이다. 과제가 아주 단순하고 쉬운 것일 경우, 리더의 지능이 집단의 성과와 특별히 상관될 일은 없으며, 또 리더의 지시적 행동 여부와도 상관이 없을 것이다. 이 명제는 직접 검증된 적은 없지만 간접적인 증거는 있다.

Fiedler는 인지적 자원 이론을 LPC 부합 모델과 연결해 보려고 하였다. 그는 리더의 LPC 점수를 스트레스 상황하에서의 지시적 행동의 정도를 결정하는 일차적 요인으로 볼 수 있을 것이라고 제안하였다. 그러나 이러한 연결 가능성을 탐구한 연구는 아직까지 나오지 않았다.

지능이 비지시적 리더보다 지시적 리더에게서 리더십 효과와 더 관련이 있을 것이라는 명제는 Vroom-Yetton의 이론과도 일치한다. 이 명제는 Fiedler와 Garcia(1987)가 보고한 다섯 편의 초기 연구에서 지지되는 것으로 나타났고, 그 이후 세 편의 연구들(Blyth, 1987; Murphy, Blyth, & Fiedler, 1992; Vecchio, 1990)에서도 역시 지지되는 것으로 나타났다. 두 번째 및 세 번째 명제에 대한 지지 증거는 해안 구조대의 대장을 대상으로 한 연구(Potter & Fiedler, 1981)와 소방서 대장을 대상으로 한 연구(Frost, 1983)에서 나왔다. 그러나 아직 이 이론은 검증을 받아야 할 측면이 많다. 이 이론이 갖는 개념적인 문제점을 몇 가지 들어보면 다음과 같다.

첫째, 이 모델의 타당성을 검토한 연구의 대부분은 원래 LPC 모델을 검증하기 위해 실시되었던 것을 재분석한 것들이다. 또 이 연구들은 이 이론에서 제안된 여러 가지 명제를 동시적이고 전체적으로 검증한 것들이 아니었다(Vecchio, 1990).

둘째, 이 이론에서 가장 논란이 되는 것은 리더십의 효과를 예측하는 데 가장 중요한 요소가 낮은 스트레스 상황에서는 지능이고, 높은 스트레스 조건에서는 경험이라고 한 부분이다. 이 이론은 스트레스 상황하에서 수준 이하의 결정이 내려진다고 가정하고 있는데, 이 가정은 아직 직접적으로 검증된 바가 없다. 이 가정을 검증하기 위해서는 인지적 과정이나 대인관계 과정과 같은 매개 변인을 측정한 연구가 요구된다.

셋째, 이 모델의 타당성을 검증한 연구들은 경험을 통하여 습득하는 능력의 정도를 직접 측정한 측정치를 사용하지 않았고, 대신 그 직업에 종사한 기간과 같은 대용치를 사용하였다. Bettin과 Kennedy(1990)가 육군 장교들을 대상으로 한 연구에 의하면 리더십 수행 역량은 어떤 직책에 보직된 기간이나 횟수보다는 리더십 관련 경험이 얼마나 많은가와 더 큰 상관이 있다고 한다.

넷째, 경험적 능력에 대한 직접적 측정치가 아닌 재직 기간과 같은 대용치를 사용하면 스트레스라는 요인과 관련된 다른 가외 변인의 효과를 분리해 내기가 어려워진다. 한 가지 대안적 가설의 예를 들면, '경험이 많은' 관리자들이 스트레스 상황을 더 잘 견디는 이유는 스트레스를 잘 참는 사람이었기 때문에 오래까지 남을 수 있었고, 그렇지 않은 관리자들은 일찍이 도태되었기 때문일 수 있다는 것이다. 또 다른 대안적 가설의 예를 들면, '경험이 많은' 관리자는 오랜 기간 근무하는 동안 자신이 스트레스 상황에 처했을 때 자신을 지지해 줄 수 있는 사람들을 많이 사귀어 놓았기 때문에 스트레스 상황을 더 잘 견딜수 있었다는 것이다.

다섯째, 이 이론에서 주요 특성 변인은 일반 지능인데, 보다 구체적이고 관련성이 높은 다른 인지적 능력을 사용하지 않고 일반 지능을 사용하고 있는지에 대한 뚜렷한 논리적인 근거가 없다. 따라서 과제와 관련된 더 구체적인 인지 능력을 주요 변인으로 발굴할 필요가 있다(Vecchio, 1990).

7. 리더 특성 연구에 대한 평가

리더 특성 연구의 초기에는 특성 연구 결과에 대한 회의가 있기도 하였으나, 방법론적 발전이 이루어짐에 따라 리더십 효과와 승진을 예측하는 특성이나 능력의 발견에서 많은 성과가 있었다. 그렇지만 특성 연구는 여전히 방법론과 개념상의 문제에서 많은 제한점을 갖고 있다. 무엇보다도 특성이라는 것이 직접 관찰 및 측정이 곤란한 추상적인 변인이라는 점이 리더십 연구에서 그 유용성을 제한한다. 즉, 어떤 특성이 행동상으로는 어떻게 표현된다는 정도의 얘기를 할 수 있는 것 이외에는 이 특성이 리더십 효과와 직접 어떻게 관련이 되는가를 설명하기가 매우 어렵다는 것이다. 특성이 리더십 효과나 승진과 관련되는 과정을 직접적으로 설명해 주는 이론에 기초한 특성 연구는 거의 없다.

대부분의 특성 연구는 개별 특성들이 리더십 성과나 승진에 어떤 효과를 갖는지를 연구한다. 따라서 이런 연구들은 여러 가지 특성이 어떤 방식으로 상호 관련되며, 또 어떤 방식으로 상호작용하여 리더 행동에 영향을 미치는가에 대해서는 아무런 설명을 해 주지 못한다. 따라서 특성 연구가 더 발전하기 위해서는 여러 특성의 조합이나 패턴이 리더십 효과와 어떤 관계가 있는가를 밝히는 통합적인(holistic) 접근법을 도입해야 한다.

또 다른 발전 방향으로서는 리더십의 효과를 극대화하는 데 요구되는 특성의 적정 수준이 어느 정도인가를 밝히는 것이다. 이제까지 대부분의 특성 연구는 특성과 리더십 효과 간의 직선함수적 관계를 밝히는 모델에 기초하고 있다. 그러나 한 가지 예를 들어 보자. 리더가 부하들을 이끌어 나가기 위해서는 자신감이 있어야 한다. 그러나 리더의 자신감이 너무 과도하면 부하의 반대 의견 같은 것은 무시해 버리거나 너무 거만해져서 오히려 부정적인 결과를 초래할 수도 있다. 따라서 리더는 적절한 정도의 자신감을 갖는 것이 가장 효과적일 수 있다. 이런 식의 논의는 다른 특성에 대해서도 마찬가지이다. 따라서 앞으로의 특성 연구는 요구되는 특성의 적정량이 어느 정도인지를 밝히는 곡선함수적 관계 규명에도 눈을 돌려야 할 것으로 보인다.

개별 특성의 적정량이 얼마인가를 밝히는 문제에 부가하여 여러 특성이 어떠한 조합을 이룰 때 가장 효과적일 것인가의 문제를 연구하는 것도 앞으로의 특성 연구가 발전시켜야 할 방향이다. 예를 들면, 동기에 관한 연구에서 대규모 조직체의 리더로 성공하기 위해서는 높은 권력 욕구와 중간 정도의 성취 및 친애 욕구를 갖는 것이 가장 좋은 것으로 나타났다. 이처럼 어떤 특성의 어떠한 조합이 리더십 효과와 어떤 관계가 있는가를 밝히는 연구가 앞으로의 특성 연구에서 요망된다고 하겠다.

참고문헌

육군본부(2003). 지휘 · 통솔. 육군인쇄창.

최광현, 정선구, 김인국, 김정명, 구영준, 박미영(2009). 새로운 인성검사 시행 및 분석. 한국국방연구원.

Allport, G. W., Vernon, P. E., & Lindsey, G. (1960). *A study of values* (3rd ed.). Boston: Houghton Mifflin.

Ashour, A. S. (1973). The contingency model of leadership effectiveness: An evaluation. *Organizational Behavior and Human Performance, 9,* 339-355.

Bass, B. M. (1990). *Bass & Stogdill's handbook of leadership: Theory, research, and managerial applications* (3rd ed.). New York: Free Press.

Bass, B. M. (2008). *Handbook of leadership: Theory, research, and managerial applications* (4th ed.). New York: Free Press.

Bennis, W. G., & Nanus, B. (1985). *Leaders: The strategies for taking charge.* New York: Harper & Row.

Berman, F. E., & Miner, J. B. (1985). Motivation to manage at the top executive level: A test of the hierarchic role-motivation theory. *Personnel Psychology, 38,* 377-391.

Bettin, P. J., & Kennedy, J. K. Jr. (1990). Leadership experience and leader performance: Some empirical support at last. *Leadership Quarterly, 1*(4), 219-228.

Blyth, D. E. (1987). *Leader and subordinate expertise as moderators of the relationship between directive leader behavior and performance.* Unpublished doctoral dissertation, University of Washington. Seattle.

Boyatzis, R. E. (1982). *The competent manager.* New York: John Wiley.

Bray, D. W., Campbell, R. J., & Grant, D. L. (1974). *Formative years in business: A longterm AT&T study of managerial lives.* New York: Wiley.

Carlyle, T. (1841, 1907). *Heroes and hero worship.* Boston: Adams.

Dale, E. (1960). Management must be made accountable. *Harvard Business Review, 38,* 49-59.

England, G. W. (1967). Personal value systems of American managers. *Academy of Management Journal, 10,* 53-68.

Fiedler, F. E. (1964). A contingency model of leadership effectiveness. In L. Berkowitz (Ed.), *Advances in experimental social psychology* (Vol. 1, pp. 149-190). New York: Academic Press.

Fiedler, F. E. (1967). *A theory of leadership effectiveness.* New York: McGraw-Hill.

Fiedler, F. E. (1973). The contingency model: A reply to Ashour. *Organizational Behavior and Human Performance, 9,* 356-368.

Fiedler, F. E. (1977). A rejoinder to Schriesheim and Kerr's premature obituary of the contingency model. In J. G. Hunt & L. L. Larson (Eds.), *Leadership: The cutting edge.* Carbondale, IL: Southern Illinois University Press.

Fiedler, F. E. (1978). The contingency model and the dynamics of leadership process. In L. Berkowitz (Ed.), *Advances in experimental social psychology* (Vol. 11, pp. 59-112). New York: Academic Press.

Fiedler, F. E. (1986). The contribution of cognitive resources to leadership performance. *Journal of Applied Social Psychology, 16,* 532-548.

Fiedler, F. E., & Garcia, J. E. (1987). *New approaches to effective leadership: Cognitive resources and organizational performance.* New York: Johen Wiley.

Frost, D. C. (1983). Role perceptions and behaviors of the immediate superior moderating effects on the prediction of leadership effectiveness. *Organizational Behavior and Human Performance, 31*, 123-142.

Ghiselli, E. E. (1966). *The validity of occupational aptitude tests.* New York: Wiley.

Goleman, D. (1995). *Emotional intelligence.* New York: Bantam.

Goleman, D. (1998). *Working with emotional intelligence.* New York: Bantam.

Goodstadt, B. E., & Hjelle, L. A. (1973). Power to the powerless: locus of control and the use of power. *Journal of Personality and Social Psychology, 27*(2), 190-196.

Gordon, L. V. (1975). *The measurement of interpersonal values.* Chicago: Science Research Associates.

Gordon, L. V. (1976). *Survey of interpersonal values: Revised manual.* Chicago: Science Research Associates.

Graen, G., Alvares, K. M., Orris, J. B., & Martella, J. A. (1970). Contingency model of leadership effectiveness: Antecedent and evidential results. *Psychological Bulletin, 74*, 285-296.

House, R. J., Spangler, W. D., & Woycke, J. (1991). Personality and charisma in the U.S. presidency: A psychological theory of leader effectiveness. *Administrative Science Quarterly, 36*, 364-396.

Howard, A., & Bray, D. W. (1990). Predictions of managerial success over long periods of time: Lessons from the Management Progress Study. In K. E. Clark & M. B. Clark (Eds.), *Measures of leadership* (pp. 113-130). Leadership Library of America.

Judge, T. A., Piccolo, R. F., & Kosalka, T. (2009). The bright and dark sides of leader traits: A review and theoretical extension of the leader trait paradigm. *Leadership Quarterly, 20*(6), 855-875.

Katz, D., & Kahn, R. L. (1978). *The social psychology of organizations* (2nd ed.). New York: John Wiley.

Katz, R. L. (1955). Skills of an effective administrator. *Harvard Business Review, January-February*, 33-42.

Kennedy, J. K. Jr. (1982). Middle LPC leaders and the contingency model of leadership effectiveness. *Organizational Behavior and Human Performance, 30*, 1-14.

Kotter, J. P. (1982). *The general managers.* New York: Free Press.

Lombardo, M. M., & McCauley, C. D. (1988). *The dynamics of management derailment.* Greensboro, NC: Center for Creative Leadership.

Lusk, E. J., & Oliver, B. L. (1974). American managers' personal value systems- revisited. *Academy of Management Journal, 17,* 549-554.

Mann, F. C. (1965). Toward an understanding of the leadership role in formal organization. In R. Dubin, G. C. Homans, F. C. Mann & D. C. Miller (Eds.), *Leadership and productivity* (pp. 68-103). San Francisco: Chandler.

Mayer, J. D., Salovey, P., & Caruso, D. R. (2000). Models of emotional intelligence. In R. J. Sternberg (Ed.), *Handbook of intelligence* (pp. 396-420). Cambridge: Cambridge University Press.

McCall, M. W., Jr., & Lombardo, M. M. (1983). *Off the track: Why and how successful executives get drailed* (Technical Report No. 21). Greensboro, NC: Center for Creative Leadership.

McClelland, D. C. (1965). N-achievement and entrepreneurship: A longitudinal study. *Journal of Personality and Social Psychology, 1,* 389-392.

McClelland, D. C. (1975). *Power: The inner experience.* New York: Irvington.

McClelland, D. C. (1985). *Human Motivation.* Glenview, IL: Scot, Foresman.

McClelland, D. C., & Boyatzis, R. E. (1982). Leadership motive pattern and long term success in management. *Journal of Applied Psychology, 67,* 737-743.

McClelland, D. C., & Burnham, D. H. (1976). Power is the great motivator. *Harvard Business Review, 54,* 100-110.

McLennan, K. (1967). The manager and his job skills. *Academy of Management Journal, 3,* 235-245.

McMahon, J. T. (1972). The contingency theory: Logic and method revisited. *Personnel Psychology, 25,* 697-711.

Miller, D., Kets De Vries, M. F. R., & Toulouse, J. M. (1982). Top executive locus of control and its relationship to strategy-making, structure, and environment. *Academy of Management Journal, 25*(2), 237-253.

Miller, D., & Toulouse, J. M. (1986). Chief executive personality and corporate strategy and structure in small firms. *Management Science, 32*(11), 1389-1409.

Miner, J. B. (1965). *Studies in management education*. Atlanta: Organizational Measurement Systems Press.

Miner, J. B. (1978). Twenty years of research on role motivation theory of managerial effectiveness. *Personnel Psychology, 31*, 739–760.

Miner, J. B. (1985). Sentence completion measures in personnel research: The development and validation of the Miner Sentence Completion Scales. In H. J. Bernardin & D. A. Bownas (Eds.), *Personality assessment in organizations* (pp. 145–176). New York: Praeger.

Misshauk, M. J. (1971). Supervisory skills and employee satisfaction. *Personnel Administration, 34*(4), 29–33.

Murphy, S. E., Blyth, D., & Fiedler, F. E. (1992). Cognitive resource theory and the utilization of the leader's and group members' technical competence. *Leadership Quarterly, 3*(3), 237–255.

Nash, A. V. (1965). Vocational interest of effective managers: A review of the literature. *Personnel Psychology, 18*, 21–38.

Nash, A. V. (1966). Development and evaluation of a SVIB key for selecting managers. *Journal of Applied Psychology, 50*, 250–254.

Northouse, P. G. (2001). *Leadership: Theory and practice*. NY & London: Sage.

Northouse, P. G. (2013). *Leadership: Theory and practice* (6th ed.). Thousand Oaks, CA: Sage.

O'Brien, G. E., & Kabanoff, B. (1981). The effects of leadership style and group structure upon small group productivity: A test of a discrepancy theory of leader effectiveness. *Australian Journal of Psychology, 33*(2), 157–168.

Peters, L. H., Hartke, D. D., & Pohlmann, J. T. (1985). Fiedler's contingency theory of leadership: An application of the meta-analysis procedures of Schmidt and Hunter. *Psychological Bulletin, 97*, 274–285.

Potter, E. H., & Fiedler, F. E. (1981). The utilization of staff member intelligence and experience under high and low stress. *Academy of Management Journal, 24*, 361–376.

Porter, L. W., & Henry, M. M. (1964). Job attitudes in management: Perceptions of the importance of certain personality traits as a function of job level. *Journal of Applied Psychology, 48*, 31–36.

Rotter, J. B. (1954). *Social learning and clinical psychology*. New York: Prentice-Hall.

Shetty, Y. K., & Peery, N. S. (1976). Are top executives transferable across companies?

Business Horizons, 19(3), 23-28.

Shiflett, S. C. (1973). The contingency model of leadership effectiveness: Some implications of its statistical and methodological properties. *Behavioral Science, 18*(6), 429-440.

Stahl, M. J. (1983). Achievement, power and managerial motivation: Selecting managerial talent with the job choice exercise. *Personnel Psychology, 36*, 775-789.

Stogdill, R. M. (1948). Personal factors associated with leadership: A survey of the literature. *Journal of Psychology, 25*, 35-71.

Stogdill, R. M. (1974). *Handbook of leadership: A survey of theory and research.* New York: Free Press.

Strube, M. J., & Garcia, J. E. (1981). A meta-analytic investigation of Fiedler's contingency model of leadership effectiveness. *Psychological Bulletin, 90*, 307-321.

Vecchio, R. P. (1983). Assessing the validity of Fiedler's contingency model of leadership effectiveness: A closer look at Strube and Garcia. *Psychological Bulletin, 93*, 404-408.

Vecchio, R. P. (1990). Theoretical and empirical examination of cognitive resource theory. *Journal of Applied Psychology, 75*(2), 141-147.

Wainer, H. A., & Rubin, I. M. (1969). Motivation of research and development entrepreneurs: Determinants of company success. *Journal of Applied Psychology, 53*, 178-184.

Winter, D. G. (1973). *The power motive.* New York: Free Press.

Yukl, G. A. (1970). Leader LPC scores: Attitude dimensions and behavioral correlates. *Journal of Social Psychology, 80*(2), 207-212.

Yukl, G. A. (2013). *Leadership in organizations* (8th ed.). Boston: Pearson.

Zaccaro, S. J. (2007). Trait-based perspectives of leadership. *American Psychologist, 62*, 6-16.

Zaccaro, S. J., Kemp, C., & Bader, P. (2004). Leader traits and attributes. In J. Antonakis, A. T. Cianciolo, & R. J. Sternberg (Eds.), *The nature of leadership* (pp. 101-124). Thousand Oaks, CA: Sage.

제**3**장

리더 행동 연구

1940년대 후반 이후 심리학적 연구의 큰 흐름 변화가 발생하였는데, 이는 인간을 이해하고 조직을 관리하는 데 있어서 인간의 내적 과정에 대한 관심을 버리고 행동 그 자체에 대해서만 중점을 두는 연구접근이 대두하였다는 점이다. 행동주의란 인간의 행동에 초점을 두되, 철저한 과학적 방법론의 바탕 위에서 인간에 관한 연구를 하자는 관점이다. 예를 들면, 직접적 관찰이나 측정이 불가능한 성격이나 태도와 같은 내적 특성을 대상으로 해서는 과학적인 연구를 하는 데 제한점이 많다는 것이다. 그래서 직접적 관찰이나 측정이 가능한 외현 행동만을 연구의 대상으로 삼아야 한다는 것이 주된 주장이며, 이와 같은 학문적 관점의 변화는 리더십 연구의 흐름에도 그대로 반영된다.

초기의 리더 행동 연구는 모든 상황에 걸쳐 가장 효과적인 리더 행동이 무엇인가를 찾으려고 하였으며, 이러한 연구는 초기에 미국의 오하이오 주립대학교와 미시간 대학교의 연구자들에 의해 주도되었다. 하지만 이 연구접근은 상황에 따라서 효과적인 리더의 행동이 달라진다는 결과가 발견됨에 따라 한계에 부딪혔다. 그래서 연구의 방향은 어떤 상황에서 리더의 어떤 행동이 가장 효과적인가를 찾는 '상황'적 요소를 고려하는 방향으로 선회하였다.

1. 개관

1940년대 말기에는 리더의 특성 연구에 대한 비판이 강하게 제기되었다. Stogdill(1948)의 리더 특성 연구에 관한 개관 논문은 이러한 비판을 요약하여 대변한 것이라고 볼 수 있다. 이에 따라 리더십 연구는 새로운 대안적 접근을 요구받게 되었다.

행동주의적 관점에서 본다면 특성론적 관점은 크게 두 가지 측면에서 한계점을 안고 있다. 첫 번째 문제점은 리더의 심리적 특성이란 직접적인 관찰이 불가능한 것이기에 심리검사 등을 통하여 간접적으로 측정을 한다고 하더라도 측정 결과의 타당성을 확신할 수 없다는 것이다. 그러므로 직접적이고 객관적인 관찰과 측정이 가능한 리더의 외현적 행동을 연구 대상으로 삼아야 한다는 결론이 나온다.

두 번째 문제점은 연구 결과의 유용성에 관한 것이었다. 심리적 특성이란 오랜 기간의 성장 과정을 통하여 형성되어 온 것으로서 단기간에 쉽게 변화하거나 변화시킬 수 있는 성질의 것이 아니다. 따라서 성공적인 리더가 되는 데 필요한 특성이 무엇인가가 밝혀졌다 하더라도 훈련이나 학습을 통하여 리더가 그 특성을 구비하도록 하는 것은 매우 어려운 일이다. 반면, 심리적 특성에 비해 행동은 학습이나 훈련을 통해 변화시키거나 조형하기가 비교적 용이하다. 그래서 특성 연구가 리더의 선발이나 배치 문제에서는 유용성이 있겠지만, 리더 훈련이라는 측면에서는 행동 연구가 훨씬 더 유용하다는 것이다.

초기의 리더 행동 연구들은 리더십의 효과에 관하여 보편적 관점을 가정하고 있다. 즉, 모든 상황에 걸쳐서 두루 효과적인 리더십 행동이 있다고 보고 이런 행동이 무엇인가를 밝히려고 하였다. 이 입장의 대표적인 연구로서 오하이오 주립대학교 연구자들에 의한 연구와 미시간 대학교 연구자들에 의한 연구를 들 수 있다. 이 연구들은 주로 1950년대와 1960년대에 걸쳐서 두 대학교의 심리학자와 제자들에 의해 주도되었기에 오늘날 오하이오 주립대학교 연구 또는 미시간 대학교 연구라고 통칭되고 있다. 이 연구들은 리더들이 행하는 특정 행동들을 범주화하고 이 행동들의 결과로 나타나는 효과성을 분석하는 인과관계 추정 연구들이라고 할 수 있다.

이와 같은 리더 행동의 효과성에 대한 인과관계를 찾으려는 연구와는 별개로 리더 행동에 관한 연구의 또 다른 계통으로서 기술적(descriptive) 방법을 사용하여 리더 직책을 담당하는 사람들이 어떤 행동을 하는가를 기술하고자 시도한 연구들이 있다. 이러한 유형의 연구는 1950년대부터 시작되었고, 1980년대 이후 많이 증가하였으나 오늘날에는 크게 중요성을 갖지 않는 연구 흐름이라고 할 수 있다. 하지만 리더십 행동에 대한 연구 흐름과 변화를 개관한다는 측면에서 일부 소개할 필요가 있다. 아울러 리더십에 대한 특성론적 접근과 마찬가지로 리더 행동의 효과가 상황에 따라 달라진다는 증거들이 나오게 되면서 1970년대부터는 리더 행동의 효과성에 관한 상황 부합 이론이 대두하게 된다. 이 접근의 논점은 상황에 따라서 효과적인 리더 행동이 달라진다고 가정하며, 리더 행동의 효과를 달라지게 만드는 상황 조정 변인(situational moderator variable)이나 리더 행동과 리더십 효과 사이를 매개하는 변인(intervening variable)이 무엇인가를 찾아 제시하고자 하는 접근이 이 시기 연구의 또 다른 주요한 특징이었다.

따라서 이 장에서는 리더 행동에 관한 기술적 연구들을 먼저 소개하고 다음으로 리더 행동과 그 효과 간의 관계에 대한 보편적 관점의 연구들을 논의할 것이며, 마지막으로 리더 행동의 효과에 관한 상황 부합적 연구를 소개할 것이다.

2. 리더의 활동 내용과 역할 유형에 대한 연구

1) 리더 활동 내용에 대한 기술 연구

리더의 행동을 기술하는 연구들은 그들이 어떤 행동이나 활동을 하며, 그런 활동에 얼마만큼의 시간을 소비하고, 또 그 빈도가 얼마나 되는가 등을 명세화하고자 한다.

이 부류의 연구들은 다양한 연구방법을 사용하여 리더들의 일상업무 중 활동의 유형과 특성 등을 상세히 정리하고자 시도하였다. 이와 같은 연구자들이 사용한 연구법에는 자전적 기록법, 연속적 관찰법, 활동표본 추출법, 회고 보고법, 설문지법 등이 사용되었다. 다음 〈표 3-1〉에 각 연구방법의 장점과 단점 등을 비교하여 제시하였다.

〈표 3-1〉 리더 행동 연구방법들의 장단점 비교

	자전적 기록	연속적 관찰	활동표본 추출	회고 보고	설문지
개요	활동기록 양식(틀) 제공하고 일정 기간 기록	일정 기간 리더를 직접 관찰	무선적으로 추출된 시간대를 일정 기간 관찰	일상적 활동이나 과거 활동을 회상하여 보고	행동 항목을 세밀하게, 잘 구조화된 문항 구성
자료 작성	- 리더 - 매일 기록	- 연구자(or 부하) - 매일 기록	- 연구자 - 매일 기록	- 리더 - 일시에 기록	- 리더 - 일시에 기록
장점	- 성실 참여 시 좋은 결과 가능	- 객관적 평가 - 구조화된 관찰, 비구조화된 관찰 모두 가능	- 시간/비용 절감	- 단기간(1회성)	- 시간/비용 최소화 가능 - 신상 미노출
단점	- 장기간 협조 획득 어려움 - 양식으로 인해 기타 정보 소실	- 시간/비용 과다 소요 - 리더의 관찰자 의식	- 관찰시간대의 대표성 문제	- 기억 오류/왜곡 가능성 - 신상 노출로 방어 가능성	- 비고의적 왜곡 보고의 발생(기억 왜곡, 판단 착오 등)
비고		부하에게 관찰 기록 요구도 가능	연속적 관찰법을 보완 가능	인터뷰/설문	

이 관점에서 접근한 초기의 연구들은 리더의 활동에 어떤 것들이 있는가를 알아보는 데 주로 초점을 두었는데, 따라서 이 시기의 연구는 관리자가 의사소통에 사용하는 통신 매체가 주로 무엇인가, 타인과 상호작용 시 누가 먼저 시작하는가, 혼자 있는 시간과 다른 사람과 함께 있는 시간 비율은 어떻게 되는가, 이런 활동 패턴이 직책 수준이나 조직의 종류에 따라 다른가 등의 문제를 다루었다.

초기 이후의 연구에서는 리더의 활동 내용을 분류하는 쪽으로 관심이 옮겨 갔다. 즉, 리더의 활동 내용을 그것의 목적이나 과정상의 특성에 따라 어떤 행동 범주로 분류할 수 있는가를 연구하였다. 이런 연구들에서의 주요 과제는 관찰된 행동의 내용과 일기나 면접을 통해 획득한 행동 항목들을 상호 구분하여 적절하게 분류해 줄 수 있는 행동 범주를 발견하는 것이다. 가장 널리 알려진 대표적인 분류법은 Mintzberg(1973)의 것이다. 따라서 다음에서는 리더의 행동 기술 연구에서 나온 주요 결과를 요약·제시한 이후에 Mintzberg의 분류법에 따른 리더 행동 범주를 소개하겠다.

리더 행동 기술 연구들은 주로 기업 장면에서의 관리자들을 대상으로 한 연구들이며, 따라서 해당 연구자들이 사용한 관리자라는 용어를 그대로 사용하였으나, 이미 서론에서 리더십과 관리의 개념 간 고유성과 중첩성에 대해 논의했으므로 독자들은 리더와 관리자를 서로 대체하여 사용하면서 읽어도 무방하다고 생각한다.

관리자의 활동 내용의 특징에 관한 연구는 Carlson(1951)의 연구를 필두로 시작되었다고 볼 수 있는데, 1980년대 이후 연구가 많이 나왔으며, 다음의 내용은 1980년대 이후의 연구에서 나온 주요 결과를 요약한 것이다. 관리자들은 일반적인 부하들에 비해 여러 가지 측면의 활동상 차이점을 보여 주고 있는데, 주요한 차이점은 업무 수행의 시간과 방식, 업무 내용, 상호작용 대상과 상호작용 수단, 의사결정 과정, 계획 수립 과정 등의 측면에서 살펴보겠다.

첫째, 업무 수행의 시간과 방식 측면에서 관리자들은 통상 매우 열성적이며 쉴 새 없이 긴 시간 동안 일을 한다. 미국의 경우 주당 법정 근로 시간은 40시간(5일 근무)인데 전형적인 관리자는 최소한 50시간 일을 하고 그것으로도 모자라서 집으로 일을 가지고 가는 경우가 많다. 근무 시간 중에는 업무 부담을 홀가분하게 벗어 둘 여유가 거의 없으며, 집에서나 휴가 중에도 업무에 대해 잊고 편안히 지내지 못한다.

둘째, 업무 내용 측면에서 관리자 일과를 살펴보면 불연속적이고 분절적인 수많은 활동에 개입하게 되는데, 각각의 활동은 대부분이 매우 짧은 시간 내에 종결되는 것들이다. Mintzberg(1973)에 의하면 관리자 활동 중에서 절반 정도는 통상 9분 이내에 종결되고,

한 시간 이상의 장시간을 요하는 일은 1/10 정도에 불과하다. 관리자의 하루 업무 중 활동의 종류도 매우 다양하며, 관리자가 비관리자보다 활동의 가짓수가 더 많을 뿐만 아니라 한 종류의 일도 시간적으로 토막 나는 경우가 많다. 예기치 않게 업무가 단절되고, 대화가 중단되며, 중요한 활동이 사소한 일의 개입으로 뒤섞이거나, 기분 상태의 신속한 변환을 요하는 상황이 수시로 일어난다. 관리자의 활동이 이렇듯 단절되는 일이 많다는 사실은 곧 관리자의 대인 상호작용이 주로 타인에 의해 시작되었다는 것을 의미하며, 주어진 시간 내에 처리할 수 있는 분량을 초과하는 일들이 밀어닥치는 경우도 많다. 따라서 어떤 일에 우선순위를 두어서 먼저 처리해야 할 것인가도 결정해야 하는데 통상 긴급 사항, 시한이 걸린 사항, 상관이나 고객 등 중요 인물의 요구 사항 등이 우선적으로 채택되지만, 그 이외의 것들은 관리자마다 부여하는 우선순위가 달라진다. 일반적으로 사람들은 관리자가 많은 시간을 할애하여 문제를 분석하고 세밀한 계획을 마련해서 일을 처리한다고 믿고 있지만, 이 연구 결과들은 관리자가 계획안을 숙고하는 데 장시간을 투입할 여지가 거의 없다는 것을 보여 줄 뿐만 아니라 관리자들이 항상 자신의 직무에 관련된 '현안 문제'에 주로 관심을 기울이고 있으며, 대화 중에도 일반적인 문제나 장기적 전략에 관한 문제보다는 구체적이고 현안적인 문제에 주로 초점을 맞춘다는 것을 보여 준다.

셋째, 상호작용 대상 측면에서 볼 때, 리더십 연구 문헌이 대부분 리더와 부하 간의 관계에 초점을 맞추고 있지만, 리더 행동 기술 연구는 관리자들이 직속 상관이나 직속 부하 이외의 다른 사람들과 접촉하는 시간이 상당히 많다는 것을 보여 준다. Kotter(1982)에 의하면 관리자의 대인관계망 안에는 수백 명의 조직 내 · 외부 사람들이 개입된다고 한다. 관리자가 측방 사람들 또는 조직 외부 사람들과의 접촉이 많은 이유는 자기 부서 운영에 영향을 주는 복잡하고도 불확실한 사건들에 관한 정보를 획득해야 하고, 또 직속 상하 관계에 있는 사람들 이외의 많은 사람으로부터 협조와 도움을 얻어야 하기 때문이다. 측방 및 외부 사람들과의 접촉의 중요성은 조직체 직종과 조직 형태에 따라서 달라질 수도 있으며, Kanter(1982, 1983)에 의하면 일상적으로 업무를 수행하는 관리자보다 혁신적 변화를 시도하는 관리자에게서 측방 접촉의 중요성이 더 커진다고 한다. 성공한 기업가들의 경우를 보면 동료들과 먼저 일을 벌인 다음 상관을 개입시키면서 지지자와 후원자를 결성한다. 지지자의 결성은 새로운 상품이나 계획의 승인과 자금 조달을 확보하고 성공적인 수행의 보장을 위해 필요한 것이다.

넷째, 정보를 획득하는 방식 측면에서 보면 서면 통신(메모, 서신, 보고서, 작업 지시서, 계약서 등), 전화 통신, 계획된 회의, 우발적 회의, 순시 등의 통로가 있지만, 관리자들은 전화나 회의 같은 구두 의사소통 방식을 강하게 선호한다. 연구에 의하면 중간 및 하위직 관리자의 경우 구두 의사소통의 시간 비율이 27~28% 정도이고, 상위직 관리자는 65~75% 정도가 된다고 한다. 대부분의 구두 의사소통은 계획된 회의나 우발적 회의 등의 대면 상호작용에서 사용된다. 구두 의사소통은 합리적 설득, 자문, 개인적 호소, 영감적 호소 등과 같은 영향력 과정을 촉진시킬 수 있으며, 구두 매체는 억양이나 몸짓, 기타 비언어적 의사소통의 효과가 더해지기 때문에 전달 내용의 효과를 배가시킨다. 대면 상호작용에서는 영향력 시도의 효과에 관한 피드백을 즉각 얻을 수 있고, 이 피드백에 근거하여 영향력 행사의 책략을 수정·개선할 수 있다. 아울러 구두 의사소통은 원만한 대인관계를 증진하거나 유지시켜 줄 수도 있다. 즉, 직접적인 상호작용을 할 때 주목, 지지, 인정, 지도, 상담 등을 하기가 더 쉽다는 점 등을 고려할 때 상호작용 수단으로 구두 매체를 선호하는 점은 충분히 이해할 수 있는 부분이다.

다섯째, 일반적으로 조직 내 의사결정이 한 사람 또는 한 집단의 관리자에 의해 질서 정연하고 합리적인 방식으로 이루어지고 시작과 끝이 명확히 분절되는 과정인 것처럼 예측하지만, 연구에 의하면 그 내용은 매우 다르다(Cohen & March, 1974; McCall, Kaplan, & Gerlach, 1982; Schweiger, Anderson, & Locke, 1985; Simon, 1987). 관리자들이 주요 결정을 할 때 어떤 한 시점에서 한번에 확정적 결정을 내리는 일은 드물며, 오히려 언제 그러한 결정에 최종적으로 도달하게 되었는지 자신조차도 명확히 인지하지 못하는 가운데 방안 결정이 이루어지는 경우가 허다하다. 의사결정 과정은 이성적이기보다는 오히려 혼돈, 혼란, 감정의 홍수 등으로 더 잘 특징지어지며, 사전에 설정된 목표와 관련하여 예상 결과에 대한 주의 깊은 분석이 이루어지기보다는 선입관이나 개인적 이익에 의해 정보의 왜곡이나 변형이 일어나는 경우도 많다. 심각한 문제점의 발견에서 비롯되는 정서적 충격, 마음에 들지 않는 방안 중에서 한 가지를 선택할 수밖에 없다는 데서 오는 불안감 등은 불리한 증거의 부인, 소망적 사고(wishful thinking), 지연, 대안들 사이에서의 방황, 허둥대는 반응 등을 야기할 수 있다(Janis & Mann, 1977). 하지만 모든 의사결정이 우여곡절을 겪는다거나 장기간의 정치적 과정을 거쳐야 하는 것은 아니다. 비록 관리자들이 중요한 문제에 관해서는 일거에 결정을 내리는 일이 별로 없지만, 비교적 덜 중요한 문제(예: 운영상 문제점의 해결, 단기적 목표 설정, 작업 배분, 작업계획 수립, 급여 인상 승인 등)에 대해서는 즉시 결정을 내린다. 문제가 비교적 덜 중요한 것이라 할지라도 관리자가 그 문제들을 어떻게 해결하는가는 관리자의 성공에 크게 영향을 미칠 수 있으므로, 성공적인 관리자가 되기 위해서는 사안이 장기간의 체계적 분석을 요하는 문제인가, 아니면 신속하고 단정적인 행동을 취해야 할 문제인가를 잘 분간해 내는 균형 감각을 갖추는 것이 필요하다.

여섯째, 조직 내 계획 수립은 통상 목표, 전략, 정책, 예산 등이 문서화되는 공식적 과정으로서 조직 위계상 상부에서 하부로 하달되는데, 하부로 내려갈수록 보다 상세하게 만들어져 가는 것으로 일반적으로 예측한다. 그러나 관리자 행동 기술 연구에 의하면, 계획 수립은 통상 비공식적이고 비명시적인 과정으로 나타난다고 한다. Kotter(1982)의 연구에서 일반 관리자들이 계획을 입안하는 과정을 보면, 먼저 자신의 직무 책임과 관련된 것들 중에서 대체적으로만 연관되는 목표와 계획들로 구성된 방안을 만드는데, 이것은 여러 가지 단기 및 장기적 문제를 포함하고 있다. 단기적(1~30일) 목표와 계획은 통상 매우 구체적이고 세부적인 것들이지만, 장기적(5~20년) 계획의 항목들은 불명확하고 불완전하며 개략적으로만 연관되어 있다. 시간이 지남에 따라 조직이나 하부 조직에 관한 정보(운영, 구성원, 전략, 시장, 경쟁자, 문제점, 논쟁점, 관심, 가치관 등)가 수집됨에 따라 방안은 점점 더 정교화되고 확장된다. 계획안에 있는 항목이 실행되어 가는 과정도 점진적이고 연속적으로 이루어진다. Quinn(1980)은 최고위 관리자를 대상으로 한 연구에서 대부분의 중요한 전략적 결정은 공식적 계획 수립 과정이 아닌 다른 과정을 통해서 이루어지며, 그러한 계획안은 점진적이고 융통성이 있으며 직관적인 방식으로 형성되어 간다고 하였다. 통상 기업들의 목표와 전략은 상의 하달적 또는 공식적 과정을 거쳐서 수립되기보다는 상하 조직원 간의 견해가 조정되고 통합되는 등 하의 상달식의 정치적 과정을 거쳐서 결정된다. 공식적 계획이나 '금년의 계획' 등과 같은 것은 단지 이미 이렇게 비공식적이고 정치적인 과정을 거쳐 결정된 것을 확정하는 의미를 가질 뿐이다.

2) 리더 역할 범주에 관한 연구

Mintzberg(1973)는 관리자의 활동을 관찰하여 그 활동 내용에 따라 관리자의 역할을 열 가지로 분류하였다. 열 가지 역할을 사용하여 관리자의 모든 활동을 기술할 수 있는데 각 활동은 최소한 한 가지 역할로서 기술될 수 있다. 이 중 세 가지 역할은 대인관계 행동에 관한 것이고(통솔자, 연락자, 상징인물), 세 가지는 정보처리 행동에 관한 것이며(정보 수집자, 정보 제공자, 대변인), 네 가지는 의사결정 행동에 관한 것이다(기업가, 위기 관리자, 자원 분배자, 협상자; 〈표 3-2 참조〉).

〈표 3-2〉 Mintzberg의 관리자 역할 구분

	세부 역할
대인관계 역할	리더/통솔자 연락자 상징인물
정보처리 역할	정보 수집자 정보 제공자 대변인
의사결정 역할	기업가(창업자, 혁신자) 위기 관리자 자원 분배자 협상자

(1) 리더/통솔자 역할

관리자는 조직 하위 부서들이 조직의 기본 목표 달성을 위하여 하나의 통합된 전체로서 기능하도록 만들어야 할 책임이 있다. 따라서 관리자는 부하를 지도하고 동기화시키며 작업하기에 좋은 여건을 마련해 주어야 한다. 관리자의 활동 중 많은 것이 통솔자로서의 역할이라고 명백히 말할 수 있다. 즉, 고용, 훈련, 지시, 칭찬, 비판, 승진, 해고 등이 이러한 역할 수행에 해당된다. 그러나 사실상 통솔자로서의 역할은 관리자의 모든 활동 속에 포함되어 있다고 보아야 할 것이다.

(2) 연락자 역할

이는 조직체 외부의 사람들이나 집단과의 대인관계망을 수립·유지하는 행동을 말한다. 이러한 대인관계망은 정보와 지원의 원천이 되는 아주 중요한 것이다. 대외적 접촉이나 관계를 발전시키는 것은 조직과 외부 환경을 연결해야 할 책임을 지고 있는 한 조직체의 장으로서 해야 할 중요한 일 중 하나이다. 중간 및 하위직 관리자에게는 수평적 관계가 핵심적인 것이 된다. 연락자 역할의 핵심은 새로운 관계를 만들고, 접촉을 유지하며, 반대급부를 염두에 두고 부탁을 들어주는 것 등이 있다. 연락자의 역할에 속하는 활동의 예를 들면, 사교적 행사나 전문가 회의 참석, 외부 위원회·클럽·협회 참석, 축하문 발송, 필요한 정보 제공 부탁, 도움 제공 등이다.

(3) 상징인물 역할

관리자는 조직체의 장으로서 법적, 사회적 성격의 상징적 의무를 수행해야 한다. 이러한 역할 수행의 예를 들면, 문서(예: 계약서, 예산 지출 승인서) 서명 날인, 회의나 기념 행사(예: 부하의 퇴직 회식) 주재, 각종 의식이나 기념식 참석, 공식 방문자 접견 등이 있다. 이러한 일들이 관리라는 업무와 관련성이 적은 경우라 할지라도 관리자는 이러한 활동에 반드시 참가해야 한다.

(4) 정보 수집자 역할

관리자는 보고서나 메모를 읽고, 회의나 브리핑 시간에 참석하며, 순시를 하는 등의 활동을 통해 여러 정보원에게서 끊임없이 정보를 수집한다. 수집된 정보의 일부는 부하에게 제공해 주고(정보 제공자의 역할), 다른 일부는 외부 사람들에게 알려 준다(대변인의 역할). 대부분의 정보는 문제점이나 호기(好機)를 발견하기 위해 분석되며, 조직 외부에서 일어나는 사건과 조직 내부의 사정을 파악하기 위해 분석된다.

(5) 정보 제공자 역할

관리자들은 부하가 접할 수 없는 정보를 많이 갖고 있다. 이 정보 중 일부는 사실에 관한 것이고, 다른 일부는 그 관리자가 해 주기를 바라는 상부 또는 하부 사람들의 희망 사항에 관한 것이다. 사실에 관한 정보는 원래 형태대로 또는 재해석이나 편집을 하여 부하들에게 넘겨주면 된다. 그러나 희망 사항에 관한 정보는 정보원의 영향력 정도에 따라서 조정되어야 하고, 그런 연후에 가치 진술문(예: 규칙, 목표, 정책, 표준)의 형식이나 부하의 질문에 대한 답변의 형식으로 전달된다.

(6) 대변인 역할

관리자는 조직 외부 사람들에게도 정보를 전달하고 규칙이나 정책을 발표해야 할 책임이 있다. 또 중간 및 하위직 관리자는 그들의 상관에게 보고를 해야 하며, 최고 관리자는 이사회나 기업주에게 보고를 해야 한다. 따라서 관리자들은 상관이나 외부 인사와의 접촉 시에 그 조직체의 로비스트 겸 공공 관계 대표자로서의 역할을 해 줄 것을 요구받는다.

(7) 기업가 역할

관리자는 현 상태를 개선할 기회를 호시탐탐 포착하여 변화를 주도하고 기획하는 역할을 한다. 그러한 변화는 새로운 상품 개발, 새로운 장비 도입, 공식구조의 재조직화 또는 새로운 사업으로의 진출 등과 관련된 새로운 프로젝트에 착수하는 의사결정의 형태로 나타난다. 그런 개선 프로젝트의 일부는 관리자가 직접 감독하고, 일부는 부하에게 위임하기도 한다.

(8) 위기 관리자 역할

이는 관리자가 주도적으로 기회를 포착하여 문제점을 자발적으로 해결하는 것(기업가 역할)과는 달리, 불가피한 돌발적 위기상황을 처리하는 것이다. 이러한 위기는 부하들 사이의 갈등, 핵심 부하의 상실, 화재나 사고, 파업 등과 같은 예기치 못한 사건에 의해 발생한다. 위기 시에는 관리자는 다른 모든 역할보다 이 역할을 가장 우선순위에 둔다.

(9) 자원 분배자 역할

관리자는 자신의 권한에 따라 예산, 인원, 물자, 장비, 시설, 용역 등의 자원을 할당한다. 어떤 사업을 할 것인가를 결정할 때, 부하가 내린 결정을 승인해 줄 때, 예산을 계획할 때, 관리자 자신의 시간 계획을 짤 때 등 모든 경우에서 자원 할당의 문제가 제기된다. 관리자는 자원 분배의 권한을 보유함으로써 전략 수립 시 통제권을 유지하고 전략 목표에 대한 부하의 행동을 조정·통합할 수 있다.

(10) 협상자 역할

막대한 자원의 투입을 요하는 협상 문제는 그 투입 여부의 결정권한을 갖고 있는 관리자가 개입했을 때 쉽게 해결될 수 있다. 또한 관리자가 자기 조직체의 전문적 대변인으로서의 역할을 해 줄 수 있다면 더 잘 해결될 수 있다. 따라서 협상 시의 관리자의 활동은 협상자의 역할 이외에도 자원 분배자의 역할, 대변인의 역할 및 상징인물의 역할까지 포함한다. 최고 관리자가 개입하는 협상 문제들을 살펴보면 노사 간 계약이나 고충 처리 문제와 같은 노동 조합과의 협상, 주요 고객, 공급업자, 자문 기관과의 계약 협상, 핵심 인원들과의 고용 협상, 기타 수시 협상 문제(예: 타회사 인수, 대부금 신청) 등이 있다. 중간 및 하위직 관리자도 이러한 역할을 수행하지만, 협상 문제는 대부분 한 조직체의 하위 부서들 사이에서 일어나며 비교적 비공식적인 성격을 띤다.

3) 기술 연구의 제한점

리더 업무에 관한 기술 연구는 리더 활동의 전형적 패턴이나 내용이 무엇인가를 기술하는 것일 뿐, 어떤 활동이나 행동 패턴이 리더에게 필요하다거나 또 효과적이냐에 관한 문제를 직접 연구하는 것은 아니다. 대부분 리더가 어떤 행동을 한다는 것을 밝히는 것이 곧 리더로서 성공하는 핵심 행동이 무엇인가에 대한 답은 아니다. 몇몇 연구에서는 성공적인 리더로 평판이 난 사람(Kanter, 1982; Kotter, 1982; Kotter & Lawrence, 1974) 또는 성공적인 리더로 평가된 사람(Peters & Austin, 1985; Peters & Waterman, 1982)을 연구 대상으로 삼았으며, 그 리더나 조직이 왜 성공적인가를 설명해 주는 근거가 되는 행동 패턴을 밝히려고 하였다. 그러나 이 연구들에서는 효과적 리더와 비효과적 리더를 직접 비교한 내용이 없기 때문에 연구의 결과는 아직 사변적인 수준이라고 볼 수 밖에 없다.

리더 행동 분류에 관한 연구들을 보면, 여러 연구의 결과가 비교적 일관성 있게 나타나고 있지만 매우 추상적인 수준에 그친다. 기술 연구에서 나온 결과들을 요약해 보면, 리더의 활동은 대인관계의 수립 및 유지, 정보의 획득 및 분배, 의사결정, 대인 영향력 행사의 네 가지 일반적인 과정으로 기술될 수 있다. 이 과정들은 서로 완전히 구분되는 과정이 아니라 상호 중첩되며, 구체적인 행동 하나하나는 이러한 과정이 두 가지 이상 포함된다고 할 수 있다.

3. 리더 행동과 리더십 효과

앞에서 언급되었듯이, 리더 행동과 리더십 효과성에 관한 연구는 보편적 관점과 상황 특수적(또는 상황 부합적) 관점으로 나눌 수 있다. 초기(1950년대와 1960년대)의 리더십 행동 연구는 보편적 관점에 입각한 것들이었는데, 오하이오 주립대학교와 미시간 대학교 연구진들에 의해 주도되었다. 현재까지의 리더십 행동 연구는 이 초기의 연구를 바탕으로 하여 발전되어 온 것인데, 현재는 상황 부합적 관점이 주류를 이루고 있다. 이 절에서는 초기의 리더십 행동 연구에 대해서 알아본다.

1) 오하이오 주립대학교의 리더십 연구

리더십 행동에 관한 질문지 연구는 1940년대 후반 오하이오 주립대학교에서 시작되었다. 이 연구 프로그램의 주요 목적은 효과적인 리더십 행동이 무엇인가를 찾아내는 것이었다. 연구자들의 우선 과제는 부하가 리더나 관리자의 행동을 평가하는 데 사용할 수 있는 질문지를 개발하는 것이었다.

연구자들은 리더십 행동을 기술하는 문장을 망라해 보았는데, 그 결과 1,800가지 행동예가 수집되었다. 이 중에서 중요한 리더십 기능을 잘 나타내는 것으로 판단되는 예들만 간추려서 다시 150개 문항으로 축소하였다. 이 문항들로 구성된 예비 질문지를 갖고 군인 및 민간인 표본을 대상으로 설문을 실시하였는데, 응답자가 그 질문지 문항들에 응답함으로써 상관의 행동을 평가하는 결과가 되는 형식을 취하였다(Fleishman, 1953; Halpin & Winer, 1957; Hemphill & Coons, 1957). 여기서 나온 자료를 요인분석한 결과, 부하들은 상관의 행동을 두 가지 차원 또는 행동 범주의 관점에서 지각한다는 사실이 밝혀졌다. 그 두 가지 차원은 '배려(consideration)'와 '업무 선도(initiating structure)'로 지칭되었는데, 이는 수많은 유형의 구체적 행동을 포함하는 매우 포괄적으로 정의된 범주이다.

(1) 배려와 업무 선도

배려는 리더가 우호적 및 지지적으로 행동하고, 부하에 대해 관심을 가지며, 부하의 복지 문제에 대해 관심을 보이는 것 등의 행동을 말한다. 부하의 개인적 부탁을 들어주는 것, 부하의 문제를 상의해 주기 위해 시간을 할애하는 것, 중요한 일에 관해서 사전에 조언을 해 주는 것, 부하의 제안을 들어주는 것, 부하를 동등하게 대우해 주는 것 등이 배려적 행동의 예이다.

업무 선도는 집단의 공식적 목표 달성을 위하여 자신의 역할은 물론 부하의 역할을 규정 및 구조화하는 행동을 말한다. 작업 결과가 불량할 때 이를 질책하는 것, 시한 엄수의 중요성을 강조하는 것, 부하에게 과업을 할당하는 것, 작업 수행 수준을 명백하게 설정하는 것, 표준 작업 절차를 준수하도록 요구하는 것, 문제에 대한 새로운 접근법을 제공하는 것, 부하들 간의 활동을 조정하는 것, 최선을 다하고 있는가 여부를 감독하는 것 등이 업무 선도 행동의 예이다.

배려와 업무 선도는 비교적 상호 독립적인 행동 범주인 것으로 나타났다. 이 말이 의미하는 바는 어떤 리더는 배려 정도가 높지만 업무 선도 정도는 낮은 반면 다른 리더는 정반대의 패턴을 보이며, 또 어떤 리더는 두 요인 모두에서 그 정도가 높은데 다른 리더는 두 요인 모두에서 낮을 수 있다는 것을 말한다. 물론 대부분의 리더는 각 차원의 양극단 사이의 어느 위치에 속할 것이다.

　초기의 연구 결과에 기초하여 배려와 업무 선도의 정도를 측정하기 위한 두 가지의 개정 축약된 질문지가 제작되었다. 리더 행동 기술 질문지(Leader Behavior Description Questionnaire: LBDQ)와 감독자 행동 기술 질문지(Supervisory Behavior Description: SBD 또는 SBDQ)가 바로 그것이다. 이 두 가지 질문지는 서로 비슷한 것으로 취급되지만, 실제로는 각 질문지가 측정하는 행동 범주의 범위나 내용은 서로 다르다(Schriesheim & Stogdill, 1975). 리더 의견 질문지(Leader Opinion Questionnaire: LOQ)라고 하는 질문지도 나왔는데, 어떤 학자는 이것 역시 행동을 측정하는 것이라고 하나, 리더의 행동보다는 태도를 측정하는 질문지로 보는 것이 더 타당하다. 이 질문지들의 내용이 〈표 3-3〉에 소개되어 있다.

　오하이오 주립대학교의 리더십 질문지와 그 수정본들은 과거 반세기 동안 수많은 연구자에 의해 수백 편의 리더십 연구에서 사용되어 왔는데, 보다 세분화된 10개의 하위 척도를 제시한 LBDQ-XII가 개발된 이후에도 대부분의 연구자는 배려와 업무 선도의 두 척도만을 주로 사용해 왔다.

(2) 질문지를 활용한 상관관계 연구의 예

　배려와 업무 선도에 관한 현장 연구 중 대표적인 연구는 어느 트럭 제조 공장에서 실시한 Fleishman과 Harris(1962)의 연구를 들 수 있다. 생산직 감독자의 행동에 대하여 그들은 57명의 부하들에게 SBDQ를 작성하도록 하였다. 리더십 효과(즉, 종속 변인)의 기준으로 11개월간에 접수된 불만처리 신청서와 자발적 전직자의 빈도가 사용되었다. 결과를 보면 배려 점수가 높은 감독자일수록 부하 중에서 불만처리 신청자와 자발적 전직자의 수가 더 적었다. 이와는 반대로, 업무 선도 점수가 높은 감독자일수록 부하 중에 불만처리 신청자와 자발적 전직자의 수가 더 많이 나왔다. 이 두 경우 모두에서 곡선적 관계 함수가 통계적으로 유의한 것으로 나타났다. 이것은 어떤 임계 수준을 넘는 범위에서는 배려와 업무 선도가 모두 불만처리 신청이나 자발적 전직과는 상관이 없어짐을 나타낸다. 이러한 관계는 [그림 3-1]과 [그림 3-2]에 나와 있다.

〈표 3-3〉 오하이오 주립대학교 연구에서 나온 리더 행동 측정 척도(예)

	초기LBDQ	개정LBDQ	SBDQ	LOQ
〈업무 선도 행동 측정 문항〉				
1. 그는 부하에게 자신의 견해를 명확하게 밝힌다.	*	*		
2. 그는 부하를 강력하게 지휘 및 통제한다.	*		*	*
3. 그가 하는 말에 대해서는 부하들이 이견을 제기하기가 어렵다.	*			*
4. 그는 업무의 달성 수준을 명확하게 설정한다.	*	*		
5. 그는 업무의 시한을 준수할 것을 강조한다.	*		*	*
6. 그는 통일된 업무 절차를 따를 것을 강조한다.	*	*		
7. 그는 부하들에게 해야 할 일이 무엇인지를 잘 알려 준다.	*	*		
8. 그는 부하들간에 업무가 잘 조정되도록 한다.	*			
9. 그는 새로운 문제해결책을 잘 제시한다.			*	*
10. 그는 부하들이 스스로 최선의 방식을 생각해 내어 일을 하도록 하는 것을 허용해 준다			*	*
11. 그는 부하들에게 더 열심히 일을 하도록 독려한다.			*	*
12. 그는 경쟁되는 타부서보다 앞서 나갈 것을 강조한다.			*	*
〈배려 행동 측정 문항〉				
1. 그는 부하들의 개인적인 부탁을 잘 들어준다.	*		*	*
2. 그의 지휘 행동에 대해 그 이유를 물으면 잘 설명해 주지 않는다. (R)	*	*	*	*
3. 그는 부하들과 상의하는 법이 없이 자신의 뜻대로 행동한다. (R)	*	*	*	*
4. 그는 부하들을 자신과 동등한 인격체로 대해 준다.	*	*	*	*
5. 그는 친절하고 접근하기가 쉽다.	*	*	*	
6. 그는 부하들의 제안에 의해 결정된 사항을 실제로 시행한다.	*	*	*	*
7. 그는 중요한 문제는 부하들의 동의를 구한 후에 일을 진행시킨다.	*			
8. 그는 부하들이 반대하더라도 자신의 의견을 절대 굽히지 않는다. (R)			*	
9. 그는 부하의 개인적이고 사적인 문제도 잘 도와준다.			*	
10. 그는 부하가 잘못했을 때 이것을 다른 사람들이 있는 자리에서 질책한다. (R)				*
11. 그는 불이익을 당할지라도 부하들의 입장을 옹호해 준다.				*
12. 그는 당사자와 아무 상의 없이 부하의 임무를 변경시킨다. (R)			*	*
13. 그는 부하들을 다룰 때 그들의 감정을 고려해 주지 않는다.			*	
14. 그는 부하에게 부여된 직책 이상의 권한을 주려고 노력한다.			*	
25. 그는 부하들의 높은 사기 유지가 중요하다는 것을 강조한다.			*	

* R: 역전된 문항.

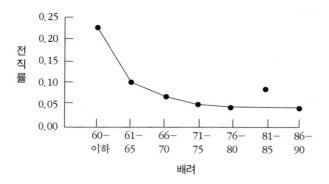

[그림 3-1] 배려와 전직률 간의 관계

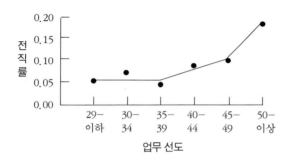

[그림 3-2] 업무 선도와 전직률 간의 관계

이 연구자들은 또한 배려와 업무 선도의 두 변인이 결합되었을 때 어떤 결과가 나오는가를 검토하였다. 두 변인 간의 상호작용 효과가 통계적으로 유의한 것으로 나왔는데, 이는 한 변인의 효과에 대해서 다른 변인의 효과를 무시한 채 일방적으로 결론을 내릴 수 없음을 나타낸다. 이 결과가 [그림 3-3]과 [그림 3-4]에 나와 있다. 업무 선도적인 리더는 그가 배려적이지 않은 사람일 경우 높은 불만처리 신청률과 전직률을 초래하였지만, 그가 배려적인 사람일 경우 업무 선도 점수와 불만처리 신청률 및 전직률이 특별한 상관이 없었다. 이 결과는 Skinner(1969)가 한 섬유 회사의 감독자들을 대상으로 진행한 연구에서도 잘 지지되었다.

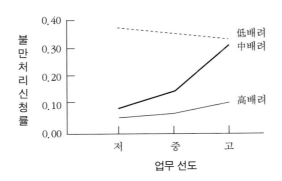

[그림 3-3] 배려와 업무 선도가 불만처리 신청률에 미치는 상호작용 효과

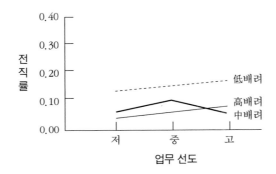

[그림 3-4] 배려와 업무 선도가 전직률에 미치는 상호작용 효과

이 연구 결과는 매우 인상적인 것이기는 하지만, 유의해야 할 점은 과연 여기서 나온 결론이 다른 유형의 리더나 다른 리더십 효과 기준의 경우에도 일반화될 수 있느냐는 것이다. 수백 편의 연구가 배려와 업무 선도의 효과를 검증하기 위해 실시되었지만, 결과는 그리 일관성 있게 나오지 않았다(Bass, 1981; Kerr & Schriesheim, 1974; Yukl, 1971). 어떤 연구에서는 부하들이 업무 선도적 유형의 리더 아래에서 더 만족감을 나타냈고 업무 성과도 좋게 나타난 반면, 다른 연구에서는 그 반대의 결과가 나오거나 유의한 관계가 나오지 않기도 했다. 이러한 양상은 배려와 업무 성과 간의 관계에 관한 연구에서도 마찬가지로 나왔다. 다만, 한 가지 비교적 일관성 있는 결과를 보이는 것은 배려와 부하 만족도 간의 관계인데, Fleishman과 Harris의 연구에서 알 수 있듯이 부하들은 대개 리더가 최소한 중간 정도로 배려적인 사람이면 만족해하였다.

(3) 행동 질문지를 사용한 연구의 한계

오하이오 주립대학교 연구의 전통을 이어받은 리더십 연구자들은 행동 기술 질문지에 많이 의존했는데, 질문지라는 방법은 여러 유형의 편파와 오류에 취약한 측면이 있다. 우선 동일한 리더에 대해서 응답자에 따라서 응답이 달라질 수 있는 문항들이 있다는 점이다. 예를 들면, 응답자들이 질문지 문항에서 기술하고 있는 행동을 리더가 얼마나 자주 또는 얼마나 많이 보이는지에 대해 응답해야 하는데, 그러기 위해서는 과거 수개월 또는 수년 동안의 기억을 더듬어 보아야 한다. 그러나 그런 행동이 일어났을 때 행동을 인식하지 못했을 수도 있고, 과거의 특정 기간 동안 그런 행동이 일어난 횟수를 기억해 낸다는 것이 거의 불가능할 수도 있으므로 응답자가 정확한 판단을 한다는 것이 매우 어렵다. 또 다른 오류로서 반응 편파(response bias)가 있다. 예를 들면, 리더의 실제 행동은 그렇지 않은데 부하가 리더를 좋아하기 때문에(또는 싫어하기 때문에) 리더의 실제 행동과는 다른 방향으로 응답할 수도 있다. 또 반응은 고정 관념이나 어떤 행동은 다른 어떤 행동과 항상 함께 일어난다는 식의 묵시적 이론(implicit theory)에 의해 편파가 발생할 수 있다. 또 다른 반응 편파로서 바람직한 행동 문항에 대해서는 응답자가 유능하다고 생각하는 리더에게는 실제로 그런 행동을 하는 것을 본 적이 없으면서도 그런 행동을 많이 한다고 응답하는 경향이 있다. 이러한 모든 편파는 응답자의 회상 기억에 의존하는 질문지를 사용하는 방법이 공통적으로 갖는 문제점이다.

두 번째의 주요 제한점은 리더 행동 질문지를 사용한 연구들이 상관관계적 연구이기 때문에 비록 어떤 유의한 결과가 나왔다고 하더라도 변인들 간의 인과관계의 방향을 결정할 수 없다는 점이다. 예를 들어서 배려와 부하의 작업 성과 사이에 정적인 상관관계가 발견된 경우, 이 결과에 대해서는 여러 가지 해석이 가능하다. 먼저, 연구자들은 통상 리더의 행동이 작업 성과의 원인이 된다고 가정하고 있는데, 이런 가정을 하는 경우 이 결과는 배려적인 리더가 부하의 동기를 높여서 생산성을 향상시켰다는 식으로 해석될 것이다. 두 번째로 가능한 해석은 첫 번째와는 정반대의 방향을 상정하는데, 즉 리더는 작업 성과가 높은 부하에게 보다 더 배려적으로 행동하기 때문에 그런 결과가 나올 수도 있다는 것이다. 세 번째로 가능한 해석은 부하들은 작업 성과가 높게 나온 이유를 나름대로 리더의 배려에 있다고 생각하여 그 리더를 배려적인 사람이라고 응답했을 수 있다. 마지막으로 배려와 작업 성과 둘 모두가 제3의 어떤 요인에 의해 공통적으로 영향을 받아서 그 둘 간에는 실제로 아무런 관계가 없을지라도 그런 결과가 나왔다고 해석할 수 있다. 결과 변인을 리더의 행동과 독립적으로 측정한다면 네 번째 해석은 어느 정도 배제할 수 있다. 그러나 많은 연구가 리더 행동과 결과 변인의 측정치를 동일한 응답자에게서 얻고 있는데, 이럴 경우 '리더에 대한 호감도'와 같은 가외 변인에 의해 상관관계가 더욱 증폭되어 나올 수 있다. 예를 들면, 리더에게 호감을 갖고 있는 응답자는 리더 행동과 성과를 모두 높게 평가하고, 반면 리더에게 부정적 감정을 갖고 있는 응답자는 그 두 가지를 모두 낮게 평가할 것이다.

인과관계의 방향을 결정하는 가장 좋은 방법은 실험을 하는 것인데, 실험에서는 리더 행동을 질문지로 측정하는 것이 아니라 실험자가 조작(manipulate)을 한다. 대학생을 대상으로 한 실험 연구가 여러 편 있는데(Day, 1971; Day & Hamblin, 1964; Herold, 1977; Lowin & Craig, 1968; Misumi & Shirakashi, 1966; Sims & Manz, 1984), 이 연구들은 인과의 방향이 행동에서 성과, 성과에서 행동의 양 방향으로 작용함을 보여 주고 있다. 현장 실험 연구도 있는데, 실제 또는 모의 조직체 상황에서 리더가 사전 결정된 각본에 따라 행동을 하게 하는 방식으로 리더 행동을 조작한 것도 있고(Gilmore, Beehr, & Richter, 1979; Lowin, Hrapchak, & Kavanagh, 1969; Schachter, Willerman, Festinger, & Hyman, 1961), 관리자를 훈련시켜서 특정 유형의 리더십 행동을 실제 수행하도록 리더 행동을 조작한 것도 있다(Hand & Slocum, 1972; Wexley & Nemeroff, 1975). 이런 실험 연구의 대부분은 배려적인 리더가 그렇지 않은 리더보다 더 효과적임을 보이고 있지만, 그 결과는 연구에 따라서 조금씩 다르게 나오며 작업 성과보다는 부하 만족의 경우에서 더욱 강력한 결과가 나온다. 리더의 업무 선도 행동의 효과는 명확하고 일관성 있게 나오지 않는다.

2) 미시간 대학교의 리더십 연구

오하이오 주립대학교에서 리더십 연구가 시작된 때와 거의 비슷한 시기에 미시간 대학교에서도 리더 행동에 관한 연구가 시작되었다. 미시간 대학 연구의 초점은 집단성과를 높이는 데 가장 효과적인 리더 행동이 무엇인가를 밝히는 것이었다.

초기의 연구는 여러 유형의 리더를 대상으로 한 일련의 현장 연구들이었다. 연구 대상이 되었던 리더는 보험 회사의 지점장(Katz, Maccoby, & Morse, 1950), 대규모 제조업 회사의 감독자(Katz & Kahn, 1952), 철도 선로 보수반의 반장(Katz, Maccoby, Gurin, & Floor, 1951) 등이었다. 연구자들은 면접과 질문지를 통하여 리더가 어떤 행동을 하는지를 조사하였다. 집단 생산성이라는 객관적 측정치를 사용하여 리더의 효과성을 평가한 다음, 생산성이 높은 집단의 리더와 생산성이 낮은 집단의 리더의 행동이 어떻게 차이가 나는지를 비교하였다. Likert(1961, 1967)는 이 초기 연구의 결과와 이후에 나온 미시간 대학교의 연구 결과를 정리하였다.

(1) 관계 지향적 행동과 과업 지향적 행동

미시간 대학교 연구에서도 오하이오 주립대학교 연구에서 나온 업무 선도와 배려에 해당하는 두 가지 행동 차원이 도출되었다. 이들은 각각 과업 지향적(job-centered) 행동과 관계 지향적(employee-centered) 행동으로 명명되었다. 이 연구들은 과업 지향적 행동보다는 관계 지향적 행동이 집단의 성과와 사기를 높이고, 전직률이나 결근을 감소시키는 데 더 효과적이라고 보고하였다.

성공적인 리더는 대인관계를 손상시켜 가면서까지 과업 지향적 행동을 하지는 않았다. 그들은 보다 배려적이고, 지지적이며, 부하에게 도움을 주는 유형이었다. 효과적인 리더십과 상관관계가 있는 것으로 나타난 관계 지향적 행동의 예를 보면 신뢰감과 확신감을 심어 주고, 우호적이고 배려적으로 행동하며, 부하의 문제를 이해하려고 노력하고, 부하의 발전 및 경력 향상을 위해 도와주며, 부하에게 필요한 정보 획득 시 이를 즉시 제공해 주고, 부하의 아이디어를 칭찬해 주며, 부하의 기여와 성취를 인정해 주는 등의 행동이다. 또 성공적인 리더는 세부적인 감독보다는 전반적인 감독 방법을 사용하였다. 즉, 부하가 달성해야 할 목표와 일반적인 지침만 주고, 그 일을 어떤 방법으로 하며, 속도는 어느 정도로 할 것인가에 관해서는 부하의 자율에 맡겼다. Likert(1961)는 리더는 부하들이 지지받고 있다고 느끼며 자신이 가치 있고 중요하다는 생각을 가지도록 만들어야 한다고 주장한다.

Likert와 그 동료들이 수행한 많은 연구는 관계 지향적 행동을 지나치게 강조함으로써 과업에 관련된 행동을 비효과적인 리더 행동인 것처럼 인식하게끔 만들었다는 비판을 받는다. 그러나 사실은 이들이 과업과 관련된 행동의 중요성을 평가 절하한 것은 아니다. 미시간 대학교 연구를 종합해 보면 리더가 과업과 관련된 행동을 할 때 그 행동 속에 배려적인 요소를 가미하는 것이 효과적이라는 점을 강조하고 있다. 이 점은 뒤에서 Blake와 Mouton의 관리 격자 이론을 논의할 때 다시 언급할 것이다.

(2) 참여적 리더십

Likert는 부하를 개별적으로 지휘하기보다는 회의를 소집하여 집단적으로 지휘하는 것이 더 낫다고 제안하였다. 회의를 잘 활용하면 부하들의 의사결정 참여 촉진, 의사소통 원활화, 상호 협조의 증진, 갈등 해결 촉진 등의 효과를 가져올 수 있다. 회의에서 리더가 하는 역할은 토론을 이끌고, 그 토론이 지지적 · 건설적 · 문제해결 지향적이 되도록 유도하는 것이다. 그러나 참여적 방법의 사용이 책임의 전가를 의미하는 것은 아니기 때문에 모든 결정과 그에 따르는 결과는 어디까지나 리더의 책임으로 남는다. 회의를 활용하는 것에 대한 강조는 부하를 의사결정 과정에 참여시켰을 때 부하의 만족과 생산성이 더욱 향상된다는 미시간 대학교 연구자들의 현장실험 결과에서 나온 것이다(Coch & French, 1948; French, 1950; French, Israel, & As, 1960; Morse & Reimer, 1956; Tannenbaum & Allport, 1956).

3) 관리 격자 이론

지지적 · 과업 지향적 · 참여적 리더십에 관한 연구가 성행함에 따라 1950년대와 1960년대에는 효과적 리더 행동에 관한 '보편적 이론'이 대두되었다. 보편적 이론은 모든 상황에서 가장 효과적인 어떤 하나의 리더십 행동 유형이 있다는 것을 가정한다. 예를 들면, 어떤 학자들은 참여적 의사결정 방법을 사용하는 것이 모든 상황에서 가장 효과적이라고 주장한다(Argyris, 1964; Likert, 1967; McGregor, 1960). 가장 유명한 보편적 이론은 지지적인 동시에 과업 지향적인 리더가 가장 효과적이라는 명제를 내세우는 이론이다. 이러한 2요인(two factor) 이론이 여러 형태로 제안되어 왔는데, 그중 하나가 Blake와 Mouton(1964)의 관리 격자 이론이다. 이 이론은 리더의 행동을 관계에 대한 관심과 과업에 대한 관심이라는 두 요인의 관점에서 기술한다.

[그림 3-5]에서 보는 바와 같이 이들은 각각의 행동 차원을 다시 가장 낮은 값 '1'에서부터 가장 높은 값인 '9'까지 9개의 등급으로 나누었다. 이 두 행동을 결합하면 모두 81개의 격자점이 나오는데, 이들은 이 중에서 5개의 주요 격자점을 중심으로 이론을 기술하였다. 1-1형은 과업과 관계에 대한 관심이 모두 낮으며 리더 자리를 유지하기 위한 최소의 일만을 하는 리더로서 방임형(impoverished)이라고 한다. 9-1형은 다른 무엇보다 집단 목표를 달성하고 성과를 증진하는 데 주안점을 두며, 인간을 과업 수행을 위한 도구로서 생각하는 리더로서 권위형(authority-compliance)이라고 한다. 1-9형은 집단 구성원들 간의 원만한 인간관계 조성과 화기애애한 분위기 유지를 최우선시하며, 업무로 인해 이러한 분위기가 손상될 우려가 있는 경우에는 과업을 희생시키는 것이 낫다고 보는 리더로서 사교형(country club)이라고 한다. 5-5형은 일종의 보수적인 리더로서 효과가 잘 검증된 기존

기술이나 절차만을 사용하고 결코 모험적 시도나 개혁적 제도는 도입하려고 하지 않으며 현상유지를 최선의 목표로 삼는 리더로서 중도형(middle of the road)이라고 한다. 9-9형 은 과업과 관계의 양쪽 모두에 대해 높은 관심을 갖고 있으며 부하들의 성취 욕구를 자극 하고, 부하의 참여, 헌신, 책임감, 신뢰 등을 이끌어 내는 리더로서 팀형(team)이라고 한 다. Blake와 Mouton은 9-9형의 리더가 모든 상황에서 가장 효과적인 리더라고 제안 하였다.

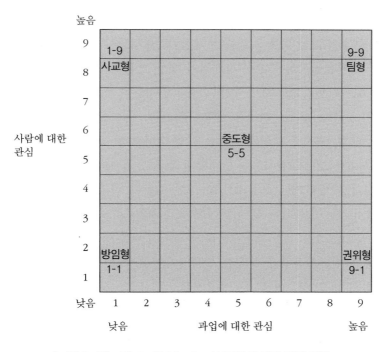

[그림 3-5] Blake와 Mouton(1973)의 관리 격자 이론

4) 이론들 간의 관계에 대한 논의

(1) 오하이오 주립대학교 연구와 미시간 대학교 연구의 공통점과 차이점에 대한 평가

두 연구의 세부 내용과 결과물을 자세히 살펴보면, 중요한 공통점을 공유하는 동시에 상당히 큰 차이점이 존재한다.

먼저 두 연구는 보편적으로 효과적인 리더십 행동을 찾고자 하는 가장 초기의 연구접근이라는 점에서 중요한 공통점을 갖고 있다. 현대와 같은 빠른 교통수단이나 전자화된 소통수단이 없는 시절에 미국 내에서 지역적으로 떨어진 두 대학의 연구진이 각자 연구를 진행했음에도 불구하고, 효과적 리더십 행동에 대하여 유사한 결과물을 도출했다는 점은 상당히 중요하며, 이로 인해 오늘날까지도 리더십 행동에 관한 논의에서 두 그룹의 연구 결과물이 함께 언급되고 있다.

또 다른 공통점은 효과적 리더십 행동을 설명하기 위해 두 연구가 모두 업무중심적 행동(즉, 업무 선도 vs. 과업 지향적 행동)과 관계중심적 행동(즉, 배려 vs. 관계 지향 행동)이라는 주요 행동축을 도출하였다는 점이다.

이러한 공통점에 초점을 맞추고 이를 부각시키다보니 두 연구의 접근 방법상의 중요한 차이점과 연구 결과물에서의 중요한 차이점에 대한 관심과 주목이 상대적으로 덜한 것으로 보인다. 하지만 세부적으로 보면 두 연구접근은 상당히 중요한 차이점을 갖고 있다.

첫째, 오하이오 주립대학교 연구는 상향식(bottom-up) 방식으로 효과적 리더 행동을 찾고자 접근한 반면, 미시간 대학교 연구는 하향식(top-down) 방식으로 접근하였다는 점에서 큰 차이가 있다. 즉, 오하이오 주립대학교 연구는 조직 장면에서 리더들이 보이는 다양한 행동 샘플을 총망라하는 작업에서부터 시작하였다. 이렇게 수집된 약 1,800여 가지 행동 목록을 연구자들이 논의와 협의를 통해 논리적으로 유사한 행동을 지속적으로 합치고 축약하는 과정을 거쳤으며, 최종적으로 축약된 150개 행동 목록에 대해 통계적 축약 방법인 '요인분석'법을 활용하여 분석한 결과 2개의 행동축이 도출되었다는 점을 고려하면 철저히 최하위 수준에서 최상위 수준으로 합쳐 나가는 작업을 활용하였다. 반면에 미시간 대학교 연구는 집단 생산성이라는 객관적 성과지표를 기준으로 '우수 리더'와 '저열 리더'를 사전에 구분해 놓고 이 집단들 간의 행동 측면의 차이점을 세밀하게 찾아 나가는 하향식 방식의 접근법을 사용하였다. 즉, 우수한 생산성 집단의 리더와 저열한 생산성 집단의 리더를 구분해 놓고 우수한 생산성 집단의 리더가 많이 하는 행동과 저열한 생산성 집단의 리더가 하지 않는 행동들을 세밀하게 찾아 목록화하는 방식으로 접근했다는 점에서 큰 차이가 있다. 하지만 상향식 vs. 하향식 방식이라는 완전히 상반된 관점에서 접근했음에도 불구하고 두 연구가 유사한 2개의 행동축을 도출하였다는 면에서 두 연구는 서로를 보완하면서 결과물의 신뢰성을 더 높여 주는 상승작용을 한다고 볼 수 있다.

둘째, 업무중심적 행동과 관계중심적 행동이라는 두 공통축의 발견이라는 공통점에 묻혀서 덜 부각되는 중요한 차이점이 있다. 즉, 미시간 대학교 연구에서는 '참여적 행동'이라는 행동축이 보고되었지만, 오하이오 주립대학교 연구에서는 참여적 행동과 관련된 행동축이 빠져 있다는 점이다.

　미시간 대학교의 관계 지향적 및 과업 지향적 리더십 연구의 뒤를 이어 가장 많은 연구를 촉진시킨 연구 문제가 바로 참여적 리더십이다. 참여적 리더십이란 의사결정 시에 리더에 대해 구성원들이 어느 정도의 영향력을 행사할 수 있도록 허용하는 리더십을 말한다. 참여적 리더십과 유사한 용어로서 자문, 합동 의사결정, 권력 공유, 분권화, 민주적 관리 등을 들 수 있다. 참여에 포함되는 사람으로서는 부하, 동료, 상관, 외부 인사 등이 있을 수 있다. 참여적 리더십은 과업 지향적 행동이나 관계 지향적 행동과는 구별이 되는 행동 범주이다. 미시간 대학교의 연구에서는 이러한 구분이 확실하지만, 오하이오 주립대학교 연구에서는 그것들이 잘 구분되지 않았다.

　이런 차이는 왜 발생하였을까? 즉, 다양하고 방대한 리더 행동을 총망라하고 목록화했던 오하이오 주립대학교 연구에서는 왜 참여적 행동이란 축을 도출하지 못했을까? 그 이유는 오하이오 주립대학교 연구에서 사용한 요인분석이라는 통계적 분석 방법 때문에 발생한 것이라고 추정해 볼 수 있다. 최초 수집하고 축약했던 리더 행동 목록에는 참여적 리더 행동 관련 항목이 다수 포함되어 있지만, 세부 항목 간의 상관계수 값에 기반하여 요인을 축약하는 요인분석 방법으로 인해 참여적 리더 행동 관련 항목이 업무 선도 차원과 배려 차원의 항목으로 분산되는 결과를 낳았기 때문이다(〈표 3-3〉 참조).

　오하이오 주립대학교 연구의 경우 자문이라는 행동이 배려의 일부로 취급되었고, 독단적 의사결정이라는 행동이 업무 선도의 일부로 취급되었다. 참여는 여러 목적을 달성하기 위해 사용될 수 있다. 예를 들면, 결정 내용의 질 향상, 결정 사항의 수용 확대, 결정 사항 수행자의 이해 증진, 부하의 의사결정 능력 개발, 직무에 대한 부하의 흥미 제고, 갈등 해결 및 팀 조성 분위기 촉진 등이다. 리더는 인접 부서 리더의 자문을 요청함으로써 이 하부 조직들 간의 조정과 협조를 촉진시킬 수 있다. 리더는 상사에게 자문을 구함으로써 자신의 아이디어나 계획안에 대한 상사의 반응을 알아볼 수 있고, 또한 상사의 전문 지식 정도를 짐작해 볼 수 있다. 물론 상사에 대한 과도한 자문 요청은 요청자의 자신감 결여나 주도성 결여로 비쳐질 수 있으므로 주의해야 한다.

　참여적 리더십의 연구 결과들은 몇몇 개관 논문이나 종합분석(meta-analysis) 논문들에 잘 요약되어 있는데(Miller & Monge, 1986; Schweiger & Leana, 1986; Wagner & Gooding, 1987), 참여적 리더십의 효과에 관한 결론은 학자마다 다르다. 그러한 차이는 이런 연구에서 나온 결과를 연구자가 해석하는 방식에 있어서 차이가 나기 때문일 수 있다. 즉, 종합분석을 할 때 분석자가 설정한 가정에 문제가 있을 수 있고, 또 그 분석에 어떤 연구는 포함시키고 어떤 연구는 제외시킬 것인가를 결정하는 데 주관적 판단이 있었기 때문일 수 있다. 차이가 발생하는 또 다른 원인으로서 연구에서 사용된 연구방법이 달랐기 때문일 수 있다. 질문지를 통하여 동일한 응답자로부터 리더 행동(독립 변인)과 리더십 효과(종속 변인)에 관한 응답을 함께 받는 방법(이 방법은 '증폭된 상관관계'의 오류에 취약)을 사용한 연구들에서는 참여적 리더십이 긍정적 결과를 가져오는 것으로 나온 반면, 실험 연구와 결과 변인을 독립적으로 측정한 연구들에서는 그 효과가 미약하거나 일관성이 적은 것으로 나타났다.

(2) 오하이오 주립대학교 연구, 미시간 대학교 연구와 Blake & Mouton 모델의 차이점 논의

관계와 과업이라는 리더 행동의 두 측면이 어떻게 관련되어 있는가에 관한 가정을 어떻게 설정하는가에 따라 이론들은 크게 '가산적(additive) 모델'과 '상호작용적(interactive) 모델'로 나뉜다. 오하이오 주립대학교 질문지를 사용한 연구들은 대부분 리더 행동의 두 측면을 상호 독립적(즉, 가산적)인 것으로 취급하고 있다. 이러한 관점은 질문지의 척도를 개발하는 데 사용된 방법에서도 잘 드러난다. 질문지 개발 시 수많은 행동 항목에 대하여 요인분석을 하여 하나의 차원에만 높은 부하 값을 보이는 항목들을 선택함으로써 과업 지향적이면서 동시에 인간관계 지향적인 행동을 기술하는 항목은 제외되었던 것이다. 따라서 이 모델에 따르면 '고-고(高-高)' 리더는 고-과업, 고-관계라는 완전히 독립적인 두 가지 유형의 행동을 번갈아 행사하는 사람이다.

이와는 달리 상호작용적 모델을 지지하는 학자들(Blake & Mouton, 1982; Likert, 1967; Misumi, 1985)은 과업 지향적이면서 동시에 인간관계 지향적인 리더십 행동은 순전히 과업 지향적인 행동이나 순전히 인간관계 지향적인 행동을 번갈아 하는 것과는 질적으로 다르다고 주장한다. Blake와 Mouton에 의하면 '고-과업, 저-관계'의 행동과 '저-과업, 고-관계'의 행동은 동시적으로 나올 수 없으며, 따라서 이 두 유형의 행동을 왔다갔다 하는 사람과 '고-과업, 고-관계'의 행동을 하는 사람은 서로 질적으로 다르다는 것이다.

과업 행동과 관계 행동에 관한 가산적 모델과 상호작용적 모델을 비교 검증한 연구는 거의 없는 편이다. 대부분의 질문지 연구는 그 두 유형의 행동 간의 상호작용을 검증하지 않았고, 그러한 검증 내용이 포함된 몇몇 연구도 일관성 있는 결과를 보이지 않았다 (Evans, 1970; Fleishman & Harris, 1962; Larson, Hunt & Osborn, 1976). 일본에서 실시된 질문지 연구의 결과는 '고-고' 리더가 가장 효과적인 것으로 나타났고, 어떤 연구는 상호작용 효과가 유의하다는 결과를 보고했다(Misumi, 1985). 앞서 언급되었듯이 몇몇 현장 실험 연구에서는 과업 행동과 관계 행동이 직접 조작되기도 했지만 그러한 연구에서 상호작용 효과가 명시적으로 검증되지는 않았다. 요약한다면, 경험적 연구의 결과에 의하면 '고-고' 리더가 더 효과적이라는 보편적 명제는 단지 부분적으로만 지지받고 있고, 그 행동들이 가산적인지 아니면 상호작용적인지를 직접 검증한 연구는 거의 없다.

　행동이 어떻게 정의되며 또 어떻게 측정되는가의 문제가 가산적 모델과 상호작용적 모델 간의 논쟁의 핵심을 이룬다. Blake와 Mouton(1982)은 '고-고' 행동이 다른 조합의 행동과는 질적으로 다르다는 것을 강조하며, 리더는 실제로는 여러 다른 상황에 걸쳐서 동일한 행동을 하고 있으면서 관념적으로는 다른 행동을 하고 있다는 생각에 빠져서는 안 되며, 특정한 시간과 상황에 알맞은 구체적인 유형의 행동을 선택할 줄 알아야 한다는 것을 명백히 밝히고 있다. 이들의 이론에서 보편적 측면이란 것은 리더로 하여금 '고-고'의 행동을 하게 만드는 가치 지향을 말하는 것이지, 모든 상황에 자동적으로 적용할 수 있는 어떤 고정된 행동 방식을 제시하고 있는 것은 아니다. 효과적인 리더란 과업과 관계 모두에 대해 관심을 갖는 경우인데, 그러한 관심이 행동으로 표출되어 나오는 경우 구체적인 행동의 형태는 상황에 따라서, 또 부하에 따라서 달라질 수 있다.

　앞에서 논의되었던 리더 활동의 본질을 돌이켜 보면 리더의 활동이란 과업과 관계라는 두 요소가 항상 서로 얽혀져 돌아가는 과정의 덩어리임을 알 수 있다(예를 들면, 영향력 행사, 정보 취급, 관계망 형성, 의사결정 등). 행동의 이 두 차원은 개념적으로는 분명히 구분될 수 있겠지만 실제에 있어서는 어떤 행동이든 이 두 차원이 모두 포함되어 있다. 구체적 행동의 수준에서 보면 '고-고' 리더와 다른 유형의 리더 간의 차이는 '고-고' 리더가 순전히 과업적인 행동과 관계적인 행동이라는 두 유형의 행동을 모두 더 많이 한다는 데 있는 것이 아니라, 과업과 관계의 두 요소를 동시적으로 내포하는 행동을 잘 찾아서 더 많이 한다는 데 있다. '고-과업, 저-관계'의 리더는 순전히 과업 지향적인 행동만 하고(예를 들면, 계획, 명시화, 감독 등), '저-과업, 고-관계'의 리더는 순전히 관계 지향적인 행동만 한다(예를 들면, 지지, 팀 형성 등)는 생각은 잘못된 고정 관념이다. 마찬가지로, '고-고' 리더는 모든 과업 지향적 행동과 관계 지향적 행동을 하는 사람이라고 여기는 것도 잘못된 생각이다. 리더들이란 여러 군데서 들어오는 각종 요구 사항 때문에 과부하가 걸려 있기 십상이므로 시간을 적절히 쪼개서 관련되고 적절한 행동만을 선택해서 해야 하는 입장에 있다. 효과적인 리더가 되기 위해서는 여러 가지 목표를 동시적으로 달성하고 관련된 문제를 함께 해결해야 한다. 따라서 효과적인 리더란 언제라도 과업적 관심과 관계적 관심을 동시에 달성할 수 있는 그런 행동을 선택할 줄 아는 사람이다. 주요 사건 기법을 사용한 연구에서 나온 결과들을 검토해 보면 이러한 해석이 지지된다. 즉, 효과적인 리더십 행동은 과업 목표와 관계 유지를 동시적으로 달성하는 방식의 행동이었고, 비효과적인 리더십 행동은 과업 목표에만 관심을 두고 대인관계는 무시하는 행동이거나, 그 반대의 경우이거나 또는 두 가지를 모두 무시하는 행동이었다.

4. 과업 행동과 관계 행동의 구체적 범주

이 장의 앞부분에서 다양한 연구접근이 과업 관련 행동과 관계 관련 행동의 범주를 구분하고 개략적인 개념들을 설명하였지만, 이 절에서는 보다 현대화되고 세분화된 과업 행동과 관계 행동의 범주에 해당하는 행동을 나열하고 설명하고자 한다. 행동적 접근 연구들이 공통적으로 제공하는 결과는 과업 관련 행동과 관계 관련 행동을 잘 이해하고, 리더로서 적절히 잘 활용할 것을 권고하고 있으므로, 이 행동들을 세부적으로 이해하고 목록화하는 것은 중요한 작업이 될 것이다. 다음 절부터 제시된 과업 행동과 관계 행동의 세부 내용과 각 행동의 실행을 위한 지침은 Yukl(2006)이 제시한 내용을 요약한 것이다.

1) 과업 행동의 세부 범주

(1) 업무 활동에 대한 계획 수립

계획 수립의 목적은 집단의 효율적 구성, 활동의 조정, 자원의 효과적 활용을 확보하는 데 있다. 계획 수립은 광범위하게 정의된 행동이며, 목표, 우선순위, 전략, 업무의 조직화, 책임의 할당, 활동에 대한 일정 수립 등을 포함한다. 다양한 형태의 계획 수립에 대해 별도의 명칭들이 사용되기도 한다. 예를 들어, 운영계획(operation planning)은 다음 날 또는 다음 주를 위해 일상업무에 대한 일정을 수립하고 과업 할당을 결정하는 것이다. 실행계획(action planning)은 새로운 방침을 실행하거나 프로젝트를 수행하기 위해 상세한 행동 조치와 일정을 수립하는 것이며, 비상계획(contingency planning)은 잠재적 문제나 위기에 대처하거나 이를 피하기 위한 절차를 마련하는 것이다.

계획 수립은 넓게 보면 정보를 처리하고 분석하고 결정하는 인지적 활동이다. 계획 수립은 단일한 행동 에피소드로 이루어지지 않으며, 몇 주일 또는 몇 개월에 걸쳐 지속되는 과정이다. 관리자가 계획을 다른 사람들에게 전달하고 과업을 할당하여 계획을 실행하기 위한 조치를 취할 때, 계획 수립은 쉽게 관찰될 수 있다. 계획 수립과 조직화의 중요성은 많은 연구를 통해 오랫동안 인정되어 왔으며, 계획 수립과 관리 효과성의 관계에 대한 증거는 여러 연구에서 제시되고 있다(예: Carroll & Gillen, 1987; Shipper & Wilson, 1992; Yukl, Wall, & Lepsinger, 1990). 한 예로 실행계획을 수립하는 단계는 〈표 3-4〉와 같이 제안할 수 있다.

〈표 3-4〉 실행계획 수립을 위한 단계 지침

- 필요한 실행단계 확인
- 최적의 실행단계 순서 확인
- 각 실행단계를 실시하는 데 요구되는 시간의 측정
- 각 시행단계의 시작 및 종료 시기 결정
- 각 실행단계에 소요되는 비용 추정
- 각 실행단계에 대한 책임자 결정
- 진척 상황의 점검을 위한 절차 개발

(2) 역할과 목표의 명료화

명료화란 계획, 방침, 역할 기대를 전달하는 과정이다. 명료화의 주요 하위 범주에는 부하에게 직무상 책임을 규정해 주고, 성과 목표를 설정하고, 과업을 할당하는 것이 있다. 명료화 행동의 목적은 업무 활동을 안내하고 조정하며 구성원들에게 무엇을 어떻게 수행해야 하는지를 알도록 하는 데 있다. 직무 수행에서 어떤 의무, 기능, 활동이 요구되는지 그리고 어떤 결과가 예상되는지를 부하 각자가 이해하는 것은 매우 중요하다. 직무가 복잡할수록 무엇을 해야 할 필요가 있는지를 결정하기가 더욱 어려워지며, 역할 모호성과 역할 갈등이 있을 때 행동을 명료화하는 것은 더욱 중요할 것이다. 여러 연구에서 명료화와 리더십 효과성 사이의 긍정적 관계가 발견되었으며, 몇 개의 현장실험을 포함한 많은 연구에서 구체적이고 도전적인 목표를 설정하면 높은 성과를 달성한다는 강력한 증거를 보여 주고 있다(Locke & Latham, 1990 참조). 〈표 3-5〉에는 어떻게 리더가 효과적으로 부하에게 과업을 할당하고 부하의 역할과 책임을 명료화할 수 있는지를 나타내 주고 있다.

〈표 3-5〉 역할 및 목표 명료화를 위한 지침

- 할당된 과업에 대해 명확히 설명하라.
- 과업을 할당한 이유를 설명하라.
- 과업 수행 방법에 있어서 필요한 모든 지시를 제공하라.
- 개인의 직무상 책임과 권한의 범위를 명확히 하라.
- 직무 수행에 필요한 중요한 정책, 규정, 요구사항 등을 설명하라.
- 할당된 과업의 이해 정도를 점검하라.
- 서로 다른 목표나 책임에 대해 우선순위를 설명하라.
- 구체적인 목표와 중요한 과업에 대한 최종기한을 설정하라.

(3) 운영과 성과에 대한 점검

점검은 리더가 관할하는 집단의 운영에 관한 정보를 수집하는 것과 관련되며, 여기에는 업무의 진행 정도, 부하 개인의 성과, 제품/서비스의 질, 프로젝트의 성공 여부 등이 포함된다. 점검 행동은 다양한 형태를 취할 수 있는데 적절한 점검 유형은 과업의 본질과 상황의 다양한 측면에 의해 좌우된다. 점검을 통해 수집한 정보는 목표, 전략, 계획, 방침, 절차를 세우고 수정하는 것뿐만 아니라 문제와 기회를 파악하는 데 사용될 수 있다. 점검을 통해 부하의 성과를 평가하고 성취를 인정해 주고, 수행상의 결함을 파악하고, 훈련 요구점을 평가하며, 지원을 제공하거나 급여 인상 · 승진과 같은 보상을 할당하기 위해 필요한 정보를 얻을 수 있다.

점검을 얼마나 자주하는 것이 적절한가는 부하의 유능성과 업무의 성격에 좌우된다. 즉, 부하들이 경험이 부족하고 자신이 없을 때, 잘못이 매우 치명적인 결과를 가져올 때, 그리고 부하들이 수행하는 과업이 매우 상호의존적이어서 면밀한 조정이 요구될 때, 장비의 가동 중단, 사고, 자재 부족, 개인적 결함 등의 이유 때문에 업무흐름에서 혼란이 일어날 가능성이 있을 때는 보다 빈번하게 점검하는 것이 바람직하다. 하지만 결과가 오랜 시간이 지난 후에만 결정될 수 있는 비구조화되고 고유한 과업이 업무에 포함되어 있을 때에는 성과를 점검하는 일이 매우 어려워진다. 부하의 운영 활동과 성과를 점검하는 데 일반적으로 효과적인 점검 방법이 〈표 3-6〉에 제시되었다.

〈표 3-6〉 운영 활동 점검을 위한 일반적 지침

- 핵심 성과지표를 확인하고 측정하라.
- 결과뿐 아니라 주요 과정변수들을 점검하라.
- 계획과 예산 대비 진척 과정을 평가하라.
- 직무 성과에 대한 독립적인 정보원천을 개발하라.
- 가능한 시점에서는 운영 활동을 직접 관찰하라.
- 작업에 관한 구체적인 질문을 하라.
- 문제와 실수를 보고하도록 장려하라.
- 주기적으로 진척 상황 검토회의를 실시하라.

2) 관계 행동의 세부 범주

(1) 지지적 행동

지지적 행동에는 배려, 수용, 다른 사람들의 욕구와 감정에 대한 관심을 보여 주는 폭넓은 행동이 포함된다. 이는 효과적인 대인관계를 구축하고 유지하는 데 도움을 주며, 배려적이고 우호적인 리더는 부하로부터 호의와 충성심을 얻을 가능성이 더 높을 것이다. 정서적 유대가 형성되면 리더는 업무 수행을 위해 의존해야 하는 사람들로부터 협력과 지원을 획득하기가 더 쉽다. 냉담하고 비인간적이거나 적대적이고 비협력적인 사람보다는 우호적이고 협력적이며 지원적인 사람과 함께 일하는 것이 더욱 만족스러우며, 이러한 직무만족의 향상은 결근, 이직, 약물의존 등과 같은 부정적 조직결과물의 감소를 가져올 가능성이 높다. 감사를 표시하고 문제와 불만을 들어주며, 필요할 때 지원을 해 주고, 사람에 대한 자신감을 표현해 주며, 작업 환경을 더 재미있게 만들어 주려고 노력하고, 외부로부터 불필요한 요구를 완화시켜 주는 등의 지지적 리더십은 부하의 자신감을 높이며, 직무 스트레스를 감소시킨다. 반면에 합당하지 않은 요구를 하고, 업무를 더 빨리 하도록 압박하며, 공개적으로 비판하고, 불필요한 관료적 요구사항을 준수하도록 강요하는 것은 스트레스를 증가시킨다. 배려적이고 지원적인 리더십의 효과에 관한 연구 결과는 일관되지는 않지만, 이 유형의 행동은 많은 상황에서 구성원 만족과 성과를 향상시킬 수 있다. 〈표 3-7〉에는 리더가 부하와 다른 사람에게 지지적 행동을 효과적으로 사용할 수 있는 방법을 정리하였다.

〈표 3-7〉 지지적 행동을 위한 지침

- 수용과 긍정적 호의를 표시하라.
- 거만하고 무례하기보다는 정중하고 배려적 태도를 보이라.
- 각 부하들을 개인으로 대해 주고, 중요한 인적사항들을 기억하라.
- 지시와 설명을 할 때는 인내심을 갖고 도움을 주기 위해 노력하라.
- 사람이 걱정이나 염려할 때 동정의 마음과 가능한 지원을 제공하라.
- 사람의 자아존중과 자신감을 북돋워라.
- 작업 수행과 관련하여 필요한 때에는 지원을 제공하라.
- 개인적 문제에 도움을 주려고 노력하라.

(2) 부하 능력의 개발

부하 능력의 개발 행동에는 각 개인의 기술 수준을 향상시키고 직무조정과 경력 승진을 위해 사용되는 코칭, 멘토링 그리고 경력 카운슬링 등과 같은 다양한 경영 관련 실행기법이 포함된다. 일반적으로 개발 행동은 부하를 지향하는 것이지만, 동료를 대상으로 실행될 수도 있고 어떤 경우에는 새로 임명된 경험이 부족한 상사를 대상으로 행해질 수도 있다. 부하 개발의 책임은 리더만의 몫이기보다는 작업집단 내의 유능하고 경험이 많은 다른 구성원들과 함께 공유할 수 있다. 이와 같은 개발 행동은 관리자 자신뿐만 아니라 부하와 조직에게도 다양한 잠재적 이점을 제공한다. 부하들에 대해서는 향상된 직무 수행, 새로운 기술 습득, 자기확신감 강화, 보다 빠른 경력 승진 등으로 잠재적 이득이 나타날 수 있으며, 리더 입장에서는 다른 사람이 성장하고 개발되도록 돕는 데서 오는 만족감을 얻을 수 있다. 조직 측면에서의 이점은 보다 높은 수준의 종업원 몰입과 직무 수행 수준을 유도할 뿐만 아니라 향후 조직이 부여하게 될 높은 수준의 책임에 대해 종업원들이 준비되도록 만들 수 있다는 점 등을 들 수 있을 것이다. 개발 행동을 위한 일반적인 지침은 다음 〈표 3-8〉에 제시되어 있다.

〈표 3-8〉 개발 행동을 위한 지침

\# 코칭을 위한 지침

- 질문을 던지거나 일의 과정을 세밀하게 짚어 줌으로써 자신의 직무 수행 성과를 스스로 분석할 수 있도록 도와주라.
- 보이는 효과적 또는 비효과적 행동에 대한 건설적 피드백을 제공하라.
- 직무 수행을 증진시킬 수 있는 구체적인 것을 제안하라.
- 복잡한 과업이나 절차를 수행해 내는 더 나은 방법을 보이라.

- 어려운 과업이나 절차를 학습할 수 있을 것이라는 확신을 표명하라.
- 실제 작업에 적용되기 전에 어려운 절차를 연습해 볼 수 있는 기회를 제공하라.
- 단순히 답안을 제공하기보다는 스스로 문제를 해결하는 방법을 학습하도록 도와주라.

 # 멘토링을 위한 지침
- 각자가 적절한 강점과 약점을 찾을 수 있도록 도와주라.
- 필요한 기술과 지식을 획득할 수 있는 방법을 찾도록 도와주라.
- 적절한 훈련 과정에 참석할 수 있도록 독려하라.
- 경험으로부터 학습할 수 있는 기회를 제공하라.
- 도움이 될 만한 경력 관련 조언을 제공하라.
- 개인의 평판을 개선하라.
- (적절한 행동을 보여 줌으로써) 역할 모델이 되라.

(3) 칭찬과 인정의 제공

인정이란 타인이 보여 준 효과적 업무 수행, 중요한 성취 결과, 조직을 위한 중요한 기여 등에 대해 칭송하고 감사를 표현하는 행동을 말한다. 인정은 조직 내 모든 대상을 향해 행해질 수 있지만, 특히 부하에게 사용될 때의 목적은 바람직한 행동을 강화하고 과업 수행에 대한 몰입을 강화하는 데 있다. 인정의 주요한 형태는 칭찬, 포상, 인정을 위한 의식행사 등이 있다. 칭찬은 한 개인의 성취와 기여를 인정하는 구두 언급, 표정, 또는 제스처의 형태로 드러낼 수 있는데, 이는 가장 손쉬운 형태의 인정 행동이지만 대부분 리더는 이를 필요한 만큼 적극적으로 활용하지 않는다. 포상은 개인의 성취에 대한 인정서, 상장, 트로피, 메달 등과 같은 것들로 주어지며, 이처럼 장식적 포상을 수여하는 것은 조직과 리더가 중요시하는 가치와 우선순위를 조직 구성원들에게 전달하는 상징적 행위이다. 따라서 포상은 편애나 임의적 판단보다는 의미 있는 결과에 기초하는 것이 중요하며, 포상의 가시성이 높을수록 수상자를 칭찬하고 조직 성공에 대한 감사를 표현하는 과정을 다른 사람들과 더 잘 공유할 수 있다. 인정을 위한 의식행사는 개인의 성취뿐만 아니라 팀의 성취를 축하하기 위해서도 사용될 수 있으며, 이러한 의식이나 행사에 조직 내 최고위 리더가 참석하고 직접 주관할 때 더욱 강력한 상징적 가치를 나타낼 수 있다.

〈표 3-9〉 인정과 칭찬 행동을 위한 지침

- 다양한 공헌과 성취를 인정하라.
- 인정할 만한 성취와 공헌을 적극적으로 탐색하라.
- 구체적인 공헌과 성취에 대해 인정하라.
- 직무 수행의 향상에 대해 인정하라.
- 설사 실패했다 하더라도 칭찬할 만한 노력에 대해서도 인정하라.
- 진정성을 갖고 인정하라.
- 적시성 있게 인정하라.
- 대상자와 상황에 적합한 형태의 인정을 사용하라.

5. 리더십 행동의 상황 부합 이론

앞에서 언급되었듯이 리더십 행동의 효과에 관한 연구는 서로 일관성 있는 결과를 내놓지 못하였다. 이에 관해 여러 대안적 설명이 있을 수 있겠지만, 이 문제에 대한 돌파구를 찾는 데 가장 중요한 발견으로 상황에 따라 효과적인 리더 행동이 달라진다는 점이 여러 연구에서 제시되었다. 그래서 1970년대 이후의 리더 행동 연구에서는 보편적 관점이 퇴조하고 대신 상황 부합 이론이 등장하게 되었다. 특정한 리더 행동을 유효한 것으로 만들거나 그 효과를 소멸시켜 버리는 작용을 하는 상황의 측면을 상황 조정 변인(situational moderating variable)이라고 하는데, 상황 부합 이론에서는 그러한 상황 조정 변인을 찾아내려고 한다. 따라서 리더 행동의 상황 부합 이론은 효과적인 리더 행동과 주요한 상황 조정 변인을 얼마나 잘 찾아내는가에 그 성패가 달려 있다. 상황 부합 이론은 특정한 행동의 효과가 왜 상황에 따라 변하는지를 설명해 줄 수 있는 매개 변인(intervening variable)을 포함시킬 때 더욱 완벽한 이론이 될 수 있다. 이 절에서는 상황 부합 이론 중 가장 널리 알려진 세 가지 이론, 즉 House의 경로-목표 이론, Hersey와 Blanchard의 부하 성숙도 이론, Kerr와 Jermier의 리더십 대체 이론을 소개하고자 한다.

1) 리더십의 경로-목표 이론

(1) 경로-목표 이론의 내용

경로-목표 이론은 리더의 행동이 부하의 만족도와 업무 성과에 어떻게 영향을 미치는가를 알아보기 위한 것으로 출발하였다. 최초에 Evans(1970)에 의해 보편적 관점에서 출발한 것인데, 후에 House(1971)가 상황 변인을 포함시켜 더욱 정교화시킨 이론이다. 그후 여러 학자에 의해 이 이론은 더욱 다듬어지고 확장되었다(Evans, 1974; House, 1996; House & Dessler, 1974; House & Mitchell, 1974).

이 이론은 리더 행동이 부하의 만족과 노력 투입 동기에 미치는 효과는 과업의 특성과 부하의 특성이라는 상황 요인에 의해 달라진다고 본다. 그래서 이 상황 요인이 부하의 작업 동기를 얼마만큼 증가시킬 수 있으며, 부하의 작업 동기를 증가시키기 위하여 리더가 어떤 행동을 취해야 할지를 결정하는 요인이 된다. 이 상황 변인들은 또 부하들이 어떤 유형의 리더 행동을 선호할 것인가를 결정하는 데 영향을 미치며, 그에 따라서 리더 행동이 부하 만족에 어느 정도의 영향을 미칠 수 있는가를 결정한다.

이 이론은 처음에는 지지적 리더십(배려와 유사)과 도구적 또는 지시적 리더십(과업 선도와 유사)이라는 두 가지 유형의 리더 행동만을 포함시키고 있었다. 그러나 그 후에 House와 Mitchell(1974)의 논문에서 참여적 리더십과 성취 지향적 리더십의 두 가지 리더 행동을 더 추가시켰다. 지지적 리더십이란 부하의 욕구를 배려하고, 복지에 관심을 가지며, 직장 내의 화기애애한 분위기를 조성하는 등의 행동을 말한다. 지시적 리더십에는 부하들이 해야 할 일이 무엇인지 분명히 알려 주고, 구체적인 지시를 하달하며, 규칙과 절차의 준수를 요구하고, 작업의 시간 계획 작성 및 조정을 하는 등의 행동이 포함된다. 참여적 리더십은 부하와 문제에 관하여 협의를 하며, 그들의 의견과 제안을 고려하는 등의 행동이 이에 속한다. 성취 지향적 리더십이란 도전해 볼 만한 목표를 설정하고, 성과 증진을 촉구하며, 탁월한 성과의 달성을 강조하고, 부하들에게 그러한 높은 수준에 도달할 수 있을 것이라는 확신감을 심어 주는 등의 행동을 말한다.

이 이론에 포함된 주요 상황 조정 변인은 부하의 특성과 과업 및 업무 환경의 특성이다. 부하 특성은 부하의 욕구(예: 성취, 협조, 자율에 대한 욕구), 부하의 과업 수행 능력(예: 직무 기술, 지식, 경험), 성격 특성(예: 자존심) 등을 말한다. 과업 특성은 과업의 구조(단순 또는 복잡한 정도), 직무의 기계화 정도, 표준 작업 절차의 공식화 정도(즉, 직무 책임의 소재, 규칙, 표준 수행 절차, 성과 기준 등에 대한 명세화 정도) 등을 말한다.

이 이론은 리더 행동이 어떻게 부하의 만족과 노력 투입에 영향을 주게 되는가를 설명해 주는 매개 변인을 설정하고 있다. 그 매개 변인들은 기대 이론(Georgopolous, Mahoney & Jones, 1957; Vroom, 1964)이라는 동기 이론에서 빌려온 것이다. 기대 이론(expectancy theory)은 한 사람이 어떤 시점에서 얼마만큼의 노력을 작업에 투입할 것인가를 합리적으로 결정하는 과정으로 설명한다. 최대의 노력을 들일 것인가 아니면 최소(또는 중간 정도의)의 노력을 들일 것인가를 결정하는 데 있어서 각 개인은 그만큼의 노력을 들였을 때 과업을 성공적으로 완수할 확률이 어느 정도이며, 그렇게 과업을 완수했을 때 그 결과로 자신이 원하는 것(예: 임금 인상, 인정, 승진, 성취감, 즐거움)은 받고, 자신이 원하지 않는 것(예: 해고, 사고, 질책, 동료에게 거부당하는 것, 과도한 스트레스)은 받지 않을 확률이 어느 정도 될 것인가를 계산한다는 것이다. 어떤 성과의 달성 가능성에 대한 지각된 확률을 기대값(expectancy)이라 하고, 그러한 성과 달성에 따라서 돌아올 보상의 바람직한 정도(desirability)를 유인가(valence)라고 한다. 모든 경우의 기댓값과 유인가들이 어떻게 계산 및 종합되어서 한 사람의 작업 동기 수준을 결정하는지에 관해서는 아직 사변적인 단계에 머물러 있는 수준이고, 또 이에 대한 논쟁도 많다. 그러나 일반적인 논점은 부하들이 자신이 원하는 성과를 어느 정도의 노력을 들이면 얻을지를 알고 있고, 그 정도의 노력은 자신이 충분히 들일 수 있다는 판단이 서면 그에 해당되는 만큼의 노력을 투입한다는 것이다. 따라서 리더는 부하들의 이러한 신념과 지각을 조정하여 그들의 동기 수준을 높이는 방식으로 행동을 해야 한다. 경로-목표 이론에 포함된 변인의 인과적 관계가 [그림 3-6]에 나와 있다.

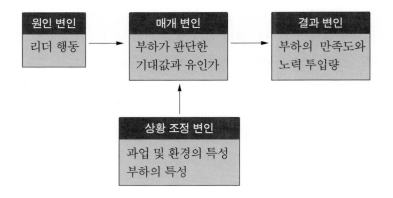

[그림 3-6] 경로-목표 이론에 포함된 변인 간의 인과관계

  과업이 스트레스가 심하고, 지루하며, 짜증나고, 위험한 것일 때 지지적 리더십을 사용하면 부하의 자신감을 높여 주고, 불안감을 감소시켜 주며, 업무의 불유쾌한 측면을 최소화시켜 주어서 부하의 노력 투입 동기와 만족도를 증가시킬 수 있다. 기대 이론의 용어로서 이것을 표현한다면, 이와 같은 리더 행동이 과업의 내적 유인가와 과업의 성공적 완수

에 대한 기대값을 증가시켰다고 할 수 있다. 그러나 만약 과업이 흥미롭고 즐길 만한 성질의 것이며, 부하가 성공적 수행에 대한 확신감을 갖고 있다면 리더에 의한 지지적 행동은 아마도 거의 효과가 없을 것이다.

과업이 비구조화되어 있고 복잡한 것이며, 부하들은 경험이 많지 않고, 작업 수행에 관한 규칙이나 절차가 정비되어 있지 않은 경우에는 지시적 리더십이 부하의 만족도와 노력 투입 동기를 증가시킬 것이다. 해야 할 일이 무엇이며 또 그것을 어떻게 하는 것인지에 관한 역할이 분명하지 않을 경우, 부하들은 자신이 아무리 노력을 기울인다고 하더라도 과업을 성공적으로 완수할 수 있으리라는 기대를 가질 수 없다. 이럴 때 지시적 리더십은 역할 모호성을 감소시켜 줌으로써 성공에의 기대를 높여 주고, 따라서 노력 투입 동기를 증진시킨다. 나아가서 역할 모호성이란 불유쾌한 상태이므로, 이의 제거는 곧 부하의 만족도를 증가시키는 결과로 연결된다. 과제가 구조화되어 있고, 부하들이 매우 유능한 경우에는 지시적 리더십이 부하의 노력 투입 동기에 미치는 효과는 거의 없다. 이 경우에는 리더의 세부적인 감독이나 지시를 불필요한 통제로 지각하게 만듦으로써 부하의 만족도를 오히려 감소시키는 결과를 가져올 수 있다.

참여적 리더십이나 성취 지향적 리더십에 관한 명제는 그리 잘 발전되어 있지 않고, 그에 관한 연구도 또한 잘 이루어져 있지 않다. 참여적 리더십은 과제가 비구조화되어 있는 경우 역할을 명료화시켜 주기 때문에 부하의 노력 투입 동기와 만족도를 증가시킬 수 있으며, 과업의 내적 유인가를 증가시킴으로써 부하의 성취 및 자율의 욕구를 자극하여 결과적으로 만족도를 높여 줄 것으로 가정되고 있다. 성취 지향적 리더십은 과제가 비구조화된 것일 경우 자신감과 도전해 볼 만한 목표에 대한 성공 기대감을 높여 주기 때문에, 결과적으로 노력 투입 동기와 만족도를 증가시켜 줄 것으로 예상된다. 과제가 단순 반복적인 것일 경우 이러한 리더십 행동은 효과가 거의 없다.

(2) 경로-목표 이론의 평가

경로-목표 이론을 검증한 연구들은 일관성 있는 결과들을 보이지 않는데, 이 이론을 지지하는 결과를 보인 연구들도 이 이론의 일부만을 지지하고 있다(Evans, 1986; Indvik, 1986, Podsakoff, MacKenzie, Ahearne, Bommer, 1995; Wofford & Liska, 1993). 능력이 낮은 부하에게는 리더의 지시적 행동이 만족도와 관계가 있다는 증거가 있기는 하지만, 전반적으로 지시적 리더십에 관한 상황 조정 변인의 효과에 관한 이 이론의 명제는 대부분 잘 지지되지 않는다. 오하이오 주립대학교와 미시간 대학교 연구에서 나온 결과들과 마찬가지로 대부분의 연구는 지지적 리더십이 부하의 만족도를 높여 준다는 결과를 보이고 있는 데, 이런 결과는 모든 상황에서 다 나오고 있기 때문에 상황 조정 변인의 효과를 가정하는 이 이론의 명제는 맞지 않는다고 볼 수 있다. 참여적 리더십과 성취 지향적 리더십의 효과에 관한 가설을 검증한 연구는 아직 그리 많지 않다. 과업이 비구조화되어 있지만 부하가 자율적 업무 수행의 욕구를 갖고 있는 경우에는 참여적 리더십이 부하의 만족도를 증가시킨다는 가설에 대한 연구 결과는 예상하는 방향대로 나오고 있다.

이 이론의 타당성을 검증한 연구가 대부분 심각한 방법론상의 문제점을 안고 있기 때문에 지지하는 결과가 나온 연구라 하더라도 재고의 여지가 크다. 사실상 모든 연구가 부하에게 실시한 질문지를 통해 리더의 행동을 측정하였고, 또 그러한 측정도 어느 한 시점에 단발적으로 이루어진 것이었다. 많은 연구가 리더 행동과 효과 기준을 동일한 응답자에게 실시한 질문지를 통해 측정했거나, 타당성이 의문시되는 효과 기준을 사용했다. 이와 같은 질문지를 사용한 상관관계 연구의 취약점에 관해서는 앞서 논의된 바가 있다. 부가해서 대부분의 연구가 이 이론의 단지 일부 측면만을 검증하였고, 많은 다른 측면에 대해서는 언급이 없다. 또한 많은 연구가 매개 변인(기대값, 유인가)에 대한 측정을 실시하지 않았다. 이러한 문제점들을 종합적으로 고려해 볼 때, 이 이론은 아직 적절히 검증되지 않은 상태에 있다고 말할 수 있다.

경로-목표 이론은 개념적으로도 많은 문제점을 내포하고 있는데, 이러한 문제점들이 이론의 실제적 유용성을 제한하는 요소가 된다. 다음은 이 문제에 관한 주요 비판점이다.

첫째, Schriesheim과 Kerr(1977)는 경로-목표 이론의 개념적 근거에 문제가 있다고 지적하고 있다. 이 이론은 기대 이론에 근거하여 리더 행동이 부하의 동기에 미치는 효과를 설명하고 있는데, 기대 이론 자체가 문제점이 많은 이론이라는 것이다. 기대 이론은 너무 복잡하고 인간의 동기화 과정을 너무 이성적인 계산 과정으로 파악함으로써 동기화 과정에서의 감정적인 요인의 작용을 도외시하고 있다는 점에서 비판을 받는다(Behling & Stark, 1973; Mitchell, 1974).

둘째, 이 이론에서 도출된 가설의 선행조건이 되는 가정상에 문제점이 있다는 지적이 있다. 예를 들면, 역할 모호성은 부하들에게 불유쾌한 것이라고 가정하고 있는데, 오히려 의무 사항이나 작업 절차가 명세화되어 있지 않아서 스스로 자신의 역할을 규정해 가면서 일하는 것을 더 좋아하는 사람들도 있다(Stinson & Johnson, 1975). 또 역할이 모호하면 부하들의 과업의 성공적 완수에 대한 기대가 낮아지므로 리더가 역할을 명확히 해 주면 이러한 기대가 자동적으로 높아진다고 가정하고 있는데, House(1971) 자신도 인정했듯이 역할을 명확히 해 주었을 때 부하들은 오히려 그 과업의 성공적 완수가 생각보다 훨씬 더 어려운 것이라고 생각하는 경우가 있다.

셋째, 이 이론은 리더가 부하를 동기화시키는 과정에 초점을 두고 있는데 기술 증진을 위한 훈련이나 필요한 자원의 획득, 작업의 효율적 조직화와 같은 다른 방식에 의해서도 부하의 작업 성과에 영향을 주는 방법이 있지만 이에 대해서는 전혀 고려하고 있지 않다. 단순히 부하의 노력 동기를 증가시킴으로써 얻을 수 있는 성과의 증대보다는 앞서 예시된 것과 같은 매개 과정에 영향을 미치는 다른 일들을 함으로써 훨씬 더 나은 작업 성과를 올릴 수 있는 것이다(Yukl, 1989).

넷째, 앞의 사항과 연관되는 것인데, 이 이론은 리더 행동의 다른 여러 중요한 측면을 간과하고 단지 몇 가지 측면만을 다루고 있다는 제한점이 있다. 더구나 그 행동이라는 것도 너무 추상적인 수준의 범주라서 매개 변인과 연결 짓기가 쉽지 않다. 예를 들면, 지시적 리더십이라는 행동 범주보다는 역할 기대의 명료화라든가 성과급 보상 부여 등과 같은 보다 구체적인 행동 범주를 사용하는 것이 더 낫다(Yukl & Clemence, 1984). 이 이론의 개정판(House, 1996)은 이러한 비판점을 수용하여 더 구체적인 행동 변인들을 포함시키고 있다.

다섯째, 리더 행동별 효과가 개별적으로 고려되고 있고, 리더 행동 간에 있을 수 있는 상호작용 효과가 언급되거나 연구된 적이 없다. 또한 리더 행동과 상황 간에 상호작용이 있을 수가 있는데 이 점에 대한 언급이 없다. 예를 들면, 이 이론은 비구조화된 과제 상황에서는 지시적 리더십이 효과가 있을 것이라고 가정하는데, 이런 상황이라고 할지라도 부하가 그 문제를 해결할 만한 능력을 구비하고 있다면 리더의 지시적 행동은 불필요할 것이다.

이러한 여러 가지 제한점에도 불구하고 경로-목표 이론은 리더 행동 연구의 유용한 개념적 연구 틀을 제공함으로써 연구자들로 하여금 중요한 상황 변인을 발굴하는 데 큰 공헌을 하였다.

2) Hersey와 Blanchard의 상황적 리더십 이론

(1) 상황적 리더십 이론의 내용

Hersey와 Blanchard(1969, 1977, 1982)의 이론은 최초에 '리더십의 일생적 주기 이론(life cycle theory of leadership)'이라고 불렸으나, 후에 '상황적 리더십 이론'이라고 명명되었다.

이 이론은 부하 성숙도라는 하나의 상황 조정 변인과 관계적 행동(배려와 유사)과 과업적 행동(업무 선도와 유사)이라는 두 가지 리더 행동을 다루고 있는데, 부하 성숙도가 리더 행동의 효과를 어떻게 조정하는가를 제시하고 있다. 과업적 행동(task behavior)은 리더가 각 부하는 무엇을 해야 하고 언제, 어디서, 어떻게 그 과업을 완수해야 한다는 것을 지시하는 등의 부하의 역할을 조직화 및 정의하는 것을 말한다. 관계적 행동(relationship behavior)은 의사소통의 언로를 트고, 사회 정서적 지지를 제공하며, 심리적 다독거림을 주는 등의 부하와의 인간적 관계를 유지하는 것을 말한다.

〈표 3-10〉 부하 성숙도 측정 질문지

직무 성숙도 척도

(척도)	높음		중간 정도				낮음	
	8	7	6	5	4	3	2	1
	M4		M3		M2		M1	
1. 과거의 직무 경험	직무 관련 경험이 있다.						직무 관련 경험이 없다.	
	8	7	6	5	4	3	2	1
2. 직무지식	필요한 직무 배경 지식이 있다.						필요한 직무 배경 지식이 없다.	
	8	7	6	5	4	3	2	**1**
3. 직무상의 요구에 대한 이해	직무 수행 시 해야 할 일을 확실히 알고 있다.						잘 모른다.	
	8	7	6	5	4	3	2	1

심리적 성숙도 척도

(척도)	높음		중간 정도				낮음	
	8	7	6	5	4	3	2	1
	M4		M3		M2		M1	
1. 책임을 맡으려는 자발성	적극적으로 맡으려고 한다.						마지못해 한다.	
	8	7	6	5	4	3	2	1
2. 성취 동기	높은 성취 의욕을 가지고 있다.						성취 의욕이 없다.	
	8	7	6	5	4	3	2	**1**
3. 업무에 대한 몰입	매우 헌신적이다.						관심이 없다.	
	8	7	6	5	4	3	2	1

부하의 '성숙도(maturity)'라고 불리는 상황 조정 변인은 부하가 수행하는 과제와 관련해서만 측정될 수 있다. 부하의 성숙도는 직무 성숙도(job maturity)와 심리적 성숙도(psychological maturity)의 두 가지 요소로 구성된다. 직무 성숙도는 부하의 과업 관련 기술과 전문적 지식의 정도이고, 심리적 성숙도는 부하의 과업 수행에 대한 자신감과 자부

심의 정도이다. 높은 성숙도의 부하는 과업 수행에 대하여 능력과 자신감을 갖춘 사람으로서, 이들은 책임감이 강하며 어렵지만 달성 가능한 목표를 설정하는 등의 특성을 갖는다. 낮은 성숙도의 부하는 능력과 자신감이 모두 부족한 사람들이다. 부하의 성숙도를 측정하는 질문지가 〈표 3-10〉에 나와 있다.

이 이론에 포함되는 변인들 간의 관계는 [그림 3-7]에 나와 있고, 각 상황에서 효과적인 리더 행동이 무엇인가에 관한 처방이 [그림 3-8]에 나와 있다.

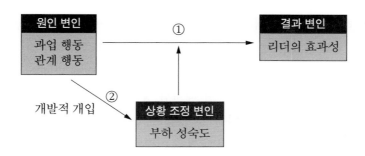

[그림 3-7] Hersey와 Blanchard의 상황적 리더십 이론에서의 인과관계

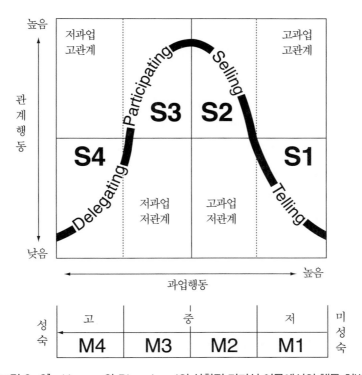

[그림 3-8] Hersey와 Blanchard의 상황적 리더십 이론에서의 행동 처방

　[그림 3-8]에서 보는 바와 같이 부하의 성숙도는 오른쪽에서 왼쪽으로 갈수록 증가하는 것으로 도시되어 있다. 이 성숙도는 네 수준으로 구분되고 있는데, 이러한 구분이란 미숙 수준에서 성숙 수준까지의 연속선상에 있는 것을 편의상 갈라놓은 것이다. 부하의 성숙도 수준을 파악한 후 그 부하에게 적합한 리더의 행동 처방을 찾는 방법은 다음과 같다. 부하의 성숙도 수준을 그림에서 찾은 다음 그 위치에서 위로 수직선을 긋는다. 이 수직선과 포물선이 만나는 지점을 찾는다. 이 지점의 X축의 값은 과업 행동의 적정량이 되고, Y축의 값은 관계 행동의 적정량이 된다. 매우 미숙한 수준(M1)의 부하에 대해서는 리더가 부하들이 일을 하는 방법에 관해 일일이 '지시(Telling)'해 주어야 한다. 즉, 역할을 명시해 주고 목표, 기준, 절차를 설정해 주는 등 과업 지향적 행동에 주력해야 한다. 이 수준에 해당하는 부하로는 새로 징집된 신병들을 예로 들 수 있다. 두 번째 단계의 성숙 수준(M2)에 해당되는 부하에 대해서는 상품을 판매할 때처럼 상대방에 대해 관심을 많이 표명하면서 동시에 제품에 대해 자세하게 설명하는 것과 같이 행동(Selling)해야 한다. 즉, 심정적 지지를 해 주고 대화를 많이 나누며, 동시에 일을 어떻게 하는지에 관해서도 잘 가르쳐 주어야 한다. 이 수준에 속하는 부하로는 자원 입대한 신병들을 예로 들 수 있다. 세 번째 단계의 성숙 수준(M3)에 해당되는 부하에 대해서는 업무에 적극적으로 참여(Participating)할 수 있도록 유도하는 것이 필요하다. 이 수준의 부하들은 업무 능력은 있으나 업무에 열심히 임하고자 하는 동기가 낮은 상태이기 때문에 지지적 행동을 해 주고, 의사결정 시에는 자문을 해 주며, 칭찬과 인정을 해 주는 것이 필요하다. 이 수준에 해당하는 부하로는 잘 훈련되어 있지만 일시적인 패배 등의 이유로 사기가 저하된 부대원들을 예로 들 수 있다. 가장 성숙한 수준(M4)의 부하에 대해서는 작업을 어떻게 실행할 것인가에 관한 책임을 위임(Delegating)하고 상당한 정도의 자율성을 부여하는 것이 필요하다. 성숙한 부하는 리더의 지시가 없어도 일을 잘 처리할 능력을 갖고 있으며, 리더의 지지적 행동이 없다고 하더라도 자기 일에 대해 자신감을 갖고 있기 때문이다. 이 수준에 속하는 부하로는 전문가 집단이나 사기왕성한 잘 훈련된 부대를 예로 들 수 있다.

　리더 행동은 리더십의 효과에 영향을 미칠 뿐만 아니라([그림 3-7]의 화살표 ①), 리더 행동은 부하의 성숙도에도 영향을 미친다([그림 3-7]의 화살표 ②). Hersey와 Blanchard에 의하면 리더는 개발적 개입(developmental intervention)이라는 방법을 통하여 부하의 성숙도 수준을 변화시킬 수 있다고 본다. 미성숙 수준의 부하에 대한 간단한 개발적 개입 방법은 특정한 과제에 대해서 지시의 양을 좀 줄이고 부하에게 보다 많은 책임을 위임하는 것이다. 부하의 반응이 긍정적인 방향으로 나오면 그것을 강화하는 칭찬과 정서적 지지를 보내 준다.

보다 복잡한 것으로서 부합적 계약(contingency contracting)이라고 하는 개발적 개입의 방법이 있다. 여기서는 부하의 책임과 과업 목표가 무엇이고, 부하가 그 목표를 달성하는 데 조력자로서의 리더의 역할은 무엇인가 등의 문제에 관해 리더와 부하가 약속을 한다. 부하가 성숙 수준에 도달하는 데 어느 정도의 기간이 걸릴 것인가는 과제의 복잡성 정도 와 부하의 특성에 따라 달라진다. 이 기간을 계산하는 일정한 공식은 없으며, 짧게는 며칠 이 소요될 수도 있지만 길게는 수년이 걸릴 수도 있다.

Hersey와 Blanchard는 부하의 성숙도가 오히려 퇴보하는 경우도 있음을 발견하고 리 더의 행동이 융통성 있게 조정되어야 함을 강조한다. 예를 들면, 원래는 매우 책임감 있고 업무에 열성적이던 사람이 개인적인 불행을 겪은 후에 업무에 무관심해지는 수가 있다. 이러한 부하에 대해서는 세부적으로 감독을 하면서 개발적 개입을 통해 원상을 회복하도 록 만들어야 한다.

(2) 상황적 리더십 이론에 대한 평가

Hersey와 Blanchard의 이론은 발표된 이후 수많은 관리자 훈련 프로그램에 대해 이론 적 기초를 제공했다. 그러나 이 이론을 검증한 연구는 그리 많지 않다. 일부 검증 연구의 결과를 보면 성숙도가 낮은 부하들에 대해서는 과업적 행동이 업무 성과를 높인다는 결과 가 나왔다. 그러나 전반적으로 이 이론의 가설들을 지지하는 결과는 잘 나오지 않았다.

이 이론의 개념적 취약점에 대해서는 다음과 같은 지적이 있다.

첫째, 이 이론에는 매개 변인이 명시되어 있지 않다. 부하의 능력이나 동기화 정도를 매 개 변인의 일부로 볼 수도 있겠지만, 그것들은 이미 성숙도라는 상황 조정 변인의 구성요 소로 들어가 있다. 상황 조정 변인과 매개 변인을 명확히 구분하지 않음으로 해서 불필요 하게 모호성과 혼동을 초래하고 있다.

둘째, 성숙도라는 것이 너무 광범위하게 정의되어 있고 개념적으로도 모호하다(Barrow, 1977). 그것은 여러 가지 이질적인 요소로 구성된 합성적 상황 변인인데, 각각의 요소에 가중치가 어떻게 부여되고, 또 그 요소들이 어떻게 합성되는지에 관한 기준이 없다. 예 를 들면, 자신감과 책임감은 높지만 과제에 대한 능력이 부족한 사람과 자신감과 책임감 은 낮지만 과제에 대한 능력이 높은 사람은 서로 같지 않을 것이며, 이들은 또 그 모두에 서 중간 정도의 성숙도를 가진 사람과도 다를 것이다. 이와 같은 세 가지 경우는 이 이론 에 따르면 모두 중간 수준의 성숙도 범주에 속하겠지만 질적으로는 다른 부류이다. 이 이론의 개정판에서 Hersey와 Blanchard(1982)는 이러한 결점을 보완하기 위하여 M1과 M2의 상황에서는 능력에 가중치가 더 주어지고, M3과 M4의 상황에서는 동기화 정도에 가중치가 더 주어진다는 제안을 내놓았다. 이 제안에 따른다면 능력은 있으나 덜 동기화된 사람이 능력은 부족하지만 더 동기화되어 있는 사람보다 성숙도가 낮은 것으로 취급될 수도 있는데, 이러한 가정이 과연 맞는가의 문제가 있다(Graeff, 1983). 이와 같은 문제점은 성숙도의 구성요소들을 하나의 합성 변인(composite variable)의 하위 요소들로 볼 것이 아니라 각각 별개의 독립적인 상황 조정 변인으로 취급한다면 해결될 수 있을 것이다.

셋째, 리더 행동이 여러 성숙도 수준에 따라서 일관성 있게 정의되고 있지 않다. 예를 들면 관계적 행동은 M2에서는 주로 '사회 정서적 지지'의 의미로서 기술되고 있는 반면, M3에서는 '참여적 의사결정'의 의미로서 기술되고 있다(Graeff, 1983). 과업적 행동은 M1에서는 주로 '부하의 역할 명시'라는 의미로서 기술되는 반면, M4에서는 '위임'의 의미로서 기술되고 있다. 이러한 것이 또한 이 모델에서 불필요한 모호성과 혼동을 야기하는 한 원인이 된다.

넷째, 이 이론은 많은 중요한 상황 변인을 무시하고 있다. 과업 및 관계적 행동의 결정에 관계되는 많은 상황 변인이 있기 때문에 이러한 상황 변인의 누락은 치명적인 결점이 될 수 있다. 비록 누락된 상황 변인들이 부하 성숙도보다 더 중요하지는 않을지도 모르지만 적어도 동등한 정도로 중요할 가능성이 크다(Yukl, 1989).

앞에서 언급된 여러 가지 문제점에도 불구하고 상황적 리더십 이론은 많은 긍정적 공헌을 했다. 한 가지 공헌점은 융통성 있고 적응적인 리더 행동을 강조했다는 점이다. Hersey와 Blanchard는 리더가 부하를 다루는 데 있어서 부하에 따라 다르게, 그리고 같은 부하라도 상황이 변하면 그에 맞추어 다르게 대하는 것이 중요하다는 점을 상기시켰다. 나아가서 부하는 현재 상태에서 변하지 않는 존재가 아니며, 부하의 능력과 자신감이 언제라도 변화될 수 있다는 사실을 인식하고 이것들을 변화시켜야 할 때가 언제인가에 대해 리더가 항상 주의를 기울여야 한다고 지적하였다. 이 이론의 마지막 공헌점은 리더의 행동을 하나의 기술로서 파악했다는 점이다. 그러나 그 기술을 이 이론에서 명백하게 명시하지 않고 단지 일반적인 의미에서 고려하였다는 한계를 안고 있다.

3) 리더십 대체 이론

(1) 리더십 대체 이론의 내용

Kerr와 Jermier(1978)는 리더십 행동의 효과성을 대체 또는 소멸시켜 버리는 상황을 다루는 모델을 발전시켰다. 이 이론은 새로운 중요한 리더 행동을 찾아내기보다는 기존의 중요하다고 인정된 리더 행동의 효과가 제한이 되는 상황을 찾아내는 것이 주요 관심사이다. 이 모델에서는 대체 요인(substitute)과 중화 요인(neutralizer)이라는 두 종류의 상황 변인을 제안하고 있다. 대체 요인은 리더 행동을 불필요한 것 또는 군더더기의 것으로 만드는 상황 요인이다. 부하의 명확한 역할 인식, 작업 방법 숙지, 고도의 동기화, 직무에 대한 만족 등을 보장해 주는 부하, 과제, 조직의 제반 특성들이 모두 리더 행동의 대체 요인이 될 수 있다. 중화 요인은 리더가 어떤 행동하는 것을 못하게 만들거나, 특정한 리더 행동의 효과를 소멸시켜 버리는 제반 상황적 요인을 말한다. 예를 들면, 리더가 성과를 많이 올린 부하에게 상을 줄 수 있는 권한을 갖고 있지 않다면 이것은 리더의 보상 행동에 대한 중화 요인으로 작용하는 상황이라고 볼 수 있다. 또 리더가 제시한 보상에 대해 부하가 아무런 관심을 갖고 있지 않다면 이것은 리더의 보상 행동의 효과가 전혀 없는 상황이다. 이 이론은 매개 변인을 명확히 규정하고 있지는 않지만 매개 변인은 이 모델의 가정에 깔려 있다. 대체 요인은 매개 변인의 효과가 일정 수준에서 그대로 머물러 있게 만드는 상황 요인이고, 중화 요인은 매개 변인이 가지고 있는 원래의 결함을 개선하려는 리더의 행동을 막아 버리는 상황 요인이라고 할 수 있다.

지지적 리더십과 도구적 리더십에 대한 대체 요인과 중화 요인의 목록이 〈표 3-10〉에 제시되었다. 지지적 리더십은 배려와 비슷하고, 도구적 리더십은 업무 선도와 비슷한 것으로 파악하면 무방하다.

〈표 3-11〉에 나와 있듯이 부하의 특성 중 여러 가지가 지지적 및 도구적 리더십에 대한 대체 요인 및 중화 요인으로 작용할 수 있다. 부하의 풍부한 경험이나 숙달된 훈련은 리더의 도구적 리더십에 대한 대체 요인이 될 수 있다. 즉, 부하가 무엇을 해야 하고 또 그것을 어떻게 하는가에 관한 기술과 지식을 갖추고 있으므로 리더가 따로 지도를 할 필요는 거의 없다. 예를 들면, 의사, 비행기 조종사, 회계사, 전기 기사, 기타 전문직업 종사자, 장인(匠人) 등과 같은 사람들에게는 과업 수행에 대한 감독이 거의 요구되지 않는다. 대부분의 전문 직업인은 그들이 가지고 있는 가치, 욕구, 윤리 등에 의해서 내재적으로 동기화되어 있으므로 군이 리더의 지지적 행동이나 도구적 행동이 필요하지 않다.

〈표 3-11〉 지지적 및 도구적 리더십의 대체 요인과 중화 요인

중화 요인 또는 대체 요인	지지적 리더십	도구적 리더십
A. 부하 특성		
1. 경험, 능력, 훈련	–	대체 요인
2. '직업'의식	대체 요인	대체 요인
3. 조직에서 주는 보상에 대한 무관심	중화 요인	중화 요인
B. 과제 특성		
1. 구조화된, 일상적인, 명확한 과제	–	대체 요인
2. 과업 수행의 결과에 대한 정보	–	대체 요인
3. 스스로 만족해 하는 직무	대체 요인	–
C. 조직 특성		
1. 응집성이 강한 집단	대체 요인	대체 요인
2. 직책 권력이 낮음	중화 요인	중화 요인
3. 공식화된 조직	–	대체 요인
4. 융통성을 허용하지 않는 조직	–	중화 요인
5. 리더가 부하와 거리상 이격	중화 요인	중화 요인

    과제가 가지고 있는 특성이 리더 행동의 대체 요인이 될 수 있다. 과제가 단순하고 반복적인 것이면 부하는 오랜 기간의 훈련이나 지도 없이 단시간 내에 필요한 기술을 습득할 수 있다. 과제가 작업 수행의 결과를 자동적으로 알 수 있게 되어 있다면 결과에 대한 피드백 정보를 리더로부터 받을 필요가 없다. 과제가 흥미를 유발하고 즐길 수 있는 성질의 것이라면 부하의 지루함을 달래 주기 위한 지지적 리더십도 필요 없다.

    아울러 조직의 특성 요인들도 중화 요인이나 대체 요인이 될 수 있다. 함께 일하는 부하들의 집단 응집성이 매우 높을 경우 부하들은 상호 간에 심리적 지지를 얻을 수 있으므로 따로 리더의 지지가 없이도 지지적 리더십의 대체 요인으로 작용한다. 조직의 공식화 정도가 높을 경우 이것은 도구적 리더십 행동의 대체 요인이 된다. 규칙, 규정, 정책 등이 세부적으로 문서화되어 있는 조직에서는 부하가 그 규칙이나 정책을 일단 익히고 나면 리더에 의한 지도가 거의 필요치 않다. 규칙이나 정책이 융통성을 허용하지 않게끔 시행되고 있으면 리더가 부하의 노력을 촉구하기 위하여 작업 절차를 변경하는 등의 조치를 전혀 취할 수 없으므로, 그러한 상황은 대체 요인일 뿐만 아니라 중화 요인으로도 작용한다. 직책 권력을 갖고 있지 못하면 부하를 동기화시키기 위한 보상과 벌의 사용이 불가능해지므로 이는 중화 요인이 된다. 부하가 지리적으로 멀리 떨어져 있어서 접촉이 매우 제한될

경우 이것은 지지적 리더십과 도구적 리더십 모두에게 중화 요인으로 작용한다.

Kerr와 Jermier는 때로는 리더가 완전히 불필요한 상황이 있을 수 있다는 흥미로운 가설을 제안하였다. 그러나 부하의 만족도나 업무 성과에 미치는 리더의 영향이 큰 경우도 있고 적은 경우도 있다는 것은 가능하지만 리더의 영향이 전혀 없는 상황이 있다는 것은 그다지 가능성 있는 것으로 여겨지지 않는다. 이 모델은 위계적 조직에서의 공식적 리더에 의한 리더십 행동의 대체 요인을 취급하고 있다는 점을 주목할 필요가 있다. 몇몇 대체 요인을 보면 공식적 리더가 해야 할 행동이 동료나 비공식적 리더에 의해 행해지고 있다는 것을 알 수 있을 것이다. 리더십 기능이 공식적으로 지정된 리더에 의해서만 행사되기보다는 집단의 성원들 사이에서 공유될 수도 있다는 사실은 여러 연구에서 볼 수 있다(Bowers & Seashore, 1966; Manz & Sims, 1987; Slater, 1955).

(2) 리더십 대체 이론에 대한 평가

Kerr와 Jermier의 모델이 제시한 대체 요인 및 중화 요인에 관한 명제를 검증한 연구는 많지 않다(Ford, 1981; Howell & Dorfman, 1981, 1986; Jermier & Berkes, 1979; Kerr & Jermier, 1978). 이 이론의 일부 가설은 지지되기도 했지만, Podsakoff 등(1995)이 실시한 광범위한 개관 연구에 의하면 리더 행동이 부하의 동기나 만족도에 미치는 효과에 대한 상황 변인의 조정 효과에 관한 이 이론의 가설은 별로 지지되지 않는 것으로 나타났다. 이 개관 연구에서 밝혀진 한 가지 주목할 만한 사실은 상황 변인이 부하의 동기나 만족도에 직접적으로 영향을 미친다는 것이다. 이런 사실은 상황 변인의 조정 효과에 대해서만 검증하려고 하기보다는 상황 변인이 리더십 효과에 관한 준거 변인이나 리더 행동에 직접적으로 미치는 효과에 대해 검증해 보는 방향으로의 관점의 전환이 요구된다는 것을 시사해 준다. 제한된 증거들을 바탕으로 하여 이 모델의 타당성이나 유용성을 결론적으로 평가하기에는 다소 어려움이 있다. 그러나 몇 가지 개념적인 문제점을 보면 다음과 같다(Yukl, 1989).

첫째, 이 이론은 기본적으로 두 유형의 리더십 행동에 조정 효과를 미치는 상황 변인들을 목록화한 것이지, 근저에 깔려 있는 인과관계를 설명하는 참된 이론이라고 보기는 어렵다. 매개 과정, 즉 설명 과정에 더 초점을 두었더라면 매개 변인의 중요성을 감소시키는 대체 요인과 리더 이외의 다른 사람에 의한 리더십 행사를 의미하는 대체 요인 간의 구별이 더 명확해졌을 것이다. 예를 들면, 부하 능력의 중요성은 사무 자동화나 인공지능과 같은 과학기술 향상으로 감소될 수 있고, 이것은 다시 지도나 훈련을 통해 부하를 개발해야 할 필요성을 감소시킨다. 이와는 전혀 다른 상황으로 부하의 능력은 여전히 중요한 요인인데 부하의 능력을 리더 이외의 다른 사람(예: 부하 중 능력 보유자, 외부 훈련자)이 육성할 수 있다면 리더의 부하 개발 행동은 불필요해진다.

둘째, 공식적 리더가 행하는 리더십 행동에 대한 대체 요인이나 제약 요인을 찾아내려고 하는 식의 접근은 리더십 연구를 보는 시각을 너무 좁힐 수 있다. 매개 변인에 관한 논의에서 볼 수 있듯이 이 이론은 은연중에 부하의 능력과 동기화 정도만이 리더십 효과에 중요하다고 가정하고 있다. 이 이론은 필요한 자원의 부족, 부하들 사이의 갈등, 동료와 상관으로부터의 협조 결여, 작업의 조직화에 있어서 설계상의 문제점, 단호한 행동을 요구하는 비상시의 위기와 문제, 전략과 조직 문화의 재조정을 요하는 환경의 변화 등과 같이 조직의 성과에 영향을 미치는 중요한 과정을 대부분 고려하고 있지 않다.

셋째, 이 이론이 다루고 있는 범위와 내용에 있어서의 결점 중 일부는 지지적 리더십과 도구적 리더십이라는 지나치게 추상적인 행동 범주에 너무 얽매여 있다는 점이다. 이렇게 광범위하게 정의된 행동 범주에 대해서는 구체적인 대체 요인이나 중화 요인을 찾아내기가 어렵다. 따라서 이 이론이 더 발전하기 위해서는 보다 더 구체적인 행동 범주를 찾아낼 것이 요구된다. Howell과 Dorfman(1986)과 Jermier와 Berkes(1979)의 연구가 이러한 방향으로 개선한 것인데, 이 연구에서는 도구적 리더십 대신 작업 할당, 역할 명료화, 절차의 명세화 등과 같은 구체적인 행동 범주를 사용하고 있다.

이 이론이 기여한 한 가지 공헌점은 대체 요인과 중화 요인으로 작용하는 조건에 관심을 갖게 만들었다는 점이다. 이들 중에는 많은 것이 이전 이론들에서 거론된 상황 조정 변수와 같은 것이기는 하지만, 전반적인 접근 방향이 연구자로 하여금 리더십 행동에 대한 제약 조건으로서 자명하게 알 수 있는 것뿐만 아니라 그 이상의 것들에 대해서도 고려를 하게 만들었다.

또 다른 공헌점은 이 이론이 리더 행동을 대체할 수 있는 요인들에 대해 관심을 갖게 함으로써 리더십 연구의 새로운 지평을 여는 데 선도적인 역할을 하였다는 점이다. 즉, 기존의 리더 행동에 대한 많은 연구가 공식적 리더의 역할에만 초점을 맞춘 데 비해 리더십 대체 이론은 공식적인 리더를 대체할 수 있는 요인들에 대해 관심을 갖게 함으로써 결과적으로 위임과 참여의 범위를 확대하는 직무 확대(job enrichment), 모든 구성원을 리더화하는 자기관리 집단(self-managed work group), 컴퓨터나 신기술 도입을 통한 사무 자동화 등과 같은 리더 역할의 대안을 리더십의 일부로 통합하는 방안을 고려하게 만들었다.

4) 리더십 연구의 상황 부합적 이론에 대한 평가

〈표 3-12〉에는 이 책의 제2장과 제3장에서 제시된 리더십 연구의 상황 부합적 이론이 요약되어 있다. 이 표를 통해 각 이론의 내용과 타당성을 비교해 볼 수 있다. 이 네 가지 이론은 모두 상황 부합적 이론이지만, 그 속에 포함된 상황 변인은 종류와 개수가 이론마다 다르다. 이론이 관련되는 상황 변인을 많이 포함할수록 바람직한 것이 되지만, 반면 그만큼 이론에 대한 검증은 더 어려워진다. 매개 변인을 발굴하여 포함시키면 리더가 어떻게 부하의 업무 성과에 영향을 주는가를 설명하는 데 많은 도움이 되는데, 매개 변인을 명시적으로 제시하는 이론은 경로-목표 이론 하나뿐이다.

〈표 3-12〉 상황 부합적 리더십 이론의 요약

이론	리더 특성	리더 행동	상황 변인	매개 변인	검증연구
경로-목표 이론	-	도구적, 지시적, 참여적, 성취 지향적	여러 측면	기댓값, 도구성, 유인가	많음 부분적 지지
상황적 리더십 이론	-	과업적, 관계적	부하 성숙도	-	적음 결론 유보
대체이론	-	도구적, 지지적	여러 측면	-	적음 결론 유보
LPC 이론	LPC값	-	과업 구조 리더-부하 관계 직책 권력	-	많음 부분적 지지

대부분의 상황 부합 이론은 명제가 명확하게 진술되어 있지 않기 때문에 구체적이고 검증 가능한 명제를 도출하기가 어렵다. 그리고 연구에서 나온 결과들도 이론을 간접적 또는 부분적으로만 지지하고 있다. 전반적으로 이 연구들은 측정의 정확성에서 문제를 안고 있고, 대부분이 상관관계 연구이므로 변인 간의 인과관계를 명확하게 밝히기 어렵다는 점에서 취약점을 안고 있다(Korman & Tanofsky, 1975; Schriesheim & Kerr, 1977).

행동 과학자들이 모두 상황 부합 이론에 찬성하고 있는 것은 아니다. McCall(1977)은 리더의 일은 시간적으로 조각조각 나는 것이 많고, 그러한 일들도 대부분 리더의 전적인 통제하에 있지 않기 때문에, 어떤 상황에서 어떤 행동이 적절하다는 식의 복잡한 이론을 실제에 적용하는 것은 거의 불가능하다고 지적하고 있다. 리더들은 대부분 너무나 바쁘기 때문에 복잡한 모델을 갖고서 한가하게 상황을 분석하고 있을 틈이 없다. 그리고 그는 어떤 상황에서 가장 훌륭한 단 한 가지의 리더십 행동이 존재한다는 식의 가정에 대해서도 의문을 제기한다. 즉, 어떤 상황에 효과적인 리더 행동은 여러 가지가 있을 수 있다는 것이다.

이전에 언급되었듯이, 보편적 이론은 일반 원칙을 상황에 따라 어떻게 변용해야 하는가에 대한 지침이 결여되어 있다는 문제점을 갖고 있는데, 상황 부합 이론은 그와는 정반대의 문제점을 갖고 있다. 즉, 수많은 효과적인 리더 행동과 상황 요인 가운데서 어떤 것을 선택해야 하는지, 그 저변에 깔려 있는 일반적인 원리를 찾아낼 수 있는 통합적인 틀이 없다는 것이다. 따라서 앞으로 요구되는 것은 이 두 가지, 즉 보편적 요소와 상황 특수적 요소를 모두 포괄하는 이론을 찾는 것이라고 할 수 있다.

참고문헌

Argyris, C. (1964). *Integrating the individual and the organization*. New York: Wiley.

Barrow, J. C. (1977). The variables of leadership: A review and conceptual framework. *Academy of Management Review, 2*, 231-251.

Bass, B. M. (1981). *Handbook of leadership: A survey of theory and research*. New York: Free Press.

Behling, D., & Starke, F. A. (1973). The postulates of expectancy theory. Academy of *Management Journal, 16*, 373-388.

Blake, R. R., & Mouton, J. S. (1961). Comprehension of own and of outgroup positions under intergroup position. *The Journal of Conflict Resolution, 5*, 304-310.

Bowers, D. G., & Seashore, S. E. (1966). Predicting organizational effectiveness with a four-factor theory of leadership. *Administrative Science Quarterly, 11*, 238-263.

Carlson, S. (1951). *Executive behavior: A study of the work load and working methods of managing directors*. Stockholm: Strombergs.

Carroll, S. J. Jr., & Gillen, D. J. (1987), Are the classical management functions uselful in describing managerial work? *Academy of Management Review, 12*, 38-51.

Coch, L., & French, J. R. P. Jr. (1948). Overcoming resistance to change. *Human Relations, 1*,

512-532.

Cohen, M. D., & March, J. G. (1974). *Leadership and ambiguity*. New York: McGraw-Hill.

Day, R. C. (1971). Some effects of combining close, punitive and supportive styles of supervision. *Sociometry, 34*, 303-327.

Day, R. C., & Hamblin, R. L. (1964). Some effects of close and punitive styles of supervision. *American Journal of Sociology, 69*, 499-510.

Evans, M. G. (1986). *Path-goal theory of leadership: A meta analysis*. Unpublished paper, Toronto: University of Toronto.

Fleishman, E. A. (1953). The description of supervisory behavior. *Personnel Psychology, 37*, 1-6.

Fleishman, E. A., & Harris, E. F. (1962). Patterns of leadership behavior related to employee grievances and turnover. *Personnel Psychology, 15*, 43-56.

French, J. R. P., Israel, J., & As, D. (1960). An experiment on participation in a Norwegian factory. *Human Relations, 13*, 3-19.

Georgopoulos, B. S., Mahoney, G. M., & Jones, N. W. Jr. (1957). A path-goal approach to productivity. *Journal of Applied Psychology, 41*, 345-353.

Gilmore, D. C., Beehr, T. A., & Richter, D. J. (1979). Effects of leader behaviors on subordinate performance and satisfaction: A laboratory experiment with student employees. *Journal of Applied Psychology, 64*, 166-172.

Graeff, C. L. (1983). The situational leadership theory: A critical review. *Academy of Management Review, 8*, 285-296.

Halpin, A. W., & Winer, B. J. (1957). A factorial study of the leader behavior descriptions. In R. M. Stogdill & A. E. Coons (Eds.), *Leader behavior: Its description and measurement*. Columbus, OH: Bureau of Business Research, Ohio State University.

Hand, H., & Slocum, J. (1972). A longitudinal study of the effect of a human relations training program on managerial effectiveness. *Journal of Applied Psychology, 56*, 412-418.

Hemphill, J. K., & Coons, A. E. (1957). Development of the leader behavior description questionnaire. In R. M. Stogdill & A. E. Coons (Eds.), *Leader behavior: Its description and measurement*. Columbus, OH: Bureau of Business Research, Ohio State University.

Herold, D. (1977). Two way influence processes in leader-follower dyads. *Academy of Management Journal, 20*, 224-237.

Hersey, P., & Blanchard, K. H. (1969). Life cycle theory of leadership. *Training and Development Journal, 23,* 26-34.

Hersey, P., & Blanchard, K. H. (1977). *Management of organizational behavior* (3rd ed.). Englwood Cliff, NJ: Prentice Hall.

Hersey, P., & Blanchard, K. H. (1982) *The management of organizational behavior* (4th ed.). Englwood Cliff, NJ: Prentice Hall.

House, R. J. (1996). Path-goal theory of leadership: Lessons, legacy, and a reformulated theory. *Leadership Quarterly, 7,* 323-352.

House, R. J., & Dessler, G. (1974). The path-goal theory of leadership: Some post hoc and a priori tests. In J. Hunt & L. Larson (Eds.), *Contingency approaches to leadership.* Carbondale IL: Southern Illinois University Press.

House, R. J., & Mitchell, T. R. (1974). Path-goal thoery of leadership. *Contemporary Business, 3,* Fall, 81-98.

Howell, J. P., & Dorfman, P. W. (1981). Substitutes for leadership: Test of a construct. *Academy of Management Journal, 24,* 714-728.

Howell, J. P., & Dorfman, P. W. (1986). Leadership and substitutes for leadership among professional and nonprofessional workers. *Journal of Applied Behavioral Science, 22,* 29-46.

Indvik, J. (1986). Path-goal theory of leadership: A meta-analysis. Proceedings of the Academy of Management Meetings, 189-192.

Janis, I. L., & Mann, L. (1977). *Decision making: A psychological analysis of conflict, choice and commitment.* New York: Free Press.

Jermier, J. M., & Berkes, L. J. (1979). Leader behavior in a police command bureaucracy: A closer look at the quasi-military model. *Administrative Science Quarterly, 24,* 1-23.

Kanter, R. M. (1982). The middle manager as innovator. *Harvard Business Review,* July-August, 95-105.

Kanter, R. M. (1983). *The change masters.* New York: Simon & Schuster.

Katz, D., & Kahn, R. L. (1978). *The social psychology of organizations* (2nd ed.). New York: John Wiley.

Katz, D., Maccoby, N., Gurin, G., & Floor, L. (1951). *Productivity, supervision and morale among railroad workers.* Ann Arbor, MI: Survey Research Center, University of Michigan.

Katz, D., Maccoby, N., & Morse, N. (1950). *Productivity, supervision and morale in an office situation*. Ann Arbor, MI: Institute for Social Research.

Kerr, S., & Jermier, J. M. (1978). Substitutes for leadership: Their meaning and measurement. *Organizational Behavior and Human Performance, 22*, 375-403.

Kerr, S., & Schriesheim, S. (1974). Consideration, initiating structure and organizational criteria-an update of Korman's 1966 review. *Personnel Psychology, 27*, 555-568.

Korman, A. K., & Tanofsky, R. (1975). Statistical problems of contingency models in organizational behavior. *Academy of Management Journal, 18*, 393-397.

Kotter, J. P. (1982). *The general managers*. New York: Free Press.

Kotter, J. P., & Lawrence, P. (1974). *Mayors in action: Five studies in urban governance*. New York: John Wiley.

Larson, L. L., Hunt, J. G., & Osborn, R. N. (1976). The great hi-hi leader behavior myth: A lesson from Occam's razor. *Academy of Management Journal, 19*, 628-641.

Likert, R. (1961). *New patterns of management*. New York: McGraw-Hill.

Likert, R. (1967). *The human organization: Its management and value*. New York: McGraw-Hill.

Locke, E. A., & Latham, G. P. (1984). *Goal-setting: A motivational technique that works*. Englewood Cliffs, NJ: Prentice-Hall.

Lowin, A., & Craig, J. R. (1968). The influence of level of performance on managerial style: An experimental object lesson in the ambiguity of correlational data. *Organizational Behavior and Human Performance, 3*, 440-458.

Lowin, A., Hrapchak, W. J., & Kavanagh, M. J. (1969). Consideration and initiating structure: An experimental investigation of leadership traits. *Administrative Science Quarterly, 14*, 238-253.

McCall, M. W. Jr. (1977). Leaders and leadership: Of substance and shadow. In J. Hackman, E. E. Lawler Jr., & L. W. Porter (Eds.), *Perspectives on behavior in organizations*. New York: McGraw-Hill.

McCall, M. W. Jr., Kaplan, R. E., & Gerlach, M. L. (1982). *Caugh in the act: Decision makers at work* (Technical Report No. 20). Greensboro, NC: Center for Creative Leadership.

Miller, K. I., & Monge, P. R. (1986). Participation, satisfaction and productivity: A meta-analytic review. *Academy of Management Journal, 29*, 727-753.

Mintzberg, H. (1973). *The nature of managerial work.* New York: Harper & Row.

Misumi, J., & Shirakashi, S. (1966). An experimental study of the effects of supervisory behavior on productivity and morale in a hierarchical organization. *Human Relations, 19,* 297-307.

Mitchell, T. R. (1974). Expectancy models of job satisfaction, occupational preference and effort: A theoretical, methodological and empirical appraisal. *Psychological Bulletin, 81,* 1053-1077.

Morse, N. C., & Reimer, E. (1956). The experimental change of a major organizational variable. *Journal of Abnormal and Social Psychology, 52,* 120-129.

Peters, T. J., & Austin, N. (1985). *A passion for excellence: The leadership difference.* New York: Random House.

Peters, T. J., & Waterman, R. H. Jr. (1982). *In search of excellence: Lessons from America's best-run companies.* New York: Harper & Row.

Pettigrew, A. (1972). Information control as a power resource. *Sociology, 6,* 187-204.

Podsakoff, P. M., MacKenzie, S. B., Ahearne, M., & Bommer, W. H. (1995). Searching for a needle in a haystackL Trying to identify the illusive moderators of leadership behaviors. *Journal of Management, 21,* 423-470.

Quinn, J. B. (1980). Formulating strategy one step at a time. *Journal of Business Strategy, 1,* 42-63.

Schachter, S., Willerman, B., Festinger, L., & Hyman, R. (1961). Emotional disruption and industrial productivity. *Journal of Applied Psychology, 45,* 201-213.

Schriesheim, C. A., & Kerr, S. (1977). Theories and measures of leadership: A critical appraisal. In J. G. Hunt & L. L. Larson (Eds.), *Leadership: The cutting edge.* Carbondale, IL: Southern Illinois University Press.

Schriesheim, C. A., & Stogdill, R. M. (1975). Differences in factor structure across three versions of the Ohio state leadership scales. *Personnel Psychology, 28,* 189-206.

Schweiger, D. M., Anderson, C. R., & Locke, E. A. (1985). Complex decision making: A longitudinal study of process and performance. *Organizational Behavior and Human Decision Processes, 36,* 245-272.

Schweiger, D. M., & Leana, C. R. (1985). Participation in decision making. In E. A. Locke (Ed.), *Generalizing from laboratory to field settings.* Boston: Heath-Lexington.

Shipper, F., & Wilson, C. L. (1992). The impact of managerial behaviors on group performance, stress, and commitment. In K. Clark, M. B. Clark, & D. P. Campbell (Eds.), *Impact of leadership* (pp. 119-129). Greensboro, NC: Center for Creative Leadership.

Simon, H. (1987). Making managerial decisions: The role of intuition and emotion. *Academy of Management Executive, 1*, 57-64.

Sims, H. P., Jr., & Manz, C. C. (1984). Observing leader verbal behavior: Toward reciprocal determinism in leadership theory. *Journal of Applied Psychology, 69*, 222-232.

Skinner, E. W. (1969). Relationships between leadership behavior patterns and organizational -situational variables. *Personnel Psychology, 22*, 489-494.

Slater, P. E. (1955). Role differentiation in small groups. In A. P. Hare, E. F. Borgatta & R. F. Bales (Eds.), *Small groups: Studies in social interactions.* New York: Knopf.

Stinson, J. E., & Johnson, T. W. (1975). The path goal theory of leadership: A partial test and suggested refinement. *Academy of Management Journal, 18*, 242-252.

Stogdill, R. M., Goode, O. S., & Day, D. R. (1962). New leader behavior description subscales. *Journal of Psychology, 54*, 259-269.

Tannenbaum, A. S., & Allport, F. H. (1956). Personality structure and group structure: An interpretive study of their relationship through an event structure hypothesis. *Journal of Abnormal and Social Psychology, 53*, 272-280.

Vroom, V. H. (1964). *Work and motivation.* New York: John Wiley & Sons.

Wagner, J. A., & Gooding, R. Z. (1987). Shared influence and organizational behavior: A meta-analysis of situational variables expected to moderate participation-outcome relationships. *Academy of Management Journal, 30*, 524-541.

Wexley, K. N., & Nemeroff, W. F. (1975). Effects of positive reinforcement and goal setting as methods of management development. *Journal of Applied Psychology, 60*, 446-450.

Wofford, J. C., & Liska, L. Z. (1993). Path-goal theories of leadership: Fruitful or futile? *Leadership Quarterly, 10*, 523-529.

Yukl, G. A. (1971). Toward a behavioral theory of leadership. *Organizational Behavior and Human Performance, 6*, 414-440.

Yukl, G. A. (2006). *Leadership in Organization* (6th ed.). Englewood Cliffs, NJ: Prentice Hall.

Yukl, G. A., & Clemence, J. (1984). A test of path-goal theory of leadership using questionnaire and diary measures of behavior. Proceedings of the twenty-first annual meeting of the Eastern Academy of Management, 174-177.

Yukl, G., Wall, S., & Lepsinger, R. (1990). Preliminary report on validation of the managerial practices survey. In K. E. Clark & M. B. Clark (Eds.), *Measures of leadership* (pp. 223-238). West Orange, NJ: Leadership Library of America.

제4장

카리스마적 · 변혁적 · 윤리적 리더십

조직이나 국가가 역사적으로 처한 상황들을 살펴보면, 안정적이고 점진적인 변화가 이루어지는 시기도 있지만 심각한 위기 또는 급진적인 변화가 휘몰아치는 시기도 있었다는 것을 알 수 있다. 사회가 혼란스럽거나 불안정할 때, 사회 구성원들의 불만이 팽배해 있을 때, 조직이 기존의 방식대로 운영될 경우 심각한 위기에 처하게 될 것으로 판단이 될 때, 사람들은 그들의 현실적인 문제를 해결해 주고 보다 나은 미래를 펼쳐 줄 리더를 갈구한다. 때로는 리더 스스로가 조직 구성원들에게 높은 이상과 희망적인 미래의 모습을 펼쳐 보이며 조직의 변혁을 시도하기도 한다. 이들 중 일부는 자신이 속한 사회와 국가를 올바른 방향으로 변혁시켜 나가기도 하지만, 또 어떤 사람은 오히려 파괴적인 결과를 초래하기도 한다.

1970년대 후반에서 1980년대에 미국의 기업들은 일본 기업의 거센 진출로 인하여 상당한 위기의식을 느꼈으며, 기업 조직의 새로운 변화가 요구되었다. 기업 조직에 새로운 생기를 불어 넣고, 급격히 변화하는 외부 환경에 신속하게 적응하려는 현실적인 요구는 조직 내의 리더십에 대한 새로운 관점을 모색하게 만들었다. 기존의 리더십 이론들이 고정된 상황에서의 효율적인 리더십 행태에 관심을 두고서 다분히 이성적이고 합리적인 입장을 취하고 있었기에, 보다 감성적이고 파격적인 새로운 접근이 주목을 받게 되었다. 이러한 추세에서 등장한 새로운 접근이 바로 카리스마적 리더십과 변혁적 리더십이다.

아울러, 리더십 연구에서 리더의 윤리에 대한 본격적인 관심은 2000년대부터 시작되었다. 엔론(Enron)과 리만 브라더스(Liehman Brothers) 등 대기업의 회계부정 사건은 리더의 윤리적 행동이 조직의 성과와 발전에 미치는 영향을 실제적으로 보여 준 사례이다. 이후 리더의 윤리와 관련된 리더십 이론이 여러 형태로 제시되었는데, 이 장에서는 진성 리더십(authentic leadership)과 서번트 리더십(servant leadership)을 중심으로 살펴보고자 한다.

1. 카리스마적 리더십

1) 카리스마적 리더에 대한 관심

카리스마(charisma)라는 단어는 '하늘이 부여한 재능'이라는 의미를 갖는 희랍어이다. 그런데 이 단어가 리더십 분야에서 주목을 받게 된 계기는 사회학자인 Max Weber(1947)가 리더의 권위에 대해 설명하는 아이디어에서 시작되었다.

Weber는 사회의 권위체계를 세 가지 유형으로 구분하였다. 첫째는 전통적인 권위체계로서 과거의 왕조시대에 왕의 장자가 권력을 승계받는 경우이다. 이는 오늘날 사우디아라비아나 북한과 같이 후계자에게 권력이 양도되는 체제를 의미한다. 기업의 경우에도 기업의 소유자가 2세에게 기업의 운영권을 넘겨주는 시스템을 볼 수 있다. 둘째는 합법적인 권위체계로서 일반적인 조직에서 관찰될 수 있는 가장 기본적인 권한이다. 리더가 어떤 직책을 부여 받으면 그 리더는 규정이나 규율 또는 명령에 의해 권력을 획득하는 시스템이다. 셋째는 카리스마적 권위체계로서 앞서 언급된 권위체계와 전혀 다른 속성에 의해 권력이 발생되는 시스템이다. 카리스마적 권위체계에서는 리더가 초인적인 능력 또는 권력을 지니고 있다고 여겨진다. 카리스마적 권위는 전통이나 출생 또는 합법적인 직책으로 인하여 생성되는 것이 아니라, 리더의 비범한 능력에서 비롯된다. Weber에 의하면, 카리스마적 리더는 사회가 심각한 위기에 처해 있는 경우에 출현할 가능성이 높으며, 카리스마적 리더는 혁명적인 해결 방안을 수단으로 행동한다.

Weber가 카리스마적 리더십에 대한 개념을 제시한 이후, 수많은 역사학자, 정치학자, 사회학자들은 카리스마적 리더십과 관련된 다양한 관점을 논의하였다. 연구자들은 카리스마적 리더십의 출현에 반드시 사회적 위기가 전제되어야 하는가? 리더의 카리스마는 리더에게 천부적으로 주어진 속성에 의해 생성되는 것인가? 아니면 부하들과의 관계에서 또는 부하들의 인식 과정에서 나타나는 것인가? 등에 대해 다양한 의견을 제시하였다.

2) House의 카리스마적 리더십

리더십 연구에서 카리스마적 리더십에 대한 실제적인 관심은 House(1977)가 카리스마적 리더십(charismatic leadership)에 대한 이론을 책으로 출판하면서부터 시작되었다. House의 이론은 카리스마 리더십을 신비한 비법이나 분위기 등으로 설명하지 않고, 관찰이 가능한 요소에 근거하여 설명하고 있다.

House는 리더의 카리스마가 리더와 부하들 간의 관계를 통하여 생성된다고 보았다. 그에 따르면, 리더의 카리스마는 부하들이 리더의 신념, 사상, 비전 등을 수용하고 신뢰하며, 리더가 제시한 조직의 사명에 감정적인 몰입이 이루어지면서 나타난다. House는 그의 이론에서 카리스마적 리더의 행동방식이나 특성, 카리스마적 리더가 출현할 가능성이 높은 조건, 그리고 카리스마적 리더의 영향력 과정 등에 대해 설명하였다.

(1) 특성과 행동

House는 카리스마적 리더들은 강한 권력 욕구, 높은 자신감, 자신의 비전에 대한 강한 확신 등의 개인적 특성을 갖고 있다고 설명한다. 카리스마적 리더들은 자신감에 차 있고 다른 사람들에게 영향을 미치려는 강한 욕구를 갖고 있으며, 도덕적 가치에 대해서도 강한 신념을 지니고 있다.

House는 카리스마적 리더의 독특한 행동 유형에 대해서도 다음과 같이 설명한다.

- 카리스마적 리더는 매력적인 비전을 제시한다. 이들은 미래에 대한 호소력 있는 비전을 제시해서 집단의 업무에 더욱 의미를 부여하고 구성원들의 열정을 고취시킨다.
- 카리스마적 리더는 도덕성을 함축하고 있는 이념적 목표를 제시하고, 이때 강력하고 설득력 있는 의사소통 형식을 사용한다.
- 카리스마적 리더는 비전과 일치하는 역할 모델이 된다. 예를 들어, 비폭력 저항운동을 추구하는 리더 스스로 비폭력을 옹호하는 행위를 보여 주는 것이다.
- 카리스마적 리더들은 자신의 인상을 관리한다. 이들은 구성원들이 자신을 능력 있고 성공적인 리더로 보도록 인상을 관리하는 행동을 한다.
- 카리스마적 리더는 구성원들에게 높은 기대를 표시하고, 기대에 부응할 수 있는 성원들의 능력에 강한 신뢰를 나타내 보인다.
- 카리스마적 리더는 구성원들에게 내재되어 있는 협력이나 자존감 등의 동기를 유발시킨다.

(2) 카리스마적 리더십에 대한 구성원들의 반응

카리스마적 리더십에 대한 구성원들의 반응은 매우 강렬하다. 카리스마적 리더가 출현하는 시기는 위급한 상황이거나 변화에 대한 요구가 매우 강한 상황이다. 이러한 상황에서 구성원들은 리더가 어려움으로부터 그들을 구해 주길 바란다. 따라서 리더에 대한 구성원들의 반응이 거세게 나타날 수밖에 없다. 카리스마적 리더십에 대한 부하들의 반응을 요약하면 다음과 같다.

- 리더가 가진 이상이나 이념을 신뢰하게 된다.
- 리더와 구성원들 간에 신념상의 유사성(동질화)이 생긴다.
- 리더의 목표나 주장을 망설임 없이 무조건적으로 수용한다.

- 리더에 대해 자발적으로 복종하고 애정을 갖는다.
- 리더와 일체감을 갖는다.
- 자신감이 커진다.
- 높은 목표를 설정한다.

3) 카리스마적 리더십에 대한 후속 연구

House(1977)가 카리스마적 리더십에 대한 개념을 제시한 이후, 카리스마의 개념에 대한 유사한 이론이나 새로운 관점이 다양하게 나타났다. 여러 연구가 있지만, 이곳에서는 대표적으로 Conger와 Kanungo(1987)의 카리스마적 리더십에 대한 귀인 이론과 Shamir(1991)의 카리스마의 자기개념 모델에 대해 간략하게 살펴보고자 한다.

(1) Conger와 Kanungo의 카리스마적 리더십에 대한 귀인 이론

Conger와 Kanungo는 리더의 카리스마적 특성이나 행동 그 자체가 중요한 것이 아니라, 구성원들이 리더가 카리스마적이라고 귀인(attribute)하는 것이 더 중요하다는 것을 강조하였다. 이는 조직이 어려운 상황에서 위기를 극복하고 기대 이상의 성과를 나타낼 수 있었던 것은 바로 리더의 탁월하고 비범한 리더십 때문에 가능했다는 것을 구성원들이 믿음으로써, 조직 성과의 계기를 리더에게 귀인함으로써 리더의 카리스마적 리더십이 나타난다는 주장이다. 이들의 이론에 따르면, 부하의 귀인 과정은 리더의 행동과 기술 그리고 상황 요소에 의해 결정된다.

Conger와 Kanungo는 카리스마적인 리더와 비카리스마적인 리더의 행동을 다음과 같이 비교하였다.

- 카리스마적 리더는 변화에 필요한 환경에 대해 민감하다. 반면, 비카리스마적 리더는 현상유지에 관심을 갖기 때문에 환경에 덜 민감하다.
- 카리스마적 리더는 현 상태에 불만족하며 이를 변화시키려고 노력한다. 반면, 비카리스마적 리더는 현 상태에 만족하고 유지하려고 한다.
- 카리스마적 리더는 현 상태를 크게 뛰어 넘는 이상적인 비전을 제시한다. 반면, 비카리스마적 리더는 현 상태와 크게 차이나지 않는 목표를 제시한다.
- 카리스마적 리더는 강한 수사적 표현을 사용하기 때문에 목표와 동기에 있어서 매우

명확하다. 반면, 비카리스마적 리더는 목표와 동기가 불명확하다.
- 카리스마적 리더는 비전 달성을 위해 개인적 손실과 희생을 감수하기에 부하들로부터 강한 신뢰를 얻는다. 반면, 비카리스마적 리더는 부하들의 지지에 무관심하다.
- 카리스마적 리더는 비전형적인 수단을 사용하는 데 탁월하여 전문성을 인정받는다. 반면, 비카리스마적 리더는 정형적인 목표 달성 수단에 전문성을 인정받는다.
- 카리스마적 리더는 구성원들에게 엘리트, 사업가, 모델로서 인식되어 급격한 변화를 수용하게 만든다. 반면, 비카리스마적 리더는 평범하고 합의를 추구하며 때로는 지식적이기도 하다.

Conger와 Kanungo는 카리스마 리더에 대한 부하들의 반응이 어떤 과정을 통하여 이루어지는지에 대해서도 언급하였다. 그 첫 번째는 개인적 동일시(personal identification)이다. 카리스마 리더는 전략적인 통찰, 강한 확신과 자신감, 탈관습적 행동 등을 구사하고, 이러한 리더의 행동은 부하들로 하여금 리더를 기쁘게 하고 리더를 모방하려는 동기를 갖게 한다. 두 번째는 리더의 칭찬과 인정으로, 리더는 부하들로 하여금 성취감과 자신감을 갖게 하고 기대에 부응하는 책임감을 갖게 한다. 세 번째는 부하들로 하여금 새로운 가치와 신념을 내면화시키는 것이다. 네 번째는 카리스마 리더십이 잘 작동될 수 있도록 조건을 만들어 가는 것이다. 카리스마 리더십이 잘 작동되는 상황은 흔히 객관적인 위기상황이라고 한다. 그런데 카리스마 리더는 실제적인 위기가 없는 상황에서조차도 현재 상황에 대한 불만족을 불러일으키거나 더 나은 미래에 대한 비전을 자극하는 방식으로 위기와 유사한 상황을 조성해 나간다.

Conger와 Kanungo는 카리스마적 리더십이 3단계에 걸쳐 전개된다고 설명한다. 먼저, 카리스마적 리더는 현재 상황의 문제점과 구성원들의 불만을 식별하고 변화의 필요성을 역설한다(1단계). 다음으로 카리스마적 리더는 변화를 나타내는 원대한 비전을 분명하게 제시하고, 매우 효과적으로 설명하며, 구성원들로 하여금 비전을 추구하도록 동기를 부여한다(2단계). 마지막으로 카리스마적 리더는 비전의 달성을 위해 개인적인 위험과 희생을 감수하고, 비전형적인 행동을 보여 줌으로써 구성원들로부터 강한 신뢰를 구축한다(3단계).

(2) Shamir의 카리스마의 자기개념 모델

Shamir(1991)는 카리스마적 리더십에서 카리스마적 리더보다도 이들을 추종하는 사람들의 심리 과정에 더 큰 관심을 갖고 있었다. 어떻게 하여 추종자들은 비이성적인 충성과 헌신적 노력을 아끼지 않게 되는가? 이에 대한 해답으로 Shamir는 카리스마의 '자기개념 이론'을 제시한다.

Shamir의 자기개념 이론은 House의 이론을 바탕으로 인간의 동기 관점에서 리더의 영향력 과정을 설명한다. 그에 따르면, 사람들의 자기개념은 사회적 정체성과 가치들의 위계로 구성되고, 행동으로 표현된다. 또한 그는 사람들이 자기개념을 구성하는 요소들 간의 일관성뿐만 아니라 자기개념과 행동 간의 일관성을 유지하기 위해 내적으로 동기부여된다고 보았다.

Shamir는 카리스마 리더십의 증가는 부하와 리더 간의 관계에 의해 제시된다고 보았다. 카리스마 리더는 강한 권력 욕구, 높은 자신감, 신념에 대한 강한 확신을 갖고 있으며, 매력적인 비전 제시, 강력한 의사소통 형식 사용, 자기희생, 높은 기대의 전달, 부하에 대한 신뢰 표현, 비전과 일치하는 행동의 역할 모델, 인상 관리, 집단 동일시, 부하에게 활력 제공 등의 행동을 보인다.

Shamir가 제시한 카리스마의 자기개념 이론은 네 가지 핵심 요소로 설명된다. 첫 번째 요소는 개인적 동일시(personal inentification)이다. 추종자들은 자신과 리더를 동일시하여 리더의 행동을 모방하고 리더와 같은 태도를 갖게 된다. 경우에 따라서는 리더를 기쁘게 하기 위하여 가외의 노력을 기울이기도 한다. 하지만 Shamir는 앞에서 설명한 Conger와 Kanungo의 귀인 이론처럼 개인적 동일시를 강조하지는 않는다. 오히려 다음에 설명되는 사회적 동일시와 내면화 그리고 자기효능감을 더 강조한다. 두 번째 요소는 사회적 동일시(social identification)이다. 추종자들은 특정 집단 또는 조직의 일원이 되는 것에 자부심을 갖는다. 카리스마적 리더는 자신의 조직을 다른 조직과 구분시키는 로고나 상징 등을 통해 매력적인 정체성을 확립시키고, 추종자들은 이에 대해 강한 소속감과 자부심을 느낀다. 사회적 정체성은 추종자들로 하여금 집단의 공유가치와 역할 정체성에 강하게 연관되도록 만든다. 세 번째 요소는 내면화(internalization)이다. 카리스마적 리더는 일을 더욱 의미 있고, 새롭고, 위대하며, 올바르게 보이도록 만든다. 추종자들은 자신의 업무가 자기개념 및 자기가치와 불가분하게 연결되었으며, 자신의 역할을 다하는 것이 운명의 일부라 생각한다. 네 번째 요소는 자기효능감(self-efficacy)이다. 추종자들은 자신이 유능하고 어려운 목표를 달성할 수 있다는 신념을 갖는다. 또한 추종자들은 집단 구성원의 협력을 통해 뛰어난 업적을 달성할 수 있다고 믿는다.

4) 카리스마적 리더십에 대한 논의

(1) 카리스마 리더십 촉진 조건

일반적으로 카리스마적 리더는 위기상황에서 나타날 가능성이 높다. 집단이나 조직이 심각한 어려움에 처해 있을 때, 조직이 난관을 헤쳐 나가기 위해 나아가야 할 방향 선정이나 전략 선정이 불투명할 때, 추종자들이 존재의 위기감이나 공포를 느낄 때 카리스마적 리더십이 발생할 가능성이 더 높다. 물론 Conger와 Kanungo 또는 Shamir 등의 연구자처럼 객관적인 위기상황을 카리스마적 리더십의 필요조건으로 보지 않는 견해도 있다. 이러한 견해는 실제적인 위기가 없는 경우에도 카리스마적 리더가 현재 상황에 대해 불만족을 불러일으킬 수 있으며, 비전 제시를 통해 카리스마를 형성할 수 있다고 보았다.

(2) 카리스마에 대한 다른 설명들

앞에서 카리스마적 리더의 영향력은 개인적 동일시나 사회적 동일시, 혹은 내면화 등의 과정을 통해 이루어진다고 설명되었다. 그러나 소수의 이론가는 카리스마를 부하에게서 일어나는 심리역동 과정으로 설명한다. 이들은 부하들이 카리스마적 리더에게 열렬하게 개인적 동일시를 하는 현상이 퇴행, 전이, 투사와 같은 심리역동 과정에 의해 이루어진다고 설명한다(Lindholm, 1988). 한편, Meindl(1990)은 카리스마적 리더와 직접적인 접촉이 없이 간접적으로만 리더를 관찰하는 사람들에게서도 카리스마 귀인이 이루어지는 이유를 설명하기 위하여 '사회전염(social contagion)'이라는 개념을 사용하였다. 사회전염 개념에 의하면 리더의 카리스마는 사회전염처럼 사람들 사이에서 정서적 및 행동적 반응의 자발적인 전파에 의해 형성된다.

(3) 카리스마적 리더십의 결과

카리스마적 리더십은 부하들에게 리더에 대한 강한 신뢰, 무조건적인 수용, 사명에 대한 몰입, 자신감 고양 등에 있어서 영향력을 발휘한다. 카리스마적 리더십은 부하들을 심리적으로 성장시키고 능력을 개발하게 한다. 카리스마적 리더십은 급변하는 상황과 치열한 경쟁 여건 속에서 조직의 적응능력을 강화시켜 준다. 카리스마적 리더십은 성취 지향적인 문화를 구축하고, 높은 성과를 이룩하며, 참여와 가치 지향적인 조직을 만들어 간다(Yukl, 2002). 또한 CEO의 카리스마는 회사의 성과에 직접적인 효과를 나타내지는 않지만, 조직정체성과 변혁적 리더십 분위기를 매개로 하여 간접적으로 기업 성과에 영향을 미치기도 한다(Boehm, Dwertmann, Bruch, & Shamir, 2015).

카리스마적 리더십의 주요 이론들은 긍정적인 결과를 제시하고 있지만, 많은 사회과학자는 카리스마의 부정적인 결과에 대해서도 주의를 기울여 왔다. 카리스마적 리더로 인하여 조직에서 일어날 가능성이 높은 부정적 결과는 다음과 같다(Yukl, 2002).

- 부하들은 리더를 두려워하여 좋은 제안을 내지 않는다.
- 부하들은 리더에게 수용을 받고자 하는 욕구로 인해서 비판을 억제하게 된다.
- 부하들은 리더를 숭배하여 무오류성의 착각을 불러일으킨다.
- 리더는 과도한 자신감과 낙관주의로 실제 위험에 눈멀게 된다.
- 문제와 실패를 부정하여 조직학습이 감소된다.
- 위험하고 거창한 계획이 실패할 가능성이 높다.
- 충동적이고 불합리한 행동은 신봉자뿐만 아니라 적들을 만들어 낸다.
- 리더에 의존함으로써 유능한 후계자의 개발이 억제된다.
- 후계자 개발의 실패는 궁극적으로 리더십 위기를 유발한다.

2. 변혁적 리더십

변혁적 리더십에 대한 접근은 정치사회학자인 Burns가 『Leadership(1978)』이라는 저서를 통해 거래적(transactional) 리더십과 변혁적(transformational) 리더십을 구분한 데서 시작되었다. 변혁적 리더십이 카리스마적 리더십과 거의 같은 시기에 출현해서인지, 일부 연구자는 카리스마적(charismatic)과 변혁적(transformational)이라는 용어를 구분 없이 사용하기도 하고, 또 다른 연구자들은 이 양자를 엄격히 구분하기도 한다. 그럼에도 불구하고 두 유형의 리더십이 갖는 공통점은 구성원들에게 물질적인 이기주의보다 숭고한 사명과 고차원적인 가치 그리고 미래에 대한 강력한 비전을 중시한다는 점이다.

Burns에 의해 변혁적 리더십에 대한 관심이 시발된 이후, 수많은 후속 연구가 이루어졌다. 무엇보다도 변혁적 리더십에 대한 완성도 높은 연구는 Bass(1985)에 의해서 이루어졌는데, 그는 Burns(1978)와 House(1977)의 선행연구에 기초하여 변혁적 리더십을 보다 확장하고 다듬었으며 변혁적 리더십을 측정하는 도구를 개발하였다. 다른 연구자들은 변혁적 리더의 행동 특징에 대해 연구하거나 변혁적 리더십이 조직의 성과에 미치는 영향에 대해 연구하였다. 일부 연구자는 변혁적 리더십을 측정할 수 있는 새로운 도구를 개발하기도 하였다. 이 장에서는 거래적 리더십과 변혁적 리더십을 구분하여 설명한 Burns의 주장에 대해 살펴본 다음, Bass의 변혁적 리더십 모델에 대해 자세히 알아보고자 한다. 아울러 변혁적 리더십에 대한 추가적인 연구와 변혁적 리더십의 측정도구에 대해서도 소개하고자 한다.

1) 변혁적 리더십에 대한 Burns의 견해

Burns(1978)는 국가 정치체계에서의 리더십에 관한 연구를 해 온 유명한 정치학자였다. 그는 리더십이 두 가지 형태, 즉 거래적 리더십과 변혁적 리더십 중 하나를 택하는 것이라고 생각했다.

거래적 리더십은 모든 유형의 조직과 계층에서 관찰될 수 있는 매우 일반적인 현상으로써 리더와 부하가 욕구를 충족하기 위해 교환적 관계에 있다는 점에 초점을 두고 있다. 이때 교환은 일에서의 금전교환, 정치적 선호의 투표, 배려를 위한 충성도 등을 포함한다. 예를 들면, 거래적 리더십을 활용하는 리더는 목표를 초과달성하는 부하들에게 그 대가로 승진을 약속한다. 리더는 부하들이 직무에 대해 노력하는 정도에 따라 보수와 직위를 대가로 제공한다. 유권자들이 원하는 결과를 선거공약으로 제시하고 선거에서 승리하는 정치가의 행동은 거래적 리더십의 속성을 그대로 보여 준다. 이러한 거래적 리더십은 매우 흔하지만, 교환이 이루어지고 난 후에 지속될 가능성은 낮다. Burns는 거래적 리더십이 매우 효과적이기는 하지만, 조직이나 사회의 변화를 가져오기보다는 현재 상태를 지속하거나 정당화하는 경향이 있다고 언급하였다(Hughes, Ginnett, & Curphy, 2009).

반면, 변혁적 리더십은 부하들의 가치와 목적의식을 더 높이고 동기를 유발시켜 현재 상태를 변화시킨다. 변혁적 리더는 현재 시스템의 문제를 분명하게 표현하고, 새로운 조직을 만들 수 있는 강력한 비전을 가지고 있다. 또한 변혁적 리더는 인본주의, 평화, 평등, 정의, 자유와 같은 높은 수준의 도덕적 가치와 이상에 호소하여 부하들의 의식을 더 높은 단계로 끌어올린다. 변혁적 리더는 부하들의 동기와 욕구에 관심을 기울이며 그들이 최대한으로 능력을 발휘할 수 있도록 도와준다. Burns에 의하면, 변혁적 리더십은 하나의 과정으로 리더와 부하만의 관계에서뿐만 아니라 동료들 간이나 혹은 하위 리더들 간의 영향력 과정에도 연관된다. 즉, 변혁적 리더십은 조직 내의 어느 위치에 있는 사람에게서도 발휘될 수 있다. Burns는 비폭력 저항운동을 펼친 인도의 Gandhi를 변혁적 리더십의 고전적 사례로 제시한다. 그는 수많은 국민의 요구를 중심으로 희망의 수준을 높여 주었으며,

자기 자신 또한 변화시켜 나갔다(Northouse, 2016).

2) Bass의 변혁적 리더십 모델

Burns의 변혁적 리더십에 대한 견해는 정치적 리더들을 대상으로 하였기 때문에 기업 현장에 그대로 적용하기에는 구체적이지 않은 부분이 많았다. 정작 기업 조직에서 변화를 주도하는 리더의 모습을 그려 내고 그 과정을 모델링하여 변혁적 리더십을 보다 확장하고 다듬은 학자는 Bass(1985)이다.

Bass가 처음 제시한 변혁적 리더십 이론은 후속 연구를 통하여 수정되었는데, 특히 Yammarino, Avolio 등의 학자와 더불어 완성도가 높은 변혁적 리더십 모델을 제시하였다. Bass와 Avolio(1994)는 Bass의 초기 변혁적 리더십 모델을 확장하여 [그림 4-1]에 나타난 리더십의 전범위 모델(full range of leadership model)을 제시하였다. 이 모델은 변혁적 리더십을 구성하는 4개 요인, 거래적 리더십을 구성하는 2개 요인 그리고 비거래적 리더십에 해당하는 1개 요인을 보여 주고 있다. Bass는 변혁적 리더십과 거래적 리더십이 별개로 존재하지만 상호배타적이지는 않다고 보았으며, 효과적인 리더는 두 가지의 리더십을 모두 사용한다고 말했다. 리더의 행동들이 크게는 과업중심과 관계중심으로 구분되고 두 유형의 행동을 조화롭게 구사하듯이, 변혁적 리더십과 거래적 리더십은 두 가지 독립적인 관점에서 구성되었다고 전제하였다. 따라서 리더들은 높은 변혁적 리더십과 낮은 거래적 리더십을 구사하는 리더, 낮은 변혁적 리더십과 낮은 거래적 리더십을 구사하는 리더 등이 될 수 있다.

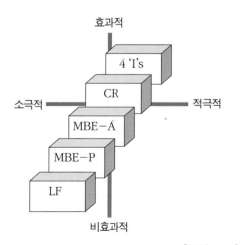

4 'I's : Idealized Influence, Inspirational Motivation,
Intellectual Stimulation,
Individualized Consideration (변혁적 리더십)
CR : Contingent Reward (거래적 리더십)
MBE-A : Management by Exception(Active)
(거래적 리더십)
MBE-P : Management by Exception(Passive)
(거래적 리더십)
LF : Laissez-Faire (비리더십)

[그림 4-1] 리더십의 전범위 모델

출처: Bass & Avolio(1994).

(1) 변혁적 리더십 요인들

변혁적 리더십은 네 개의 'I'로 설명된다.

첫 번째 'I'는 이상적 영향력(idealized influence)으로 부하들에게 강력한 역할 모델이 되는 리더의 능력을 말한다. 초기 모델에서는 리더의 카리스마(charisma)로 언급되기도 하였다. 리더는 매우 높은 도덕적·윤리적 행동 기준을 가지고 있으며, 올바른 일을 하는 것으로 부하들에게 인식된다. 리더들은 부하들에게 비전과 사명감을 고취시키며, 이에 부하들은 리더와 동일시하고 리더의 행동을 본받으려 하며, 리더를 존경한다.

두 번째 'I'는 영감적 동기부여(Inspirational motivation)이다. 이것은 리더가 부하들에게 높은 기대를 표시하고, 일에 대한 도전의식과 의미를 부여함으로써 부하들로 하여금 최선을 다해 행동하도록 동기화시키는 것이다. 리더는 부하들이 자신의 개인적인 이익 추구를 뛰어넘어 집단 구성원으로서 집단의 목표 달성에 집중하도록 정서적인 호소를 하기도 한다.

세 번째 'I'는 지적 자극(Intellectual stimulation)이다. 이는 리더가 성원들의 창의성과 혁신성을 자극하는 것을 의미한다. 리더가 부하들로 하여금 이전에 작업해 왔던 방식에서 탈피하여 기발하고 새로운 관점에서 문제에 접근하도록 자극하는 것이다. 또한 리더는 부하들이 스스로 판단을 내리도록 유도한다.

네 번째 "I"는 개별적 배려(Individualized consideration)이다. 이것은 리더가 부하들의 개인적인 욕구에도 세심한 관심을 기울이고 지원하는 것을 말한다. 리더들은 부하들이 자립적으로 일할 수 있도록 코치와 조언자의 역할을 수행한다. 리더는 부하들에게 권한을 위임하기도 한다.

(2) 거래적 리더십 요인들

거래적 리더십에서는 리더와 부하들 간에 일상적인 업무상에서의 목표 달성과 그에 상응하는 보상이나 대가의 제공을 의미하는 교환 과정을 설명한다. 거래적 리더십 요인으로는 두 가지 요인이 있는데, 하나는 '업적에 따른 보상' 요인이며, 다른 하나는 '예외에 의한 관리' 요인이다.

업적에 따른 보상(Contingent Reward) 요인은 성원의 노력이 특정한 보상과 교환되는 '교환 과정'을 의미한다. 이것은 부하가 합의된 성과를 달성하면 리더가 그에 상응하는 보상을 제공하는 경우이다.

예외에 의한 관리(Management By Exception)는 적극적 형태와 소극적 형태로 구분된다.

적극적 예외 관리형 리더는 부하들의 활동을 감시하고, 규정에 의거하여 행동하는지 여부를 식별하여 부하의 위배된 행위를 신속하게 교정한다. 소극적 예외 관리형 리더는 부하가 기준에 미달하거나 문제가 표면화된 경우에만 개입을 한다. 리더가 문제가 되는 부하에게 적극적으로 교정하는 활동 대신에 평정에서 불이익을 주는 경우를 말한다. 예외에 의한 관리에서 리더들은 정적인 강화보다도 부적인 강화를 더 많이 사용한다.

(3) 비리더십 요인

비리더십 요인(nonleadership factor)은 비거래적 행동들을 의미하며, 자유방임주의(Laissez-Faire)적 리더의 행동을 지칭한다. 자유방임적 리더는 무책임하며, 의사결정을 하지 않고, 일체의 피드백도 제공하지 않으며, 부하들을 도와주지 않는다.

3) 변혁적 리더십과 관련된 논의들

(1) 영향력 과정

카리스마 리더십에서 리더의 카리스마는 개인적 동일시, 사회적 동일시, 내면화, 자기효능감 등의 심리 과정을 통하여 부하들에게 영향을 미친다(Shamir, 1991). 거래적 리더십의 경우, 주된 영향력 과정은 도구적 응종이 작용할 가능성이 가장 크다고 볼 수 있다. 변혁적 리더십의 경우에는 내면화와 개인적 동일시가 관계된 것으로 보인다(Yukl, 2002).

(2) 변혁적 리더십의 측정

변혁적 리더십을 측정하는 데 가장 널리 사용되는 측정도구는 Bass(1985)에 의해 최초로 개발된 MLQ(Multifactor Leadership Questionnaire)이다. MLQ에서는 변혁적 및 거래적 리더십을 나타내는 정도, 부하들의 리더에 대한 만족 정도, 부하들이 리더를 효과적이라고 믿는 정도 등이 측정된다. MLQ는 리더십 전범위 모델에서 소개한 7개 요인(변혁적 리더십 4요인, 거래적 리더십 2요인, 자유방임적 리더십)을 측정한다. MLQ는 처음 개발된 이후로 300개가 넘는 연구에서 다양한 상황에 걸친 변혁적 리더십과 거래적 리더십의 측정에 사용되었다(Hughes et al., 2009).

Bass와 Avolio(1992)는 MLQ의 축소판으로 MLQ-6s라고 불리는 진단지를 개발하였다. 이 축소판 역시 리더들이 자신의 변혁적 · 거래적 · 자유방임적 리더십 정도를 평가하도록 고안되었다. 진단지는 총 21개 문항으로 구성되었으며, 요인별로 각각 3개의 문항이 편성되었다.

초기에 개발된 MLQ는 많은 수정을 거쳐 신뢰성과 타당성이 강화되었다(Bass & Avolio, 1993). 그러나 MLQ류의 측정치를 사용한 연구에서 그 타당성이 충분히 검증되지 못했다는 평가가 제시되고 있다. 일부 연구에서는 변혁적 리더십의 네 가지 요인 간에 높은 상관성을 나타내었는데, 이는 각 요인의 독립성이 약하다는 의미로 해석될 수 있다(Tejeda, Scandura, & Pillai, 2001). 변혁적 리더십을 측정하는 도구의 타당성이 높게 나타나지 않는 이유 중 하나는 변혁적 리더십의 개념 자체가 매우 폭넓은 범위를 포괄하고 있기 때문에 구성 변수들을 명확하게 한정하기 어렵기 때문일 수 있다.

Podsakoff, MacKenzie, Moorman과 Fetter(1990)의 경우 자체적으로 개념화한 변혁적 리더십 설문지를 개발하였다. 이 설문은 변혁적 리더십을 비전 제시, 적절한 모델 행동, 집단 목표 지원, 높은 성과 기대, 개별화된 지원, 지적 자극 등 여섯 가지 요인으로 측정하고, 거래적 리더십은 조건적 보상 요인으로 측정하였다.

(3) 새로운 변혁적 시각들

Northouse(2016)는 그의 저서를 통하여 Bass의 연구와 다른 시각에서 변혁적 리더십의 본질을 탐구한 연구로, Bennis와 Nanus(1985)의 연구, Tichy와 Devanna(1986)의 연구에 대해 소개하였다.

Bennis와 Nanus(1985)는 90명의 리더에 대한 질의응답 과정을 통하여 경영혁신을 시도하고 있는 조직의 리더가 공통적으로 사용하는 네 가지 전략을 제시하였다. 첫째, 변혁적 리더는 조직의 미래에 대한 명확한 비전을 갖고 있었다. 이해하기 쉬우면서도 매혹적인 비전은 부하들의 공감과 적극적인 참여를 유도하였다. 둘째, 변혁적 리더는 조직을 위한 사회적 건축가(social architects)의 역할을 수행하였다. 변혁적 리더는 부하들의 의식에 새로운 이념과 집단 정체성을 건설하였다. 셋째, 변혁적 리더는 자신의 입장을 명확히 알리고, 자기 자신부터 그 입장에 충실함으로써 조직 내부의 신뢰를 구축하였다. 이러한 신뢰는 부하들로 하여금 불확실한 상황에서도 비전의 구현을 위해 일관되게 행동하게 하는 힘의 원천이 되었다. 넷째, 변혁적 리더는 자신의 강점에 대한 인식을 바탕으로 높은 기대감과 자신감을 보였다. 이러한 리더와 더불어 부하들도 높은 기대와 자신감을 갖게 되었다.

Tichy와 Devanna(1986)는 급변하는 경영환경과 세계화 속에서 리더들이 당면하는 문제들을 어떻게 대처해 나가는가에 대해 관심을 가졌다. 이들은 리더들과의 인터뷰를 통하여 조직의 변혁을 관리하는 리더들이 3단계의 행동 과정을 적용하는 것을 발견하였다. 변혁의 1단계는 변화의 필요성을 인식하는 단계이다. 통상적으로 사람들은 기존 시스템의 변화에 저항한다. 그러나 변혁적 리더들은 현상유지를 고수하려는 조직의 분위기와 부하들의 의식을 변화시켜야 한다는 의무감을 갖고 있었다. 이들은 다양한 방식을 통하여 부하들이 변화의 필요성을 느끼도록 유도하였으며, 변화의 방향을 모색하도록 자극하였다. 변혁의 2단계는 비전을 만드는 단계이다. 비전은 변혁적 리더 독단으로 만들기보다는 조직 내의 다른 관점 및 시각들과 융합하여 함께 만들어 간다. 변혁의 3단계는 변화를 제도화하는 것이다. 이를 위해 변혁적 리더들은 조직 구조를 해체하고, 새로운 조직 구조를 구축한다. 새로운 아이디어와 이를 실행할 새로운 인적자원을 물색한다.

(4) 변혁적 리더십과 카리스마적 리더십

변혁적 리더십과 카리스마적 리더십은 거의 유사한 시기에 출현하였으며, 조직의 '변화(변혁)'이라는 점에서 유사한 기능을 수행한다고 볼 수 있다. 최근의 카리스마적 리더십 이론이 변혁적 리더십 이론 쪽에 더 가깝게 수정되는 추세이다(Yukl, 2002). 이러한 배경으로 인하여 카리스마적 리더십이 변혁적 리더십과 거의 동의어로 쓰이거나 매우 유사한 개념으로 설명되고 있다(Northouse, 2016).

그러나 Hughes 등(2009)은 모든 변혁적 리더가 카리스마적이지만, 모든 카리스마적 리더가 변혁적인 것은 아니라는 점을 강조한다. 변혁적 리더가 비전을 제시하고, 설득력을 바탕으로 부하들과 강한 정서적 유대감을 형성한다는 점에서 카리스마적이다. 그런데 변혁적 리더가 제시하는 비전은 부하들의 가치체계 및 욕구체계와 정렬되어 있다. 하지만, 변혁적이지 않은 카리스마적 리더는 부하들과 강한 정서적 유대감을 형성하지만, 그들은 자신들의 욕구 충족을 우선시한다. 카리스마적 리더와 변혁적 리더 모두 사회와 조직의 변화를 추구하지만, 카리스마적적 리더는 자신의 이익을 위해서 행동하고, 변혁적 리더는 부하들과 공공의 이익을 위해 행동한다. 성과 측면에 있어서도 변혁적 리더십이 카리스마적 리더십보다 더 높은 연관성을 갖는다.

Yukl(2002)은 두 유형의 리더십이 갖는 분명한 차이로서 '카리스마의 귀인'과 '개인적 동일시의 강조'를 예로 들었다. 즉, 카리스마 리더십에서는 리더의 카리스마에 대한 부하들의 귀인이 매우 중요하게 다루어진다. 아울러 변혁적 리더십에 핵심이 되는 영향력 과정은 카리스마적 리더십의 핵심이 되는 영향력 과정과 완전히 양립하지는 않는다. Bass(1985)도 카리스마가 변혁적 리더십의 필요 요소라고 제안했지만, 충분조건은 아니라는 입장이다. 이것은 리더가 카리스마적이라고 해서 반드시 변혁적이지는 않다는 의미이다.

Trice와 Beyer(1990)는 두 이론이 조직과 조직 문화를 변화시킨다는 점에서는 유사하나, 카리스마적 리더는 새로운 조직을 창조하는 반면, 변혁적 리더는 현존하는 조직을 변화시킨다는 점에서 양자를 구분하였다.

(5) 변혁적 리더십에 대한 긍정적 평가와 부정적 평가

변혁적 리더십은 리더십 분야에서 가장 많이 연구된 주제이다. 변혁적 리더십은 많은 다양한 시각에서 광범위하게 연구되었으며 대규모 조직의 리더를 대상으로 한 연구도 상당수에 이른다. Sosik과 Jung(2010)은 『전범위 리더십 개발(Full Range Leadership Development)』이라는 저서를 통하여 거래적 리더십과 변혁적 리더십을 보다 더 성공적으로 발휘하기 위한 효과적인 훈련방법을 제공하였다.

변혁적 리더십에 대한 연구자들의 전반적인 평가는 호의적이다. Bass(1996)는 변혁적 리더십이 어느 상황이나 문화권에서든 효과적이라고 말한다. Bass와 Avolio(1990)는 변혁적 리더십이 조직 내 모든 계층의 구성원에게 학습시킬 수 있으며, 업무 성과에 정적인 상관성을 보인다고 주장한다. 백기복(2016)이 변혁적 리더십에 대해 고찰한 결과를 보면, 변혁적 리더십은 구성원의 창의성에 영향을 미치며, 조직시민행동에는 간접적 효과를 나타내고, 직무복잡성이 증가할 경우 변혁적 리더가 출현할 가능성이 낮아진다고 한다.

변혁적 리더십에 관한 문헌을 종합적으로 분석한 결과, 변혁적 리더십에 대한 긍정적 평가들은 다음과 같이 정리할 수 있다.

- 변혁적 리더십은 거래적 리더십이나 자유방임적 리더십에 비해 조직의 효율성과 효과성에 더 높은 상관성을 갖는 것으로 나타났다. Bass와 Avolio(1990)는 [그림 4-2]에 나타낸 바와 같이 거래적 리더십이 기대된 성과를 올리게 한다면, 변혁적 리더십은 기대를 훨씬 더 초과하는 업적성과를 달성하게 한다.
- 변혁적 리더들은 부하들에게 권한을 위임하고 그들의 능력을 개발함으로써, 조직을 혁신하고 조직 문화를 긍정적으로 개선해 나가는 데 효과적이다.
- 변혁적 리더들은 부하들에게 자신감을 강화시켜 주고, 조직 내에 협력적인 분위기를 만들어 간다.
- 변혁적 리더들은 불확실성을 뛰어넘어 변화를 창출하며, 조직 구성원들의 행복도를 높임으로써 조직에 대한 구성원들의 만족도를 증대시켜 준다.

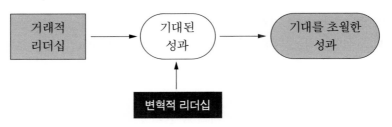

[그림 4-2] 변혁적 리더십의 효과

출처: Bass & Avolio(1993)

변혁적 리더십은 상당한 강점을 갖고 있으며, 또한 긍정적으로 평가받는 부분이 많음에도 불구하고, 몇 가지 개념적 취약성과 약점을 가지고 있다. 그중 하나는 변혁적 리더십의 개념이 불명확하다는 점이다. 변혁적 리더십은 비전 창조, 동기부여, 신뢰 구축, 조직 개발자 등 매우 폭넓은 범위를 포괄하고 있기 때문에 구성 변수를 명확하게 한정하기가 곤란하다. 이러한 개념적 포괄성은 변혁적 리더십을 측정하는 방법에서의 문제와도 연관된다. 두 번째 약점은 변혁적 리더십이 리더의 중추적 역할을 강조하다보니, 변혁적 리더십을 리더의 성격 특성과 연관지어 생각하게 된다는 점이다. 이러한 생각은 변혁적 리더십이 훈련을 통해서 형성될 수 없다는 의미로 해석될 수 있다. 세 번째 약점은 연구자들이 변혁적 리더가 개인이나 조직을 실제로 변화시킬 수 있다는 것을 설정하지 않는다는 점이다. 변혁적 리더십과 조직 성과 간의 연관성을 입증하는 실증적인 자료들이 있지만, 아직도 많은 연구가 변혁적 리더와 조직의 변화 간의 인과관계를 명백하게 설명하지 않고 있다. 네 번째 약점은 변혁적 리더십이 선택된 엘리트의 것이고 반민주적이라는 주장이다. 일부 사람들은 변혁적 리더십이 '영웅적 리더십 편견(heroic leadersihp bias)'에 사로잡혀 있다고 주장한다(Yukl, 1999).

3. 윤리적 리더십

리더십 분야에서 리더의 윤리에 대한 논의는 2000년대 이후부터 본격적으로 나타났다. 리더의 윤리 문제가 관심을 받게 된 결정적인 계기는 리만 브라더스 등 회계부정으로 인하여 유망했던 대기업이 급작스럽게 파산하게 된 사건들이었다. 이러한 사건은 조직경영에서 큰 성과를 내는 것도 중요하나, 윤리적으로 옳은 방법을 사용해야 한다는 교훈을 주었다. 이러한 관점에서 리더십 연구자들은 조직경영의 현장에서 윤리적 리더가 어떻게 인식되고 있으며, 윤리적으로 올바른 리더들을 육성하는 방법은 무엇인가에 대한 답을 찾고자 노력하였다. 리더의 윤리적 문제와 연관된 리더십 유형으로는 진성 리더십, 윤리적 리더십, 서번트 리더십, 영성 리더십(spiritual leadership) 등 다양한 유형의 리더십이 있다. 이들이 상호 연관성을 갖는 것은 모두 리더의 도덕적 가치를 강조하고 있기 때문이다. 이 장에서는 진성 리더십과 서번트 리더십에 대해 소개하고자 한다.

1) 진성 리더십

조직의 위기상황을 극복하기 위해서 또는 조직의 새로운 변혁을 위해서 카리스마 리더십과 변혁적 리더십이 요구되었던 것처럼, 진성 리더십(authentic leadership) 또한 리더의 비윤리적 행위에 대한 반성적 움직임 중 하나로 나타났다. 월드컴(Worldcom), 엔론(Enron) 등의 부정부패 스캔들을 겪은 사람들은 다른 어떤 특성보다도 리더의 정직성을 갈구하게 되었으며(Northouse, 2016), 이를 계기로 하여 리더의 진정성에 대한 관심이 고조되었다. 2004년에 'Gallu Leadership Summit'이 개최되고, 여기에 발표된 논문들이 2005년의 『Leadership Quarterly』 학회지의 특별호로 제작되었다(백기복, 2016).

진성 리더십은 바로 리더의 정직성과 그가 발휘하는 리더십의 진정성에 관한 것이다. 진성 리더십은 개념의 모호성만큼 아직까지 실증적인 검증이 부족한 상태이다. 이 이론은 앞에서 논의되었던 리더십 이론들과는 다르게 형성 단계에 있으며, 후속 연구에 의하여 이론적 수정이 이루어질 가능성을 충분히 갖고 있다. 현재까지 이루어진 진성 리더십 연구는 진성 리더십의 특성과 변수들을 확인하고, 명료하게 개념화하는 작업에 노력을 기울이고 있다.

(1) 진성 리더십의 정의

진성 리더십은 그 자체가 간명하게 정의할 수 있는 속성이 아니기 때문에, 진성 리더십을 정의하는 것은 쉬운 일이 아니다. 제시된 여러 가지 정의 또한 각기 다른 관점에서 진성 리더십에 대해 서술하고 있다. Northouse(2016)는 지금까지 제시된 진성 리더십에 대한 주장들을 세 가지 관점으로 정리하였다.

첫 번째 관점은 개인 내부의 시각에서 진성 리더십을 정의하는 것이다. 이 관점은 리더의 내부에 어떤 특성이 내재되어 있는가에 초점을 두고 있다. Shamir와 Eilam(2005)은 진성 리더는 진실하며, 올바른 신념을 견지하고, 가치관에 근거하여 행동하며, 모방이 아닌 독창성을 갖는다. 이 관점은 진성 리더십의 핵심요인으로 자기이해(Self-knowledge), 자기개념(Self-concept), 자기조절(Self-control)을 설정한다.

두 번째 관점은 발달적 시각에서 진성 리더십을 정의하는 것이다. 이 관점은 진성 리더십이 고정된 성격적 특성이 아니라 경험을 통하여 학습된 것으로 본다. 즉, 진성 리더십은 성장하는 과정 속에서 특이한 경험 등에 의해 형성되어진다고 본다. Walumbwa, Avolio, Gardner, Wernsing과 Peterson(2008)은 진성 리더십을 그 리더의 행동 패턴으로 개념화하였다.

세 번째 관점은 대인적 시각에서 진성 리더십을 정의하는 것이다. 이 관점은 진성 리더십을 부하와의 관계 차원에서 바라보는 것으로써 진정성(authenticity)이 리더와 부하들 간의 상호작용에 의해 형성된다는 입장이다. 즉, 리더가 강한 가치관을 표현한다고 해서 진성 리더가 되는 것이 아니다. 부하들이 리더의 주장을 옳다고 수용할 때 비로소 진성 리더가 된다는 입장이다.

(2) 진성 리더의 행동과 특성

Walumbwa 등(2008)이 제시한 진성 리더의 행동패턴은 네 가지 유형으로 구성되어 있다. 첫째는 자아 인식(Self-awareness)이다. 진성 리더는 자신의 강점과 약점을 잘 이해하고, 자신이 타인에게 미치는 영향을 잘 인식한다. 둘째는 내면화된 도덕적 관점(internalized moral perspective)이다. 진성 리더는 자기 내면의 도덕적 기준과 가치관에 입각하여 자기행동을 규제하고 의사를 결정한다. 셋째는 균형 잡힌 정보처리(balanced processing)이다. 진성 리더는 결론에 이르기 전에 모든 관련된 정보를 객관적으로 분석한다. 넷째는 관계 투명성(relational transparency)이다. 진성 리더는 진정한 자신의 모습을 상대방에게 내보이고, 공개적으로 정보를 공유하며, 자신의 진실된 생각과 느낌을 표현한다.

한편, George(2003)는 진성 리더의 특성에 초점을 두고 진성 리더십의 필수적인 자질에 대해 연구하였다. George에 따르면, 진성 리더는 다음과 같은 다섯 가지의 기본적인 특성을 갖는다.

• 진성 리더들은 진정한 목표 의식을 갖고 있다. 또한 목표 달성을 위해 고무되어 있으며 내적 보상에 의해 동기 유발되고 있다.

- 진성 리더들은 올바른 일에 대한 강한 가치관을 갖고 있으며, 그 가치관에 근거하여 다른 사람들을 상대한다. 진성 리더들은 외부의 압력에 자신의 가치관을 굽히지 않는다.
- 진성 리더들은 다른 사람들과 강한 유대관계를 맺으며 신뢰를 얻는다. 타인과 잘 소통하고 경청하며 자신의 견해를 허심탄회하게 표현한다.
- 진성 리더들은 자제력이 강하다. 이들은 자제력을 통하여 노력을 집중하고, 자신의 가치관에 합치된 일들을 수행한다.
- 진성 리더들은 측은지심(compassion)과 동정심(heart)을 갖는다. 진성 리더들은 자신의 것을 열어서 남을 적극적으로 도우려 하며, 봉사활동 등을 통해 이러한 마음을 강화시킨다.

(3) 진성 리더십의 측정

진성 리더십을 측정하는 도구로는 Walumbwa 등(2008)이 개발한 진성 리더십 질문지(Authentic Leadership Questionnaire: ALQ)가 있으며, Neider와 Schriesheim(2011)이 ALQ를 보완하여 개정한 진성 리더십 척도(Authentic Leadership Inventory: ALI)가 있다. ALQ와 ALI는 앞서 진성 리더의 행동 특성으로 소개한 네 가지 행동 특성을 측정한다. 네 가지 행동 특성은 자아 인식, 내면화된 도덕적 관점, 균형 잡힌 정보처리, 관계의 투명성이다. ALI는 총 16개 문항으로 구성되어 있으며, 각각의 행동 특성별로 4개 문항씩 편성되어 있다.

한편, Luthans와 Avolio(2003)는 진성 리더십에 영향을 미치는 요인들에 대해 설명하였다. 이들은 긍정적인 심리적 능력(positive psychological capacity), 도덕적 분별력(moral reasoning), 중대한 생애 사건(critical life event) 등이 진성 리더십에 영향을 미친다고 보았다.

여기서 긍정적인 심리적 능력은 네 가지의 핵심적인 속성으로 이루어져 있는데, 그것은 자신감(confidence), 희망(hope), 낙관주의(optimism), 회복 탄력성(resilience) 등이다. 도덕적 분별력은 사안의 시비와 선악에 대한 윤리적 결정을 내릴 수 있는 능력이다. 중대한 생애 사건은 사람들의 삶에 큰 영향을 미친 사건을 의미하며, 진성 리더들은 자신의 중대한 생애 사건을 통하여 더 성장한다.

(4) 진성 리더십의 유용성과 한계

진성 리더십은 아직도 완전한 이론적 단계에 이르지 못하고 있으며, 여전히 개발 단계에 있다. 그럼에도 불구하고 진성 리더십에 대한 관심과 연구들은 리더십 영역에 다양한 영향을 미치고 있다. Northouse(2016)는 진성 리더십 연구가 제공하는 유용성을 다음과 같이 설명한다.

- 진성 리더십은 리더의 진정성을 갈구하는 사람들에게 해답을 제공해 준다.
- 진성 리더십은 진성 리더가 갖추어야 할 특성과 행동에 대해 광범위한 지침을 제공한다.
- 진성 리더십은 리더가 지향해야 할 도덕적 차원을 명확히 제시해 준다.
- 진성 리더십은 정직한 가치관과 행동이 장시간에 걸쳐 리더의 내부에서 형성 및 발전될 수 있다는 것을 말해 준다.
- 진성 리더십은 측정될 수 있다는 것을 보여 준다.

2) 서번트 리더십

서번트 리더십(Servant leadership)의 개념은 Greenleaf(1970)가 저술한 『The Servant as Leader』라는 에세이를 통하여 알려지게 되었다. Greenleaf가 서번트 리더십에 관심을 갖게 된 것은 Herman Hesse(1956)의 소설 『동방여행(The Journey to the East)』을 접하게 된 후이다. 이 소설은 여행을 하는 여행단의 이야기를 담고 있는데, 여행단 속에서 온갖 허드렛일을 하고 있는 하인 레오(Leo)의 역할에 초점을 두고 있다. 레오는 여행단 속에서 노래와 봉사 그리고 다양한 헌신적 활동을 하였는데, 갑자기 그가 사라진다. 그가 사라지고 난 이후 여행단은 혼란에 빠지고 결국은 여행을 포기하기에 이른다. 이는 비록 레오가 하인이지만 궁극적으로는 여행단을 리드하고 있었다는 것을 입증한 것이다.

그런데 서번트 리더십은 용어 그 자체가 다소 역설적이다. 전통적인 리더십의 정의를 보면, 리더는 영향력을 미치는 사람인데 서번트 리더십에서는 리더가 섬기는 사람이 되어야 한다는 것을 강조한다. 이러한 연유일 수도 있지만, 서번트 리더십은 Greenleaf에 의해 처음 세상에 알려진 이후 30년 이상 동안 막연하게 정의된 리더십 원칙으로만 남아 있었다. 그러나 최근에 들어서서 서번트 리더십에 대한 관심이 저명한 리더십 연구가들의 저술에 등장하는 추세이다. 특히 서번트 리더십의 기본적인 사상과 행동규범은 많은 조직이 조직 운영을 위한 이상적인 방법으로 공감하고 있다.

(1) 서번트 리더십의 구성요소

서번트 리더십의 구성요소에 대해서는 연구자들마다 각기 다른 속성을 제시하고 있기 때문에 서번트 리더십에 대한 구체적인 개념적 합의가 이루어지지 못하고 있다. 어떤 연구는 서번트 리더십의 구성요소를 리더의 특성(trait)으로 설명하는 반면에, 어떤 연구는 서번트 리더십을 리더의 행동 과정으로 다루고 있다. 〈표 4-1〉에는 여러 연구자가 서번트 리더십의 개념을 각기 다르게 구성하고 있음을 보여 준다.

〈표 4-1〉 서번트 리더십의 구성요소

연구자들	서번트 리더십 구성요소		
Laub (1999)	• 인재개발 • 인재 가치화	• 리더십 공유 • 리더십 제공	• 진정성 표출 • 공동체 구축
Wong & Davey (2007)	• 봉사/타인 개발 • 성실/솔선수범	• 컨설팅과 참여 • 영감/영향력	• 겸손/자기희생
Barbuto & Wheeler (2006)	• 이타적 소명 • 조직 스튜어드십	• 정서적 치유 • 지혜	• 설득적 지도화
Dennis & Bocarnea (2005)	• 임파워먼트 • 아가페 사랑	• 신뢰 • 비전	• 겸손
Sendjaya, Sarros, & Santora (2008)	• 변혁적 영향 • 초월적 영성	• 자발적 복종 • 계약적 관계	• 진정한 자기 • 책임감 있는 도덕성
Van Dierendonck & Nuijten (2011)	• 임파워먼트 • 진정성 • 책무성	• 겸손 • 용서 • 스튜어드십	• 떨어져서 보기 • 용기

출처: Van Dierendonck(2011).

Spears(2002)는 서번트 리더십이 무엇인가를 명확하게 밝히기 위해 Greenleaf의 에세이에 나타난 서번트 리더의 열 가지 특성을 다음과 같이 정리하였다.

- 경청(listening)
- 공감(empathy)
- 치유(healing)
- 자각(awareness)

- 설득(persuasion)
- 개념화(conceptualization)
- 예지(foresight)
- 스튜어드십(stewardship)
- 인재육성에 헌신(commitment to the growth of people)
- 공동체 구축(building community)

Northouse(2016)는 Liden, Wayne, Zhao, & Henderson(2008)와 Liden, Panaccio, Hu, & Meuser(2014) 등의 연구에 기초하여 '서번트 리더십 모형(a servant leadership model)'을 제시하였다. 이 모형은 세 부분으로 구성되어 있는데, 전반부는 선행조건으로 상황 변인이다. 중간 부분은 서번트 리더의 일곱 가지 행동을 제시하고, 후반부는 서번트 리더십의 성과지표들을 나타내 준다.

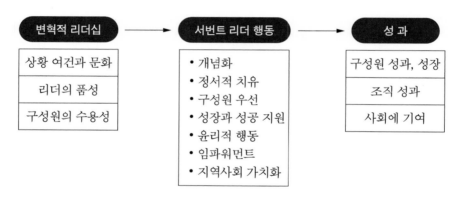

[그림 4-3] 서번트 리더십 모형

출처: Northouse(2016).

(2) 서번트 리더십 측정

서번트 리더십을 측정하는 설문지는 여러 가지 유형이 있다. 그중에서 Liden 등(2008)이 개발한 설문지가 잘 알려져 있다. Liden 등이 개발한 '서번트 리더십 설문지(Servant Leadership Questionnaire: SLQ)'는 서번트 리더의 일곱 가지 행동을 측정하는 28개 문항으로 구성되어 있다. 일곱 가지 행동 목록은 앞서 제시한 서번트 리더십 모형에 제시되어 있다.

van Dierendonck과 Nuijten(2011)은 8개 차원에 30개 항목으로 구성된 서번트 리더십 설문지를 개발하였다. 이 설문지에서 측정하는 8개 차원의 행동 목록은 임파워먼트, 겸손, 떨어져서 보기, 진정성, 용서, 용기, 책무성, 스튜어드십 등이다.

(3) 서번트 리더십에 대한 평가

서번트 리더십에 관한 연구는 다른 리더십 연구와 구분되는 특징을 갖고 있다. 서번트 리더십은 변혁적 리더십이나 진성 리더십 등과 유사하게 윤리적 차원을 강조하지만, 서번트 리더십은 유일하게 '이타주의'를 중심적인 구성요소로 설정하고 있다. 구성원을 우선시하고, 구성원들과 통제력을 공유하며, 구성원들의 성장을 배려한다. 또한 서번트 리더십 모형에서 선행조건(상황)을 명시한 바와 같이 서번트 리더십이 효과적인 상황을 한정하여 제시하고 있다는 점이다.

그러나 서번트 리더십은 명칭 자체에서 다소 역설적인 의미를 내포하고 있다는 점이 리더십 이론으로서의 존재적 가치가 낮아지는 경향이 있다. 아울러 서번트 리더십의 구성요소에 대해 너무도 다양한 주장이 논쟁을 벌이고 있어서 이론의 구성요소에 대한 합의적 또는 공통된 정의를 내놓지 못하는 상황이 계속되고 있다.

서번트 리더십에 대해 다양한 논의는 계속되고 있지만, 서번트 리더십은 모든 조직의 모든 관리 계층에서 실용화될 수 있는 이론이라는 점에서는 대부분 수용적이다. 『포춘(Fortune)』이 선정한 500대 기업 중 많은 기업 조직에서 서번트 리더십의 개념을 채택하여 활용하고 있다. 또한 서번트 리더십은 전 세계의 많은 대학에서 강의의 주제가 되고 있다. 결론적으로 말하면, 서번트 리더십은 조직 상황에서 개인이 학습하고 개발할 수 있는 철학과 일련의 리더 행동을 제시하고 있다(Northouse, 2016).

참고문헌

백기복(2016). 리더십 리뷰(2판). 서울: 창민사.

Bass, B. M. (1985). *Leadership and performance beyond expectation*. New York: Free Press.

Bass, B. M. (1996). *A new paradigm of leadership: An inquiry into transformational leadership*. Alexandria, VA: U.S. Army Research Institute for the Behavioral and Social Sciences.

Bass, B. M., & Avolio, B. J. (1990). Development transformational leadership: 1992 and beyond. *Journal of European Industrial Training, 14*, 21-27.

Bass, B. M., & Avolio, B. J. (1993). Transformational leadership: A response to critiques. In

M. M. Chemers & R. Ayman (Eds.), *Leadership theory and research: Perspectives and directions* (pp. 49-80). San Diego, CA: Academic Press.

Bass, B. M., & Avolio, B. J. (1994). *Improving organizational effectiveness through transformational leadership.* Thousand Oaks, CA: Sage.

Bennis, W. G., & Nanus, B. (1985). *Leaders: The strategies for taking charge.* New York: Harper & Row.

Boehm, S. A., Dwertmann, D. J. G., Bruch, H., & Shamir, B. (2015). The missing link? Investigating organizational identity strength and transformational leadership climate as mechanisms that connect CEO charisma with firm performance. *Leadership Quarterly, 26*(2), 156-171.

Burns. J. M. (1978). *Leadership.* New York: Harper & Row.

Conger, J. A., & Kanungo, R. N. (1987). Toward a behavioral theory of charismatic leadership in organizational settings. *Academy of Management Journal, 12,* 637-647.

Downton, J. V. (1973). *Rebel leadership: Commitment and charisma in a revolutionary process.* New York: Sage.

George, B. (2003). *Authentic leadership: Rediscovering the secrets to creating lasting value.* San Francisco: Jossey-Bass.

Greenleaf, R. K. (1970). *The servant as leader.* Westfield, IN: The Greenleaf Center for Servant Leadership.

Hesse, H. (1956). *The journey to the East.* London: P. Owen.

House, R. J. (1977). A 1976 theory of charismatic leadership. In J. G. Hunt & L. L. Larson (Eds.), *Leadership: The cutting edge* (pp. 189-207). Carbondale: Southern Illinois University Press.

Hughes, R. L., Ginnett, R. C., & Curphy, G. J. (2009). *Leadership* (6th ed.). The MaGraw-Hill Companies, Inc.

Liden, R. C., Panaccio, A., Hu, J., & Meuser, J. D. (2014). Servant leadership: Antecedents, consequences, and contextual moderators. In D. V. Day (Eds.), *The Oxford handbook of leadership and organization.* Oxford, England: Oxford University Press.

Liden, R. C., Wayne, S. J., Zhao, H., & Henderson, D. (2008). Servant leadership: Development of a multidimensional measure and multi-level assessment. *Leadership Quarterly, 19,* 161-177.

Lindholm, C. (1988). Lovers and leaders: Comparative models of romance and charisma. *Social Science Information, 27*(1), 3-45.

Luthans, F., & Avolio, B. J. (2003). Authentic leadership development. In K. S. Cameron, J. E. Dutton, & R. E. Quinn (Eds.), *Positive organizational scholarship* (pp. 241-258). San Francisco: Berrett-Koehler.

Meindl, J. R. (1990). On leadership: An alternative to the conventional wisdom. *Research in Organizational Behavior, 12*, 159-203.

Neider, L. L., & Schriesheim, C. A. (2011). The Authentic Leadership Inventory (ALI): Development and empirical tests. *Leadership Quarterly, 22*(6), 1146-1164.

Northouse, P. G. (2016). *Leadership: Theory and Practice* (7th ed.). New York: Sage.

Podsakoff, P. M., MacKenzie, S. B., Moorman, R. H., & Fetter, R. (1990). Transformational leader behavior and their effects on follower's trust in leader, satisfaction, and organizational citizenship behavior. *Leadership Quarterly, 1*(2), 107-142.

Shamir, B. (1991). Meaning, self, and motivation in organization. *Organizational Studies, 12*, 405-424.

Shamir, B., & Eilam, G. (2005). "What's your story?" A life-stories approach to authentic leadership development. *Leadership Quarterly, 16*, 395-417.

Sosik, J. J., & Jung, D. I. (2010). *Full Range Leadership Development: Pathways for People. Profit, and Planet.* Routledge.

Spears, L. C. (2002). Tracing the pat, present, and furture fo servant-leadership. In L. C. Spears & M. Lawrence (Eds.), *Focus on leadership: Servant-leadership for the 21st century* (pp. 1-16). New York: John Wiley & Sons.

Tejeda, M. J., Scandura, T. A., & Pillai, R. (2001). The MLQ revisited: Psychometric properties and recommendations. *Leadership Quarterly, 12*, 31-52.

Tichy, N. M., & Devanna, M. A. (1986). The transformational leader. *Training & Development Journal, 40*(7), 27-32.

Trice, H. M., & Beyer, J. M. (1990). Using Six Organizational Cultures Rites to Change Culture. In Kilmann R. H., Saxton, M. J., Serpa, R., & University of Pittsburgh (Eds.), *Gaining control of the corporate culture* (pp. 370-399). San Francisco: Jossey-Bass.

Van Dierendonck, D. (2011). Servant leadership: A review and synthesis. *Journal of Management, 37*(4), 1228-1261.

Van Dierendonck, D., & Nuijten, I. (2011). The servant leadership survey: Development and validation of a multidimensional measure. *Journal of Business and Psychology, 26*, 249-267.

Walumbwa, F. O., Avolio, B. J., Gardner, W. L., Wernsing, T. S., & Peterson, S. J. (2008). Authentic leadership: Development and validation of a theory-based measure. *Journal of Management, 34*(1), 89-126.

Weber, M. (1947). *The theory of social and economic organization* (T. Parsons, Trans.). New York: Free Press.

Yukl, G. A. (1999). An evaluation of conceptual weaknesses in transformational and charismatic leadership theories. *Leadership Quarterly, 10*(2), 285-305.

Yukl, G. A. (2002). *Leadership in Organization* (5th ed.). Prentice Hall.

리더-부하 교환, 팔로워십

지금까지 기술한 리더십 이론들은 리더, 부하, 상황이라는 리더십의 요소 중에서 주로 리더를 중심으로 진행된 연구가 대부분이다. 여기서는 리더만이 아닌 부하를 고려한 이론과 연구를 살펴볼 것이다. 먼저, 리더-부하 교환(Leader-Member Exchange: LMX) 이론은 리더십을 리더와 부하들 간의 상호작용을 중심으로 나타나는 과정으로 보고 있다. 즉, 조직 내 리더가 부하 모두를 하나의 전체로 보고 리더십을 행사하는 것이 아니라 리더와 부하 각자 사이에 존재하는 리더십 과정상의 '개별적 관계'에 초점을 두는 것이다. 또한 지금까지 리더십 연구의 한 부분으로서 부하들에 대한 연구가 부진하였는데, 이는 리더에 대한 의존이 높고, 부하를 경시하는 조직의 분위기로 인한 결과라고 할 수 있다. 따라서 여기서 다루게 될 리더-부하 교환 이론과 팔로워십을 통하여 리더십의 한 요소로서 부하에 대하여 올바로 이해하는 기회가 될 것이다.

1. 리더-부하 교환

LMX 이론은 [그림 5-1]에서 보는 바와 같이 리더십 연구의 다양한 접근 가운데, 특히 리더와 부하의 쌍 관계에 초점을 맞췄다는 점에서 매우 특이하다. 이에 대해 Erdogan과 Bauer(2014)는 LMX 이론을 "리더십 연구에서 쌍과 연관된 가장 중요한 이론이다."라고 하였다.[1]

[그림 5-1] 리더십의 차원

출처: Graen & Uhi-Blen(1995).

기존의 리더십 이론들은 리더의 특성과 행동에 중점을 두는 한 사람의 개인을 강조하였고, 부하의 태도, 동기, 성과에 영향을 미치는 리더의 효과를 주로 연구하였다. 또한 최

---

1) LMX 이론은 Dansereau, Graen, & Haga(1975), Graen & Haga(1975), Graen & Cashman(1975), Graen(1976) 등의 연구를 통해 처음으로 발표되었다. 이후 여러 차례 개정을 거쳤고, 리더십 과정을 연구하는 연구자들의 지속적인 관심의 대상이 되고 있다.

근에는 공유된 리더십(shared leadership)이나 팀과 조직을 발전시킬 수 있고, 개인 리더의 효과를 넘어서는 부하들 간의 수평적, 분산된 리더십이라는 개념의 확장에 관심이 높아지고 있다(Day, Gronn, & Salas, 2004; Pearce & Conger, 2003). 리더와 부하라는 쌍 관계에 초점을 맞춘 LMX 이론은 리더의 특성과 행동, 변혁적 리더십, 서번트 리더십(servant leadership)과 같이 개인 수준의 리더십 이론들과 공유된 리더십이나 집단 수준 리더십의 초기 형태 사이에서 독특한 위치를 차지하고 있다. 이것은 LMX 이론이 리더와 부하 사이의 관계에 대해 집중적으로 다루고 있는 유일한 리더십 이론이라는 점에서 매우 중요하다고 할 수 있다. 그래서 Gerstner와 Day(1997)는 "부하와 리더와의 관계는 과업과 관련하여 가진 리더의 모든 경험을 볼 수 있게 하는 렌즈와 같다."라고 하였는데, 이러한 주장을 뒷받침하는 많은 연구 결과가 있다.

LMX 이론의 또 다른 특징은 부하와의 관계에서 차별성(differentiation)에 기초하는 것인데, 이는 LMX 이론의 발전을 이끌어 냈던 주요 전제가 리더가 부하 중에 일부 인원과 질적으로 높은 관계를 갖는다는 것이다(Erdogan & Bauer, 2014). 이처럼 LMX 연구는 집단 내에서 리더와 부하 사이의 교환관계의 질에 따라 생기는 차별화와 이러한 차별화가 개인과 집단 수준의 성과에 미치는 효과에 초점을 맞춰 발전하였다. 이는 보다 넓은 집단 맥락이라는 상황별 교환관계에 대하여 관심을 갖고 연구의 영역을 넓힌 것으로 LMX 이론에서 새로운 발전이라고 평가된다. 다음에는 이러한 LMX 이론의 발전 과정으로서 초기 연구부터 이후에 이어진 후속 연구와 최근의 연구 경향까지를 살펴보겠다.

1) 초기 연구

LMX 이론의 시작은 1970년대 중반에 '수직 쌍 연결(Vertical Dyadic Linkage: VDL)'에 대한 소개에서 찾아볼 수 있다(Dansereau et al., 1975). 연구자들은 [그림 5-2]에서 보는 바와 같이 리더(L)가 부하(S)들 각자와 형성하는 수직적 연결의 특성에 초점을 맞추었다.[2]

---

2) 리더는 부하 각자와 개별적으로 과업상 관계를 맺는다. 리더와 부하 간의 교환(내용과 과정 모두 포함)은 그들의 쌍 관계(dyadic relationship)로 결정된다.

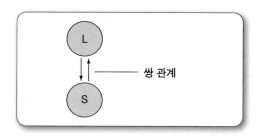

[그림 5-2] 두 사람 간의 수직적 쌍 관계

대부분의 초기 연구는 VDL의 이론적 토대를 발전시키며 기존의 리더십 이론들이 강조하였던 대표적인 두 가지 가정을 모두 부정하였다. 첫 번째 가정은 동일한 리더에게 보고하는 집단이나 조직의 부하들은 마치 하나의 개체나 집단으로 간주되어 이들 개인의 인식, 해석, 반응 등에서 차이가 없이 동일하다는 것이다. 두 번째 가정은 리더도 자신의 부하 개개인에게 이와 비슷한 방식으로 인식, 해석, 반응 등의 행동을 한다는 것이다. 이러한 가정을 바탕으로 한 것이 바로 기존 리더십 연구의 특성이며, 소위 평균적 리더십 스타일(Average Leadership Style: ALS)이라는 가정이다. 이러한 이유로 지난 세기 동안 리더십 모형에 대한 연구가 활발히 이루어졌지만, 기초적 수준 이상의 발전에는 실패하였으며, 따라서 이론적으로나 분석적으로 적절한 연구의 초점은 과업집단 내에서 이루어지는 쌍 관계(dyad relationship)에 두어야 한다고 한다. 이러한 주장은 동일한 리더에 대해 여러 부하가 평가할 때, 독립되지 않은 데이터로 인해 발생하는 오류와 문제들에 대해 고려하려는 연구들이 발전되기 전에 제기된 것이다. 이러한 연구 주제의 등장은 분석 수준 문제와 연관된 이론과 연구들이 LMX 이론의 수준을 높이는 데 특히 도움이 되었다.

또 다른 LMX 이론의 독특한 특성은 역할 형성 과정에 초점을 맞춘 것이다. 이는 [그림 5-3]에서 보는 바와 같이 리더와 부하들 각자와의 관계를 '일련의 여러 수직 쌍 연결'로 보는 것이다.[3] 여기에는 [그림 5-4]에서 보는 바와 같이 내집단(in-group)과 외집단(out-group)이라는 대표적인 두 가지 유형의 관계가 있는데, 먼저 내집단은 확대된 역할(expanded role)과 협의된 역할(negotiated role), 즉 공식적 역할 이외의 '추가적 역할(extra-roles)'에 근거한 관계 유형이다.[4] 또한 외집단은 공식적 고용계약에 의해 명시된

---

[3] 리더는 모든 부하들과 개별적인 관계를 맺는다. 각각의 관계는 특별하고, 나름대로 독특한 특성을 가진다.

[4] 리더와 부하들은 독특한 관계를 맺는다. 내집단에서의 관계는 상호 신뢰와 존경, 호감, 상호 영향관계 등의 특성을 가진다. 외집단 내에서의 관계는 직무 기술서에 근거한 공식적 의사소통의 특성을 가진다. +3은 높은 관계의 질을 의미하고, 0은 낮선 관계를 의미한다.

역할(defined roles)에 근거한 관계 유형이다.

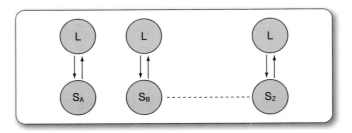

[그림 5-3]   여러 개의 수직적 쌍 관계

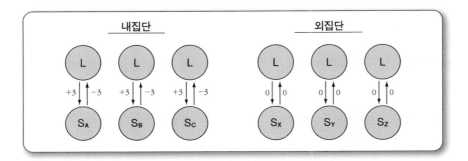

[그림 5-4]   내집단과 외집단

조직 내 과업부서에서 부하들은 리더와 과업상의 관계에 따라 내집단의 일원이 되거나 외집단의 일원이 된다. 이때 리더와 부하들 사이에 각자가 지닌 성격이나 개인 특성이 유사할 경우, 리더와 부하 사이에 교환관계가 형성될 확률이 높아지며, 내집단의 일원이 될 가능성이 높다. 또한 리더와 함께 공식적으로 직무기술서에 정해진 그들의 역할책임을 넘어서는 활동을 하며, 집단을 위해 자발적으로 할 수 있는 추가적인 일에 대해 리더와 협의하는 데 관심을 갖는 부하들은 내집단에 속할 가능성이 높다. 이 같은 협의에는 일련의 교환관계가 포함되어 있는데, 부하들이 역할책임의 범위를 넘어서는 활동을 하면 리더는 이들 부하들에게 더 많은 기회를 제공한다. 그러나 만약 부하들이 공식적 역할책임 이외의 새로운 활동을 하는 데 관심이 없다면 그들은 외집단의 일원으로 남아 있는다.

내집단의 일원은 외집단의 일원보다 리더로부터 더 많은 정보와 영향력, 신뢰를 받고 더 많은 관심을 받는다. 더욱이 내집단의 일원은 외집단의 일원보다 더 신임을 받고, 일에 보다 더 열중하며, 리더와 의사소통이 더 용이해진다. 이처럼 내집단의 일원이 리더를 위해 공식적 역할 이외의 활동을 하면 리더도 그 보답으로 그들에게 과업을 진행하는 과정에서 혜택을 더해 주는 반면, 외집단의 일원은 리더와 친밀하게 지내지 못하고 단지 출근하여 정해진 일을 수행하고 퇴근하는 것을 반복하는 것이 일반적인 모습이다.

2) 후속 연구

1980년대에 들어와 LMX의 이론적 초점이 리더와 부하의 '수직 쌍 연결(VDL)'에서 이들 간의 '교환관계'로 전환되었다. 이들 두 리더십의 차이는 VDL 이론이 주로 내집단과 외집단의 교환관계의 차이에 중점을 두었다면, 교환관계 이론은 직무에서 관계 영역에 중점을 두었다. 다시 말해 직무에 대한 부하들의 반응은 리더와의 관계와 직무, 이들의 상호작용이 어떻게 작용하는지를 보여 주는 것이다. 이런 방식으로 LMX의 실증연구는 직무특성모형과 같은 직무설계틀의 확장으로 간주되었다(Hackerman & Oldham, 1976).

그래서 이 기간의 연구들은 주로 리더-부하 교환관계의 질이 리더, 부하, 집단 및 조직의 긍정적인 성과와 어떤 관계를 가지고 있는가를 알아보는 것이었다(Graen & Uhl-Bien, 1995). 그리하여 연구자들은 질적으로 높은 리더-부하 교환관계가 이직률, 업적 평가, 승진율, 조직몰입, 작업 환경, 직무태도, 참여율, 경력 상승, 리더의 관심과 지원 등에 영향을 준다는 것을 발견하였다(Graen & Uhl-Bien, 1995 ; Liden, Wayne & Stilwell, 1993).

1990년대에 LMX 연구의 특징은 메타분석(meta analysis)을 활용한 양적인 연구가 활발히 이루어진 것인데(Gerstner & Day, 1997), 여러 연구의 효과를 측정하고 표본 추출의 오류를 수정하는 데 기여하였다. 1990년대 초기에는 LMX와 조직시민행동(Organizational Citizenship Behavior: OCB)과의 관계에 대한 연구(Deluga, 1994; Wayne & Green, 1993), 뒤 이어 조직지원인식(Perceived Organizational Support: POS) 등의 연구(Hofmann & Morgeson, 1999; Hui, Law, & Chen, 1999; Settoon et al., 1996; Wayne et al., 1997)이 이루어졌다. 이 기간의 연구들은 주로 LMX의 개발과 관련된 주제를 실증하였는데(Liden et al., 1993; Bauer & Green, 1996), 이러한 연구들은 이러한 연구 주제에 보다 정확하고 강력한 접근을 할 수 있는 연구모형의 성숙화에 있어서 발전을 이끌어 내었다(Singer & Willett, 2003). 또한 횡적(cross-sectional) 연구의 측면에서 LMX는 조직몰입, 이직 의도, 직무 만족과 같은 부하의 과업 성과(Major, Kozlowski, Chao, & Gardner, 1995)나 성과 측정(Howell & Hall-Merenda, 1999; Judge & Ferris, 1993), 부하의 창조성(Tierney, Farmer, & Graen, 1999) 등의 선행요인으로 검증되었다.

1990년대 중반에는 리더십 연구에 있어서 리더와 부하의 관계에 중점을 두고 접근한 질적 문헌연구가 활발하게 이루어졌다(Graen & Uhl-Bien, 1995). 이어서 메타분석 형식의 정량적 연구(Gerstner & Day, 1997)와 서술적인 문헌연구(Liden, Sparrowe, & Wayne, 1997; Schriesheim, Castro, & Cogliser, 1999; Sparrowe & Liden, 1997)가 뒤를 이었는데 LMX와 직무태도의 관계면에서 LMX는 직무 만족, 조직몰입과 높은 상관관계를 나타내었다. 그러나 이러한 연구 결과는 부하들에 의한 평가 및 측정이기 때문에 동일방법편의(common method bias) 문제로 인하여 다소 오류가 나타나는 경향이 있다. 이러한 메타분석에서 나타난 또 다른 흥미로운 결과는 리더와 부하가 동일하게 평가한 교환관계의 질의 평균 상관관계가 0.3 정도로 높게 나타났다는 것이다.

2000년대에 들어와 리더십 연구에 있어서 LMX에 대한 관심이 매우 높아졌는데, 연구자들은 LMX와 함께 다른 구성과 이론, 과정에 결합된 새롭고 흥미로운 방법을 발전시켰다. 실제로 신뢰 형성(Brower, Schoorman, & Tan, 2000), 귀인 이론(Dasborogh & Ashkanasy, 2002), 사회연결망 관점(Sparrowe & Liden, 2005), 비선형 효과(Harris & Kacmar, 2006), 부하 요구(Burris, Detert, & Chiaburu, 2008) 등과 LMX와의 관계를 결합한 연구가 진행되었다. 또한 LMX와 조직 공정성(Masterson et al., 2000; Cropanzano, Prehar, & Chen, 2002; Erdogan, Liden, & Kraimer, 2006; Walumbwa, Cropanzano, & Hartnell, 2009), 임파워먼트(Chen, Kirkman, Kanfer, Allen, & Rosen, 2007; Chen, Lam, & Zhong, 2007; Gomez & Rosen, 2001) 등을 연결한 연구도 있었다.

LMX 연구자들은 계속해서 LMX와 이미 많은 연구가 이루어진 조직시민행동과 조직지원인식과 같은 변수를 포함하여 다양한 조합의 연구모형을 여러 상황에서 실증하였다(Dulac, Coyle-Shapiro, Henderson, & Wayne, 2008; Erdogan & Enders, 2007; Erdogan, Kraimer, & Liden, 2004; Hofmann, Morgeson, & Gerras, 2003; Kraimer, Wayne, & Jaworski, 2001; Piccolo & Colquitt, 2006; Wang, Law, Hackett, Wang, & Chen, 2005; Wayne, Shore, Bommer, & Tetrick, 2002). 이와 함께 다른 연구에서는 새로운 선행요인으로 노력(Maslyn & Uhl-Bien, 2001), 내재적 리더십 이론(Epitopaki & Martin, 2005)뿐만 아니라 성격이나 성과가 LMX와의 관계의 발전에 미치는 영향에 대해 발표하였다(Nahrgang, Morgeson, & Ilies, 2009).

2000년 중반에는 집단의 구성원들에 대한 LMX 질의 편차와 같은 LMX 차별화와 관련된 연구가 주를 이루었다. 이것은 리더와 부하의 관계에서 차별화라는 의미에서 수직 쌍 연결이나 교환관계 이론의 기초로 다시 돌아간 것인데(Henderson, Wayne, Shore, Bommer,

& Tetrick, 2008; Liao, Liu, & Loi, 2010; Liden, Erdogan, Wayne, & Sparrowe, 2006), LMX 이론이 다수준(multilevel)과 집단의 효과를 고려하도록 연구의 범위와 시야를 넓혔기 때문에 LMX 연구의 발전을 이룰 수 있었다. 즉, 분석 수준의 개발을 통하여 LMX 연구모형을 최첨단의 연구방법을 활용하여 검증할 수 있는 기회를 연구자들에게 제공한 것이다. 현재까지 연구 결과를 볼 때, LMX 차별화가 집단이나 팀 성과에 긍정적 또는 부정적 영향을 미친다는 결과를 완전히 일반화하기에는 어렵다. 그러나 이러한 주제는 앞으로의 연구에서 집중적인 관심을 받을 것이며, 특히 LMX 차별화와 집단 구성원의 공정성 인식(fairness perception) 사이의 관련성은 흥미로운 주제라고 할 수 있다(Erdogan & Bauer, 2014).

최근까지 LMX 관련 연구들이 급속도로 발전을 거듭하고 있는데, 메타분석을 활용한 대표적인 논문으로 먼저 LMX와 시민행동 간의 관련성에 관한 것이다(Ilies et al., 2007). 연구 결과 LMX와 조직시민행동 사이에 강한 긍정적 관계가 있는 것으로 나타났는데, 특히 조직 수준에 비해 개인 수준에서의 시민행동이 LMX와 더 유의미하게 긴밀한 관계가 있는 것으로 나타났다. 또한 이전 연구보다 확장된 메타분석에서 LMX가 종종 매개 역할(mediating role)을 하는 것으로 나타났다(Dulebohn et al., 2012). 따라서 LMX의 의미 있는 매개효과를 확인하기 위해서는 단순한 검증만 아니라 선행요인과 결과요인을 매개하는 기초적인 역할 형성 과정을 구체적으로 검증하는 노력이 필요할 것이다(Day & Antonakis, 2013).

3) 리더십 형성

LMX 이론의 발전과정에서 살펴보았듯이, 최근까지 계속된 후속 연구에서 흥미로운 연구는 리더와 부하 사이의 교환관계가 '리더십 형성(leadership making)'에 어떻게 활용될 수 있는가에 초점을 맞춘 것이다(Graen & Uhl-Bien, 1991).

Graen과 Uhl-Bien(1991)은 '리더십 형성'은 시간이 지남에 따라 세 단계인 낯선 단계(the stranger phase), 친분 단계(the acquaintance phase), 성숙한 협력 단계(the mature partnership phase) 순으로 발전해 간다고 하였다(〈표 5-1〉 참조).

〈표 5-1〉 리더십 형성 단계

	낯선 단계	친분 단계	협력 단계
역할	공식적	시험적	협의적
영향	일반적	혼합적	상호적
교환	낮은 질	중간 질	높은 질
이익	이기적	이기적/이타적	집단
		시간	

출처: Graen & Uhi-Blen(1995).

첫 번째, '낯선 단계'에서는 리더와 부하의 상호작용은 일반적인 규정의 범위 안에서 계약관계(contractual relationship)에 따라 이루어지는데, 이는 미리 정해진 역할 범위 내에서 서로 간의 관계를 형성한다. 그래서 그들은 질적으로 낮은 교환관계를 갖는데, 이는 외집단 일원의 교환관계와 유사하다고 할 수 있다. 이 단계에서 부하들은 리더가 통제하는 경제적 보상을 얻기 위하여 공식적인 리더에게 순응하며, 이들이 행동하는 동기는 자신이 속한 집단의 이익보다는 주로 자기의 이익 때문이다(Graen & Uhl-Bien, 1995).

두 번째, '친분 단계'에서는 리더나 부하가 사회적 교환관계를 증진시키기 위하여 자신의 개인 정보나 과업에 관한 정보를 여러 자원과 함께 서로에게 제공하면서 시작된다. 그리고 이 단계에서는 리더와 부하 모두 서로를 시험하게 되는데, 리더는 부하가 더 많은 역할이나 책임을 맡는 것에 관심을 갖는지를, 반면에 부하는 리더가 기꺼이 자신들을 위해 새롭고 도전적인 업무를 맡길 것인지를 시험해 본다. 이 기간에 서로 간에 발생하는 상호작용은 새로운 방식으로 변화되어 교환관계의 질은 전 단계보다 높아진다. 이 단계에서 쌍 관계가 잘 형성되면, 리더와 부하는 서로를 더 많이 신뢰하고 존경함으로 관계가 발전한다. 그리고 이 단계에서 리더와 부하가 행동하는 동기는 덜 이기적이게 되며, 집단의 목표에 보다 더 관심을 두게 된다.

세 번째, '성숙한 협력단계'에서는 질적으로 높은 리더-부하 교환관계가 형성된다. 리더와 부하는 높은 상호 신뢰와 존경 및 서로에 대한 의무감을 느끼게 되는데, 이는 이미 서로의 관계를 시험하였고 서로를 의지할 수 있다는 사실을 알고 있기 때문이다. 그래서 이 단계에서는 리더와 부하 간에 매우 높은 상호협력관계가 형성되어 서로 간에 영향을 주고받는다. 이는 리더와 부하가 일반적인 위계적 과업관계에서 벗어나 보다 바람직한 생산적 방식으로 관계를 형성하는 것이다. 그래서 그들은 자신들과 조직을 위해서 긍정적인 성과를 얻는 매우 효과적인 방법을 함께 발전시킨다.

이처럼 '리더십 형성'이란 LMX에서 발생하는 문제를 치료하는 처방적 접근법(prescriptive approach)으로, 리더가 단지 내집단의 몇 사람보다는 집단 내의 모든 부하들과 질적으로 높은 교환관계를 형성하고 만들어 가야 한다는 것을 강조한다. 이를 통해 집단 내 모든 부하가 스스로 내집단의 일원으로 느끼게 해야 한다는 것이다. 그렇게 함으로써 내집단과 외집단 부하에 대한 리더의 차별이라는 불공평(inequities)의 비판과 외집단에 속한 부하들로 인하여 발생할 수 있는 부정적 결과를 피할 수 있다. 일반적으로 '리더십 형성'은 협력관계(partnership)를 높여 리더가 과업부서 내의 모든 부하와 효과적인 쌍 관계를 형성하도록 한다(Graen & Uhl-Bien, 1995). 따라서 '리더십 형성'이 시사하는 바는 리더들은 조직 전체에 걸쳐 부하들과 협력관계의 연결망을 만들고, 이를 통해 조직목표의 달성과 경영상 발전에 유익이 될 수 있다는 것이다.

4) LMX 이론의 평가

(1) 이론의 효용성

LMX 이론은 두 가지 방식으로 효과를 나타내는데, 먼저는 리더십에 대해 설명해 주는 서술(description)의 효과이고, 또 하나는 리더십에 나타나는 문제를 치료해 주는 처방(prescription)의 효과이다. 이들 모두의 효과에서 그 핵심적 개념은 리더가 부하들 각자와 형성하는 '두 사람 간의 쌍 관계'이다. 서술적 측면에서 보면, LMX 이론은 집단이나 조직 내에 존재하는 리더와 부하 사이의 교환관계에서 형성되는 내집단과 외집단을 인식하는 것이 중요하다고 말한다. 내집단의 부하들을 활용하는 것은 외집단의 부하들과 비교하여 상당한 차이가 날 수밖에 없는데, 내집단의 부하들과 더불어 일하는 것은 리더가 더 많은 과업을 더 효과적으로 성취할 수 있기 때문이다. 그리고 내집단의 부하들은 공식적으로 요구하는 것보다 더 많은 업무를 자발적으로 수행하고 또 집단의 목표 달성을 높이기 위해 창의적인 방법을 찾는다. 이 같은 역할 외의 추가적 노력(extra effort)과 헌신에 대한 보답으로 리더는 부하들에게 더 많은 책임과 기회를 제공하며, 이들에게 더 많은 시간과 지원을 제공한다.

반면, 외집단에 속한 부하들은 역할 이외의 추가적 과업을 하기보다는 조직에서 규정하는 역할만을 수행하기를 고집한다. 즉, 자신들이 요구 받은 과업만을 하고 그 이상의 추가적 역할은 하지 않는다. 리더는 외집단에 속한 부하들을 공평하게 그리고 공식적인 계약에 따라 대하지만, 그들에게 내집단에 속한 부하와 같은 특별한 관심을 보이지는 않는다. 그리고 외집단에 속한 부하들은 자신들이 노력한 만큼 공식적인 계약에 정해진 표준적인 지원만을 받을 뿐이다.

처방적 측면에서 보면, 이미 앞에서 살펴보았던 '리더십 형성(leadership making)'이 가장 좋은 예가 될 것이다. LMX 이론에서 나타날 수도 있는 문제를 해소할 수 있는 방법으로 리더가 내집단에 속한 부하들처럼 집단 내 모든 구성원과 특별한 관계를 형성해 가야 한다는 것이다. 리더는 부하들 각자에게 새로운 역할과 책임을 맡을 수 있는 기회를 제공해야 하며, 더욱이 리더는 자신의 부하들과 질적으로 높은 교환관계를 키워 가야 한다. '리더십 형성 모형'은 내집단과 외집단에 속한 부하들 간의 차이에 초점을 맞추기보다는 리더가 자신의 부하 모두와 존경과 신뢰관계를 구축할 수 있는 방법들을 찾아냄으로써 과업부서 전체를 내집단으로 만들 것을 제안한다. 더 나아가 리더는 그가 이끄는 과업부서를 넘어서 조직 전체의 사람과 질적으로 높은 협력관계를 만들어야 한다.

결론적으로 LMX 이론은 리더가 부하들과의 관계에서 만들어 낼 수 있는 특별하고 특이한 교환관계에 주목한다. 이처럼 리더와 부하가 질적으로 높은 관계를 갖게 될 때, 리더와 부하들 사이의 상호 신뢰관계의 형성과 더 나아가 조직의 목표가 보다 더 잘 성취될 수 있는 것이다.

(2) 강점

LMX 이론은 리더십이 발휘되는 과정을 잘 이해할 수 있도록 다음과 같은 여러 긍정적인 기여를 하였다.

첫째, LMX는 리더십에 대한 매우 강력한 서술적 이론이다. 조직 구성원들을 조직에 기여하는 정도에 따라 그 차이를 구분하여 과업 단위를 서술하는 것은 의미 있는 일이다. 외집단이 조직에 미치는 잠재적인 해로움에도 불구하고, 대부분의 사람은 리더가 더 많은 일을 하고 더 많은 것을 얻는 부하들과 특별한 관계를 형성한다는 것을 알고 있다. 그것이 공정하지 않기 때문에 부정적일 수 있지만, LMX 이론은 이 같은 상황을 정확하게 서술하고 있다.

둘째, LMX는 리더십 연구에서 '리더-부하 간의 쌍 관계'라는 개념을 리더십의 발휘 과정의 핵심으로 두는 독특한 이론이다. 다른 접근법들은 리더, 부하, 상황의 특성이나 이들 특성의 조합을 강조하고 있지만, 리더와 부하들 각자 간의 특별한 관계를 강조하는 이론은 찾아보기가 쉽지 않다. LMX 이론은 효과적인 리더십이 질적으로 높은 리더-부하의 교환관계를 형성하는 데 달려 있다고 강조하고 있다.

셋째, LMX 이론의 가치는 리더십에서 의사소통의 중요성을 강조하기 때문이다. 리더와 부하 간의 질적으로 높은 교환관계는 효과적인 의사소통을 통해 가능한데, 이러한 교환관계를 만들어 내며, 발전시키고, 견고하게 하는 수단이 되기 때문이다. 그리고 리더와 부하 간의 의사소통이 상호 신뢰, 존경, 몰입에 의해 형성되어 질 때 비로소 리더십의 효과성이 나타날 수 있다.

넷째, LMX 이론은 리더들에게 매우 중요한 경고의 메시지를 전한다. 리더 자신이 의식적이든 무의식적이든 내집단을 형성하는 데 영향을 주는 여러 편견(부하의 인종, 성, 민족, 종교, 나이 등)으로부터 피해야 한다고 경고하고 있다. LMX 이론의 주된 원리들은 리더가 각각의 부하를 대할 때 어떻게 공정하고 평등하게 대해야 한다는 경고장의 역할을 하고 있다.

다섯째, LMX 이론의 실무적 적용이 긍정적인 조직성과와 어떻게 연관되어 있는가를 구체적으로 검증하고 있는 많은 실증연구가 있다는 점이다. 즉, LMX이론의 실무적 적용은 업무 성과, 조직몰입, 직무풍토, 혁신, 조직시민행동, 임파워먼트, 절차적·분배적 공정성, 경력 상승 그리고 이 외에 많은 중요한 조직 관련 변수와 관계가 있다. 이처럼 연구자들은 LMX 이론을 활용하여 실질적인 조직성과와 연결하여 실증하였고, 그 실무적 가치를 증진시킬 수 있었다.

(3) 비판

LMX 이론에 대한 가장 두드러진 첫 번째 비판점은 표면적으로 볼 때, 공정성이라는 인간의 기본적 가치에 역행한다는 점이다. 기본적으로 모든 사람과 잘 지내야 하고 모든 사람을 평등하게 대하도록 노력해야 하는데, 내집단을 조성하는 것은 그 집단에 속하지 못한 사람들에게는 불이익이 될 수 있기 때문에 올바르지 못한 것이다. 그러나 LMX 이론은 과업부서를 두 부류의 집단으로 구분하고, 한 부류의 집단은 특별한 주목을 받고 다른 집단은 주목을 받지 못하기 때문에 집단에 대한 차별대우처럼 보인다. 과업 현장에서 그 같은 특혜를 받은 집단의 발생을 가능케 하고 있어 마치 이 이론은 불공정하고 차별을 부추기는 이론으로 비칠 수 있다. 더 나아가 내집단과 외집단의 존재는 전체 집단에 바람직하지 못한 영향을 미칠 수 있다(McClane, 1991). 그러나 LMX 이론이 실제로 불평등을 만들어 내는지의 여부는 아직 불확실하다(Harter & Evanecky, 2002: Scandura, 1999). 만약 리더가 의도적으로 내집단에 들어오는 것을 막지 않고 자유롭게 일원이 될 수 있다면, LMX 이론이 굳이 불평등을 조장한다고 말할 수는 없다.

두 번째는 이론의 기본적 아이디어가 충분히 개발되지 않고 있다는 점이다. 예를 들어, 질적으로 높은 리더-부하 교환관계가 만들어지는 방식에 대해 충분히 설명하지 못하고 있다. 높은 질의 교환관계가 형성된 것은 리더가 어떤 부하와 잘 지낼 수 있는 성격 특성이나 대인 간의 기술, 직무상의 유능성 등에 있어서의 일치점을 발견하였기 때문이라고 하였다. 그러나 그 같은 연구는 이러한 요인들의 상대적 중요성을 결코 설명하지 않고 있으며, 또 그 같은 교환관계의 형성 과정이 어떻게 이루어지고 있는가에 대한 설명도 없다 (Yukl, 1994). 최근의 연구에서 리더는 모든 부하와 질 높은 교환관계를 만들기 위해 노력해야 한다고 제안하고 있으나, 그 같은 관계가 어떻게 이루어지는가에 대한 자세한 설명을 하지 않고 있다.

세 번째는 LMX 관계에 영향을 미칠 수 있는 상황 변인(contextual factors)을 적절하게 설명하지 않고 있다는 것이다(Anand et al., 2011). 리더-부하 교환은 그 자체만을 분리(격리)시켜 연구되었기 때문에 연구자들은 LMX의 수직 쌍 관계에 영향을 미칠 수 있는 다른 변인(과업 현장의 규범이나 문화적 변인)들을 검토하지 않고 있다. 그래서 사람들 간의 사회적 연결망(social networking)을 둘러싸고 있는 여러 변인이 특정한 LMX 관계에 어떻게 영향을 미치고, 또 그 같은 관계 속에 있는 개인들에게 어떻게 영향을 미치고 있는가를 연구할 필요가 있다.

2. 팔로워십

우리는 리더십을 이해하는 데 있어서 리더 못지않게 팔로워도 매우 중요한 요소라는 것을 고려해야만 한다. 왜냐하면 팔로워가 없는 리더는 있을 수가 없고, 여러 연구 결과에서 나타나듯이 성공적인 리더십의 특성은 매우 능력 있는 팔로워에게서도 발견되기 때문이다. 그러나 조직의 성공과 실패는 팔로워에게 그 진정한 원인이 있음에도 불구하고, 대부분 리더에게서 그 이유를 찾고 있는 실정이다. 팔로워가 조직의 운명에 결정적인 역할을 하고 있지만, 그들의 기여도는 평가절하되거나 도리어 리더가 한 것처럼 잘못 평가되기도 한다. 리더십은 리더만의 일방통행이 아니며, 대부분의 사람이 리더와 팔로워의 역할을 한다는 것을 기억해야 할 것이다. 이처럼 리더십 연구에 있어서 하나의 중요한 역할을 담당함에도 불구하고 지금까지 팔로워가 발휘하는 팔로워십에 대한 연구가 미흡하였다. 따라서 여기에서는 팔로워십의 개념과 유형 그리고 효과적인 팔로워십과 그 개발에 대하여 살펴보고자 한다.

1) 팔로워십의 개념

팔로워에 대한 잘못된 오해는 팔로워십에 대한 올바른 이해를 제한한다. 이러한 오해는 팔로워에 대한 정의를 좁고 제한되게 발전시킨 전형적인 언어의 기술에서 비롯된다. 웹스터 대학 영어사전(Webster's New Collegiate Dictionary, 1993)에 의하면, 팔로워는 "다른 사람을 봉사하거나, 다른 사람의 의견이나 가르침을 따르며, 다른 사람을 따라 하는 사람"으로 정의하였다.

이 정의에 제시된 바와 같이 사람들은 팔로워를 매우 좁고 제한적인 의미로 생각해 왔으며, 이는 팔로워에 대한 잘못된 편견과 선입견을 갖는 결과를 가져왔다. 이러한 정의는 처음에는 매우 적합한 것처럼 보이지만 팔로워가 리더의 명백한 지시를 받지 않으면 아무 것도 하지 않는다는 것과 그래서 리더에게 적극적으로 묻지도 않는 성향이 있다는 것으로 이해할 수 있다. 때때로 묻지 않고 즉시 리더의 지시를 수행하는 것도 중요하지만, 여러 상황에서 팔로워는 과업을 완수하는 데 있어서 주도적인 역할을 할 필요가 있다. 더욱이 이 정의는 정적이며, 종종 사람들이 리더십과 팔로워십의 역할을 다양하게 수행한다는 것을 무시한다. 이러한 정의는 실제로 팔로워가 적극적이며 현실적이기보다는 매우 수동적이며 피동적인 존재라고 보는 관점을 내포하고 있다.

그렇다면 팔로워십의 올바른 이해를 돕기 위한 적합한 정의는 어떤 것인가? Kelley (1988)에 의하면 팔로워의 역할에서 효과적인 사람은 "숲과 나무를 볼 수 있는 비전과 다른 사람들과 어울려 일을 할 수 있는 사회적 용량(social capacity), 영웅이 아니더라도 감당할 수 있는 강인한 성격(strength of character), 개인과 집단 모두에게 손해를 끼치지 않고 목표를 추구하는 도덕적·심리적 균형(moral and psychological balance), 무엇보다도 위대한 목표의 성취를 위해 팀의 노력에 참여하고자 하는 열정(desire to participate in a team effort)을 가진 사람"이라고 정의할 수 있다. 한 개인이 성공적으로 리더의 역할을 하기 위해서는 조직과 집단의 목표를 설정하는 비전과 구성원의 공감대를 이끌어 낼 수 있는 대인관계 기술, 조직을 이끌고자 하는 강력한 열망을 가져야 한다. Kelley(1988)의 리더와 팔로워에 대한 정의는 팔로워십의 적극적인 특성과 한 개인이 리더와 팔로워의 두 가지 역할을 자연스럽게 바꿔가며 수행하는 면을 고려한 것이다.

그러나 리더는 팔로워보다 더 넓은 시야를 갖고 있기 때문에 팔로워보다는 리더가 여러 다양한 방식으로 인식되기 마련이고, 더 나아가서 팔로워의 위치는 주목을 받지 못하기 때문에 집단에서 동질하거나 평범한 사람으로 취급되는 것이 매우 일반적인 모습이다. 따라서 매우 적은 수의 리더십 연구에서 팔로워의 다양한 성격이 어떻게 리더와 팔로워의 관계에 영향을 미치는지에 대해 검증을 하였지만, 여전히 대다수의 리더는 자신들의 팔로워가 지닌 개인 특성을 평가하고 거기에 따라 행동을 하고 있다. 그래서 개인으로서 리더를 이해한 많은 개념에 비추어서 팔로워를 바라보는 것은 매우 의미가 있을 것이다.

2) 팔로워십의 유형

(1) Kelley의 팔로워십 모형

Kelley(1988)는 대부분의 사람이 자신이 어떤 리더십 유형에 속하는지를 알고 있으며, 그들은 자신이 어떤 지도자인지, 리더로서의 장점과 약점은 무엇인지 그리고 자신이 팔로워들에게 어떤 영향을 미치는지 이해하고 있지만, 정작 자신의 팔로워십 유형에 대해서는 거의 인식하지 못하고 있다고 지적하였다. 이러한 인식의 불균형은 대단히 위험한 일을 초래할 수 있다는 문제의식을 바탕으로 팔로워의 유형을 구분하고 측정도구를 개발하였다.

그는 팔로워의 유형을 구분하는 데 있어 두 가지 특징을 주축으로 하였다. 첫 번째 특징은 독립적 · 비판적 사고(independent, critical thinking)이다. 바람직한 팔로워는 스스로 생각하고 건설적인 비판을 하며 자기 나름의 개성이 있고 혁신적이며 창조적인 개인들로 묘사된다. 반대로 바람직하지 못한 팔로워는 할 일을 지시 받아야 하고 스스로 알아서 일을 하지 못하며 스스로 생각하지 않는다. 그 중간에 전형적인 팔로워가 있는데, 이들은 지시를 받으며 리더나 집단에게 저항하지 않는 사람들이다. 두 번째 특징은 능동적 참여(active participation)이다. 최고의 팔로워는 솔선수범하고 주인의식을 가지고 있으며 적극적으로 참여하고 자발적이며 맡은 일 이상을 한다. 최악의 팔로워는 수동적이고 게으르며 늘 재촉과 감독을 받아야 하며 책임을 회피한다. 전형적인 팔로워는 해야 할 일을 지시 받은 뒤에는 감독 없이 일을 마치며, 자기 앞가림을 위해 변명을 늘어놓으며, 시류에 편승해 행동한다.

스스로 생각하는 것과 동시에 팔로워 역할을 적극적으로 받아들일 수 있다는 두 가지 특징은 리더십과 달리 팔로워십이 서로 모순되는 면을 내포하고 있는 것처럼 보인다. 그러나 Kelley는 이 두 가지 특징이 서로 균형 상태에 있을 때, 다음에서 검토하게 될 모범형 팔로워라고 정의하고 있다. Kelley는 모범형 팔로워를 포함하여 모두 다섯 가지의 팔로워십 유형을 설정하고 있으며 각각에 대해서는 다음과 같다.

그는 팔로워의 독립·비판적 사고 측면과 적극·능동적 행동 측면의 두 가지 구분 기준을 조합하여 [그림 5-5]와 같이 다섯 가지 팔로워십 유형으로 제시하였다. 그는 사고 측면과 행동 측면을 각각 Likert형 6점 척도법으로 설계된 10개의 설문 항목으로 측정하고, 이를 각 차원별로 합산하여 20점과 40점을 기준으로 구분하였다.

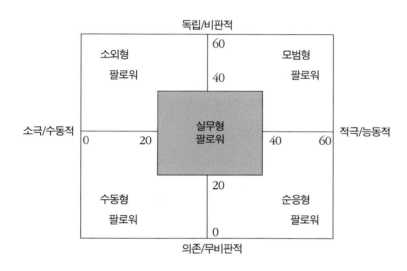

[그림 5-5] Kelley의 팔로워십 유형

출처: Kelley(1992).

① 모범형 팔로워

모범형 팔로워는 스스로 생각하며 임무 수행에 적극적이고 자기주장이 명확하다. 또한 스스로 위험을 감수할 뿐만 아니라 스스로 문제를 해결하기 때문에 동료나 상사로부터 좋은 평가를 받는다. 이들은 리더나 집단으로부터 독립해 자주적이고 비판적으로 사고한다. 독립심이 강하고, 혁신적이고 독창적이며, 건설적인 비판을 내놓으며 리더와도 용감하게 맞서는 사람이다.

적극적으로 참여하지 않으면서 독립적인 사고를 하는 사람은 아이디어는 거창하지만 실현하지 못하거나 리더를 괴롭히는 신랄한 냉소주의자가 될 수 있다. 독립적으로 사고하지 않으면서 적극적으로 참여하는 사람은 명령이 옳고 그름과 관계없이 무비판적으로 받아들이는 예스맨이 될 수 있다. 모범형 팔로워는 정직해야 하며 예리한 비평가로서 파괴적이지 않고 건설적인 비판을 통한 적극적인 참여로 리더의 힘을 약화시키는 것이 아니라 오히려 강화시킬 수 있다. 이러한 모범형 팔로워가 직무 수행에서 성과를 높이는 방법으로는 몰입과 공헌, 활동 능력의 증대, 조직에서 자신의 가치 증진을 통해 이룰 수 있다. 또한 조직에서 인간관계 네트워크를 넓히고 활성화하는 방법으로는 팀 구성원이 되고, 조직적 네트워크를 만들며, 리더와 보조를 같이 하여서 용기 있는 양심을 키우는 것이다.

② 수동형 팔로워

수동형 팔로워는 수동적이고 무비판적이며 적극적이지 않고 책임감이 결여되어 주어진 일만 하고 과업 이상의 일은 하려 하지 않는다. 이들은 생각하는 일은 리더에게 맡기고, 업무 또한 열성적으로 수행하지 않는다. 솔선수범하지 않으며, 지시 없이는 주어진 임무를 수행하지 못하며, 맡겨진 일 이상은 절대 하지 않는다. 리더가 팔로워를 양처럼 대하면 팔로워는 생각 없는 양 떼처럼 행동한다.

③ 실무형 팔로워

실무형 팔로워는 오직 자신의 생존에만 관심이 있고, 팔로워로서 적극적으로 일을 추진하기보다는 자기의 안전을 추구한다. 이들은 위험을 감수하다 실패하여 후회하기보다는 안전을 추구하고 있다. 위험을 감수하려는 의지가 적을 뿐만 아니라 실패하려고 하지 않는다. 이러한 실무형 팔로워는 다른 사람과 견해 차이가 있을 경우 실력을 발휘하기 어렵다. 신뢰받지 못하고 동기를 의심하기 때문이다. 또한 중요한 의사결정에서 제외되고 유리한 일을 맞지 못한다. 또한 누구를 믿어야 할지 모르고 항상 경계심을 가지며 생활한다.

④ 순응형 팔로워

순응형 팔로워는 리더에게 모든 것을 기대고 매우 적극적으로 리더를 따르지만, 리더가 잘못 판단을 하거나 확신이 없을 때에도 리더를 따르기만 하여 결국 조직에 기여를 하지 못한다. 이들은 진심으로는 싫다라고 말하고 싶은데도 예라고 말하고, 리더에게 질문하는 습관을 가지지 않는다. 적극적인 참여라는 면에서 높이 평가할 수 있지만, 독립적인 사고에서는 그렇지 못하다. 순응형 팔로워는 명령을 받고, 리더의 권위에 순종하며, 리더의 견해나 판단을 따르는 데 지나치게 열중한다. 팔로워가 권한을 가진 위치에 있는 리더에게 복종하고 순응하는 것이 의무라고 생각한다. 이러한 순응주의를 야기하는 원인은 팔로워의 의존적인 성격, 사회적 요구와 더불어 성공하기 위해서는 지시 받은 대로만 하면 된다는 사고에서 기인한다.

순응형 팔로워는 스스로 생각하지 않는 사람으로 인식되어 신뢰를 잃는다. 순응한다는 점을 평가해 주는 리더도 있겠지만, 대부분은 충분한 공헌자로 보지 않는다. 독자적으로 일을 하거나 리더십 역할을 넘겨받을 사람으로 보지 않는 것이다. 따라서 순응형 팔로워는 이미 헌신적인 공헌자나 적극적으로 참여하고 있는 사람으로 평가되고 있기 때문에 독립적이고 비판적인 사고를 기르고, 그것을 행사하는 용기를 가져야 한다.

⑤ 소외형 팔로워

소외형 팔로워는 날카롭고 독립적인 사고를 하지만 소극적인 팔로워로서, 냉소적인 태도를 자주 보이나 리더의 노력에 공개적으로 반대는 하지 않는다. 이들은 독립적이고 비판적인 사고를 하려고 하지만 역할 수행에 있어 적극적이지 못하다. 이러한 팔로워는 충족되지 않는 기대와 깨어진 신뢰에서 비롯된다.

신뢰의 결여는 팔로워에게 중대한 문제가 된다. 리더가 사적인 이익을 위해 팔로워를 이용하고 팔로워에게 부여한 목표를 바꾸고, 서로 공유된 목표가 팔로워가 불신하는 목표로 대체될 때 신뢰는 사라진다. 소외형 팔로워는 또한 기대가 충족되지 않았을 때도 나타난다. 집단이든, 개인이든 우수한 성과에도 불구하고 공헌에 대해 2/3 정도는 인정받지 못하는 것으로 나타났다.

이러한 신뢰가 무너져 버렸다면 다시 쌓아야 한다. 리더와 팔로워가 다 같이 받아들일 수 있고 서로를 이어 주는 목표를 찾아야 한다. 개인적 관점에서 보더라도 신뢰가 무너지고 기대가 충족되지 못한 것에 대해서 계속 부정적인 태도를 보여서는 안 된다. 그보다는 적극적인 참여가 필요하다. 독립적이고 비판적인 사고를 통해 자시의 의견을 솔직하게 나타내야 한다.

(2) Potter와 Rosenbach의 팔로워십 모형

Potter와 Rosenbach(2009)는 팔로워가 팀 성과에 활력을 불어넣는다고 하는데, 이는 팔로워는 문제해결을 위한 직접적인 활동을 하며, 종종 가장 좋은 답을 갖고 있기 때문이다. 이 모형은 두 가지 독립적인 영역으로 팔로워 성과(performance) 수준과 리더-부하 관계(relationship)의 강도로 구분한다.

성과 주도 영역은 팔로워가 자신의 직무, 일을 팀의 다른 구성원과 효과적으로 수행하며, 변화를 받아들이고, 팀 성과를 위해 자신을 중요한 자산으로 보는 정도와 연관된다.

이 영역에서 점수가 높은 팔로워들은 유능하며, 다른 구성원들과 잘 어울리며, 리더의 변화 주도를 지지하며, 자기 자신을 잘 돌아본다. 반면에 점수가 낮은 팔로워들은 자신의 직무를 수행하는 데 필요한 기술을 보유하지 않고, 다른 구성원과 잘 지내지 못하며, 변화에 적극적으로 저항한다.

관계 주도 영역은 팔로워가 그들의 리더와 업무와 관련한 관계를 증진시키는 활동을 하는 정도와 연관된다. 이 영역에서 점수가 높은 팔로워들은 충성스럽고, 자신의 리더의 비전에 동일시하지만, 필요하다면 이의를 제기하고 의견 차이에 대해 협의한다. 반대로 점수가 낮은 팔로워들은 충성스럽지 않고, 유익함에도 불구하고 이의를 제기하지 않으며, 상사와 어울리지 않음에도 불구하고 자신들의 관심주제를 추구한다.

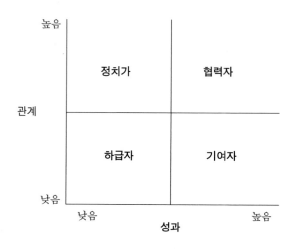

[그림 5-6] Potter와 Rosenbach의 팔로워십 유형

출처: Potter III & Rosenbach(2009).

[그림 5-6]에 보이는 것처럼 팔로워의 유형은 하급자(subordinates), 기여자(contributors), 정치가(politicians), 협력자(partners)의 네 가지로 구분된다. 먼저 하급자는 보다 전형적인 팔로워의 모습이다. 들은 대로 행동하고, 규정을 따르는 등 중간 정도의 성과보다 낮으며, 그들의 리더와 특별히 좋은 관계를 유지하지 않는다. 이러한 팔로워들은 보다 관료적이고 위계적 조직에서 나타나는데, 이는 조직에서 오랜 기간 곤경에 빠지거나 문제를 일으키지 않은 채 남으려고 하기 때문이다.

기여자는 조직에서 열심히 일하며 종종 주요 과업의 전문가가 되고자 하는 동기가 있다는 면에서 차이가 있다. 이런 팔로워들은 위대한 연구자나 프로그래머, 회계사가 될 수 있지만, 그들의 리더와의 활발한 인간관계나 강력한 관계 형성에는 관심이 없다. 이들은 리더의 관점에 관심을 갖는 경우는 거의 없고, 일반적으로 방향을 기다리며, 자신 홀로 일을 할 수 있도록 남겨졌을 때 최선을 다한다.

정치가는 흥미로운 집단인데, 이 유형의 팔로워는 일보다 자신의 상사와 잘 지내는 데 보다 많은 강조점을 둔다. 이들은 충성스럽고, 활발한 인간관계에 민감하며, 리더에게 다른 구성원들에 대한 통찰력을 준다. 여기에 두 부류의 정치가가 있는데, 한 부류는 게임을 하길 즐기며 다른 이들과 여러 상호작용을 요구하는 위치에 있는 데 능숙하다. 이들은 종종 생산성에 있어서 혼동스럽고 행정적으로 도전적이며, 주로 영업부서나 공식 관계에서 근무하는데, 이는 다른 사람들과 대화하거나 밀접하게 거래하는 일에 능숙하기 때문이다. 다른 부류는 교묘하고 이기적이며 관심의 중심이 되려는 바람직하지 않은 요구를 하는 경향이 있다. 이들은 게임을 하며 소문을 만들고, 별로 일하지 않으면서 다른 사람의 공을 차지하려 하며, 리더에게 없어서는 안되는 중요한 인물로 보이고자 한다. 이런 팔로워의 주문에 빠지는 리더는 종종 도덕적이나 성과 측면에서 저조한 팀을 갖게 된다.

협력자는 조직의 높은 성과와 리더와 좋은 관계를 형성하는 데 헌신하는 팔로워이다. 협력자는 리더의 관점을 이해하고 팀을 위해 자신들의 비전을 만드는 데 시간을 들인다. 강렬한 인상을 주는 데 동기가 충만하기 때문에 협력자 유형은 문제를 규명하고 해결하기 위해 리더와 밀접하게 일을 한다. 정치가와 달리 협력자는 불편한 문제에 대해 이견을 제시하고 리더로 적합한 결정을 하도록 돕는다.

Potter와 Rosenbach 모형은 몇 가지 면에서 의미가 있는데, 먼저 근무하는 조직의 특성이나 문화라는 상황에 따라 적절한 팔로워의 유형이 다양하게 결정된다는 점이다. 또한 네 가지 팔로워 유형 모두 조직에서 가치 있는 역할을 할 수 있다는 것이다. 마지막으로 리더가 팔로워의 유형, 다양한 종류의 팔로워, 함께하는 팔로워들이 어떤 사람이며, 효과적인 팔로워십을 만들기 위해 어떻게 해야 할지를 이해하는 데 도움을 줄 수 있다.

이 모형이 지닌 몇 가지 단점도 있는데, 첫째, 팔로워들에게 효과적인 팔로워십에 대한 매우 큰 부담을 지운다는 것이다. 둘째, 결정권을 가진 위치의 대부분의 사람이 실제로 팀을 형성하거나 다른 사람들을 통해 결과를 얻는 것이 불가능하다는 것이다.

(3) Curphy의 팔로워십 모형

Curphy(2010)의 팔로워십 유형 모형도 다른 연구자들과 유사하게 두 개의 독립적인 영역과 네 개의 팔로워십 유형으로 이루어졌다. 두 개의 독립적인 영역은 비판적 사고

(critical thinking) 영역과 직무 열의(engagement) 영역인데, 먼저 비판적 사고 영역은 현상 유지에 대한 도전, 좋은 질문, 문제를 찾고 해결하려는 부하의 능력과 관련되어 있다. 비판적 사고가 높을수록 생산성이나 효과성을 증진하고, 판매실적을 높이며, 비용을 줄이는 등의 방법을 끊임없이 규명한다. 반면, 비판적 사고가 낮을수록 문제를 규명하고 해결하는 것은 경영의 역할이라고 믿는다. 직무 열의의 영역은 과업에 사람들이 노력을 들이는 수준과 관련되어 있다. 직무 열의가 높을수록 낙관적이고 시간이 많이 필요해도 열심히 일하며, 팀의 일원이 되고자 하는 열정이 있고, 성과를 달성하기 위해 노력한다. 반면에 직무 열의가 낮을수록 게으르고 무관심하며, 차라리 아무것도 하고 싶지 않은 것을 의미한다.

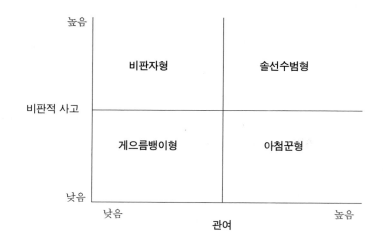

[그림 5-7] Curphy의 팔로워십 유형

출처: Curphy(2010).

Potter와 Rosenbach의 모형처럼 Curphy의 모형도 네 가지 팔로워 유형이 있는데, [그림 5-7]에 보이는 것처럼 솔선수범형(self-starter), 아첨꾼형(brown-nosers), 비판자형(criticizers), 게으름뱅이형(slackers)이다. 솔선수범형은 팀을 향한 열정이 있고 팀의 성공을 위해 상당한 노력을 기울이는 사람이다. 이들은 이슈를 만들고, 해결책을 개발하며, 변화를 주도하기 위해 열정적으로 수행하는 등 팀의 성과를 증진시키기 위한 방법을 지속적으로 고민한다. 또한 이들은 문제가 발견되면 해결하려고 하며, 해야 할 일을 듣고자 기다리기보다 자신들이 해야 할 일을 리더에게 얘기하는 경향이 많다. 이 유형의 팔로워들은 리더가 성과를 증진하는 데 도움을 주는데, 이는 사전에 미리 의견을 말하고 부적절한 의사결정 이후에 건설적인 피드백을 제공하기 때문이다.

아첨꾼형은 강한 직업윤리의식을 공유하지만 솔선수범형처럼 비판적인 사고 능력은 부족하다. 아첨꾼형은 그들의 리더가 그들에게 어떤 행동을 요구하더라도 하고자 하는 열렬하고 충실하며 양심적이고 충성스러운 팔로워들이다. 그들은 절대 문제를 지적하지 않고, 이의를 제기하거나 분란을 일으키지 않으며, 그들의 리더를 기쁘게 할 수 있는 일은 무엇이든지 한다. 아첨꾼형은 지속적으로 자신들의 리더를 확인하고, 용서보다 허락을 구함으로 움직인다. 많은 리더 주변에 아첨꾼형이 있다는 것은 놀랄만한 일은 아니다. 이러한 사람들은 끊임없는 아첨의 근원이며 이처럼 위대한 리더와 일하게 된 것이 얼마나 행운인지를 모든 사람에게 얘기한다. 목표와 성과 측정이 선명하지 않은 조직은 종종 정치적인 기초에 의해 개인이 의사결정을 하는데, 아첨꾼은 어떠한 적도 없이 열심히 일을 하고 정치적으로도 일을 잘 한다.

게으름뱅이형은 과업에 많은 노력을 기울이지 않으며 단지 출근하기만 해도 급여를 받을 자격이 있다고 믿으며, 문제를 해결하는 것은 관리자의 몫이라고 믿는다. 게으름뱅이형은 과업을 회피하는 데 지혜롭고, 숨기를 잘해서 무척 바쁜 것처럼 보이지만 실제로 하는 일은 없이 때론 몇 시간 동안 안 보이기도 하며, 업무를 완수하지 못하는 데 많은 변명거리를 늘어놓고, 과업 완수를 피하는 방법을 고안하는 데 많은 시간을 보내며, 단지 일이 끝나도록 내버려 둔다. 이들은 일보다는 온종일 인터넷과 온라인 쇼핑, 다른 동료와 채팅, 휴식하는 데 시간을 보낸다. 이들은 리더의 감시에서 떨어져 있길 원하고, 그래서 절대 동료들 이상으로 무엇을 하려고 하지 않으며, 단지 문제의 가운데에 있는 것으로 만족한다.

비판자형은 과업에 끼어들기 싫어하지만 날카로운 비판력을 가진 사람들이다. 이들은 과업과 관련된 이슈들에 대해 직접적으로 구체화하거나 해결하려 하기보다 그들의 리더나 조직이 저지르는 결점을 찾아내는 데 더 관심이 많다. 이들은 그들의 리더가 잘못한 것과 어떤 변화의 노력도 실패할 것과 그들의 조직이 다른 경쟁자들에 비해 얼마나 나쁜지, 경영진은 향상을 위한 어떤 제안도 무시할 것이라고 동료들에게 이야기하는 데 중점을 둔다. 이들은 네 가지 부하 유형에서 가장 위험한 인물들인데, 이러한 불안을 만들어 내는 것이 자신들의 임무하고 생각하기 때문이다.

Curphy 모형에서 찾아볼 수 있는 몇 가지 의미 있는 점은, 첫째, 리더가 팔로워의 유형을 평가하고, 직접적인 보고를 하게 하는 최선의 방법을 결정할 수 있다는 점이다. 둘째, 리더는 팔로워십 유형이 고정된 것이 아니라는 것과 상황에 따라 변화한다는 것을 이해할 필요가 있다는 점이다. 모형에서 제시된 팔로워십 유형은 직무가 바뀌거나 함께 일하는 리더가 교체되면 팔로워에게도 다른 책임이 부여되기 때문이다. 특히 개인의 경력에 따라 아첨꾼형에서 솔선수범형, 비판자형, 게으름뱅이형으로 이동할 수 있다. 이렇게 팔로워의 유형이 변하는 가장 큰 요인은 그의 직속상사가 누구냐에 따라 달라지기 때문이며, 리더는 효과적인 팔로워십에 직접적인 영향을 미친다는 것이다. 셋째, 팔로워가 아첨꾼으로서 자신의 직장이나 새로운 직무를 시작하는 것은 특별한 일은 아니라는 점이다. 새로운 신입 직원은 조직의 발전을 위해 제안하는 것이 편해지기 전에 먼저 자신의 직무를 배워야 할 시간이 필요하다. 넷째, 직원 선발 절차가 까다로운 조직은 비판자형이나 게으름뱅이형보다 아첨꾼형과 솔선수범형을 채용하게 된다는 점이다. 왜냐하면 사람들은 자신의 업무에 대해 비판적 사고를 하는 기술을 시간이 지날수록 배우게 되며, 리더와 집단, 조직에 대하여 날카로운 비판을 하는 것은 시간문제이기 때문이다. 다섯째, 높은 지위에 있는 리더들도 팔로워십의 역할을 하기 때문에 자신들의 팔로워십 유형이 팔로워들을 이끄는 데 어떻게 영향을 주는지를 깨달을 필요가 있다는 점이다.

3) 효과적인 팔로워십

Buhler(1993)는 "충성스러운 팔로워(faithful follower)가 없다면 리더는 지휘할 수 없다"고 말하면서 실제로 조직은 좋은 리더보다 좋은 팔로워를 더욱 필요로 하며, 좋은 팔로워란 바로 '충성스러운 업무 수행자'라고 하였다. 그는 더 나아가 조직의 미래까지 팔로워의 역할을 기대하였는데, 조직의 발전적인 미래를 위해서 팔로워가 조직을 변화시키는 사람들이라고 주장하였다.

Kelley(1988)는 효과적인 팔로워의 필수 구비 요건으로 네 가지를 제시하였다. 첫째, 자기 관리 능력이 뛰어난 사람이며, 둘째, 조직과 조직의 목표, 원칙 그리고 조직 내의 다른 사람들(상사, 동료, 하급자)에게 헌신하는 사람이며, 셋째, 스스로를 채찍질하며 최선의 노력을 다 하는 사람이며, 넷째, 용기 있고 정직하며 신뢰할 만한 사람이라고 하였다. 조직 내에서 효과적인 팔로워나 리더는 변화와 일의 진행 과정에 더 많은 관심을 갖고 있으며, 조직의 상하 단계가 적은 수평적인 구조일수록 효과적인 팔로워는 더욱 중요하다고 하였다.

그는 팔로워십 유형 중에서 모범형 팔로워가 조직에 필요한 효과적인 팔로워라고 하였다. 모범형 팔로워는 리더나 조직의 성공에 중요한 역할을 하며, 조직의 다른 구성원들도 배우고 따를 수 있는 기능과 가치관이 있다. 우선 조직의 가치를 창출하기 위해 집중과 헌신을 하고, 복잡한 작업계획을 도식화한 작업 설계도에 작업의 소요시간, 비용 등을 써 놓고 사전에 검토하는 크리티컬 패스(critical path) 활동, 조직에 대한 자신의 가치를 적극적으로 높이는 활동 등을 실행한다. 또한 조직에서 인간관계를 넓히고 활성화하여 팀의 일원이 되고, 조직적 네트워크를 만들며, 리더와 보조를 같이 하고, 직무활동과 인간관계를 좌우하는 용기 있는 양심을 훈련하는 방법 등을 실행한다.

Gilbert와 Hyde(1988)는 미국 연방정부 근로자를 대상으로 팔로워십의 요소에 대하여 실증하였는데, 연구 결과에서 여덟 가지 차원의 팔로워십 요소를 발견하였다. 이들은 팔로워십의 요소로 리더와의 협력(partnership), 직무에 몰입(commitment), 업무 수행 능력(technical competence), 유머 감각(sense of humor), 신뢰성(dependability), 다른 사람들과의 긍정적인 업무 관계(positive working relations), 리더에게 정보 제공(tendency to speak up), 단정한 태도와 행동(proper comportment) 등을 규정하고, 이들 요소에서 높은 점수를 얻는 팔로워는 직무에서의 높은 생산성과 전반적인 면에서 높은 성과를 보인다고 하였다.

Lundin과 Lancaster(1990)는 수백 명을 대상으로 팔로워로서의 경험에 대한 설문을 통해 효과적인 팔로워가 되게 하는 요인들을 정리하였다. 첫째, 성실성(integrity)으로 자신이 믿고 있는 바를 따라 기꺼이 행하려는 충성스러운 자세이며, 둘째, 주인 의식(owning the territory)으로 자신이 속한 조직에 대한 이해와 자신이 조직에 기여할 바에 대한 인지하는 것이며, 셋째, 능력과 융통성(versatility)으로 변화하는 환경에 적응할 수 있는 능력이며, 넷째, 자기관리(self-employment)로서 자기 스스로 과거의 경험과 현재의 행동을 관리하고 미래를 위한 자기계발에 대한 책임의식의 소유 등으로 제시하였다.

과업 현장에서의 역동적인 팔로워십의 중요성을 제기한 Alcorn(1991)은 효과적인 팔로워의 특징적인 기술을 협력, 융통성, 성실성, 주도적인 태도와 행동, 문제해결 능력의 다섯 가지로 제시하였다. 첫째, 협력으로 동료들과 개선된 의사소통과 감정이입을 통한 협력이 중요하며, 동료들 간에 협력이 부족한 이유는 동료를 도우지 않으려는 태도보다 동료가 실제로 무엇을 하는지, 무엇을 원하는지를 모르는 데 있으며 만약 동료가 무엇을 하고 있는지를 안다면 동료 간의 협력이 보다 활발하게 이루어질 것이다. 둘째, 융통성으로 기업 성공의 핵심 능력(기술)은 변화에 대한 적절한 대처였으며, 조직 내·외에서 더욱 다양한 변화가 예상되는 미래에는 팔로워의 융통성이 더욱 중요한 성공 요인이 될 것이다. 셋째, 성실성으로 리더가 팔로워에게 제시한 것(목표, 임무 등)을 팔로워가 어느 정도 성실하게 이행하는가와 고객을 대하는 팔로워의 태도, 팔로워의 언행일치가 중요하다. 넷째, 주도적인 태도와 행동으로 주도적인 행동은 높은 신뢰사회에서 중요한 능력이며, 조직내·외에서 업무를 수행할 때 주도적인 태도가 없으면 조직의 이익을 추구할 수 없다. 다섯째, 문제해결 능력으로 팔로워가 보유한 높은 문제해결 능력은 리더가 추구하는 방향으로 문제를 해결함으로써 리더의 목표 달성에 기여하는 요소이다.

Lussier와 Achua(2007)는 효과적인 팔로워가 되기 위해서는 서로 대립하는 팔로워의 역할을 수행할 수 있는 기술을 갖추는 것이 중요하다고 강조한다. 즉, 정상적인 의사결정을 통해 부여되는 리더의 지시와 명령을 수행하는 것과 잘못된 의사결정이나 비윤리적인 의사결정에 대해 문제를 제기하는 것이다. 도덕적 순수성과 원칙에 따라 자신의 견해를 분명히 밝히는 것은 효과적인 추정자의 특징적인 성격이기 때문이다. 또한 효과적인 팔로워는 비효과적인 팔로워보다 자기효능감(self-efficacy)이 높은 것으로 나타났다. 자신에게 어떤 과업에 대해 높은 성과를 만들어 내는 능력이 있다는 믿음은 팔로워가 조직 내에서 자신에 대하여 느끼고 생각하며 보는 방식을 결정한다.

4) 효과적인 팔로워십의 개발

대부분의 사람이 팔로워십을 매력 있게 생각하지는 않지만 그들이 팔로워의 역할을 배우거나 팔로워의 관점에서 리더십과 팔로워십을 계발한다면 그들은 분명히 좋은 팔로워가 될 수 있다.

Kelley(1988)는 효과적인 팔로워십의 개발이 조직 성공의 열쇠라고 하였는데, 그가 제시한 효과적인 팔로워십 육성 방법에 대하여 살펴보고자 한다. 첫째, 리더십과 팔로워십에 대한 재정의가 필요하다. 즉, 리더의 직무는 '팔로워에게 동기를 부여하는 것'과 '팔로워를 육성하는 것'이며, 팔로워는 리더와 마찬가지로 적극적이고 능력도 있으며 단지 팔로워로서의 기능을 수행하는 위치에 있다. 둘째, 팔로워십의 능력과 기술을 중요하게 여겨야 한다. 팔로워의 능력과 기술이 리더의 능력과 기술 못지않게 중요하며, 매력적인 팔로워십 개발 프로그램을 운영함으로써 팔로워들로 하여금 팔로워십 능력과 기술을 배우고자 하는 동기를 제공하여야 한다. 셋째, 적절한 성과 평가와 피드백을 실시하여야 한다. 리더십과 팔로워십은 같은 항목으로 평가하며 리더로서, 또는 팔로워로서의 역할 변화에 잘 적응하는지도 평가하여야 한다. 또한 감독자에 의한 평가뿐만 아니라 동료, 팔로워 그리고 자신에 의한 평가를 실시하여야 한다. 넷째, 팔로워십을 격려하는 조직 차원의 노력이 필요하다. 조직 문화 속에 팔로워십을 중요하게 여기는 가치관이 스며들게 해야 하며, 이를 위해 다음의 방법을 사용할 필요가 있다. 즉, 리더가 없는 집단에서는 모든 구성원이 목표 달성에 동일한 책임을 갖도록 하고, 리더가 때때로 바뀌는 집단에서도 적절한 시기에 리더를 바꾸도록 한다. 팔로워에게 자율권을 부여하여 스스로 생각하며 업무를 수행하도록 하며, 바람직한 팔로워에게는 적절한 보상을 한다.

Lundin과 Lancaster(1990)는 미래의 조직 환경은 팔로워들에게 보다 많은 자율권이 주어지며 팔로워 스스로의 판단에 의해서 업무를 추진해야 하는 경우가 더욱 많아질 것으로 예측하면서, 팔로워십을 격려하고 육성할 수 있는 방법을 다음과 같이 제시하였다. 첫째, 팔로워십의 재개념화를 통해 조직은 팔로워 스스로 자신의 역할을 능동적으로 관리할 수 있도록 고양하여야 하며, 자기관리는 팔로워를 보다 효과적으로 고양시키는 수단이 된다. 둘째, 팔로워십을 격려하고 계발하는 것을 제도화하여 팔로워를 고양시킨다. 셋째, 팔로워십 개발을 위한 고용과 훈련을 통해 대인 간 의사소통, 문제해결, 변화에 적응, 갈등 관리 등에 관한 기술을 가르친다. 넷째, 팔로워십의 중요성을 인정하고 고양한다. 이는 효과적인 팔로워가 많을 때 조직의 능력이 향상된다는 것을 알고 많은 사람이 효과적인 팔로워십 개발에 대한 동기를 갖도록 하여야 함을 의미한다.

Lussier와 Achua(2007)는 효과적인 팔로워를 개발하기 위한 아홉 가지의 가이드 라인을 제시하였다. 첫째, 리더에게 지지를 표시한다. 효과적인 팔로워는 조직에 필요한 변화를 시도하려다 저항에 직면한 리더에게 지지와 격려를 표시하는 방법을 찾는다. 둘째, 주도권을 잡는다. 효과적인 팔로워는 부여된 과업 이상의 일을 할뿐 아니라 지시받지 않은 일까지 주도적으로 수행한다. 조직의 목표 달성에 심각한 문제가 발생했을 때, 이들은 리더에게 문제를 제기하며, 해결책을 제안하고, 필요하면 문제해결을 위한 행동을 주도적으로 시행한다. 셋째, 적절할 때 리더를 상담하고 코치한다. 리더가 새로 부임하거나 경험이 부족할 때, 효과적인 팔로워는 리더를 상담하고 코치할 기회를 갖게 되는데, 상호 신뢰하는 관계가 형성되면 상향적인 상담과 코칭에 도움이 된다. 리더에게 질문을 하거나 단순히 경청하는 것도 도움을 요청하기 주저하는 리더에게 취할 수 있는 팔로워의 상담 및 코칭 방법이다. 무엇보다도 존경심을 갖고 리더에 대한 상담과 코칭을 했을 때 가장 효과적이다. 넷째, 필요할 때 문제를 제기하고 관심을 보인다. 리더의 계획이나 지시에 문제가 있을 때 이에 대해 문제를 제기하는 방법이 매우 중요한데, 리더의 지위를 인정하며, 조직의 목표 달성에 도움이 되기 위한 것임을 분명히 표현하는 것이 필요하다. 막연하기보다 구체적인 사항을 제시하고, 개인적 비판을 피하는 것이 중요하다. 다섯째, 리더의 솔직한 피드백을 구하고 격려한다. 리더가 자신의 팔로워를 평가할 때, 방어적이지 않으며, 긍정적·부정적 피드백 모두 기꺼이 수용하는 모습을 보여 주어야 한다. 여섯째, 자신의 역할과 기대를 명확히 한다. 역할모호성 또는 직무기대에서 불확실한 면이 있다면 이런 영역에서 리더가 팔로워에게 명확하게 설명해 줄 것을 요구해야 한다. 일곱째, 감사를 표시한다. 리더가 팔로워를 돕기 위하여 특별한 노력을 했을 때, 팔로워는 감사를 표시하는 것이 적절하다. 여덟째, 리더에게 정보를 제공한다. 정확하고 시기 적절한 정보는 리더가 올바른 의사결정을 할 수 있게 해 주며, 조직 내 업무 진행 과정을 효과적으로 파악하게 해 준다. 아홉째, 리더의 부적절한 영향력에 저항한다. 팔로워는 부적절한 영향력이나 리더의 잘못된 권한남용에 대해 동조하지 않고 세련되게 예의를 갖춰 이러한 시도에 도전과 저항을 할 수 있다.

효과적인 팔로워십 개발을 위한 여러 연구자가 주장한 내용의 공통점은 다음과 같이 요약할 수 있다. 첫째, 팔로워의 중요성에 대한 리더의 인식이 필요하다. 리더는 팔로워십의 중요성을 인식할 뿐만 아니라 이를 공표하고 팔로워들이 팔로워십을 중요하게 여기도록 리더십을 발휘하여야 한다. 둘째, 팔로워 스스로 팔로워로서의 중요성을 인식하고 효과적인 팔로워십 개발을 위해 노력하게 하는 것이 필요하다. 즉, 팔로워의 성과 평가를 할 때, 리더 평가와 같은 수준 또는 항목을 평가하고 평가 결과에 대한 적절한 피드백을 실시하여야 한다. 셋째, 팔로워가 리더와 같은 사명감을 가지고 조직의 목표 달성에 몰입하도록 조직 차원에서 변화를 추구하여야 한다. 이는 팔로워에게 업무 수행할 때 필요한 권한의 확대, 업무 성과에 대한 투명한 평가 및 피드백 그리고 팔로워십 개발을 위한 프로그램의 개발 및 운영 등을 실시할 필요가 있다.

참고문헌

Alcorn, D. S. (1992). Dynamic followership empowerment at work. *Management Quarterly, 33*, 9-13.

Bauer, T. N., & Green, S. G. (1996). Development of leader-member exchange: A longitudinal test. *Academy of Management Journal, 39*, 1538-1567.

Brower, H. H., Schoorman, F. D., & Tan, H. H. (2000). A model of relational leadership: The integration of trust and leader-member exchange. *Leadership Quarterly, 11*(2), 227-250.

Burris, E. R., Detert, J. R., & Chiaburu, D. S. (2008). Quitting before leaving: The mediating effects of psychological attachment and detachment on voice. *Journal of applied psychology, 93*(4), 912-922.

Butler, J. (1990). *Gender Trouble: Feminism and the Subversion of Identity*. London: Routledge, Chapman & Hall.

Chen, G., Kirkman, B. L., Kanfer, R., Allen, D., & Rosen, B. (2007). A Multilevel Study of Leadership, Empowerment, and Performance in Teams. *Journal of Applied Psychology, 92*(2), 331-346.

Chen, Z., Lam, W., & Zhong, J. A. (2007). Leader-member exchange and member performance: A new look at individual-level negative feedback-seeking behavior and team-level empowerment climate. *Journal of Applied Psychology, 92*, 202-212.

Cropanzano, R., Prehar, C. A., & Chen, P. A. (2002). Using social exchange theory to distinguish procedural from interactional justice. *Group & organization, 27*(3), 324-351.

Curphy, G. J. (2010). The leadership of change. In M. Hughes (Ed.), *Managing change: A critical perspective.* (pp. 135-149). London: CIPD.

Dansereau, F., Graen, G. B., & Haga, W. (1975). A vertical dyad linkage approach to leadership in formal organizations. *Organizational Behavior and Human Performance, 13,* 46-78.

Dasborogh, M. T., & Ashkanasy, N. M. (2002). Emotion and attribution of intentionality in leader-member relationships. *The Leadership Quarterly, 13,* 615-634.

Day, D. V., & Antonakis, J. (2013). The future of leadership. In H. S. Leonard, R. Lewis, A. M. Freedman & J. Passmore (Eds.), *The Wiley-Blackwell Handbook of the Psychology of Leadership, Change and Organizational Development* (pp. 221-235). Oxford: John Wiley & Sons.

Day, D. V., Gronn, P., & Salas, E. (2004). Leadership capacity in teams. *The Leadership Quarterly, 15*(6), 857-880.

Deluga, R. J. (1992). The relationship of leader-member exchange with laissez-faire, transactional, and transformational leadership in naval environments. In K. E. Clark & L. R. Campbell (Eds.), *Impact of leadership* (pp. 237-247). Greensboro, NC: Center for Creative Leadership.

Dulac, T., Coyle-Shapiro, J. A-M., Henderson, D. J., & Wayne, S. J. (2008). Not all responses to breach are the same: The interconnection of social exchange and psychological contract processes in organizations. *Academy of Management Journal, 51*(6), 1079-1098.

Dulebohn, J. H., Bommer, W. H., Liden, R. C., Brouer, R. L., & Ferris, G. R. (2012). A meta-analysis of antecedents and consequences of leader-member exchange: Integrating the past with an eye toward the future. *Journal of Management, 38*(6), 1715-1759.

Epitropaki, O., & Martin, R. (2005). From ideal to real: A longitudinal study of the role of implicit leadership theories on leader-member exchanges and employee outcomes. *Journal of Applied Psychology, 90,* 659-676.

Erdogan, B, & Bauer, T. N. (2014). Leader-member exchange (LMX) theory: The relational approach to leadership. In D. V. Day (Ed.), *The Oxford handbook of leadership and organizations* (pp. 407-433), New York, NY: Oxford University Press.

Erdogan, B., & Enders, J. (2007). Support from the top: Supervisors' perceived organizational support as a moderator leader-member exchange to satisfaction and performance relationships. *Journal of Applied Psychology, 92,* 321-330.

Erdogan, B., Kraimer, M. L., & Liden, R. C. (2004). Work value congruence and intrinsic career success: The compensatory roles of leader-member exchange and perceived organizational support. *Personnel Psychology, 57,* 305-332.

Erdogan, B., Liden, R. C., & Kraimer, M. L. (2006). Justice and leader-member exchange: The moderating role of organizational culture. *Academy of Management Journal, 49*(2), 395-406.

Gerstner, C. R., & Day, D. V. (1997). Meta-analytic review of leader-member exchange theory: Correlates and construct issues. *Journal of Applied Psychology, 82,* 827-844.

Gilibert, G. R., & Hyde, A. C.(1988). Followership and Federal Worker, *Public Administration Review, 48*(6), 962-968.

Gomez, C., & Rosen, B. (2001). The leader-member exchange as a link between managerial trust and employee empowerment. *Group & Organization Management, 26*(1), 53-69.

Graen, G. B. (1976). Role-making processes within complex organizations. In M. D. Dunnette (Ed.), *Handbook of individual and organizational psychology* (pp. 1202-1245). Chicago: Rand McNally.

Graen, G. B., & Cashman, J. (1975). A role-making model of leadership in formal organizations: A developmental approach. In J. G. Hunt & L. L. Larson (Eds.), *Leadership frontiers* (pp. 143-166), Kent, OH: Kent State University Press.

Graen, G. B., & Scadura, T. A. (1987). Toward a psychology of dyadic organizing, In B. Staw & L. L. Cummings (Eds.), *Research on organizational behavior* (pp. 175-208), Greenwich, CT : JAI.

Graen, G. B., & Uhl-Bien, M. (1991). The transformation of professionals into self-managing and partially self-designing contributions: Toward a theory of leader-making, *Journal of Management Systems, 3*(3), 33-48.

Graen, G. B., & Uhl-Bien, M. (1995). Relationship-based approach to leadership: Development of leader-member exchange(LMX) theory of leadership over 25 years: Applying a multi-level, multi-domain perspective, *Leadership Quarterly, 6*(2), pp. 219-247.

Harris, K. J., & Kacmar, M. (2006). Too Much of a Good Thing: The Curvilinear Effect of Leader-Member Exchange on Stress. *The Journal of Social Psychology, 146*(1), 65-84.

Harter, N., & Evanecky, D. (2002). Fairness in leader-member exchange theory: Do we all belong on the inside? *Leadership Review, 2*(2), 1-7.

Hackman, J. R., & Oldham, G. R. (1976). Motivation through the design of work: Test of a theory. *Organizational Behavior and Human Performance, 16*, 250-279.

Henderson, D., Wayne, S., Shore, L., Bommer, W., & Tetrick, L. (2008). Leader-member exchange, differentiation, and psychological contract fulfillment: A multilevel examination. *Journal of Applied Psychology, 93*, 1208-1219.

Hofmann, D. A., & Morgeson, F. P. (1999). Safety-related behavior as a social exchange: The role of perceived organizational support and leader-member exchange. *Journal of Applied Psychology, 84*, 286-296.

Hofmann, D. A., Morgeson, F. P., & Gerras, S. J. (2003). Climate as a moderator of the relationship between leader-member exchange and content specific citizenship: Safety climate as an exemplar. *Journal of Applied Psychology, 88*(1), 170-178.

Howell, J. M., & Hall-Merenda, K. E. (1999). The ties that bind: The impact of leader-member exchange, transformational and transactional leadership, and distance on predicting follower performance. *Journal of Applied Psychology, 84*, 680-694.

Hui, C., Law, K. S., & Chen, Z. X. (1999). A structural equation model of the effects of negative affectivity, leader-member exchange, and perceived job mobility on in-role and extra-role performance: A Chinese case. *Organizational Behavior and Human Decision Processes, 77*(1), 3-21.

Ilies, R., Nahrgang, J. D., & Morgeson, F. P. (2007). Leader-member exchange and citizenship behaviors: A meta-analysis. *Journal of Applied Psychology, 92*, 269-277.

Judge, T. A., & Ferris, G. R. (1993). Social context of performance evaluation decisions. *Academy of Management Journal, 36*, 80-105.

Kelley, R. E. (1988). In praise of followers. *Harvard Business Review, 66*(6), 141-148.

Kelley, R. E. (1994). *The Power of Followership.* New York, NY: Doubleday Business.

Kraimer, M. L., Wayne, S. J., & Jaworski, R. A. (2001). Sources of support and expatriate performance: The mediating role of expatriate adjustment. *Personnel Psychology, 54,* 71-100.

Liao, H., Liu, D., & Loi, R. (2010). Looking at both sides of the social exchange coin: A social cognitive perspective on the joint effects of relationship quality and differentiation on creativity. *Academy of Management Journal, 53,* 1090-1109.

Liden, R. C., Erdogan, B., Wayne, S. J., & Sparrowe, R. T. (2006). Leader-member exchange, differentiation, and task interdependence: Implications for individual and group performance. *Journal of Organizational Behavior, 27,* 723-746.

Liden, R. C., Sparrowe, R. T., & Wayne, S. J. (1997). Leader-member exchange theory: The past and potential for the future. In G. Ferris (Ed.), *Research in personnel and human resource management* (pp. 47-119). Greenwich, CT: JAI Press.

Liden, R. C., Wayne, S. J., & Stilwell, D. (1993). A longitudinal study on the early development of leader-member exchange, *Journal of Applied Psychology, 78,* 662-674.

Lussier, R. N., & Achua, C. F. (2007). Leadership: Theory, application, & skill development (3rd ed.). Mason, Ohio: South-Western Cengage Learning.

Lundin, S. C., & Lancaster, L. C. (1990), The importance of followership. *The Futurist, 24*(3), 18-22.

Major, D. A., Kozlowski, S. W. J., Chao, G. T., & Gardner, P. D. (1995). Newcomer expectations and early socialization outcomes: The moderating effect of role development factors. *Journal of Applied Psychology, 80,* 418-431.

Maslyn, J. M., & Uhl-Bien, M. (2001). Leader-member exchange and its dimensions: Effects of self-effort and other's effort on relationship quality. *Journal of Applied Psychology, 86,* 697-708.

Masterson, S. S., Lewis, K., Goldman, B. M., & Taylor, M. S. (2000). Integrating justice and social exchange: The differing effects of fair procedures and treatment on work relationships. *Academy of Management Journal, 43,* 738-748.

McClane, W. E. (1991). Implications of member role differentiation: Analysis of a key concept in the LMX model of leadership, *Group & Organization Studies, 16(1),* 102-113.

Nahrgang, J. D., Morgeson, F. P., & Ilies, R. (2009). The development of leader-member exchanges: Exploring how personality and performance influence leader and member relationships over time. *Organizational Behavior and Human Decision Processes, 108,* 256-266.

Pearce, C. L., & Conger, J. C. (2003). *Shared Leadership: Reframing the Hows and whys of Leadership.* Thousand Oaks, CA: Sage Publications, Inc.

Piccolo, R. F., & Colquitt, J. A. (2006). Transformational leadership and job behaviors: The mediating role of core job characteristics. *Academy of Management Journal, 49,* 327-340.

Potter III, E. H., & Rosenbach, W. E. (2009). *Followers as partners: Ready when the time comes.* Boulder, CO: Westview Press.

Scandura, T. A. (1999). Rethinking leader-member exchange: An organizational justice perspective, *Leadership Quarterly, 10*(1), 25-40.

Schriesheim, C. A., Castro, S. L., & Cogliser, C. C. (1999), Leader-member exchange(LMX) research: A comprehensive review of theory, measurement, and data-analytic practices, *Leadership Quarterly, 10,* 63-113.

Schriesheim, C. A., Castro, S. L., Zhou, X., & Yammarino, F. J. (2001), The folly of theorizing "A" but testing "B": A selective level-of-analysis review of the field and a detailed leader-member exchange illustration, *Leadership Quarterly, 12,* 512-551.

Settoon, R. P., Bennett, N., & Liden, R. C. (1996). Social exchange in organizations: Perceived organizational support, leader-member exchange, and employee reciprocity. *Journal of Applied Psychology, 81,* 219-227.

Singer, J. D., & Willett, J. B. (2003). *Applied longitudinal data analysis: Modeling change and event occurrence.* New York: Oxford.

Sparrowe, R. T., & Liden, R. C. (1997). Process and structure in leader-member exchange. *Academy of Management Review, 22,* 522-552.

Sparrowe, R. T., & Liden, R. C. (2005). Two routes to influence: Integrating leader-member exchange and social network perspectives. *Administrative Science Quarterly, 50*(4), 505-535.

Tierney, P., Farmer, S. M., & Graen, G. B. (1999). An examination of leadership and employee creativity: The relevance of traits and relationships. *Personnel Psychology, 52*(3), 591-620.

Walumbwa, F. O., Cropanzano, R., & Hartnell, C. A. (2009). Organizational justice, voluntary learning behavior, and job performance: A test of the mediating effects of identification and leader-member exchange. *Journal of Organizational Behavior, 30*, 1103-1126.

Wang, H., Law, K. S., Hackett, R. D., Wang, D., & Chen, Z. X. (2005). Leader-member exchange as a mediator of the relationship between transformational leadership and followers' performance and organizational citizenship behavior. *Academy of Management Journal, 48*, 420-432.

Wayne, S. J., & Grane, S. A. (1993). The effects of leader-member exchange on employee citizenship and impression management behavior. *Human Relations, 46*(12), 1431-1440.

Wayne, S. J., Shore, L. M., Bommer, W. H., & Tetrick, L. E. (2002). The role of fair treatment and rewards in perceptions of organizational support and leader-member exchange. *Journal of Applied Psychology, 87*, 590-598.

Wayne, S. J., Shore, L. M., & Liden, R. C. (1997). Perceived organizational support and leader-member exchange: A social exchange perspective. *Academy of Management Journal, 40*, 82-111.

Yukl, G. (1994). *Leadership in organization* (3rd ed.). Englewood Cliffs, NJ: Prentice Hall.

제6장

팀 리더십

1. 팀 조직과 팀 리더십

대부분의 조직에는 생산, 운영, 판매, 연구 등 기능적 과업을 수행하는 소규모의 부서, 부문, 집단을 가지고 있다. 어떤 조직은 구성원들이 동일한 유형의 업무를 수행하지만 상호의존적이지 않고 독립적으로 주어진 과업을 수행하는 반면에, 어떤 조직은 공통의 목적을 달성하기 위하여 상호의존적인 과업을 수행하며, 조직의 성과와 결과에 대해서도 공동의 책임을 진다. 전자는 동일한 행동을 수행하는 동일과업집단이라고 하는 반면, 후자는 팀이라고 부른다. 즉, 팀이란 구성원이 공동의 목표 달성을 위해, 상호의존적인 역할을 수행하고 서로를 보완해 주는 기술을 가지고 있는 소규모 과업집단을 의미한다. 최근에는 조직에서 중요한 역할을 하는 팀에게 더 많은 책임과 권한을 부여하는 경향이 있다. 팀은 다양한 유형으로 존재할 수 있는데, 일반적으로 기능 팀, 기능횡단 팀, 자율 관리 팀, 최고경영 팀 등을 예로 들 수 있다. 또한, 팀의 존속 기간, 멤버십의 영속성, 구성원의 기능적 다양성, 내부 리더의 권한, 사명을 결정하는 자율성 그리고 업무절차를 결정하는 자율성의 정도에 따라서 팀의 유형을 분류하기도 한다. 나아가 팀 구성원이 같은 장소에서 과업을 수행하는지 아니면 시간적·공간적·지리적으로 분산되어 있는지에 따라서도 팀 유형이 구분되기도 한다.

현대 조직에서는 팀을 중심으로 한 직무 구조를 만드는 데 많은 노력을 해 왔으며, 모든 조직은 아니라 할지라도 대부분의 조직은 특정 형태의 팀을 중심으로 한 직무 구조를 사용한다(Hills, 2007; Kozlowski & Bell, 2003; Lawler et al., 1995). 많은 연구자가 조직에서 팀이 많이 활용되고 있음을 확인하였는데, 팀 조직이 확산되고 있는 이유는 팀이 조직의 성과에 매우 긍정적인 효과를 가지기 때문이다(e.g., Boiney, 2001; Devine et al., 1999; DiazGranados et al., 2008). 고위 경영자들을 대상으로 한 설문조사에 따르면, 응답자의 91%가 조직이 성공하는 데 팀이 결정적인 역할을 했다고 응답하였다(Martin & Bal, 2006). 2000년대 초반 실시한 연구에 따르면 『포춘』이 선정한 500대 기업 중에서 약 68%가 자율 관리 팀(self-managed team)을 활용하고 있는 것으로 나타났으며(Boiney, 2001), 조직의 인적자원, 조직개발, 교육훈련 전문가들을 대상으로 실시한 또 다른 조사에서는 응답자의 94%가 그들의 조직에서 팀을 활용하는 것으로 보고하였다. 이처럼 팀 조직이 유행처럼 증가하면서 연구자와 실무자들은 팀의 효과성을 증진시키는 요소를 이해하기 위해서 노력해 왔다. 특히 21세기 들어서 팀에 대한 연구는 폭발적으로 증가하였으며(Mathieu et al., 2008), 이러한 팀 연구에서 관심이 증가되고 있는 영역이 팀 조직에서 리더의 역할에 대한 것이다. 왜냐하면 팀 조직의 효과성과 성과를 결정하는 데 있어서 결정적인 요소 중 하나가 팀 리더십이기 때문이다(Zaccaro et al., 2001).

팀 리더십에 대한 연구를 수행하면서, 연구자들은 다양한 코칭 관련 활동을 통해서 리더가 어떻게 팀을 돕는지를 탐색해 왔으며(Manz & Sims, 1987; Wageman, 2001), 팀 학습과 적응을 촉진하기 위한 리더의 역할(Edmondson, 1999; Kozlowski et al., 1996; Wageman, 2001), 팀 환경에서 발생하는 다양한 사건을 팀 리더가 어떻게 관리하는지(Morgeson, 2005; Morgeson & DeRue, 2006), 팀 경계를 관리하기 위한 리더의 역할은 무엇인지(Druskat & Wheeler, 2003), 변혁적 리더십과 같은 전통적 리더십 이론이 팀 환경에서 어떻게 작동하는지(Chen et al., 2007; Eisenbeiss et al., 2008; Schaubroeck et al., 2007), 팀에서 역동적인 리더십 위임 과정의 역할은 무엇인지(Klein et al., 2006), 그리고 리더의 역할이 어떻게 팀 내에서 공유되는지(Carson et al., 2007; Hiller et al., 2006; Pearce & Sims, 2002) 등에 대해서 탐색해 왔다.

팀 리더십에 대한 연구가 확산되면서 팀 리더십에 대한 개념적 정의에 대한 다양한 논의가 전개되는 한편, 전통적인 리더십 모델을 바탕으로 팀 리더십을 논의하거나 이를 팀 리더십에 적용하는 것은 적절하지 않다는 비판이 제기되어 왔다(Burke et al., 2006). 이러한 비판이 제기된 이유는 크게 몇 가지를 들 수 있다. 먼저, 팀 리더십에 대한 기존의 연구들을 고찰한 연구에 따르면 팀 리더십을 하나의 개념으로 규정하기가 쉽지 않다(Wageman & Fisher, 2014). 이는 팀 리더십이 팀을 구성하는 활동에서부터 의사결정, 팀 구성원을 동기부여하는 데 이르기까지 다양한 활동을 포함하기 때문이다(Burke et al., 2006; Morgeson et al., 2010). 다음으로 전통적인 리더십 모델은 리더-부하의 관계와 리더-팀 상호작용의 차이를 구별하지 못한다는 비판이 존재한다. 팀 조직의 고유한 특성을 고려하지 않고 전통적인 리더십 모델을 팀 리더십에 적용하면 팀에서의 리더십 현상을 적절하게 설명하지 못하고(Zaccaro et al., 2009), 팀에서의 리더십 과정을 제대로 이해하는 데 간극을 만든다(Kozlowski & Ilgen, 2006; Zaccaro et al., 2001). 팀 리더십 연구에 전통적 리더십 모델을 적용하는 것의 또 다른 한계는 전통적 리더십 모델을 바탕으로 한 팀 리더십 연구는 일반적으로 공식적으로 임명된 팀 리더와 공식적이고 수직적인 리더십 구조에 집중하는 경향을 보인다는 것이다. 팀 리더십은 팀을 이끌어 가는 공식적인 리더뿐만 아니라 팀 외부의 리더, 팀 구성원 등 다양한 사람에 의해서 발현될 수 있기 때문에 팀을 효과적으로 이끌어 가는 데 필요한 다양한 리더십 기능이 한 사람의 리더에만 국한되지 않는다는 의미이다. 팀 조직에서는 리더십이 종종 팀 내에서 분배된다는 오랜 인식을 고려하여 팀 리더십에 대한 논의를 할 때에는 팀의 공식적 리더뿐만 아니라 보다 폭넓은 리더십 구조와 과정에 대해서 연구할 필요가 있다는 관점이 점점 더 강조되고 있다(Bales, 1950; Day et al., 2004; 2006; Slaer, 1955).

팀 리더십에 대한 초기 연구에서는 개인 또는 조직 수준의 이론을 팀에 적용하였다. 그러나 이러한 연구들은 팀 리더십이 가지는 상승작용적인 효과와 현상을 제대로 반영하지 못하기 때문에 팀 리더십에 대한 연구는 개인 또는 조직 수준에서 논의된 리더십 이론의 범주를 넘어서야 한다는 주장이 제기되어 왔다(Burke et al., 2006; Kozlowski et al., 2009; Zaccaro et al., 2009). 팀 리더십을 연구하는 연구자들은 효과적인 팀워크를 위해서 요구되는 팀의 화합, 통합, 적응 과정을 증진시키는 데 기여하는 리더십 기능, 유형, 행동에 대해서 명확하게 검증하기 위해 노력해 왔다. 팀 리더십 연구자들은 전통적인 리더십 이론과 비교하여, 팀 리더십은 상황에 따라서 역동적으로 변화하고, 부하들의 역할과 연결이 강하게 연결되어 있으며, 화합이 요구된다고 주장해 왔다(Kozlowski, 2002). 또한, 팀 리더는 지속적으로 변화하는 내부적·외부적 상황에 효과적으로 대응하기 위해서 팀 구조를 확립하고 팀 업무 수행 절차를 규정해야 한다고 강조해 왔다(Salas et al., 2004).

이 장에서는 팀 리더십에 대한 가장 전통적인 접근법인 기능적 리더십 이론을 바탕으로 팀 리더십 개념과 팀 리더의 기능에 대해서 중점적으로 설명하였다. 또한, 최근 많은 조직에서 활용하고 있는 가상 팀과 다중 팀에서의 팀 리더십에 대한 연구동향을 살펴보고 이러한 팀 조직 환경에서 요구되는 리더십 기능과 특징에 대해서 설명하였다. 마지막으로 전통적인 팀 리더의 리더십에 대한 접근을 넘어서서 최근 중요성이 강조되고 있는 공유 리더십과 분배 리더십과 같은 다중 리더십의 개념에 대해서 설명하였다.

2. 팀 리더십의 원천과 팀 리더십

팀 리더십에 대한 선행연구들은 주로 공식적인 팀 리더에게 관심을 두어 왔다. 그러나 팀 리더십에 대한 기능적 관점은 팀의 요구와 필요를 누가 어떻게 충족시키느냐에 관심을 두고 있어 팀 리더십에 대한 포괄적 이해를 제공한다(Hackman, 2005; Hackman & Walton, 1986; McGrath, 1962). 왜냐하면 팀을 구성하는 다양한 구성원에게 종종 팀의 요구와 필요를 충족시킬 능력이 있기 때문에, 한 개인의 리더에만 초점을 맞추는 것은 팀 효과성에 대한 이해를 제한할 수 있기 때문이다. 또한 팀이 매일매일의 과업과 임무를 수행하는 과정에서 상황에 따라 공식적으로 리더로 임명되지 않은 팀 구성원 중에서 리더가 나타나는 현상이 관찰되었기 때문이다(McGrath, 1962).

팀의 요구와 필요를 충족시키는 시도를 하는 사람들이 다양하기 때문에 팀 리더십의 원천 역시 다양하게 존재한다. 팀 리더십의 원천은 구조적 측면에서 리더십의 위치와 리더십의 공식성 측면으로 네 개의 유형으로 구분할 수 있다. 리더십의 위치는 팀의 리더가 팀의 구성원으로서 팀의 과업 수행 과정에 관여하는지, 아니면 팀 구성원이 아니라 팀의 일상 활동의 외부에 있는지에 따라서 구분된다. 팀 리더십의 공식성은 팀 성과에 대한 책임이 조직에서 공식화되어 있는지, 아니면 팀 리더십과 성과에 대한 직접적인 책임이 없는지에 따라서 구분된다. 다음 표에서 제시된 바와 같이 내부적·공식적 리더는 공식적으로 임명된 리더이면서 팀의 구성원인 리더를 의미한다. 이러한 리더는 팀 리더 또는 프로젝트 매니저 등으로 불린다. 외부적·공식적 리더는 공식적으로 임명되었으나 팀의 매일매일의 과업에 관여하지 않는 팀 구성원이 아닌 리더를 의미한다. 이러한 리더는 팀 스폰서 또는 코치, 조언자 등으로 불린다. 내부적·비공식적 리더는 팀 구성원들 간에 리더십 책임이 공유될 때나(Day et al., 2004; Pearce & Conger, 2003), 특정 개인이 비공식적인 리더로 출현할 때 발생한다(Foti & Hauenstein, 2007; Hollander, 1964). 마지막으로, 외부적·비공식적 리더는 팀 외부에 있는 개인이 팀의 주요한 필요를 충족시키기 위해 노력할 때 발생한다. 그러한 개인은 팀 멘토, 팀 옹호자 등으로 불린다(Zaccaro et al., 2009).

〈표 6-1〉 팀 리더십의 원천

구분	공식적	비공식적
내부	팀 리더 프로젝트 매니저	공유 출현
외부	스폰서 코치 팀 조언자	멘토 옹호자

이처럼 다양한 유형의 팀 리더십의 원천에 대해서 인식하는 것은 팀에서의 리더십을 연구하는 데 있어서 다양하면서도 독특한 도전 요인에 직면하게 한다. 첫째, 팀 리더십 원천 중에서 대부분의 연구는 공식적·내부적 리더에 집중하는 경향이 있으며, 다른 원천은 상대적으로 관심을 많이 받지 못했다. 특히 비공식적·외부적 리더가 팀 효과성에 어떠한 영향을 미치는지에 대한 연구는 거의 없다. 둘째, 일반적으로 연구자들이 팀 리더십을

연구할 때에는 외부적 · 공식적 리더나 내부적 · 비공식적 리더 등 하나의 원천의 관점에서 팀 리더십을 연구하는 경향이 있다. 이처럼 하나의 원천에 중점을 두고 연구를 진행하면서 팀 리더십이 다양한 리더십 원천으로부터 동시에 나올 수 있다는 가능성에 대해서는 깊이 고려하지 않았다. 물론, 하나의 리더십 원천에 집중하는 것은 특정 형태의 팀 리더십을 분리하여 독립적으로 그 효과성을 확인하고자 할 때 적절하다. 하지만 그러한 연구는 팀에서의 리더십 현상에 대한 완전하지 못한 설명을 제공할 가능성이 있다. 셋째, 어떠한 팀이든지 다양한 리더십 원천이 있을 수 있으며, 이러한 원천은 역동적이고 시간이 지남에 따라서 변화한다. 이러한 점 때문에 팀이 과업과 임무를 수행하면서 직면하는 환경에 따른 특정한 요구와 필요, 도전에 따라서 리더십 원천이 상호작용하고 진화하는 과정을 설명하기 위해 팀 리더십에 대한 보다 광범위한 시각을 가질 필요성이 있다.

3. 기능적 관점에서의 팀 리더십

1) 기능적 팀 리더십에 대한 접근

팀 효과성과 성과를 달성하는 것을 궁극적인 목적으로 할 때, 팀 리더십은 팀이 이러한 효과성과 성과를 달성하는 데 있어서 요구되는 것과 필요한 것을 충족하는 역할을 수행한다. 팀 내부에서건 외부에서건 상관없이 팀의 요구를 만족시키는 책임을 가지는 사람이 팀 리더십 역할을 수행한다고 볼 수 있다. 이러한 관점에서의 팀 리더십은 기능적 리더십 이론과 맥을 같이한다(McGrath, 1962). 기능적 리더십 이론(functional leadership theory)에서는 팀 리더십 모델에서 가장 잘 알려지고, 가장 중요한 이론으로 역할을 해 왔다(Fleishman et al., 1991; Hackman & Walton, 1986; Zaccaro et al., 2001). 기능적 접근법은 팀 리더십을 사회적 문제해결의 관점에서 바라보는데, 팀 리더의 주요한 직무는 팀이 과업을 수행하는 과정에서 적절하게 다루어지지 않는 부분을 확인하고 이를 해결하는 것이다(McGrath, 1962). 리더는 과업 수행이나 팀의 목표 달성을 방해하는 문제를 식별하고, 적절한 해결책을 개발하고 계획하며, 복잡한 팀 환경에서 이러한 해결책을 실행하는 역할을 한다(Zaccaro et al., 2001). 즉, 가장 효과적인 팀 리더는 팀에서 어떤 기능이 제대로 작동하지 않는지를 관찰하고 그것을 가능하도록 해야 한다는 것이 기능적 리더십 이론의 기본적인 관점이다(Schutz, 1961).

기능적 리더십과 다른 모형의 리더십에서 팀과 리더의 상호작용이라는 측면에서 세 가지 주요한 차이점이 식별된다(Zaccaro et al., 2001). 첫째, 기능적 리더십은 팀이 과업을 수행하는 데 영향을 주는 환경과 팀을 연결하는 경계 역할(boundary role)을 강조한다. 팀이 과업을 수행하면서 직면하는 대부분의 도전이나 문제는 팀이 과업을 수행하는 환경에서 유발되는 경우가 많기 때문에 팀 리더는 팀이 과업을 수행하는 환경에서 발생하는 사건이나 변화에 적절하게 대응해야 한다. 둘째, 기능적 리더십은 어떠한 해결책이 주어진 문제를 해결하는 데 적절한지를 선택하는 것과 관련이 되어 있다. 팀 활동이 주어진 상황에 완전하게 적합한 경우에는 팀 리더가 팀 활동에 개입할 필요성이 줄어든다. 팀 리더십은 실행 가능한 다양한 해결책이 존재하고, 그러한 해결책이 복잡한 사회적 관계에서 조심스럽게 계획되고 실행될 필요가 있다고 판단될 때 필요하다. 이러한 경우에 팀 리더에게는 해결책을 선택하여 팀이 나아갈 방향을 제시할 책임이 생긴다. 셋째, 기능적 리더십은 정해진 행동 유형의 집합으로 정의되는 것이 아니라 팀이 직면한 상황에서 문제를 해결하는 데 필요한 구체적인 행동으로 정의된다. 이는 팀이 직면한 모든 상황에 최적인 특정한 행동의 집합이 아니라, 매 상황마다 그러한 상황의 특성에 맞는 특정한 리더십 행동이 필요함을 의미한다.

기능적 접근법을 개념적 기반으로 할 때, 팀 리더십은 팀을 구성하는 구성원의 인지적 · 동기적 · 정서적 · 협력적 과정에 영향을 미침으로써 팀 효과성과 성과에 영향을 미친다(Zaccaro et al., 2001). 이러한 팀 과정에 영향을 미치는 구체적인 리더의 기능으로 강조되는 것은, ① 정보 탐색 및 구조, ② 문제해결을 위한 정보 활용, ③ 인적자원 관리, ④ 물적 자원 관리 등이 있다. 예를 들어, 리더는 멤버들로 하여금 주어진 임무를 이해하고 각각의 구성원이 임무 달성을 위해 어떠한 기여를 해야 하는지 이해시킴으로써 팀 구성원의 인지에 영향을 미친다. 또한, 리더는 동기전략을 구축하고 실행하여 직접적으로 팀 구성원의 동기에 영향을 주며, 계획, 통합, 인력 개발, 피드백 행동 등을 통해서 간접적으로 팀 구성원의 동기에 영향을 미친다. 팀 구성원의 동기에 영향을 미치는 활동과 함께 팀 리더는 팀 내에서 발생하는 갈등을 통제하고 팀의 규범을 확립하기 위하여 팀 분위기를 효과적으로 관리해야 한다. 마지막으로 팀 리더는 팀 구성원으로 하여금 팀에 어떠한 자원이 가용한지를 인식할 수 있도록 하고, 직무를 수행하는 데 필요한 명확한 직무 수행 전략을 제안하고, 환경 변화를 모니터링하며, 발전적이며 목표 지향적인 피드백을 제공함으로써 팀의 화합에 영향을 미친다.

팀 리더는 팀의 인지적 · 동기적 · 정서적 · 협력적 과정에 영향을 미치는 것과 더불어 효과적으로 팀 목표를 달성할 수 있도록 환경을 조성해야 한다(Hackman, 2002). 팀 리더는 팀에게 명확한 경계를 가지도록 하고, 정해진 시간 동안 구성원으로서의 지위의 안정감을 보장하고, 팀이 나아가야 할 명확한 방향을 제시해야 한다. 또한, 팀 리더는 팀 구성원에게 권한을 부여할 수 있는 구조를 구축하고, 지원적인 조직 환경을 조성하며, 전문적인 코칭을 받을 수 있도록 해야 한다. 여기서 코칭은 팀이 응집력을 가지고 공유된 행동, 정서, 인지를 유지하는 데 유용하다. 특히 코칭은 팀의 초기 단계에서 가장 기능을 잘 발휘하고 효과적인데, 효과적인 코칭은 구성원들의 동기를 촉진하고, 그들이 노력을 집중하도록 한다. 중간 단계의 팀에서는 성과 전략에 초점을 맞춘 상담적인 코칭이 가장 효과적인데 상담적인 코칭은 과업 전략과 요구 사이의 조정을 강조한다.

Wageman 등(2005)은 팀 리더가 어떠한 기능적 역할에 가장 많은 노력을 기울이는지를 확인하였다. 보다 구체적으로 그들은 팀 리더가 팀에 대한 개별 팀원의 기여도를 강화하기 위해서 팀원을 코칭하는 데 얼마나 많은 노력을 기울이는지, 팀의 구조와 과업을 구조화하고 목표를 수립하며 팀의 자원을 조정하고 조직적 장애물을 제거하기 위해서 얼마나 많은 노력을 기울이는지, 팀 자원을 활용하여 팀 구성원의 동기를 촉진하는 데 얼마나 많은 노력을 기울이는지를 확인하였다. 그들의 연구 결과에 따르면, 팀 리더는 팀과 과업을 구조화하고 목표를 수립하는 것에 가장 많은 관심을 기울이는 것으로 나타났으며, 다음으로 노력을 들이는 것은 자원을 조정하고 팀 임무 수행에 방해가 되는 방해물을 제거하는 일이었다. 이처럼 팀 리더는 팀 효과성과 성과를 촉진하기 위하여 다양한 기능적 행동에 관여한다(Burke et al., 2006)

2) 팀 리더십 기능

팀 리더십에 대한 이해를 위해서는 팀 기능의 본질을 이해해야 한다. 이러한 이해를 바탕으로 팀 효과성을 촉진하기 위한 리더십의 역할에 대해 보다 명확하게 설명할 수 있다. 팀 리더십은 전통적 리더십 모델과는 다른데, 왜냐하면 팀이 분석의 대상이 되기 때문이다. 팀워크는 반복해서 순환하는 상호의존적인 상호작용이라는 특징을 가진다(Kozlowski et al., 1996; Morgeson & Hofmann, 1999). 이러한 팀의 목표 지향적 활동은 두 개의 단계로 구분될 수 있다(Marks et al., 2001). 첫 번째는 과도기적 단계(transition stage)인데 이 단계에서 팀은 평가와 계획 수립을 통하여 목표 달성을 위한 방안을 마련한다. 다음은 활동 단계(action stage)인데 이 단계에서 팀은 목표 달성에 직접 기여할 수 있는 과업 활동을 수행한다. 시간이 지남에 따라 팀은 반복적으로 과도기적 단계와 활동 단계를 순환한다. 이러한 성과 순환 단계가 팀 활동이 발생하는 과정이다. 과도 단계와 활동 단계를 반복적으로 순환하는 과정에서 팀에게 부여된 과업과 임무를 수행하며, 팀은 외부 환경, 팀이 속한 조직, 팀 내부로부터 다양한 도전 요인에 직면한다. 이러한 도전 요인들은 때때로 팀의 성과 및 목표 달성과 생존에 위협을 주기도 하고, 팀이 목표를 달성하는 데 어려움을 겪게 만들기도 한다. 이는 이러한 도전 요인으로 말미암아 팀이 목표 지향적 행동을 조정하는 과정에 어려움을 겪기 때문이다(Peterson & Behfa, 2005). 많은 경우에 이러한 도전 요인들은 팀 내부에서 독특한 필요를 창출하는데, 팀이 성공하기 위해서는 이러한 필요가 충족되어야 한다(Morgeson, Lindoerfer, & Loring, 2010).

(1) 과도기적 단계에서 팀 리더십 기능

팀은 과도기적 단계와 활동 단계로 구성된 목표 지향 행동의 단편적인 순환을 반복적·연속적으로 경험한다(Marks et al., 2001). 과도기적 단계는 팀이 팀을 구성하고, 팀의 직무를 계획하며, 팀의 성과를 평가함으로써 궁극적으로 팀의 목적과 목표를 달성할 수 있도록 하는 단계이다(Marks et al., 2001). 이러한 점에서 과도기적 단계에서 팀의 주요 관심은 직무 그 자체에 직접 관여하기보다는 미래의 효과성을 위해서 팀의 구조와 과정을 구축하는 활동에 관심을 가진다. 이러한 과정에서 중요한 팀 리더십 기능은 팀 구성원이 적절하게 조합되도록 하고, 팀의 전반적인 임무와 목표를 정의하고, 성과의 표준을 설정하고, 팀에서 역할과 책임을 구조화하는 기능을 한다. 또한, 모든 팀 구성원이 효과적으로 과업을 수행할 수 있는 역량을 갖추고, 팀 환경을 이해하며, 팀에서 피드백 과정을 촉진하는 것을 포함한다. 과도기적 단계에서의 팀 리더십 기능이 지속적이고 효과적으로 나타나면 팀은 다음 단계인 활동 단계를 통해서 직접적으로 목표를 달성하는 활동을 할 기반을 구축한다. 다음은 과도기적 단계에서 중요한 팀 리더십 기능을 보다 구체적으로 설명한 것이다.

① 팀 구성(compose team)

팀 구성은 팀이 업무를 수행하는 과정과 성과의 중요한 결정요인이 된다. 팀 행동은 궁극적으로 팀을 구성하는 구성원들에 의해 발생하고, 팀 성과 또한 구성원들에 의해서 달성되기 때문이다. 따라서 팀의 기능과 활동을 위한 핵심 투입물은 팀 구성원이기 때문에 팀을 구성하는 개인의 특성과 기질이 어떠한지, 구성원의 구성이 어떠한지는 팀 활동과 성과에 매우 중요하다(Jackson, Joshi, & Erhardt, 2003; Kozlowski & Bell, 2003; Neuman &

Wright, 1999). 특히 인구통계학적 다양성, 팀 수준에서의 성격과 능력의 정도 등은 팀에서 협력(Dahlin et al., 2005), 의사소통(Keller, 2001; Barry & Stewart, 1997), 도움 행동과 응집성(Barrick et al., 1998), 팀 내 갈등(Pelled et al., 1999), 정보교환(Drach-Zahavy & Somech, 2001)과 팀 창의성(Pirola-Merlo & Mann, 2004, Taggar, 2002), 직무성과와 맥락적 성과(Barry & Stewart, 1997; Morgeson et al., 2005) 등 다양한 팀 내 상호작용과 성과에 영향을 미친다. 이는 팀 구성이 팀이 변화하는 환경을 배우고 적용하는 능력과 관련이 있기 때문이다(DeRue et al., 2008; Gibson & Vermeulen, 2003; LePine, 2003).

팀 업무 수행 과정과 성과에 영향을 미치는 이러한 팀 구성의 영향과 중요성을 고려할 때 팀 리더십 기능에서 가장 중요한 기능이 팀을 구성하는 것이다. 팀 구성과 관련된 리더십 기능은 조직에서 어느 정도 윤곽이 잡히고, 구체적으로 부여된 팀의 과업을 성공적으로 달성할 수 있는 가장 효과적인 구성원의 조합을 선택하는 것이다. 팀 리더는 팀에 필요한 지식과 기술, 능력, 기술을 제공할 수 있는 개인을 선발하여 팀이 목표 임무를 달성할 수 있도록 하여야 하며, 팀의 직무를 효과적으로 함께 달성할 수 있는 가치, 대인 기술, 동기를 가진 사람들을 선택하여야 한다. 또한, 시간이 지남에 따라 팀이 발전하고 환경이 변화하더라도 이러한 팀 구성원들의 조합이 최적이 되도록 보장하여야 한다.

팀이 새롭게 구성되는 경우뿐만 아니라 이미 존재하는 경우에도 팀 리더는 팀이 효과적이고 최적으로 구성되는 데 지속적인 관심을 기울여야 한다. 팀이 이미 존재하는 경우에 팀 리더는 구성원의 역량과 자질을 주기적으로 평가하고, 필요할 경우에는 그러한 역량과 자질의 평가 결과에 따라 구성원을 재배치하거나, 구성원들을 교체하는 기능을 수행해야 한다. 팀에 대한 책임을 고려할 때, 일반적으로 공식적으로 임명된 팀 리더가 이러한 리더십 기능을 수행하는 것이 가장 적절하다.

팀 구성과 관련된 팀 리더십 기능은 두 가지 핵심 과업과 관련이 된다. 첫 번째 과업은 팀 구성원을 과업 환경과 연결시키는 것이다. 팀 리더는 과업 환경의 특성에 따라 팀 구성원을 적절하게 구성하고 배치해야 하는 데, 팀 환경이 변화할 경우에도 지속적으로 이러한 구성과 배치가 유지될 수 있도록 해야 한다.

두 번째 과업은 팀이 팀 성과를 달성하는 데 필요한 지식과 기술을 가지도록 하는 것뿐만 아니라 팀 구성원들 간에 신뢰와 협력관계를 형성할 수 있도록 구성하는 것을 포함한다. 최근의 이론과 연구에 따르면 다른 수준의 다양성과 팀 구성원의 특성은 팀 기능에 중요한 영향을 미칠 수 있다(DeRue et al., 2010; Horwitz & Horwitz, 2007; Humphrey, Hollenbeck, Meyer, & Ilgen, 2007; Humphrey, Morgeson, & Mannor, 2009). 다양성과 팀 구성원의 특성은 팀 구성원이 하나의 팀으로 협력적 성과를 달성하는 데 많은 영향을 미친다. 팀 리더는 다양성과 특성을 고려하여 팀 성과를 달성하는 데 필요한 지식과 기술을 가진 구성원들이 신뢰와 협력관계를 형성할 수 있도록 하여야 한다.

② 임무 정의(define mission)

팀이 만들어지고 구성되면, 다음으로 중요한 팀 리더십 기능은 팀의 임무(mission)를 정의하는 것이다. 이것은 팀에 대한 조직의 성과 기대를 구체적이고 포괄적으로 결정하고 소통하는 것과 관련이 있다. 조직이 팀에 요구하는 바가 명확해지면 팀 리더십 과정은 팀의 임무 또는 목적(mission or purpose)을 보다 구체적으로 구축하는 데 집중한다. 이 단계에서 팀 리더의 주요한 과업은 설득력 있고, 도전적이며, 팀 구성원들 간에 공유될 수 있는 팀의 임무(mission)를 명확히 하는 것이다. 팀의 임무를 정의하고, 모든 팀 구성원이 임무에 대한 공통의 이해를 가지도록 하는 것은 팀의 필요를 만족시키고, 팀 목표 달성을 위해 팀을 인도하는 데 중요하다. 특히 이러한 팀 리더십 기능은 팀 구성원들 간에 공통의 정체성을 형성하고 협력적 관계를 형성하는 데 기초를 제공한다(Dionne, Yammarino, Atwater, & Spangler, 2004). 또한, 팀의 임무를 명확하게 정의하는 것은 팀이 가진 목적, 목표, 전술적 계획을 팀이 속한 조직의 포괄적인 기대와 전략 및 가치와 연결시켜 준다(e.g., Galanes, 2003; Pielstick, 2000; Posner, 2008).

③ 기대와 목표 설정(establish expectations and goals)

다음 리더십 기능은 팀 성과에 대한 기대치를 설정하고, 팀의 목표를 설정하는 단계이다. 팀의 임무와 전반적인 목적이 수립되면, 도전적이지만 현실적인 팀 목표와 이러한 명확한 목표를 기반으로 하여 명확한 성과 기대치를 설정하는 것은 팀 성과 달성에 도움이 된다(Einstein & Humphreys, 2001; Knight, Durham, & Locke, 2001). 선행연구에 따르면 명확한 목표가 설정되어 있는 팀은 목표가 명확하지 못한 팀보다 성과가 더 좋았다(O'Leary-Kelly, Martocchio, & Frink, 1994). 팀 리더십 기능에서 목표 설정과 명확한 성과 기대치를 가지게 하는 것은 세 가지 측면에서 중요한 팀 필요를 충족하는 기능을 한다. 첫째, 목표 설정 이론에 따르면 개인 수준에서 명확하고 도전적인 목표는 개인 행동의 방향을 제시하고 개인에게 성과 목표를 달성하도록 동기부여시킨다는 점에서 중요하다(Locke & Latham, 1990). 둘째, 팀 수준에서 목표 설정 과정은 팀으로 하여금 공통의 정체성을 가질 수 있도록 도우며, 팀 목표에 대한 팀의 몰입을 증진시킨다. 셋째, 팀 목표 설정과 성과 기대를 설정하는 과정에서 중요한 것은 팀 리더가 팀 구성원들과 목표 및 기대에 대해 함께 논의하고 발전시키며, 팀 학습과 팀 발전 방향에 대해서도 함께 논의해야 한다는 것이다. 팀 구성원이 팀 목표 설정 과정에 적극적으로 참여할 경우, 팀은 팀 목표에 보다 몰입하고, 보다 응집된 팀으로 행동하며, 목표 달성 가능성을 높이기 때문이다(Cohen et al., 1997; Durham, Knight, & Locke, 1997; Sagie, 1996; Wegge, 2000; Yammarino & Naughton, 1992).

④ **구조화와 계획(structure and plan)**

팀의 목표와 성과에 대한 기대치가 설정되면, 다음의 팀 리더십 기능은 팀의 과업을 구조화하고 계획하는 것이다. 팀 목표와 성과에 대한 기대치는 팀 성과 달성의 목표를 제공하는데, 이러한 성과 목표를 달성하기 위해서 팀 구성원들은 어떻게 행동을 협조하고 함께 일하는 것이 최선인지에 대한 공유된 이해를 발전시켜야 한다. 앞서 설명한 기대와 목표 설정의 기능이 팀이 달성해야 할 목표를 식별하는 기능에 중점을 두고 있다면, 구조화와 계획의 기능은 이러한 목표를 어떻게 달성하는 것이 최선인지를 결정하는 것이다. 구조화와 계획에 대한 리더십 기능은 팀의 과업을 어떻게 달성하는지에 대해 결정하거나 결정을 돕는 것에 관여하고(과업 수행 방법), 누가 어떤 부분을 담당할지를 결정하며(역할 분담 및 명확화), 언제 과업이 완료될지를 결정하는(시점, 일정, 과업 흐름) 것 등과 관련이 있다.

이러한 행동은 통합된 과업 수행 계획으로 나타나며 팀의 성과를 이끌고, 팀 노력을 조정하며, 팀 성과 전략 및 표준화된 팀 과정을 개발하는 데 영향을 미친다.

⑤ **팀 훈련 및 개발(training and developing team)**

팀이 성과 달성을 위한 다양한 활동에 반복적으로 관여하는 동안 팀 리더는 종종 팀의 능력에 대한 결점을 확인할 수 있다. 예를 들어, 팀 리더는 팀 구성원 개개인이 팀에 할당된 성과를 달성할 수 없다든가, 팀이 전체적으로 효과적으로 함께 일할 수 없다는 등의 결점을 확인한다. 팀 리더가 이러한 팀의 성과 달성 능력에 대한 결점을 확인하면, 팀에 대한 훈련과 발전을 위한 리더십 기능이 필요함을 인식한다. 일반적으로 만족할 만한 적정수준의 성과를 달성하기 위해서, 팀은 기술과 업무 관련 능력을 갖출 것이 요구된다. 팀은 새로운 것을 배우고 적용해야 하는데, 당장 수행해야 할 직무와 팀이 집단으로써 함께 일할 수 있도록 하는 대인관계 과정에 효과적으로 적용할 새로운 것을 배우고 적용해야 한다. 팀에서 이러한 능력을 개발하기 위해서 팀 리더는 설명과 시연, 지속적 코칭 등을 통해 팀에게 직접적인 훈련과 개발 기회를 제공해 줄 수 있다. 또한 팀 리더는 조직에서 제공되는 교육 자료를 활용하도록 팀 구성원들을 독려할 수 있으며, 추가적으로 팀 구성원들은 동료 코칭이나 교차 교육훈련 등을 통해서 그들 자신의 기술과 지식의 범위를 넓힐 수 있다. 팀 구성원을 코칭하고, 개발하며, 멘토링하는 팀 리더의 리더십 행동은 넓은 범위의 공식적·비공식적 리더십 원천에 걸쳐서 팀 과정과 효과성을 증가시키는 것으로 나타났다(Hackman & Wageman, 2005; Kozlowski et al., 1996; Wageman, 2001). 예를 들어, 동료 코칭이나 멘토링이라는 집합적 과정을 가지고 있는 팀이나 팀 구성원의 지식과 기술을 개발하는 노력을 기울이는 팀은 그렇지 않은 팀보다 더 효과적인 것으로 나타났다(Hiller et al., 2006). 팀 리더십과 개발에 대한 선행연구에서는 두 가지 점에 특히 관심을 기울인다. 첫째, 개별 팀 구성원이 팀 내에서 자신의 역할과 자신의 역할과 관련된 특정 과업을 효과적으로 수행하는 데 필요한 지식과 기술을 가지도록 하는 것이다. 둘째, 팀 내 신뢰, 응집력 개발, 소통, 팀 공유 멘탈 모델, 분산 기억 등 효과적인 팀 워크와 관련된 대인관계와 관련된 팀 훈련과 개발이다.

⑥ 의미 이해(sense making)

팀의 생애 주기 기간 동안, 팀은 다양한 내부적·외부적 사건을 경험하게 된다. 팀의 기능에 영향을 미치는 다양한 다른 유형의 사건을 연구한 선행연구에 따르면, 팀의 규모 변화, 리더십 구조 변화(DeRue et al., 2008), 팀 과업 변화(Harrison et al., 2003), 조직 환경 변화(Wiersema & Bantel, 1992) 등이 팀의 기능과 과업 수행 및 목표 달성에 영향을 미친다고 설명하고 있다. 팀이 임무와 목표를 성공적으로 달성하는 데 있어서 중요한 영향을 미치는 사건의 경우에는 팀으로 하여금 즉각적인 반응과 지속적인 주의를 요구한다. 만약 팀이 이러한 중요한 사건에 적절하게 대응하지 않는다면 팀의 기능뿐만 아니라, 팀의 성과에도 부정적인 영향을 미친다(DeRue et al., 2008; Morgeson & DeRue, 2006). 팀의 과업 수행 과정에 지장을 주는 사건이 팀 기능에 미치는 영향을 고려할 때, 의미 이해는 팀 리더에게 필요하면서 중요한 리더십 기능이다. 팀 리더십 기능으로서의 의미 이해는 중요한 환경적 사건을 식별하고, 팀의 과업 수행과 성과 달성을 고려한 상태에서 이러한 사건을 해석하며, 자신이 해석한 바를 팀과 소통하게 해 준다(Morgeson, 2005; Weick, 1995; Zaccaro et al., 2001). 이러한 팀 리더십 기능은 특정 사건에 대해 팀 구성원들의 이해를 촉진하고, 팀이 이러한 사건이 가지는 중요성을 이해하는 데 도움을 줄 뿐만 아니라, 팀이 특정 사건의 영향을 효과적으로 대응할 수 있도록 해 준다(Smircich & Morgan, 1982). 경우에 따라서는 팀 내부의 공식적인 리더보다 외부의 리더가 모호하고, 모순적이며, 잠재적으로 위협이 되는 정보를 명확하게 이해하는 데 도움이 될 때도 있다. 이러한 의미 이해 활동은 팀이 수행하는 과업에 대한 관점을 가지고, 도전요소를 이해하며, 역동적인 환경에 효과적으로 적응하는 데 필요한 정보를 객관적으로 활용할 수 있도록 도움을 준다. 의미 이해가 팀 리더십의 중요한 기능이라는 것은 다양한 유형과 산업에서의 실험 연구, 실험실 연구, 현장 연구 등을 통해서 검증되었다.

⑦ 피드백 제공(provide feedback)

피드백은 개인의 행동을 지시하고 통제하는 규제적 메커니즘의 기본적인 투입 요소이다(Bandura, 1986; Carver & Scheier, 1981). 팀과 같은 사회 시스템에서 피드백은 시스템이 기능을 발휘하고, 유지되며, 발전하는 데 가장 기본적인 것 중 하나이다(Katz & Kahn, 1978). 팀 리더는 피드백을 통해 팀이 과거와 현재의 성과를 효과적으로 평가할 수 있도록 해 주고, 미래의 성공을 공고히 하는 데 필요한 적응을 하도록 해 준다. 팀은 설정된 이정표, 지표, 기대치를 기준으로 주기적으로 성과를 검토해야 하는데, 팀 성과가 그러한 기대치에 미치지 못하게 되면 팀 기능을 더 효과적으로 수행하기 위한 방안을 결정해야 한다. 제공할 수 있는 피드백의 종류에는 차이가 있을 수 있지만 팀 리더십의 모든 리더십 원천에서 피드백의 기능을 수행할 수 있다. 비공식적 내부 리더는 수행하고 있는 과업과 관련된 피드백을 주고받을 수 있지만, 비공식적 외부 리더는 변화하는 환경에 팀이 적응하는 데 도움이 되는 피드백을 제공할 수 있다. 기능적 리더십 관점에서, 피드백 과정은 팀 리더십 과정의 필수적인 부분으로, 팀이 성과를 평가하고, 필요하다면 팀을 조정하고 지속적으로 발전할 수 있도록 한다(Einstein & Humphreys, 2001; Mohrman et al., 1995). 의약 및 의학 제품 산업을 대상으로 한 연구에 따르면 성과 관리 행동에 관여하는 리더들은 팀 학습 행동을 보다 광범위하게 하도록 촉진하였는데, 이러한 리더십 기능에서 핵심은 시기적절하고 구체적이며 객관적이고 균형 있는 피드백을 팀과 팀원들에게 제공하는 것이었다(Gibson & Vermeulen, 2003). 팀 리더는 팀과 팀의 이해관계자로부터 지속적으로 피드백을 요청하고, 직무 수행의 과정에서 팀원들이 서로 피드백을 주고받도록 해야 한다. 이러한 노력을 통해 팀 리더는 성과 관리와 피드백 과정을 팀 리더십 기능에 통합하고, 팀 구성원들이 팀의 성과 달성 능력에 대해서 인지하도록 만들 수 있다. 또한, 팀으로 하여금 직무 수행 방법을 검토하고, 재평가하도록 함으로써 궁극적으로 팀이 직면하는 역동적인 직무 환경에 효과적으로 적응하도록 한다(Kozlowski et al., 1996; Mohrman et al., 1992).

(2) 활동 단계에서 팀 리더십 기능

활동 단계는 팀이 목표 달성에 직접적으로 기여하는 활동에 초점을 맞추는 팀의 성과 사이클을 의미한다(Marks et al. 2001). 활동 단계 동안 중요한 팀 리더십 기능은 팀과 팀의 성과 환경을 관찰하고, 팀과 더 큰 조직 환경 사이에서 경계 관리를 하며, 팀이 지속적으로 발전하도록 도전적 과업을 부여하는 것을 포함한다. 또한, 팀의 직무 수행 과정에 관여하고, 팀이 직면한 문제에 대한 해결책을 발전시키고, 팀을 위한 자원을 확보하는 한편, 팀의 자율성을 장려하고, 팀 안에 긍정적 사회 분위기를 조성하는 것을 포함한다.

① 팀 관찰(monitor team)

팀이 과업 수행에 적극적으로 관여할 때 팀 리더는 지속적이고 면밀하게 팀을 관찰해야 하는데, 이는 팀이 최상의 잠재력을 가지고 업무를 수행하고 팀의 기능에 영향을 미칠 수 있는 외부 상황을 명확하게 인지하도록 하기 위해서이다. 즉, 팀이 활동 단계에 있을 때 팀을 지속적으로 관찰하고 감독하는 것은 중요한 팀 리더십 기능이다. 이러한 기능은 팀의 업무 수행 과정, 팀 외부 환경을 점검하는 것을 말한다(Hackman & Walton, 1986; Komaki et al., 1989; McGrath, 1962; Yukl, 1989). 이는 팀 과업을 완성하기 위한 팀의 업무 수행 과정, 팀에게 가용한 자원과 팀의 외부 환경, 그리고 개별 구성원의 성과를 평가하는 것을 말한다. 이러한 관찰은 다른 리더십 기능을 수행하는 데 필요한 많은 정보와 중요한 자료를 제공해 주기 때문에 특히 중요한 팀 리더십 기능이다. 팀 리더는 팀을 관찰하면서 팀 구성원들에게 과업과 관련된 정보를 요청하고, 그들에게 도움을 제공하며, 전략을 명확하게 해야 한다. 팀 리더는 팀이 처한 상황에 따라서 관찰의 방법을 달리 할 수 있으며, 팀 리더십 원천에 따라서 팀이 처한 환경에 대한 다른 관점을 제공해 줄 수 있다.

② 팀 경계 관리(manage team boundaries)

다음은 팀 리더가 경계를 관리하는 역할을 하는 것이다. 경계 관리에 대한 리더십 기능은 팀과 더 큰 조직 환경의 관계를 관리하는 것을 의미한다(Ancona, 1990; Ancona & Caldwell, 1992). 일반적으로 팀은 더 큰 조직의 하위 부서이거나 부문인 경우가 많기 때문에 팀 리더는 다른 팀이나 다른 팀의 리더, 고위 관리자, 고객 등과 같은 주요한 부서 및 개인과 효과적으로 의사소통하고 협력할 필요가 있다. 그리고 팀 리더는 팀과 외부 환경 및 사건의 관계, 팀과 팀의 상위 조직의 관계에서 완충 작용의 역할을 수행하기도 한다(Sundstrom et al., 1990). 팀의 경계를 관리하는 활동은 팀 내부 활동과 팀 외부 상황이라는 두 개의 경쟁하는 요소에서 우선순위를 관리하는 활동이다. 한편으로 팀은 팀을 둘러싼 경계가 명확해지기를 원한다. 팀 구성원이 누구인지, 어떤 자원이 구성원들로부터 나오는지, 누가 어떤 책임을 가지고 있는지 등이 명확하기를 바란다. 다른 한편으로 팀은 어느 정도 느슨한 경계를 가질 필요가 있는데, 팀이 속한 환경과 정보를 교환하거나 유지 등을 통해서 소외되지 않도록 할 필요가 있다. 팀 리더십 기능에서 팀의 경계를 관리하는 리더십 기능은 이러한 상반되는 요구에서 팀이 균형을 갖도록 하는 활동을 의미한다. 이러한 리더십 기능에는 두 가지 종류의 관련 활동이 있다. 하나는 팀이 관심을 외부의 개인이나 그룹에게 나타냄으로써 팀이 주어진 임무와 과업을 수행하는 데 방해로부터 보호하고, 다른 사람들로 하여금 팀을 지지하도록 만든다(Ancona & Caldwell, 1992; Druskat & Wheeler, 2003). 다른 하나는 팀의 외부 활동을 조율하는 데 관여한다. 업무 수행과 관련하여 팀과 기능 부서 간의 협력을 하는 활동과 외부와의 협조 및 협상 등을 하거나 문제를 해결하는 데 필요한 피드백을 받는 활동 등을 포함한다(Ancona & Caldwell, 1992).

③ 도전적 과업 부여(challenge team)

도전적 과업을 부여하는 팀 리더의 기능은 팀이 업무를 달성하는 데 최선의 방법을 찾는 활동에서 팀 성과, 방법, 과정 등에 도전하는 활동을 의미한다. Pearce와 Sims(2002)는 이를 현상유지에 대해 도전하는 리더십 행동이라고 부르기도 하였는데, 그들은 임파워링 리더십의 한 가지 측면은 기획적 사고를 장려하는 것이라고 하였다. Latham(1987)은 이러한 리더십 기능을 창안자(inventor)라고 하면서, 팀 구성원들에게 도전적 과업을 제공하는 새로운 방법이나 접근법을 찾을 책임이 있다고 하였다. 팀의 활동 단계에서 기존에 팀이 생각하는 방법의 효용성에 대해 지속적으로 질문하고, 새로운 직무 수행 방법을 탐색하는 것은 중요하다. 이러한 리더십 기능은 변혁적 리더십의 구성요소 중에서 지적 자극(intellectual stimulation)과 유사하다(Bass, 1985). 지적 자극은 부하들로 하여금 과거에 팀이 적용하던 업무 수행 방식이 현재 팀의 문제를 해결하는 데 적절하지 않은 구시대적인 방법이 될 수 있다고 끊임없이 질문하도록 하는 것이다(Avolio et al., 1988). 변혁적 리더십의 지적 자극은 보다 개인에 집중한 개념인 반면에 팀에 도전을 주는 리더십 기능은 팀 전체를 대상으로 하여 팀 성과 및 과정에서 팀의 구성원들로 하여금 기능하도록 하는 팀 기능을 촉진한다는 점에서 차이가 있다.

④ 팀 과업 수행(perform teams task)

팀 과업을 수행하는 리더십 기능은 팀이 과업을 수행하는 과정에 보다 적극적으로 역할을 수행하는 것으로서, 팀 업무 활동에 참여하고, 개입하는 활동을 말한다. Hackman과 Walton(1986)은 이 기능을 어떤 행동을 취하는 것으로 설명하면서, 가장 기초적인 수준에서 리더십 기능은 일을 되게 하는 능력이라고 하였다. Mumford 등(2008)은 팀 역할에 대한 과거의 연구를 통합하여 고유의 팀 역할에 대해서 열 가지를 제시하였는데, 이 중에서 다섯 가지가 팀 과업 관련 역할이다. 이러한 역할은 과업을 수행하고, 팀의 과업을 완수하기 위해서 개인적인 책임을 지며, 과업 완수를 위해 다른 구성원을 돕는 활동을 포함한다. 팀 과업 수행은 팀의 전반적인 기능과 목표를 달성하기 위해서 가장 기본적인 것이다.

⑤ 문제해결(solve problems)

팀은 종종 한 가지 해결책이 없는 복잡하고, 정확하게 정의되지 않은 문제에 직면할 수 있다. 수많은 학자가 문제를 진단하고 이를 해결하여 팀으로 하여금 팀의 잠재 능력을 알도록 하는 것을 중요한 팀 리더십 기능 중 하나라고 주장하였다(Hackman & Walton, 1986; Zaccaro et al., 2001). 예를 들어, Shea와 Guzzo(1987)는 효과적인 팀 리더는 문제를 정확하게 진단하는 방법과 효과적으로 개입하는 방법을 알아야 한다고 주장하였다. Zaccaro 등(2001)은 팀 리더십은 문제해결 중심의 활동으로 팀 목표 달성으로 나아갈 수 있는 해결책을 제시하는 것으로 정의되어야 한다고 주장하였다. 즉, 팀 리더십 기능에서 문제해결의 기능은 팀이 문제를 평가하고, 해결책을 개발하고 실행하는 데 직접적으로 관여하거나 지원하는 활동을 의미한다.

⑥ 자원 제공(provide resources)

자원 제공의 리더십 기능은 팀에게 자원을 제공하는 것이다. 이는 정보, 재정, 물자, 그리고 인적자원을 획득하고 이를 팀에 제공하는 것을 포함한다. 팀은 과업 수행을 위해서 자원을 필요로 하며(Hackman, 1987), 이러한 리더십 기능은 이러한 자원을 확실하게 제공하는 것과 관련된 행동을 하거나 그러한 것에 관여하는 것이다. Shea와 Guzzon(1987)은 팀에게 자원을 제공하는 것은 두 가지 측면에서 이익이 있다고 주장하였다. 자원은 과업 완수를 위해서 기본적인 것일 뿐만 아니라, 적절한 자원을 팀 구성원들에게 제공하면 팀 구성원들은 자신이 지원받고 있다는 인식을 가지고 궁극적으로 과업 수행을 위한 동기에 영향을 미친다. 적절한 지원이 제공되면 팀 구성원은 자신이 수행하는 과업이 중요하다는 인식과 함께 팀이 직면한 과업을 성공적으로 달성할 수 있을 것이라는 자신감과 효능감을 갖게 되기 때문이다. 이는 활동 단계에서 중요한데, 팀이 과업을 수행하는 데 필요한 기초적인 자원이 결여되면, 팀은 동기부여도 되지 않을 뿐만 아니라 다른 팀 리더십 행동이 잘된다고 하더라도 효과적으로 성과를 달성하는 데 어려움을 겪는다.

지금까지 논의한 기능적 리더십 이론 관점에서의 팀 리더십은 팀이 과업을 수행하는 데 필요한 팀 리더의 여러 가지 기능에 대한 논의에서 출발하였는데, 이후에는 팀 구성원들을 발전시키고 성장시키는 역할까지 확장되었다(Kozlowski et al., 1996; Kozlowski et al., 1999; Kozlowski et al., 2009). 이는 효과적인 팀 리더가 과업을 효과적으로 수행하는 데 필요한 기능과 더불어 팀 구성원을 성장시키고 발전시키는 데 기여하여야 한다는 의미이다(Kozlowski et al., 2009). Marks 등(2001)은 팀 리더는 팀의 발전 단계에 따라서 팀 구성원의 성장과 발전에 기여할 수 있는 역할에 대해서 논의하였다. 그들은 팀이 과업을 준비하는 단계에서는 업무 부담이 낮기 때문에 팀 리더는 팀 구성원의 사회적 역량을 발전시키고, 직접적 구성원의 자원을 확립하는 성장 목표를 수립하는 데 관심을 가져야 한다고 주장하였다. 팀이 과업을 수행하는 과정에서 업무량이 증가하게 되면 팀 리더는 구성원의 응집력을 관찰하고 팀 구성원의 협력과 적응을 촉진하여야 한다. 일반적으로 팀이 과업을 수행하는 단계에서는 업무량이 증가하면서 팀 구성원들의 응집력을 떨어뜨리기 때문에, 팀 리더는 이러한 점을 인식하고 상황에 대한 지속적인 평가와 전략을 수정하며 화합을 자극하는 활동을 통해서 응집력의 회복을 촉진하도록 개입할 준비를 하고 있어야 한다. 팀이 부여된 과업과 임무를 끝내면 팀 리더는 과업 수행 도중에 발생한 문제점에 대해서 논의하고, 과업 수행의 효과성을 촉진할 수 있도록 조정활동을 촉진함으로써 팀 구성원의 학습을 조장하여야 한다. 이와 유사하게 Kozlowski 등(2009)은 각각의 과업 참여 순환체계가 구성원들을 신참자에서 적응력을 갖춘 전문가로 발전해가는 과정에 필요한 적절한 기회를 구성원들에게 제공해야 한다고 주장하였다. 예를 들어, 팀이 과업을 준비하는 단계에서 팀 리더는 팀 구성원들에게 적절한 목표를 설정함으로써 구성원들이 과업 참여 순환체계를 따라 전진할 때 개인 수준에서 팀 수준으로 변환된다. 과업을 수행하는 단계에서 팀 리더는 팀의 응집력을 모니터하여야 한다. 팀 리더는 일반적으로 팀의 과업 수행 준비 단계에서 좀 더 많이 개입할 필요가 있는 반면, 팀이 과업을 수행하는 단계에서는 경계 역할을 하는 데 보다 치중한다(Kozlowski et al., 2009). 마지막으로, 팀이 성숙하게 되면 팀 리더는 개인 수준의 조정 및 피드백 관점을 팀 수준으로 변환하여야 한다.

4. 가상 팀에서의 팀 리더십

팀 리더십에 대한 연구는 팀 구성원이 같은 공간에서 상호의존적인 과업을 수행하는 팀을 대상으로 하는 연구가 주로 수행되어 왔다. 그런데 최근에는 가상 팀을 대상으로 하는 팀 리더십에 대한 관심이 증대되고 있다. 가상 팀은 팀원들이 지역적·시간적·관계적 경계를 초월하여 상호의존적 과업을 달성하기 위하여 서로 다른 수준의 기술을 활용하는 팀을 의미한다(Martins et al., 2004). 최근 과학기술의 발전에 따라 지역적·시간적·공간적 제약을 점차 극복하면서 가상 팀을 활용하는 조직이 점점 늘어나고 있다. 연구자들은 가상 팀이 가지는 본질적 이익과 도전을 이해하기 위해 노력해 왔으며, 그러한 과정에서 가상 팀을 효과적으로 기능하도록 하는 리더십에 대한 관심이 증대하고 있다(Avolio et al., 2002; Tyran et al., 2003; Vaolio & Kahai, 2003). 가상 팀에서 팀 리더의 역할에 대한 통찰을 제공한 Weisband(2002)는 효과적인 프로젝트 리더들은 팀의 과업 요구를 주도하고, 지역적·시간적·공간적으로 떨어진 다른 팀 구성원에 대해 많은 관심을 표명한다고 설명하였으며, Purvanova와 Bono(2009)는 변혁적 리더십 행동이 대면 팀보다 가상 팀에서 보다 효과적일 수 있다고 주장하기도 하였다.

비록 가상 팀을 대상으로 한 연구에 관심이 증대되고 있으나 지금까지 가상 팀을 대상으로 수행된 연구들은 다소 피상적이며, 가상 팀의 이익과 손해에 대한 연구가 주로 수행되어 왔다. 이 때문에 가상 팀을 이끌어 가는 팀 리더에게 요구되는 리더십 유형, 기능, 행동에 미치는 영향에 대해서 거의 알지 못하며(Powell et al., 2004), 가상 팀의 환경적 특성(context-specific)에 부합하는 리더십 체계에 대해서도 많이 발전되지 않았다.

이러한 한계에도 불구하고 일부 연구에서는 가상 팀에 요구되는 리더십 기능과 행동에 대한 논의를 제공하고 있다. 대표적으로 Bell과 Kozlowski(2002)는 가상 팀에게 요구되는 리더십 기능과 행동에 대한 이해를 촉진할 수 있는 가상 팀 유형을 제시하였다. 그들은 가상 팀의 유형은 공간적·시간적 분산의 정도, 소통의 유형, 경계 활동, 생애 주기, 구성원 역할 등에 따라서 달라질 수 있다고 제시하였다. 이는 가상 팀의 경우에도 여러 가지 요인에 따라서 유형이 다양할 수 있음을 의미한다. 예를 들어, 동일한 지역에서 재택근무를 하는 구성원들로 구성된 가상 팀과 전 세계의 다양한 지역에서 한 조직의 지점에서 과업을 수행하는 구성원들로 구성된 가상 팀은 큰 차이가 있다.

이러한 가상 팀의 특성 때문에 가상 팀과 대면 팀 사이에는 팀 효과성을 강화하고 성과를 촉진하는 팀 리더의 행동에 있어서 상당한 차이가 발생할 수 있으며, 이는 팀 리더가 팀 성과와 팀 개발을 관리하기 위해서 필요한 동기적·정서적·인지적 과정에 영향을 미친다. 가상 팀 내에서 팀 구성원들 사이에 서로 연결되어 있다고 인식하는 공유된 결합성을 발전시키는 것은 특히 중요하다(Hertel et al., 2005; Johnson et al., 2002). 공유된 결합성은 구성원들에게 동기를 부여하고 그러한 리더십 기능에 관여할 의지를 갖게 한다. 다음은 가상 팀을 이끌어 가는 팀 리더에게 특히 중요하게 강조되는 동기적·정서적·인지적 역할에 대해서 설명한다.

1) 동기부여와 신뢰 구축

팀 효과성의 중요한 구성요소는 팀 구성원들로 하여금 팀 목표 달성을 위해서 일하는 동기를 가지게 하는 것이다. 이러한 동기는 대부분 팀 응집성(cohesion), 팀 효능감(collective efficacy), 팀 구성원 간의 신뢰(trust among team members; Zaccaro et al., 2004; Zaccaro et al., 2001) 등에 의해서 유발된다. 가상 팀의 리더는 팀 구성원들에게 동기를 부여하는 과정에서 다양한 도전 요인에 직면하게 되는데, 이는 팀의 영속성과 존속 기간, 팀 구성원들 간의 대면적 상호작용의 정도, 팀 구성원들 사이의 의사소통을 위한 첨단기술에 대한 접근성 등에 따라 달라진다(Zaccaro et al., 2004). 가상 팀의 경우 많은 경우에 팀 구성원들이 분산되어 과업을 수행하기 때문에 구성원들 간에 최소한의 접촉만을 가지는데 이로 인해 구성원들은 신뢰를 형성하는 데 어려움을 겪는다(Creighton & Adams, 1998; Furst et al., 1999). 가상 팀의 경우 대체로 대면 팀에 비해서 팀의 수명이 길지 않은데, 이같은 짧은 수명도 팀 구성원들 간에 신뢰를 구축하는 데 어려움을 겪는 요인이다. 왜냐하면 가상 팀에서는 팀 구성원들 사이에 신뢰를 발전시키는 데 필요한 공유된 경험과 다른 구성원에 대한 지식을 얻기가 쉽지 않으며, 가상 팀의 짧은 수명은 이를 더욱 힘들게 하기 때문이다(Zaccaro et al., 2004). 신뢰를 구축하거나 응집력을 가지는 데 대한 도전 요인을 경감하기 위해서 가상 팀 리더는 감정이나, 헌신, 교환에 대해서는 덜 강조하고, 대신에 행동과 과업에의 몰입을 강조함으로써 구성원들 간에 인지적 신뢰를 구축한다(Meyerson et al., 1996; Zaccaro et al., 2004). 인지적 신뢰는 구성원들 간에 명확한 역할과 책임, 기대가 정해져 있을 때 쉽게 형성되는데, 과업에 대한 몰입을 통하여 구성원들 간에 믿을 수 있다는 인식을 가지도록 한다(Meyerson et al., 1996). 또한, 신뢰 구축과 정보 교환에 대한 도전을 극복하기 위해서 가상 팀 리더는 정보통신 기술을 활용하여 효과적인 의사소통을 촉진하여야 한다(Hedlund et al., 1998; Mittleman & Briggs, 1999).

2) 긍정적 정서 형성

가상 팀에서 팀 구성원들 사이에 긍정적 정서를 형성하는 것은 리더에게 매우 중요하지만 많은 관심을 받지는 못했다(Zaccaro et al., 2001). 가상 팀에서 긍정적 정서를 형성하는 데 도전 요인에 대한 연구에서는 팀 구성원이 지역적 · 시간적 · 공간적으로 흩어져 있기 때문에 구성원들 사이에 갈등이나 균열을 발견하기 어렵고, 리더들이 팀 구성원들 간의 정서적 유대를 관리하는 데 어렵게 만든다고 주장한다. 지리적 · 시간적으로 분산된 팀 구성원들 사이에 의사소통은 비언어적인 경우가 많고, 이메일과 같은 기술 기반 의사소통에 많이 의존하게 되는데, 이러한 점은 종종 리더와 구성원들 사이에 당혹감을 형성한다. 왜냐하면 의사소통의 수신자는 송신자의 의도와 상관없이 송신자의 어조에 대한 주관적인 가정을 만들기 때문에 비언어적 의사소통은 팀 구성원들 사이에 오해를 유발할 수 있기 때문이다. 대면적인 접촉을 자주 하는 구성원들 사이에는 비언어적 의사소통에서 발생하는 오해를 해소할 기회나 수단이 많지만 대면적인 접촉이 빈번하지 않은 가상 팀에서는 그러한 오해를 해소할 기회가 많지 않기 때문에 자칫 팀 구성원 간에 불필요한 오해가 발생할 수 있다. 이러한 송신자의 의도에 대한 잘못된 가정은 구성원들 간에 균열을 만들고 협력과 동기부여에 부정적인 영향을 미친다. 팀이 공동의 목표로 연결되고 이를 통해서 팀 구성원의 몰입(commitment)을 발전시키면 가상 팀에서 경험하는 정서적 도전 요인을 일부 경감할 수 있다(Kerber & Buono, 2004). 따라서 가상 팀의 리더는 팀 구성원들을 공동의 목표를 지향할 수 있도록 지속적인 노력을 하여야 한다.

3) 공유된 인지 형성

팀 효과성과 성과를 극대화하기 위해서는 각각의 구성원이 가지고 있는 독특한 역량과 자원에 대한 공유된 지식과 정보를 활용할 수 있는 호환적인 지식을 가지고 있어야 한다. 이는 팀 구성원들 사이에 누가 무엇을 알고 있으며, 어떤 분야에 전문적인 지식과 지식을 가지고 있는지, 어떻게 지식과 정보를 활용하는 것이 팀 효과성과 성과를 창출하고 극대화할 수 있는지에 대해서 잘 이해하는 것을 의미한다. 그런데 이러한 공유된 인지는 대개의 경우 팀 구성원들 사이에 형성된 공유된 경험과 공통의 환경에 의존하는 경우가 많다(Hollingshead, 1998). 그런데 가상 팀에서는 팀 구성원들 사이에 시간적 · 공간적으로 분리된 상태에서 과업을 수행하기 때문에 공유된 인지를 형성하는 것이 쉽지 않다. Griffith

와 Neale(2001)은 팀 구성원이 공간적 · 시간적으로 분산된 환경에서 과업을 수행하는 가상 팀에서는 분산 기억을 형성하는 것이 쉽지 않다고 주장한 바 있는데, 이는 구성원들 간에 이격된 시간적 · 공간적 거리 때문에 팀 구성원들은 특정한 관점에 대한 개별 구성원의 지식과 기술을 정확하게 인식하는 데 어려움을 겪고 잘못된 인지를 형성한다. 가상 팀의 리더는 서로 분산되고 분리된 장소에서 과업을 수행하는 팀 구성원을 연결하는 중심적인 위치에 있고, 다른 팀 구성원들에 비해서 모든 팀 구성원들과 보다 빈번하게 접촉하기 때문에 팀 구성원 간에 정보를 적극적으로 교환하고, 이러한 정보를 부호화하며, 이를 팀 구성원들이 함께 저장할 수 있도록 촉진하고 장려해야 한다(Zaccaro et al., 2004). 정보 교환을 촉진하는 것에 더해서 가상 팀의 리더는 팀의 목표를 명확하게 정의하고, 팀 구성원들이 자신의 책임을 이해하며, 팀이 성과를 관리하도록 구체적인 구조를 구축해야 한다.

5. 다중 팀 리더십

팀 네트워크 또는 다중 팀에 대한 연구는 역사가 상대적으로 짧은 새로운 영역이다. 다중 팀은 둘 또는 더 많은 팀이 직접적으로 그리고 상호의존적으로 상호작용하면서, 환경적 상황에 반응하고, 공동의 목표 달성을 향해 노력하는 시스템으로 정의된다(Mathieu et al., 2001). 다중 팀의 개별 목표는 다를지라도 최소 하나 이상의 공동의 목표를 추구하면서 시스템 내의 다른 팀과 상호의존성을 가진다.

다시 말해서 다중 팀은 각각의 팀이 기능하는 위치가 어딘가에 상관없이 이러한 팀이 구성하는 더 큰 시스템에서 팀 사이에 상호의존성이 존재하는가 여부에 따라 개념화된다고 할 수 있다(DeChurch & Mathieu, 2009). 팀 간의 상호의존성은 목표의 체계를 창출해 내고, 다중 팀의 행동에 대한 지침을 제공한다. 이러한 다중 팀은 정부, 군, 개인 및 공공 영역에서 발생한다. 예를 들어, 소방서에서는 화재 진압 팀, 환기 팀, 탐색 및 구조 팀 등으로 구성되는데, 이러한 팀은 각각의 목표가 있지만 보다 큰 목표인 화재 현장에서 화재를 진압하고 화재로 유발되는 문제를 해결한다는 공통의 목표를 추구한다는 점에서 다중 팀의 성격을 가진다. 재난 구호 현장에서도 다중 팀을 볼 수 있는데 재난이 발생한 지역의 구출 팀, 적십자 의료 팀, 군의 구호 팀이 함께 재난 구호라는 공통의 목표를 위해서 상호의존성을 가지고 과업을 수행한다. 일반 기업 조직에서 새로운 제품을 생산하는 다중 팀은 마케팅, 연구개발, 제조 팀과 함께 일할 필요가 있다.

연구자들은 다중 팀의 성과에 기본이 되는 선행요인, 다중 팀의 업무 수행 과정, 다중 팀의 출현 상태 등에 대한 이해와 설명을 제공하기 위해 노력해 왔다(DeChurch & Mathieu, 2009; Marks et al., 2005). 다중 팀에 대한 연구가 초기 단계이기 때문에 다중 팀에서 리더의 역할에 대해서 구체적으로 설명한 체계나 연구는 많지 않다. 일부 예외적인 연구가 있는데, DeChurch와 Marks(2006)는 다중 팀에서 리더의 역할을 정확하게 설명하기 위해서 팀 과정 이론과 기능적 리더십 이론을 통합하여 제시하였다. 그들은 기능적 리더십 이론을 바탕으로 효과적인 리더는 과업을 수행하는 과정을 구체화한다고 주장하였다. 팀에서 과업은 과도기적 단계와 활동 단계가 반복적으로 발생하는 과정이라 할 수 있다(Marks et al., 2001). 앞서 설명한 바와 같이 과도기적 단계에서 리더는 임무분석을 촉진하고, 목표 구체화, 전략 수립 등에 관여하고 촉진한다(DeChurch & Marks, 2006). 반대로 활동 단계에서 리더는 목표 달성 과정을 관찰하고, 시스템과 팀을 관찰하고 협력을 촉진하는 데 집중해야 한다. 이러한 리더의 행동은 전통적인 팀 리더십과 비교할 때, 행동의 형태에는 차이가 없으며 그러한 행동을 하는 대상과 그러한 대상에서 유발되는 도전요소에 차이가 있다(DeChurch & Marks, 2006). 다시 말해서 다중 팀 환경에서 리더가 발휘하는 리더십 행동은 앞서 설명한 기능적 리더십 기능과 별로 차이가 없다. 차이가 나는 것은 이러한 리더의 행동이나 기능이 아니라, 그러한 기능을 발휘해야 하는 대상이 단일 팀이 아니라 다중 팀이라는 것이다. 다중 팀에서 팀 리더는 수평적인 형태의 리더십과 수직적인 형태의 리더십이 공존할 때 그러한 리더십을 조율할 수 있어야 한다. 리더는 시간적인 조정을 관리하고 응집력을 유지해야 하는데, 단순히 하나의 팀이 아니라 다중 팀으로 구성된 시스템 수준에서 응집력을 유지할 수 있어야 한다. 왜냐하면 다중 팀에서는 각각의 목표 계층이 고도로 결합되어 있기 때문이다(DeChurch & Marks, 2006).

다중 팀 리더는 시스템 내에서 상호의존하는 다중 팀이 가진 특성과 성격을 고려하여 전략 개발 및 협력 행동을 촉진함으로써 팀 간의 협력적 관계를 촉진해야 한다. 다중 팀의 리더는 다중 팀의 협력을 조장하기 위하여 단계적인 노력을 기울여야 하는데(DeChurch et al., 2010), 먼저 다중 팀의 리더는 각각의 단일 팀 내에서 협력을 조장하기 위하여 팀 과정을 구체화하고 팀 활동에 개입한다. 단일 팀에서 협력이 구축되면, 다음으로는 시스템 내에서 목표의 수직체계를 가지는 다중 팀 간 협력을 구축한다. 마지막으로 다중 팀 시스템과 외부 환경 간에 원활한 협력관계를 구축하여 다중 팀에게 부여된 과업을 완성하고 목표를 효과적으로 달성하도록 하기 위해 경계 활동을 수행한다. 팀 간 협력을 위한 메커니즘을 확인한 사례 연구에 따르면 다중 팀의 리더는 시스템 엔지니어링, 팀 간의 접속 최적화, 정보 및 의사소통 기술의 효과적인 활용, 동일 장소에 팀 배치, 훈련과 회의 등을 통하여 팀 간 협력을 촉진할 수 있는 것으로 확인되었다. 다중 팀에서 팀 내 또는 팀 간 협력을 구축하는 것이 중요하지만 일단 협력이 구축되면 이러한 협력적 관계를 유지하는 것 또한 중요하다. 다중 팀의 리더는 협력을 지속적으로 유지하기 위하여 단일 팀의 과업 수행 과정과 팀 간의 과업 관계를 지속적으로 조정하고, 상호작용 관리 그룹을 활용하는 등의 노력을 할 수 있다.

6. 공유 리더십

1) 공유 리더십 개념

앞서 논의한 기능적 리더십 관점은 팀 리더가 팀 효과성과 성과에 미치는 영향에 대한 의미 있는 설명을 제공하지만, 대부분의 경우 공식적으로 임명된 팀 리더의 역할과 기능에 초점을 맞추고 있다. 그런데 팀 리더십의 원천에 대해서 설명한 바와 같이 팀 리더십은 공식적으로 임명된 팀 리더뿐만 아니라 비공식적으로 출현한 팀 리더나 팀 구성원 모두에 의해서 발휘될 수 있다. Gibb(1954)이 리더십은 집단 또는 팀의 질로 인식하는 것이 최선일 것이라고 설명한 것은 팀이나 집단의 이러한 특성 때문이다. 이는 팀이 수행하는 일련의 기능이 팀과 집단 전체에서 수행되어야만 하기 때문이다. 21세기의 복잡한 환경 속에서 다른 유형의 리더십을 배제하고 한 명의 개인(리더)이 발휘하는 수직적 리더십만을 가지고 팀이 직면한 문제를 해결하기에는 한계가 있는데, 이는 팀이 문제를 해결하는 데 필요한 지식과 기술을 한 개인이 모두 가지고 있는 것이 종종 불가능하기 때문이다. 공유 리더십에 대한 연구에서는 조직의 환경에서 나타나는 복잡성을 인지하고 있으며 현장에서 주어진 과업을 수행하고 있는 사람들이 과업 수행 과정을 개선하고, 문제를 해결하며, 성과를 창출하는 데 가장 중요하다는 기저에 깔린 원리에 의존한다(Jackson, 2000). 특히 최근처럼 급속하게 변화하는 지식정보화 시대에 복잡하고 불확실한 문제를 해결하고 팀의 효과성을 극대화하기 위해서 리더십과 책임을 공유하는 것은 조직의 생존을 위해서 매우 중요하다(Merkens & Spencer, 1998). 특히 공유 리더십은 과업에 대한 상호의존성이 높고 복잡할 때 가장 유용하며, 공유 리더십 역량을 발전시키는 데 필요한 시간을 고려하면 초기 단계에 있는 팀이나 과업을 긴급하게 수행해야 할 때보다는 팀이 더욱 성숙되었을 때 적당하다(Pearce, 2004). 일부 연구자는 공유 리더십과 팀 조직의 문화의 관계에 대해서 검증하기도 하였는데, 예를 들어, Hiller 등(2006)은 공유 리더십에 관여하는 경향성은 문화적으로 의존된다는 점을 발견하였는데, 그들의 연구에 따르면 공유 리더십은 개인주의 성향을 가지는 팀보다 집단주의 성향을 가지는 팀에서 더 많이 등장하는 것으로 나타났다.

리더십이 집단이나 팀의 구성원 사이에 공유되는 것이라는 개념은 새로운 것은 아니지만 이러한 현상에 대한 연구는 상대적으로 오래되지 않았으며, 특히 공유 리더십이 등장하는 과정과 출현 상태에 대한 연구는 많지 않다. 집단이나 팀 리더십에 대한 대부분의 연구는 리더십을 수직적 영향력 과정이라는 관점에서 진행되었는데, 중요한 점은 팀에서 수직적 영향력 과정이 중요한 것은 사실이나 이는 팀에서 나타날 수 있는 여러 리더십 유형 중 하나라는 점이다.

지금까지 공유 리더십에 대한 다양한 개념이 제시되었는데, 연구자들의 공통된 의견은 팀 내에서 팀 리더와 구성원들이 리더십에 대한 책임을 공유한다는 점이다(Carson et al., 2007; Jackson, 2000; Lambert, 2002; Pearce & Conger, 2003). 그런데 이러한 리더십의 공유가 수직적 리더십의 중요성을 무시하는 것은 아니다. 공유 리더십에 대한 기존 연구에서 개념상에 차이가 발생하는 것은 리더십 책임이 어떤 방식으로 팀 구성원들 간에 공유되는지와 리더십을 구성하는 정확한 본질이 어떤 것인지에 대한 부분이다. 예를 들어, 어떤 연구자들은 공유 리더십을 팀에서 일어나는 발생적 · 출현적 현상으로 보았으나(Day, Gronn, & Salas, 2004), 다른 연구자들은 공유 리더십이 공식적으로 규정되는 것에 거부감을 표하기도 하였다(Pearce & Sims, 2002).

공유 리더십에 대한 초기 연구에서는 공유 리더십이 나타날 때 팀은 더 많은 양의 협력, 조정, 합동, 협조 등이 나타난다고 제시하였다(Manz & Sims, 1993; Yeatts & Hyten, 1998). 공유 리더십에 대한 연구가 확대되어 감에 따라, 공유 리더십의 구성요소로 주장된 많은 종류의 리더십 행동과 기능에 대한 논의가 있어 왔다. 연구자들은 공유 리더십과 관련된 이해 타당도를 명확하게 설명하기 위해서 다양한 모형과 체계를 제시하면서 공유 리더십과 관련된 리더십 행동과 기능, 구성요소를 제시하였다. 그중에서 가장 중심적인 역할을 한 연구는 Pearce와 동료들에 의해서 수행되었다. Perry 등(1999)은 공유 리더십 모형을 개발하였는데, 그들은 모형에서는 거래적 · 변혁적 · 지시적 · 임파워링 · 사회적 지원 행동을 포함한다. 이 모형은 팀이 이러한 행동을 관여하면, 가치 있는 헌신, 만족, 영향력, 응집력 등 정서적 결과, 인지적 결과, 노력, 소통, 조직시민행동 등 행동적 결과가 산출된다고 주장한다. 그리고 이러한 산출물은 팀 효과성의 양적 · 질적 지표가 된다. 이러한 모형을 확장하여, Ensley 등(2003)은 공유 리더십이 팀 효과성과 관련한 핵심 정서적·행동적 구성요소를 촉진하는 데 기여하는 역할에 대한 모형을 개발하였다. 이 모형에서 공유 리더십은 응집력과 공유된 비전의 개발과 관련되는데, 이러한 응집력과 공유된 비전은 팀 효과성과 성과 달성과 중요하게 연관된다. 이러한 모형은 시간, 자원제한, 위험, 모호성 등 환경 변수를 구체화하고 있는데, 이러한 환경적·상황적 변수는 공유 리더십과 응집력, 공유된 비전과의 관계를 조절하는 역할을 할 것이다.

2) 공유 리더십 촉진 요인

공유 리더십을 연구한 많은 연구자는 공유 리더십 모형이나 체계를 구체화하지는 않았지만, 공유 리더십을 촉진하기 위해 필요한 팀 리더의 강점과 역할에 대해서 구체적으로 설명하였다. 수직적 리더도 공유 리더십이 등장 및 출현하기 위해 필요한 조건 및 환경을 조성하는 데 중요한 역할을 할 수 있다(Perry et al., 1999). 수직적 리더는 팀이 권한을 가지는 구조를 가지고 있고, 경계 관리 기능이 발생하며, 촉진적이고 우발적인(예측하지 못한) 리더십 행동이 나타날 수 있도록 보장함으로써 공유 리더십이 등장하는 데 도움을 준다. 예를 들어, Lambert(2002)는 공유 리더십을 촉진하기 위하여 팀 리더가 몇 가지 중요한 역량을 가져야 한다고 주장하였다. 그는 팀 리더는 팀 학습을 통하여 윈-윈(win-win)할 수 있는 해결책을 협상하고, 부하의 행동에 영향을 주고, 시스템 체계에서의 문제를 해결하고, 부하들이 권한을 가졌다고 지각하도록 임파워먼트 시키기 위해 공유된 비전을 활용하여야 공유 리더십을 촉진할 수 있다고 주장하였다.

이와 유사하게, Carson와 Tesluk(2007)은 역할 이론에 대한 논문을 검증하여, ① 탐험가(navigator), ② 기술자(engineer), ③ 사회적 통합자(social integrator), ④ 연락 담당자(liaison)와 같은 4개의 역할을 제안하였다. 이러한 역할은 공유 리더십의 경우와 마찬가지로 공식적인 직위나 직책 없이도 팀 구성원들에게 유용하게 활용될 수 있는 역할이다. 이러한 역할이 팀 내에서 발현되면, 다음과 같은 기능이 달성된다.

〈표 6-2〉 팀 리더의 역할

역할	기능
탐험가(navigator)	팀의 방향이나 목적 및 목표를 설정
기술자(engineer)	팀의 형태, 역할, 기능, 책임을 구조화
사회적 통합자(social integrator)	팀에서 일관성과 통일성을 발전 및 유지
연락 담당자(liaison)	주요 외부 이해 관계자와의 관계를 발전

Carson와 Tesluk(2007)은 공유 리더십은 성과에 정적으로 관련되어 있으나, 과도한 역할 분화(role differentiation)는 공유 리더십과 부적으로 관련되어 있다고 주장하였다. 결과적으로 이들은 공유 리더십은 높은 차별화된 역할의 경향성을 보이는 것이 아니라, 다양한 구성원들이 상황에 따라서 하나 이상의 리더십 역할을 수행한다고 가정하였다.

한편, 공유 리더십을 촉진하기 위한 팀 리더의 역할과 강점에 대한 논의와 더불어 연구자들은 공유 리더십이 출현하는 데 영향을 미치는 조건(상황)에 대한 연구도 수행하였다. Pearce 등(2001)은 과거의 모형과 체계를 발전시키면서 공유 리더십이 출현하는 데 영향을 미치는 다섯 가지 조건을 제시하였는데, ① 지리적 이격성(dispersion), ② 인구통계학적 이질성(demographic heterogeneity), ③ 팀 크기(team size), ④ 기술의 다양성(skill heterogeneity), ⑤ 성숙성이 그것이다. 그들은 지리적 이격성, 인구통계학적 이질성, 팀 크기 등은 공유 리더십이 출현하는 데 부정적으로 영향을 미치는 데 반해서, 기술의 다양성과 성숙성은 공유 리더십이 등장하는 데 도움이 될 수 있다고 하였다. 다시 말해서 구성원들이 지리적으로 많이 이격되어 임무를 수행하는 경우나 인구통계학적으로 이질성이 큰 경우, 팀 크기가 큰 경우에는 공유 리더십이 발현되기 어려우나 팀 구성원들이 가진 기술이 다양하여 상호의존성이 크게 나타날 경우나 팀이 오랜 시간 지속되어 성숙된 경우에는 공유 리더십이 발현될 가능성이 크다는 것이다. 또한, 공유 리더십은 팀의 능력과 수행해야 할 과업의 범위가 넓은 팀에서 보다 효과적일 가능성이 크다. 이는 팀이 수행해야 할 과업의 범위가 넓을수록 팀 구성원들이 다양한 역량과 기술을 가지고 있어야 팀에게 부여된 과업을 효과적으로 수행할 수 있기 때문이다. 또한, 팀 구성원들은 팀을 구성하는 구성원들의 역량과 기술이 팀이 수행하는 과업을 효과적으로 달성할 수 있다는 인식으로 서로에 대한 의존성을 가질 수 있고, 이러한 의존성에 대해서 편안함(comfortable)을 가질 수 있기 때문에 팀 리더십이 발현될 가능성이 크다.

팀에서 공유 리더십이 개발되고 출현하는 데는 수직적 리더의 역할과 더불어 조직의 환경도 중요한데, 적절한 훈련, 개발, 보상체계 등은 공유 리더십의 등장을 촉진할 수 있다(Pearce, 2004). 지금까지 공유 리더십에 관한 많은 아이디어가 검증되었으나, 아직 많은 부분에서 검증이 필요하다. 실증연구들은 공유 리더십의 구성요소에 대한 연구와 성과와의 관계에 대한 연구가 지배적이었다. 실증연구에서 공유 리더십은 주로 거래적·변혁적·지시적·임파워링 행동의 관점에서 연구가 진행되었다. 공유 리더십은 영업 팀, 컨설팅 팀, 최고경영 팀, 사업 팀 등 여러 영역에 걸쳐서 성과와 긍정적인 관계에 있다는 점이 확인되었다. 또한 수직적 리더십보다 성과에 더 큰 영향을 미친다는 연구도 수행되었다(Ensley et al., 2006; Pearce, 2004; Pearce & Sims, 2002).

3) 공유 리더십 유형

공유 리더십의 유형에 있어서도 다양한 논의가 있어 왔는데, 팀의 생애 주기 동안에 리더가 순차적으로 등장한다는 개념(Pearce & Sims, 2002)과 두 명 이상의 리더가 공동으로 리더십(co-leadership)을 발휘하는 개념이 대비된다(Denis et al., 2012). 두 명 이상의 팀 리더가 공동으로 리더십을 발휘하는 경우에도 얼마나 많은 구성원이 팀에서 리더십 책임과 기능을 공유하는지에 따라서 공유 리더십의 유형은 다르게 나타날 수 있다. 먼저 팀 구성원 전체가 전체에게 영향을 미치는 유형이 있을 수 있고, 팀 구성원 중 다수의 팀 리더가 공동으로 리더십을 발휘하여 다른 팀 구성원을 이끄는 유형이 있을 수 있다.

전자의 경우에는 공식적인 팀 리더의 유무에 상관없이 모든 구성원이 리더십 기능과 책임을 공유할 수도 있음을 의미하며, 후자의 경우에 공식적인 팀 리더와 비공식적인 팀 리더가 리더십 책임과 기능을 공유할 수도 있고, 공식적인 팀 리더는 여건만을 조성하고 두 명 이상의 비공식적인 팀 리더가 리더십 기능과 책임을 공유할 수도 있다. [그림 6-1]에서 상단 좌측 유형은 전자에 해당하며, 상단 우측 유형은 후자에 해당된다. 이는 팀 리더를 포함하여 팀 구성원이 공유 리더십이 출현하는 데 기여하고 역할을 수행한다는 점에서는 차이가 없지만 리더십 책임이 공유되는 정도의 차이와 시간적 차이에 따라 공유 리더십의 출현 양상이 달라질 수 있음을 의미한다. [그림 6-1]에서 하단 좌측 유형은 팀 리더십을 발휘하는 리더가 순차적으로 등장하는 유형인데, 이는 팀 구성원 모두가 리더십 책임을 공유한다고 하더라도 팀이 직면한 상황에 따라서 그 상황을 주도하는 팀 리더는 순차적으로 등장할 수 있다는 의미이다. 마지막으로 팀 리더십을 특정 리더십 역할과 책임이라는 관점이 아니라 팀 구성원의 지속적인 상호작용 과정을 통하여 출현하는 개념으로

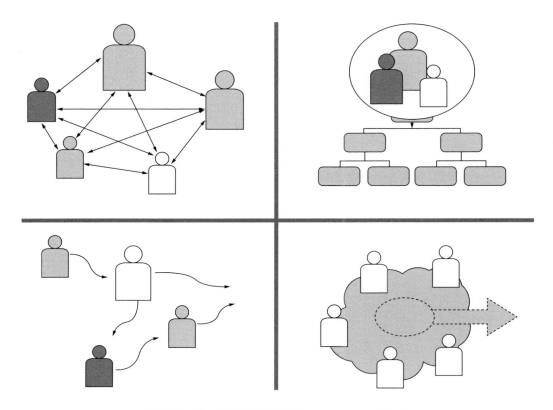

[그림 6-1] 팀 리더십의 유형(Denis et al., 2012)

보는 관점도 존재한다. [그림 6-1]에서 하단 우측 유형이 이에 해당하는데, 이 관점에서는 리더십이 어떤 개인이나 다수에 의해서 발휘되는 역할이나 기능적 관점보다는 팀 구성원들이 지속으로 상호작용하는 과정에서 나타나는 현상 그 자체를 리더십이라고 보는 관점이다.

한편, Contractor 등(2012)은 팀 리더십의 유형을 구성원, 역할, 시간의 관점에서 세부적으로 구분하여 설명하였다. 그들은 팀 리더십의 발휘는 팀을 구성하는 구성원, 팀 리더십 발휘에 필요한 역할, 그리고 시간으로 구분하여 3중 구조라는 관점에서 [그림 6-2]와 같이 구분하여 설명하였다.

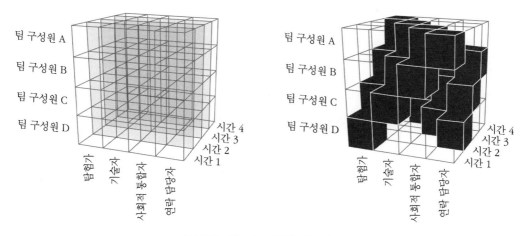

[그림 6-2] 팀 리더십 3중 구조

[그림 6-2]에서 좌측 그림은 팀 리더십 3중 구조를 보여 주며, 우측 그림은 팀 리더십이 발휘되는 양상을 보여 주고 있다. 우측 그림에서 팀 리더십은 시간적 흐름에 따라서 팀 리더십 발휘에 필요한 역할이 여러 팀 구성원에 의해서 공유되고 있음을 보여 준다. 특히 팀 구성원들은 시간적 흐름에 따라서 팀 리더십에 필요한 역할이 달라질 수 있음을 보여 준다. 다만 이는 하나의 예시일 뿐이며, 팀이 가진 특성에 따라서 팀 구성원들 간에 팀 리더십 발휘에 필요한 역할은 다양한 양상으로 나타날 수 있다. Contractor 등 (2012)은 팀 리더십 발휘에 필요한 역할과 책임이 특정 개인에게 집중되는 정도(Member Concentration), 팀 구성원의 수행하는 역할의 다양성(Role Multiplexity), 역할의 순환 (Rotation)에서 팀에서의 리더십이 다양하게 나타날 수 있음을 설명하였다. [그림 6-3]에서 A 유형은 모든 구성원이 리더십 역할을 수행하는 것을 의미하는데, 이는 팀 리더십 역할이 특정 개인에게 집중되는 것이 아니라 모든 팀 구성원에게 공유됨을 의미한다. 이는 Denis 등(2012)이 제시한 팀 리더십의 유형에서 상단 좌측 유형에 해당된다고 할 수 있다. B 유형은 팀 리더십의 역할이 특정 개인에게 집중됨을 보여 주고 있는데, 만약 이러한 역할이 한 명에게만 집중된다면 이는 공유 리더십이나 분배 리더십의 관점이라고 볼 수는 없을 것이다. 그런데 만약 이러한 역할이 한 명이 아니라 두 명 이상의 구성원이 공유한다면 이는 공유 리더십의 관점으로 볼 수 있으며, 이는 Denis 등(2012)이 제시한 상단 우측 유형에 해당된다고 할 수 있다. 역할의 다양성 측면에서 살펴본 C 유형과 D 유형의 경우, 시간적 흐름에 따라서 팀 구성원이 얼마나 다양한 역할과 책임을 수행하느냐에 따라서 구

분한 것이다. 먼저, C 유형의 경우에 팀 구성원들은 팀 리더십 발휘에 필요한 역할과 책임을 공유하지만, 각각의 개인은 고유의 역할을 수행한다는 관점으로 역할과 책임의 다양성이 낮은 상태를 의미한다. D 유형의 경우에는 팀 구성원이 다양한 역할을 수행한다는 관점이며, 이러한 역할이 그림에서 보는 바와 같이 한 개인에게 집중되는 양상이 있을 수 있다. 또한 두 명 이상이 공동으로 팀 리더십에 필요한 다양한 역할과 책임을 공유할 수도 있다. 마지막으로 E 유형과 F 유형의 경우, 시간적 흐름에 따라서 팀 구성원의 역할이 변화하느냐 그렇지 않느냐에 따라서 구분한 것인데, 먼저 E 유형은 시간적 흐름에 따라서 팀 리더십 역할이 변화한다는 관점인 반면, F 유형은 시간적 흐름에 따라서 팀 구성원이 수행하는 팀 리더십 역할이 변화한다는 관점이다.

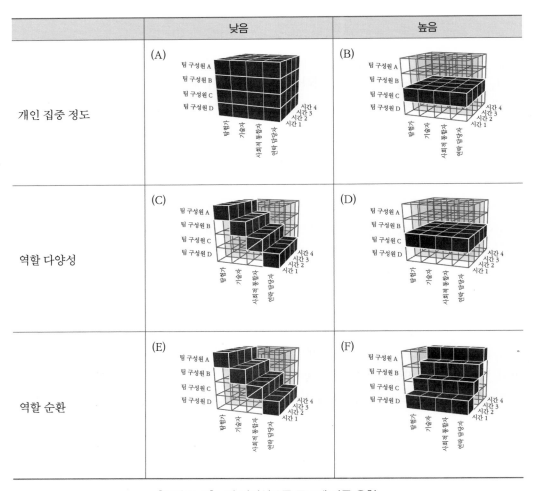

[그림 6-3] 팀 리더십 3중 구조에 따른 유형

이처럼 공유 리더십에 대한 논의에서는 리더십 책임과 기능이 공유된다는 개념적으로 공통된 의견은 존재하지만 그러한 리더십이 어떠한 양상으로 나타나는지에 따라서 다양한 양상을 보일 수 있다.

7. 요약

이 장에서는 팀 조직에서의 리더십에 대해서 설명하였다. 조직에서 팀의 역할과 중요성이 점점 더 강조되고, 팀을 활용하는 조직이 점점 더 늘어나는 상황에서 팀의 효과성과 성과에 중요한 영향을 미치는 팀 리더십에 대한 관심이 증대되고 있다. 팀 리더십에 대한 다양한 연구는 팀의 성과와 효과성에 기여하는 중요한 요인을 연구하는 데 중요한 틀을 제공한다. 이 장에서는 팀 리더십의 다양한 원천에 대해서 설명하고, 기능적 리더십 이론의 관점에서 논의되어 온 팀 리더십에 대한 설명과 팀 리더십 기능에 대해서 설명하였다. 또한, 최근 점점 더 늘어나고 있는 가상 팀에서의 리더십 기능과 역할에 대해서 설명하고, 두 개 이상으로 구성된 팀에서의 리더십에 대해서 설명하였다. 마지막으로 팀 리더십의 원천이 공식적으로 임명된 리더에게만 국한된 것이 아니라는 관점에서 연구되고 있는 공유 리더십에 대해 설명하였다. 이 장에서 제시된 여러 가지 논의와 설명은 팀 리더십에 대해 이해하는 데 도움이 될 것이다.

참고문헌

Ancona, D. G. (1990). Outward bound: strategic for team survival in an organization. *Academy of Management Journal, 33*(2), 334-365.

Ancona, D. G., & Caldwell, D. F. (1992). Bridging the boundary: External activity and performance in organizational teams. *Administrative Science Quarterly, 37*, 634-665.

Avolio, B. J., Waldman, D. A., & Einstein, W. O. (1988). Transformational leadership in a management game simulation: Impacting the bottom line. *Group & Organization Studies, 13*(1), 59-80.

Bales, R. F. (1950). A set of categories for the analysis of small group interaction. *American Sociological Review, 15*(2), 257-263.

Bandura, A. (1986). The explanatory and predictive scope of self-efficacy theory. *Journal of*

Social and Clinical Psychology, 4(3), 359-373.

Barrick, M. R., Stewart, G. L., Neubert, M. J., & Mount, M. K. (1998). Relating member ability and personality to work-team processes and team effectiveness. *Journal of Applied Psychology, 83*(3), 377-391.

Barry, B., & Stewart, G. L. (1997). Composition, process, and performance in self-managed groups: The role of personality. *Journal of Applied Psychology, 82*(1), 62-78.

Bass, B. M. (1985). Leadership: Good, better, best. *Organizational Dynamics, 13*(3), 26-40.

Bell, B. S., & Kozlowski, S. W. (2002). A typology of virtual teams: Implications for effective leadership. *Group & Organization Management, 27*(1), 14-49.

Burke, C. S., Stagl, K. C., Klein, C., Goodwin, G. F., Salas, E., & Halpin, S. M. (2006). What type of leadership behaviors are functional in teams? A meta-analysis. *The Leadership Quarterly, 17*(3), 288-307.

Carson, J. B., Tesluk, P. E., & Marrone, J. A. (2007). Shared leadership in teams: An investigation of antecedent conditions and performance. *Academy of Management Journal, 50*(5), 1217-1234.

Carver, C. S., & Scheier, M. F. (1981). Self-consciousness and reactance. *Journal of Research in Personality, 15*(1), 16-29.

Chen, G., Kirkman, B. L., Kanfer, R., Allen, D., & Rosen, B. (2007). A multilevel study of leadership, empowerment, and performance in teams. *Journal of Applied Psychology, 92*(2), 331-346.

Cohen, S. G., & Bailey, D. E. (1997). What makes teams work: Group effectiveness research from the shop floor to the executive suite. *Journal of Management, 23*(3), 239-290.

Creighton, J. L., & Adams, J. W. (1998). The cybermeeting's about to begin. *Management Review, 87*(1), 29-31.

Dahlin, K. B., Weingart, L. R., & Hinds, P. J. (2005). Team diversity and information use. *Academy of Management Journal, 48*(6), 1107-1123.

Day, D. V., Gronn, P., & Salas, E. (2004). Leadership capacity in teams. *The Leadership Quarterly, 15*(6), 857-880.

Day, D. V., Gronn, P., & Salas, E. (2006). Leadership in team-based organizations: On the threshold of a new era. *The Leadership Quarterly, 17*(3), 211-216.

DeChurch, L. A., & Marks, M. A. (2006). Leadership in multiteam systems. *Journal of Applied*

Psychology, 91(2), 311-329.

DeChurch, L. A., & Mathieu, J. E. (2009). Thinking in terms of multiteam systems. *Team effectiveness in complex organizations: Cross-disciplinary Perspectives and Approaches*, 267-292.

DeRue, D. S., Hollenbeck, J., Ilgen, D., & Feltz, D. (2010). Efficacy dispersion in teams: Moving beyond agreement and aggregation. *Personnel Psychology, 63*(1), 1-40.

DeRue, D. S., Hollenbeck, J. R., Johnson, M. D., Ilgen, D. R., & Jundt, D. K. (2008). How different team downsizing approaches influence team-level adaptation and performance. *Academy of Management Journal, 51*(1), 182-196.

Devine, D. J., Clayton, L. D., Philips, J. L., Dunford, B. B., & Melner, S. B. (1999). Teams in organizations: Prevalence, characteristics, and effectiveness. *Small Group Research, 30*(6), 678-711.

DiazGranados, D., Klein, C., Lyons, R., Salas, E., Bedwell, W. L., & Weaver, S. J. (2008). *Investigating the prevalence, characteristics, and effectiveness of teams: A US sample surveyed*. INGRoup: Interdisciplinary Network for Group Research, Kansas City, MO, July, 17-19. Dionne, Yammarino, Atwater, & Spangler, 2004

Drach-Zahavy, A., & Somech, A. (2001). Understanding team innovation: The role of team processes and structures. *Group Dynamics: Theory, Research, and Practice, 5*(2), 111-123.

Druskat, V. U., & Wheeler, J. V. (2003). Managing from the boundary: The effective leadership of self-managing work teams. *Academy of Management Journal, 46*(4), 435-457.

Durham, C. C., Knight, D., & Locke, E. A. (1997). Effects of leader role, team-set goal difficulty, efficacy, and tactics on team effectiveness. *Organizational Behavior and Human Decision Processes, 72*(2), 203-231.

Edmondson, A. (1999). Psychological safety and learning behavior in work teams. *Administrative Science Quarterly, 44*(2), 350-383.

Einstein, W. O., & Humphreys, J. H. (2001). Transforming leadership: Matching diagnostics to leader behaviors. *Journal of Leadership Studies, 8*(1), 48-60.

Eisenbeiss, S. A., van Knippenberg, D., & Boerner, S. (2008). Transformational leadership and team innovation: Integrating team climate principles. *Journal of Applied Psychology, 93*(6), 1438-1446.

Ensley, M. D., Hmieleski, K. M., & Pearce, C. L. (2006). The importance of vertical and shared leadership within new venture top management teams: Implications for the performance of startups. *The Leadership Quarterly, 17*(3), 217-231.

Fleishman, E. A., Mumford, M. D., Zaccaro, S. J., Levin, K. Y., Korotkin, A. L., & Hein, M. B. (1991). Taxonomic efforts in the description of leader behavior: A synthesis and functional interpretation. *The Leadership Quarterly, 2*(4), 245-287.

Foti, R. J., & Hauenstein, N. (2007). Pattern and variable approaches in leadership emergence and effectiveness. *Journal of Applied Psychology, 92*(2), 347-355.

Furst, S., Blackburn, R., & Rosen, B. (1999). Virtual team effectiveness: A proposed research agenda. *Information Systems Journal, 9*(4), 249-269.

Gibb, C. A. (1954). Leadership. In G. Lindzay (Ed.), *Handbook of social psychology*. vol. 2 (pp. 877-917). Reading, MA: Addison-Wesley.

Gibson, C., & Vermeulen, F. (2003). A healthy divide: Subgroups as a stimulus for team learning behavior. *Administrative Science Quarterly, 48*(2), 202-239.

Griffith, T. L., & Neale, M. A. (2001). 8. Information processing in traditional, hybrid, and virtual teams: From nascent knowledge to transactive memory. *Research in Organizational Behavior, 23*, 379-421.

Hackman, J. R., & Wageman, R. (2005). A theory of team coaching. *Academy of Management Review, 30*(2), 269-287.

Hackman, J. R. (1987). The design of work teams. In J. W. Lorsch (Ed.), *Handbook of Organizational Behavior*, Englewood Cliffs, NJ: Prentice-Hall.

Hackman, J. R. (2005). Rethinking team leadership or team leaders are not music directors. *The psychology of leadership: New Perspectives and Research*, 115-142.

Harrison, D. A., Mohammed, S., McGrath, J. E., Florey, A. T., & Vanderstoep, S. W. (2003). Time matters in team performance: Effects of member familiarity, entrainment, and task discontinuity on speed and quality. *Personnel Psychology, 56*(3), 633-669.

Hedlund, J., Ilgen, D. R., & Hollenbeck, J. R. (1998). Decision accuracy in computer-mediated versus face-to-face decision-making teams. Organizational *Behavior and Human Decision Processes, 76*(1), 30-47.

Hertel, G., Geister, S., & Konradt, U. (2005). Managing virtual teams: A review of current empirical research. *Human Resource Management Review, 15*(1), 69-95.

Hiller, N. J., Day, D. V., & Vance, R. J. (2006). Collective enactment of leadership roles and team effectiveness: A field study. *The Leadership Quarterly, 17*(4), 387–397.

Hills, L. (2007). Friendship, physicality, and physical education: an exploration of the social and embodied dynamics of girls' physical education experiences. *Sport, Education and Society, 12*(3), 317–336.

Hollander, E. P. (1964). *Leaders, groups, and influence.*

Hollingshead, A. B. (1998). Retrieval processes in transactive memory systems. *Journal of Personality and Social Psychology, 74*(3), 659–671.

Horwitz, S. K., & Horwitz, I. B. (2007). The effects of team diversity on team outcomes: A meta-analytic review of team demography. *Journal of Management, 33*(6), 987–1015.

Humphrey, S. E., Hollenbeck, J. R., Meyer, C. J., & Ilgen, D. R. (2007). Trait configurations in self-managed teams: A conceptual examination of the use of seeding for maximizing and minimizing trait variance in teams. *Journal of Applied Psychology, 92*(3), 885–892.

Humphrey, S. E., Morgeson, F. P., & Mannor, M. J. (2009). Developing a theory of the strategic core of teams: A role composition model of team performance. *Journal of Applied Psychology, 94*(1), 48–61.

Jackson, S. (2000). A qualitative evaluation of shared leadership barriers, drivers and recommendations. *Journal of Management in Medicine, 14,* 166–178.

Jackson, S. E., Joshi, A., & Erhardt, N. L. (2003). Recent research on team and organizational diversity: SWOT analysis and implications. *Journal of Management, 29*(6), 801–830.

Johnson, S. D., Suriya, C., Yoon, S. W., Berrett, J. V., & La Fleur, J. (2002). Team development and group processes of virtual learning teams. *Computers & Education, 39*(4), 379–393.

Katz, D., & Kahn, R. L. (1978). *The Social Psychology of Organizations* (Vol. 2, p. 528). New York: Wiley.

Keller, R. T. (2001). Cross-functional project groups in research and new product development: Diversity, communications, job stress, and outcomes. *Academy of Management Journal, 44*(3), 547–555.

Kerber, K. W., & Buono, A. F. (2004). Leadership challenges in global virtual teams: Lessons from the field. SAM *Advanced Management Journal, 69*(4), 4–10.

Klein, K. J., Ziegert, J. C., Knight, A. P., & Xiao, Y. (2006). Dynamic delegation: Shared, hierarchical, and deindividualized leadership in extreme action teams. *Administrative Science Quarterly, 51*(4), 590–621.

Knight, D., Durham, C. C., & Locke, E. A. (2001). The relationship of team goals, incentives, and efficacy to strategic risk, tactical implementation, and performance. *Academy of Management Journal, 44*(2), 326-338.

Komaki, J. L., Desselles, M. L., & Bowman, E. D. (1989). Definitely not a breeze: Extending an operant model of effective supervision to teams. *Journal of Applied Psychology, 74*(3), 522-529.

Kozlowski, S. W. J. (2002). Discussant: In JC Ziegert & KJ Klein (Chairs), Team leadership: Current theoretical and research perspectives. In Symposium presented at the 17 th Annual Conference of the Society for Industrial and Organizational Psychology, Toronto, Canada.

Kozlowski, S. W., & Bell, B. S. (2003). Work groups and teams in organizations. *Handbook of Psychology,* 333-375.

Kozlowski, S. W., & Ilgen, D. R. (2006). Enhancing the effectiveness of work groups and teams. *Psychological Science in the Public Interest, 7*(3), 77-124.

Kozlowski, S. W., Gully, S. M., McHugh, P. P., Salas, E., & Cannon-Bowers, J. A. (1996). A dynamic theory of leadership and team effectiveness: Developmental and task contingent leader roles. *Research in Personnel and Human Resources Management, 14,* 253-306.

Kozlowski, S. W., Gully, S. M., Nason, E. R., & Smith, E. M. (1999). Developing adaptive teams: A theory of compilation and performance across levels and time. Pulakos (Eds.), *The changing nature of work performance: Implications for staffing, personnel actions, and development, 240,* 292.

Kozlowski, S. W., Watola, D. J., Jensen, J. M., Kim, B. H., & Botero, I. C. (2009). Developing adaptive teams: A theory of dynamic team leadership. *Team Effectiveness in Complex Organizations: Cross-Disciplinary Perspectives and Approaches.* New York: Psychology Press,

Lambert, L. (2002). *The constructivist leader.* Teachers College Press.

Latham, V. M. (1987). Task type and group motivation: Implications for a behavioral approach to leadership in small groups. *Small Group Behavior, 18*(1), 56-71.

LePine, J. A. (2003). Team adaptation and postchange performance: effects of team composition in terms of members' cognitive ability and personality. *Journal of Applied Psychology, 88*(1), 27-39.

Locke, E. A., & Latham, G. P. (1990). Work motivation and satisfaction: Light at the end of the tunnel. *Psychological Science, 1*(4), 240–246.

Manz, C. C., & Sims, H. P. Jr. (1987). Leading workers to lead themselves: The external leadership of self-managing work teams. *Administrative Science Quarterly*, 106–129.

Marks, M. A., DeChurch, L. A., Mathieu, J. E., Panzer, F. J., & Alonso, A. (2005). Teamwork in multiteam systems. *Journal of Applied Psychology, 90*(5), 964–971.

Marks, M. A., Mathieu, J. E., & Zaccaro, S. J. (2001). A temporally based framework and taxonomy of team processes. *Academy of Management Review, 26*(3), 356–376.

Martin, A., & Bal, V. (2006). *The state of teams.* Greensboro, NC: Center for Creative Leadership.

Martins, L. L., Gilson, L. L., & Maynard, M. T. (2004). Virtual teams: What do we know and where do we go from here?. *Journal of Management, 30*(6), 805–835.

Mathieu, J. E., Marks, M. A., & Zaccaro, S. J. (2001). Multi-team systems. *International handbook of work and organizational psychology, 2*(2).

Mathieu, J., Maynard, M. T., Rapp, T., & Gilson, L. (2008). Team effectiveness 1997–2007: A review of recent advancements and a glimpse into the future. *Journal of Management, 34*(3), 410–476.

MCGRATH, J. E. (1962). A summary of small group research studies (No. HSR-TN-62/3-GN). Human Sciences Research INC Mclean VA.

Merkens, B. J., & Spencer, J. S. (1998). A successful and necessary evolution to shared leadership: a hospital's story. *Leadership in Health Services, 11*(1), 1–4.

Meyerson, D., Weick, K. E., & Kramer, R. M. (1996). Swift trust and temporary groups. Trust in Organizations: *Frontiers of Theory and Research*, 166–195.

Mittleman, D., & Briggs, R. O. (1999). Communication technologies for traditional and virtual teams. *Supporting Work Team Effectiveness*, 246–270.

Mohrman, S. A., Cohen, S. G., & Morhman, A. M. Jr. (1995). *Designing team-based organizations: New forms for knowledge work.* Jossey-Bass.

Morgeson, F. P., & DeRue, D. S. (2006). Event criticality, urgency, and duration: Understanding how events disrupt teams and influence team leader intervention. *The Leadership Quarterly, 17*(3), 271–287.

Morgeson, F. P., & Hofmann, D. A. (1999). The structure and function of collective constructs: Implications for multilevel research and theory development. *Academy of Management*

Review, 24(2), 249-265.

Morgeson, F. P. (2005). The external leadership of self-managing teams: intervening in the context of novel and disruptive events. *Journal of Applied Psychology, 90*(3), 497-508.

Morgeson, F. P., Lindoerfer, D., & Loring, D. J. Developing Team Leadership Capa-bility. In E. Van Velsor, C. McCauley, & M. Ruderman (Eds.), *The Center for Creative Leadership Handbook of Leadership Development* (3rd ed.), San Francisco: Jossey-Bass, 2010.

Morgeson, F. P., Reider, M. H., & Campion, M. A. (2005). Selecting individuals in team settings: The importance of social skills, personality characteristics, and teamwork knowledge. *Personnel Psychology, 58*(3), 583-611.

Mumford, T. V., Campion, M. A., & Morgeson, F. P. (2006). Situational judgment in work teams: A team role typology. *Situational judgment tests: Theory, measurement, and application*, 319-343.

Mumford, T. V., Van Iddekinge, C. H., Morgeson, F. P., & Campion, M. A. (2008). The Team Role Test: Development and validation of a team role knowledge situational judgment test. *Journal of Applied Psychology, 93*(2), 250-267.

Neuman, G. A., & Wright, J. (1999). Team effectiveness: beyond skills and cognitive ability. *Journal of Applied Psychology, 84*(3), 376-389.

O'Leary-Kelly, A. M., Martocchio, J. J., & Frink, D. D. (1994). A review of the influence of group goals on group performance. *Academy of Management Journal, 37*(5), 1285-1301.

Pearce, C. L., & Conger, J. A. (2003). All those years ago. *Shared leadership: Reframing the hows and whys of leadership*, 1-18.

Pearce, C. L., & Sims, H. P. Jr. (2002). Vertical versus shared leadership as predictors of the effectiveness of change management teams: An examination of aversive, directive, transactional, transformational, and empowering leader behaviors. *Group Dynamics: Theory, Research, and Practice*, 6(2), 172-197.

Pearce, C. L. (2004). The future of leadership: Combining vertical and shared leadership to transform knowledge work. *Academy of Management Perspectives, 18*(1), 47-57.

Pearce, C. L., Perry, M. L., & Sims, H. P. Jr. (2001). Shared Leadership: Relationship Management to Improve NPO Effectiveness.

Pelled, L. H., Eisenhardt, K. M., & Xin, K. R. (1999). Exploring the black box: An analysis of work group diversity, conflict and performance. *Administrative Science Quarterly, 44*(1),

1-28.

Perry, M. L., Pearce, C. L., & Sims, H. P. Jr. (1999). Empowered selling teams: How shared leadership can contribute to selling team outcomes. *Journal of Personal Selling & Sales Management, 19*(3), 35-51.

Pirola-Merlo, A., & Mann, L. (2004). The relationship between individual creativity and team creativity: Aggregating across people and time. *Journal of Organizational Behavior, 25*(2), 235-257.

Powell, A., Piccoli, G., & Ives, B. (2004). Virtual teams: a review of current literature and directions for future research. *ACM SIGMIS Database: the DATABASE for Advances in Information Systems, 35*(1), 6-36.

Purvanova, R. K., & Bono, J. E. (2009). Transformational leadership in context: Face-to-face and virtual teams. *The Leadership Quarterly, 20*(3), 343-357.

Sagie, A. (1996). Effects of leader's communication style and participative goal setting on performance and attitudes. *Human Performance, 9*(1), 51-64.

Salas, E., Burke, C. S., & Stagl, K. C. (2004). Developing teams and team leaders: Strategies and principles. *Leader development for transforming organizations: Growing leaders for tomorrow*, 325-355.

Schaubroeck, J., Lam, S. S., & Cha, S. E. (2007). Embracing transformational leadership: Team values and the impact of leader behavior on team performance. *Journal of Applied Psychology, 92*(4), 1020-1030.

Shea, G. P., & Guzzo, R. A. (1987). Groups as human resources. *Research in Personnel and Human Resources Management, 5*, 323-356.

Smircich, L., & Morgan, G. (1982). Leadership: The management of meaning. *The Journal of Applied Behavioral science, 18*(3), 257-273.

Sundstrom, E., De Meuse, K. P., & Futrell, D. (1990). Work teams: Applications and effectiveness. *American psychologist, 45*(2), 120-133.

Taggar, S. (2002). Individual creativity and group ability to utilize individual creative resources: A multilevel model. *Academy of Management Journal, 45*(2), 315-330.

Tyran, K. L., Tyran, C. K., & Shepherd, M. (2003). Exploring emerging leadership in virtual teams. *Virtual teams that work: Creating conditions for virtual team effectiveness*, 183-195.

Avolio, B. J., & Kahai, S. S. (2003). Adding the 'E' to E-Leadership: How it may impact your leadership. *Organizational dynamics.*

Wageman, R. (2001). How leaders foster self-managing team effectiveness: Design choices versus hands-on coaching. *Organization Science, 12*(5), 559-577.

Wageman, R., & Fisher, C. (2014). Who's in charge here? The team leadership implications of authority structure. In D. V. Day (Ed.), *Oxford library of psychology. The Oxford handbook of leadership and organizations* (pp. 455-481). Oxford University Press.

Wageman, R., Hackman, J. R., & Lehman, E. (2005). Team diagnostic survey: Development of an instrument. *The Journal of Applied Behavioral Science, 41*(4), 373-398.

Wegge, J. (2000). Participation in group goal setting: Some novel findings and a comprehensive model as a new ending to an old story. *Applied Psychology, 49*(3), 498-516.

Weick, K. E. (1995). *Sensemaking in organizations* (Vol. 3). Sage.

Weisband, S. (2002). Maintaining awareness in distributed team collaboration: Implications for leadership and performance. *Distributed Work*, 311-333.

Wiersema, M. F., & Bantel, K. A. (1992). Top management team demography and corporate strategic change. *Academy of Management Journal, 35*(1), 91-121.

Yammarino, F. J., & Naughton, T. J. (1992). Individualized and group-based views of participation in decision making. *Group & Organization Management, 17*(4), 398-413.

Yukl, G. (1989). Managerial leadership: A review of theory and research. *Journal of Management, 15*(2), 251-289.

Zaccaro, S. J., Ardison, S. D., & Orvis, K. L. (2004). Leadership in virtual teams. *Leader development for transforming organizations: Growing leaders for tomorrow*, 267-292.

Zaccaro, S. J., Heinen, B., & Shuffler, M. (2009). *Team effectiveness in complex organizations: Cross-disciplinary perspectives and approaches.*

Zaccaro, S. J., Heinen, B., & Shuffler, M. L. (2009). Team leadership: Key issues, models, and developmental prescriptions. *Team Effectiveness in Complex Organizations: Cross Disciplinary Perspective and Approaches,* San Francisco, CA: Jossey-Bass.

Zaccaro, S. J., Rittman, A. L., & Marks, M. A. (2001). Team leadership. *The Leadership Quarterly, 12*(4), 451-483.

제7장

동기 유발

제1장에서 우리는 리더십 연구에 대한 최근의 관점을 통합적으로 고려하여 리더십을 "집단과 각 구성원들의 목표 달성을 촉진하기 위하여 각 구성원이 다른 구성원들에게 영향을 미치고 또한 그들을 동기화시키는 상호적·교환적·변혁적 과정"으로 정의하였다. 결국 리더십의 핵심은 조직의 목표를 달성하기 위해 타인에게 '영향력(influence)'을 행사하는 것이며, 이러한 과정에서 조직 구성원들의 '동기를 유발(motivation)'시켜야만 한다.

영향력 행사는 리더십의 본질이며, 공식적인 리더의 많은 활동은 부하, 동료, 상사 그리고 외부인들의 태도와 행동에 영향을 미치고자 하는 시도와 관련되어 있다. 이러한 영향력 행사 과정에서 빼놓을 수 없는 개념이 동기 유발이며 리더십의 성패는 부하들의 동기 유발에 있다고 해도 과언이 아니다. 이 장에서는 먼저 동기 유발과 밀접한 관련이 있는 권력과 영향력에 대해 살펴본다. 이어서 동기 유발에 관련된 이론적 접근과 그 실제적 적용에 대해서 구체적으로 학습한다.

리더가 부하들이 일을 자발적이고 효과적으로 하도록 만들기 위해서는 어떻게 그들을 최대로 동기 유발시킬 것인가 하는 것을 고민해야만 한다. 사람들의 행동은 그들을 동기 유발시키는 것들에 의해 결정된다. 다시 말하면, 업무 수행이란 능력과 동기 유발의 함수, 즉 업무 수행=f(능력×동기 유발)로 표현할 수 있다(Vroom & Deci, 1970). 아무리 훌륭한 능력을 갖춘 개인이라도 열심히 일하고자 하는 의욕이 없다면 그 성과는 부진할 것이며, 아무리 강한 의욕을 갖고 있다 하더라도 수행 능력이 없다면 좋은 결과를 이루어 낼 수 없을 것이다. 따라서 리더가 조직의 작업 성과를 향상시키고자 한다면 그 구성원들의 동기 유발 수준에 많은 주의를 기울여야 할 것이다. 또한, 리더는 조직 목표·목적의 성공적 달성을 위해 부하들이 최선을 다해 자신의 노력을 투입하도록 고무시켜야만 할 것이다.

1. 권력과 영향력

리더십과 관련된 문헌들을 살펴보면, "리더십에 대한 정의는 리더십을 정의하려는 학자 수만큼이나 많다"는 문장이 자주 등장한다. 그만큼 리더십의 본질을 꿰뚫는다는 것은 어려운 작업이며, 사람마다 서로 다른 시각을 가질 수 있다는 것을 의미하는 것이다. 그러나 리더십의 다양한 정의에 나오는 공통적인 내용을 종합해 보면, 리더십이란 "조직의 목표를 달성하기 위해 리더가 부하에게 영향력을 행사하는 과정"이라고 할 수 있다. 수많은 리더십의 정의 속에서 공통적으로 등장하는 '영향력(influence)'이라는 개념은 리더십의 핵심

개념이다. 리더십은 리더의 목표나 집단의 목적을 달성하려는 지향적 행동이기 때문에 그 결과는 리더와 부하 상호 간의 영향 과정에 달려 있다. 이 영향 과정에 따라서 부하의 행동은 물론 의도한 성과의 달성 여하가 결정되고, 나아가서는 이로 인한 만족감도 결정된다. 그러므로 영향력 과정의 형태와 이에 작용하는 요소들은 리더십의 결과와 밀접한 관계를 갖고 있다.

'권력(power)'과 '영향력 책략(influence tactics)'은 영향력과 매우 밀접한 관련이 있는 개념들이다. 권력이란 한 당사자가 다른 당사자에게 영향을 미칠 수 있는 절대적인 역량을 말하며, 영향력 책략이란 대상자로 하여금 직접적인 직무 목표를 달성하게끔 의도적인 영향력을 행사하는 데 사용되는 행동 유형들을 의미한다. 두 개념 모두 한쪽 당사자가 다른 당사자의 행동 또는 태도에 영향을 미치는 것과 밀접한 관련이 있다. 즉, 권력과 영향력 책략은 두 개념 모두가 영향력 행사 시도와 직접적인 관련이 있다는 측면에서 리더십 연구에 있어 중요한 의미를 지닌다고 할 수 있다.

1) 영향력, 권력, 권한 및 영향력 책략의 개념

리더십의 영향력 과정에 대한 이론에서는 그동안 흔히 사용되어 온 각종 용어의 정의에 대한 논쟁으로 인해 늘 개념이 명확하지 않았다. 영향력(influence), 권력(power), 권한(authority) 그리고 영향력 책략(influence tactics)과 같은 용어는 통상 연구자에 따라 각기 다르게 정의되어 왔으며, 어떤 연구자들은 아예 이 용어들에 대한 분명한 정의조차 없이 사용하기도 한다(Yukl, 1989). 물론 이것은 상이한 조직 연구 분야에 따른 관습적 수준의 차이에서 기인할 수도 있다. 그 한 예로, 군대에서는 권력이란 용어를 잘 사용하지 않고 그 대신 권한이라는 말을 잘 사용한다는 것을 들 수 있다. 그러므로 개념상의 혼동을 피하기 위해 이러한 용어의 개념에 관한 정의부터 살펴보기로 하자.

(1) 영향력

Dessler(1980)는 영향력(influence)을 "효과를 유발시키는 행위(act)"로, 미국 육군사관학교 리더십 교재(1988)에서는 "타인의 행동 또는 태도를 변화시키는 한 개인의 능력(ability)"으로, Yukl(1989)은 "대상 인물에 대한 효과(effect)"로 정의하는가 하면, Hughes, Ginnett 및 Curphy(1996)는 "영향력 책략(influence tactics)의 결과로 일어나는 대상 인물의 태도, 가치관, 신념 또는 행동상의 변화"로 정의하고 있다. 이 정의들을 종합해 보면 영향력이란 "타인의 행동이나 태도, 가치관, 신념에 효과적인 변화를 일으킬 수 있는 행위나 능력"으로 정의할 수 있다.

(2) 권력

권력(power)에 대한 수많은 정의는 매우 다양하고 흥미롭다. 우선, French(1956)는 사람 B에 대한 A의 권력은 "A가 B에 대해서 일으킬 수 있는 최대의 힘에서 B가 그 반대 방향으로 움직일 수 있는 최대의 저항력을 뺀 것과 같다"고 주장하였다. 또한 Dessler(1980)는 권력이란 "타인에게 영향을 미치기 위한 잠재력의 보유"라고 정의하고 있으며, House(1984)는 "타인에 대해 효과를 유발시키는 역량"으로, Hunsaker와 Cook(1986)은 "타인으로 하여금 자신이 원하는 것을 하게끔 영향을 미치는 역량 또는 잠재력"이라고 보고 있다. Organ과 Bateman(1986)은 "타인으로 하여금 어떤 것을 하도록 만드는 능력"으로 정의하고 있다. 한편, 미국 육군사관학교의 리더십 교재(1988)에서는 권력을 "즉각적인 유용성은 있지만 반드시 사용되지는 않는 잠재적인 영향력"으로 정의하고 있다. Bass(1990)는 권력을 "타인에 영향을 미치는 잠재력"으로, 미국 공군사관학교의 리더십 교재로 사용된 Hughes, Ginnett 및 Curphy(1996)의 저서에서는 "변화를 유발시키는 역량"으로 기술하면서, 권력이 변화를 일으키는 역량인 데 비하여 영향력은 대상 인물의 태도나 가치관 등에서의 실제적인 변화의 정도라고 하였다. Yukl(2006)은 그의 저서에서, 권력을 "특정 시점에서 한 리더가 한 명 혹은 그 이상의 지시된 대상들의 행동이나 태도에 영향을 줄 수 있는 절대적인 역량"이라 정의하였다.

지금까지의 이러한 권력의 정의를 살펴보면 영향력과 다소 혼동되는 부분이 있다는 것을 알 수 있을 것이다. 일부 사람들은 권력을 영향력과 동일 용어로 사용하기도 하지만, 비록 이 두 용어 간의 구별이 불명확하다고 하더라도 구분하여 사용하는 것이 유용할 것이다(Bass, 1990). 우리는 여기서 권력을 '대상 인물에 영향(력)을 발휘할 수 있는 행위자의 잠재력(potential)이나 역량(capacity)'으로 봄으로써 이러한 혼란을 최소화하고자 한다.

(3) 권한

Peabody(1962)는 권한(authority)이란 "권력과 같이 타인에게 영향력을 미칠 수 있는 잠재력이지만, 권한이란 단어 속에는 합법적이고 윤리적인 정당성의 의미를 내포하고 있다"고 주장하였다. Jacobs(1970)는 권한을 "영향력을 행사할 수 있는 행위자의 권리"로, Burns(1978)는 "전통, 종교, 세습 등에 의해 합법화된 권력"으로 정의하였다. Chung과

Megginson(1981)은 권한을 "대상 인물에게 어떤 것을 요구할 수 있는 권리"라고 정의하면서, 조직에서 한 직책 점유자가 다른 직책 점유자의 명시된 행동 측면에 영향을 줄 수 있는 권리라고 하였다.

관리학 분야의 연구에서 보면 권한과 권력이 자주 상호 교환적으로 사용되기도 하지만 권한이 곧 권력은 아니다(Bass, 1990). 따라서 권력의 역동성을 이해하기 위해서 이 두 용어의 개념적 구분이 매우 중요하다고 판단된다. 이런 의미에서 Chung과 Megginson(1981)은 권력과 권한 개념과의 차이에 대해 비교적 분명한 구분을 〈표 7-1〉과 같이 제시하고 있다. 이러한 몇몇 문헌을 살펴볼 때, 권한이란 '합법성 및 윤리적 정당성을 함축하고 있는 권력'으로 정의할 수 있으며, 대상 인물에 영향을 줄 수 있는 잠재력이나 역량으로 정의되는 권력과는 다소 차이가 있음을 알 수 있다.

〈표 7-1〉 권한과 권력의 개념 구분

내용 구분	권한	권력
정의	권리	능력
출처	직책	개인적 특성
목표	공동체 이익	개인 혹은 소집단 이익
시행자	관리자	리더
반응 양식	복종	의존

출처: Chung & Megginson(1981).

(4) 영향력 책략

영향력 책략(influence tactics)이란 대상 인물의 태도, 의견 또는 행동을 변화시키기 위해 리더들이 사용하는 실제적인 행동이나 방법이라고 할 수 있다(Hughes, Ginnett, & Curphy, 1996). Yukl(2006)은 적극적 영향력 책략(proactive influence tactics)을 대상자로 하여금 직접적인 직무 목표를 달성하게끔 의도적인 영향력을 행사하는 데 사용되는 행동 유형으로 정의하였다.

권력은 한 당사자가 다른 당사자에게 영향을 미칠 수 있는 잠재적 역량인 반면, 영향력 책략이란 다른 당사자로 하여금 직접적인 과업 목표를 수행하게 만드는 특정 형태의 행동을 의미한다. 두 개념 모두 한쪽 당사자의 행동 또는 태도에 영향을 미치는 것과 관련이 있다는 개념적 유사성이 있다. 권력과 영향력 책략의 또 다른 유사점은 두 개념 모두 시간이 경과함에 따라 변화하는 역동적인 변수라는 점이다(Yukl, 2006). 권력이 이용되는 방식과 영향력 행사 시도의 결과에 따라 이후의 리더 권력은 증대되거나 감소될 수 있다. 또한 리더는 대상과 상황에 따라 상이한 영향력 책략을 사용할 수 있다.

2) 권력과 리더십

리더십은 권력의 행사로 생각될 수 있다(Berlew & Heller, 1983). 이와 같이 권력과 리더십의 개념은 상호 밀착되어 있는데, 그 때문에 몇몇 소수의 학자는 이들을 거의 동일 개념으로 취급하려는 경향을 보이기도 한다. 예를 들면, Etzioni(1961)는 권력을 "한 행위자가 다른 행위자로 하여금 그가 지지하는 규범과 지휘를 수행하도록 설득시키거나 또는 영향력을 미치는 능력"이라고 하여, 리더십의 개념과 유사한 정의를 내리고 있다. 그러나 이 분야의 다른 많은 학자는 권력의 개념을 리더십과 구분되어야 한다고 이해하고 있다. 그들은 권력은 리더십의 필수적인 요소이며 권력 없이는 리더십의 효과를 발휘할 수 없는 것으로 간주하고 있는 것 같다(Chung & Megginson, 1981; Dessler, 1980). 이러한 생각, 즉 리더의 권력은 리더십 효과에 대한 중요한 영향 변수라는 것은 리더십 효과 연구를 위한 통합적인 틀(framework)을 제시한 Van Fleet와 Yukl(1986)의 연구에서도 잘 나타나 있다.

Burns(1978)는 서구적 민주주의에 편향하는 관점에서 리더십과 권력의 개념을 정의하고 있다. Burns는 리더십이 단순한 권력의 보유나 혹은 잔인한 무력과는 다르다는 주장을 하고 있다. 이런 의미에서 그는 리더십을 상호 설득, 교환, 고양 그리고 변환을 포함하는 권위적이고 합법적인 권력이라고 보았다.

여기서 우리는 권력 없는 리더는 사실상의 리더가 아님을 상정해 볼 수 있다. 리더십이란 결국 집단 구성원이 사전에 결정된 목표를 추구하도록 이끌어 가는 것인데, 이때 리더의 영향력을 받아 일하는 구성원들은 통상 리더의 훌륭한 특성이나 행동에 의해서만 목표를 향해 움직이는 것이 아니며, 그보다는 오히려 리더가 그들에게 행사하는 처벌과 보상 같은 권력의 영향을 더 많이 받아 일한다고 볼 수도 있기 때문이다(Dessler, 1980). 이러한 관점에서 우리는 최종적인 리더십 효과성에 영향을 줄 수 있는 근원적인 변수로서 권력에 대한 연구가 보다 발전된 리더십 모형의 완성을 위해 이루어져야 할 필요성을 느끼게 된다.

(1) 리더 권력의 유형

권력 유형에 대해서는 지금까지 몇몇 행동 과학자가 나름대로 여러 유형을 제안해 왔지만 그 유형 중 어느 것도 분명하고 유용한 모든 구분을 망라하고 있지는 못했다. 리더 권력은 일반적으로 권력의 원천(power bases)이 어디에 있느냐에 따라 그 유형이 구분된다. 가장 많이 사용되어지는 분류법은 French와 Raven(1959)의 분류 방식이며, 그들은 권력을 보상(reward), 강제(coercive), 합법적(legitimate), 전문성(expert) 그리고 준거(referent) 권력의 다섯 가지로 분류했다.

이들 다섯 가지 권력 유형은 상호독립적으로 존재할 수 없으며 따라서 상호의존적이며 중복적이라고 하였다. 이 다섯 가지 권력 유형은 권력 행사자에 의해 시도된 변화가 그것의 지속 기간 동안 감독이 필요한가의 여부에 따라 두 가지로 구분된다. 보상이나 강제 권력은 변화의 기간 동안 감독이 요구되지만 나머지 권력 유형은 그렇지 않다. 또한 내면화와 그러한 변화의 독립성 차원에서 보면, 전문성이나 준거 권력의 결과로 유발된 변화는 한 개인에 의해 내면화되면서 나타난 변화가 대체로 권력 행사자와는 독립적으로 이루어진다고 주장하였다(Raven, 1974). 이러한 방식의 분류는 권력의 사용 결과로 유발된 단순한 변화를 초월하여 권력 사용의 효과분석을 촉구하고 변화의 안정성을 확인해 준다는 관점에서 중요하다.

이들이 다섯 가지 권력 유형을 제시할 때 권력 행사자의 정보적 의사소통의 내용에 바탕을 두고 있는 정보 권력(information power)은 전문성 권력과 구분되는 것이기는 했지만 권력 유형으로 분류하지 않았다가, 나중에 Raven(1965)에 의해 여섯 번째 유형으로 분류되었다. 그들은 여러 상이한 권력 유형이 있을 수 있으며 각 유형은 상이한 원천에서 출발하여 서로 다른 변화의 유도와 결과들을 산출한다고 주장하고 있다. 간단하게 말해서, 모든 리더십은 아주 온건한 설득부터 잔인한 무력이나 폭력까지의 권력을 포함하고 있는 것이다(Ng, 1980). 최근에 와서 몇몇 학자는 French와 Raven의 다섯 가지 유형에다 권력을 가진 인물과 연결되어 타인에 영향력을 발휘하는 배경 권력(association power)을 추가하였다. 〈표 7-2〉는 조직에서 흔히 관찰되는 권력의 유형을 French와 Raven이 제시한 권력 유형을 기초로 종합·정리한 것이다.

〈표 7-2〉 권력의 유형

권력의 유형	내용
보상 권력	권력 보유자가 보상을 제공할 수 있는 능력을 가지고 있다는 권력 수용자의 지각에 근거를 두고 있음. 사람들이 권력 보유자에 의해 통제된다고 믿는 보상을 얻기 위해 따름
강제 권력	권력 보유자가 할 수 있다는 권력 수용자의 지각에 근거하고 있음. 사람들이 권력 보유자에 의해 통제된다고 믿는 처벌을 피하기 위해 따름
합법적 권력	권력 보유자가 행동을 규정할 수 있는 공인 또는 인정된 권리를 가지고 있다는 권력 수용자의 지각에 근거를 두고 있음. 사람들이 권력 보유자가 요구할 권리가 있고, 그를 따를 의무가 있다고 믿기 때문에 따름
전문성 권력	권력 보유자가 특별한 전문지식을 가지고 있다는 권력수용자의 지각에 근거함. 사람들이 권력 보유자가 일을 하는 최선의 방법에 관한 특수한 지식을 갖고 있다고 믿기 때문에 따름
준거 권력	권력 보유자가 권력 수용자가 동일시하고 싶어하는 특성을 가졌다는 지각에 근거를 두고 있음. 사람들이 권력 보유자를 찬양하거나 동일시하며 그의 인정을 받기 원하기 때문에 따름
정보 권력	권력 보유자가 정보적 의사소통을 한다는 권력 수용자의 지각에 근거를 두고 있음. 권력 보유자가 자신이 가지지 못한 정보를 소유 및 통제한다는 믿음이나 의존성 때문에 따름
배경 권력	권력 보유자가 다양한 권력인(층)과 연결되어 있다는 권력 수용자의 지각에 근거함. 사람들이 권력 보유자가 유력 인사와 연결되어 있다는 믿음을 갖고 있기 때문에 따름

한편, 수십년 간 조직행동 문헌에서는 권력의 유형을 직책 권력(position power)과 개인적 권력(personal power)의 두 요인으로 분류하는 단순한 방법이 사용되어 왔다(Bass, 1960). 권력의 원천은 상호의존적이며, 그 상대적 중요성도 상이한 관계나 환경에 따라 변하게 된다(Hunsaker & Cook, 1986). 그러나 우리가 볼 수 있는 대다수 권력 유형은 크게 두 개의 원천으로 귀인될 수 있는데 그것은 조직 내 개인의 직책을 기초로 한 것과 개인적 특성 및 전문성을 기초로 한 것이다. 일반적으로 전자로부터 나오는 잠재적 영향력을 직책 권력, 후자로부터 나오는 것을 개인적 권력으로 부른다(French & Raven, 1962; Yukl, 1981, Hunsaker & Cook, 1986). 〈표 7-3〉은 조직 내에서의 권력의 원천을 Yukl(1989)의 연구에서 발췌·기술한 것이다.

〈표 7-3〉 조직에서의 권력의 근원들

직책 권력	• 공식적 권한 • 자원과 보상에 대한 통제 • 처벌에 대한 통제 • 정보에 대한 통제 • 생태학적 통제
개인적 권력	• 전문성 • 우정/충성심 • 카리스마

출처: Yukl(1989).

직책 권력은 직책을 가진 리더의 공식적 권한, 자원과 보상에 대한 통제, 처벌에 대한 통제, 정보에 대한 통제, 생태학적 통제로부터 기인하는 권력이다. 먼저, 공식적 권한은 때로 합법적 권력으로 불리기도 한다(French & Raven, 1959). 권한은 한 조직 내 특수한 직책과 관련된 특권, 의무 및 책임에 관한 지각에 기초한다. 리더는 직책에 따라 특정 요구를 할 수 있는 권리를 가지며, 부하들은 그에 복종할 의무가 있다. 직책 권력의 또 다른 원천은 자원과 보상에 대한 통제이다. 보상의 통제에 기초한 잠재적 영향력을 때로는 보상 권력으로 부르기도 한다(French & Raven, 1959). 조직의 권한체계에서 한 개인의 직책이 높을수록 그 사람이 가지는 자원에 대한 통제권은 더 많아진다고 볼 수 있다.

직책 권력은 처벌에 대한 통제와 원하는 보상을 받지 못하게 막는 통제로부터도 발생한다. 이런 형태의 영향력을 때로는 강제 권력으로 부르기도 한다(French & Raven, 1959). 한 조직의 공식적 권한체계와 전통에는 대개 보상의 사용뿐만 아니라 처벌의 사용에 관한 내용도 포함되어 있다. 직책 권력의 또 다른 중요한 원천은 정보에 대한 통제이다. 이 통제에는 중요한 정보에 대한 개인의 접근과 타인에게 정보를 분배하는 것에 대한 통제가 포함된다(Pettigrew, 1972). 정보에 대한 접근의 허용은 대개 조직의 의사소통망에서의 어떤 개인의 직책에서 비롯되는 것이 대부분이다. 마지막으로 부하들의 행동에 대한 직책 권력의 중요한 원천은 물리적 환경, 기술 및 업무의 조직화를 통한 통제이다. 이것은 물리적 · 사회적 조건을 조작하여 간접적으로 사람들의 행동에 영향을 주는 것으로, 때로는 상황공학(situational engineering)이라 불리기도 한다.

개인적 권력은 리더의 직책이 아닌 리더 개인이 지니는 전문성과 카리스마, 부하들의 우정 및 충성심에 기인한다. 따라서 동일한 직책을 수행하는 리더라 할지라도 각 리더의 보유하는 개인적 권력의 정도는 다르다. 조직에서 개인적 권력의 한 중요한 원천은 문제해결과 중요한 과업의 수행에서 발휘되는 개인의 전문성이다. 이런 형태의 권력을 때로는 전문성 권력이라 부르기도 한다(French & Raven, 1959). 전문성은 타인들이 그들이 필요로 하는 조언과 도움 때문에 어떤 사람에게 의존해 올 때에만 권력의 원천이 된다. 만약 대상인물이 관련 전문성을 전혀 갖고 있지 않고 권력 행사자 외에 전문성을 가진 다른 인물을 쉽게 발견할 수 없다면 그 의존성은 최대가 된다.

개인적 권력의 다른 중요한 원천은 강한 정서적 유대감을 느끼는 어떤 인물의 마음에 들고 싶어 하는 우정과 충성심의 욕구이다. 이러한 욕구 관계에서 성립되는 형태의 권력을 준거 권력이라고도 부른다(French & Raven, 1959). 일반적으로 누군가를 향해서 깊은 우정이나 충성심을 느끼는 사람은 항상 그에게 호의를 베풀려고 하거나 동일시의 감정을 느껴 그와 유사한 태도를 발전시키거나 행동을 모방하려는 경향성을 보인다. 개인적 카리스마를 준거 권력의 한 형태로 볼 것인지 또는 다른 권력 형태로 볼 것인지는 아직 분명치 않다. 부하들은 일반적으로 카리스마적 리더에게 동일시하며 그 리더에게서 강한 정서적 매력을 경험하는 것으로 알려져 있다. 카리스마적 리더와의 동일시 과정은, 대개 친하지만 비카리스마적인 리더와의 동일시 과정보다 빠르고 더 강렬하다. 카리스마적 리더의 속성은 잘 이해되어 있지 않으나, 개인적 매력, 극적이고 설득력 있는 연설 능력, 강한 열정 및 확신 같은 특성이 포함되는 것으로 나타나 있다(House, 1977).

(2) 리더 권력의 효과에 관한 연구

권력 유형 연구의 필요성은 권력 유형별 형태에 따라 리더 효과가 다르게 나타난다는 연구들에 근거를 두고 있다. 이렇게 권력의 유형별 효과를 비교해 보기 위하여 많은 연구가 이루어졌는데, 이들 연구의 대부분이 French와 Raven(1959)에 의해 제안된 권력 유형론에 기초를 둔 영향력 척도를 사용하고 있다. 리더의 권력과 리더십 효과성 사이의 직접적인 상관관계를 분석한 연구들(Hinkin & Schriesheim, 1989; Schriesheim, Podsakoff, & Hinkin, 1991)을 살펴보면, 리더의 전문성 권력 및 준거 권력은 일반적으로 부하의 성과, 리더 만족, 직무 만족 등의 효과성 변수와 정적(positive)인 상관관계를 갖는 반면, 보상 권력, 강제 권력, 합법적 권력은 동일한 효과성 변수에 대해 부적(negative)인 상관관계를 갖거나 유의한 상관관계가 없는 것으로 나타났다(Podsakoff & Schriescheim, 1985). 특히 준거 권력이 조직몰입, 리더 만족, 태도적 순응, 행동적 순응이라는 결과변수에 대해 가장 큰 영향을 주는 것으로 나타났다(Rahim & Afza, 1993). 전문성 권력과 준거 권력이 순응과 만족 모두에 정적인 상관관계를 가지는 반면, 합법적 권력은 순응과는 정적인 상관관계를 보이나 만족과는 부적인 상관관계를 보였다(Rahim, 1989).

한편, 영향력 행사의 효과성을 구체적인 결과변수로 고려한 연구에서도 개인적 권력(전문성 권력, 준거 권력)은 직책 권력(합법적 권력, 보상 권력, 강제 권력)에 비해 과업몰입과 관리적 효과성 측면에서 더 중요한 요소인 것으로 나타났다(Yukl & Falbe, 1991). 특히 리더가 강한 준거적 권력을 지니고 있을 때, 영향력 책략, 권력, 만족 요소가 영향력 행사의 결과와 부하의 몰입에 독립적인 영향을 줄 확률이 높은 것으로 나타났다(Yukl et al., 1996). 가장 효과적인 개인적 권력의 형태는 자타가 인정하는 리더의 능력에 바탕을 둔 전문성과 개인적 자질에 바탕을 둔 리더의 매력, 리더가 부하들에게 혜택을 제공하면서 공정하고 사려 깊은 방식으로 그들을 취급하는 가운데서 오는 만족의 교환관계라는 경험을 통해 발달하는 리더에 대한 충성심 같은 것이다(Van Fleet & Yukl, 1986). 이 교환관계는 Hollander(1979), Jacobs(1970) 등의 연구를 비롯한 다수의 학자에 의해 강력한 지지를 받아 왔다. 그러므로 분명한 것은 리더와 부하들 간 상호 영향력 과정이 리더의 효율성을 결정하는 중요 요인이라는 사실이다(Sayles, 1979). 이 교환 과정은 조직 내에서 시간을 두고 점차 발전하는 것으로 보이며, 호의적인 교환관계가 성립될 때 리더에 대한 존경을 유지해 주고, 특히 군 장교들에게서 그런 경향이 나타났다(Wickert, 1947; Shils & Janowitz, 1948; Roff, 1950; Palmer & Myers, 1955).

권력 사용의 효과 연구는 리더 영향력의 배경이 되는 권력의 근원보다는 리더가 부하들에게 영향을 미치는 방법에 관해서 우리에게 더 많이 말하여 줄지 모른다. 직책 권력은 리더 영향력의 한 중요한 근원이 될 수 있으나, 그것은 과업 목표 달성에 부하의 참여를 유발하는 방식으로 사용될 때만 집단 성과에 관계된다. 만약 직책 권력이 부하들의 냉담한 복종을 초래하는 방식으로, 또는 좋지 않은 내적인 저항을 유발시키는 방식으로 이용된다면, 그것은 집단의 성과를 촉진시키지 못할 것이며, 오히려 방해될 수도 있을 것이다. 즉, 리더의 직책 권력과 개인적 권력을 사용하는 방식에 따라 부하들의 행동은 수용이나 참여, 응종 또는 저항 등으로 달라진다(〈표 7-4〉 참조). 권력의 두 개의 근원 모두가 영향력 시도를 촉진하지만 권력 자체가 매개 또는 결과변수의 직접적인 원인은 아니다.

〈표 7-4〉 부하들에 대한 리더의 권력 사용과 가능한 결과들

리더 권력의 유형들	결과의 유형		
	수용 또는 참여 (Commitment)	응종 (Compliance)	저항 (Resistence)
강제 권력	• 가능성이 거의 없음	• 가능성이 있음. 처벌함이 없이 도와주는 식으로 사용될 경우	• 가능성이 큼. 적대적 또는 조작적인 방법으로 사용될 경우
보상 권력	• 가능성이 있음. 정교하고 아주 개인적인 방법으로 사용될 경우	• 가능성이 큼. 기계적이고 공평한 방법으로 사용될 경우	• 가능성이 있음. 조작적이고 오만한 방법으로 사용될 경우
합법적 권력	• 가능성이 있음. 요구가 정중하고 아주 적절한 것일 경우	• 가능성이 큼. 리더의 요구가 명령이 합법적인 것으로 여겨질 경우	• 가능성이 있음. 거만한 요구를 하거나 또는 요구가 적절한 것이 아닐 경우
전문성 권력	• 가능성이 큼. 리더의 요구가 설득력이 있고, 부하들과 리더의 과업 목표가 같을 경우	• 가능성이 있음. 리더의 요구가 설득력이 있지만 부하들이 과업 목표에 냉담할 경우	• 가능성이 있음. 리더가 거만하고 무례하거나 또는 부하들이 과업 목표에 반대할 경우
준거 권력	• 가능성이 큼. 리더의 요구가 리더에게 중요한 것이라고 믿어질 경우	• 가능성이 있음. 리더의 요구가 리더에게 중요하지 않은 것으로 지각될 경우	• 가능성이 있음. 리더의 요구가 리더에게 해를 미치게 되는 것일 경우

3) 영향력 책략에 관한 연구

Yukl과 그의 동료들은 합리적 설득(rational persuasion), 영감적 호소(inspirational appeal), 협의(consultation), 비위 맞추기(ingratiation), 교환(exchange), 개인적 호소(personal appeal), 연립 책략(coalition tactic), 합법화 책략(legitimating tactic) 그리고 압력(pressure)으로 구성된 분류체계를 만들었으며, 행위자가 아닌 영향력의 대상자가 9개의 영향력 책략을 측정하도록 설계된 영향력 행동 설문지인 IBQ(Influence Behavior Questionnaire)를 개발하였다(Yukl, Lepsinger, & Lucia, 1992). 이어서 기존의 IBQ에 협조(collaboration)와 이해관계 설명(apprising)이라는 새로운 책략이 추가되어 11개 영향력 책략으로 구성된 확장된 IBQ가 구축되었고(Yukl et al., 2005), 측정도구의 신뢰도 및 타당도

가 추가 연구를 통해 입증되었다(Yukl, Seifert, & Chavez, 2008).

대부분의 연구에 있어 영향력 책략은 IBQ와 같은 설문지를 통해 측정되는데, 응답자들은 행위자가 각각의 영향력 행동을 얼마나 자주 하는가를 평가한다. 한편, 주요 사건(critical incident) 연구들은 응답자들로 하여금 주요 사건들에 있어 영향력 행동의 질적인 특성을 구분하게 함으로써 영향력 행사 책략을 측정한다(예: Falbe & Yukl, 1992; Yukl, Kim, & Falbe, 1996). 각각의 책략이 특정 사건에 있어 존재하였는지(present) 그렇지 않았는지(absent)로 구분되어 코딩된다.

합리적 설득(rational persuasion) 타인에 영향력을 미치기 위하여 논리적 주장이나 실제적인 증거를 사용할 때 발생한다. 리더가 부하들의 욕구나 목적 달성에 있어 어떤 행동과 태도가 최선인가를 확신시키는 영향력으로, 부하들의 욕구 파악, 해당 지식, 설득 능력 보유가 필요하며 논리적 주장과 증거 제시에 숙련되어야 한다. 승진을 위한 최선의 방책은 자기희생과 성실에 있다고 하여 열심히 근무하도록 하는 식이다.

영감적 호소(inspiration appeals) 대상 인물의 감정이나 열광을 유발시키도록 고안된 요구나 제안을 할 때 발생시킬 수 있다. 상대방이 가지고 있는 가치관 및 이상에 호소해야 하며, 가치와 신념에 대한 통찰력과 설득력이 필요하다. 한 예로는 성직자가 교회를 증축하는 것이 선행이며 하느님에게로 가는 가까운 길이라고 그의 신도들에게 열정적으로 호소하여 지지를 받는 것이다. 또, 위험한 임무 수행 시 군인이 가지고 있는 충정(의리, 전우애)과 애국심에 호소하여 임무를 완수하도록 하는 것도 예가 될 수 있을 것이다.

협의(consultation) 행위자가 대상 인물에게 어떤 활동 계획에 참여하도록 요청할 때 발생할 수 있다. 앞에서 예로 든 성직자가 새로운 교회 증축의 사용과 배치 문제를 도울 수 있도록 신도 위원회를 설립하는 것이 그 예가 될 수 있다. 이 경우 협의적 작업은 더 훌륭한 건축 계획뿐만 아니라 새로운 증축에 관한 아이디어를 내도록 신도 위원회를 강화시킬 수 있다.

비위 맞추기(ingratiation) 행위자가 요구를 하기 전에 대상 인물을 위해 최선의 분위기를 조성하는 것이다. 익숙한 예로는 상품 구매에 대한 의사결정을 하기 전에 판매원이 고객에게 보여 주는 친절 혹은 애교가 있다.

교환(exchange) 호의의 교환을 통해 대상 인물에 영향을 미치는 것이다. 만약 정치가들이 상대 정당의 법안에 대한 불만에도 불구하고, 서로의 법안에 투표를 행사해서 통과시켜 준다면 이것은 교환의 예가 된다.

개인적 호소(personal appeals) 행위자가 대상 인물과의 개인적 관계나 우정에 호소하여 요청을 들어주도록 하는 것이다.

연립 책략(coalition tactics) 연립 책략은 행위자가 대상 인물에 영향을 미치기 위해서 타인의 지지나 도움을 사용한다는 점에서 협의와 다르다. 연립 책략의 극적인 예로는 알코올 중독자의 주변에서 다수의 핵심적인 사람(배우자, 자녀, 고용인, 이웃)이 일치단결해 알코올 중독의 문제해결에 나서기로 동의하는 것을 들 수 있다.

합법화 책략(legitimizing tactics) 조직에서 가장 보편적인 것으로 합법적 정당성에 기초한다. 리더가 그의 지위나 권한을 근거로 어떤 요구를 할 때 발생한다. 예를 들어, 학교장이 교사에게 학교의 교과 과정 위원회에 참여를 요구할 수 있다. 이때, 교사는 개인적인 업무가 있음에도 그 요구를 따르는데, 이것은 교장이 어떤 교사에게 특정 역할 수행을 지시할 권한이 있기 때문이다.

압력(pressure) 대상 인물에게 위협이나 끊임없는 독촉을 통해 영향력을 미치는 것이다. 기결수에게 집행 유예를 내린 판사가 그 집행 유예라는 것이 다시 법을 위반하는 경우에는 가중처벌을 받을 수 있다라고 경고하는 것이 한 예가 될 수 있을 것이다.

영향력 책략과 리더십 효과성과의 관계와 관련된 주요 연구 결과를 살펴보면, Yukl과 Tracey(1992)는 최초로 IBQ를 이용하여 연구를 수행하였는데, 과업몰입이라는 종속변수에 대해서는 합리적 설득, 영감적 호소, 협의가 가장 효과적인 책략으로 나타났고, 가장 덜 효과적인 책략은 연립 책략, 압력, 합법화 책략으로 나타났다. 비위 맞추기, 교환, 개인적 호소 책략은 상관분석 결과와 비교해 보았을 때, 회귀분석을 했을 경우 관계의 강도가 더욱 약해지는 것으로 나타났다. 회귀분석 결과, 관리적 효과성 변수에 대해서는 합리적 설득만이 유의한 영향을 주었다. 그러나 영향력 책략 간의 구체적인 비교를 위해 필요한 회귀계수들은 논문에 제시되지 않았다. Falbe와 Yukl(1992)의 중요사건 분석 연구에서는 영감적 호소와 협의가 순응(compliance) 또는 저항(resistance)에 비해 몰입(resistance)을 일으킬 가능성이 높은 것으로 나타났다. 비위 맞추기는 몰입 또는 저항보다는 순응을 일으키는 것으로 나타났다. 압력, 합법화 책략, 연립 책략은 순응 또는 몰입보다는 저항을 많이 일으키는 것으로 나타났다.

　Yukl과 동료들(1996)은 중요사건 분석 연구방법을 통해 리더의 영향력 책략, 권력 그리고 과업의 내용 요소들이 영향력 행사 결과에 동시에 영향을 미칠 수 있다는 것을 최초로 밝혀냈다. 세 변수 중 영향력 책략과 관련하여서는 협의와 합리적 설득이 부하의 몰입 가능성을 높여 주는 것으로 나타났다. 확장된 IBQ에 새롭게 추가된 협조와 이해관계 설명 책략이 포함된 Yukl과 동료들(2005)의 연구에서는 부하와 동료 표본 모두에 있어 협력이 합리적 설득과 마찬가지로 대상자의 몰입을 증가시키는 반면, 이해관계 설명은 교환과 마찬가지로 유의한 영향을 미치지 않았다. 한편, 최근에는 개별적 영향력 책략과 리더십 효과성과의 관계에 있어 조절변수의 효과를 규명하고자 하는 연구들도 이루어졌다. 이러한 조절변수에는 리더-멤버 교환관계(Furst & Cable, 2008; Sparrowe, Soetjipto, & Kraimer, 2006), 윤리적 리더십(Kacmar, Carlson, & Harris, 2013), 문화적 차이(Yukl, Fu, & McDonald, 2003) 등이 포함되었다.

　일부 연구는 권력과 영향력 책략 간의 관계를 살펴보았다. 그러나 대부분의 연구에서 권력과 영향력 책략 간의 높은 상관관계는 나타나지 않았다. Hinkin과 Schreisheim(1990)의 설문 연구에서는 단지 준거 권력과 압력 간에 강한 부적(negative) 상관관계가 나타났다. 앞에서 언급한 Yukl과 동료들(1996)의 중요사건 연구에서도 준거 권력과 압력 책략 간에 강한 부적 상관관계가 나타났다. 이를 해석하면 낮은 준거 권력을 지닌 리더는 압력 책략을 사용할 가능성이 높아짐을 의미한다. 그러나 시간이 경과함에 따라 반대의 인과관계가 존재할 수 있다. 예를 들어, 압력 책략의 빈번한 사용은 리더와 부하 간의 관계를 훼손시킬 수 있기 때문이다(Yukl, Kim, & Falbe, 1996). 한편, 권력과 영향력 책략 간의 상호작용에 관한 연구는 거의 없는 실정이다.

2. 동기 유발 이론

　동기 유발(motivation)이란 인간이나 동물로 하여금 '어떤 목적을 향하여 특정한 행동을 취하도록 유도하는 상태(Morgan, 1976)'라고 정의할 수 있다. 동기는 어떤 특정한 목표를 향해 에너지를 동원하는 것이며, 이러한 힘의 작용에는 반드시 역동적 측면과 방향성이 포함된다. 즉, 동기는 크게 세 가지 측면을 고려할 수 있다. 첫째, 신체적 요구나 환경 자극, 또는 사고와 기억 등의 정신 활동에 의해 유기체를 움직이게 하는 욕구 조건, 둘째, 이러한 조건에 의해 촉발되고 방향지어진 행동, 셋째, 그 행동의 방향을 규정짓는 목표이다. 따라서 동기는 인간의 행동을 촉발시키고, 적절한 목표에 도달하도록 한다.

그러나 동기와 행동 간의 관계는 반드시 1:1 관계가 아닐 수도 있다. 하나의 동기가 다양한 행동으로 표현되기도 하고, 하나의 행동이 여러 동기에 의해서 촉발될 수도 있다. 또한 동기에는 개인차가 존재한다. 개인의 욕구 조건이나 조건에 따른 목표, 행동 방향 등 모든 요소에서 개인차가 존재한다. 따라서 리더가 구성원에게 행동상의 변화를 유도하기 위해서는 인간의 동기체계에 대한 폭넓은 이해가 필요하다. 복잡하고 개인차가 많은 인간의 동기를 이해하고, 그것을 부하들의 동기 유발에 활용하는 방법은 쉬운 것이 아니다. 동기를 연구하는 학자들의 견해도 매우 다양하고 이론적인 접근도 복잡한데, 이는 인간의 동기가 가진 본질적인 특성 때문으로 이해될 수 있다.

조직상황과 연관된 동기 유발에 대한 이론적 관점은 크게 두 가지 견해로 나누어 볼 수 있다. 하나는 내용 이론으로서 여기에는 Maslow, Alderfer 등의 욕구 위계 이론, Herzberg의 2요인 이론, McClelland의 성취 동기 이론과 같은 이론들이 포함된다. 내용 이론들은 어떤 요인들이 동기 유발시키는 데 크게 작용하는가를 다루며, 따라서 시대적인 순서나 논리상의 순서로 보아 과정 이론보다는 먼저 나타나서 과정 이론이 발전하는 토대를 마련했다고 볼 수 있을 것이다. 다른 하나는 과정 이론으로서 최근의 새로운 견해를 포함한 다양한 접근법이 존재한다. Adams의 공정성 이론, Vroom 등의 기대 이론, Locke의 목표 이론 등이 여기에 속하는데, 이들은 여러 가지 욕구가 과제 수행 행동이나 동기 수준에 이르는 과정에 초점을 맞추고 있다.

1) 내용 이론

동기에 관한 내용 이론은 작업현장에서 무엇이 개인을 실제적으로 동기 유발시키는가를 설명하고자 시도한다. 이 이론들은 사람의 욕구와 그 상대적인 강도 그리고 욕구를 충족시키기 위해 사람들이 추구하는 목표 등을 규명하는 데 관심을 두고 있다. 내용 이론들은 '무엇이 동기 유발시키는가?'에 강조점을 두고 있는데, 이 범주에 속하는 이론으로는 Maslow의 욕구 위계 이론, Alderfer의 수정 욕구 위계 이론(혹은 ERG 이론), Herzberg의 2요인 이론 그리고 McClelland의 성취 동기 이론 등이 있다.

여기에서 논의되는 두 가지의 널리 알려진 욕구 이론(욕구 위계 이론과 ERG 이론)들은 음식이나 인정 등과 같이 사람을 동기 유발시키는 범주와 관련된 이론이다. 욕구 위계 이론과 ERG 이론은 둘 다 인간의 욕구를 소수의 범주로 분류하고 있으며, 이 이론들은 사람의 행동이 이들 욕구를 충족하고자 지향된다고 가정한다는 점에서 공통점을 갖고 있다. 2요인 이론은 작업과 관련된 다양한 측면을 두 가지 욕구 범주에 포함시킬 수 있다고 말하고 있다. 한 범주는 작업 그 자체의 본질과 관련이 있으며, 다른 한 가지는 봉급 등과 같은 보상과 관련이 있다는 것이다.

(1) Maslow의 욕구 위계 이론

욕구 위계 이론은 Maslow에 의해 시작되었으며, 1943년에 출판된 개인 발달과 동기 유발에 관한 그의 이론에 기원을 두고 있다. Maslow의 이론은 사람이란 근본적으로 결핍된 존재이며, 그들은 항상 더 많은 것을 추구하며, 그들의 행동은 그들이 원하는 것은 그들이 이미 가진 것들에 의해 결정된다는 것 등을 기본적인 전제로 하고 있다. 그는 사람의 욕구가 중요성의 위계를 따라 연속적인 수준으로 배열되어 있다고 제안하였다. 이 위계는 가장 낮은 수준인 생리적 욕구로부터 안전의 욕구, 소속감과 애정의 욕구, 존경의 욕구, 가장 높은 수준인 자아실현 욕구까지 다섯 가지 수준으로 구분된다. 이 욕구들은 계단 형태로 제시되기도 하지만, 일반적으로는 [그림 7-1]과 같이 피라미드 형태로 표현된다.

[그림 7-1] Maslow의 욕구 5단계

생리적 욕구 배고픔과 갈증의 충족, 산소의 필요성, 체온 유지 등과 같은 항상성(정상적인 기능 상태를 유지하려는 신체의 자동적 노력) 유지가 이 단계의 욕구에 포함된다. 아울러 수면, 감각적 즐거움, 활동, 모성 행동, 성적인 만족 등과 같은 것도 여기에 포함된다.

안전의 욕구 이것은 안전과 안정, 물리적 공격으로 인한 고통이나 위협에서 벗어나는 것, 위험이나 결핍으로부터 벗어나는 것, 예언 가능성과 질서 정연함을 추구하는 것 등과 같은 욕구가 이 단계의 욕구에 포함된다.

소속감과 애정의 욕구 이 단계의 욕구에는 친화, 소속감, 사회적 활동, 우정 그리고 사랑을 주고받는 것 등이 포함된다.

존경의 욕구 이 단계의 욕구에는 자기존중과 타인으로부터의 자존심 등이 모두 포함된다. 자기 존중이란 확신, 강함, 독립성과 자유로움 그리고 성취를 추구하는 것과 관련이 있으며, 타인으로부터의 존중이란 평판이나 위신, 지위, 인정, 주목 그리고 감사함 등과 같은 것을 말한다.

자아실현 욕구 이 단계의 욕구는 최상위 단계의 것이며, 개인이 지닌 모든 잠재력을 계발하고 실현하고자 하는 욕구이다.

인간은 우선 최하위 단계 욕구의 충족을 위해 행동이 유발된다. 하지만 일단 하위 단계의 욕구가 충족되면 그것은 더 이상 강한 동기 요인으로 역할을 하지 않는다. 위계적으로 그 다음 상위 단계의 욕구가 충족될 필요가 있으며, 그 욕구가 바로 동기 유발 영향력을 갖게 된다. 다시 말하면 오로지 불충족된 욕구가 사람들 동기화시킨다. 따라서 Maslow는 "충족된 욕구는 더 이상 동기 유발 요인이 아니다."라고 단언하였다.

비록 Maslow가 대부분의 사람이 앞서 제시된 순서에 따른 기본적 욕구를 가지고 있다고 제안했지만, 그는 또한 위계가 필수적으로 고정된 순서를 갖는 것은 아니라고 명확히 말하고 있다. 제시된 위계 순서의 예외적인 경우가 있을 수 있다. 일부의 경우, 위계의 역전이 있을 수도 있다. 예를 들면 다음과 같다.

- 어떤 사람들에게는 애정의 욕구가 존경의 욕구보다 더 중요하게 보일 수 있다. 이것이 위계상에서 가장 보편적으로 있을 수 있는 역전의 유형이다.
- 일부 천성적으로 창의적인 사람들의 경우에는, 보다 기본적인 욕구가 충족되지 않았음에도 불구하고, 창의성이나 자아실현의 욕구가 유발될 수 있다.
- 오로지 하위 단계의 욕구를 충족하고자 오랜 시간 동안 시도한 일부 사람들의 경우에는 보다 상위 단계의 욕구를 상실할 수도 있다. 예를 들면, 만성적인 실직 상태를 경

험한 사람과 같은 경우이다.

- 초기 아동기에 애정 경험이 결핍된 일부 사람들의 경우에는 소속감과 애정의 욕구가 영구적으로 상실하는 경험을 할 수도 있고, 그 욕구가 지속적인 행동의 유발 요인이 될 수 있다.
- 오랜 시간에 걸쳐 지속적으로 만족되어 온 욕구는 그 가치가 과소 평가될 수도 있다. 예를 들면, 만성적인 허기로 고통받아 본 경험이 없는 사람이라면, 음식의 가치를 과소 평가할 수도 있으며, 음식을 중요하지 않은 것으로 간주할 것이다.
- 높은 이상과 가치를 지닌 사람은 순교자적인 사람이 되고, 자신들의 믿음을 위해서 다른 모든 것(즉, 보다 하위 단계의 욕구들)을 포기할 것이다.

Maslow는 기본적으로 욕구 위계라는 것이 상이한 문화권에서 보편적으로 적용할 수 있는 일반적인 것이라고 주장했지만, 그는 특정 문화 내에서 개인의 동기 내용에서는 차이점이 있다는 것은 인정하였다. 또한, 그는 후속하는 욕구가 일어나기 전에 이전 욕구가 완전히 충족되어야만 한다는 잘못된 인상을 줄 수 있다는 사실을 지적하였다. 그는 위계의 수준을 따라 만족의 수준이 감소한다는 표현을 통해 보다 실제적인 설명을 제시하였다. 예를 들면, 평범한 A라는 어떤 사람이 생리적 욕구는 85%가 만족되고, 안전의 욕구는 70%, 소속감과 애정의 욕구는 50%, 존경의 욕구는 40% 그리고 자아실현의 욕구는 10%가 만족된 사람일 수도 있다는 것이다. 하위 단계의 욕구들이 점차 만족되면서 상위 단계의 욕구들이 점진적으로 출현한다는 것이다. 이 욕구들의 상대적 중요성은 개인의 심리적 발달을 통해 변화한다.

Maslow는 그 후에 일부 상위 단계 욕구는 하위 단계 욕구의 만족 이후에만 출현하는 것이라기보다는 하위 욕구의 오랜 결핍 이후에도 출현하는 것이라는 견해를 받아들였다.

Maslow의 이론에 의하면, 생리적 및 안전의 욕구 등과 같은 하위 단계 욕구가 일단 충족되면, 그 욕구의 충족만을 제공해 주던 어떤 일은 동기 유발에 영향을 미치지 않는다. 사람들은 각 하위 단계 욕구가 충족되어 감에 따라 위계상의 더 높은 욕구로 나아간다. 그러므로 행동 변화를 위한 동기 유발을 위해서 리더는 부하가 만족을 추구하는, 다음 상위 단계의 욕구에 주의를 기울여야만 한다.

그러나 Maslow의 이론은 작업 상황과 관련하여 다음과 같은 몇 가지 어려운 문제에 직면하고 있다.

- 사람들이 반드시 자신들의 욕구(특히 상위 수준의 욕구)를 작업 상황을 통해 충족하는 것은 아니다. 그들은 상위 욕구들을 자기 삶의 다른 영역을 통해서 만족시킨다. 그러므로 리더는 단지 그들의 작업에서의 행동뿐 아니라 사람들의 개인적이고 사회적인 삶에 대해서도 완전히 이해할 필요가 있다.
- 하위 욕구의 만족에서 상위 욕구의 출현으로 건너가는 정확한 시기를 포착하는 것이 매우 어렵다.
- 개인차의 문제를 예측하는 데 큰 도움을 주지 못하다. 개인차라고 하는 것은 동일한 욕구에 대해 사람들이 상이한 가치를 부여한다는 것을 의미한다. 예를 들면, 어떤 사람들은 더 보수가 많고 높은 직위를 선호하지만, 다른 사람들은 직무 안정성이 낮은 조직보다는 관료적인 조직에서 상대적으로 안정되게 일하는 것을 좋아하기도 한다.
- 작업의 어떤 결과나 보상이 한 가지 이상의 욕구를 충족시킨다. 예를 들어, 높은 보수나 승진과 같은 것은 위계상의 모든 욕구에 적용할 수 있다.
- 욕구 위계상에서 동일한 수준에 있는 사람들조차도 동기 유발시키는 요인이 동일하지는 않다. 예를 들면, 존경의 욕구를 충족시키고자 추구하는 사람들에게 그 욕구를 충족시키는 방법은 다양하다.
- 직무 만족이 반드시 작업 수행의 효과성을 증진시키는 것은 아니다.

Maslow의 욕구 위계 이론에 대한 조직 장면에서의 검증이 Hall과 Nougaim(1968)에 의해 이루어졌다. 이 연구는 AT&T사의 리더 49명을 대상으로 5년 동안 조사하는 종단적 연구로 진행되었다. 이 연구에서는 최하위 욕구인 생리적 욕구는 제외하고, 나머지 네 가지 욕구만을 측정하였으며, Maslow 이론의 발달적 변화를 검증하기 위해 진행되었다. 연구자들은 연구 대상인 리더들과 매년 장시간의 인터뷰를 실시하였다. 연구의 일부는 매년 특정 욕구의 강도 점수와 더 상위 수준 욕구의 점수를 비교하여 분석하는 것이었다.

비록 욕구 강도와 욕구 만족 간에 정적인 상관관계가 발견되기는 했지만, 통계적 유의미도는 매우 낮았다. Hall과 Nougaim은 자신들의 연구 결과는 욕구의 변화가 욕구 만족의 강도보다는 경력 발달에 의해 더 많은 영향을 받는다는 사실을 보여 준다고 제안하였다. 즉, 이 연구는 Maslow의 발달적 이론에 대해 매우 제한된 지지만을 보여 주었다.

Lawler와 Suttle(1972)는 이와 유사한 연구를 두 조직의 리더 187명을 대상으로 실시하였다. 그들은 Hall과 Lougaim의 연구와는 다른 표집에 대해 약간 다른 분석 방법을 사용하였다. 그러나 이전 연구와 마찬가지로 Maslow의 이론이 약간의 정적인 상관관계를 갖기는 하지만, 통계적으로 유의미한 결과는 거의 없었다.

Maslow의 이론은 경험적으로 검증하기가 어렵고, 상이한 연구자들에 의해 다양한 해석을 유발하고 있다. 욕구 위계 이론에 대한 개관 연구들에 의하면, 이 이론을 지지하는 명확하거나 일관된 결과가 거의 없으며 기본적 인간욕구 분류 그 자체의 타당도에 대한 의문을 제기하고 있다(Wahba & Bridwell, 1976).

그러나 Maslow 자신도 이 이론의 제약점들을 인식하고 있었으며, 이 이론이 폭넓은 경험적 지지 자료를 가지고 있다고 언급한 것도 아니라는 점이 중요하다. 그는 단지 이 이론은 장차 연구의 틀로서 고려되어야 한다고 제안했다.

비록 Maslow가 애초부터 자신의 이론을 작업 상황에서 반드시 적용하려고 의도한 것은 아니지만, 이 이론은 작업 장면에서의 동기 유발 이론으로 여전히 주목받고 있다. 이론의 제한점에 대한 비판과 의문들에도 불구하고, 이 이론은 동기 유발을 위한 연구접근들과 개인의 욕구를 충족시키기 위한 조직 설계에 중요한 영향을 미치고 있다. 이 이론은 사람들이 상이한 욕구와 기대를 지니고 있고, 그 욕구에는 위계가 있으며, 상이한 욕구 단계의 사람들에게는 상이한 동기 유발 요인이 사용되어야 한다는 편리하고 쉬운 접근틀을 제공하고 있다는 점에서 의미가 있다. 아울러 Maslow의 연구는 수많은 상이한 동기 유발 요인에 대한 관심을 유발했으며, 그것에 대한 연구를 불러일으켰다. 욕구 위계 이론은 작업 장면에서의 동기 유발을 평가하는 유용한 기초를 제공하였다.

(2) Alderfer의 수정 욕구 위계 이론(ERG 이론)

Maslow의 이론은 비단 심리학만이 아니라 다른 많은 분야에 영향을 미쳤고, 그에 따라 수많은 연구가 이루어졌다. Maslow의 이론을 검증하는 여러 연구에서 얻은 경험적인 증거를 기초로 만들어진 이론이 Alderfer(1969)의 ERG(Existence-Relatedness-Growth) 이론이다. Alderfer는 Maslow의 5단계를 축약하여 생존, 관계, 성장의 세 가지 욕구 단계를 제시했다.

생존 욕구는 음식, 물, 공기 등과 같이 인간이 생존을 유지하는 것과 관련된 욕구들을 의미하는 것으로 Maslow의 생리적 및 안전의 욕구를 포함하는 개념이다. 관계 욕구는 사회적 환경과의 관계, 사랑이나 소속감, 친화, 의미 있는 대인관계 등에 대한 욕구로서 Maslow의 소속감과 애정의 욕구와 대응되는 개념이다. 성장 욕구는 잠재적인 능력을 개발하기 위해 환경과 상호작용하는 것으로 존경의 욕구와 자아실현의 욕구를 의미한다고 볼 수 있다.

　사람들이 일을 하는 이유는 크게 세 가지로 정리해 볼 수 있다. 세 가지 원인 중에서 가장 바람직하면서 최고로 동기화된 경우는 일 자체에서 얻는 즐거움 때문에 일하는 것이다. 적성과 흥미에 맞는 일, 자기성장과 성취감을 맛볼 수 있는 일을 하는 경우가 바로 이 범주에 해당되며, 직업적으로는 예술가나 전문 직업인이 이 범주에 속한다고 볼 수 있다. 둘째는 일 자체는 별로 마음에 들지 않으나, 일을 매개로 해서 부수적으로 일어나는 일련의 과정 자체가 좋아서 일하는 경우가 이에 해당한다. 직장의 작업 분위기나 동료, 상사와의 좋은 인간관계, 작업 결과에 따른 칭찬이나 인정, 직장에 속함으로써 누리는 여러 가지 심리적 혜택 때문에 일을 열심히 하는 것이다. 셋째는 일 자체나 그 과정은 싫지만, 일의 대가로 받는 '돈' 때문에 일하는 경우이다. 예를 들어, 사람들이 누구나 싫어하거나, 매우 힘들거나, 하찮게 보이는 일을 하는 경우는 일 그 자체나 과정이 매력적이기보다는 작업 이후에 제공되는 금전적 보상 때문에 일을 하는 가능성이 많다(예: 고층건물 유리청소 등). 일이나 직장을 떠나서 직장 밖에서의 욕구 충족, 즉 돈이 그들에게 제공하는 그 무엇(예: 본인이나 그 가족의 생계 등)을 위해서 일하는 경우이다. 이와 같은 세 가지 이유가 대체로 Alderfer가 제시하고 있는 성장, 관계, 생존의 욕구와 잘 부합되고 있다고 볼 수 있다.

　Alderfer는 Maslow와 같이 개인의 욕구가 생존 욕구, 관계 욕구, 성장 욕구로 진행해 간다고 보았다([그림 7-2] 참조). 하지만 Alderfer는 이 욕구들이 구분적인 단계를 이룬다기보다는 연속적인 것으로 보았다. 동일한 시간에 하나 이상의 욕구가 활성화된다. 그리고 욕구는 언제든지 하위 욕구로도 진행할 수 있다고 보았다. 즉, 좌절-퇴행의 과정이 존재한다는 것이다. 예를 들면, 만약 어떤 사람의 성장 욕구를 충족하기 위한 시도가 지속적으로 좌절되면, 관계 욕구가 가장 중요한 욕구로 다시 제기될 수 있다는 것이다.

　Alderfer의 가정은 크게 세 가지 측면에서 Maslow의 이론과 차이가 있다. 첫째,

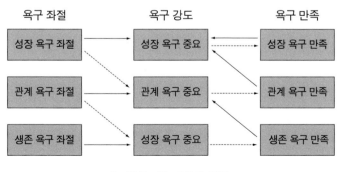

[그림 7-2]　ERG 이론

Maslow가 잠재적인 성향의 발달을 가정한 것과는 달리 Alderfer는 일정한 시점에서 세 욕구의 강도가 서로 다르기는 하지만, 하나 이상의 욕구가 동시에 작용하거나 활성화될 수 있다고 보았다. 둘째, 더 높은 단계의 욕구를 만족하려는 노력이 주변 환경으로 인해 좌절된 사람의 경우, 이미 충족된 하위 단계의 욕구에 더 큰 중요성을 부여할 것이라고 주장했다. 결국, 그는 좌절당하면 퇴행한다는 가설을 이론에 포함시킴으로써 욕구 강도와 욕구 만족이 정적으로 연관될 수 있다는 주장을 한 것이다. 셋째, Alderfer는 보다 고차적인 욕구가 행동에 영향력을 발휘하려면 그 이전에 반드시 하위 욕구가 어느 정도 충족되어야 한다는 Maslow의 가정을 배제했다는 것이다. 어떤 사람들은 성장 배경이나 경험 때문에 생존 욕구가 충족되지 않았음에도 불구하고 더 상위의 욕구인 관계 욕구나 성장 욕구를 충족시키려 한다. Alderfer는 인간 행동에 대한 설명에 있어서 보다 탄력적이고, 욕구 구조에 있어 개인차가 존재한다는 것을 인정하는 이론을 제시한 것이다.

ERG 이론은 한 개인이 한 가지 또는 두 가지 이상의 기본적 욕구를 충족시키기 위해 동기 유발된다고 말하고 있다. 그러므로 만약 특정한 수준의 욕구 충족이 차단된다면, 그 사람의 주의가 다른 수준의 욕구 충족에 초점을 맞추게 된다. 예를 들어, 만약 직무가 개인적 발달을 위한 충분한 기회를 제공하지 않아 부하의 성장 욕구 충족이 차단된다면, 리더는 그 부하에게 생존 욕구나 관계 욕구를 충족시킬 수 있는 더 많은 기회를 부여하고자 시도함으로써 동기 유발을 시켜야 한다는 것이다.

(3) Herzberg의 2요인 이론

Herzberg(1959)의 초기 연구는 미국 피츠버그 지역의 다양한 산업체에서 근무하는 203명의 사무원과 기술자들을 대상으로 면담 방법을 사용하여 진행되었다. 그는 결정적 사건 기법(critical incident technique)을 사용했으며, 연구 대상자에게는 현재의 직무나 그 이전의 어떤 직무에서 매우 기분이 좋았거나, 기분이 나빴다고 느꼈던 때가 언제였는지를 응답하도록 요구하였다. 아울러 그런 기분이 유발된 이유와 그 사건의 경과를 설명하도록 요구하였다. 면담에 대한 반응들은 일반적으로 일관되었으며, 작업과 동기 유발에 영향을 미치는 상이한 두 종류의 요인 집합이 존재한다는 것을 보여 주었다(〈표 7-5〉 참조).

첫 번째 요인들은 만약 그것이 없다면 불만족을 유발하는 것들이었다. 이 요인은 직무 장면에 관한 것으로 직무 환경이나 외적인 직무 그 자체와 관련된 것들이다. 그는 이것을 '위생 요인(hygiene factor, 예방적이고 환경적인 것을 의미하는 의학적 용어와 유사)' 또는 '유지 요인'이라고 명명하였으며, 이것이 불만족을 방지하는 데 기여한다고 제시하였다.

〈표 7-5〉 Herzberg의 2요인 이론

위생 요인(불만족 요인)	동기 요인(만족 요인)
회사 정책과 행정	성취
감독 방법(기술적)	인정
봉급	작업 자체
대인관계(감독자)	책임
작업 환경	성장과 승진

두 번째 요인은 만약 그것이 있다면 개인이 더 나은 노력과 업무 수행을 하도록 유발시키는 것들이다. 이 요인은 작업 자체의 내용과 주로 관련된다. 이것들은 '동기 요인(motivator factor)' 또는 '성장 요인'이며, 이 요인들의 강도는 만족하느냐, 만족하지 않느냐 하는 느낌에는 영향을 미치지만 불만족에는 영향을 미치지 않는다.

위생 요인은 Maslow 이론의 하위 욕구 수준, 동기 요인은 상위 욕구 수준과 대략적인 관련이 있다. 위생 요인에 대한 우선적인 관심은 불만족을 예방할 수는 있지만, 그 자체로 긍정적인 태도나 작업 동기를 창출해 내지는 않는다. 그는 만족과 불만족을 한 차원에 있는 서로 반대되는 것으로 본 것이 아니라 만족과 불만족을 별개의 차원으로 보았다. 즉, 불만족의 반대가 만족이 아니라 단지 불만족이 없는 상태이며, 만족의 반대가 불만족이 아니라 단지 만족이 없는 상태라는 것이다([그림 7-3] 참조). 따라서 부하들이 최선을 다해 일하도록 만들기 위해서 리더는 동기 요인 또는 성장 요인에 대한 적절한 주의를 기울여야 한다.

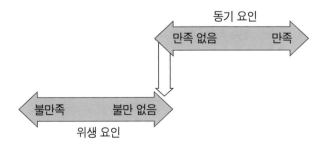

[그림 7-3] Herzberg 이론에서 직무 만족과 불만족의 관계

Herzberg는 위생 요인이 동기 요인에 비교해서 '2등 시민'이 아니라는 것을 강조하고 있다. 위생 요인도 동기 요인만큼이나 중요하지만, 단지 그 이유가 다를 뿐이다. 위생 요

인들은 작업에서의 불쾌함을 회피하는 데 필수적이며 불공정한 대우를 거부한다. 효과적인 지휘를 위해서는 작업 장면에서 부하들에 대한 적절한 대우와 기본 환경을 제공해 주는 것을 망각해서는 안 된다. 이에 반해, 동기 요인은 작업 장면에서 부하들에게 뭔가를 할 수 있도록 허용하는 것에 관련이 있다. 이러한 요인이야말로 진정한 의미에서 사람들을 동기 유발시키는 변수이다.

　동기 요인과 위생 요인의 비교가 [그림 7-4]에 제시되어 있다. 각 막대의 길이는 피험자들이 언급한 사건에서 그 요인이 발생한 빈도(퍼센트)를 나타낸다. 각 막대의 두께는 직무에 대한 좋은 기분 또는 나쁜 기분이 지속된 시간이 장기적이냐 단기적이냐를 나타낸 것이다. 기분의 단기 지속은 2주를 못가서 변화하기도 하며, 장기적으로 지속된 기분은 1년 정도가 지나야 변화되기도 하였다.

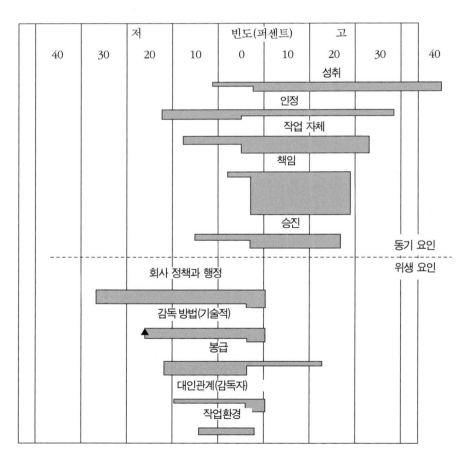

[그림 7-4]　동기 · 위생 요인의 비교

2요인 이론은 Maslow의 욕구 단계 이론을 확장시킨 것이며, 작업 장면에 직접적으로 적용하기가 더 쉬운 이론이다. Herzberg의 이론은 만약 리더가 긍정적인 동기 유발을 원한다면, 동기 요인뿐 아니라 위생 요인에도 관심을 기울여야 한다고 제안한다. 또한, Herzberg의 연구 결과는 훌륭한 업무 수행이 불만족보다는 직무 만족을 유발할 것이라는 것을 보여 주고 있다.

최초의 연구 이후에, Herzberg(1974)는 과학자, 엔지니어, 기술자, 전문 직업인, 간호사, 조립 라인 근로자 등과 같이 다양한 작업 집단을 대상으로 한 많은 반복 검증 연구를 진행하였다. 그 표집은 다양한 인종, 민족을 망라하고 있으며, 이 연구의 결과는 최초의 연구 결과와 매우 일치하고 있다.

하지만 Herzberg의 이론은 많은 논쟁거리를 제공하고 있다. 2요인 이론은 매력적인 측면이 많지만 몇 가지 부분에서 비판이 제기되었는데, 그것을 크게 두 가지 측면으로 요약할 수 있다. 첫째, Herzberg의 연구가 방법론적 제약이 있는 연구 절차를 사용했다는 점이다. 즉, 요인들을 측정하기 위해 그가 사용한 방법이 그 결과에 영향을 미쳤다는 것이다. 그는 '당신 직무에서 예외적으로 매우 기분이 좋았던 경우를 세부적으로 설명해 주시겠습니까?'와 '당신 직무에서 예외적으로 매우 기분이 상했던 경우를 세부적으로 설명해 주시겠습니까?'라는 두 가지 핵심적인 질문을 사용했다. 그런 질문에 대하여 사람들은 사회적으로 바람직한 대답을 하려는 경향이 있다. 반응자가 생각하기에 연구자가 듣고 싶어하거나 또는 '합리적인' 것처럼 들리는 대답을 하고자 한다는 것이다. 또한, 사람들은 자기 직무에서의 좋은 결과는 자신의 노력으로 귀인시키고, 나쁜 결과는 타인들에게 원인을 돌리려는 경향도 있다.

둘째, 과연 만족과 불만족이 두 개의 별개 차원인가 하는 의문이다(앞의 [그림 7-3] 참조). 이 이론을 검증하고자 하는 다른 연구자들의 연구 결과는 상당히 혼합된 결과를 보여 주고 있다. 일부 연구는 이론에 대한 지지 결과를 제공하고 있지만(Bockman, 1971; Filley, House, & Kerr, 1976), 다른 많은 연구자는 이 이론의 주장을 반박하고 있다. 예를 들면, Vroom(1964; 1982)은 2요인 이론이 연구를 통해서 도출할 수 있는 많은 결론 중의 하나일 뿐이라고 주장하였으며, House와 Wigdor(1967)는 개관 연구를 통해 Herzberg 이론이 개인차의 영향을 간과했다는 주장을 제기하였다. 즉, Herzberg가 이론에서 제시한 요인들이 한 사람에게는 직무 만족의 원인이 되기도 하지만, 다른 사람에게는 불만족의 원인이 될 수도 있으며, 그 반대의 경우도 가능하다는 것이다. 연구대상 표집 내에서 주어진 요인들은 만족과 불만족의 원인 둘 다 될 수 있다. 따라서 이들은 2요인 이론이 직무 만족과 직무 불만족의 원천을 과잉 단순화하고 있다고 결론을 내렸다. 그러나 이런 비판이 Herzberg 이론에 대한 심각한 의문을 제기하고는 있지만, 만족과 불만족이 두 개의 상이한 연속 차원이라는 개념을 완전히 기각하지는 못하였다.

이론의 타당성에 대한 많은 비판에도 불구하고, Herzberg가 작업 장면에서 동기 유발에 대한 경험적인 연구접근을 시도했다는 점에 대해서는 그 이론의 가치를 인정해야 할 것이다. 또한, 그는 직무 풍요화(job enrichment)를 달성하기 위한 직무 설계의 중요성에 대한 주목을 이끌어 냈다. Herzberg는 '작업생활의 질(quality of work life)'의 중요성을 강조했으며, 작업 장면에서의 동기 유발 요인, 직무를 보다 흥미롭게 만들어야 한다는 것, 그리고 고차적 수준의 욕구를 만족시켜야 한다는 것에 더 많은 강조점을 둘 수 있도록 직무를 재구조화할 것을 주장하였다.

(4) McClelland의 성취 동기 이론

McClelland의 연구는 배고픔 욕구와 사고 과정을 지배하는 음식 심상의 강도 간의 관계성에 대한 연구에서 비롯되었다. 일련의 연구를 통해 McClelland(1961)는 각성에 기반을 두고 있으면서, 사회적으로 발달되는 친화 욕구(n-Aff), 권력 욕구(n-Pow), 그리고 성취 욕구(n-Ach) 등의 세 가지 중요한 동기 요인이 있다는 것을 제안하였다.

이 세 가지 동기는 Maslow 욕구단계 상의 애정, 자존심, 자기실현 욕구와 대략적으로 상응되는 것들이다.

친화 · 권력 · 성취 욕구 등 세 가지 욕구의 상대적인 강도는 사람마다 상이하다. 그것은 또한 상이한 직업에 있어서도 다르다. 리더들은 친화 욕구보다는 성취 욕구가 더 높은 것처럼 보인다. McClelland는 성취 욕구가 국가의 경제적 성장과 성공에 영향을 미치는 가장 결정적인 요인으로 보았다.

McClelland의 연구에서는 여러 가지 투사적 검사가 사용되었다. 예를 들면, 피험자들에게 사람들의 활동이 그려진 여러 장의 사진을 보여 주면서, 그림을 관찰하도록 요구하였다. 그리고 12~15초 정도 시간이 지난 다음에 '그 사진에는 무슨 일이 일어나고 있으며, 그림 속의 사람이 무슨 생각을 하고 있는지, 무슨 사건이 현재의 그림과 같은 상황을 유발하였는지' 등에 대한 자신들의 생각을 묘사하도록 요구하였다. 그리고 각 개인의 묘사한 상황의 내용을 그 개인의 동기 강도를 분석하는 기초 자료로 사용되었다.

그 판단이 명백히 주관적인 본질을 지니고 있음에도 불구하고, McClelland(1962)는 수년간의 경험적 연구를 통해, 성취 욕구가 높은 사람들이 갖는 공통적인 세 가지 특성, 즉 개인적 책임의 선호, 중간 정도 난이도의 목표 설정, 구체적인 피드백 갈망을 제시하였다.

- 높은 성취 욕구자들은 문제해결에 대해서 개인적인 책임을 지는 것을 더 좋아한다. 그들은 팀웍이나 자신이 통제할 수 없는 우연적 요인에 의한 성공보다는 자신의 노력을 통해 성취를 해내는 것을 더 좋아한다. 과제를 달성하는 것에서 개인적 만족을 얻으며, 타인으로부터의 인정은 그다지 필요치 않다.
- 높은 성취 욕구자들은 중간 수준의 난이도를 갖는 성취 목표를 설정하는 경향이 있고, 그로 인해 비롯된 (계산된) 위험을 기꺼이 감수하려는 경향이 있다. 만약 과제가 너무 어렵거나 위험하다면 성공 확률과 그로 인한 욕구 만족을 얻는 기회는 감소한다. 그 반대로, 만약 그 행동 과정이 너무 쉽거나 안전하다면 과제 성취에 대한 도전감이 거의 없으며, 결과 성취로 인해 얻는 만족도 거의 없다.
- 높은 성취 욕구자들은 그들이 과제 수행을 얼마나 잘했는지에 대한 명확한 피드백을 원한다. 과제 수행 후, 적절한 시간 내에 제공되는 수행 결과에 대한 지식은 자기평가를 위해 필요하다. 피드백은 자신들의 목표 성취가 성공인지, 실패인지를 결정할 수 있도록 해 주며, 그들의 활동에 대한 만족을 이끌어 낼 수 있다.

성취 동기의 강도는 사람들마다 상이하다. 어떤 사람들은 다른 사람들보다 성취에 대해 더 많이 생각한다. 어떤 사람들은 성취 동기면에서 매우 높게 평가를 받으며, 그들은 목표 달성을 위해 열심히 일한다. 다른 사람들은 성취 동기면에서 매우 낮은 평가를 받으며, 성취에 대해 관심이 없고, 성공을 위해 열심히 노력하지도 않는다.

높은 성취 동기를 지닌 사람에게 금전적 보상은 성공에 대한 피드백을 제공하는 수단이 될 수 있다. 그들은 자신들의 높은 성취 결과에 대해 조직이 오랜 기간 동안 보상하지 않는다면, 그 조직에 남아 있으려고 하지 않을 것이다. 따라서 높은 성취 욕구자들에게 금전적 보상은 중요한 것이 될 수 있다. 하지만 그들에게는 금전 그 자체가 갖는 유인(외적 유인가)보다는 그 보상이 자신의 성공적인 과제 수행과 목표 달성의 상징이라는 점에 더 가치를 부여한다(내적 유인가). 성취 동기가 낮은 사람들에게는 금전적 보상이 업무 수행에 대한 더 직접적인 유인으로 작용할 것이다.

McClelland는 높은 성취자의 특성을 이해하려는 연구를 시도하였다. 그는 성취 동기가 유전적인 것이라기보다는 환경적인 영향의 결과로 발달한 것이라고 제안했으며, 사람들을 성취 동기 계발을 위해 훈련시킬 수 있는지 여부를 탐구하기도 하였다.

McClelland는 성취 동기를 발달시키기 위한 4단계를 다음과 같이 제안하였다.

- 수행에 대한 피드백을 얻고자 노력해라. 성공으로 인한 강화는 더 높은 업무 수행을 얻고자 하는 욕구를 강화시키는 역할을 한다.
- 경쟁을 위해 성취의 모델을 찾아라.
- 자기 이미지를 수정하고, 스스로를 도전과 성공을 추구하는 사람인 것처럼 보도록 노력하라.
- 자신에 대한 백일몽과 생각들을 보다 긍정적인 것으로 만들기 위해 통제를 하라.

McClelland는 미개발 국가의 경제적 성장에 관심이 있었다. 그는 리더의 성취 동기와 사내 기업가적 활동을 증가시키는 훈련 프로그램을 설계하였다. 아울러 그는 효과적인 리더는 높은 권력 욕구를 지녀야 한다고 주장하였다. 그러나 효과적인 리더는 억제력에서도 높은 점수를 받아야 한다. 권력은 조직과 집단 목표를 위해 지향되어야 하며, 또한 권력은 다른 사람들을 위하여 더욱더 사용되어야 한다. 이것이 '사회화된' 권력이며, 다른 사람 위에서 군림하며, 자기이익 증대를 통해 만족을 추구하는 것으로 특징지어지는 '개인화된' 권력과 구별된다고 제시하였다.

(5) 내용 이론들 간의 관계성

욕구 이론, 2요인 이론 그리고 성취 동기 이론 등과 같은 기본적인 동기 유발적 개념을 강조하는 네 가지 내용 이론들 간의 관계성에 대한 도식이 [그림 7-5]에 제시되어 있다.

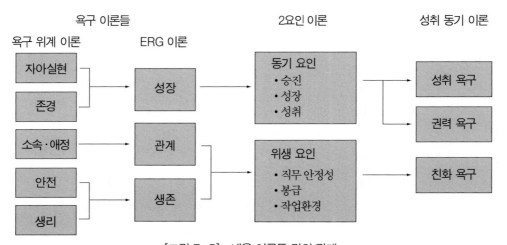

[그림 7-5] 내용 이론들 간의 관계

5단계 욕구 이론은 ERG 이론의 기초를 제공하고 있다. 그러므로 두 이론 간에는 몇 가지 중요한 유사성이 내포되어 있다. 자아실현 및 존경의 욕구는 성장 욕구와, 소속감 및 애정의 욕구는 관계 욕구와, 그리고 안전과 생리적 욕구는 생존 욕구에 대응된다. 두 이론 간의 중요한 차이점은 욕구 위계 이론이 달성-진행에 기반을 둔 정적인 욕구체계를 제시하였으나, ERG 이론은 좌절-퇴행에 기반을 둔 유동적인 3단계 욕구체계를 제시하였다는 것이다.

2요인 이론은 앞의 두 가지 욕구 이론에 잘 대응될 수 있다. 만약 위생 요인이 제공된다면, 욕구 위계 이론의 안전과 생리적 욕구에 잘 맞아 들어갈 수 있다. ERG 이론의 경우에는 위생 요인이 관계 욕구와 생존 욕구의 충족으로 상응될 수 있을 것이다. 동기 요인은 직무 자체에 초점을 두고 있으며, 사람들의 상위 단계 욕구나 ERG 이론의 성장 욕구를 만족시킬 수 있을 것이다.

성취 동기 이론은 욕구 단계상의 하위 욕구를 인정하지 않는다. 만약 부하가 직무를 통해 위생 요인을 만나게 된다면, 친화 욕구가 충족될 수 있을 것이다. 만약 직무 그 자체가 도전적이고 개인에게 의미 있는 의사결정을 할 기회를 제공해 준다면, 이것은 성취 욕구를 만족시킬 수 있는 조건들이 될 것이므로 그 사람을 동기 유발시킬 수 있을 것이다.

전체적으로 볼 때, 내용 이론은 리더들에게 동기 유발 과정을 시발하는 특정한 작업 관련 요인들을 이해하는 데 도움을 준다. 그러나 이 이론들은 왜 사람들이 과제 관련 목표를 수행하기 위해 특정한 행동들을 선택하게 되는지를 이해하는 데는 도움을 주지 못한다. 이런 선택이란 측면은 동기 유발 과정 이론의 주요 초점이며, 다음 절에서는 동기 유발의 과정 이론을 개관해 보고자 한다.

2) 과정 이론

과정 이론은 동기 유발시키는 역동적 변수 간의 관계성을 찾아내고자 시도하였다. 이 이론은 행동이 어떻게 시작되고, 지향되며, 유지되는가에 보다 관심을 두고 있다. 과정 이론은 실제적인 '동기 유발 과정'에 강조점을 두는데, 이 범주에 속하는 이론으로는 Vroom이나 Porter와 Lawler의 기대 이론, Adams의 공정성 이론, Locke의 목표 이론 등이 있다.

기대 이론은 내적인 동기 요인보다는 환경적 보상과 행동을 관련시키려고 시도하고 있으며, 왜 보상이 행동을 이끌어 내는지를 설명하는 인간의 인지적 과정과 관련이 있다. 공정성 이론은 욕구나 환경적 보상 그 자체보다는 개인의 가치에 관심을 두고 있다는 면에서 매우 독특하다. 이 이론은 작업장의 사회적 관계에서 사람들은 공정성이라는 것에 일반적으로 가치를 부여하고 있으며, 불공정이나 형평성이 어긋나는 상황에서 사람들은 그것을 바로잡기 위해서 동기화된다고 가정하고 있다. 목표 이론은 사람들의 목표나 의도들이 어떻게 행동으로 귀착되는지를 설명한다. 욕구 이론처럼, 이 이론은 동기 유발이 개인의 내부에서 시작된다고 보지만, 환경적 영향이 동기 유발과 행동에 어떻게 영향을 미치는지를 설명하고 있다.

(1) 기대 이론

Vroom(1964) 이후 30여 년간 기대 이론이 발달해 왔다. 기대 이론의 기본 가정이 되는 네 가지 전제는 다음과 같다.

첫째, 개인 내적인 힘과 환경적인 힘의 조합을 통해 행동이 결정된다. 따라서 개인적인 것이나 환경적인 것만으로 행동을 결정하지는 못한다. 사람들은 자신들의 욕구, 동기, 과거 경험 등을 바탕으로 자신의 직무에 대한 기대를 가지고 조직에 들어온다. 이 요인은 사람들이 조직에 대해 어떻게 반응할 것인가를 결정한다.

둘째, 사람들은 조직 내에서 자신의 행동에 대해 결정을 내린다. 비록 개인의 행동 결정에는 많은 제약 조건(예를 들면, 규칙, 규제, 기술 그리고 작업집단 규범 등)이 존재하지만, 대부분의 사람은 두 가지 유형의 의식적인 의사결정을 하는데, ① 출근 여부, 조직 잔류 여부, 이직 여부 등을 결정하는 조직원 결정, ② 생산량 조절, 노력 투여량 조절, 작업의 질 등을 결정하는 직무 수행 결정이다.

셋째, 사람들은 각기 다른 욕구와 목표를 가지고 있다. 모든 부하가 자신의 직무를 통해 동일한 것을 원하는 것이 아니며, 그들은 서로 상이한 유형의 결과물을 원한다(예를 들면, 직무 안정성, 승진, 후한 보수, 도전감 등).

넷째, 사람들은 자신이 선택한 행동이 원하는 결과물을 얻는 데 도움을 줄 것인지 여부에 대한 자신의 지각을 바탕으로 여러 대안 중에서 선택을 한다. 사람들은 여러 대안 중에서 자신이 원하는 결과물을 유발할 것이라고 생각되는 행동을 하려고 하며, 원하지 않는 결과물을 유발할 것으로 생각되는 행동은 하지 않으려는 경향이 있다는 것이다.

일반적으로, 기대 이론은 사람들이 자신의 작업을 통해 무엇을 얻고자 하는지에 대한 욕구나 생각들을 지니고 있다고 가정한다. 그리고 사람들은 이런 욕구나 생각들을 기반으로 어느 조직에 들어갈 것인지, 또는 어떤 일을 열심히 할 것인지를 결정한다. 또한, 기대 이론은 사람들이 본래부터 동기 유발되어 있거나 동기 유발되어 있지 않은 것은 아니라는 입장을 견지한다. 동기 유발이란 개인들이 마주치는 상황과 어떻게 그들의 욕구를 충족할 것인지에 의해 결정된다는 것이다.

① 기대 이론의 중요 개념들

기대 이론을 이해하기 위해서는 이 이론에서 제시한 중요한 네 가지 변수를 정의하고, 그것들이 어떻게 작동되는지를 설명할 필요가 있다. 네 가지의 가장 중요한 변수란 일차적 결과물과 이차적 결과물, 기대감, 도구성, 유인가이다.

일차적 결과물과 이차적 결과물 직무 자체를 행하는 것과 관련된 행동의 결과들은 일차적 결과물이라고 부른다. 이것은 생산성, 결근율, 전직 그리고 작업의 질과 같은 결과를 말한다. 이차적 결과물이란 봉급 인상, 승진, 동료들의 승인, 직무 안정성 등과 같이 일차적 결과물이 부수적으로 만들어 낼 것 같은 긍정적·부정적 결과물들을 말한다.

기대감 어떤 특정 노력 수준이 일정한 성과 수준을 이끌어 낼 것이라는 믿음을 기대감(expectancy)이라고 부른다(즉, 행동과 일차적 결과물 간의 관련성에 대한 기대 확률). 이 기대감은 0에서 +1 사이의 값을 갖는다. 즉, 투입한 노력과 성과 간에 아무런 관계성이 없는 수준(0)에서부터 투여된 노력 수준이 상응하는 성과 수준을 유발할 가능성이 확실한 수준(+1)까지 다양할 수 있다. 예를 들면, 당신이 기말 시험에서 이 장에 대해 높은 점수를 받을 가능성이 전혀 없다면, 당신의 기대값은 0에 해당할 것이며 이 장을 공부하지 않을 것이다.

도구성 어떤 업무 성과가 자신이 원하는 결과물을 가져다 주거나 혹은 원하지 않는 결과물을 회피하게 해 줄 것이라는 믿음을 도구성(instrumentality)이라고 부른다(즉, 일차적 결과물과 이차적 결과물 간의 관련성). 이 값은 −1에서 +1 사이의 값을 갖는다. 도구성이 −1에 가깝다는 것은 일차적 결과물을 달성할수록 오히려 원하지 않는 결과를 얻게 될 것이라 믿음의 정도가 매우 높다는 것을 의미한다. 반면, +1에 가까울수록 일차적 결과물이 이차적 결과물과 정적인 상관을 가질 것이라는 믿음이 크다는 것을 말한다. 예를 들어, 당신이 원하는 이차적 결과물이 학점이라 한다면, 일차적 결과인 점수를 통해 그 과목에서 A학점을 받았다면, 당신이 원하는 이차적 결과물 획득의 가능성은 +1에 근접할 것이다. 만약 당신의 시험 성적과 이 과목의 학점이 아무런 관계성이 없다면, 당신의 시험 성적의 도구성은 0에 근접할 것이다.

유인가 특정한 이차적 결과물에 대한 개인의 선호도를 유인가(valence)라고 부른다. 예를 들어, 어떤 작업 집단의 경우는 임금 인상이 적더라도 직업 안정성이 높은 조건을 선호할 수 있으며, 다른 집단의 경우는 직업 안정성이 낮더라도 높은 임금 인상을 원할 수도 있다. 개인이 그 결과물을 선호하거나 원한다면 그것은 정적인 값을 가지며, 개인이 그 결과물을 선호하지 않거나 회피하고자 한다면 그것은 부정적인 값을 갖는다. 만약 개인이 어떤 결과물을 받는 것에 무관심하다면, 그것은 0의 유인가를 갖는다.

요약하면, 기대 이론은 작업 동기라는 것이 노력을 통한 일차적 과제 달성에 관한 개인적 신뢰와 과제 달성이 작업자가 원하는 이차적 결과물을 발생시킬 것이라는 믿음, 그리고 그 작업 결과물에 대한 개인적인 선호 정도에 의해 결정된다는 입장을 견지하고 있다. 간단히 말하면, 이 모델의 중요한 골격을 다음과 같은 틀로 쉽게 기억할 수 있을 것이다.

② 기대 이론의 일반적 모델

앞의 네 가지 핵심 변수들을 사용하여, 다음의 [그림 7-6]과 같은 일반적인 기대 이론 모델을 만들 수 있다. 동기 유발이란 개인이 노력을 증가시키도록 유발하는 힘을 말한다. 하지만, 노력만으로는 충분하지 않다. 만약 개인이 자신의 노력이 원하는 어떤 성과 수준

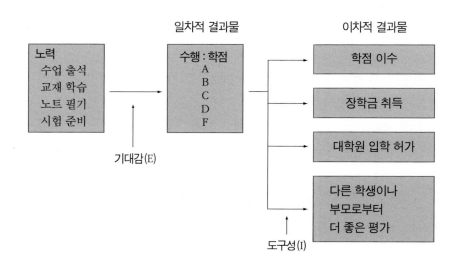

[그림 7-6] 기대 이론의 모형 예

(일차적 결과물)에 도달하도록 할 것이라고 믿지 않는다면, 그 사람은 많은 노력을 기울이지 않을 것이다. 노력-성과 관계성은 특정한 행동(예를 들면, 이 과목에서 A를 받는 것)을 성취하는 것이 얼마나 어려운가 하는 것과 그 행동을 달성할 가능성에 기반을 두고 있다. 예를 들어, 당신은 만약 수업에 빠지지 않고, 책을 공부하고, 노트 정리를 잘하며, 시험을 준비한다면, 이 과목에서 A를 받을 것이라는 높은 기대를 가질 수 있다. 반면에 당신이 수업에 빠지지 않고, 책을 공부하며, 노트를 잘 정리하고 시험을 준비할 경우에 A를 받을 확률이 20%라고 믿는다면, 당신이 A를 받기 위해 노력을 증대시킬 가능성은 훨씬 적을 것이다.

성과 수준은 원하는 이차적 결과물을 얻는 데 중요하다. [그림 7-6]에는 학점 이수, 장학금 취득, 대학원 입학 허가 획득, 다른 학생이나 부모로부터 더 좋은 평가를 받는 것 등의 네 가지 갖고 싶은 결과물이 있다. 일반적으로, 만약 당신의 특정한 수행 수준(A, B, C, D 또는 F학점)이 이러한 욕구적 결과물을 받도록 해 준다면, 당신은 그 수준을 달성하기 위해 노력할 가능성이 있다. 만약 당신이 이 네 가지 결과물들을 진정으로 원하고, 오로지 이 과목에서 A를 받아야만 그것들을 달성할 수 있다면, A를 받는 것과 이 네 가지 결과물 간의 도구성은 +1의 값을 가질 것이다. 반면, 만약 당신이 이 과목에서 A를 받는 것이 오히려 당신에게 매우 중요한 친구들을 잃는다는 것을 의미한다면, A학점과 이 결과물 간의 도구성은 부적인 값이 될 것이다. 예를 들어, 학점이 높을수록 더 많은 친구가 당신을 무시하게 될 것이라고 생각되는 상황이라면, 당신은 아마도 이 과목에서 A를 받으려고 하지 않을 것이다.

기대 이론을 검증하기 위한 연구는 여전히 진행되고 있지만, 그 검증 연구의 결과는 기대 이론에 대한 몇 가지 문제점을 제기하고 있다(Stahl & Grisby, 1987; Kopleman, 1979; Locke, Motowidlo, & Bobko, 1986).

첫째, 이 이론은 사람들의 행동 선택이나, 하나 또는 그 이상의 과제에 대한 노력량을 증가시키는 것을 예언하고자 시도하고 있다. 하지만 상이한 사람들 간의 선택이나 노력이 무엇으로 구성되는지에 대해 동의된 것이 없다. 다시 말해서, 이 중요한 변수를 정확하게 측정하는 것이 어렵다.

둘째, 기대 이론은 주어진 상황에서 특정한 개인이 어떤 이차적 결과물을 원하는 것인지에 대해 세부적인 설명을 제시하지 않고 있다. [그림 7-6]을 다시 보자. 당신은 그 결과물들을 갖고 싶은가? 당신이 선택하고 싶은 다른 결과물은 없는가?

셋째, 이 이론은 동기 유발이 의식적 선택 과정이라는 암묵적 가정을 내포하고 있다.

즉, 사람들은 선택을 할 때 고통을 회피하고 즐거움을 얻기 위해 의식적으로 계산한다는 것이다. 그러나 사람들은 종종 자신이 추구하는 결과물들에 대한 의식적 선택 과정이 없이도 행동을 한다. 하지만, 기대 이론은 무의식적 동기나 개인의 성격적 특성에 대해서 아무런 언급을 하지 않고 있다.

(2) 공정성 이론

Herzberg와 그 동료들에 의해 연구된 직무 불만족 요인 중에서 가장 빈번하게 보고된 것 중의 하나가 '불공정감'이다. 일부 연구자(Adams, 1963)는 이러한 공정, 공평성, 형평에 대한 추구를 그들 이론의 중심적인 초점으로 제시하기도 하였다. 당신이 5%의 임금 인상을 받았다고 하자. 이만큼의 임금 인상이 당신의 업무 수행을 더 좋게 만들 것인가? 아니면 더 나쁘게 만들 것인가? 또는 아무런 변화를 일으키지 않을 것인가? 당신은 그 정도의 인상에 만족하는가? 이만큼의 인상에 대해 당신이 만족한다면 소비자 물가 상승분을 충족시켜 주기 때문인가? 당신이 구매하고 싶은 것을 얻을 수 있도록 해 주기 때문인가? 아니면 다른 조직에서 당신과 유사한 직무를 수행하는 사람이 비슷한 성과 수준에서 받는 액수이기 때문에 만족하는가?

공정성 이론(equity theory)은 사람들이 타인과 비교해서 자신이 얼마나 공평하게 대우받고 있는가에 대한 개인적인 느낌에 초점을 둔다. 이 이론은 두 가지의 주요 가정을 지니고 있다.

첫째, 사람들은 집, 주식, 차를 사고 파는 과정에서 이루어지는 평가처럼 자신들의 대인 관계를 평가한다. 이 이론은 사람들 간의 관계를 교환적(어떤 기여를 하고, 그에 대한 보상을 기대하는) 과정으로 개념화하고 있다.

둘째, 사람들은 공허한 상태에서 움직이는 것이 아니다. 대신, 자기가 처한 상황이 공정한지 여부를 결정하기 위해 다른 사람들의 상황과 비교한다. 어떤 교환을 우호적인 것으로 보는 정도는 타인들의 교환 결과와 비교하는 과정에 의해 영향을 받는다. 이러한 타인에는 동료, 친구, 친척, 이웃 등이 포함된다.

① 일반적인 공정성 모델

공정성 이론은 투입과 산출이라는 두 변수 간의 비교에 기초하고 있다. 투입은 개인이 교환 과정에 기여한 정도를 말하며, 산출이란 교환 과정으로부터 개인이 받은 것을 말한다. 몇 가지 일반적인 투입과 산출 목록이 〈표 7-6〉에 제시되어 있다.

〈표 7-6〉 조직 장면에서의 일상적인 투입과 산출 목록

투입	산출
연령	도전적인 직무 부여
출근	부가적 급부(fringe benefit)
의사소통 기술	직무적 특권(주차 공간, 사무실 위치 등)
개인관계 기술	직무 안정성
직무 노력(장시간)	승진
교육 수준	인정
과거 경험	책임
업무 성과	봉급
개인적 용모	연장자 대우
연공(年功, seniority)	직위 상징물
사회적 지위	작업 조건
업무 기술	
훈련	

출처: Hellriegel, Slocum, & Woodman(1989).

공정성 이론에 따르면, 사람들은 상황에 대한 자기의 지각에 따라 다양한 투입과 산출에 대해 임의적인 가중치를 부여한다. 대부분의 교환 과정에 다양한 유형의 투입과 산출들이 관련되어 있으므로, 가중치를 부여하는 과정이 정교하지는 않다. 하지만 사람들은 일반적으로 중요한 투입·산출과 덜 중요한 투입·산출을 구분할 수는 있다. 그들은 자신의 투입과 산출의 비율을 판단한 다음에 자기와 동일하거나 유사한 상황이나 조건에 있는 관련 타인들(준거집단)의 투입·산출 비율에 대한 자기의 지각 내용과 비교를 한다. 따라서 이와 같은 준거집단은 자신이 공정하게 대우받고 있는지 여부를 결정하는 비교 대상이 된다.

자신의 투입·산출 비율과 타인들의 투입·산출 비율이 동일하거나 비슷할 경우에 '공정성'이 성립한다. 예를 들어, 타인이 투입한 양에 대한 보수의 비율이 자신의 투입량에 대한 보수 정도와 비교하여 적절히 대우받고 있는지를 판단한다. 자신과 타인의 투입·산출 비율이 균등하지 않을 경우에 '불공정성'을 지각한다. 예를 들면, A라는 사람이 동료들보다 일을 더 열심히 하고, B나 C가 작업 완료 시간을 준수하지 못한 데 반해 A는 모든 작업을 시간 내에 완수하고, B나 C보다 더 많은 시간을 작업을 위해 투여했는데, A, B, C가 동일한 임금 인상을 받았다고 하자. 어떤 일이 일어나겠는가? A는 자신의 투입량이 B나 C보다 많았기 때문에 더 많은 봉급 인상을 받아야 한다고 생각할 것이다. 마찬가지

로, 불공정성의 지각은 과잉 보수를 받을 경우에도 또한 발생할 수 있다. 이런 경우에, 과잉 보수를 받은 부하는 다른 동료들과 비교해서 자신의 투입·산출 비율이 불공정함을 감소시키기 위해 일을 더 열심히 해야 한다는 사회적 압력과 죄책감에 의해 동기 유발이 되어질 것이다.

② 불공정의 결과

불공정은 개인 내에서, 또는 사람들 사이에 긴장을 유발시킨다. 긴장은 유쾌하지 못한 것이므로 사람은 그것을 견딜 수 있을 만한 수준으로 감소시키기 위해 동기 유발된다. Adams의 공정성 이론에서의 동기 유발 과정에 대한 도식이 [그림 7-7]에 제시되어 있다. 지각된 불공정과 그에 상응하는 긴장 수준을 감소시키기 위해, 사람들은 다음과 같은 행동 유형 중에서 자신의 행동을 선택할 수 있다.

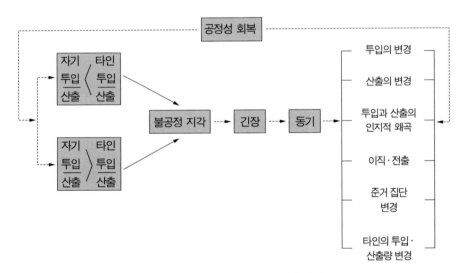

[그림 7-7] Adams의 공정성 이론

투입의 변경 균등한 수준을 만들기 위해, 자신들의 투입량을 상향 조정 또는 하향 조정할 수 있다. 예를 들면, 과소 보상을 받는 사람들은 자신의 경력이나 교육을 감소시킬 수는 없지만, 생산품의 질을 저하시킬 수도 있고, 더 짧은 시간만 일할 수도 있으며, 더 자주 결근을 하는 등의 행동을 할 수 있다.

산출의 변경 공정성을 유지하기 위해 산출을 변화시키려고 한다. 대개의 경우는 산출을 증가시키려는 시도가 많은데, 노조의 힘을 이용하여 더 나은 작업 조건이나 임금 인상을 획득하려는 시도 등이 이에 해당될 것이다.

투입과 산출의 인지적 왜곡 실제로 투입량이나 산출량을 변화시키지 않고, 인지적으로 변경시킨다. 예를 들면, 투입과 산출의 중요도와 가중치를 변경시키는 방법이다. 예를 들면, 불공정하게 대우받고 있다고 느끼는 사람이 자신의 작업 시간을 더 적게 판단('나는 많이 일한 것이 아니야!')함으로써 자신의 투입량을 인지적으로 감소시키거나, 또는 자기 직무의 중요성을 증가시키려고 시도('나는 정말 중요한 일을 맡고 있어!')함으로써 산출량을 인지적으로 증가시키는 행동을 할 수도 있다.

이직·전출 사람들은 불공정 지각 시 조직을 떠나거나 다른 부서로 전근할 것을 요구할 수도 있다. 그것을 통해, 그들은 새로운 상황에서 투입과 산출 사이의 보다 균형된 상태를 찾으려고 시도할 수 있다.

준거집단 변경 자신의 준거집단을 변경함으로써 불공정감의 원천을 변화시키려고 시도할 수 있다. 예를 들면, 동기가 먼저 승진·진급을 했을 경우, 그를 준거집단에서 제외시킴으로써 불공정감을 감소시키려고 시도할 것이다.

타인의 투입·산출량 변경 타인의 투입·산출량을 인지적으로 왜곡하여 평가하거나, 실제로 타인의 투입·산출량을 변화시키려고 시도할 수도 있다. 극단적인 경우는 타인이 그 조직을 떠나도록 압력을 행사할 수도 있다.

공정성 이론에 대한 대부분의 연구는 보수나 다른 보상 문제들에 초점을 두고 있다. 하지만 이 연구(Huseman, Hatfield, & Miles, 1987; Brockner, Greenberg, Brockner, Bortz, Davy, & Carter, 1986)를 개관해 보면 몇 가지의 문제점이 있다.

첫째, 비교 대상인이나 비교 대상 집단이 항상 세부적으로 지정되어 있다. 사람들에게 자신을 어떤 특정인과 비교하도록 요구하는 것이 통상적인 연구 절차인데, 만약 상황이 변화한다면, 그 사람이 다른 비교 대상인이나 집단을 선택할 것인가? 사람들이 또한 자신의 직무 경력 동안의 다양한 시점에서 비교 대상인을 변화시키는가 등에 대한 응답이 부족하다.

둘째, 그 연구들은 주로 단기간의 비교에 초점을 두고 있다. 사람들이 투입이나 산출이라고 판단하는 것들이 오랜 시간 변화에 걸쳐 동일하게 남아 있는가? 만약 불공정한 상태가 장기간 지속된다면 어떤 일이 일어날 것인가를 연구하는 종단적 연구가 필요하다. 불공정성의 지각이 증가하는가, 감소하는가, 아니면 안정적인가? 이런 질문에 대한 대답을 통해 공정성과 불공정성의 역동적 특성을 더 잘 이해할 수 있을 것이다.

셋째, 공정성 이론은 한 개인이 주어진 상황 속에서 불공정을 감소시키기 위해 (앞의 여섯 가지 행동 대안 중에서) 어떤 행동 유형을 선택할 것인지를 세부적으로 예견하지 못한다.

(3) 목표 이론

조직 심리학자들에게 가장 유용한 이론은 아마도 목표 설정 이론(Locke & Latham, 1990)일 것이다. 이 이론의 기본적인 아이디어는 사람들의 행동이 그들의 내적 의도, 목표, 또는 목적(이 세 가지 용어는 상호 호환적으로 사용된다.)에 의해 동기화된다는 것이다. 예를 들어, 세일즈맨은 매달 일정량의 상품을 판매하겠다는 목표를 설정할 수 있다. 목표가 성과와 관련된 특정한 행동과 밀접하게 결합될 수 있으므로, 목표 설정 이론은 행동과 매우 강한 연결성을 갖고 있다.

이 이론에 의하면, 목표란 한 개인이 의식적으로 획득·달성하고자 원하는 것을 말한다. 목표는 '다음 시험에서 A학점을 받는다'와 같이 구체적인 것일 수도 있고, '학교 생활을 잘한다'와 같이 일반적인 것일 수도 있다. 후자의 일반적인 목표는 종종 전자와 같은 구체적인 목표 몇 개가 결합된 것일 수 있다. Locke와 Henne(1986)는 목표가 행동에 영향을 미치는 네 가지 방식에 대해 언급했다. 첫째, 목표는 목표 달성에 도움이 될 것이라고 기대되는 행동에 개인의 주의와 활동을 지향하도록 해 준다. 시험에서 A를 받고자 하는 목표를 가진 학생은 교재를 읽는다거나 수업 노트를 복습하는 등 학습 행동에 열중할 것이라고 기대할 수 있다. 둘째, 목표는 그 사람이 더 열심히 노력을 집중하도록 해 준다. A학점을 받는 목표를 설정한 학생은 교재를 학습하기 위해 더욱 집중할 것이다. 셋째, 목표는 목표 달성에 필요한 행동에 더 많은 시간을 소비하도록 함으로써 지속성을 증대시킨다. A학점을 받고자 하는 학생은 공부에 더 많은 시간을 보낼 것이다. 넷째, 목표는 그것을 획득하는 효과적인 전략을 탐색하도록 동기 유발시킨다. 즉, 성실한 학생은 효과적인 학습 방법과 좋은 수험 전략을 배우기 위해 시도할 것이다.

목표 설정 이론은 사람들이 자신의 목표를 달성하기 위해 노력을 경주할 것이며, 직무 수행이란 목표의 함수라고 예언하고 있다. 조직적인 관점에서 볼 때, 목표 설정은 직무 수행을 유지하거나 증진시키는 효과적인 수단이 될 수 있으며, 많은 조직이 이를 위해 목표 설정 방법을 활용하고 있다.

목표 설정이 직무 수행을 증진시키는 데 효과적이기 위해서는 몇 가지 필요 요인이 있다고 Locke와 Henne는 제시하고 있다. 첫째, 목표에 대한 부하들의 몰입이 있어야 한다. 조직의 목표가 반드시 부하 개인의 목표일 수는 없으며, 오로지 개인의 목표만이 행동을 유발시킬 수 있다. 둘째, 사람들이 피드백을 받지 않는다면, 행동을 목표로 지향시켜 가기 어려울 것이다. 따라서 부하들의 행동이 목표에 다가가고 있는지 아니면 멀어지고 있는지를 알려 줄 수 있는 피드백 과정이 필요하다. 셋째, 목표가 어려울수록, 수행이 더 좋아질 가능성이 많다. 비록 사람들이 항상 자신의 목표를 달성하는 것은 아니지만, 목표가 어려울수록 최소한 그 개인의 능력 한계까지는 더 나은 수행 성과를 보일 수 있을 것이다. 넷째, 막연히 '최선을 다하라'는 목표보다는 구체적인 목표가 훨씬 효과적이다. 막연한 목표도 효과적일 수 있지만, 구체적인 목표는 사람들에게 언제 최선을 다해야 하는지를 알려 주기 때문에 더 효과적이다.

목표 설정 이론은 연구들에 의해 잘 지지되고 있으며 조직 심리학 영역에서는 현재 가장 널리 이용되는 동기 유발 이론이다. 이 이론의 전제는 상당히 많은 연구의 주제가 되고 있을 뿐만 아니라, 목표 설정이 직무 수행을 증진시키는 인기 있는 방법이기도 하기 때문이다. 이 이론과 관련된 연구는 성공적인 목표 설정 프로그램이 되기 위해서는 앞서 제시된 것과 같은 중요 요인이 필수적이라는 점을 강조하고 있다.

3. 동기 유발 방법

동기 유발 방법은 매우 다양하며, 각각의 방법이 실행되는 조건 또한 다양하다. 즉, 어떤 방법은 주로 리더 개인 수준에서 사용되는 반면, 어떤 방법은 조직 전체 수준에서 주로 사용되기도 한다. 여기에서는 앞에서 언급한 욕구 이론, 기대 이론, 목표 이론 등을 리더들이 현장 장면에서 적용할 수 있는 세부적 동기 유발 방법에 대해 논의해 보고자 한다. 아울러 가장 흔히 사용되는 보상과 처벌, 특히 화폐적 보상에 대해서도 다룰 것이다. 여기에서 다루지 않았다고 해서 결코 다른 동기 유발 방법이 효과가 없다거나 이론적 근거가 부족한 것은 아니라는 점을 밝혀 두고 싶다. 다만 동기 유발에 있어서 가장 쉽게 떠올릴 수 있는 방법을 다룬 것뿐이다.

1) 동기 유발 접근 방법

부하들에게 요구되는 바람직한 직무 행동을 보다 적극적으로 하도록 만드는 방책에는 여러 가지가 있을 수 있다. 작업 조건을 변경시켜 준다든가, 리더가 부하들을 다루는 태도나 행동을 바꾼다든가, 조직의 규정이나 구조를 변화시키는 것 등이다. 이중 어떠한 방법이 조직 목표 달성이나 성원의 욕구 충족을 동시에 최대한 끌어올릴 수 있는가는 리더의 성격 및 인간관, 업무의 특성 및 시급성, 구성원의 능력 및 욕구 수준, 조직의 재원 및 분위기 등을 고려하여 결정해야 할 것이다.

Deep(1978)는 이런 고려를 바탕으로 리더들이 사용할 수 있는 지시적 방법, 가부장적 방법, 협정적 방법, 경쟁적 방법, 참여적 방법 등의 다섯 가지 동기 유발 접근 방법을 제시하고 있다.

(1) 지시적 방법(Directiveness)

리더가 일방적 권위를 가지고 작업을 결정하고 지시한다. 이에 대해 부하들은 의견 제기 없이 단지 복종만 하도록 요구받는다. 지시에 불응하면, 감봉, 전직, 해고, 기타의 물리적·심리적 불이익이 주어짐을 암시하거나 위협한다. 즉, 리더가 원하는 대로 행동하지 않을 경우 피해가 있을 것이라는 예상, 공포를 수단으로 부하들의 행동을 조정하는 방법이다.

이 같은 방법을 자주 사용하는 리더는 성격적으로 고집이 세고, 권위주의적이며, 부정적 인간관을 갖고 있다. 즉, 감독하지 않으면 일하려 하지 않는다고 믿고 적극적인 통제를 행사하는 것을 좋아한다. 업무는 비교적 단순하고 지루하여 업무 자체의 만족보다는 업무 외의 목적, 즉 금전적 보상의 획득이나 위협 회피 수단으로 마지못해 이루어지거나, 업무의 성격상 시급한 경우에 사용된다. 조직 환경 면에서는 대규모 조직으로서 대부분의 정책이나 업무의 결정이 상급 제대에서 이루어지는 경우에 흔히 사용된다.

지시적 방법의 적합성은 부하 당사자의 수용 태도에 달려 있다. 부하 스스로가 자신들의 능력 결함이나 의욕 부족을 느끼고 있어 외부적 압력의 불가피성을 인정하거나, 리더가 인격이나 능력 면에서 부하들보다 상대적 우월하다는 것을 부하들이 인정하거나, 자신의 현재의 직책 및 처우에서 다른 대안이 불가능한 경우, 즉 현재가 최선이라고 믿어지면 이 방법은 효과적일 수 있다.

그러나 이 방법이 장기적으로 사용되면 구성원들은 소극적·무감동적인 부하들로 변화며, 지시하지 않으면 아무것도 하지 않으려는 등 궁극적으로 처벌받지 않는 것을 조직 생활의 목표로 삼는다. 뿐만 아니라 작업 과정에서 쌓인 스트레스를 해소하기 위해서 혹은 조직에 대한 반감으로 집기를 부수거나 경쟁 조직에 유리한 기밀을 누설하거나, 불평, 유언비어 유포, 허위 보고 등의 부정적인 결과들을 초래할 수도 있다.

(2) 가부장적 방법(Paternalism)

어버이가 자식에게 잘해 주면 잘해 준 만큼 효도할 것이라는 소박하고 막연한 바람으로 모든 자식의 문제를 헌신적으로 돌봐 주듯이, 부하에게 골고루 돌아갈 수 있는 여러 가지 복지 수단을 강구해 주는 방법이다. 이 접근법의 기본적 가정은 부하에게 좋은 처우를 해 주면 생산성이 높은 훌륭한 조직 구성원이 될 것이라는 믿음이다.

지시적 방법이 인간의 기본적 욕구가 불충분한 상태에서 이 욕구의 충족을 위협하는 조건들을 사용하여 업무의 열성을 유도하는 것인 반면, 가부장적 방법은 안전 · 안정 욕구 및 소속 욕구가 불충족된 부하들에게 업무 수행 과정을 통해 이 욕구들을 충족시켜 줌으로써 업무 열성을 유도하려는 방법이다. 즉, 사기 및 복지 향상을 위해 특별 휴가나 연금, 보너스, 시설 활용, 할인 구입 등의 혜택을 제공한다든가, 부하들에 대한 각별한 관심과 애정을 베풀어 가정적 분위기를 조성하는 것 등이다. 업무 수행 방법이나 상하 관계는 지시적 방법과 큰 차이가 없고, 다만 각별한 애정과 보호를 더해 준다는 점에서 '자애로운 지시적 방법'이라 할 수 있다.

조직 구성원 전원에 대해 업무 성과에 무관하게 공평한 혜택을 베풀어 줌으로써 이것의 결핍으로 인해 발생하는 불만족의 해소와 결근, 이직률, 상호 갈등 등의 업무 저해 요인은 제거될 수 있지만, 연구 결과들에 의하면 업무 성과 면에서는 큰 차이가 없는 것으로 나타났다.

성과와 무관한 동등한 혜택을 제공하므로 높은 성과를 낸 부하는 상대적으로 불만이 크고 차후 성과 수준을 의도적으로 낮출 가능성이 있으며, 반면 낮은 성과를 낸 부하는 상대적으로 만족해하며, 성과향상을 위한 노력을 하지 않는다. 뿐만 아니라 더욱더 많은 혜택을 베풀 것을 기대하며, 이미 베풀어 준 혜택에 대한 고마움을 느끼기보다는 고차적 욕구의 부족을 조직에 호소하는 결과를 낳기도 한다.

(3) 협정적 방법(Compromise)

기본적 가정 및 조건들은 가부장적 방법과 유사하나, 보상이 성과와 무관한 무조건 제공이 아니라 사전 협정에 따르거나 성과에 근거하여 제공된다. 즉, 가부장적 방법의 결점을 보완한 방법이다. 상하의 관계도 종속적이라기보다는 대등한 관계에서 상호 간의 의무와 권리가 협약된다. 조직에서 만족스런 대우를 받기 위해서는 생산의 질이나 양을 올려야 하는 교환 조건이 쌍방 협의에 의해 결정된다.

이 방법도 비교적 부정적인 면이 많다. 우선 쌍방 협의 과정에서 상호 불신과 피해의식이 발생할 수 있다. 왜냐하면, 각자가 자기 입장에만 집착하여 애초부터 차후 협상의 유리한 고지를 점령하기 위한 속셈으로 상대방을 고려하지 않은 무리한 요구 수준을 제시하며, 결국에는 쌍방의 양보로서 절충선을 찾기 때문이다. 또한 협약이 위반되면 서로 상대방에게 책임 전가 및 추궁을 하거나 심지어 상호 보복 행동을 취할 수도 있다. 이는 인간의 지각 과정이 주관적이며 상대적이기 때문에 같은 현상도 관점에 따라 크게 달리 해석될 수 있기 때문이다. 대다수의 노사 협조(특히 초기 단계)에서 많은 문제가 노출되는 것은 상호 이해의 부족과 불만의 단기적 해결을 추구하려는 것에서 발생하는 상대적 피해의식 때문이다. 그러므로 점진적인 개선을 추구하려는 태도만이 상호 피해의식을 줄이고 쌍방이 만족을 증대시킬 수 있다. 일방의 횡포가 줄어들어 불만이 제거된 상태에서 자신의 행위가 정당하게 평가되고 보상받을 때 이러한 행동이 계속될 수 있기 때문이다.

(4) 경쟁적 방법(Competition)

일은 원래 하기 싫은 것일 수 있다. 더욱이 자신의 적성과 흥미에 무관한 일을 마지못해 해야만 할 때, 즉 일 그 자체를 목적으로 할 때 일이 더욱 싫어진다. 그러나 일을 목적이 아닌 수단으로 전환하여 부가적인 목적이 달성된다면 일은 그렇게 싫은 것이 아닐 수 있다. 경쟁은 바로 이러한 심리를 이용한 것이다. 즉, 일을 경쟁화함으로써 일 자체보다는 승리(명예, 인정)에 초점을 두게 하여 목적의 전환을 일으키고, 부수적으로 상금과 같은 여타의 욕구가 충족된다면 일석이조의 효과를 거둘 수 있다. 일과 놀이의 차이는 내용이나 난이도 차이에 있는 것이 아니라 수행 여부의 통제권이 누구에게 있느냐에 달려 있다. 아무리 쉽고 재미있는 활동이라 할지라도 자신의 의사에 반해 수행해야 한다면, 이것이 바로 일이 되며 아무리 어려운 활동이라도 자신이 즐겨 자발적으로 행한다면 놀이와 같은 효과를 가진다. 경쟁은 강요적이기보다는 이기기 위한 자발적 행동이기에 경쟁 상황에서의 일은 아무리 어려운 일일지라도 놀이와 같은 기분으로 행할 수 있다. 이 같은 논리 때문에 동기 유발 방법으로 이 방법이 많이 활용된다. 일단 개인 간, 또는 집단 간에 경쟁의 불씨만 지펴 놓으면 저절로 번져 나가는 불과 같은 효과가 전 집단에 일어나기 때문이다. 더 나아가 승자에 대한 적절한 보상을 제공할 수만 있다면 그야말로 간편하고 효과적인 지휘 관리 방법이라 할 수 있다. 그러나 경쟁이 효과적이기 위해서는 보상이 뒷받침되어야 하고, 이 같은 보상의 지속은 은연중에 구성원들을 타산적으로 만들어 더욱더 큰 가치의 보상이 아니면 움직이지 않는 일종의 '보상 중독증'에 걸리게 할 우려가 있다.

목표 달성이 시급한 경우, 즉 구성원들의 정상적인 노력 이상이 요구될 경우, 전통적인 동기 유발 방법인 위협보다는 승부욕(재미, 명예)을 통해 노력을 배가시키는 이 경쟁적 방법이 상대적으로 그 가치를 높이 인정받을 수 있다. 단, 이때 모든 구성원이 경쟁에 몰입할 수 있는 여건을 마련해 주어야 한다. 경쟁해 보나마나 결과가 뻔한 능력 편중이 심한 개인이나 집단 간에서의 경쟁은 소수 개인 및 집단만이 참여하고 나머지는 오히려 부담 없이 방관할 수 있는 무임승차의 기회가 되어 오히려 비효과적일 수 있다. 그러므로 경쟁 종목의 선정은 경쟁 기간 중의 노력 여하에 판가름 날 수 있는 종목이거나, 집단의 재편성을 통하여 능력 수준을 평준화시킨 후에 경쟁시켜야 한다.

일반적으로 경쟁은 개인 경쟁이 허용되는 정신 노동자 집단에 효과적이다. 육체 노동인 경우, 보상의 큰 매력으로 많은 사람의 관심과 노력을 높일 수 있다고 하더라도 이는 육체적 능력의 한계로 일시적 현상일 수밖에 없어 장기적으로는 오히려 손해가 될 수도 있다. 아울러 작업안전이 중요한 조직과 직무에서는 경쟁적 방법은 조직원들의 신체적 손상을 유발할 수 있다는 점에서 회피해야 할 방법이라고 볼 수 있다. 또한 정신 노동 집단일지라도 강한 노조가 형성된 집단, 팀웍이 중시되는 집단, 진급이 더 이상 허용되지 않는 집단에서는 효과가 거의 없다.

경쟁이 효과적이기 위한 또 하나의 요구 조건은 경쟁 대상 업무가 측정 가능한 것이어야 한다. 판정의 결과가 불명확하여 객관성을 인정하기 어렵다면 각자는 아전인수적인 해석으로 승자를 인정치 않으며, 리더에 대한 불만만 발생할 수 있다.

경쟁이 추구하는 심리 효과가 자존심이나 명예심이기에 이는 구성원 상호 간의 상대성에서 좌우된다. 즉, 다수가 승자가 되는 상황에서는 경쟁의 효과는 거의 기대하기 어렵다. 그러므로 소수가 승자가 되고 다수는 어쩔 수 없이 패자가 되어야 한다. 이 경우 소수의 승자는 만족하며 성취감을 느낄지 모르지만, 적극적으로 참여했던 다수의 패자는 상대적으로 자신감을 잃고 의기소침해 하거나, 상금에 무관심했던 중간층도 자신들을 현실에 초연했던 고고한 자들로 합리화할지도 모른다. 결과적으로 협동하고 의지해야 할 구성원 간에 불편한 관계만 형성하는 계기가 될 수도 있다.

또, 경쟁의 부정적 효과로 들 수 있는 것은 경쟁의 목표가 되는 행동에만 몰두함으로써 타 활동이 중지되거나 가치가 무시될 수 있으며, 목표 행동도 질적인 면보다 표면적이고 형식적인 면에 치우칠 우려가 있다는 점이다. 아울러 경쟁 기간에 정상 이상의 노력 투자로 인해서 경쟁 기간이 만료된 후에는 반동적으로 노력이 줄어드는 현상이 나타날 수 있어 전체적으로 보면 경쟁 효과가 별로 없는 단지 상금만 낭비된 결과가 될 수 있다.

이와 같은 문제점을 감안할 때, 동기 유발을 위한 경쟁은 가능하면 개인 단위보다 집단 단위로 이루어질 수 있도록 하는 것이 바람직하다. 뿐만 아니라 집단 간의 갈등도 극소화하면서 집단 내의 결속도 강화시킬 수 있는 집단 단위 경쟁이어야 한다. 일례를 들면, 집단 성과의 상대 평가에 의한 보상보다는 사전에 정해진 절대 기준에 따라서 보상이 주어지는, 즉 집단 자체의 성취감이나 능력감도 아울러 맛볼 수 있는 집단 단위 경쟁 방법을 생각해 볼 수 있다. 집단의 구성에 있어서도 전문인 소수를 포함한, 능력상의 수준차를 갖는 7~8명으로 구성함으로써 집단 명예 획득을 위한 집단 총화 과정에서 각 구성원은 강한 책임감과 전적인 몰입이 일어나 강력한 상호작용 효과를 일으킬 수 있다. 군대에서 흔히 사용하는 각 제대별 경연 대회가 이에 해당한다. 교관에 의한 일방적인 교육 형태의 제식훈련이나 태권도는 싫증나고 숙달되기 어려운 과목이지만, 분대 대항 경연 대회를 위한 제식훈련이나 태권도는 개인 자유시간까지 자발적으로 활용하면서 익히려고 하는 흥미로운 과목이 될 수 있다. 뿐만 아니라 소속 집단에서 그 일에 대해 능숙한 구성원은 수준 미달의 구성원에게 헌신적으로 자상하게 교육함으로써 집단 내 능력의 상향평준화뿐 아니라, 심리적으로 지배와 의존 또는 자존심과 안정감을 느끼게 만드는 부수적인 효과도 있다. 여기에 경쟁심을 촉구하고 공정한 게임이 될 수 있도록 중간 평가를 공표한다면 더욱 효과적일 것이다. 인간은 단지 기록을 갱신하는 것만으로도 큰 성취감을 맛볼 수 있기 때문이다.

만약 집단 간의 능력 차이가 심하여 집단 간 경쟁이 비효과적일 경우이거나, 개인 단위 경쟁일 경우는 상호 간의 반목, 질시가 일어나지 않도록 경쟁 목표를 감정이나 인격적 측면이 개입되지 않도록 하며, 가능하다면 공동의 적을 제거하거나 공동의 이익이 되는 것으로 선정해야 한다. 예를 들면, 무사고, 환경 미화, 품질 개선, 아이디어 개발, 비용 절감 등과 같은 것이다. 각 개인의 성과를 기준으로 한 성과급 제도는 타인에게 어떤 피해도 주지 않는다는 점에서 비교적 바람직한 제도라 할 수 있다. 반면, 투지를 기른다는 목적 아래 많은 동료가 지켜보는 가운데 권투 시합을 시켰을 경우, 피투성이가 되어 쓰러진 패자의 자존심은 영영 회복하기 어려울 것이다.

집단의 규범이나 분위기가 정착되기 이전의 불안정한 시기에 경쟁을 시킨다면, 공정한 경쟁이 되기 어려울 뿐만 아니라 기존의 질서 및 인간관계를 더욱 파괴시키는 결과를 가져오기 쉽다. 예를 들면, 동료 간의 인간관계도 채 형성되기 전인 신병 훈련소에서의 경쟁이나, 많은 인원이 교체된 부서에서의 직책 안배를 위한 기초 평가적 경쟁이라면, 이미 긴장이 심한 상황에서의 승패 결과가 미치는 영향이 상대적으로 크기 때문에 오로지 경쟁 자체에만 몰입하게 되어 여타의 활동이나 가치가 무시된다.

(5) 참여적 방법(Participation)

참여적 방법이란 리더의 의사결정에 부하들이 참여하는 것으로 리더의 일방적 지시 및 강제에 의한 지시적 방법과 대조를 이룬다. 지시적 방법이 동기 유발 측면에서 많은 부작용을 내포하고 있는 반면, 참여적 방법은 여건만 허락한다면 동기 유발을 위한 가장 이상적인 접근 방법이 될 수 있다.

참여는 부하들이 자신들의 업무 수행의 종류 및 방법에 대해 리더와 함께 결정하는 이른바 '자율과 책임'이 부여되는 관리 스타일로서 참여의 정도가 클수록 각 개인의 인격 존중 및 발전이 보장되는 민주적 지휘라 할 수 있다. 참여의 폭은 업무뿐만 아니라 조직 내 전반에 걸친 것으로 예를 들면, 작업 조건에서의 불평 불만이나 만족스런 상태에 대해서 당사자인 그들의 의견을 들어 지휘 관리에 반영한다든가, 부하들의 관심 사항이나 불안을 야기하는 중요 사항에 대해서 그들과 함께 결정한다든가, 각개 부하의 전문적 능력을 인정해 주고 발휘할 수 있는 기회를 제공해 주는 것 등이다.

이로써 부하들은 업무를 수행하는 수동적 위치가 아닌 업무를 계획하고 통제하는 주도적 존재가 되어 여러 심리적 만족감을 얻을 수 있다. 인간은 원래 자기 통제하에 수행하는 업무에서 보람과 의의를 느끼며, 일의 재미를 느끼고 계속하고 싶어 한다. 또한 인간은 위협받지 않은 정상 조건일 때 최대의 효율성이 발휘될 수 있기에 참여적 방법은 바로 이런 심리적 기초에서 출발한다.

자발적으로 설정한 업무 목표이기에 이에 대한 도전감, 성취감, 성장감을 맛볼 수 있으며, 자신이 결정한 업무이기에 자신들의 것으로 적극 수용하고 이에 따른 책임감도 강하게 느낀다. 결정 과정에서의 토의는 업무의 구체적 내용 및 업무의 전체 과정을 이해하게 만들고, 구성원 간의 원활한 협조를 유발하며, 불필요한 불안을 제거하므로 업무 수행의 효율성을 기할 수 있다.

요컨대, 참여적 방법은 인간의 고차적 욕구, 즉 Maslow의 4, 5단계에 해당하는 자존심, 자아실현 욕구를 자극하는 방법이기에 그 이하의 작업 조건이나 대상들에게서는 효력이 나타나지 않는다. 특히 리더가 부하들을 불신하는 부정적 인간관, 즉 X이론적 견해를 가진 리더이거나, 욕구 수준이 3단계 이하의 수준에 머물러 있는 부하들이거나, 부하들이 업무에 대한 전문지식이 결여되어 있는 경우이거나, 집단의 목표가 불명확하거나 구성원으로부터 수용되지 않는 경우에는 부적합한 접근법이 될 수 있다. 따라서 참여적 방법 사용을 위한 조건들을 열거하면 다음과 같다.

- 리더가 중요한 의사결정을 할 수 있는 권한을 가지고 있어야 한다. 즉, 참여는 리더의 권한 내에 있는 문제들에 대해서만 가능하다. 권한 밖의 사항에 대해 아무리 훌륭한 참여적 결정의 결과를 얻었다 하더라도 무용지물이기 때문이다.
- 시간 압박이 없어야 한다. 즉각적으로 반응하는 것이 요구되는 비상사태 또는 위기 상황에서는 다양한 의견을 수렴할 만한 시간도 없을 뿐만 아니라, 참여적 결정이 추구하는 각자의 이익과 주장이 보호되는 업무 수행 절차도 따를 수 없다.
- 부하들이 적절한 지식과 능력을 가지고 있어야 한다. 만약 지식이 없다면 부하들은 의사결정의 개선에 별로 공헌할 수 없다. 창의성이 요구되거나 리더가 해결하기 어려운 전문적 영역의 업무일 경우 부하들의 참여가 적극적으로 유도되어야 한다.
- 부하들이 기꺼이 참여해야 한다. 참여적 방법 자체가 부하들의 적극적 참여에 기초하고 있기 때문에 적극적 참여가 없이 이 방법은 성공할 수 없다. 만약 부하들이 리더를 싫어한다거나, 리더가 부하들의 제안을 무시할 것이라는 막연한 불신을 지니고 있거나, 리더가 부하들의 제안에 대한 책임을 떠맡지 않으려는 무사안일적 태도를 갖고 있다면, 부하들이 적극적으로 참여하려고 하지 않을 것이다.
- 리더가 참여적 기법의 사용에 숙달해야 한다. 단순히 참여적 방법을 신뢰하고, 부하들과 협의하는 것만이 좋은 것이 아니다. 부하들의 참여를 허용함으로써 일이 엉뚱하게 흘러가 버릴 수 있다. 사태를 진지하게 파악하고 이에 대한 효과적인 대안 제시 정도가 가능하도록 회의 분위기를 이끌기 위해서는 리더의 역량이 중요하게 작용한다. 목표가 불분명하거나 그들이 수용하기 싫어하는 업무일 경우는 차라리 지시적 방법이 효과적이다.

모든 문제 상황에서의 일률적인 참여적 방법의 사용은 시간의 낭비일 뿐만 아니라 차후 모든 의사결정에 영향을 미치려고 하는 부하들의 과잉 기대를 유발하게 되어 부하들과의 갈등의 원인이 된다. 또한 참여적 방법을 광범위하게 사용할 경우, 부하들에게 리더가 전문 지식, 주도권 및 자신감이 결여된 것으로 인식되어 허약한 리더로 여겨질 수도 있다.

2) 기대 이론에 바탕을 둔 동기 유발 방법

부하들은 자신이 열심히 일하면 그들이 정말 필요로 하는 가치 있는 그 무엇을 얻을 수 있다고 믿어질 때 열심히 일할 수 있다. 반대로 성과와 연관된 보상이 그들이 원하는 것이 아니거나 미흡하다고 느껴지면 그 같은 행동은 더 이상 열성적이지 않을 것이다. 이 점에서 앞서 제시한 여러 동기 유발 방법은 특정의 욕구 충족 수단만을 단순하게 활용하고 있기에 특정한 욕구 계층의 대상자에게만 유효한 동기 유발 방법일 수밖에 없다.

인간은 이성적 존재이기 때문에 그들의 행동이 보다 많은 가치를 취득할 수 있는 행동일 때 더욱 열심히 하려고 한다. 그러므로 행동의 수행 여부를 결정하는 과정에서 일반적으로 고려하는 조건은, 첫째, 제시된 보상 가치의 크기이며, 둘째, 그 보상이 자기가 원하는 것이라면 어느 정도의 수고에 의해서 얻어질 수 있는 것인지, 즉 보상의 수고에 대한 상대적 가치를 판단하려 할 것이며, 셋째, 요구되는 수고의 수준이 자신의 능력으로 해낼 수 있는 것이냐에 대한 판단이다. 즉, 행동할 경향성은 보상 가치(V: Valence), 도구성(I: Insturmentality), 기대감(E: Expectancy)이 높아야만 일어난다. 이러한 논리적 가정을 기초로 Vroom에 의해 기대 이론이 제안되었다.

종전의 동기 유발 방법이 어떤 특정의 고정적 상황에서만 효과적일 수 있는 비교적 단순한 이론인 데 반해, 기대 이론은 동기 수준을 결정하는 다수 요인을 포함하는 보다 구체적인 이론이라 할 수 있다. 즉, 부하의 욕구, 조직이 제공하는 보상, 업무 성과들 간의 상대적 관계를 고려한 보다 광범위한 상황에서 두루 사용 가능한 동기 유발 방법이다. 또한, 기대 이론은 무엇이 인간을 움직이게 하느냐와 같은 행동의 구체적 원인만을 밝혀 동기 유발을 모색하는 내용 이론적 접근법이 아니라, 무엇이, 어떻게, 어떤 과정을 거쳐서 동기 유발이 되는가를 밝혀 주는 과정 이론으로서, 리더로 하여금 동기 유발의 극대화를 위한 행동지침까지 시사하고 있다. 반면, 실용상의 문제점으로는 업무의 성과나 보상을 수량화하기 곤란한 업무 상황에서는 적용이 곤란한 점을 들 수 있다. 상호의존적 업무로서 각 개인의 기여도 구분이 어렵거나, 질 위주의 업무로서 객관적으로 평가하기 곤란하거나, 칭찬, 인정 등 내적 보상이 주어지는 경우이다.

앞서 설명한 Vroom의 기대 이론은 실무상에 있는 지휘 리더들에게 부하들의 동기를 극대화시키기 위한 여러 가지 처방을 시사해 주고 있다. 기대 이론 모형을 단순화하면 [그림 7-8]처럼 도식할 수 있다. 여기서 P1, P2, P3의 확률을 극대화할 수 있는 지휘 관리적 처방이 바로 조직 내에서 직무 동기를 높일 수 있는 방책이 될 수 있다.

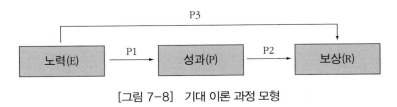

[그림 7-8] 기대 이론 과정 모형

(1) 부하의 욕구와 보상의 연결(P3 증가 방안)

부하 각 개인의 욕구에 맞춰 조직에서 가용한 보상을 효과적으로 연결시켜 줌으로써 추가적인 재원 없이 보상 가치를 상대적으로 높일 수 있으며, 부하들의 만족도도 높일 수 있다. 이를 위하여 지휘자는 다음과 같은 사항을 조치해야 한다.

부하의 욕구를 파악하고, 아울러 그들이 원하는 보상을 파악한다. 조직에서 가용한 보상을 파악하고, 각각의 보상에 대해 부하가 높은 가치를 부여하는지를 파악한다. 한정된 물질적 혜택, 다수의 부하가 원하는 직책, 직위, 업무 내용, 근무지, 근무 시간대, 휴가의 시기 및 기간, 할부 구입의 상품 등은 조직이 활용할 수 있는 보상이 될 수 있으며, 이는 또한 사람의 성격에 따라 가치 부여의 정도가 다르기 때문에 선별적으로 잘 짝지어 사용한다면 더욱 보상력을 발휘할 수 있다.

(2) 업무 성과와 보상의 연결(P2 증가 방안)

성과와 밀접하게 연결시켜 보상하는 것은 조직이나 개인의 목표를 달성하는 계기를 마련해 준다. 개인에게는 자신의 욕구 충족 수단으로, 조직에게는 조직 목표 달성의 수단으로 구체적인 업무 성과가 이용되기 때문이다.

성과와 관련한 보상체계를 수립한다 조직이 바라는 업무 성과와 개인이 바라는 보상 가치를 연결시킨 후 이를 부하가 이용할 수 있도록 알려 주어야 한다. 그리고 이 같은 성과 수준이 나타나면 즉각적으로 보상하여 이를 신뢰할 수 있도록 하여야 한다. 성과와 무관하게 막연히 제공되는 보너스나 특전은 차후의 성과 수준에 영향을 미치지 못하는 단순한 자원 낭비에 불과하다.

보상의 공정성을 유지한다 보상의 지각에는 개인차가 있기 때문에 인간을 동기화시키기 위해서는 원칙적으로 각 구성원에게 서로 다른 보상을 사용할 필요가 있다. 같은 보상 품목이라 하더라도 업적평가가 객관적으로 이루어지지 못하는 경우, 각자는 자신의 업적에 대한 보상의 주관적 평가로 인해서 상대적 결핍감을 느껴 불만을 가질 수 있다. 여기서 공정성이란 누구나 같은 수준의 보상을 주는 균등 보상을 의미하는 것이 아닌, 성과나 노력 수준에 해당하는 비율의 보상을 주는 것을 말한다. 이를 위하여 사전에 평가 기준과 보상 품목을 밝히고 결과를 공개하는 것이 좋다. 이로써 불만을 해소할 수 있을 뿐만 아니라 보다 큰 보상 가치를 얻기 위하여 더욱 노력하는 풍토가 이루어진다. 만약 공정성이 결여된 것으로 느껴지면 노력의 투자보다는 요행을 바라게 된다.

성과와 보상체계를 알려 준다 사전에 성과와 보상체계를 알려 주어 보다 많은 사람이 관심을 갖고 참여하도록 유도하며, 중간중간에 각자의 목표 달성 정도를 공표하여 상호 경쟁 의식을 자극하고, 또한 보상 결과를 공개함으로써 평가의 공정성과 명예심, 수치심도 느끼도록 하는 것이 효과적이다.

(3) 직무와 부하의 연결(P1 증가 방안)

부하의 능력이나 성격 특성에 따라 선호하는 업무가 다르므로 부하의 적재적소 배치가 이루어져야 한다. 이로써 업무 효율성과 흥미가 유발된다.

부하의 욕구에 맞춰 작업을 설계한다. 사람에 따라서는 단순 반복과 같이 비교적 작업 수행이 용이한 작업을 원하기도 하지만, 일반적으로 인간은 직무가 다음과 같은 조건을 갖추고 있을 때 만족하므로 이 같은 요건을 충족시키도록 작업을 설계해야 한다.

- 개인에게 과제가 의미있다고 생각되어야 한다.
- 직무 수행 과정에서 자율성이 허용되어야 한다.
- 직무 수행 결과에 대한 피드백이 있어야 한다.
- 수행에 한 가지 기술만이 아닌 다양한 기술이 요구되어야 한다.
- 부분품 공정이 아니라 완제품이거나 독립적인 의미를 지녀야 한다.
- 과제 수행의 난이도가 비교적 높아야 한다.

직무에 맞춰 부하를 배치한다 사람에 맞춰 직무를 재편하는 것이 비경제적이거나 불가능할 경우에는 일에 맞춰 사람을 선발하거나 재배치하는 것이 효과적일 수 있다. 이를 위하여 무엇보다도 먼저 직무분석이 있어야 한다. 즉, 어떤 직무가 수행되기 위해 필요한 기술적 속성과 심리적 특성이 먼저 파악되어야 한다. 무조건 우수한 자원이라 해서 좋은 것도 아니며, 값싼 임금 지불 조건이라 해서 저급 인력 채용이 효과적인 것도 아니다. 직책에 비해 너무 우수한 인력은 갈등과 불만으로 주어진 업무에 소홀할 수 있으며, 너무 낮은 능력은 실수로 인한 손실이 더 클 수 있다. 왜냐하면 이를 방지하기 위한 추가적인 교육 훈련비가 더 클 수도 있기 때문이다.

부하의 직무 기술을 향상시킨다 직무에 부하를 적응시키는 또 하나의 방법은 교육훈련에 의해서 직무 기술을 향상시키는 것이다. 특히 현대와 같은 급속한 기술의 발전과 변화에 적응케 하기 위해서는 직무 재교육이 필수적이다. 직장인에게 있어 스트레스의 주범은 주어진 업무에 대한 무능력감에서 느끼는 것이므로 주어진 일을 잘 감당할 수 있도록 교육함으로써 능력감과 성취감을 갖고, 일 자체에 흥미도 느껴서 지속적인 발전이 가능해진다. 적성과 흥미는 상호작용의 관계로서 적성에 맞아서 흥미가 유발되기도 하고, 흥미가 있으므로 적성도 갖출 수 있다.

도전적이고 달성 가능한 업무 목표를 설정해 준다 주어진 업무 목표가 너무 높거나 너무 낮을 때, 부하는 아주 자신감을 잃거나 자만심 또는 무관심을 갖게 되어 업무 성과가 낮아질 수 있다. 반면, 높지도 낮지도 않은 적절한 수준의 업무 목표 수준일 때, 도전감을 갖고 최선을 다하며 높은 확률의 성공감도 얻을 수 있다.

3) 목표 설정 이론을 이용한 동기 유발

앞서 동기 유발 이론 중에서 목표 설정 이론에 관해서 언급했었다. 목표 설정 이론에 대한 연구 결과에 의하면, 목표가 구체적이고, 어렵고, 목표 달성에 대한 내·외적인 보상이 있는 경우에 동기 유발이 이루어진다는 것이었다. 바로 이러한 결론을 실제 조직에 적용시킨 기법 중의 하나가 목표에 의한 관리 방법(Management By Objectives: MBO)이다. 오늘날 MBO는 조직의 계획 및 통제, 전반적인 조직 성과의 평가 기법으로 폭넓게 이용되고 있다. 사실 MBO는 목표 설정 이론에 앞서 제시된 기법이었으나, 목표 설정 이론이 적용되면서 실제적인 기법과 이론적인 배경을 갖추고 발전한 것이다.

MBO는 목표 설정과 결과 평가에 체계적 방법을 이용함으로써 조직의 성과와 부하들의 만족, 둘 다를 증진시키고자 하는 관리 기법이다. 따라서 이 제도는 크게 목표 설정과 평가의 두 부분으로 나누어진다. MBO의 목표 설정은 Locke의 이론에서 나온 것인데, 기존의 목표 설정과 다른 점은 다음과 같다.

- 종래의 목표는 대개 지시된 것이었으나, MBO에서의 목표 설정은 리더와 부하들 간의 공동 목표 설정이다. 이러한 공동 목표 설정은 Locke의 이론에서와 같이 부하로 하여금 조직의 목표가 자신의 목표라는 주체 의식을 보다 많이 가지게 하여 목표 몰입을 가져와서 동기를 유발시킨다.
- 목표가 결과 지향적이다. 이는 객관적이고 측정 가능한 명확한 목표가 주어진다는 것을 말하는데, 따라서 통제가 용이하고 평가에 따른 불만을 감소시킬 수 있다.

MBO에서의 목표 설정 과정을 보면, 우선 전반적인 조직의 예비 목표가 최상위층에서 작성되어 밑으로 전달된다. 예비 목표는 조직의 전반적 성과에 가장 큰 영향력을 미치는 중심적 결과 분야, 즉 판매량, 시장 점유율, 제품 생산, 서비스의 질 등의 관점에서 수립된다. 또한 예비적 목표도 객관적으로 측정될 수 있는 형태로 표현되고, 목표 달성의 기한과 그에 필요한 행동 계획까지 수립된다. 이런 전반적 목표는 하위 조직으로 내려가면서 개인들의 목표로 세분화된다. 그러나 이러한 세분화 과정에서 리더와 구성원 간의 충분한 논의를 거쳐 구성원의 목표의 합이 상급자의 목표가 되는 상향적인 요소가 포함된다. 즉, 리더의 예비적 목표는 구성원들의 목표라는 피드백을 거쳐서 완전한 목표로 확정된다. 따라서 목표 설정은 개인 또는 조직 단위의 참여에 의한 자체 결정이 지켜지는 범위에서 상부에서 하부로, 하부에서 상부로의 쌍방적 의사소통에 의해서 그 조정이 이루어지는 것이다.

MBO에서 목표가 그 효용성을 발휘하려면 특히 다음과 같은 점에 유의해야 한다.

- 목표는 측정 가능하고 계량적이어야 한다.
- 목표는 구체적이어야 한다.
- 목표는 기대되는 결과를 확인할 수 있는 것이어야 한다.
- 목표는 각 리더 또는 조직 단위의 능력 범위 내에 있어야 한다.
- 목표는 현실적이고 달성 가능하여야 한다.
- 목표는 그 달성에 필요한 시간의 제한을 명시하여야 한다.

4. 동기 유발을 위한 보상과 처벌의 활용

1) 동기 유발의 강화 이론

강화 이론 또는 학습 이론은 과거의 개인의 행위가 어떻게 미래의 행위에 영향을 미치게 되는가에 초점을 두고 있다. 동기 유발의 강화 이론은 보상이 직접적으로 주어지는 행위는 강화 및 반복되는 반면, 보상이 주어지지 않고 처벌이 따르는 행위는 반복되지 않는 경향이 있기 때문에, 관리자가 정적 강화, 부적 강화, 정적 처벌, 또는 부적 처벌과 같은 다양한 강화 기술을 이용하여 동기를 유발시킬 수 있다는 것이다. 과업 수행 및 만족을 가장 효과적으로 이룩할 수 있는 것은 부적 강화를 겸한 정적 강화라는 사실이 밝혀졌지만, 정적 강화도 개개인의 기호 및 특성에 따라서 알맞게 이용되어야 할 것이다.

(1) 강화 이론의 개념

강화 이론(reinforcement theory)은 주로 Skinner의 연구와 학습 이론을 바탕으로 하고 있으며, 흔히 시행착오적 학습 또는 행동수정이라고 일컬어지는 이론이다. 이 이론은 동기의 개념이나 동기부여의 과정이 아니라, 주기적인 학습 과정에서 과거의 행위가 미래의 행위에 어떻게 영향을 미치는가를 다룬다. 이러한 관점에서 보면 사람들은 과거에 그들의 어떠한 행동에 대한 유쾌한 결과와 불유쾌한 결과를 배웠기 때문에 이를 기초로 행동을 한다. 일반적으로 사람들은 유쾌한 결과를 더 좋아하기 때문에 불유쾌한 결과를 피하려고 한다. 즉, 가정이나 학교에서 법(규칙, 규범, 지시 등)을 어기면 벌을 받는다는 것을 과거의 학습을 통해서 알고 있기 때문에 법에 순종하려고 하는데, 관리자들의 합법적인 지시가 수용되는 원인이 바로 그것이다.

강화란 행위자의 일정한 행위 반응을 얻기 위하여 보상을 제공하여 인간 행위에 영향력을 행사하는 것을 말한다. 그러므로 관리자들은 조직 구성원의 행위를 유지 또는 수정하거나 행위에 영향력을 미치게 하기 위하여 본능적으로 보상을 이용한다. 그러나 이러한 노력이 실효를 거두기 어려운 경우가 많은데, 그 이유는 보상이 효율적으로 사용되지 못하기 때문이다(Bandura, 1969). 즉, 보상이 성과와 관련되지 않게 시행된다든가, 우연히 잘못된 행위에 대해 이루어진다든가 하는 경우가 있기 때문이다. 이처럼 관리자가 원하는 방향으로 조직 구성원들을 이끌지 못하는 이유는 여러 강화의 결속관계를 구성하는 관리자의 역할에 대한 인식이 부족하기 때문이다. 만일에 관리자들이 이러한 결속관계를 정확히 이해한다면 관리의 유효성을 높이는 데 큰 도움이 될 것이다.

행위와 결과의 결합방식, 즉 강화의 유형은 크게 네 가지로 분류할 수 있다(Rachlin, 1970). 그것은 정적 강화, 부적 강화, 정적 처벌 그리고 부적 처벌이다. 여기서 정적 강화와 부적 강화는 원하는 행위를 강화시키는 것이고, 정적 처벌과 부적 처벌은 원하지 않는 행위를 약화시키는 것이다.

(2) 정적 강화

정적 강화(positive reinforcement)란 보상을 통해 목표하는 행위의 발생 빈도를 증가시키는 것이다(Skinner, 1965). 이는 어떤 개인이 바람직한 행위를 하고 난 후에 그 행위에 대한 긍정적 강화 요인인 금전, 칭찬, 애정, 유희 등을 제공함으로써 그러한 행위가 계속되도록 하려는 시도이다. 그러나 모든 보상이 항상 긍정적 강화 요인이 되는 것은 아니다. 긍정적 강화가 반응을 강화시켜 주는 이유는 긍정적 결과를 가져올 것 같은 행위는 반복되고, 부정적인 결과를 가져올 것 같은 행위는 반복되지 않을 것이기 때문이다. 조직에서 이러한 긍정적 강화가 성공적으로 적용되기 위해서는 다음과 같은 절차가 필요하다(Hamner & Organ, 1978).

- 1단계: 개개인에게 강력하고 항구적인 강화 요인을 선택한다. 즉, 보상이 과업수행자의 욕구나 바람과 결부되어야 한다. 개인이 그 보상을 높이 평가하지 않는다면 강화 요인이 될 수 없다
- 2단계: 보상이 요구되는 행위와 결속관계를 잘 유지해야 한다. 결속관계는 두 가지 측면이 있는데, 하나는 보상이 반드시 요구되는 행위이다. 즉 성과의 결과로서 보상이 주어져야 한다는 것이다. 다른 하나는 보상이 요구되는 행위의 정도와 관련이 있어야만 한다는 것이다. 즉, 조직 구성원의 과업 수행 성과가 크면 그에 따라서 보상도 커야 할 것이고, 성과가 좋지 못할 경우에는 보상이 지나치게 좋아서도 안 된다는 것을 의미한다.
- 3단계: 요구되는 행위를 제시하고 그에 대한 보상을 받을 수 있는 현실적인 가능성이 마련되어야 한다. 요구되는 행위가 거의 발생하지 않는다면, 그에 대하여 영향을 미칠 수 있는 기회도 없을 것이다. 만일 관리자가 강화하려는 행위가 이미 존재하고 빈도도 어느 정도 있을 때에는 강화 요인을 이용하여 요구되는 성과의 수준을 높일 수 있다. 그러나 요구되는 행위의 최초의 수준이 극히 낮은 데 비하여 강화에 대한 기준

이 지나치게 높다면, 대부분의 반응은 보상이 될 가능성이 없기 때문에 그들의 노력이 점차 줄어들어 동기부여가 감소할 것이다.

관리자가 긍정적 강화를 이용할 때 명심해야 할 사항은 강화가 개인차에 따라서 다르다는 사실이다. 즉, 어떤 사람에게는 강화 요인으로 작용하는 것이 다른 사람에게는 강화요인으로 작용하지 않는다는 것이다. 예를 들어, 금전적 보상이 어떤 사람에게는 열심히 일을 하게 하는 동기부여 요인이 될 수 있으나, 어떤 사람에게는 그렇지 못할 경우도 있다. 또한 똑같은 강화 요인일 경우에도 개개인이 지니고 있는 욕구 만족도의 수준에 따라 다르게 작용한다. 그러므로 관리자는 하급자들에게 개인차가 있다는 것과 개개인의 욕구 만족도에 있어서 수시로 변화가 있다는 것을 인식함으로써 지나치게 일반화시키지 않도록 해야 한다.

(3) 부적 강화

부적 강화(negative reinforcement)란 목표하는 행위의 발생 빈도를 증가시키기 위해 보상을 주는 것이 아니고, 불쾌한 자극을 제거해 줌으로써 행위를 강화시켜 주는 것이다. 부정적 강화에는 도피학습(escape learning)과 회피학습(avoidance learning)의 두 가지 형태가 있다. 도피학습이란 개인이 성과를 내면 이미 불편한 상태에 있는 자극이 끝나도록 되어 있는 결속관계를 말한다. 쉽게 말해서 성과를 올림으로써 그 성과가 벌칙을 제거해 주는 것이다. 예를 들어, 조직 구성원 중에서 가정생활이 매우 불편한 어떤 구성원이 있을 경우, 그는 가정의 불편한 상태에서 벗어나기 위해 직장에 일찍 출근할 것이다. 또한 감독자가 게으름을 피운다고 질책을 할 때, 질책을 받는 불편한 상태를 피하기 위하여 열심히 일을 할 것이다. 이와 같이 도피란 현재 불편한 자극을 받는 상태에서 벗어나기 위한 행위를 말한다.

회피학습은 어떤 행위가 불편한 자극을 사전에 봉쇄할 수 있을 때 취하는 행위이다. 예를 들어, 출근 시간이 늦었을 경우에 상급자로부터 잔소리를 듣는다면, 이 잔소리를 듣지 않기 위해서는 제시간에 출근하려고 특별한 노력을 기울인다. 이와 같이 과거의 학습된 행위를 바탕으로 어떤 행위의 결과가 불편한 자극을 줄 것에 대비하여 미리 그 행위를 피하는 것이 회피학습이다. 정적 강화 방법과 부적 강화 방법에 있어서의 차이는 전자가 어떤 성과로부터 발생되는 좋은 결과(보상)를 얻기 위하여 열심히 노력하는 반면, 후자는 환경 자체의 불편한 상태를 피하기 위하여 열심히 노력한다는 것이다.

(4) 정적 처벌과 부적 처벌

보상이 행위를 강력하게 해 주는 것과는 반대로 처벌(punishment)은 그것을 약하게 만든다. 요구되지 않는 행위의 강도를 줄이는 방법인 처벌에는 특정 행위에 대해 행위자가 싫어하거나 불편해하는 결과를 제시하는 정적 처벌(positive punishment)과 긍정적 결과를 제거하는 부적 처벌(negative punishment)이 있다. 교통법규를 어긴 운전자에게 벌금 고지서를 부과하는 것은 정적 처벌의 일례라 할 수 있다.

정적 처벌을 사용함에 있어 관리자들이 명심해야 할 것은 정적 처벌을 받는 당사자들의 반응이 사람마다 다를 수 있기에 주의를 요한다는 것이다. 예를 들어, 어떤 관리자가 일을 대충했다는 이유로 하급자 A를 질책했다고 하자. 만일 A가 이러한 처벌에 대해 흥분하지 않고 무엇이 잘못되었는지를 반성한 후에 차후에는 주의 깊게 일을 한다면, 이는 정적 처벌을 통해 대충 일을 하는 행위가 감소되었기 때문에 효과적인 관리가 이루어졌다고 볼 수 있다. 하지만 동일한 이유로 하급자 B를 질책했는데 하급자 B는 오히려 관리자에게 반감을 가져 성과가 더 나빠졌고 다른 분야의 일에서도 산만함을 보이기 시작했다. 이 경우 관리자는 정적 처벌을 사용했음에도 또 다른 문제를 얻은 것이다. 그러므로 관리자는 정적 처벌을 가할 때는 반드시 상황과 개인차를 고려해야 하며, 정적 처벌에 따른 행위의 결과에 대하여 주의를 기울여야 한다는 것이다.

부적 처벌(negative punishment)이란 어떤 행위가 이루어지는 경우 긍정적 결과를 제거함으로써 행위의 발생 빈도를 감소시키는 것을 말한다. 형제가 서로 싸우는 경우 그들이 좋아하는 컴퓨터 게임을 하지 못하게 함으로써 싸우는 행위를 감소시킨다면 이는 부적 처벌의 예가 될 수 있다. 부적 처벌에는 불편한 결과가 직접 적용되지 않기 때문에 정적 처벌보다는 덜 고통스러운 것으로 생각할 수 있다. 그러나 어떤 경우에는 실제로 정적 처벌과 같이 고통스러울 수도 있다. 예를 들면, 모든 직원이 봉급이 인상되는데 한 사람만 인상이 되지 않는다면 이는 정적 처벌(감봉)만큼이나 고통스러울 것이다.

2) 보상과 처벌의 활용

동기 유발 방법에 있어서 가장 보편적이고 쉽게 생각해 볼 수 있는 것이 보상과 처벌이다. 일반적으로 보상을 주는 것은 주지 않거나 무관심한 것보다 효과가 크다고 한다. 또한 이러한 보상과 처벌은 반드시 물질적인 것은 아니고 언어적 칭찬이나 벌도 동기 유발 효과를 갖는다. 언어적인 방법은 공개적 칭찬, 개인적 질책, 공개적 질책, 개인적 조롱, 공개적 조롱의 순으로 효과를 가진다. 이러한 결과에도 개인차가 따르는데, 개인적인 처벌은 우수한 학생에게, 공개적인 칭찬은 열등한 학생에게 보다 효과적이며, 또한 질책은 남자에게, 칭찬은 여자에게 보다 효과적이라고 한다.

이와 더불어 처벌도 리더에게 가장 생각하기 쉽고 사용하기 편한 도구이기 때문에 자주 사용된다. 그러나 그러한 편리함보다도 훨씬 더 많은 부작용과 고려 사항이 있다. 여기에서는 처벌의 효과적인 사용과 부작용을 최소화할 수 있는 원칙에 대해서 살펴볼 것이다.

(1) 보상의 활용

일반적으로 벌보다는 보상의 방법이 더 선호되고 있다. 이는 보상이 부하들에게 더 잘 수용되고, 성과를 증진시키며, 벌에 수반되는 부정적 효과들을 회피할 수 있기 때문이다. Bigoness 등(1983)은 효과적인 보상 방법의 4단계 계획을 제시했다.

- 1단계: 리더가 부하들이 수행하고 있는 일을 자세하고 체계적으로 파악한다. 즉, 현재의 업무 수행 실태를 확실히 분석하고 숙지하는 것이다.
- 2단계: 부하가 수행하는 업무 실태와 조직 목표에 기초하여 리더는 부하가 각자 수행하여야 할 행동을 구체화한다. 구체화란, 행동을 명백히 정의하고 측정 가능하도록 한다는 것이다. 즉, 부하들 각자의 현재 업무 수행 실태와 행동 목표를 객관적 평가가 가능한 용어로 표현해야 한다. 이 과정에는 보상을 받게 될 조건, 평가 방법 및 시간 계획이 포함되어야 한다.
- 3단계: 부하들 각자가 자신의 업무 수행 결과를 직접 기록하도록 한다. 이것은 부하 스스로 자신의 행동을 계획·평가하도록 유도함으로써 내적인 보상과 벌을 부여하는 효과를 기대할 수 있다. 기록의 시간 단위는 객관적 평가가 가능한 단위를 고려하여 설정한다. 업무 일지와 같은 것을 잘 활용하면 이 단계의 한 방법이 될 것이다.
- 4단계: 리더가 부하의 기록과 관찰, 평가 등에 기초하여 업무 수행 결과에 부합되도록 2단계의 보상을 제공한다. 이러한 단계는 벌의 적용에서도 다소 변형시켜 적용 가능할 것이다.

강화물을 선택·제공하는 과정에서 리더가 검토할 강화물은 크게 두 가지로 분류하여 볼 수 있다. 첫째는 외적 강화물로써 업무 수행 결과에 부가해서 부하가 획득하는 강화물이다. 일상적인 강화물로는 휴식, 음식물, 금전, 진급, 타인의 칭찬 등이 있다. 이들은 하위 욕구 충족과 관계되므로, 특히 업무의 성격이나 부하들의 특징이 하위 욕구와 관련이 클 때 효과적이다. 둘째는 내적 강화물로서 업무 수행 자체에서 획득되는 강화물이며, 자신감, 성취, 자아실현과 같이 성장 욕구를 충족시켜 주는 것이다. 직무가 개인을 내적으로 동기화시킬 때, 사람은 가치 있는 것을 하고 있다는 느낌과 자신의 잠재력을 실현하고 있음을 느낀다. 예를 들면, 직무 내용에 대한 흥미, 성취 지향적인 분위기, 직무 수행의 자율성, 직업적 성장 가능성 등이다. 이들은 상위 욕구 충족과 관련이 크며 일시적 충족보다는 지속적으로 보다 큰 충족을 추구하기 때문에, 리더는 내적 강화물을 부하들에게 제시함으로써 장기적이고 적극적인 업무 추진을 유도할 수 있다.

보상 효과를 증진시키기 위해 보다 구체적으로 리더가 고려해야 할 원칙을 요약하면 다음과 같다.

- 조직의 목표와 개인의 욕구를 동시에 고려한다.
- 보상과 성과 간의 관계를 명확히 제시한다.
- 보상체계의 공평성과 통합성이 유지되도록 한다.
- 내적 강화물을 적극적으로 활용한다.
- 보상은 부하의 욕구 충족이 가능하도록 충분해야 한다.
- 보상의 선정 시 개인의 선호를 충분히 고려한다.
- 보상은 행동 직후에 제공한다.
- 필요한 업무 수행 행동을 고려하여 강화 계획을 선정한다.
- 업무의 특성에 따라 평가 단위를 결정하고 보상도 이에 따라야 한다(개인별, 집단별, 조직 전체).

처벌의 경우보다는 덜 하겠지만, 보상도 역시 부작용을 가져올 소지를 가지고 있다. 공정성 이론에서 자신의 투입에 비해 지나친 보상에 대해서도 불편감을 느끼며, 역시 공정성을 회복하려는 동기가 생긴다는 것을 시사하고 있다. 또한 개인 단위의 보상이 주어질 경우에는 과도한 경쟁이 발생하여 조직 전체의 협동이 저해될 가능성도 있다.

(2) 처벌의 활용

보상이 어떤 행동의 촉진 효과를 가져오는 반면, 처벌은 특정 행동을 억제시키는 효과를 낸다는 점에서 상대적이다. 보상과 처벌은 리더가 사용하는 매우 직접적인 동기 유발

도구이지만, 처벌은 보상에 비해 부정적 효과를 일으킬 가능성이 크다. 처벌이 효과적이려면 다음과 같은 점을 고려하여야 한다.

- 처벌은 강할수록 효과가 있다. 약한 처벌은 일시적으로만 바람직하지 않은 행동을 억제할 뿐이다.
- 일관성 있는 처벌은 약하더라도 효과가 있다.
- 처벌은 부정적인 행동이 발생한 즉시 주어질수록 효과가 있다.
- 피처벌자가 처벌에 적응이 되면 효과가 없다. 이 경우 약한 처벌에 적응이 되면 큰 처벌도 효과를 상실한다.
- 교육 수준이 높은 사람에게는 약한 벌도 효과가 크다.

처벌은 효과적인 경우도 있지만, 많은 부정적인 결과를 가져올 수도 있다. 대부분의 경우 처벌의 행동 억제 효과는 일시적이며 처벌의 사용 가능성이 사라지면 효과도 사라진다. 또한 처벌은 바람직하지 않은 행동은 억제하지만, 바람직한 행동을 유발·촉진시키기는 어렵다는 단점이 있으며, 특히 가해자에 대해서 감정적인 적대감이 유발되면 정당한 요구의 수용도 거부될 수 있다는 위험이 뒤따른다. 따라서 처벌의 효과를 증대시키고, 부작용을 줄이기 위해서는 다음과 같은 주의가 필요하다.

- 처벌이 모든 상황에서 엄해야만 효과적인 것은 아니다. 어쩔 수 없이 빚어진 잘못에 대해서는 처벌을 하면 안 된다. 귀인 이론에 의하면, 부정적인 결과는 대개 행위자의 감정을 유발시키는데, 이러한 감정을 다음 시행에서 더 높은 동기 유발로 유도하는 데 있어서는 처벌은 매우 좋지 않은 방법이다.
- 처벌자는 절대로 흥분해서는 안 된다. 흥분은 불의의 사고를 유발할 수 있다.
- 상급자를 하급자 앞에서 질책하거나 벌을 주어서는 안 된다. 이러한 행동은 때로 상하급자 모두의 반발을 불러일으킬 염려가 있다.
- 처벌은 보상과 마찬가지로 '형평의 원칙'에 어긋나면 안 된다. Adams의 공정성 이론에서 시사하는 바와 같이, 불공평의 경험은 지각의 변화를 수반할 수 있는데, 이 경우에는 자칫 부정적인 행동이 정당한 것으로 지각되는 반면, 처벌자의 행동은 부정적인 것으로 지각될 가능성이 있다. 또한 처벌이 주어진 후, 만일 잘못된 행동이 아니라는 것이 발견된 경우에는 적절한 방법으로 이를 보상해 주는 것이 형평성을 유지하는 방

법이다.

- 대인관계가 좋은 사람이 처벌을 하는 것이 효과적이며, 처벌보다는 보상이나 사랑의 철회가 더 효과적인 방법이 될 수 있다.

처벌은 적은 노력과 비용이 들면서도 효과가 즉각적이기 때문에 선호되는 경향이 있으나, 장기적 효과가 적고 부하의 수동성을 조장하여 조직을 침체시킬 가능성이 크므로 무분별한 사용은 자제하는 것이 바람직하다.

참고문헌

Adams, J. S. (1963). Toward an understanding of inequity. *Journal of Abnormal and Social Psychology, 67,* 422-436.

Alderfer, C. P. (1969). An empirical test of a new theory of human needs. *Organizational Behavior and Human Performance, 4*(2), 142-175.

Bandura, A. (1969). *Principles of Behavior Modification.* New York: Holt and Winston.

Bass, B. M. (1960). *Leadership, Psychology, and Organizational Behavior.* New York: Harper.

Bass, B. M. (1990). *Bass & Stogdill's Handbook of Leadership: Theory, Research, and Managerial Applications* (3rd ed.). New York: Free Press.

Berlew, D. E., & Heller, D. (1983). Style flexibility-tools for successful leaders. *Legal Economics, 9*(6), 34-37.

Bigoness, W. J., Ryan, R., & Hamner, W. C. (1983). *Moderators of leader reward behavior.* In G. R. Reeves & J. R. Sweigert (Eds.), Preceedings, American Institute for Decision Sciences, Boston, 412-414.

Bockman, V. M. (1971). The herzberg controversy. *Personnel psychology, 24*(2), 155-189.

Brockner, J., Greenberg, J., Brockner, A., Bortz, J., Davy, J., & Carter, C. (1986). Layoffs, equity theory, and work performance: Further evidence of the impact of survivor guilt. *Academy of Management Journal, 29*(2), 373-384.

Burns, J. M. (1978). *Leadership.* New York: Harper & Row.

Chung K. J., & Megginson L. C. (1981). *Organizational Behavior; developing managerial skills.* New York, Harper & Row.

Deep, S. D. (1978). *Human Relations in Management.* McGraw-Hill/Glencoe.

Dessler, G. (1980). *Human Behavior: Improving performance of work. Reston,* Virginia:

Prentice Hall.

Etzioni, A. (1961). *A Comparative Analysis of Complex Organizations*. New York: The Free Press.

Falbe, C. M., & Yukl, G. A. (1992). Consequences for managers of using single influence tactics and combinations of tactics. *Academy of Management Journal*, *35*(3), 638–652.

Filley, A. C., House, R. J., & Kerr, S. (1976). *Managerial Process and Organizational Behavior* (No. INVES-ET D12 F487). Scott, Foresman.

French, J. R. P. (1956). A formal theory of social power. *Psychological Review*, *63*, 181–194.

French, J. R. P., & Raven, B. (1959). The bases of social power. In D. Cartwright (Ed.), *Studies in social power*. Ann Arbor. University of Michigan, Institute for Social Research.

Furst, S. A., Cable, D. M. (2008). Employee resistance to organizational change: managerial influence tactics and leader-member exchange. *Journal of Applied Psychology*, *93*(2), 453–462.

Hall, D. T., & Nougaim, K. E. (1968). An examination of Maslow's need hierarchy in an organizational setting. *Organizational Behavior and Human Performance*, *3*(1), 12–35.

Hamner, W. C., & Organ, D. W. (1978). *Organizational Behavior: An Applied Psychological Approach*. Texas: Business Publications.

Herzberg, F. (1959). *The Motivation to Work*. New York: John Wiley & Sons.

Hinkin, T. R., & Schriesheim, C. A. (1989). Development and application of new scales to measure the French and Raven (1959) bases of social power. *Journal of Applied Psychology*, *74*(4), 561.

Hollander, E. P. (1979). The impact of Ralph M. Stogdill and the Ohio State leadership studies on a transactional approach to leadership. *Journal of Management*, *5*(2), 157–165.

House, R. J. (1977). A 1976 theory of charismatic leadership. In J. G. Hunt & L. L. Larson (Eds.), *Leadership: The cutting edge*. Carbondale: Southern Illinois University Press.

House, R. J. (1984). *Power in organizations: A social psychological perspective*. Toronto: *University of Toronto*. Unpublished manuscript.

House, R. J., & Wigdor, L. A. (1967). Herzberg's dual?factor theory of job satisfaction and motivation: A review of the evidence and a criticism. *Personnel Psychology*, *20*(4), 369–390.

Hughes, R. L., Ginnett, R. C., & Curphy, G. J. (1996). *Leadership-Enhancing the Lessons of*

Experience. Irwin, Chicago.

Hunsaker, P. L., & Cook, C. W. (1986). *Managing organizational Behavior*. Reading, Massachusetts: Addison Wesley.

Huseman, R. C., Hatfield, J. D., & Miles, E. W. (1987). A new perspective on equity theory: The equity sensitivity construct. *Academy of Management Review, 12*(2), 222-234.

Jacobs, T. O. (1970). *Leadership and exchange in formal organizations*. Alexandria, Virginia: Human Resources Research Organization.

Kacmar, K. M., Carlson, D. S., & Harris, K. J. (2013). Interactive effect of leaders' influence tactics and ethical leadership on work effort and helping behavior, *Journal of Social Psychology, 153*(5), 577-597.

Kopelman, R. E. (1979). Directionally different expectancy theory predictions of work motivation and job satisfaction. *Motivation and Emotion, 3*(3), 299-317.

Lawler, E. E., & Shuttle. J. L. (1972). A causal correlation test of the need hierarchy concept. *Organizational Behavior and Human Performance, 7*, 87-265.

Locke, E. A., & Henne, D. (1986). Work motivation theories. *International Review of Industrial and Organizational Psychology, 1*, 1-35.

Locke, E. A., & Latham, G. P. (1990). *A Theory of Goal Setting and Task Performance*. Prentice-Hall, Inc.

Locke, E. A., Motowidlo, S. J., & Bobko, P. (1986). Using self-efficacy theory to resolve the conflict between goal-setting theory and expectancy theory in organizational behavior and industrial/organizational psychology. *Journal of Social and Clinical Psychology, 4*(3), 328-338.

McClelland, D. C. (1961). *The Achieving Society*. Princeton, NJ: Van Nostrand.

Morgan, C. T. (1976). *Brief Introduction to Psychology*. Tata McGraw-Hill Education.

Ng, S. H. (1980). *The Social Psychology of Power*. London, Academic.

Organ D. W., & Bateman T. (1986). *Organizational Behavior; An applied psychological approach*. Texas, Business Publications.

Palmer, F. H., & Myers, T. I. (1955). Sociometric choices and group productivity among radar crews. *American Psychologist, 10*, 441-442.

Peabody, R. (1962). Perceptions of Organizational Authory: A Comparative Analysis. *Administrative Science Quarterly, 6*(4), 514.

Pettigrew, A. (1972). Information control as a power resource. *Sociology*, 6, 187-204.

Podsakoff, P. M., & Schriescheim, C. A. (1985). Field studies of French and Raven's bases of power: Critique, reanalysis, and suggestions for future research. *Psychological Bulletin*, 97(3), 387-411.

Rachlin, H. (1970). *Modern Behavior*. New York: Freeman.

Rahim, M. A. (1989). Relationships of leader power to compliance and satisfaction: Evidence from a national sample of managers. *Journal of Management*, 15, 545-556.

Rahim, M. A., & Afza, M. (1993). Leader power, commitment, satisfaction, compliance, and propensity to leave a job among US accountants. *The Journal of Social Psychology*, 133(5), 611-625.

Raven, B. H. (1965). Social influence and power. In D. Steiner & M. Fishbein (Eds.), *Current Studies in Social Psychology* (pp. 371-382). Holt, Rinehart and Winston, New York.

Raven, B. H. (1974). The comparative analysis of power preference. In J. T. Tedeschi (Ed.), *Perspectives on Social power* (pp. 172-198). Chicago: Aldine Publishers.

Roff, M. (1950). A study of combat leadership in the Air Force by means of a rating scale: Group differences. *Journal of Psychology*, 30, 229-239.

Sayles, R. L. (1979). *Leadership: What effective managers really do and how they do it*. New York: McGraw-Hill.

Schriesheim, C. A., Hinkin, T. R., & Podsakoff, P. M. (1991). Can ipsative and single-item measures produce erroneous results in field studies of French and Raven's (1959) five bases of power? An empirical investigation. *Journal of Applied Psychology*, 76(1), 106-114.

Shils, E. A., & Janowitz, M. (1948). Cohesion and disintegration in the Wehrmacht in World War II. *Public Opinion Quarterly*, 12, 280-315.

Skinner, B. F. (1965). *Science and Human Behavior*. New York: Simon and Schuster.

Sparrowe, R. T., Soetjipto, B. W., Kraimer, M. L. (2006). Do leaders' influence tactics relate to members' helping behavior? It depends on the quality of the relationship, *Academy of Management Journal*, 49(6), 1194-1208.

Stahl, M. J., & Grigsby, D. W. (1987). A comparison of unit, subjective, and regression measures of second? level valences in expectancy theory. *Decision Sciences*, 18(1), 62-72.

Stoner, J. A. F. (1982). *Management*. New Jersey: Prentice-Hall.

Van Fleet, D. D., & Yukl, G. A. (1986). *Military leadership: An organizational behavior perspective.* Greenwich, CT: JAI Press.

Vroom, V. H. (1964). *Work and motivation.* New York: John Wiley & Sons.

Vroom, V. H., & Deci, E. L. (1970). *Management and Motivation.* England: Penguin Books.

Wahba, M. A., & Bridwell, L. G. (1976). Maslow reconsidered: A review of research on the need hierarchy theory. *Organizational Behavior and Human Performance, 15*(2), 212-240.

Wickert, F. R. (1947). *Psychological research on problems of redistribution* (No. 14). US Government Printing Office.

Yukl, G. A. (1981). *Leadership in Organizations.* Englewood Cliffs, NJ: Prentice-Hall.

Yukl, G. A. (1989). *Leadership in Organization* (2nd ed.). Englewood Cliffs, NJ: Prentice Hall.

Yukl, G. A. (2006). *Leadership in organizations.* Upper Saddle River: NJ: Prentice Hall.

Yukl, G. A., Chavez, C., & Seifert, C. F. (2005). Assessing the construct validity and utility of two new influence tactics. *Journal of Organizational Behavior, 26*(6), 705-725.

Yukl, G. A., & Falbe, C. M. (1991). Importance of Different Power Sources in Downward and Lateral Relations. *Journal of Applied Psychology, 76*(3), 416-423.

Yukl, G. A., Fu, P. P., & McDonald, R. (2003). Cross-cultural differences in perceived effectiveness of influence tactics for initiating or resisting change, *Journal of Applied Psychology, 52*(1), 68-82.

Yukl, G. A., Kim, H., & Falbe, C. M. (1996). Antecedents of Influence Outcomes. *Journal of Applied Psychology, 81*(3), 309-317.

Yukl, G. A., Lepsinger, R., & Lucia, A. (1991). Preliminary report on the development of the influence behavior questionnaire. *Impact of leadership* (pp. 417-427). Greensboro, NC: Center For Creative Leadership.

Yukl, G. A., Seifert, C. F., & Chavez, C. (2008). Validation of the extended Influence Behavior Questionnaire. *Leadership Quarterly, 19*(5), 609-621.

Yukl, G. A., & Tracey, J. B. (1992). Consequences of influence tactics used with subordinates, peers, and the boss. *Journal of Applied Psychology, 77*(4), 525.

제8장

상담 및 스트레스 관리

조직의 리더는 조직 목표 달성을 위하여 가용한 모든 물적 요소와 인적 요소를 활용해야 한다. 두 요소의 상대적 중요성은 조직의 목표, 구조 등의 특성에 따라 달라질 수 있지만, 기본적으로 물적 요소는 구성원에 의해 효과적으로 사용될 때만 그 효용성을 갖는다. 따라서 구성원이 조직 목표 달성에 개인의 역량을 얼마나 투입하는가는 조직의 성패를 가름하는 핵심이며, 이를 유도해 내는 것이 리더십의 핵심이다.

이를 위해서 리더는 구성원을 이해해야 하며, 구성원이 문제에 직면했을 때 적절한 도움을 제공할 수 있는 능력을 갖추어야 한다. 이에 이 장에서는 리더에게 요구되는 상담과 스트레스 관리에 대해 알아보고자 한다. 첫째, 상담 분야에서는 상담의 정의, 군대상담의 특성, 군대상담자와 병영생활 전문상담관 제도를 다룬 후, 개인상담의 실제적 방법인 인간 중심 상담과 군의 집단생활 특징을 활용할 수 있는 집단상담을 기술하였다. 그리고 최근 활발하게 연구되고 있는 코칭(coaching)과 멘토링(mentoring)에 대해 추가하였다. 둘째, 스트레스 관리에서는 스트레스의 개념과 유형에 대해 알아본 후, 스트레스에 대한 대처 방법을 다섯 가지 범주로 정리하였다. 마지막으로 전장 스트레스의 전반적인 요인, 장기적 전투 임무 수행 시 발생하는 스트레스 반응 단계 그리고 전장 스트레스에 대해 리더가 고려해야 할 대처 방법을 간략히 설명하였다.

1. 상담

1) 개요

(1) 상담의 정의

일반적으로 상담이란 "어떤 문제를 혼자 해결하는 데 어려움이 있어 도움을 필요로 하는 사람(내담자, client)을 전문적인 훈련을 통해 상담 능력을 갖추고 있는 사람(상담자, counselor)이 도와주는 것"을 의미한다.

일반적으로 군의 지휘관은 항상 부하의 신상을 파악하고 도움을 주려고 노력한다는 점에서 상담자로서의 활동을 하고 있다고 하겠으나, 모든 지휘관에게 심리학 분야의 지식과 전문적인 상담 능력을 기대하기에는 무리가 있다. 그리고 군대상담은 원칙적인 측면에서 일반 상담과 다르지 않으나, 군의 특수한 사정을 고려하여 개념화하고 이해하는 것이 필요하다.

군대상담은 "군대 구성원의 행동을 개선하고, 나아가 그들의 훈련이나 업무 수행 등 근무능률을 향상시키기 위한 목적으로, 군 복무 적응에 어려움을 겪고 있는 개인(통상 병사가 됨)이 스스로 문제를 해결하도록 다른 사람(통상 간부와 병영생활 전문상담관이 됨)이 도와주는 일련의 과정"으로 정의할 수 있다. 일반 상담과 비교할 때, 군대상담은 일반 상담에서 강조되는 개인의 감정이나 이익이 덜 강조되고, 군의 임무 수행이 전제된다는 점이 다르다. 물론 정신적으로 건강하고 성숙한 사람은 주어진 현실을 객관적으로 파악하고 문제에 효율적으로 대처하기 때문에, 개인의 문제해결과 성숙을 돕는 상담의 목표 달성을 통하여 군대상담의 목적도 달성될 수 있을 것이다.

상담 여건이 제한적이기는 하나, 군에서 상담을 활용함으로써 기대할 수 있는 효과들이 있다.

첫째, 상담이 정신 전력 향상, 그중에서도 사기와 단결을 증진시키는 데 기여할 수 있다. 사기 진작을 위해서는 의·식·주 등 일차적인 욕구를 충족시키는 것도 중요하지만, 동료나 상관에게 인정받는 것, 직무 자체에서 만족감을 얻는 것, 소속감을 갖는 것, 개인의 어려움에 대해 도움을 받는 것이 보다 중요하다. 이런 요소들은 동료 간이나 상·하급자 간에 의사소통과 상호 이해를 통해 달성될 수 있으며, 개인상담 및 집단상담의 경험을 통해 크게 증진될 수 있다.

둘째, 상담이 개인의 정서적 부적응 상태를 교정하여 정상적인 생활을 영위하도록 도움으로써 사고를 예방할 수 있다. 사고의 대부분은 어떤 사태에 대한 자신의 불편감을 아무도 이해해 주지도 않고 이해하려고도 않는다는 절망감을 원인으로 충동적인 행동을 함으로써 일어난다. 상담은 개인의 주관적 경험을 중시함으로써 자신이 진정으로 이해받고 있다는 경험을 갖기 때문에 보다 객관적인 사태의 해결책을 도모할 수 있다.

(2) 군대상담의 특성

군대상담이 일반 상담과 다른 점은 앞서 개괄적으로 언급했으나, 실제 상담 장면에서 대응책을 수립하기 위해서는 좀 더 구체적인 이해가 필요하다. 이와 관련하여 군의 특수성에 기초한 군대상담의 특수성과 제한점은 다음과 같이 정리할 수 있다.

첫째, 피상담자(내담자)들의 대부분이 20대 초반의 청년층이라는 점이다. 이 연령층은 신체적으로는 성인이나, 정신적으로는 독립하지 못하여 완전한 성인은 아니다. 동시에 문제에 대처할 때 제한된 경험에 집착하거나 감정에 치우칠 가능성이 매우 크다는 점을 이해하여야 한다. 그리고 신세대 장병들은 과거에 비해 평균적인 교육 수준이 높고, 개방적이며, 솔직하고, 도전적이면서 적극적으로 사고하며, 평등주의적 사고방식을 가지고 있는 등의 긍정적 특성이 있는 반면, 개인주의적인 성향, 군대의 계급체계와 통제에 대한 거부감, 신체적 능력과 정신력의 부족 등의 부정적 특성도 있음을 지휘관은 명확하게 이해하여야 한다.

둘째, 군생활에 따른 급격한 환경 변화와 역할 변화에 따라 정서적·사회적 적응상에 특수한 문제의 발생 소지가 크다는 것이다. 〈표 8-1〉에서 볼 수 있는 바와 같이, 박성준 의원실(2020. 10. 12.)에서 발표한 자료에 따르면, 2016년부터 2020년 전반기까지 현역복무 부적합으로 전역한 병사가 27,274명에 달했으며, 이들 중 정신질환이나 적응 곤란 등 심리적 요인으로 조기 전역한 병사는 21,349명으로 전체의 78%의 비율을 차지하고 있었다. 24시간 공동생활, 엄격한 위계질서와 규율, 단순하고 반복적인 일상업무, 훈련 시의 육체적 고통과 위험 등은 누구에게나 적응상의 문제를 발생시킬 소지가 있다.

〈표 8-1〉 최근 5년간 현역복무 부적합자 현황

구분 (년)	계		심리적 요인		육체적 요인	
	대상(명)	전역(명)	대상(명)	전역(명)	대상(명)	전역(명)
2020. 8.	4,335	4,250	3,509	3,449	826	801
2019.	6,365	6,202	5,047	4,922	1,318	1,280
2018.	6,214	6,118	4,859	4,789	1,355	1,329
2017.	5,681	5,583	4,361	4,280	1,320	1,303
2016.	5,342	5,121	4,080	3,909	1,262	1,212
누계(명)	27,937	27,274	21,856	21,349	6,081	5,925

출처: 박성준 의원실 제공(2020. 10. 12.).

셋째, 상담자가 내담자를 도울 수 있는 범위가 제한된다는 것이다. 군은 조직의 임무 특성 때문에 개인 생활에 대한 규제가 필수적이다. 따라서 유익한 해결책이 있더라도 실제로 적용하기 곤란한 경우가 많다. 병사들의 휴가 필요성과 부대의 휴가 계획 간의 상충이 대표적인 예가 될 것이다.

넷째, 상급자(통상 지휘자)가 상담자가 되기 때문에 발생하는 여러 가지 제한점이 있다. 일반적인 상담에서는 상담자와 내담자가 대등한 관계를 형성하나, 군에서는 대등한 관계 형성이 곤란하다. 또한 일반적으로 상담 내용은 내담자가 동의하지 않으면 비밀이 유지되어야 한다. 이는 상담관계의 기본인 신뢰 형성에 매우 중요하나, 군의 보고 관례를 알고 있는 내담자는 이를 신뢰하기 어렵다. 지휘자가 상담자가 될 때 가장 곤란한 점은 내담자가 자신의 문제를 지휘자에게 알리는 것을 위험하다고 생각할 가능성이 크다는 점이다. 이는 지휘자가 내담자인 병사의 군생활에 결정적인 영향을 행사할 수 있는 사람이기 때문이다. 또한 군의 상급자는 통상 충고나 지시에 익숙하다. 따라서 도움을 요구하는 용사에게 자신의 경험에 비추어 충고하는 경향이 많다. 그러나 통상적으로 문제가 해결되지 않는 것은 개인이 그 해결 방안을 몰라서가 아니라 어떤 해결 방안을 선택 또는 추진하려는 마음이 부족해서임을 생각해 보면, 충고가 갖는 무의미성을 이해할 수 있을 것이다. 상기의 제한점에 비추어 보면 군의 상담자는 편안한 관계 형성, 비밀 유지의 보장, 도우려는 마음의 전달, 충고의 배제에 대해 일반 상담자보다 큰 관심을 가져야 할 것이다.

다섯째, 개인의 편익을 위해서 거짓으로 문제를 호소할 가능성이 크다는 점이다. 이는 대부분의 병사가 비자발적인 징집에 의해 입대하고, 부대 배치와 임무 부여도 군 방침에 의해 일방적으로 결정되며, 행동반경 역시 통제되고 있기 때문이다. 따라서 군의 상담자는 사실 여부의 확인이 필요한 경우가 있음을 숙지하고 있어야 한다.

그 이외에도 군의 가치관이 강조되어야 하는 점, 지속적·정기적 상담이 어려운 점, 지휘자의 권위적 입장과 상담자의 민주적 역할이 갈등을 야기할 수 있다는 점 등이 제기될 수 있다.

(3) 군대상담자와 병영생활 전문상담관

군대의 상담자는 상담 이론에 대한 이해, 상담 방법에 대한 숙달, 상담 경험 및 훈련 등의 전문적 자질뿐만 아니라 자신에 대한 이해와 수용, 타인에 대한 관심과 존중, 원만한 성격과 인내심 등 인간적 자질을 갖추어야 한다(김완일, 권소영, 2016). 군 간부들이 원활하게 상담자의 역할을 수행할 수 있도록 체계적인 상담 기초교육을 실시하는 것은 매우 의미 있는 일이지만, 모든 군 간부에게 상담자의 전문적 자질까지 갖추도록 요구하기에는 현실적으로 많은 제약이 따른다. 그러므로 군대상담자의 유형에 따라 역할 분담을 조정하는 것이 보다 효율적일 것으로 판단된다.

일반적으로 병사들에 대한 일차적인 상담자는 중대장, 소대장 등의 초급 지휘관이나 주임원사와 같은 군 간부가 담당하게 된다. 이들은 상담에 대한 전문적 지식과 경험이 부족하므로 전문적 상담보다는 면담 수준이나 준전문적 상담자의 역할을 수행할 수 있다. 이에 반해 군대에서 전문적인 상담 능력을 보유한 인력으로는 병영생활 전문상담관, 군종장교, 정신과 군의관 등을 들 수 있다. 김완일과 권소영(2016)은 가벼운 복무 부적응이나 대인관계 문제해결 등의 '일차적인 목표'에 대해서는 군 간부가 상담을 실시하고, 심층적이고 성장 촉진적인 목표에 대한 인간적 발달과 인격적 성숙을 도모하는 '이차적인 목표'는 전문상담관에게 임무를 부여할 것을 제안하고 있다. 그러므로 군 간부들은 기본적인 상담 능력을 구비하여 도움이 필요한 병사들을 관리함과 동시에 전문상담관과의 유기적인 협조체계를 구축하여 전문적인 도움을 받을 수 있도록 노력하여야 한다.

2005년에 발생한 육군훈련소 가혹행위와 GOP 총기사고의 발생 등은 부적응 병사를 체계적으로 관리하고 장병의 기본권을 보장하기 위한 전문상담관 운영의 필요성을 인식시켰다. 이에 군은 2005년 7월, 8명의 기본권 전문상담관 제도를 최초로 도입하였다. 2008년에는 병영생활 전문상담관으로 명칭이 변경되었으며, 2016년에는 운영 관련 조항이 '군인의 지위 및 복무에 관한 기본법'에 반영되었다. 2020년에는 총 620명의 병영생활 전문상담관이 운용되고 있으며, 1인당 담당 인원은 약 810명 정도이다.

병영생활 전문상담관의 임무는, 첫째, 고충을 호소하는 군인과 장기복무 군인가족에 대한 전문적인 심리상담을 실시하며 상담과 관련하여 지휘관이 부여한 업무를 수행한다. 둘째, 복무 부적응 장병에 대하여 상담과 심리 검사, 각종 집단상담 프로그램을 실시한다. 셋째, 상담 역량이 필요한 간부 및 병사에게 상담 관련 교육을 시행하고 지도하는 임무를 수행하는 것이다.

그러나 병영생활 전문상담관 제도는 아직 해결해야 할 문제점이 남아 있다. 첫째, 병영생활 전문상담관이 충분한 전문성을 갖추고 있는지에 대해 살펴보아야 한다. 국방부가 제시한 자격기준을 충족하는 전문 인력을 선발해야 하며, 이들에 대한 수퍼비전(supervision) 시스템을 강화하고 체계적인 보수교육의 기회를 제공해야 한다. 둘째, 병영생활 전문상담관의 업무 고충을 이해하고 처우를 개선할 필요가 있다. 병영생활 전문상담관의 업무가 과부하되어 양질의 상담 서비스를 제공하는 데 결정적인 제한이 될 수 있으므로, 충분한 인력이 확보되어 있는지를 검토해야 한다. 추가적으로 야전에서 병영생활 전문상담관과 내담자 간의 안정적인 상담이 이루어질 수 있는 공간이 확충되어야 할 것이다.

2) 개인상담

상담에는 각기 다른 이론적 배경을 갖는 다양한 상담 방법이 있으며, 인원 구성의 차이에 의해 개인상담과 집단상담으로 구분되기도 한다. 모든 방법을 다루기는 제한되므로 여기서는 개인상담 중 가장 활용도가 높은 비(非)지시적 상담을 주로 소개하고자 한다. 또한 소개하는 내용도 이론적인 부분만을 제한적으로 다루므로, 바람직한 상담자가 되기 위해서는 추가적으로 개인적인 노력(관련 서적 독서와 경험)을 하여야 할 것이다.

(1) 이론적 배경

Carl Rogers는 1928년부터 10여 년 간 정서적으로 어려움을 겪고 있는 사람들을 도와주면서, 상담자가 내담자보다 더 유능하고 경험이 많으며 내담자는 스스로 문제를 해결할 수 없다는 기존 상담 방법의 가정에 반대하면서 인간은 스스로 자신의 문제를 다룰 능력이 있다고 믿었다.

Rogers는 인간을 '실현 경향성(actualization tendency)을 갖고 있는 존재'로 보았다. 실현 경향성이란 타고난 잠재력을 충분히 구현하려는 것으로, 현실적으로는 현재의 자기보다 나아진 모습의 자기가 되려는 것으로 나타난다. 따라서 인간은 합리적이고, 사회화되며, 발전적이고, 현실적이라고 볼 수 있다. 물론 인간에게는 비합리적이고, 반사회적이며, 파괴적인 감정과 행동이 있는 것도 사실이다. 그러나 이러한 부정적 측면은 어떤 갈등과 좌절감에 의한 방어에서 오는 일시적 부적응 현상이다. Rogers는 인간은 누구나 방어가 필요 없어지면 부적응의 상태에서 적응적 상태로 옮겨 감으로써 본래의 실현 경향성을 발휘하게 될 것이라고 믿고, 상담 사례들을 통하여 이를 증명해 보였다.

비지시적 상담이 인간 중심 상담, 내담자 중심 상담으로 불려지기도 하는 것은 인간은 적절한 상황만 갖추어지면 스스로 자신을 인도하고, 통제하며, 조정할 능력이 있다는 Rogers의 인간관에 기초해 있기 때문이다. 필요한 조건이 되는 적절한 상황이란 자신의 느낌과 경험이 무조건 타인에 의해 수용됨으로써 왜곡이나 방어가 필요 없는 상황이다. 이러한 상황이 일상적인 대인관계에서 항상 존재하기는 어려우므로, 상담에서 상담자와 함께 경험함으로써 실현 경향성이 발휘되도록 하려는 것이 비지시적 상담의 핵심이다. 따라서 이 방법에서 상담자는 내담자에 대한 무조건적인 이해와 수용을 기본적으로 갖고 있어야 한다.

(2) 상담자 자질 및 태도

상담의 효과는 상담자의 성숙 정도와 타인 이해 능력에 기본적으로 의존한다. 따라서 상담자의 자질과 특성, 인간에 대한 태도가 중요하고, 부가적으로 상담의 구체적 기술이 요구된다고 할 수 있다.

상담자로서 갖추어야 할 자질이나 특성을 확고하게 규정화하기는 어려우나 몇 가지로 요약이 가능하다. 첫째, 원만한 성격과 인간 문제에 대한 관심이다. 상담자가 현재 심각한 심리적 갈등이나 인간관계에서 어려움을 겪고 있다면, 상담자로의 역할을 잘 수행하기는 어렵다. 유능한 상담자가 되기 위해서는 자신의 처지와 여건을 항상 긍정적으로 보고, 현실을 객관적으로 파악하는 원만한 성격의 소유자여야 한다. 또한 인간 문제에 관해서 폭넓고 민감한 관심을 갖고 남을 도우려는 동기가 강한 사람이어야 한다.

둘째, 수동적 입장에 자족할 수 있어야 한다. 상담자가 도움을 주려는 욕망이 강해서 조언과 충고를 하게 되면 상담은 실패할 가능성이 크다. 왜냐하면 내담자가 자신의 문제를 해결할 방법을 모르는 것이 아니라, 어떤 이유로 해서 그것을 선택·추진할 심리적 여유가 없어 문제가 되기 때문이다. 외견상으로는 충고나 조언이 도움을 주는 것 같으나, 궁극적으로는 의존성을 키우고 실현 경향성을 감소시켜 스스로 문제를 해결하려는 의지와 능력을 감소시킬 뿐이다. 따라서 상담자는 내담자가 문제의 해결책을 구체화하고, 실천해 가도록 수동적 입장에서 이해와 정리를 통해 도와주는 것이 필요하다.

셋째, 감수성과 이해력이 있어야 한다. 문제를 갖고 있는 사람(특히 정서적인 문제)은 적절히 자신의 문제를 표현하지 못한다. 그럼에도 상담자는 내담자의 문제와 관련된 감정, 생각, 희망, 의도 등을 예민하게 알아차리고 이해할 수 있어야 한다. 왜냐하면 내담자에 대한 이해가 깊을수록 도움이 효과적일 수 있기 때문이다. 타인을 이해하기 위해서는 자신에 대한 이해와 객관적 통찰이 선행되어야 하며, 심리학적 지식, 상담 경험과 다양한 생활 경험을 직·간접적으로 체험함으로써 가능하므로 이들을 갖기 위한 개인적 노력이 필요하다.

상기한 자질은 상담가가 아니더라도 리더로서 부하와 좋은 관계를 맺는 데 필수적인 자질이라 할 수 있으므로 리더들 모두가 함양하도록 노력해야 할 것이다.

상담자의 자질 이외에 상담 과정에서 견지해야 하는 태도가 있다. 이는 상담자 변수로 지칭되기도 하며 상담 결과를 좌우하는 핵심으로, 요약하면 다음과 같다.

무조건적인 긍정적 존중(unconditional positive regard) 긍정적 존중은 상대방에 대해 인간적 가치와 실현 경향성을 인정하고 믿는 태도이다. 무조건적의 의미는 상담자가 주관적인 판단에 기초하지 않고, 제한 없이 내담자의 가치를 인정한다는 것이다. 즉, 내담자의 현재 모습이 혼란스럽고 부적절하다고 하더라도 그것이 일시적인 모습이며 성숙을 통해 인간적 가치를 구현할 수 있음을 항상 믿는 태도이다. 그러나 상담자가 내담자의 말이나 행동을 필수적으로 승인한다는 뜻은 아니며, 단지 상담자가 내담자가 특정 방식으로 행동함에 의존하여 내담자를 선호하지 않는다는 의미이다. 즉, 개인적 경험을 존중해 주어야 한다는 의미이며, 이는 인간에 대한 기본적 존중심이 바탕에 있어야 가능하다. 이러한 태도를 상담자가 보임으로써 내담자는 자신의 감정을 있는 그대로 경험하고 표현할 수 있다.

공감(empathy) 공감은 상대방의 시각으로 사태를 바라보고 상대방의 경험을 이해하는 것이다. 상담자는 지속적으로 내담자에 대한 공감적 이해를 추구해야만 한다. 공감은 상담자가 내담자가 말하는 내용과 그 뒤에 숨겨져 있는 감정을 파악하려는 시도의 결과로 가능하며, 이러한 청취 방식을 능동적 청취(active listening)라 한다. 그리고 상담자는 반영(reflection)을 통하여 내담자와 공감을 나누어야 한다. 반영은 상담자가 내담자가 한 말의 내용과 감정 중 이해한 것을 요약하여 내담자에게 전달하는 것이다. 정확한 반영은 내담자가 자신의 감정을 이해하고, 보다 높은 수준의 자기이해로 나아가도록 돕는다. 가장 정확한 반영은 상담자가 내담자 감정의 거울이 되어, 내담자가 자신의 감정을 충분히 비추어 보도록 하는 것이라 할 수 있다.

자신에의 솔직성(self-congruence) 상담자는 내담자와의 관계에서 솔직해야만 한다. 상담자가 내담자의 인간적 가치를 인정하고 공감을 추구하는 태도가 단지 상담적 기법이어서는 안 된다는 의미이다. 또한 상담자 자신의 감정에도 민감해야 하며, 이 감정을 내담자에게 전달해야 한다. 상담자가 자신의 감정을 무시할 때 이는 내담자에게 전달될 수 있으며, 상담을 위한 신뢰관계가 손상될 수 있다. 따라서 상담적 관계에서 상담자와 내담자 모두 정적이든 부적이든 자신들의 감정을 서로 교환하여야 한다. 또한 상담자는 내담자에게 자신이 도울 수 있는 부분과 도울 수 없는 부분을 솔직히 전달하여 불필요한 기대를 갖기보다는 스스로 현실적인 해결책을 찾도록 하여야 한다.

일반적인 상담에서 요구되는 상담자의 특성과 태도를 알아보았는데, 리더가 이 모두를 충족시키기는 매우 어렵다. 상기한 것들을 갖추기 위한 노력은 계속하여야 할 것이나, 전문적 상담가가 될 수는 없을 것이다. 따라서 리더가 사용할 수 있는 구체적이면서도 상담의 원리를 해치지 않을 방법의 모색이 필요하다. 이를 위하여 '안전한' 상담 방법 몇 가지를 제시한다. 안전하다는 의미는 전문적 훈련을 받지 않았어도 조금만 노력을 기울이면 사용할 수 있다는 것이다.

가장 우선적인 방법은 능동적 청취이다. 능동적 청취는 내담자가 전달하려는 모든 내용을 받아들임을 의미한다. 이는 내담자의 말에 들어 있는 진정한 의미를 파악하려는 노력과 관심을 통해 가능하다. 능동적 청취를 위한 방법 중 하나는 주의집중이다. 주의집중은 '모든 의사소통을 원활하게 해 주는 기름'이라고 할 수 있다. 왜냐하면 사람들은 자신이 주의의 대상이 될 때 타인에게 이해되고 있다고 생각하고, 이에 대한 반응을 보이기 때문이다.

주의집중 행동은 세 가지의 요소로 구성된다. 첫째는 긴장 이완이고, 둘째는 시선의 접촉을 유지하기, 셋째는 상대방의 이야기를 따라가는 것이다. 상담자가 긴장을 푸는 것은 내담자의 긴장 이완을 돕고 표현을 자유롭게 할 수 있게 해 준다. 동시에 상담자가 내담자에게서 일어나는 모든 것을 받아들일 여유를 갖게 해 준다. 시선의 접촉은 자연스럽게 유지되어야 하며, 상대방이 부담을 느끼도록 주목하는 것은 피하여야 한다. 시선을 접촉시키는 것은 관심의 전달과 눈을 통한 비언어적인 의사 표현을 파악하려는 것이다. 상대의 이야기를 따라가는 것은 질문이나 이야기 주제의 변화를 상담자가 하지 않고 내담자에게 주도권을 준다는 의미이다. 이는 내담자의 경험을 그의 방식으로 정리하여 표현하게 함으로써 더 깊은 이해가 가능해진다.

주의집중이 잘 듣기 위한 첫 번째 방법이라면, 듣고 이해한 내용이 적절한지 확인이 필요할 것이다. 이를 위해 그때까지 상담자가 이해한 내용을 자신의 말로 바꾸어 재언급하여 확인해야 한다. 이를 바꾸어 말하기(paraphrasing)라 한다. 적절한 바꾸어 말하기는 잘 듣고 이해하고 있음을 내담자에게 전달할 뿐 아니라 내담자가 자신의 문제를 정리하고 이해하는 것을 촉진해 준다.

두 번째 방법은 질문이다. 질문은 일반적으로 상담에서 과도하게 사용되고 동시에 잘못 사용된다. 특히 리더가 갖기 쉬운 "내가 질문하면, 너는 답변을 하라. 그러면 내가 해결해 주겠다."라는 식의 태도는 문제가 될 수 있다. 상담은 내담자가 자신의 문제를 가능한 한 능동적으로 해결하도록 돕는 것임을 상기하면 왜 문제가 되는 태도인지 이해될 수 있을 것이다. 질문은 가능하면 하지 않는 것이 바람직하다. 그러나 필요한 질문을 할 경우에는 한정적 질문(closed question)을 피하고 개방적 질문(open question)을 사용하여야 한다. 한정적 질문은 "당신의 장점은 성실하다는 것입니까?"라는 식으로 응답자가 수동적으로 "예" 또는 "아니요"로만 답하게 하는 질문이다. 반면, 개방적 질문은 "당신의 장점은 무엇이라고 생각하십니까?"라는 식으로 응답자가 자신의 생각을 적극적으로 제시하게 하는 질문이다. 결론적으로 말하면, 상담 전 과정에서 내담자가 주도권을 갖고 자신을 표현하도록 하는 것이 최선이라 할 수 있다.

세 번째 방법은 감정을 이해하고 수용해 주는 것이다. 많은 경우 부하의 문제에는 강한 감정이 포함된다. 따라서 우선은 문제의 해결책을 찾으려 하기보다는 감정을 이해하고 수용해 줌으로써 감정적인 문제해결 방법의 추구를 배제시켜야 한다. 이를 위해 내담자의 말 뒤에 있는 감정이 무엇인가를 '듣고', 관련된 감정을 분명히 해 주고, 감정이 이해되고 수용되고 있음을 전달해 주어야 한다. 예를 들어, "당신은 … 때문에 화가 나셨군요." "…이 당신을 슬프게 만들었군요." 등으로 내담자의 감정을 알아주는 것이다. 사람은 누구나 자신을 이해해 주는 사람에게 개방적으로 대하고, 반대로 평가하려는 사람에게 방어적으로 대한다는 점에 비추어 보면, 왜 감정의 이해가 우선하는지 알 수 있다.

네 번째 방법은 문제해결에 도움을 주는 것이다. 앞의 방법은 내담자가 가지고 있는 문제들을 내담자가 보다 분명히 인식하도록 도움으로써 스스로 현실적이고 객관적인 답을 찾도록 하려는 것이었다. 문제를 객관적으로 인식한 후에 내담자가 문제해결에 직접적인 도움을 요구하는 단계에 오면 필요한 정보와 조언을 제시하여야 한다. 제시되고 함께 검토된 방법 중에서 최종 방안의 선택은 내담자에게 맡겨야 한다.

그러나 리더가 구성원에게 도움을 주어야 하는 모든 경우가 상담을 필요로 하지는 않을 것이다. 또한 상담은 시간이 많이 들기 때문에, 시간이 부족하거나 리더가 부하의 업무 행동에 관해 직접적 도움을 주어야 하는 경우에는 엄격한 상담적 기법을 준수하는 것이 부적절하다. 이러한 경우에 활용 가능한 표준적인 문제해결 절차를 소개한다.

① 피면담자가 문제해결에 참여할 수 있도록 솔직한 관계를 형성한다.
② 문제에 대해 언급하고 이를 분명히 하며 목표를 명확히 한다. 즉, 변화가 요구되는 것이 분명하게 무엇인가에 대한 답을 얻는다.
③ 다음과 같은 절차에 따라 분명한 해결책을 탐색하고 정리한다.
   - 관련된 정보를 모은다.
   - 정보에 함축된 내용과 각 대안의 결과들을 탐색한다.
   - 선택에서 개인이 중요시하는 가치가 무엇인지 분명히 한다.
④ 최종 결정을 내리기 전에 목표, 다른 대안의 선택 가능성, 선택 안의 위험성, 결과 등을 재검토한다.
⑤ 대안 중 하나를 결정하고 그 대안의 추진을 위한 행동 계획을 수립한다.
⑥ 행동 계획을 수행하면서 새로운 정보와 환경 변화의 측면에서 주기적으로 재평가를 수립한다.
⑦ 새로운 생활 장면에서 상기의 과정을 계속 적용하도록 한다.

이러한 절차는 문제에 따라 부분적으로 수정·적용도 가능하다. 이러한 절차의 적용은 현재의 문제해결에 도움을 줄 뿐 아니라, 내담자에게 미래의 새로운 문제들에 대한 해결 능력을 증진시켜 줄 것이다.

지금까지 다룬 비지시적 상담은 상·하급자 간 갈등, 동료들 간의 갈등, 개인의 가족, 부모 문제, 결혼, 장래 직업 선택 등 개인이 당면하는 적응 문제들을 해결하거나 성격의 개선 등에 폭넓게 적용될 수 있다.

그러나 비지시적 상담의 제한점은 상담자의 수준에 따라 그 영향력이 달라지며, 상담 동기가 부족한 내담자와 현실 감각이 부족한 정신장애인에게 적용되기 곤란하다는 점이다.

3) 집단상담

개인상담에 부가하여 집단상담을 포함시켜 다루는 것은 군의 집단생활이 갖는 이점과 문제점을 포괄적으로 활용하여 병사들의 성장을 돕고, 발생할 수 있는 문제를 예방할 방법이기 때문이다. 지면에 제한이 있어서 충분한 설명은 어려우나, 개념 정리, 군에서 도움이 되는 이유, 가용한 방법을 제시함으로써 지휘자들에게 유용한 정보를 제공하고자 한다.

(1) 집단상담의 정의와 장점

개인상담과 달리 한 명의 상담자가 다수의 내담자를 상담한다는 점 때문에 생기는 몇 가지 추가적인 면만 제외하면, 집단상담의 기본적인 입장은 개인상담과 유사하다. "집단 상담이란 적은 수의 비교적 정상적인 적응을 하는 사람들이, 한두 사람의 전문가의 지도 하에 집단 내에서의 상호역학관계를 토대로 하여 신뢰롭고 수용적인 분위기 속에서 개인의 태도와 행동의 변화 혹은 한층 높은 수준의 개인의 성장 발달 및 인간관계 발달의 능력을 촉진시키려는 의도에서 이루어지는 하나의 역동적 대인관계의 과정"으로 정의될 수 있다.

개인상담에 비해 집단상담은 몇 가지 장점을 갖는다. 첫째, 개인상담은 상담 과정에서 얻은 통찰이나 새로운 행동이 생활 현장에서 적용될 것인지의 보장이 어려운 반면, 집단 상담은 비록 제한되고 우호적인 사회적 상황이기는 하나 자신의 새로운 태도나 행동을 시험해 볼 기회를 제공한다. 둘째, 타인의 행동 관찰을 통하여 보다 성숙되고 새로운 행동 양식을 배울 수 있다. 셋째, 집단 구성원의 정보와 경험을 통합함으로써 새로운 행동이 촉진되고 강화될 수 있다. 넷째, 시간과 비용이 적게 들고 상담자의 시간 효용성을 높여 준다.

(2) 군에서의 필요성

군대의 실태를 고려해 볼 때, 군대에서 집단상담을 실시하기란 쉽지 않다. 그러나 군대는 다른 어떤 2차적 집단보다도 '가족적 분위기'가 요구되고, 군대상담은 치료보다 예방에 주목적이 있기 때문에, 군대에서는 집단상담이 매우 필요하며 적용을 위해 노력해야 하는 활동이다.

군에서 일반적으로 기대할 수 있는 집단상담의 효과를 정리해 보면 다음과 같다. 이러한 효과는 건강한 시민 육성이라는 국민 교육 도장으로서의 군의 기능에 기여하게 될 것이다.

첫째, 현실 검증력을 증진할 수 있다. 집단상담의 장면에서는 외적인 비난이나 평가나 처벌에 대한 두려움이 없으므로 자신의 새로운 생각이나 감정, 행동의 표현을 시도해 보고 실험할 수 있도록 장려하고 격려하며 용기를 주기 때문에, 마음 놓고 자신을 관찰하고 확인해 볼 수 있다. 그리고 제한적이기는 하지만 현실 상황에 돌아가서도 그와 같은 행동을 할 수 있을지, 그런 행동을 하게 되면 타인의 반응이 어떠한지에 대한 정보를 구성원들을 통해 알 수 있어서 보다 나은 자신의 새로운 행동을 시도해 나갈 수가 있다.

둘째, 소속감과 전우애에 대한 경험을 풍부하게 할 수 있다. 집단상담에서는 자신의 과거 성장 환경의 불행했던 점이나 행복했던 점들을 부끄러움 없이 개방하고, 성장 과정과 삶의 경험이 다양하다는 점을 체험하면서 사람들에 대한 이해의 폭이 넓어진다. 또한 서로의 가치관과 인생의 목표, 이성과의 경험 등 다양한 관심사와 깊이 있는 경험을 서로 나누면서 평소 생활관 생활에서 느껴 보지 못한 친밀감과 깊은 이해를 바탕으로 동료들에 대한 이해와 애정을 가질 수 있다. 또한 집단상담에서의 경험을 같이 나누면서 자신을 알리고 다른 병사의 삶의 경험을 같이 나누면서 구성원 간에 강한 연대감과 소속감을 가진다.

셋째, 자신감을 경험한다. 평소에 자신이 생각하기에는 단점이 되며 열등하다고 생각했던 점을 서로 이야기하면서 다른 병사에게는 더 심각한 문제와 부족함이 있다는 점을 발견할 때, 자신의 열등감이나 부족감, 불만족에서 벗어날 수 있다. 한편, 자신이 생각하기에는 부끄럽고 모자라는 점으로 생각했던 단점이 평소에 다른 병사들이 장점으로 생각하고 있었다는 피드백을 받으면 자신에 대한 인식을 수정하여 자신의 단점과 장점에 대한 올바른 이해를 하고 자신감도 더 높일 수 있다. 또한 타인으로부터 자신의 장점과 강점에 대한 피드백을 통해 어렴풋이 알고 있거나 전혀 의식하지 못했던 개인의 잠재력과 장점을 뚜렷하게 인식하게 되면서 자신감이 생기고, 스스로를 자랑스럽게 생각하고 사랑할 수 있게 된다.

넷째, 객관적인 자기이해를 경험하게 된다. 사람은 모두 자기개념(self-concept)을 갖고 살아간다. 이 자기개념은 자기가 보는 자신에 대한 개념과 타인이 보는 자신의 개념이 합쳐져 있다. 그런데 이 자기가 보는 자신과 타인이 보는 자신의 개념 간에 차이가 크면 클수록 자기개념이 건강하지 않게 형성된다. 따라서 두 개념이 일치와 조화를 이룰 때 건강한 자기개념을 가질 수 있다. 그러나 병사들은 자기에 대한 주관적 경험에 집착하여 자신을 객관적으로 검토해 보는 기회를 갖지 못하고 생활할 수도 있다. 집단상담이라는 안전한 분위기에서 자신의 태도, 행동, 느낌, 사고 등에 직면하고, 있는 그대로 이해함으로써 자기에 대한 올바르고 객관적인 개념을 가질 수 있다.

다섯째, 타인에 대한 이해와 수용의 폭이 넓어진다. 같이 생활함에도 불구하고, 병사들은 서로에 대한 이해가 피상적인 수준에 머무는 경우가 많다. 병사들 간의 계급의식이나 불필요한 피해의식 등에 의해 방어적이 됨으로써 인간적인 측면에 대한 깊은 이해가 이루어지지 못할 수 있다. 그러나 집단상담에서는 평가나 비판 없는 분위기에서 비밀을 보장해 주며 서로의 수치스럽고 열등한 점까지도 개방하는 기회를 가짐으로써 생활관 생활에서는 알 수 없던 점들을 알아 간다. 또한 개인의 속마음을 솔직하게 이야기 하는 동시에 동료 병사의 이야기를 진솔하게 경청하면서, 느낀 점이나 감동받은 점을 주고받으며 서로를 이해하는 능력이 생긴다.

여섯째, 자신의 생의 동기를 이해하고 생에 대한 자발적 동기가 높아진다. 집단상담에서 자신의 자서전적인 자기개방을 통해 현재까지 자신이 무엇을 위해서, 또한 무엇을 추구하면서 살아왔는가에 대한 자신의 생의 동기, 가치를 알게 된다. 뿐만 아니라 현재에 대한 인식을 기반으로 앞으로의 삶의 목표 설정에 도움을 받는다.

(3) 가용한 방법

군에서 직접 활용 가능한 집단구성 방법을 우선 두 가지 제시하고, 일반적인 집단상담 방법 중 비교적 군에서 가능하고 필요하다고 판단되는 방법을 소개한다. 직접 가능한 방법은, 첫째, 생활관 단위의 집단상담이다. 현재 군대 실정에서 가장 널리 쉽게 적용할 수 있는 집단상담의 형태는 생활관 단위로 하는 것이다. 집단상담의 규모가 대개 10명 안팎, 많아도 20명을 넘지 않는 점을 고려할 때, 1~2개 생활관을 대상으로 상담을 실시할 수도 있다. 이때, 집단 지도자의 역할은 소대장이나 중대장이 맡는 것이 바람직하다.

상담 횟수는 주 1회 정도 실시하는 것이 좋은데, 그 이유는 상담 시간의 간격이 멀어지면 지난 시간 형성된 분위기가 다음 시간으로 이어지지 않기 때문이다. 반면, 무제한으로 매주 실시하면 마치 의례적인 '행사'처럼 보이고 지루한 느낌을 주기 때문에 6~10주 정도의 기간을 미리 설정해 놓고 시작하는 것이 좋다.

1회의 상담 시간은 1시간 내지 1시간 반 정도로 잡으면 충분하고, 미리 정해 놓은 시간을 초과하지 않도록 해야 한다. 만약 대화가 활성화되어 정해진 시간을 초과할 경우가 발생하더라도 지도자는 상담을 마무리하고 "오늘 다하지 못한 이야기는 다음 시간에 계속한다."라는 식으로 다음 시간을 기약하는 것이 좋다.

둘째, 10명 내외의 집단을 임의로 구성하여 실시하는 상담이다. 집단상담을 실시하려는 장교가 병사들에게 그 목적과 계획을 알려서 희망자를 받는 방법이 있고, 미리 상담 대상자를 지휘관이 정해서 호출하는 방법이 있다. 예컨대, '인간관계 개선을 위하여'라든지 '전입 신병의 부대 적응을 위한 집단상담'과 같은 목적을 부여하고 내담자들을 모을 수 있다. 그런가 하면 '분대장의 지휘 능력 향상을 위하여'라든가 '신임 소대장의 지휘 통솔 능력 배양을 위한 모임'이라는 취지를 부여하여 상담 집단을 구성하고 (이때의 내담자는 물론 분대장이나 소대장) 중대장, 대대장 또는 참모 장교가 상담을 이끌어 갈 수도 있다. 분대장이나 소대장을 위한 집단상담은 다분히 교육적인 성격을 갖는다. 이러한 교육적 목적의 소규모 집단상담은 주 1회 정도, 1회에 1~1.5시간씩 실시하고 미리 기간을 정해 놓고 실시하는 것이 좋다. 교육의 목적이 강한 집단상담에서는 그 기간이 다소 짧아도 가능하다.

활용 가능한 집단상담을 보면, 첫 번째 유형으로 잠재력 개발을 위한 집단상담(human potential seminar)이 있다. 이 방법의 목표는 개인의 잠재력을 키워 가는 것으로 참가자들이 스스로 알지 못하는 '무엇인가 올바르게 키워야 할' 것을 집단 참가자들의 상호작용에 의해서 개발하자는 것이 근본 목표이다. 건강한 사람들이 날 때부터 부여받은 무한한 잠재력을 깨닫지 못하고 있는 것을 효과적인 집단 운영 방법을 통해 자아실현의 가능성을 제공하는 것이다.

이 집단상담에서는 참가자들이 다음과 같은 목표를 달성할 수 있도록 매 모임마다 목표를 준비하여 함께 운영한다. 첫째로 고려할 수 있는 목표는 자기긍정성(self-affirmation)이다. 이것은 자기를 사랑할 수 있는 능력으로 당황하거나 부끄러움 없이 자신감을 갖도록 하는 것이다. 둘째는 자기결정(self-determination)이다. 이것은 자기가 가치가 있다고 생각하는 방향으로 일생을 이끌어 가는 능력으로서 다른 사람이 말해 주기를 기다리거나 자신의 과거나 현재를 다른 사람의 탓으로 돌리는 것을 지양하는 것이다. 셋째는 자기동기(self-motivation)이다. 이것은 스스로 할 일을 결정하고 용기 있게 추진할 수 있는 능력으로서 다른 사람이 이끌어 주기를 기다리거나 무슨 일인가를 하게 만들어 주기를 바라거나 자기가 해 놓은 일에 대해 보상받고자 하는 행동을 고치는 것이다.

상담의 단계는 다음과 같이 진행될 수 있으며, 각 단계는 해당 주제의 내용을 참가자 모두가 충분히 표현하여야 한다.

① 현재 '나 자신'이 되기까지 자신의 자서전적 이야기 소개하기
② 실천 가능성 있는 목표 설정하기
③ 가장 좋았던 경험의 회상
④ 만족했던 일, 성공했던 일, 성취했던 일들에 대한 인식과 분석
⑤ 개인이 가지고 있는 가치관을 명료화하기
⑥ 가치관 경매
⑦ 개인의 장점 인식하기
⑧ 장기 목표 설정하기
⑨ 자신이 진정으로 원하는 생의 양식을 이야기하기

활용 가능한 집단상담의 두 번째 유형은 자기표현과 주장력 향상을 위한 집단상담이다. 이 상담의 목적은 사회적 관계에서 자신의 의사를 적절히 표현하도록 함으로써 개인의 성숙, 스트레스 대응 능력의 증대, 문제해결 능력의 증대, 사회생활에 대한 긍정적인 태도를 키우는 데 있다. 상담에서 다룰 주제를 단계별로 정리하면 다음과 같다.

① 자기가 중심이 되지 않는 표현의 문제 영역 검토하기
② 감정 표현
　• 감정 표현에서의 이점
　• 감정 표현의 시기와 방법의 설정
　• 자신의 강점을 분명하게 인식하기
　• 반영적 경청
　• 나−전달법(I−Message)
③ 비평 대처하기
　• 비평을 받아들이기 힘든 경우와 그 이유
　• 대처 방법
　• 더 많은 정보 구하기

　　　　•화자에게 동의할 것
　　④ 갈등의 처리
　　　　•갈등의 본질은 어디서 출발했나 검토
　　　　•대처 방법
　　　　•나-전달법 사용하기
　　⑤ 요청하기
　　　　•요청하기에 앞서 요구의 설명하기
　　　　•반영적 경청과 나 전달하기
　　⑥ 거절하기
　　　　•상대의 요구와 필요에 대한 반영적 경청과 나 전달
　　　　•반영 후 거절을 반복적으로 할 것. 안 되는 이유를 나-전달법으로 할 것

　　활용 가능한 집단상담의 세 번째 유형은 스트레스 대처를 위한 집단상담이다. 이 집단 상담의 목표는 스트레스에 적극적으로 대응해서 극복함으로써 성숙된 인격을 도야하는 것이다. 이를 위하여 스트레스란 무엇인가를 인식시키고 스트레스를 대하는 마음가짐과 그것을 해결하기 위한 구체적인 기술을 교육한다. 상담에서 다룰 주제는 다음과 같다.

　　•자기 소개, 스트레스 경험 나누기 및 훈련의 구조화
　　•생활 스트레스와 과다한 스트레스 대처법
　　•업무와 관련된 스트레스 대처법
　　•부대 생활에서 대인관계 스트레스 대처법
　　•이성 관계 또는 부모와의 관계 스트레스 대처법

　　전문적 집단상담의 유형별로 각 단계를 제시하였다. 물론 군의 지휘자는 현재의 능력으로 이러한 방법을 모두 사용하기 어려울 수 있다. 그러나 군이 주어진 임무와 목표를 효과적으로 달성하기 위해서는 병사들의 심리적 건강이 동반되어야 함을 고려할 때, 지휘자들은 앞서 제시한 집단상담 방법을 적절히 활용하여 부대를 효과적으로 관리할 수 있도록 노력해야 할 것이다.

4) 코칭과 멘토링

지금까지 상담에 대하여 알아보았다. 그런데 최근에는 상담 이외에도 코칭(coaching)과 멘토링(mentoring), 컨설팅(consulting) 등의 다양한 분야가 발전하고 있다. 이와 같은 학문들은 공통적으로 인간의 복지와 삶의 질을 향상시키는 데 기여하고자 하지만, 학문의 목표와 역할, 분류 등에서 서로 다른 지향점을 가지고 있다. 여기에서는 코칭과 멘토링을 중심으로 알아보도록 한다.

(1) 코칭(coaching)

코칭이라는 용어는 '훈련시키다' '동기를 부여하다'의 의미를 지니고 있는데, 헝가리의 코치(Kocs)라는 마을에서 개발된 4륜 대형 마차를 일컫는 '코치(coach)'에서 파생되었다. 코칭은 19세기 중반 영국에서는 학생들에게 시험을 준비시키는 가정교사에 대한 별명으로 사용되었으며, 그 이후에는 스포츠 관련 용어로 스포츠 팀의 훈련자를 가리키는 의미로 주로 쓰였다(Merlevede & Bridoux, 2012).

국제코치협회에 따르면, 코칭은 개인의 자아실현을 뒷받침하는 시스템으로서 인생, 경력, 비즈니스와 조직에서 뛰어난 결과를 달성하도록 도와주는 지속적이고 전문적인 관계를 의미한다. 코칭은 외부로부터 문제해결에 대한 도움을 받기보다는 자신의 내부에 잠재되어 있는 강점을 발견하고 성장시켜 스스로 자신의 문제를 해결해 나가는 역량을 키워 주는 것이다. 코칭이 코치를 받는 사람이 스스로 변화를 주도한다는 측면에서 보면, 상담과 코칭은 유사한 면이 많다. 특히 내담자 중심적 접근, 동기 강화 상담 접근, 해결 중심적 상담 접근 등의 상담이 코칭과 유사하다. 그러나 상담은 내담자의 현재 심리적 불편감을 해소하고 안정 상태로 회복시키는 것이 우선적 목표인데 반해, 코칭은 현재의 문제해결을 넘어 장기적이고 지속적인 성장을 위한 토대를 구축하는 것을 주요 목표로 한다(김은정, 2016). 즉, 코칭은 새로운 변화와 성장을 지향한다는 점에서 상담과 차이가 있다.

코칭의 개념적 특성은 다음과 같이 요약할 수 있다(이소희, 길영환, 도미향, 김혜연, 2014).

• 코칭은 과거에 발생한 문제를 해결하기 위해 출발하는 것이 아니라, 현재보다 더 잘 사는 삶을 지향하는 긍정의 철학에 기반한다.
• 코칭에서는 코칭을 받는 고객의 성장이 주된 목표이지만, 코칭하는 과정에서 코치도 동반하여 성장한다.

- 코칭에서의 코치와 고객(coachee)은 수평적 관계에서 파트너십을 발휘한다.
- 코칭은 대화를 통하여 원하는 성과를 이루어 내므로 다양한 인간관계 기술이 유기적으로 결합되어 사용된다.

박정민(2015)은 코치의 역할을 네 가지로 제시하고 있다. 첫째, 코치는 안내하는 사람이다. 안내자로서의 코치는 코칭을 받는 사람이 자신의 성장 목표, 요구, 특성을 파악하여 성장을 이끌어 주는 역할을 한다. 둘째, 코치는 촉진하는 사람(facilitator)이다. 촉진자는 창의적인 의견을 제시할 수 있는 분위기를 조성하고, 집단이나 팀의 목적을 달성할 수 있도록 촉진하며 지원하는 사람을 의미하는데, 코치는 구성원의 다양성을 수용하고 참여를 촉진함으로써 기대하는 결과를 도출하도록 지원하는 역할을 한다. 셋째, 코치는 제3의 눈(third eye)이 되어 주는 사람이다. 코칭을 받는 사람들은 때때로 자신만의 지나치게 명확하고 뚜렷한 틀을 가지고 세상을 바라보기 때문에, 그에 따라 정보를 선택적으로 받아들이고 제한된 해석만을 하게 된다. 코치는 코치를 받는 사람이 잘 보지 못했거나 의도적으로 보지 않으려고 노력했던 부분을 찾아내어 이를 이해하도록 돕는다. 넷째, 코치는 수퍼비전을 제공하는 사람(supervisor)이다.

코칭은 다양한 방식으로 분류될 수 있다(김은정, 2016).

첫째, 코칭은 목적과 접근 방식에 따라 기술 코칭, 수행 코칭, 개발 코칭으로 구분될 수 있다. 기술 코칭은 특정한 기술 세트를 개발하는 것에 초점을 두며, 커뮤니케이션 코칭, 협상 기술 역량을 갖추기 위한 코칭 등이 있다. 수행 코칭은 특정 기간 내에 기대하는 수준으로 수행을 이끌어 내기 위한 코칭이다. 개발 코칭은 기술이나 수행 코칭에 비해 이슈나 주제의 범위가 상대적으로 넓은데, 리더로서 구성원들을 효과적으로 육성하고 성과를 관리하는 역량의 개발, 정서적 소통 역량의 개발, 전반적인 리더십 역량을 개발하는 경우 등이 있다.

둘째, 코칭은 주요 주제와 초점, 맥락에 따라 크게 라이프 코칭, 커리어 코칭, 기업 코칭으로 구분된다. 라이프 코칭은 개인의 인생 전반에 걸친 변화와 적응 과정을 돕기 위해 새로운 역할과 발달 과업, 스트레스에의 대처, 삶의 방향성과 의미를 찾는 것을 목표로 한다. 커리어 코칭은 좁게는 직업 선택과 경력 관리 및 개발에 초점을 두지만, 넓게는 개인의 전 생애에 걸친 진로 발달과 일과 관련된 경험을 다루는 과정이다. 기업 코칭은 조직 구성원이 조직 목표 달성과 방향성에 부합되는 역량을 효과적으로 발휘하도록 돕는데, 주제에 따라 리더십 개발 코칭, 경력 개발 코칭, 업무 현장 코칭 등이 있다.

(2) 멘토링(mentoring)

멘토링의 개념은 그리스 신화에서 오디세우스가 트로이 전쟁에 나가기 전에 멘토르에게 자신의 아들인 텔레마쿠스의 양육을 부탁한 데서 유래한다. 멘토링이란 풍부한 경험과 지혜를 겸비한 신뢰할 수 있는 사람(멘토, mentor)이 자신의 유용한 경험과 정보를 바탕으로 조력을 받는 사람(멘티, mentee)에게 일대일로 지도와 조언을 하여 멘티의 성장을 돕는 과정을 의미한다. 성공적인 멘토링을 위해서는 멘토와 멘티 간 관계의 질이 중요한데, 양자 간의 유대감과 신뢰가 형성되기 위해서는 진정성, 공감, 협력, 동료애 등이 필요하다. 멘티는 열린 마음으로 적극적으로 멘토링 활동에 참여하여 멘토와 상호작용하여야 한다. 그리고 멘토는 멘티를 격려하고 신뢰감을 쌓아 멘티가 활동에 적극적으로 참여할 수 있도록 힘써야 한다. 이를 통해 멘토는 성취감을 맛볼 수 있을 뿐만 아니라 멘토 자신의 성장의 계기를 마련할 수 있을 것이다(권남일, 마상욱, 김세광, 2014).

멘토링이 코칭, 상담과 어떠한 차이점이 있는지를 살펴보면, 첫째, 코칭에서 코치는 코칭을 받는 사람이 자신의 변화와 성장에 대해 더 많은 지식과 경험을 가지고 있다고 가정하기 때문에, 코치는 효과적인 질문을 통해 코칭을 받는 사람이 스스로 자신에게 맞는 답을 찾도록 도와주는 수평적 관계를 형성한다. 이에 반해, 멘토링에서는 경험이 풍부한 윗사람인 멘토와 경험이 적은 아랫사람인 멘티가 수직적 관계에 가깝다고 볼 수 있다(김은정, 2016). 둘째, 멘토링은 관계에 초점을 두는 반면, 코칭은 목표 달성을 위한 행동에 초점을 둔다는 차이점이 있다. 그리고 상담이 과거의 경험으로부터 현재 내담자의 문제를 해결할 수 있는 답을 유추하는 경향이 강하지만, 멘토링은 현재의 문제와 멘티의 잠재력과 가능성에 초점을 두기 때문에 미래 지향적인 방향으로 나아가고자 한다는 차이점이 있다. 셋째, 기간에 있어서 코칭은 지속적이고 장기간의 시간을 필요로 하며, 상담은 내담자의 문제에 따라 그 기간이 달라질 수 있으나, 멘토링은 보통 일주일에 약 2~3시간을 만나는 것이 일반적이다(권남일, 마상욱, 김세광, 2014).

류재석(2010)은 멘토링의 기능을 크게 경력 기능, 심리적 기능, 사회적 기능으로 구분하였다. 경력 기능이란 조직 내 멘토의 경력과 지위에 의지하여 멘티의 경력 발전을 도모하는, 즉 멘토의 도구적 도움 측면을 강조하는 기능을 의미하며, 후원, 노출 및 소개, 지도, 보호, 도전적인 업무 부여 등이 있다. 상담, 우정 등의 심리적 기능은 멘토와 멘티 간 대인관계의 질이나 정서적 유대에 의존하여 멘티의 자신감과 자기효능감 등을 향상시키는 기능을 말한다. 마지막으로 사회적 기능은 멘토의 역할 모델을 통해 멘티 스스로 인재상을 구체화하며 멘토를 통한 도움으로 발전할 수 있음을 의미한다. 군 조직의 특성상 개인의 경력보다는 조직의 단결과 팀워크를 중요시하므로, 경력 기능보다는 심리적 기능과 사회적 기능이 더 크게 작용하는 것으로 판단될 수 있다.

미군의 야전교범 6-22 『리더 개발』(2015)에서 제시하고 있는 주요 멘토링 기법은 다음과 같다. 첫째, 경청한다. 경청을 위해서는 판단을 늦추려는 의지와 인내가 필요하며, 멘티의 요점과 전반적인 의미에 중점을 두어야 한다. 둘째, 섣부른 판단을 자제한다. 멘티의 견해에 대해 감정적으로 반응하지 말고, 견해를 충분히 이해하기 전까지는 결론을 지어서는 안 된다. 셋째, 올바른 질문을 한다. 멘티가 스스로 생각하도록 질문하여 멘티가 전하고자 하는 말을 생각하고 스스로 결론을 내릴 수 있게끔 하여야 한다. 넷째, 피드백을 제공한다. 객관적이고 정확하게 멘티의 말을 요약하고, 때에 따라 요약한 것을 재해석하여 전달함으로써 멘티로 하여금 자신이 처한 상황을 다른 관점에서 볼 수 있도록 해 주어야 한다. 다섯째, 집중력을 유지한다. 가능한 한 소음이나 사람이 적은 장소를 선택하여 멘티에게 완전히 집중할 수 있도록 해야 한다.

2. 스트레스 관리

상식적으로는 스트레스란 불편한 것이기 때문에 무조건 없는 것이 좋다고 본다. 그러나 스트레스가 없는 생활이란 이상일 뿐 현실적으로는 불가능하다. 스트레스는 사람의 삶에서 정상적인 한 부분이며, 새로운 기술과 행동 양식을 획득하기 위해 겪어야 하는 필수적인 부분이다. 그 이유는 스트레스가 전무하다면 긴장을 느끼지 않아 발전을 위한 노력의 가능성이 없기 때문이다. 즉, 스트레스는 불편하지만 없기만 해서는 안 되는 것이며, 적절하게 있을 때 동기 유발적 속성을 갖는다. 다만 지나치게 커서 개인이 견디기 어려워지면 스트레스 관련 반응이 나타나 문제가 생긴다. 따라서 리더의 입장에서 보면 조직 내의 스트레스를 적절하게 유지·관리함으로써 성원들의 업무 수행 능력이 최대한 발휘되면서 개인적 불행은 최소화하려는 노력이 필요할 것이다.

스트레스 관리자로서의 역할을 수행해야 하는 리더들을 위해, 이 부분에서는 우선 스트레스에 대한 일반적 이해를 제공하고, 개인이 활용할 수 있는 스트레스 대응 방법을 제시함으로써 리더가 자신뿐 아니라 구성원의 스트레스 관리에 이용하도록 하였다. 마지막으로 전장(戰場)에서의 스트레스와 관련하여 원인 및 관리원칙을 제시하였다.

1) 개요

스트레스는 본질적으로 인간에게 매우 흥미 있는 주제로서, 심리사회적 적응 모델과 생의학적 적응 모델에 기반하여 주로 연구되었다. 첫째, 심리사회적 적응 모델은 초기 정신질환 모델과 사회학과 인류학의 관점을 통합하고자 하였다. 초기 정신질환 모델에서는 심리적 문제의 근원을 내적 과정(개인적 성질)에서 찾고자 하였던 반면, 사회학자와 인류학자들은 사회와 문화, 즉 환경의 영향이 중요함을 강조하였다. 사회심리적 적응 모델은 이러한 이질적 관점들을 연결하고자 하는데, 스트레스 취약성의 개인차를 인정하면서 환경 영향의 중요성도 간과하지 않는다. 둘째, 생의학적 적응 모델은 생의학적 질병 모델이 지나치게 단순하다는 점을 비판하면서 스트레스와 건강 간의 관계를 매개하는 생리학적 경로를 발견하고자 하였던 정신신경면역학(psychoneuroimmunology)의 출현을 가져왔다 (Aldwin, 2007).

스트레스라는 개념은 비교적 최근에 사용되기 시작한 개념으로써 일상적인 용어로 많이 사용되지만, 일치되는 정의를 내리기는 어렵다. 왜냐하면 생물과학, 심리과학, 사회과학 등 다양한 분야에서 스트레스가 연구되면서 스트레스의 의미가 다소 혼란스러워진 측면이 있기 때문이다. 그러나 스트레스를 정의하고 연구하는 방법은 크게 유기체의 내적 상태로서의 스트레스(반응), 외적 사건으로서의 스트레스(자극), 사람과 환경 간의 교류로서의 스트레스의 세 가지 범주로 구분해 검토할 수 있다.

(1) 반응으로서의 스트레스

반응에 기초한 스트레스 모형은 시기적으로 가장 먼저 나타났다. 이 모형은 스트레스를 일으키는 다양한 상황 속에서 일어나는 심리·생리적인 반응[이를 증상(syndrome)이라 함]이 동일한 형태를 나타낸다고 보고, 이를 규명하여 스트레스 현상을 이해하려는 것이다. 이 분야의 연구는 Walter Cannon과 Hans Selye에 의해 선도되었다.

Walter Cannon은 초기 스트레스 연구의 토대를 마련한 학자인데, 고양이가 짖어 대는 개에게 노출되었을 때, 혈류에 에피네프린이 방출됨을 관찰하였다(Cannon, 1915). 그는 위협의 지각이 시상(현재는 시상하부로 알려짐)을 활성화하고, 이는 신장 위쪽의 부신을 활성화하는 호르몬을 방출하도록 뇌하수체를 자극한다고 가정하였다. 위협에 대응하여 에피네프린과 노르에피네프린을 방출함으로써 교감신경계의 활성화를 자극하여 신체가 빠르게 각성되고 자극을 받는다. 위협이 제거되면 부교감신경계 활동이 활성화되어 우리의 신체가 항상성(homeostasis) 상태를 유지하도록 한다. 이러한 통합적인 생리적 반응은 위협이 되는 대상을 공격하거나 피할 수 있도록 하기 때문에 '투쟁-도피 반응(fight-or-flight response)'이라고 명명하였다(Cannon, 1939). Taylor 등(2000)은 투쟁-도피 반응이 너무 단순하고 스트레스 반응의 사회적 요소를 무시하였다고 비판하면서 '돌봄과 어울림(tend-and-befriend)'을 추가하였다. 즉, 인간과 동물은 스트레스 반응으로 투쟁과 도피뿐만 아니라 사회적 협력과 자손들에 대한 양육행동을 보인다는 것이다.

한편, Hans Selye(1956)는 쥐를 대상으로 다양한 요인(예를 들면 약물, 소음, 추위, 빛, 피로)에 지속적으로 노출시키는 실험을 통하여 '일반 적응 증후군(General Adaptation Syndrome: GAS)' 개념을 도출하였다. Selye는 그의 실험에서 쥐는 자극의 특징에 무관하게 일정한 형태의 저항력을 보이다가 죽는다는 사실을 발견하고, 지속적으로 스트레스 요인에 노출된 동물이 세 가지의 특징적 단계를 거쳐 간다고 설명하고 있다. 첫 번째 단계는 경고 단계(alarm stage)이다. 이 단계에서는 위협에 대항하기 위해 준비 단계에 돌입한다. 교감신경계가 활성화되어 신체의 생리적 방어 기능이 급속히 증가하여 적응력이 단시간에 최대치까지 증가한다. 두 번째 단계는 저항 단계(resistance stage)이다. 이 단계에서는 직면을 통해 위협에 대처하기 위한 노력을 하며, 외형적 활동은 정상적으로 돌아가 적응이 된 것처럼 보인다. 그러나 신체 내부에서는 적응력이 유지되기 위한 활동으로 혈액 내의 아드레날린의 양이 평소보다 높게 유지되는 등의 생리적 흥분이 나타난다. 시간이 경과하면서 적응력이 감소하기 시작하고, 세 번째 단계인 소진 단계(exhaustion stage)로 가게 된다. 이 단계는 위협을 극복하지 못하고 실패했을 때 나타나는 결과로, 적응력이 점진적으로 감퇴하면서 결국 죽음에 이를 수 있다.

Cannon과 Selye 이후 많은 학자가 스트레스에 대한 반응으로서 다양한 심리적·생리적 변화를 연구하였다. 스트레스 반응을 크게 나누어 보면 부정적인 정서 반응, 혼란된 인지 기능, 생리적 기능의 혼란 등으로 구성된다.

첫째, 정서적 측면에서 스트레스를 경험하는 사람은 통상 불안, 흥분, 분노, 우울, 죄책감 등을 보고한다. 사람에 따라 이들 중 하나만을 경험하거나 두 가지 이상의 정서를 동시적 또는 연속적으로 경험하기도 한다. 그중 가장 대표적인 스트레스 관련 정서가 불안과 우울이다. 불안은 통상 스트레스 상황을 예견하는 경우에 나타난다. 강연을 준비하고 있거나, 시험을 기다리는 중이거나, 운동 시합을 앞두고 있는 경우 등을 예로 들 수 있다. 불안한 사람은 걱정, 염려, 공포를 경험한다. 반면에 우울은 생활 속에서 커다란 변화를 겪은 후에 일어난다. 가까운 사람의 죽음, 친구 관계의 깨짐, 심각한 질병 등의 경험을 예로 들 수 있으며, 이로 인해 슬픔, 무가치감, 피로감, 염세적 느낌 등을 경험한다.

둘째, 인지적 측면의 혼란은 이차적인 것이며 사고 기능, 심상, 주의집중 능력, 기억 등에서 일어난다. 사고 기능이 정상적일 때는 합리적이고 논리적이며 융통성이 있던 사람도 스트레스하에서는 사고의 논리적이고 일관된 조직화가 손상을 입는다. 대신에 사고는 자기 행위의 부정적 결과에 대한 걱정과 부정적 자기평가에 의해 지배된다. 심상에 있어서도 원하지 않고 불유쾌한 내용이 깨어 있을 때나 수면 중에 되풀이될 수 있다. 불필요한 자극은 무시하고 필요한 자극에 주목하는 선택적 주의집중 능력도 감소한다. 그 결과, 개인의 업무 수행 능력과 문제해결 능력의 손상을 가져온다. 기억 내용에서도 혼란과 망각이 일어나, 심하면 매우 일상적인 경험마저 잊어버리는 경우도 생긴다.

셋째, 생리적 측면의 혼란은 두 가지 범주로 나누어 볼 수 있다. 첫째, 뼈와 근육 계통의 증상으로 긴장감, 떨림, 약해짐, 통증들을 경험한다. 둘째, 내장 계통의 증상으로 심장 박동의 증가, 소변 횟수의 증가, 짧은 호흡 주기, 구토 등의 위장 기능 장애로 나타난다. 두 범주에서의 증상은 신체가 과도한 활동 상태에 있음을 나타내는 것으로 많은 에너지를 준비하고 있는 상태이다. 즉, 자율신경계와 내분비샘의 특정 기능이 활성화되어 있음을 의미한다.

반응에 기초한 스트레스 모형의 장점은 다양한 스트레스 요인에 대하여 개인이 경험하는 문제를 규명하였다는 점이다. 이를 통하여 스트레스의 정도를 측정하고 문제를 구체화할 수 있다. 그러나 스트레스를 일으키는 원인을 확인하고 이해하는 것이 부족하다는 점이 단점으로 지적되었다.

(2) 자극으로서의 스트레스

두 번째 범주는 자극에 기초한 스트레스 모형이다. 이 모형은 스트레스를 일으키는 자극들을 찾아내어 그 특징을 이해하는 것이다. 초기 연구에서는 전쟁, 자연재해 등의 주요 외상(trauma)에 초점을 두었으나, 이후 사별이나 실직 등의 주요 생활사건, 소음과 과밀 등의 유해한 환경, 만성 역할긴장, 빈곤과 같은 일반적 문제, 사소한 사건과 일상 스트레스원으로 확장되었다.

Aldwin(2007)은 [그림 8-1]에 보이는 바와 같이 스트레스의 기간과 심각도에 따라 스트레스의 개념을 네 가지로 유형화하였다.

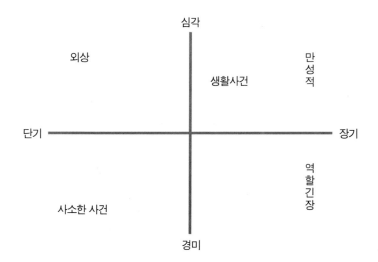

[그림 8-1] 다양한 스트레스 개념의 기간과 심각도의 비교

첫째, 외상(trauma)은 비교적 단기간에 극심한 스트레스를 경험하는 것을 의미하는데, 자연재해와 과학기술재해, 전쟁과 전쟁 관련 문제, 개인 외상 등이 있다. 자연재해는 태풍, 토네이도, 대형화재, 지진 등이 있으며, 과학기술재해는 후쿠시마 원전사고, 스리마일 섬 재해, 체르노빌 사건, 버팔로 크리크 침수 사건 등이 있다. 자연재해와 과학기술재해의 특징은 많은 사람에게 동시에 발생하지만 사건의 경고가 거의 없고, 상대적으로 순식간에 일어나며, 인명 손실을 포함하여 극심한 위협을 수반한다. 그리고 개인이 통제권을 행사할 기회를 거의 주지 않는다. 전쟁과 전쟁 관련 문제는 극도로 위협적이며, 죽음과 관련이 있고, 일반적으로 충분한 경고가 있으며, 상대적으로 긴 시간에 걸쳐 발생하는 특징이 있다. 개인 외상으로는 교통사고와 같은 큰 사고와 강간, 근친상간 등이 있는데, 심각한 부상과 생명을 위협하는 사고나 범죄들을 의미한다. 외상 자체가 개인에게 평생 동안 영향을 미칠 가능성이 높다.

둘째, 생활사건은 사별, 이혼, 실직 등 개인이 겪는 큰 사건을 의미하는데, 외상보다는 심각하지 않은 편이나 이 또한 상당히 심각하며, 상당 기간 지속된다. 스트레스를 일으키는 생활 요인을 다룬 대표적 연구가 Thomas Holmes와 Richard Rahe(1967)의 사회 재적응 평정 척도(Social Readjustment Rating Scale: SRRS) 연구이다. 그들은 재적응에 필요한 생활 변화의 양으로 스트레스의 양을 측정하려 하였다. 이를 위해 긍정적 스트레스이나 상당한 생활 변화가 요구되는 결혼에 50이라는 값을 부여하고, 400여 명에게 43개의 사건을 결혼에 비유하여 생활 변화 정도에 값을 부여하도록 요구하였다. 얻은 값들의 평균을 그 사건의 생활 변화치(life change units)로 제시하였다. 그 결과, 배우자의 죽음이 100으로 가장 높았고 가벼운 법의 위반이 11점으로 가장 낮았다. 한편 홍강의와 정도언(1982)의 연구에 의하면, 우리나라 사람들은 〈표 8-2〉에서 볼 수 있는 바와 같이, 자식의 죽음이 가장 높은 값을 보였다.

〈표 8-2〉 사회 재적응 평정치

서열	생활사건	평정치
1	자식 사망	74
2	배우자 사망	73
3	부모 사망	66
4	이혼	63
5	형제자매 사망	60
6	혼외 정사	59
7	별거 후 재결합	54
8	부부의 이혼, 재혼	53
9	별거	51
10	해고, 파면	50
11	정든 친구의 사망	50
12	결혼	50
13	징역	49
14	결혼 약속	44
15	중병, 중상	44
16	사업의 일대 재정비	43
17	직업 전환	43
18	정년 퇴직	41
19	해외 취업	39
20	유산	38
21	임신	37
22	입학 시험, 취직 실패	37
23	자식의 분가	36
24	새 가족의 등장	36
25	가족 중 한 명의 병	35
26	성취	35
27	주택, 사업, 부동산 매입	35
28	정치적 신념의 변화	35
29	시댁, 처가, 친척과의 알력	34
30	학업의 시작, 중단	34

사회 재적응 평정 척도는 일반 대중과 건강 전문가 양쪽에 생활과 관련된 스트레스를 이해하고 대처 노력을 하는 데 많은 정보를 제공하는 점과 가장 간단한 자기보고 형식의 측정 방식이라는 점에서 장점을 갖는다. 반면, 단점으로는 그 평정치가 평균값이기 때문에 개인차가 무시되었다는 점과 생활 변화치로 스트레스 정도를 평가하는 것이 지나치게 일반화되었다는 점 등이 있다.

셋째, 만성적 역할 긴장은 자신에게 부여된 역할에서 초래되는 스트레스로, 가장 오랫동안 지속되며 심각도가 경미부터 심각까지 다양하다는 특징을 가지고 있다. Pearlin과 Schooler(1978)는 만성적 역할 긴장을 부부 긴장, 부모 긴장, 직업 긴장, 가계 경제 긴장 등 네 가지로 구분하였다. 각 영역에서 다른 영역으로 확장되는 스트레스원이 스트레스가 더 높고 부정적인 건강 효과가 큰 것으로 나타났다. 그리고 만성적 역할 긴장에 대한 연구는 직장과 관련된 직무 스트레스 분야에서 활발하게 진행되었다. 직무에서 경험하는 스트레스원은 업무량, 업무 속도, 위험한 작업 상황이나 환경, 상사나 동료와의 대인관계 불화 등이 있다. Karasek과 Theorell(1990)은 직장 스트레스의 일반화 이론을 통해, 스트레스는 책임과 통제력 간의 상호작용으로 발생한다고 가정하였다. 〈표 8-3〉에서 볼 수 있는 바와 같이, 책임과 통제력의 높고 낮음에 따라 직업적 특징을 분류하였다.

〈표 8-3〉 책임과 통제력 수준에 따른 직장 스트레스의 일반화 이론

구분		책임	
		높음	낮음
통제력	높음	활동적인 직업 (의사, 변호사, 경영간부 등)	스트레스가 가장 낮은 직업 (과학자, 수리공, 건축가 등)
	낮음	스트레스가 높은 직업 (비서, 음식점 종업원 등)	수동적인 직업 (경비원, 관리인 등)

넷째, 사소한 사건(daily hassles)은 오락이나 취미생활을 할 시간의 부족, 수면 부족, 외로움 등과 같이 일상적으로 경험하는 매우 작은 스트레스원을 의미한다. 그러나 아무리 사소한 사건일지라도 이것이 쌓이면 피로감을 느끼고 결국 병을 유발할 수 있다. 그리고 사소한 사건은 주요 생활사건이나 만성 스트레스에 대한 반응을 더욱 악화시켜 고통을 가중시키며 질병을 유발할 수 있음에 유의해야 한다.

자극으로서의 스트레스 모형의 장점은 스트레스를 경험하게 되는 자극의 특징을 이해

함으로써 스트레스를 감소시키기 위해 자극 상황을 확인·수정·변경하도록 해 준다는 점이다. 반면, 단점은 사람들이 동일 조건에서 동일한 스트레스를 경험하지 않는다는 점은 설명을 해 주지 못한다는 것이다. 즉, 스트레스 요인이 실제의 스트레스 반응을 일으킬 때 개인차가 존재한다는 점이 무시된다.

(3) 사람과 환경 간의 교류로서의 스트레스

세 번째 범주는 사람과 환경 간의 교류로서의 스트레스 모형이다. 이 관점은 스트레스를 자극으로만 보는 것은 스트레스의 지각과 해석에서의 개인차를 무시하는 것으로 본다. 스트레스는 환경의 요구와 개인의 자원 간의 조합으로, 두 개의 조건이 만나야 스트레스를 경험한다고 본다. 첫째는 상황이 개인에게 중요한 욕구나 동기의 위협을 주고 있다고 지각해야 한다는 점이고, 둘째는 개인이 그러한 상황의 위협을 극복할 수 없다고 지각해야 한다는 점이다. 결국, 이 모형에서는 개인의 스트레스 양은 스트레스 요인의 요구와 개인의 극복 기술과의 균형 정도에 의존한다고 보았다. 이 모형의 장점은 스트레스 경험의 개인차를 고려하여, 개인의 욕구와 상황에 대한 극복 기술을 이해하게 해 주었다는 것이다.

2) 군 복무와 스트레스

군은 존립 목적에 비추어 특수한 근무 환경과 조직체계를 갖고 있으며, 구성원들에게 특별한 적응을 요구한다. 특히 의무 복무를 위해 군에 들어오는 병사들의 입장에서는 더욱 그러할 것이다. 따라서 적응을 필요로 하는 여러 상황이 스트레스를 일으키며 이러한 요인이 상존해 있다. 〈표 8-4〉에 제시된 바와 같이, 2016년부터 2019년까지 군병원 정신건강의학과의 외래 진료 현황을 보면, 2016년 대비 2019년도의 진료 건수는 4년 사이에 32%가 증가했음을 알 수 있다. 그중 적응장애가 가장 높은 비중을 차지하고, 우울장애, 불안장애, 수면장애, 성격장애, 급성 스트레스 장애 등의 비중이 높은 것으로 알려져 있다. 이 결과는 군생활의 스트레스와 적응문제가 정신건강 문제에 직·간접적으로 관련되어 있음을 시사한다.

〈표 8-4〉 군병원 정신건강의학과 외래 · 입원환자 진료 건수(민홍철 의원실 제공)

진료과	2016	2017	2018	2019	총계(명)
정신건강의학과 (외래)	34,688	37,920	41,543	45,813	159,964
정신건강의학과 (입원)	819	847	906	1,039	3,611
총계(명)	35,507	38,767	42,449	46,852	163,575

신응섭, 김용주, 고재원(2007)은 스트레스원이 스트레스 반응을 유발시키는 과정을 도식화한 Ivancevich와 Matteson(1979)의 통합 모형을 기반으로, 국내외의 다양한 군 관련 스트레스 연구를 검토하여 군 스트레스 척도를 개발하고자 하였다([그림 8-2] 참조).

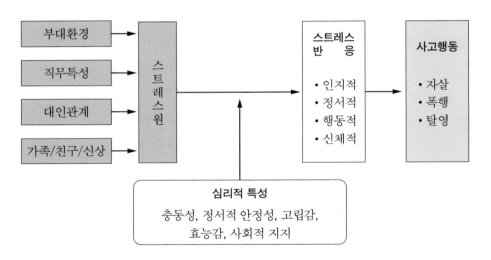

[그림 8-2] 스트레스를 통한 사고행동 모델

예비문항 구성, 예비조사를 거쳐 본 조사에서는 육 · 해 · 공군, 해병대 등 모든 부대 유형과 병과 특성이 고려된 광범위한 표집을 통해 3,119명의 자료를 수집하였다. 이에 대한 요인분석 결과, 〈표 8-5〉와 같이 스트레스원, 심리적 특성, 스트레스 반응과 사고행동에 대한 17개의 하위 척도 110문항으로 구성된 군 스트레스 척도를 개발하였다.

〈표 8-5〉 군 스트레스 척도의 요인과 문항구성

구분		하위 척도	내용
스트레스원	환경특성 (26문항)	부대환경(6)	• 불필요한 신고/보고, 환자 관리 및 의료시설/도구 부족 • 좁은 생활관 공간, 편의시설 부족, 문화시설 부족
		직무특성(6)	• 적성에 맞지 않는 직무, 단순/반복/지루한 업무 • 업무적응 어려움, 업무구분 불명확, 훈련부담 과중
		상급자특성(7)	• 막무가내, 강압적, 기분에 따라 행동 • 사적 업무 요구, 의견개진 기회 없음, 평가 불공정
		업무과중(7)	• 주말/일과시간/일과 후에 일이 많음, 업무 외 사역 • 휴식/사생활 미보장, 불필요한 집합, 피로 누적
	대인관계 (20문항)	간부관계(6)	• 이해/배려 부족, 의사소통 안됨, 마음이 맞지 않음 • 비인격적 대우, 자기중심적, 친하기 싫은 사람
		선임병관계(6)	• 권위 의식, "나도 당했으니……" 하는 생각 • 기분 상하게 함, 꼬투리 잡음, 의견 차이, 대화 힘듬
		동료관계(4)	• 의지가 되지 않음, 따돌림 • 의견 차이, 무관심
		후임병관계(4)	• 업무 미숙, 능력 부족 • 예의 미흡, 후임병 때문에 늘어나는 부담/책임
	신상문제 (16문항)	복무염증(5)	• 복무는 시간 낭비, 싫은 것을 해야 함 • 초라한 내 모습, 외부와의 단절, 전역 후의 진로
		콤플렉스(4)	• 체력 문제, 건강 문제 • 외모 콤플렉스, 학벌 콤플렉스
		여자친구문제(3)	• 여자친구와의 갈등, 여자친구의 변심 가능성 • 여자친구에 대한 그리움
		가정문제(4)	• 가정에 대한 걱정, 가족의 경제 사정 • 부모님의 건강 걱정, 가족의 사고/질환
심리적 특성 (30문항)		효능감(8)	• 경쟁 상황에 대한 걱정, 쉽게 주눅이 듬
		충동감(8)	• 느긋/느슨한 행동 참지 못함, 감정 절제 어려움
		고립감(7)	• 진심 어린 대화의 어려움, 나를 이해하는 사람 없음
		정서안정(7)	• 생활에 대한 반성, 가치 없는 사람이라는 생각
스트레스 반응 (18문항)		사고와해(5)	• 공포감, 주의 산만, 집중이 어려움, 기억의 문제
		신체증상(5)	• 잦은 소화불량, 두통, 불면, 잦은 소변
		정서변화(4)	• 화가 나고 우울해짐, 창의성의 저하
		행동변화(4)	• 쉽게 흥분, 비판을 참지 못함

3) 스트레스 대처 방법

스트레스에 대처하는 방식은 두 가지로 구분될 수 있다. 하나는 스트레스 발생 근원을 변화시키는 것이고, 또 하나는 근원에 대한 자신의 대처 방법을 바꾸는 것이다. 조직의 리더는 스트레스를 유발시키는 불필요한 요인을 제거하고 환경을 근본적으로 바꾸는 노력을 해야 한다. 그러나 리더 개인이 환경을 근본적으로 바꾸는 것은 쉽지 않으며, 새로운 환경을 조성하는 방안도 어려운 경우가 많다. 따라서 자신의 반응을 변화시킬 수 있도록 노력함으로써 스트레스에 대응하는 방법이 보다 현실적이고 실질적일 것이다. 이와 관련하여 이 부분에서는 자신의 변화를 통한 대응 방법을 제시한다.

(1) 근원 인식

자신의 스트레스에 대하여 잘 알고 있을 때 이를 더 효과적으로 다루어 갈 수 있다. 보통 우리는 스트레스를 받고 있음을 알지라도 그것에 대해 막연하게 알고 있는 경우가 많다. 따라서 스트레스에 관한 항목표를 작성해 보는 것이 자신의 스트레스를 이해하는 데 아주 좋은 경험이 될 것이다. 이를 위하여 자기 자신에게 다음 몇 가지 질문을 해 보는 것이 도움이 된다.

- 내가 지금 무슨 일을 하고 있는가?
- 무슨 갈등을 경험하고 있는가?
- 압력은?
- 좌절은?
- 변화는?
- 나를 죄책감에 빠지게 하는 것은 무엇인가?
- 부끄럽게 하는 것은?
- 두렵게 하는 것은?
- 우울하게 하는 것은?

이러한 질문에 답하면서 자기 자신이 느끼는 스트레스를 정리해 항목화한다. 항목표를 작성하는 것은 매우 중요하다. 왜냐하면 우리가 경험하고 있는 스트레스의 유형을 알지 못하고는 스트레스를 다루어 가는 효과적인 전략을 개발할 수 없기 때문이다. 항목표를

작성할 때 자신의 스트레스를 근원과 이유에 따라 조직하는 것도 도움이 된다. 예를 들면,

- 그것이 과업에 관계된 것인가 혹은 대인관계에 의한 것인가?
- 외부의 요구나 압력에서 온 것인가, 혹은 개인적 기대와 같은 내부에서 온 것인가?
- 왜 이 상황이 나를 혼란시키는가?
- 나를 불안하게 하거나, 죄책감이 들게 하거나, 화나게 하는 것이 무엇인가?

이러한 질문에 스스로 답함으로써 자신의 스트레스 뒤에 무엇이 있는가를 분명하게 파악할 수 있으며, 해결의 실마리를 발견할 수 있다.

(2) 관점 변화

기본적으로 스트레스는 긍정적 · 부정적 측면이 함께 공존한다. 따라서 스트레스를 어떤 관점에서 보는가에 따라 긴장감을 완화하여 적응에 도움을 얻을 수 있다. 도움이 되는 몇 가지 관점을 정리하면 다음과 같다.

첫째, 스트레스를 인생의 일부로 받아들이는 것이다. 스트레스는 회피할 수 없는 인생의 한 부분이다. 그것은 자연스럽고, 불가피하며, 우리 모두가 예상하고 있는 것이다. 우리의 생활은 불가피하게 요구와 압력이 존재한다는 것을 깨달아야 한다. 우리는 현실을 수용해야 한다. 우리가 인생에서 현실을 수용한다는 것은 당황하거나 화내거나 격분하지 않고 현실적으로 존재하는 것들을 인식한다는 의미이다. 현실과 자신에 수용적인 사람은 잘난 체하거나 자만적인 사람이 아니다. 가치와 표준이 없는 것과도 다르며 발전을 포기하는 것도 아니다. 무관심하거나 냉담하기보다는 불공정한 현실을 수용하고 우리가 그것에 대해 무엇인가 해야만 한다는 사실을 수용하는 것이다. 그래서 죄책감과 자기비난에 빠지지 않고, 분노에 사로잡히지 않으면서, 변화가 필요한 현실에 우리의 에너지를 사용하는 것이다.

둘째, 불평보다는 문제해결적인 태도를 택하는 것이다. 일단 스트레스를 자연스러운 생활의 한 부분으로 인정한다면 스트레스에 대해 문제해결적 태도를 가질 수 있게 된다. 즉 스트레스를 우리에게 가해진 불공평보다는 해결해야 할 문제로 볼 수 있게 된다. 일단 스트레스 상황에 대해 문제해결적 접근법을 택하면, 그 문제에 관해 단순히 생각하는 것에서 무엇인가 해 보는 쪽으로 바뀌게 된다. 흔히 사람들은 어떤 어려움을 다루는 시도를 하기보다는 걱정하고 안달함으로써 스트레스를 더욱 증가시킨다. 당신이 스트레스를 경험

할 때마다 자신에게 물어보는 것이 좋다. "이 상황을 다루기 위해 내가 해야 할 일은 무엇인가?" "일이 더 잘되게 하려면 어떤 구체적인 행동을 해야 하는가?"를 생각하자. 그리고 그 상황을 다루어 가기 위한 구체적인 활동 계획을 작성해 보자.

셋째, 성장을 위한 기회로 스트레스를 대하는 것이다. 우리는 스트레스를 나쁜 것으로 생각한다. 그러나 반갑지 않은 스트레스라도 선용될 수 있다. 따라서 스트레스를 다루는 한 가지 방법은 스트레스 상황을 성장을 위한 기회로 이용하는 것이다. 100km 행군 훈련에 처음 참가하는 병사는 내심 부담스러울 것이 틀림없다. 그러나 어려움 속에서 그것을 해냈을 때는 자신감과 성취감을 느끼고 한 단계 더 성장할 수 있다. 제한된 기한 내에 불가능해 보이는 일을 해내야 하는 경우도 마찬가지이다. 어떤 스트레스 상황이든 그 안에 성장의 기회가 있는지를 알아보고 적극적으로 그런 부분을 찾도록 하자. 그리고 그 기회를 기꺼이 받아들이자. 이는 스트레스 상황을 좋아하라는 의미보다는 어려운 상황이지만 좋은 목적에 이용하라는 의미이다.

(3) 자신의 변화를 통한 대응책

자신의 신체적·정신적 조건을 변화시켜 스트레스에 대응할 수 있는 일반적인 조건을 준비해 두는 방법이 몇 가지 있다.

첫 번째 방법은 신체적 건강의 유지이다. 사람들은 자신이 더 쉽게 흥분하고 화나는 때가 있음을 알 수 있다. 어제는 그렇지 않았는데 오늘은 유달리 상급자의 지시나 교육이 불만스러울 수 있다. 동료의 자기중심적 행동에 대해 매우 화가 나지만, 또 어떤 때는 너그럽게 이해해 주기도 한다. 우리가 때에 따라 다르게 반응하는 이유 중에서 가장 중요한 하나는 우리의 신체적 조건 때문이다. 잠을 설치고, 제때에 먹지 않는 등 불규칙적으로 생활할수록 더 긴장되고, 안절부절하지 못하며, 스트레스 상황에 대해 더욱 과민반응을 보인다. 피곤하거나 욕구가 좌절되면 쉽게 화를 내고 흥분하며, 다른 사람과 어울리기 어려워진다. 즉, 신체적 균형이 무너지면 동일한 조건에 대해서도 더 큰 스트레스를 경험하는 것이다.

그러므로 자신의 신체적 조건에 관심을 가지고 적절한 건강을 유지하면 우리의 스트레스를 상당히 줄일 수 있다. 압력을 받고 들볶이며 과로한다고 불평하는 사람들은 자신을 돌볼 시간이 없다고 말한다. 그러나 시간을 내야만 한다. 장기적인 안목에서 볼 때 그렇게 하는 것이 시간을 절약하는 것이다.

신체적 조건을 잘 유지하는 방법을 몇 가지 제시한다. 첫째, 적절한 휴식을 취한다. 과도하게 피곤하거나 기진맥진해지지 않도록 하려면 적당히 자고 쉬어야 한다. 장기적인 업무를 수행하는 중이라면 한두 시간마다 짧은 휴식을 취하도록 한다. 둘째, 서두르지 않는다. 어떤 활동을 하든지 천천히 그리고 주의 깊게 하자. 걸을 때나 식사할 때도 천천히 하도록 하자. 어떤 정규적인 활동을 선택해서 그 활동을 매일 천천히 그리고 주의 깊게 하는 것도 좋은 방법이다. 셋째, 심호흡을 한다. 앉거나 누워서 눈을 감고 몇 분 동안 깊고 조용히 숨쉬는 것이다. 깊게 숨을 들이마시고 다섯을 세는 동안 숨을 들이쉬고, 둘을 세는 동안 멈췄다가, 다시 셋을 세는 동안 내쉬어 하나의 리듬을 형성하는 것이다. 넷째, 이완한다. 이완을 위해 명상이나 바이오피드백의 기법이 사용될 수 있다. 다섯째, 규칙적인 활동을 개발한다. 매일 행할 수 있는 반시간 정도의 합리적이고 즐거운 일상적인 일을 개발하여 매일 같은 시간에 그 일을 하도록 하는 것이다.

두 번째 방법은 스트레스를 유발하기 쉬운 인지적인 요소들로 지나치게 규칙화된 사고 방식을 바꾸는 것이다. 스트레스로 고통 받는 사람 중에는 당면한 외적 요구보다 자신이 가지고 있는 묵언의 규칙을 통해 자신 및 타인에게 많은 요구를 함으로써 문제를 갖는 경우가 적지 않다. 예를 들어, '나는 결코 실수를 해서는 안 돼, 나는 언제나 성공해야 돼, 사람들은 내가 요청하는 것을 반드시 해 줘야 해, 사람들은 나를 좋게 보아야만 해.'라는 묵언의 규칙을 지니고 있다면 스트레스를 자초하는 것이다.

이러한 사고 방식에서 생겨나는 스트레스를 어떻게 줄일 수 있겠는가? 이는 앞에서 언급한 근원 인식에서 개인에게 내재되어 있는 인지적 요인을 인식하는 것과도 관련된다. 첫째, 자신이 스트레스를 느끼는 배후에 있는 묵언의 규칙을 인식한다. 둘째, 이 규칙에 따르는 생각을 검토한다. 자신이 세운 묵언의 규칙에 따라 살아갈 수 없을 때, 왜 자신을 형편없고 약한 존재로 생각하는지를 알아본다. 셋째, 사람들에게 이야기한다. 자신의 규칙을 그들에게 말하고 그들의 반응을 알아보자. 넷째, 규칙에 도전한다. "왜 나는 이런 방식으로 생각해야만 하는가?" "왜 사람들은 내가 바라는 대로 살아야 하는가?" 등을 질문해 보자. 다섯째, 규칙을 바꾼다. 자신이 이제까지 따르던 규칙 대신에 더 합리적이고 융통성 있는 규칙으로 교체한다.

세 번째 방법은 갈등을 해소하는 것이다. 갈등을 일으키는 상황에서 선택을 해야만 할 때, 사람들은 흔히 좌절, 분노, 불안, 염려 등을 경험한다. 갈등으로 인해 고민하거나 안절부절 못하는 것이 스트레스를 가져온다. 따라서 갈등을 빠르고 효과적으로 해소하는 것은 스트레스를 감소시키는 좋은 방법이다.

갈등은 두 가지 이상의 요구가 동시에 존재할 때 일어나며, 갈등의 본질적인 특성은 우리에게 선택을 강요한다는 것이다. 갈등 상황에서는 모든 것을 가질 수는 없으며, 모든 어려움을 피할 수도 없다. 이러한 사실을 일단 받아들이면 더 쉽게 결정을 내릴 수가 있다. 또한 우리가 선택할 때 실수할 수도 있다는 사실을 받아들일 수 있어야 한다. 대부분의 갈등에는 정답이 없다. 우리 자신이 정답을 만들어 내는 것이며 자신에게는 그 답이 옳은 것이다. 따라서 "무엇을 해야만 할까?"에서 "무엇을 하고 싶은가?"로 생각을 바꾸어 보는 것이 좋다. 구체적인 해결 방법은 앞서 다루어진 문제해결 단계(개인상담 부분)의 전략을 따라가는 것이 좋다.

네 번째 방법은 가치관의 확립이다. 가치체계란 무엇이 중요한가에 대한 판단, 우리 생활에서 바라는 바가 무엇인가에 대한 생각, 인생의 의미와 목적에 대한 자각 등을 말한다. 인생 목표, 종교관, 생의 철학 및 도덕 체계는 개인이 처한 상황에 대한 해석에 영향을 준다.

가치가 혼란되고 자신의 생에 대하여 분명한 개념이 없는 사람들은 그들의 결정에 영향을 주는 생에 대한 장기적 안목이 없기 때문에 갈등을 해소하거나 의사결정을 할 수가 없다. 자신이 누구인지, 또 자신이 인생에서 무엇을 원하는지를 아는 사람들은 더 쉽게 매일매일의 결정을 할 수 있다. 자신의 가치를 분명히 한다는 것은 장기적으로 자신의 생에서 중요한 것이 무엇인가를 생각하는 것이다. 이것은 자신에게 가장 중요한 것이 무엇이고, 자신의 목표와 꿈이 무엇이며, 자기 인생에서 무엇을 하기 바라는지를 묻는 것을 의미한다. 가치를 분명히 한다는 것은 생의 의미를 찾는 것이고, 따라서 일상적 활동의 의미를 찾는 것이다. 그리하여 스트레스 상황을 받았을 때 그것을 더 큰 맥락, 즉 전 생애의 맥락에서 볼 수 있고, 그에 따라 더 쉽게 그 스트레스를 다룰 수 있다.

(4) 과제 수행 시 대응책

생활 속에서 우리는 끊임없이 해결해야 할 과제들에 직면하며, 이를 다루는 과정에서 많은 긴장감을 경험한다. 피할 수 없이 부딪쳐야 하는 과제들을 예상 · 직면 · 해결하는 과정에서의 구체적 대응책을 몇 가지로 정리해 본다.

첫 번째는 과중한 요구에 대한 감소 방법이다. 주어진 요구가 너무 많아서, 혹은 특수한 유형의 요구 때문에 스트레스가 생긴다면 그 요구를 감소시킴으로써 스트레스를 줄일 수 있다. 요구를 감소시키는 것이 항상 쉽거나 가능한 것은 아니지만, 직면하고 있는 요구를 주의 깊게 재검토해 보면 그중 몇 가지의 요구를 감소시킬 수 있을 것이다. 감소시키는 방법으로는, 첫째, 우선순위를 정한다. 우리가 성취하고자 하는 것을 전부 살펴보고, 어떤 것이 다른 것보다 더 중요한가를 결정해야 한다. 우선순위를 일단 정하고 나면 한 번에 한 가지씩 과제를 해결하는 방법을 사용하여 요구를 감소시킬 수 있다. 둘째, 과제가 수행되기 위해 필요한 요구들의 실행 예정표를 만든다. 계획표를 작성함으로써 모든 것을 한꺼번에 하지 않으면서 점진적으로 과제를 수행하여 스트레스를 감소시킬 수 있다. 계획표를 짜려면 발등에 불이 떨어지고 나서야 과제를 시작하는 습성을 물리쳐야만 할 것이다. 예를 들면, 대부대 훈련이 닥치기 전에 훈련 계획표를 짜고, 요구되는 장비를 점검하여 준비하는 계획 등을 하는 것이다. 셋째, 자기부과적 요구를 감소시킨다. 우리는 때때로 스스로에게 비합리적으로 일을 부여하는 경우가 있으며, 그러한 사실을 의식하지 못한 채 그 요구가 타인에게서 온다고 생각한다. 예컨대, 완벽주의자의 경우 모든 것을 절대적으로 그리고 최선의 방법으로 해야 한다고 생각한다. 야심을 가지고 열심히 일하는 것은 좋지만, 자신을 불가능한 기준에 억지로 맞추려 하는 사람은 비합리적인 사람이다. 우리를 곤란하게 하는 또 한 가지 흔한 자기부과적 요구는 모든 사람을 만족시키려 하는 내적 욕구이다. 누구에게나 실망을 주지 않으려고 하는 사람은 곤란한 경우에도 타인의 요구를 거절하지 못한다. 모든 사람이 당신을 좋아하지는 않을 것이며, 당신은 모든 사람의 인정을 받지는 못한다. 모든 사람을 만족시키려 할 때 스트레스는 많아진다.

두 번째는 통제력을 강화하는 것이다. 어떤 상황에 대한 통제 범위가 적을수록 그 상황이 우리에게 주는 스트레스는 더 많아진다. 자신이 어떤 일이 일어나는 데 영향을 주고 있다고 생각하는 사람들보다, 자신이 어쩔 수 없이 일에 끌려가고 있다고 생각하는 사람들이 더 많은 스트레스를 겪는다. 따라서 과제에서 스스로의 통제력을 발휘할 수 있는 요소들을 적극적으로 찾고 실행하는 것이 도움이 된다. 이에 관련된 방법들은, 첫째, 책임 있는 태도를 가진다. 자신이 스스로 선택을 하며 적어도 부분적으로는 책임이 있다는 것을 알게 되면 희생자 같다는 느낌은 들지 않는다. 자신이 전혀 통제할 수 없을 듯한 상황이라 하더라도 거기에서 자신이 한 선택과 자신이 발휘하는 통제를 발견할 수 있는지 본다. 둘째, 정보를 구한다. 특정한 상황에 관하여 더 많이 알수록 그에 대한 통제를 더 많이 할 수 있다고 생각한다. 무슨 일이 일어나고 있는가에 대해 더 잘 안다는 것은 앞으로 닥칠 일을 준비할 수 있게 해 준다. 어떤 훈련을 앞둔 사람이 예상되는 훈련 유형이나 방법을 아는 것은 훈련으로 인한 스트레스를 상당히 감소시킬 수 있다. 셋째, 선택과 결정을 한다. 의식적으로 선택과 결정을 할 때 더 많은 통제감을 느낀다. 선택할 때에는 분명하게 자신의 의지를 개입시켜 결정하는 것이 바람직하다.

세 번째는 불확실성을 감소시키는 것이다. 앞의 통제력의 확보와 관련이 크나, 우리는 자신이 이해하지 못하거나 잘 알지 못하는 상황에 직면하면 스트레스를 더 많이 겪는 경향이 있다. 특정 상황에서 우리가 기대하는 것이 무엇인지, 또 우리에게 기대되는 것이 무엇인지, 확실하지 않을수록 우리가 겪는 스트레스는 많아진다. 그러므로 불확실성을 감소시킴으로써 스트레스를 관리할 수 있다. 이 방법으로는, 첫째, 정보를 구한다. 이는 앞에서 설명했으므로 설명은 생략한다. 둘째, 과제 해결에 필요한 행동을 연습한다. 어떤 스트레스를 주는 과제를 택해서 그것에 친숙해지기 위해 미리 연습할 수 있는지 생각해 보라. 여러 사람 앞에서 발표를 해야 하는 경우, 발표 내용을 미리 준비하여 예정된 장소에서 예정된 복장으로 연습해 보라. 대체로 연습을 통해 상황과 과제에 익숙하고 친숙해질수록 스트레스를 덜 느낄 것이다. 셋째, 타인과의 관계에서 생기는 불확실성을 감소시키려는 적극적 노력이 필요하다. 예를 들어, 사람들에게 시간을 내어 그들의 바람, 욕구 및 감정에 관하여 직접 물어봄으로써 상당히 도움을 받을 수 있다. 이중 메시지로 인한 불확실성이 발생할 때에는 그들의 바람에 대하여 확실히 알지 못하고 있음을 설명하고, 분명하게 해 달라고 요구하라.

네 번째는 미완성 과제를 해결하는 것이다. 우리는 끝내지 못한 일이 많을 때, 그 일은 머릿속을 떠나지 않고 자꾸만 떠올라서 긴장을 풀고 쉬거나, 다른 일을 하지 못하도록 방해한다. 표현되지 않았던 정서와 대인관계도 스트레스의 원인이 된다. 슬픔이나 분노를 당시에 표현하지 않고 묻어 두면 그것은 자신에게 머물러 있으면서 더해진 긴장으로 경험될 수 있다. 이와 같이 완성이 필요한 과제, 표현되는 것이 필요한 정서, 종결이 필요한 인간관계, 결정을 내려야 할 일 등 끝내지 않은 일을 끝마치는 것도 스트레스 관리 기법 중의 하나이다. 이 방법으로는, 첫째, 과제를 끝마치기 위해 노력한다. 그저 그 일을 한다. 우리는 '내일 해야지' 하고 미루면서 결국 그 일을 마치는 것보다는 걱정하는 데 더 많은 시간과 에너지를 소비한다. 둘째, 단기 목표를 세운다. 어떤 과제는 단기간에 완성될 수 없다. 긴 보고서를 쓰는 사람은 합리적인 단기 목표를 세울 수 있다. 각 목표에 도달하면 무언가 특별한 것을 달성하였다는 것을 알게 됨으로써 완성감을 가질 수 있다. 셋째, 결정을 내린다. 결정을 계속 지연하는 하나의 이유는 잘못된 결정을 내릴 위험에 대한 두려움이며, 다른 하나는 어떤 결정을 내려야 하는지를 알고 있으나 그 결정을 싫어하는 경우이다. 그러나 결정을 내리지 않음으로써 감수해야 될 위험은 그 결정에 따른 위험보다 더 클 수 있다는 것을 기억한다. 넷째, 정서를 표현한다. 불쾌한 정서에서 생기는 긴장은 완전히 표현함으로써 다룰 수 있다. 누군가에게 말해야 할 것이 있다면 말을 하라. 그와 함께 결말을 지어라.

(5) 지지 정보 획득

자신의 환경 중에서 도움을 받을 수 있는 사람들과 자원을 적극적으로 찾아 도움을 얻음으로써 스트레스에 대응할 수 있다. 그 방법은 다음과 같다.

첫 번째 방법은 타인의 지지를 추구하는 것이다. 지지란 누군가 당신을 배려하고, 이해하며, 도움을 주려는 것을 아는 것이며, 다른 사람과 조직으로부터 정보와 도움을 얻는 것이다. 지지를 얻는 것은 누군가가 당신 편이며, 당신이 혼자가 아니라는 것을 아는 것이다. 불행하게도 스트레스를 겪는 사람은 흔히 침묵 속에서 고통을 겪는다. 그들은 다른 사람에게 자신의 두려움, 불안, 죄 의식, 스트레스에 대해 말하지 않으며, 이 침묵은 그의 문제를 악화시킬 뿐이다. 이 세상에서 당신은 혼자가 아니며, 그것을 완전히 깨달을 때 그것이 스트레스 관리에 도움이 될 수 있다. 관련된 방법은, 첫째, 기탄없이 이야기한다. 자신의 스트레스를 다른 사람과 나누는 것이다. 자기 혼자만 간직하지 말고 자신이 느낀 바를 말한다. 스트레스를 겪을 때, 감정을 나눌 수 있는 사람을 찾는다. 동료, 선배 및 상급자, 부모, 가족들 그리고 전문 상담가나 기관 등 조언을 줄 수 있는 사람은 우리 주변에 많다. 다만 스스로 마음의 벽을 쌓고, 찾지 않고 있을 뿐이다. 가장 좋은 것은 당신과 동일한 종류의 스트레스를 경험하였거나 현재 경험하고 있는 사람과 나누는 것이다. 새로운 훈련을 받게 되어 압박감과 불안을 느끼는 사람은 이전에 이를 경험하고 성공적으로 극복한 선배들과 이야기함으로써 도움을 받을 수 있다. 둘째, 이야기하는 것뿐 아니라 타인의 스트레스를 듣는 것도 도움이 된다. 다른 사람도 나와 비슷한 문제가 있었으며 그것을 성공적으로 극복했다는 것을 앎으로써 많은 힘과 위안을 얻을 수 있다. 또한 다른 사람이 그 스트레스를 어떻게 다루는지를 보는 것이 아이디어를 준다.

두 번째 방법은 정보와 조언을 줄 수 있는 출판물과 조직을 활용하는 것이다. 어떤 선입견을 가지고 무시해 버리지 말고 책의 내용을 음미하며 정독해 보면, 자신에게 필요한 많은 정보를 얻을 수 있다. 그리고 자신의 현재 스트레스와 관련된 책을 찾아서 읽는다. 아울러 관련된 전문 기관을 통하여 정보와 조언을 구한다.

4) 전장 스트레스 관리

군대 지휘자가 특별한 관심을 갖는 주제는 전장이나 전투상황에서의 스트레스를 관리하여 각 구성원의 전투력을 유지하는 것이다. 이를 위하여 리더는 전장 스트레스의 요인, 전투원에게 미치는 영향, 스트레스 관리 방법을 검토해야 한다.

전투에서의 스트레스 요인들은 다른 어떤 상황과도 다른 매우 특이한 것이며, 한마디로 '스트레스 유발 요인으로 뭉쳐진 상황'이라 할 수 있다. 요인들을 세부적으로 구분해 보면 다음과 같다.

- 죽음과 신체적 상처에 대한 두려움
- 대피소의 결여, 과도한 더위나 추위, 과도한 습도나 건조, 음식물과 식수 그리고 피복의 부적합, 각종 질병, 누적된 피로와 수면 부족 그리고 상처와 부상 등에서 오는 육체적 고통
- 성적 욕구, 사회적 친교 욕구의 미해결에 따른 불만
- 동료의 죽음, 부상자와 죽어 가고 있는 사람의 신음 소리와 참상에서 오는 고통
- 군법에 의한 행동의 제약부터 적의 치열한 사격 아래서 꼼짝달싹할 수 없을 정도에 이르는 개인행동의 제한
- 계속되는 상황의 불확실로부터 오는 불안
- 전투 임무를 수행해야 한다는 의무감과 안전과 안락을 추구하고자 하는 욕구 사이의 갈등, 군대 임무와 후방에 있는 가족에 대한 의무 사이의 갈등에서 오는 괴로움
- 인간이 목적으로서가 아니라 수단으로 취급되고 있다는 것에 대한 불만
- 사생활이 없는 데서 오는 불만

이처럼 스트레스 요인이 많을 뿐만 아니라, 또 다른 특징으로 두 가지를 더 고려할 수 있다. 첫 번째 특징은 스트레스에 노출되는 시기가 매우 장기적인 것이라는 점이다. 장기적으로 스트레스 상황에 노출되면 생리적으로나 심리적으로 매우 파괴적인 결과를 초래할 수 있다. 일반적으로는 앞서 논의한 스트레스 반응이 전반적으로 나타날 수 있다. 전투원으로서 문제가 되는 것은 불안이 가중되고 상황 판단의 경직성이 증가함으로 인해 습관적인 판단을 하게 되며, 행위자는 문제해결을 위한 새로운 대안을 발견할 수 없게 된다. 즉, 스트레스 상황에서는 조심성이 많은 사람은 더욱 조심하게 되어 나중에는 완전히 위축되어 버리는가 하면, 공격적인 사람은 더욱 공격적이 되어 닥치는 대로 공격하는 자세를 취하여 문제를 심화시킨다. 특히 전장에서 느끼는 고통과 긴장이 장병들의 심리를 지나치게 압박하면 여러 가지 이상 행동까지 하게 되어 본인은 물론 인접 부대원에게까지 그 파급 효과가 미쳐 전투 임무 수행에 막대한 지장을 가져올 수 있다. 두 번째 특징은 앞에서와 같이 개인의 대응 방법이 극단화될 수 있는 데 비해 전장에서의 스트레스 해결책은

개인적일 수 없다는 점이다. 일반적인 상황과 달리 개개인의 적응만을 위한 대처 방법을 선택하는 것은 어려우며, 어려운 조건을 함께 해결하여야 생존이 보장되기 때문이다.

전장에서의 스트레스에 대한 반응과 관련된 연구는 많지 않지만, 프랑스에 침투하여 55일 간 전투 임무를 수행한 미 육군 침투부대의 사례를 분석한 것이 있다. 침투부대원들은 기간 중 네 가지의 구분되는 행동발달 단계를 보였다. 첫 번째 단계는 전투 적응기(initial combat adaptation)이다. 혼자 있거나 노출에 대한 공포감을 드러내고, 체중의 감소가 발생하며, 이기심이 나타나 음식이나 담요와 같이 전투에 필요한 장비들을 확보하려 한다. 점차적으로 저격병 찾기, 불빛 숨기기 등 전투에 필요한 기술을 습득해 가고, 적진에서 생존을 위해서 집단적인 성공이 중요함을 알게 된다. 기간은 약 일주일 정도이다. 두 번째 단계는 최대 효과기(maximum effectiveness)이다. 전투 행동이 차츰 자동화되며, 심리적 반응이 변해서 행동을 숨기려고 하지 않는다. 이 기간은 약 30일 정도이다. 세 번째 단계는 과도한 활동기(hyperactive)이다. 스트레스 관련 반응이 다시 나타나기 시작하고 스트레스 반응을 통제하거나, 행동의 효율성이 떨어지는 것을 방지하기 위한 활동을 하지 못한다. 지나치게 조심스러운 동시에 흥분해 있으며, 체력이 떨어짐에도 불구하고 잠을 자지 않는 것이 통상적이다. 희망이 없음이 병사들 간에 이야기되고, 생존의 가능성이 감소하고 있음을 생각한다. 네 번째 단계는 정서적 고갈기(emotional exhaustion)이다. 과도한 활동성이 차츰 무감동, 단념, 고갈 상태로 변한다. 생존에 대한 희망이 사라지고, 죽음이 가까워진다고 느낀다. 기억력이 떨어져서 명령을 전달하는 것이 어려워진다. 3단계에서 보이는 불안한 두리번거림이 없어지고 허공을 보는 듯한 행동으로 바뀐다. 종합해 보면, 살아 있지만 죽은 것 같은 사람이 된다는 의미이다. 이는 Seyle의 일반 적응 증후군의 단계들과 상당히 유사한 모습으로 이해될 수 있다.

전투에서의 스트레스를 다루는 방법은 앞서 다루어진 대처 방법들을 포함하여 다양하게 논의되어 왔는데, 이는 전투뿐만 아니라 민간 부분의 유사한 비상사태에서의 자료에서도 획득되었다. 그중 네 가지의 접근 방법이 리더에게 유용한 것으로 판단된다.

첫째는 집단별로 단결력과 전우애를 증진시키는 것이다. 사람은 근본적으로 타인으로부터 정서적 지지를 원하며 이를 위하여 집단에 속해 생활하려 한다. 사고에 의해 타인들로부터 고립되어 본 사람들은 가장 고통스러웠던 것이 혼자라는 사실과 이대로 타인에게서 잊혀지는 것이 아닌가 하는 두려움이었다고 보고하고 있다. 또한 소수 인원이 함께 사고를 당해 고립되었을 때, 그들은 강한 결속감을 발휘하고 서로를 격려·지지함으로써 견디어 냈다고 보고하고 있다. 따라서 군은 평소의 병영 생활에서 전투의 임무에 기초한 집단별로 강한 정서적 유대감을 형성하는 것이 필수적이다. 이는 전투 시에 스트레스에 대한 저항력을 증진시켜 줄 뿐 아니라 강한 전투 의지의 기초가 된다.

둘째는 개방적이고 솔직한 의사소통이다. 리더와 구성원 간 그리고 구성원 상호 간의 의사소통을 통하여 상황의 애매함을 제거할 수 있고, 이는 불필요한 스트레스를 감소시켜 준다. 또한 타인과의 대화는 전장에서 문제가 되는 심리적 고립감을 해소시켜 줄 것이다. 의사소통과 관련된 이슈는 제9장에서 다룰 것이다.

셋째는 긴장 이완 기법을 활용하는 것이다. 가장 기본적이고 효과적인 긴장 이완 방법은 수면이다. 따라서 전투에서 가능한 한 부하에게 많은 수면의 기회를 주는 것이 필요할 것이며, 이는 지휘자들이 잘 알고 있는 것이다. 부가적으로 평소 부대 생활에서 긴장 이완을 위한 '호흡법' '근육 이완 훈련' 등을 연습함으로써 전장에서 짧은 휴식시간에 병사 스스로 긴장을 이완하도록 하는 것이 필요하다.

넷째는 전투 기술의 습득이다. 어떤 상황에서든 대처 능력이 있다고 믿는 사람은 스트레스를 덜 경험하고, 그 결과 대응력도 더 잘 발휘할 수 있다. 전장에서도 자신이 잘 훈련된 전투원임을 믿는 병사는 스트레스를 덜 느끼고 전투 임무를 잘 수행할 것이다. '훈련에서의 한 방울의 땀이 전투에서 한 방울의 피를 대신한다'는 군사 격언은 이를 잘 대변하는 말이다. 대응 능력의 확신은 유사한 상황에 대한 경험이 있을 때 더욱 커진다. '실전과 같은 훈련'이 평소에 강조되는 이유가 여기에 있다.

이러한 방법은 기본적인 접근법을 소개한 것이며, 이를 위한 세부적인 지휘 방책이 평소에 검토되고 실시되어야 할 것이다. 모든 병사는 전장에서 스트레스를 느끼고 고통을 받으며, 전장은 스트레스로 채워진 상황임을 지휘자는 직시하고 있어야 한다. 동시에 이를 관리해 줄 사람이 지휘자이며, 이 문제에 주목하고 경각심을 갖고 부하와 지속적으로 대화를 나누는 지휘자만이 스트레스 관리를 주도적으로 해 나갈 수 있을 것이다.

이 절에서는 전장 스트레스 요인과 해결을 위한 접근법을 간략히 다루었다. 보다 세부적인 스트레스 요인은 제11장 군과 리더십 내용 중 전장 환경의 이해에서 더 자세히 다룰 것이다.

참고문헌

권남일, 마상욱, 김세광(2014). 청소년을 위한 멘토링 이해와 실제. 서울: 학지사.

김완일, 권소영(2016). 군 상담의 이론과 실제(2판). 서울: 학지사.

김은정(2016). 코칭의 심리학: 심리학 기반의 코칭 접근. 서울: 학지사.

류재석(2010). 군대 눈높이 멘토링. 경기: 이담.

박정민(2015). 코칭 여행자를 위한 안내서. 서울: 지식과 감성.

신웅섭, 김용주, 고재원(2007). 사고예방을 위한 군 스트레스 진단도구 개발. 서울: 육군사관학교 화랑대연구소.

이소희, 길영환, 도미향, 김혜연(2014). 코칭학개론. 서울: 신정.

홍강의, 정도언(1982). 사회 재적응평가척도 제작. 신경정신의학회지, 21(1), 123-135.

Aldwin, C. M. (2015). 스트레스, 대처, 그리고 발달 [*Stress, coping, and development: An integrative approach* (2nd ed.)]. (강성록, 양재원, 유현경, 정유진 공역). 서울: 시그마프레스. (원전은 2007년에 출판).

Cannon, W. B. (1915). *Bodily changes in pain, hunger, fear, and rage: An account of recent researches into the function of emotional excitement.* New York: Appleton.

Cannon, W. B. (1939). *The wisdom of the body.* New York: Norton.

FM 6-22 (2015). *Leader development.* Headquarters, Department of the Army.

Holmes, T. H., & Rahe, R. H. (1967). The Social Readjustment Rating Scale. *Journal of Psychosomatic Research, 11*(2), 213-218.

Matteson, M. T., & Ivancevich, J. M. (1979). Organizational stressors and heart disease: A research model. *Academy of Management Review, 4*(3), 347-357.

Karasek, R., & Theorell, T. (1990). *Healthy work: Stress, productivity, and the reconstruction of working life.* New York: Basic Books.

Merlevede, P. E., & Bridoux, D. (2012). 코칭 & 멘토링 (*Mastering mentoring and coaching with emotional intelligence: Increase your job EQ*). (박진희, 최인화 공역). 서울: 한국 비즈니스 코칭. (원전은 2004년에 출판).

Pearlin, L. I., & Schooler, C. (1978). The structure of coping. *Journal of Health and Social Behavior, 19*(1), 2-21.

Rogers, C. R. (1951). *Client-centered therapy.* Boston: Houghton Mifflin.

Selye, H. (1956). *The stress of life.* New York: McGraw-Hill.

Taylor, S. E., Klein, L. C., Lewis, B. P., Gruenewald, T. L., Gurung, R. A., & Updegraff, J. A. (2000). Biobehavioral responses to stress in females: Tend-and-befriend, not fight-or-flight. *Journal of Personality and Social Psychology, 46*, 489-502.

민홍철(2020. 10. 26.). 군 정신건강의학과 진료 건수 4년 새 30% 급증.

박성준(2020. 10. 12.). 최근 5년간 병사 현역복무 부적합 전역 현황.

제9장

의사소통

조직과 사회에서 인간은 타인과 끊임없이 상호작용하는 과정에서 살아가며, 이러한 상호작용의 가장 기본적인 수단은 의사소통(communication)이다. 사람들은 의사소통을 통해서 타인들과 영향을 주고받는다. 조직에서의 의사소통은 공동의 목표를 달성하고자 하는 구성원들을 연결하는 가장 기본적인 수단이다.

우리가 이미 살펴본 바와 같이, 리더의 행동을 살펴보면 의사소통과 관련되지 않는 일이 거의 없으며, 리더십의 기본적인 기능은 의사소통을 통해서 일어난다. 즉, 리더는 의사소통을 통해서 근무 의욕을 증진하고 사기를 고양하며 협동심을 고취하고 생산성을 향상시킬 수 있다.

리더의 의사소통 능력은 구성원의 만족감 및 생산성과 정적인 상관관계가 있다(Klimoski & Haynes, 1984; Snyder & Morris, 1984). 효과적인 의사소통은 또한 리더와 구성원이 조직의 중요한 의사결정에 관련된 정보에 효과적으로 접근할 수 있도록 도와준다(Fiechtner & Krayer, 1986). 그리고 의사소통은 리더로 하여금 리더로서의 기능 수행을 가능하게 해 주는 기본 수단이다. 그래서 의사소통을 리더, 구성원, 상황과 더불어 리더십의 4요소로 고려하기도 한다(미 육군 FM 22-100).

"내가 말했던 것은 그게 아니고……" "저는 중대장님의 말씀을 그와는 다른 뜻으로 이해를 했었습니다." 이와 같은 말은 의사소통 과정에서 뭔가 오류가 있었음을 지적하는 표현이다. 이는 우리가 어렵지 않게 경험하는 일이다. 그러나 리더와 구성원 사이에서 그리고 구성원들 사이에 이런 일이 자주 발생한다면, 리더십은 효과적으로 발휘될 수 없을 것이다.

성공적인 리더는 감정과 아이디어를 교환하고, 타인으로부터 새로운 아이디어를 능동적으로 구하며, 논쟁을 효과적으로 이끌고, 다른 사람들을 설득하고자 한다(Bennis & Nanus, 1985). 리더는 조직의 의사소통 관리자로서 자기 스스로가 의사소통 능력을 구비해야 할 뿐만 아니라 조직의 의사소통이 원활하게 이루어지도록 하여야 한다.

1. 의사소통의 정의 및 기능

의사소통(communication)은 원래 '공통' 또는 '공유'라는 뜻을 지닌 'Communis'라는 라틴어에서 유래되었으며, 라틴어 동사인 'Communicare'는 '함께 이야기하다' '협의하다', '상담하다' 등 다양한 의미를 지니고 있다(Schramm & Roberts, 1971). 의사소통에 대한 학자들의 정의는 〈표 9-1〉과 같이 다양한데, 일반적으로 '한 사람으로부터 다른 사람에게로 어떤 의미(정보)를 전달하는 과정'이라고 할 수 있다. 그리고 의사소통을 통해서 전달되는 의미에는 감정, 태도, 사실, 믿음, 생각 등이 포함된다.

〈표 9-1〉 의사소통 다양한 정의들

구분	정의
Davis(1967)	조직 구성원 상호 간 서로를 이해하고 정보를 주고받는 과정
Knezevich(1975)	발신자가 수신자에게 어떤 이미지를 전달하려고 노력하는 과정
Satir(1976)	인간과 인간 사이에 오고 가는 모든 것
Gross & Knoll(1980)	사람들 사이의 감정, 태도, 사실, 믿음, 생각 등을 전달하는 과정
Dunham(1984)	한 사람(집단)에게서 다른 사람에게로 정보의 의미 있는 전달
Robbins & Judge(2008)	구성원 간의 의미 전달
Daft(2011)	정보와 생각이 송신자로부터 수신자에 이르는 일련의 과정
차배근(1989)	유기체들이 기호를 통하여 서로 정보나 메시지를 전달하고 수신해서 서로 공통된 의미를 수립하고, 나아가 서로의 행동에 영향을 미치는 과정 및 행동
김남현, 김정원, 류태모, 송경수(2004)	하나 또는 하나 이상의 생물체가 다른 생물체와 지식, 정보, 의견, 신념, 감정 등을 공유 또는 공통화하는 행동

조직에서의 의사소통은 일반적으로 다음의 세 가지 수준에서 이루어진다. 첫째는 개인 간 의사소통으로서, 상급자와 하급자 사이에 일어나는 의사소통처럼 조직 내 한 개인과 개인 사이에 이루어진다. 둘째는 집단 간 의사소통으로서, 한 회사의 생산부와 판매부 사이에 일어나는 의사소통처럼 조직 내 하부 집단(단위)들 사이에 이루어진다. 셋째는 조직 간 의사소통으로서, 어떤 회사와 다른 회사 또는 정부 부서 사이에 일어나는 의사소통처럼 어떤 조직과 조직 사이에 이루어진다.

조직에서의 의사소통은 다음과 같은 네 가지 기능을 가지고 있다(Scott & Mitchell, 1976). 첫째, 의사소통은 조직 구성원의 행동을 통제하는 기능을 한다. 의사소통은 조직 구성원이 해야 할 일을 명료하게 하고, 권한과 책임 범위를 설정하며, 업무 처리의 절차와 지침을 전달하여 그들의 행동을 통제한다. 둘째, 의사결정의 기초가 되는 정보를 제공한다. 의사소통은 선택의 가치가 있는 여러 대안을 파악하고 평가하는 데 필요한 자료를 제공하여 의사결정이 원활히 이루어지게 한다. 셋째, 조직 구성원들의 동기 유발을 촉진시키는 기능을 한다. 의사소통은 구성원들의 임무와 목표를 설정해 주고, 수행이 적절한지를 알려 주며, 성과를 확대하기 위해서 무엇이 요구되는지를 알려 준다. 또한, 의사소통은 조직 구성원의 협동을 이끌어 내고 조직의 목표에 참여하도록 유도한다. 넷째, 느낀 바를 표현하는 감정적인 기능을 한다. 의사소통을 통해 자신의 기쁨이나 만족감, 또는 고충을 표출하고 감정을 교환할 수 있다.

2. 의사소통의 모델: 과정과 구성요소

[그림 9-1]은 의사소통이 일어나는 연쇄적인 과정과 그 구성요소들을 나타내는 가상적 모형이다. 의사소통의 과정은 송신자(sender), 부호화(encoding), 메시지(message), 매체(channel), 해독(decoding), 수신자(receiver) 그리고 피드백(feedback)의 요소로 이루어진다. 물론 의사소통은 송신자와 수신자 사이에 이루어진다. 송신자는 의사소통에서 전달하려는 사람이다. 수신자는 메시지를 받는 사람이다.

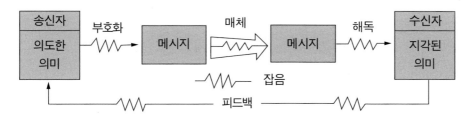

[그림 9-1] 의사소통의 가상적 모형: 과정과 구성요소

의사소통은 송신자가 어떤 사람에게 전달이 필요하다고 느끼는 어떤 것, 즉 의도한 의미(생각, 아이디어, 정보 등)에서 시작된다. 송신자가 의도한 의미를 수신자에게 전달하기 위해서는 먼저 이것을 수신자가 이해할 수 있는 방식으로 부호화해야 한다. 즉, 부호화는 송신자가 의도한 의미를 부호로 표현하는 것을 말한다. 부호는 의미를 나타내는 것으로서 구두 언어, 문장, 표정, 목소리의 어조 등이 부호로 활용된다. 예를 들어, 대면 대화를 통해 의사소통이 이루어질 경우, "아직 멀었어!"라고 할 때의 말, 표정, 어조 등은 하급자의 성과가 자신의 기대 수준에 미치지 못했다는 의미를 부호화한 것이다. 만약 그 말을 하는 도중에 목청을 높이며 손을 가로젓는 행동을 했다면, 그것은 해당 내용을 강조해서 표현하는 부호일 수 있다. 메시지는 송신자가 의도한 의미를 부호화해서 나온 결과적 산물이

다. 즉, 송신자가 의도한 의미를 전달하기 위하여 사용한 부호들로 구성된 것이다.

매체는 메시지를 송신자로부터 수신자에게로 전달하는 물리적 수단이다. 대면 대화를 통한 의사소통 경우에는 음성 및 시각 자극이 매체이다. 그 외에도 전화, 문서, 편지, 인터넷, 텔레비전, 라디오, 신문, 서적 등이 매체로 활용된다. 매체의 선택은 의사소통의 목적, 송신자와 수신자 사이의 물리적 거리나 지위, 조직의 규정 및 절차 등에 의해 결정된다.

수신자는 수신한 메시지의 부호들을 해독하여 그 의미를 지각한다. 즉, 해독은 부호화의 반대로서 메시지의 부호들을 해석하여 그 의미를 파악하는 것이다. 앞에서 예로 든 바와 같이, 대면 대화를 통해 상급자가 "아직 멀었어!"라고 말한 경우를 생각해 보자. 만약 상급자가 이 말을 하면서 얼굴에 약간의 미소를 띠었다면, 하급자는 이 메시지에 포함된 부호들을 종합적으로 해독하여, 상급자가 실제로 의도한 의미는 질책이 아니라 은근한 칭찬과 만족감의 표시로 이해할 수도 있다. 이와 같이, 송신자가 보낸 메시지를 수신자가 해독하여 이해한 결과가 지각된 의미(perceived meaning)이다.

피드백은 송신자가 보낸 메시지에 대한 수신자의 반응이다. 메시지를 받아 해석한 수신자는 송신자가 보낸 원래의 메시지를 받아서 어떤 의미로 이해하였는가를 송신자에게 알려 준다. 송신자는 피드백을 통하여 자신이 의도한 의미가 수신자에게 정확하게 해석되고 이해되었는지를 확인할 수 있다. 앞의 예에서 상급자로부터 "아직 멀었어!"라는 말을 들은 하급자는 그 피드백으로 왜 그러는지 모르겠다는 표정을 짓거나, 신경질적인 반응을 하거나, 아니면 앞으로 더욱더 노력하겠다고 말하기도 할 것이다.

실제로 송신자는 수신자로부터 받은 피드백에 대하여 반응을 함으로써 의사소통의 회로가 완성된다. 즉, 원래의 송신자는 수신자로부터 피드백을 받고서 자신이 의도한 의미가 수신자에게 제대로 전달되었는지를 확인할 수 있다. 앞의 예를 보면, 상급자는 하급자가 자신이 의도한 의미를 잘못 이해하여 질책을 심각하게 받아들이지 않았다고 판단될 경우, 자신이 전달하려는 의미를 한 번 더 강조하거나 수정된 메시지를 다시 보내기도 할 것이다.

잡음(noise)은 의사소통 과정에서 발생하는 의미의 왜곡, 혼란 또는 단절을 말하며, 의사소통 장애의 주요 원인이다. [그림 9-1]의 의사소통 과정을 살펴보면 여러 단계에서 잡음이 발생할 수 있음을 알 수 있다. 효과적인 의사소통은 이 잡음들을 얼마나 통제할 수 있느냐의 여부에 달려 있다.

3. 의사소통에서 의미의 왜곡

리더가 의사소통을 성공적으로 하기 위해서는 의사소통 과정에서의 대인관계를 이해하여야 한다. 흔히 우리는 어떤 메시지를 어떻게 보낼까 하는 데는 관심을 기울이지만 그 메시지가 어떻게 수신되었느냐 하는 데는 소홀히 한다. 송신자가 의도한 의미를 수신자가 정확하게 이해하지 않고는 의사소통이 이루어졌다고 할 수 없다. 의사소통 과정에서 의미의 왜곡, 즉 송신자가 의도한 의미와 수신자가 지각한 의미 사이에 차이가 발생하는 가장 큰 이유는 송신자와 수신자의 차이 그리고 비언어적 의사소통의 문제에 주로 기인한다.

1) 송신자와 수신자의 차이

두 사람이 세상을 정확히 동일한 방식으로 이해하는 경우는 거의 없다. 우리의 지각은 각자에게 독특한 것이며 실존적 경험의 총체를 반영한다. 다시 말하면, 사람들이 보고 듣는 것은 그들 자신의 경험 영역 내에 있다. 이러한 문제는 의사소통에서도 중요한 의미를 갖는다. 송신자는 자신의 생각이나 아이디어를 표현하는 메시지를 구성하기 위해 부호를 선택하기 때문이다. 이때, 송신자는 수신자가 부호에 담긴 자신의 의미를 받아서 자신이 의도한 것과 동일한 의미로 해석할 거라고 가정한다. 그러나 실제로는 송신자와 수신자의 경험과 배경의 차이로 인하여 의도한 메시지와 지각한 메시지가 일치하는 경우는 매우 드물다.

만약 실존적 경험이 개인 간에 다른 의미를 갖는다면 어떻게 의사소통이 가능할 수 있는가? 의사소통 이론가들은 의사소통이 사람들 사이의 공통적 경험의 정도에 달려 있음을 지적하였다(Faban, 1968). 그렇다면 우리는 송신자로서 의사소통 능력을 향상시키기 위하여 우리 자신과 수신자 사이에 공통 요소를 증가시키는 방안을 찾아야 한다. 예를 들어, 인간의 생리적 기능에 대한 지식이 부족한 사람에게 심리적 스트레스의 효과를 모두 설명하려면 상당한 어려움을 경험할 것이다. 그러나 만약 우리가 충격적인 소식을 듣고 졸도를 경험하였다든가 우울 상태에 빠졌던 것과 같은 공통적인 참조 준거를 찾을 수 있다면 의미 전달이 훨씬 용이할 것이다.

그렇다면 송신자와 수신자 사이에서 의사소통을 특히 어렵게 하는 차이점은 무엇인가? 연구자들은 [그림 9-2]에 제시된 것처럼 자아정체감(자기를 인식하는 방식), 역할, 가치관, 기분 그리고 동기의 다섯 가지 범주로 구분한다(Ivancevich, Szilagyi, Jr., & Wallace, Jr., 1977).

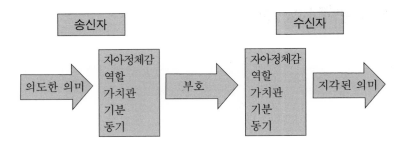

[그림 9-2] 송신자-수신자 차이와 메시지의 해석

(1) 자아정체감의 차이

사람들은 자신을 인식하는 방식에 있어서 차이가 있으며, 이는 의사소통에 중요한 영향을 미친다. 예를 들어, 도전의식이 강한 리더는 자신처럼 부하도 도전적 자극을 적극적으로 추구할 것이라고 가정하여, 부하에게 성취감을 자극하는 메시지를 보내면 그 메시지를 진지하게 받을 것으로 생각한다. 그러나 도전의식이 매우 부족한 부하는 그와 같은 도전적 메시지를 부담스럽게 받아들여서 오히려 부정적인 반응을 하고, 결과적으로 의사소통이 실패할 수 있다.

(2) 역할 인식의 차이

송신자와 수신자가 자신의 역할을 지각하는 방식의 차이도 의사소통에 복잡한 영향을 미친다. 예를 들어, 리더는 자기가 생각하기에 부하의 책임이라고 여기는 어떤 임무를 수행하라고 요구하는 메시지를 보냈다고 하자. 그러나 자신의 역할을 다르게 인식하고 있는 부하는 상관의 요구가 자신의 책임 범위를 벗어나는 것이라고 생각할 수 있다. 이와 같이, 사람들 사이의 역할 인식의 차이는 전혀 예상치 못한 의사소통의 문제를 야기할 수 있다.

(3) 가치관의 차이

송신자와 수신자 사이의 가치관의 차이로 인하여 동일한 의미가 다르게 해석될 수 있다. 사람들은 조직과 일에 부여하는 의미도, 조직에 대한 충성도도 다르다. 만약 리더가 부하의 가치관이 자신과 같을 것으로 가정한다면 의사소통은 실패할 것이다. 근래에는 급격해진 세대차로 인해 리더십에서도 이른바 '신세대'의 변화된 가치관을 이해해야 할 필요성이 더욱 증대되고 있다.

(4) 기분의 차이

송신자와 수신자 사이의 기분 차이가 의미를 왜곡시킬 수도 있다. 스트레스가 심한 상태에 있는 송신자가 심각하게 보낸 메시지를 스트레스가 없이 이완된 상태에 있는 수신자는 가볍게 받아들일 수 있다. 즉, 우선적으로 처리되기를 바라는 메시지가 일상적인 것으로 처리될 수 있다.

(5) 동기의 차이

송신자와 수신자 사이의 동기의 차이로 인하여 동일한 의미에 대한 반응을 다르게 함으로써 의사소통이 실패할 수도 있다. 예를 들어, 중간 계층에 있는 어떤 리더는 상급자로부터 인정을 받으려는 동기가 강하여 상급자의 무리한 지시도 적극 수용하려 할 것이다. 그러나 같은 메시지를 받은 하급자가 상급자로부터 인정을 받아 조직의 중요한 일원이 되려는 동기가 부족한 사람일 경우, 상급자의 무리한 요구에는 적극성을 보이지 않거나 무시할 수도 있다.

2) 비언어적 의사소통

송신자는 자신의 생각이나 아이디어를 표현하기 위해 여러 가지 부호를 선택하여 사용하고 이를 수신자가 정확하게 지각할 수 있는 방식으로 조정한다. 우리는 통상 메시지를 주로 언어적 관점에서 생각한다. 그러나 실질적으로 언어적인 부분은 전체 메시지의 일부만을 구성할 뿐이다. 구두 의사소통에서 언어적 요인과 비언어적 요인이 상충할 경우 메시지의 요소별 상대적 중요성을 평가한 연구 결과에 의하면(Mehrabian, 1968), 의사소통 전체의 영향력에서 언어 요인이 7%, 목소리 요인이 38%, 얼굴 표정 요인이 55%를 차지한다고 한다.

이 교과서와 같은 문서 의사소통에서는 선택한 단어와 문장 구성 방식이 대단히 중요하다. 독자는 어떤 부분을 읽다가 필요할 경우 다시 읽을 수도 있고, 내용에 대해서 장시간 숙고할 수도 있으며, 중요한 부분에 노트를 하거나 밑줄을 그을 수도 있다. 그러나 대면 의사소통에서 실제 단어 자체는 전체 내용의 단지 일부분만을 구성한다. 우리가 단어를 제시하고 표현하는 방식(목소리의 어조, 속도, 억양, 쉼, 얼굴 표정 등)이 수신자에게 메시지 내용의 대부분을 제공한다. 어떤 경우는 실제 의미가 비언어적 요소에 거의 의존하는 경우도 있다. 똑같은 단어로 구성된 문장이라도 비언어적 요소에 의해 전혀 다른 의미를 표현할 수가 있는 것이다.

비언어적 의사소통에 관한 연구들은 우리가 타인들과 의사소통을 하는 방식에 대하여 흥미로운 시사점을 제공한다. 우선, 의도한 의미의 전달을 도와주는 몇 가지 비언어적 단서가 있다는 사실이다. 비언어적 단서가 사용되는 방식은 문화에 따라 차이가 있지만, 의사소통에서 중요한 비언어적 단서는 공간상의 거리, 자세, 얼굴 표정, 목소리의 어조, 외모와 의상 등이다.

의사소통자 사이의 공간적 거리는 송신자와 수신자 사이의 태도에 대한 중요한 지표이다. 우리는 상대를 잘 모르거나 좋아하지 않을 때는 대화 중에 상대로부터 물러서고, 잘 알거나 좋아할 경우는 접근하는 경향이 있다. 또한 높은 지위에 있는 사람과는 어느 정도 거리를 두려고 하며, 높은 지위에 있는 사람도 자기 영역을 넓게 유지하려는 경향이 있다.

자세도 호감과 지위를 나타내는 지표이다. 우리가 친근한 사람과 대화할 때는 팔짱을 끼고 허리에 손을 얹는 등 편안한 자세로 임하지만, 지위가 높거나 위협적인 사람과 대화할 때는 긴장된 자세를 취할 것이다. 우리는 동료라 여길 만큼 적당한 관계일 때 가장 편한 자세를 취하며, 자신이 상위 지위에 있다고 생각하는 사람이 하위 지위에 있다고 판단하는 사람에 비해 편안한 자세를 취한다. 우리는 또한 의사소통 중의 내용에 대응하여 자세를 바꿈으로써 의미를 전달하기도 한다.

얼굴 표정에서는 눈맞춤이 호감의 표시일 수 있다. 호감이 가는 상대와는 눈맞춤을 유지하지만 좋아하지 않는 사람과는 눈맞춤을 피한다. 또 상위 지위에 있는 사람은 하위 지위에 있는 사람에 비해 눈맞춤을 유지하지 않는 경향이 있다. 우리는 또한 의사소통 중의 내용에 대응하여 얼굴 표정을 변화시켜 의미를 전달하기도 한다.

목소리의 어조로도 호감, 지위, 반응을 나타낸다. 하위 지위에 있는 사람은 상위 지위에 있는 사람에 비해 낮은 목소리를 유지한다. 의상도 강력한 비언어적 메시지인데, 상위 지위에 있는 자는 적절한 장식을 사용하며 '화이트 칼라' '블루 칼라'와 같은 표현 역시 조직에서의 지위를 나타내는 비언어적 단서이다.

두 사람 사이의 의사소통에서 이러한 비언어적 지표는 대단히 중요하다. 간혹 의식하지 못하더라도 우리는 메시지를 청취할 때 실제로 이러한 지표를 주목한다. 만약 메시지의 비언어적 부분이 언어적 부분과 조화되면 수신자가 메시지를 적절히 해독하여 의도한 의미를 파악하는 데 도움이 되지만 그렇지 못할 경우에는 효과적인 의사소통에 방해가 된다. 실제로, 조직에서 리더의 비언어적 부분과 언어적 부분이 불일치할 경우 수신자들은 리더의 비언어적 부분에 더 큰 의미를 부여하고 리더의 언어적 지시나 강조와는 다른 행동을 하는 경우가 있다(Kirkpatrick, 2005). 예를 들어, 상관이 부하들의 피드백이 중요하다고 강조하면서도 실제 부하들에게 발언할 수 있는 기회를 주지 않거나, 상관이 사무실을 자주 비우고 문이 자주 닫혀 있다면 부하들은 상관에게 쉽게 다가가지 못할 것이다. 따라서 리더는 비언어적 의사소통 측면에 대한 주의와 정확한 자기분석을 통하여 부하가 메시지의 모호성 때문에 어려움을 겪는 것을 감소시켜야 한다.

4. 조직 내에서의 의사소통

조직 내에서의 의사소통은 여러 가지 관점에서 구분할 수 있다. 우선 정보가 흐르는 방향에 따라 하향 의사소통, 상향 의사소통, 수평 의사소통 그리고 대각 의사소통으로 분류할 수 있고, 조직의 공식적 절차와 계통을 따라 이루어지느냐의 여부에 따라서 공식적 의사소통과 비공식적 의사소통으로 나눌 수 있으며, 피드백의 발생 여부에 따라 일방향 의사소통과 쌍방향 의사소통으로 구분할 수 있다.

1) 의사소통의 방향에 따른 구분

(1) 하향 의사소통

조직 내에서 하향 의사소통은 회의 및 보고, 전화, 공식 문서, 메모 및 편지, 회보, 또는 전자 우편 등을 통해 이루어진다. 회의, 전화 등과 같은 언어 의사소통은 대인 교환이 가능하고 다양한 상황에서 활용될 수 있으며, 특히 긴박한 상황에서 유용하다. 이에 비하여 공문, 메모, 편지 등과 같은 문자 의사소통은 요구되는 조치 사항이 복잡하고 또 정확하게 처리되어야 할 때, 메시지의 기록과 보관이 필요할 때, 또한 먼 거리에 있는 다수의 인원을 상대할 때 유용하다.

일반적으로, 하향 의사소통은 속도가 빠르다는 장점이 있는 반면, 권위적 속성으로 인해 의미 해석의 오류가 발생할 가능성이 크다는 단점이 있다. 특히 하향 의사소통은 계층이 많은 대규모 조직에서는 메시지가 왜곡되고 오해받을 가능성이 크다. 의사소통의 효과는 어떤 의미를 한 사람에게서 다른 사람에게로 얼마나 정확하게 전달하느냐에 달려 있으므로, 하향 의사소통의 효과성은 그다지 좋은 것은 아니다.

군대의 전투상황 또는 경찰이나 소방관의 긴급 상황에서는 신속한 의사소통이 목표 달성에 필수적이다. 그러므로 앞에서 언급한 하향 의사소통의 장점을 살리되 단점을 최소화하는 것이 필요하다. 하향 의사소통의 단점은 송신자와 수신자가 공통의 경험을 하는 기회를 가짐으로써 감소될 수 있다. 공통의 경험은 리더로 하여금 하급자가 신속한 의사소통이 가능한지 그렇지 못한지를 알 수 있게 해 준다. 또한, 공통의 경험을 통하여 리더는 부하가 오해의 단서를 보낼 것인지 그렇지 않을 것인지도 알 수 있다. 리더와 부하 사이에 충분한 공통 경험이 없는 상태에서 하향 의사소통에만 의존할 경우에는 의사소통이 실패할 가능성이 크다.

(2) 상향 의사소통

상향 의사소통은 하위 계층에 있는 사람이 상위 계층에 있는 사람에게 의사를 전달하는 것이다. 하급자가 업무 수행 과정에서 발생한 문제점이나 성과를 보고할 때, 또는 부서 간 갈등이 발생하여 조정이 요구될 때 주로 상향 의사소통이 일어난다. 상향 의사소통은 회의나 보고, 전화, 공식 문서, 메모 및 편지, 회보, 또는 전자 우편 등을 통해 이루어지며, 제안체계, 소원 수리, 태도 조사 등의 형태로도 이루어진다.

많은 연구에서는 정보의 상향 흐름이 원활해야 조직의 효율성이 높아질 수 있다고 밝혔다. 리더가 부하의 성과와 반응에 대한 정확한 정보가 없는 상태에서는 적절한 리더십 발휘가 불가능하다. 그러면 왜 조직 내에서 상향 의사소통이 잘 일어나지 않는 것인가? 한 가지 이유는 조직 내에 여러 가지 지위의 차이가 존재하기 때문이다. 지위의 차이가 있으면 의사소통은 상급자에게서 하급자에게로 흐르는 경향이 있다(Simon, 1950). 또한 의사결정이 어느 수준에서 이루어지느냐에 따라 상향 의사소통이 영향을 받는다. 의사결정이 상위 계층에 집중되어 있다면, 조직의 목표와 과제에 대한 상향 의사소통은 당연히 줄어들 것이다. 이에 비해, 의사결정 과정에 조직 구성원의 참여가 장려되면 상향 의사소통은 늘어날 것이다(Hage, Aiken, & Marrett, 1971).

여러 연구는 상향 의사소통의 정확성과 관련된 문제점을 지적하였다. 일반적으로 의사소통에서 하급자가 상급자에게 부정적인 피드백을 제시하는 경우는 흔치 않다. 우리는 상급자에게 우리가 원하는 바에 대해서 주로 말하고, 부정적인 측면은 말하지 않거나 경시하는 경향이 있다(Downs, 1967). 우리는 또한 상급자가 듣기를 원한다고 생각되는 바를 주로 말하는 경향이 있다. 이유는 조직 내에 지위와 권력의 차이가 존재하여 상급자가 하급자에 대한 상벌 권한을 갖고 있기 때문이다. 만약 긍정적인 피드백에 의해 보상이 결정된다면, 부정적인 피드백은 당연히 줄어들 것이다(Thompson, 1967).

상향 의사소통을 성공적으로 하기 위해서는 리더의 경청이 필수적이다. 리더가 부하의 피드백이 긍정적이든 부정적이든 경청하는 자세를 가지고 있다면, 부하들의 피드백은 활성화될 수밖에 없다. 의사소통 전문가들은 리더의 성공과 실패에서 핵심적인 요소는 경청이라고 입을 모은다(예: Barker & Watson, 2013). 리더가 잘 경청할 때 부하들은 리더와 이야기를 하고 싶어 하고 그렇게 된다면 자연스럽게 조직 내 상향 의사소통이 원활하게 이루어질 것이다.

(3) 수평 의사소통

앞서 소개한 하향 및 상향 의사소통은 수직 의사소통이라 할 수 있다. 수평 의사소통은 조직 구조상 책임과 권한이 대등한 직위에 있는 사람들 사이에서 이루어지는 의사소통이다. 수평 의사소통은 조직 전체의 목적을 달성하기 위하여 여러 조직 구성원과 부서의 기능을 조정하는 데 그 의의가 있다.

리더와 그들의 조직 내의 동료 사이에 일어나는 상호작용이나, 참모들이 각 부서에 할당된 업무를 서로 조정하고 협조하는 것은 수평 의사소통의 좋은 예이다.

수평 의사소통의 흐름은 수직 의사소통에 비해 빈번하다. 왜냐하면 일반적으로 수평 의사소통이 수직 의사소통에 비해 덜 위협적인 반면, 더 개방적이고 자유로우며, 상벌과의 관련성이 적기 때문이다. 그리고 동료들끼리는 일반적으로 참조 준거를 공유하고 있기 때문에 동료 간의 수평 의사소통에서는 송신자와 수신자 사이에 의미를 잘못 해석하는 경우도 적다.

위계가 엄격한 조직은 수평 의사소통이 활성화되지 않는다. 이론적으로, 조직체계상에서 볼 때 정보는 지휘 계통을 따라 상향으로 올라가서(상향 의사소통) 상급자를 거친 후에 다시 하향하여 수평 관계에 있는 사람에게로 내려온다(하향 의사소통). 그러나 정보의 흐름이 수직 의사소통에만 의존할 경우에 문제가 되는 것은 시간적 효율뿐만 아니라 정보의 왜곡 가능성이다. 그러므로 조직 내의 비공식적인 수평 의사소통이 수직 의사소통의 한계를 보완해 준다. 현대 사회는 과학기술이 더욱 복잡해지고 조직 사이의 조정과 통제가 더욱 중요해지므로, 조직의 하부 단위 사이에 직접적인 수평 의사소통이 더 잘 일어나도록 의사소통 체계를 조정하는 것이 바람직하다.

(4) 대각 의사소통

대각 의사소통은 조직체계상의 경로를 가로질러 대각 방향으로 이루어지는 의사소통이다. 즉, 조직 구성원이 조직 구조상의 경로 이외의 상·하급 구성원과 정보를 주고받는 것이다. 대각 의사소통은 하향 의사소통, 상향 의사소통, 수평 의사소통 중 어느 것도 이루어지지 않거나, 이들을 사용할 경우 의사소통의 효율이 떨어지는 경우에 주로 일어난다. 즉, 대각 의사소통이 이루어짐으로써 시간과 비용이 절감되는 경우에 사용된다. 예컨대, 어떤 회사의 회계 감사부에서 유통 비용을 분석하는 경우, 마케팅 부서를 통한 기존의 의사소통 체계보다 판매원들에게 직접 보고를 받는 것이 더 신속하고 정확하다. 군대에서도 지휘관을 보좌하는 비서 업무 수행자들이 정해진 조직 구조상의 의사소통 체계를 통하기보다 직접 관계자와 접촉하는 대각 의사소통을 통하여 의사소통의 효과성을 증대시킬 수 있다.

2) 의사소통 경로의 공식성에 따른 구분

조직 내에서의 의사소통은 조직의 공식적 절차와 계통을 따라 이루어지느냐의 여부에 따라서 공식적 의사소통과 비공식적 의사소통으로 나눌 수 있다.

공식적 의사소통은 조직에서 공식적으로 규정하는 바에 따라 이루어지는 의사소통이다. 조직은 그 목적을 효과적으로 달성하기 위하여 의사소통의 경로, 방법, 절차 그리고 기본적인 내용 등을 설계하여 규범과 절차로 정해 놓는다. 공식적 의사소통은 하향, 상향, 대각 그리고 수평 방향 등 모든 방향으로 일어날 수 있다.

비공식적 의사소통은 조직에서 공식적으로 규정한 경로와 절차에 관계없이 개인적인 욕구에 따라 자생적으로 발생하는 의사소통이다. 비공식적 의사소통은 경로가 불확실하고 내용도 모호하게 나타난다. 조직 구성원이 행하는 의사소통의 상당 부분은 비공식적 의사소통이다.

비공식적 의사소통은 그것을 행하는 사람들의 목적에 따라 조직의 목표 달성에 역기능을 초래하기도 하지만, 경우에 따라서는 순기능이 되기도 한다. 즉, 비공식적 의사소통을 통하여 공식적 의사소통에서 빠뜨리기 쉬운 유용한 정보를 신속하게 전파함으로써 공식적 의사소통의 보완 역할을 할 수도 있다.

앞서 소개한 수평 의사소통은 공식적으로도 일어나지만 비공식적인 경우가 더 많다. 정보의 수평적 흐름은 비공식적 망이나 집단을 따라 공식적 조직 계통을 건너뛰어 이루어지기도 한다. 이러한 정보의 흐름을 포도 덩굴형 의사소통(grapevine)이라 부른다. 포도 덩굴이란 말은 원래 미국의 남북전쟁 당시 전신망이 포도 덩굴처럼 널려 있었다는 데서 유래한 용어인데, 근거가 불확실한 정보가 흐를 수 있다는 부정적 의미를 내포하고 있다. 그러나 포도 덩굴과 같은 비공식적 수평 의사소통 체계는 조직에서 부정적인 영향만을 미치는 것은 아니며 여러 긍정적 기능도 한다. 포도 덩굴형 의사소통은 특별한 규정이나 절차를 따르지 않기 때문에 통상 공식적인 정보의 흐름보다 신속하고 융통성이 크다.

포도 덩굴형 의사소통의 사용 정도는 공식 의사소통 체계의 효율성에 달려 있다. 즉, 정보가 공식적 매체를 통해 적절히 소통되면 사람들은 비공식적 망에 의존하는 정도가 낮지만, 공식적 의사소통 체계에 문제가 있을 경우 사람들은 조직 내 정보의 주요 근거로 포도 덩굴을 활용한다(Householder, 1954). 포도 덩굴형 의사소통은 통상 조직의 수직적 계통보다는 수평적 관계에서 많이 이루어진다.

리더가 효과적인 리더십을 발휘하기 위해서는 조직 내에 존재하는 비공식적 집단과 그 장단점을 파악해야 하는 것처럼, 포도 덩굴의 존재와 그 순기능과 역기능도 잘 이해해야 한다. 우리가 이미 앞에서 공부한 바와 같이, 권력(power)은 정보에 대한 접근 여부와 관련된다. 예를 들어, 비서관은 조직에 민감한 정보에 대한 접근이 가능하기 때문에 비공식적으로는 상당한 권력을 행사할 수 있다. 그러므로 리더는 포도 덩굴에 주의를 기울임으로써 비공식적 의사소통의 순기능을 강화하고 역기능을 최소화하여 공식적 의사소통의 효율성을 보다 높일 수 있는 것이다.

3) 피드백의 유무에 따른 구분

조직 내에서의 의사소통은 피드백의 발생 여부에 따라 일방향 의사소통과 쌍방향 의사소통으로 구분할 수 있다.

일방향 의사소통은 방송, 신문, 게시판 등의 매체를 이용한 경우처럼 피드백의 기회가 주어지지 않는 의사소통이다. 이에 비하여, 쌍방향 의사소통은 송신자와 수신자 상호 간에 피드백이 일어나는 의사소통이다. 의사소통의 효과성은 피드백의 기회가 충분히 있느냐에 달려 있다. 피드백은 수신자가 메시지를 송신자의 의도대로 전달받았는지를 송신자에게 알려 주며, 의사소통의 방어적 분위기를 감소시키고, 의사소통에 요구되는 공통적인 이해 기반을 구축하는 데 기여한다.

일방향 의사소통은 메시지의 전달이 빠른 반면, 수신자의 이해는 불완전할 수 있다. 쌍방향 의사소통은 메시지의 모호성으로 인한 수신자의 오해석 여부를 확인할 수 있고, 송신자의 실수에 대한 주의를 환기시키기 때문에 의사소통의 오류를 줄일 수 있다. 피드백은 리더로 하여금 부하들을 재평가하고 리더십 행동을 조정할 수 있는 기초를 제공해 준다. 그러므로 피드백이 상하 양방향으로 흐르는 쌍방향 의사소통 체계를 확립하는 것이 직무 성과와 조직 효율을 높이는 데 가장 좋을 뿐만 아니라(Leavitt & Mueller, 1951), 부하들의 호응과 동기 유발을 최대화할 수 있다(Nadler, 1979).

5. 조직에서의 효과적인 의사소통을 위한 전략

여기서는 조직에서 일반적으로 일어날 수 있는 의사소통의 문제를 구체적으로 살펴보고, 이러한 문제를 해결하고 효과적인 의사소통을 하기 위한 방안에 대하여 다룬다.

1) 자료 홍수의 해소

자료의 홍수란 중요한 정보를 적절하게 구분할 수 없을 만큼 과다한 자료를 받는 것을 말하며, 이 경우 의사소통에 혼란과 좌절을 초래하고, 심하면 의사소통 체계 자체가 무너질 수 있다. 자료의 홍수는 복잡한 기술 관련 상품이 폭증하고, 컴퓨터의 보급 확대로 인하여 정보의 양이 폭발적으로 증가하는 등 현대의 산업 및 정보화 사회의 한 특징이기도 하다. 자료가 과다한 상황에서는 리더가 각종 정보를 요약하고 분석하고 우선순위를 매기는 등의 정보 생산 및 통제자로서의 기능 수행을 어렵게 한다.

그러면 리더는 어떻게 정보의 홍수 상황에 적절히 대처하고, 보다 나은 의사소통을 위해 이러한 자료들을 어떻게 처리할 것인가? 모든 리더는 자료를 구분하고 선별하여 처리가 필요한 자료만을 보내는 역할을 해야 한다. 효과적인 리더는 부하에게 필수적이고 중요한 자료만을 하달하여 부하가 자료의 홍수에 빠지는 것을 막아 준다. 자료를 배부할 때 '필독'과 같은 분류를 하도록 조직 내규상에 규정하는 것도 자료의 홍수를 방지하는 방법이다. 또 리더는 필요시 전담 참모를 두어 자료들을 검색하고 여과하여 의사소통에 필수적인 정보를 선별하고 요약하여 처리의 우선순위를 결정하는 것도 효과적인 방법이다.

2) 메시지 왜곡의 최소화

앞에서 우리는 의도한 의미와 지각된 의미 사이에 발생하는 왜곡에 대하여 살펴보았다.

그러면 조직에서 리더가 메시지의 왜곡을 최소화하기 위해 할 수 있는 방법은 무엇인가? 기본적으로 리더는 조직의 존재 목적과 목표를 보다 분명히 규정하고 필요시 세부 하위 목표별 우선순위를 정해 놓아야 한다. 부하가 조직의 정책을 잘 이해한다면 리더의 지시를 정확히 해석할 가능성은 그만큼 증가된다. 그러므로 조직의 정책을 다루는 데 부하의 참여를 확대시키는 것도 바람직한 방법이다.

중요한 정보는 반복해서 보내거나 둘 이상의 매체를 중복 사용하여 보내는 것도 메시지의 왜곡을 방지하는 방법이다. 부하들은 메시지를 선별하여 중요하지 않은 것으로 판단되는 것은 주목하지 않고 흘려 버리므로 구두로 하달되는 일상적인 메시지는 조직의 하위 구성원까지 도달하지 못하는 경우가 많다. 그러므로 리더는 중요한 메시지는 구두로 전달하더라도 문서로 다시 하달하거나 요약지를 작성하여 배포하는 것이 좋다.

3) 피드백의 활성화

조직이 활성화되기 위해서는 상하 간에 피드백이 활발히 일어나는 쌍방 의사소통 체계가 구축되어야 한다. 리더의 하향 피드백에는 부하의 업무 성과에 대한 솔직하고 의미 있는 정보가 포함되어야 한다. 부하로부터 올라오는 상향 피드백은 리더가 부하들에게서 무슨 일이 일어나는지를 제대로 파악할 수 있게 하여 합리적인 의사결정을 하는 데 유용한 정보를 제공한다.

리더가 피드백을 촉진하기 위해 할 수 있는 방안 중 가장 중요한 것은 조직의 방어적인 분위기를 감소시키고 지지적인 분위기를 확산시켜 나가는 것이다. 방어적 분위기는 의사소통 과정에서 부하들의 발언을 억제하고, 실수를 숨기며, 승부에 집착하게 하고, 부하들을 회피적으로 만든다. 반면에, 지지적인 분위기는 반대 의견의 제안을 촉진하고, 개방적이며, 위험을 기꺼이 감수하게 하고, 문제를 객관적으로 보게 한다. 리더는 부하와의 대화를 통해서 조직의 방어적 분위기를 지지적인 분위기로 바꿀 수 있다.

리더의 다음과 같은 의사소통 특성은 조직의 방어 또는 지지적인 분위기에 영향을 미친다. 첫째, 평가의 정도이다. 리더가 의사소통이 부하의 업무에 대한 평가에 치중한다면 조직의 분위기는 방어적이 된다. 예를 들어, 정해진 시간까지 보고서를 제출하지 않은 부하에게 리더가 "왜 정해진 시간에 보고서를 작성하지 않았는가?"라고 평가적 질문을 한다면, 부하는 그에 대한 이유를 설명해야 한다. 즉, 방어적인 태도를 취한다. 그러나 리더가 "보고서를 정해진 시간 내에 작성하지 않았군."이라고 사실만을 그대로 진술한다면, 보고서 지연을 지적하면서도 이후에 방어적 분위기가 확산되는 것을 방지할 수 있다.

둘째, 통제의 정도이다. 리더가 부적절한 부하의 보고서에 대하여 단지 "핵심이 이게 아니야! 다시 작성해!"라고 한다면, 부하는 질책을 당한 것이 되고 이후 어떻게 수정하라는 지침도 없기 때문에 방어적이 된다. 그러나 리더가 문제 중심적으로 접근하여 "자! 이 문제에 대하여 고려해야 할 점들을 함께 찾아보자!"라고 한다면 부하가 무엇을 해야 하고 무엇이 요구되는지를 이해하는 데 개방적인 태도를 가질 수 있을 것이다.

셋째, 자발성의 정도이다. 예를 들어, 리더가 이제부터 "이 과제를 완결할 때까지 매주 회의를 한다!"라는 것보다 "우리 중 누구라도 이 과제와 관련하여 문제점을 발견하면 언제든지 회의를 소집하자!"라는 것이 자발성을 촉진하고 방어적 분위기를 감소시킬 것이다.

넷째, 공감의 정도이다. 의사소통에서 공감과 관심의 표명은 방어적 분위기를 감소시킨다. 예를 들어, "자네의 업무가 지연된 무슨 이유가 있었는가?" 하는 것이 "왜 자네는 업무를 제시간에 마치지 못했지?"라고 하는 것보다 방어적 분위기를 감소시킬 것이다.

다섯째, 조직의 위계적 특성을 감소시키려는 평등 의식의 정도이다. 만약, 리더가 "내가 해결책을 가지고 있지!"라고 말한다면, 후속 토론은 중단되고 부하는 리더의 제안이 최선이 아니라고 생각하더라도 적극적으로 이를 지적하지는 않을 것이다. 이에 비하여, "내게도 생각이 있지만 자네의 아이디어를 듣고 싶네!"라고 한다면, 부하와 동등한 태도를 표명한 것이며 보다 개방적인 분위기를 조성할 것이다.

여섯째, 확신 표명의 정도이다. 의사소통에서 리더의 확신 표명이 적을수록 부하는 덜 방어적이다. 예를 들어, 리더가 "문제의 원인은 분명해!"라고 하기보다는 "내가 문제의 원인으로 생각하는 바가 있지만, 다른 점도 파악해 보겠다."라고 말하는 것이 의사소통의 방어적 분위기를 완화할 것이다.

6. 설득을 위한 의사소통

지금까지 우리는 일반적인 의사소통 과정의 모형에 기초하여, 의미의 왜곡이 일어나는 원인과 조직 내에서의 의사소통 유형 그리고 조직의 의사소통 과정에서 발생되는 문제를 해소하는 방안에 대하여 공부하였다. 이러한 내용은 어떤 정보를 한 사람에게서 다른 사람에게로 정확히 전달하는 방법을 이해하는 데 도움을 준다. 그러나 리더가 의사소통에서 유념해야 할 다른 차원의 문제가 있다. 그것은 리더가 의사소통을 통하여 다른 사람들이 특정 방식으로 행동하도록 자극하거나 태도를 변화시키는 것이다. 그러므로 우리는 여기서 다른 사람을 설득하는 데 보다 효과적인 의사소통에 대하여 송신자, 메시지 그리고 수신자의 특성을 중심으로 생각해 보고자 한다.

1) 송신자의 특성

의사소통에서 효과적인 설득에 영향을 미치는 송신자의 특성은 신뢰성, 송신자의 의도, 호감과 유사성 등이다.

(1) 신뢰성

리더십을 대인 간 영향력의 과정으로 파악한 바와 같이, 리더의 신뢰성을 증대시키는 한 가지 방법은 특정 분야에 전문성을 쌓아서 부하들에게 보여 주는 것이다(전문성 권력). 리더는 전문가의 입장에서 의사소통을 함으로써 보다 효과적으로 부하를 설득할 수 있다.

어떤 실험에서 무선적으로 선정된 두 집단의 사람들에게 동일한 메시지를 들려주었다. 한 집단에게 메시지를 전한 송신자는 해당 분야에 전문성이 있는 저명 인사였고, 다른 집단은 잘 알려지지 않은 사람이었다. 그 결과, 메시지 내용은 동일하였지만 무명 인사로부터 들었던 집단보다 저명 인사로부터 메시지를 들었던 집단에서 보다 많은 태도 변화가 일어났다(Kelman & Hovland, 1953).

(2) 송신자의 의도

당신은 어떤 메시지를 더 잘 믿는가? 사람들은 일반적으로 의도성이 있는 의사소통을 통해서는 잘 설득되지 않는 경향이 있다(Walter, Aronson, & Abraham, 1966). 또한 송신자가 어느 쪽에 편향되어 있지 않고, 설득할 주제와 이해 상관이 없을 때, 수신자가 배후에 다른 동기나 목적이 없는 것으로 지각할 때 설득이 잘 일어난다.

(3) 호감과 유사성

이는 앞의 두 요인과도 관련이 있는데, 수신자가 송신자를 얼마나 좋아하고 존경하며 자신과 유사하다고 간주하는가 하는 문제이다. 사람들은 자신들의 세상이 예측 가능하고 일관성이 있기를 바라며, 자신의 태도와 다른 정보를 환경으로부터 접하면 그것을 일치시키려는 인지적 기제가 작동한다. 이러한 현상을 설명하는 인지 부조화 이론(cognitive dissonance theory)에 의하면, 사람들은 자신의 신념, 태도, 행동이 일치하지 않고 서로 상반될 경우 감정적으로 불쾌한 상태, 즉 부조화 상태에 빠지는데, 이 부조화를 감소시키기 위하여 자신의 신념이나 태도를 수정한다고 한다(Festinger, 1957). 이 이론은 설득을 위한 의사소통에서도 중요하다. 예를 들어, 당신이 좋아하거나 존경하는 사람이 당신의 현재 신념과 상반되는 주장을 한다면 어떻게 되겠는가? 인지 부조화 이론에 의하면 당신은 혼란에 직면할 것이다. 만약 그 메시지를 무시할 수 없다면, 당신은 지금까지 가지고 있던 신념을 변화시키거나 아니면 그 사람에 대한 태도를 바꿀 것이다. 사람들은 자기가 좋아하고 존경하거나 자신과 유사하게 보이는 사람이 말하는 것과 일치하도록 신념을 바꾸는 경향이 있다.

어떤 리더가 부하들이 선호하지 않는 인사 조치를 상급자로부터 지시받아 부하들을 설득해야 한다면 어떻게 되겠는가? 만약 부하가 그 리더를 좋아하고 존경한다면, 그 조치에 대하여 긍정적인 태도를 취할 것이다. 그러나 부하가 좋아하지 않는 리더라면, 부하들은 태도를 변화시키지 않고 리더와 그 인사 조치를 모두 싫어할 것이다. 그러면 내면적으로 일관성이 유지된다. 여기서 말하는 것은 그 인사 조치에 대한 부하의 행동이 아니라 그 조치에 대한 태도가 긍정적으로 바뀌지 않는다는 것이다. 우리는 자신과 유사하다고 생각되는 사람을 좋아하는 경향이 있다. 그러나 리더-부하 관계에서 통상 리더는 그들의 부하로부터 자신들과는 분명히 다른 사람으로 지각된다. 그러므로 리더는 부하로부터 전형적 의미에서의 호감을 얻기가 쉽지 않다.

2) 메시지의 특성

의사소통에서 효과적인 설득에 영향을 미치는 메시지의 특성은 현재 입장과의 유사성, 메시지의 구조, 정보의 참신성 등이다.

(1) 현재 입장과의 유사성

만약 어떤 사람이 우리 자신의 견해와 전혀 다른 주장을 하였다면, 우리의 견해와 비슷한 주장을 한 경우에 비해 거부하기가 쉬울 것이다. 일반적으로 사람들은 견해 차이를 실제보다 과장되게 인식하는 경향이 있다. 여기서 리더에게 중요한 사실은 쉽게 거부된 메시지는 설득에 실패한다는 점이다.

사람들은 일반적으로 주어진 태도에 대하여 어떤 수용 범위(zone of acceptance)를 가지고 있다(Freedman, Carlsmith, & Sears, 1970). 이 범위 내에서 우리는 제시된 새로운 입장에 대하여 동화하고 조절을 한다(심리학의 인지 발달에서 공부한 동화와 조절을 상기하라). 이 수용 범위를 벗어나면 메시지는 거부될 것이다. 이러한 현상이 리더에게 주는 시사점은 태도를 급격하게 변화시키기보다는 점진적으로 변화시키는 것이 저항을 방지하고 설득에 효과적이라는 점이다.

(2) 메시지의 구조

대립되는 두 입장 중에서 한쪽 입장을 지지하도록 설득하기 위해서는 양쪽의 견해를 모두 말해 주어야 하는가, 아니면 한쪽의 주장만 얘기해야 하는가? 또 설득하려는 결론을 얘기해야 하는가, 아니면 결론을 내리지 말아야 하는가? 경험적 연구 결과에 의하면, 양면을 모두 얘기하는 것이 일면만을 얘기하는 의사소통에 비해 태도를 효과적으로 변화시킨다고 한다(Walter, Aronson, & Abraham, 1966). 이 결과에 대한 한 가지 설명은 양면을 모두 얘기하는 것이 수신자로 하여금 송신자를 보다 정직하고 신뢰할 만한 존재로 지각하게 한다는 것이다. 결론을 내리지 않는 것도 유사한 효과를 갖는다.

(3) 정보의 참신성

우리는 새로운 환경 자극에 더 주의를 기울인다. 의사소통에서도 마찬가지다. 어떤 실험에서 두 집단의 학생들에게 동일한 메시지를 제시하였다. 한 집단에게는 그 메시지에 해당 주제에 대한 새로운 정보가 포함되어 있다고 미리 알려 주었고, 다른 집단에게는 메시지 내용이 단지 기존 자료를 정리한 것이라고 말해 주었다. 실제로는 학생들이 처음 듣는 동일한 메시지임에도 불구하고, 자료가 참신한 것이라고 생각했던 첫 번째 집단에서 더 많은 태도 변화가 일어났다(Sears & Freedman, 1967). 만약 사람들이 자신의 현재 입장과 배치되는 어떤 논쟁거리를 듣는다면, 그것이 이전에 들어서 이미 고려했던 내용일 경우 거부해 버리는 경향이 있다. 그러나 의사소통 내용에 새로운 것이 포함되어 있다면 그 문제를 다시 한번 생각해 보게 되고, 결과적으로 태도 변화가 일어날 가능성이 커진다.

3) 수신자의 특성

의사소통에서 효과적인 설득에 영향을 미치는 수신자의 특성은 각성, 성격, 관여와 의지 등이다.

(1) 각성

메시지가 효과가 있기 위해서는 받아들여지고 또 이해되어야 한다. 사람들이 주어진 메시지에 주목하기 위해서는 충분한 각성(arousal)이 유발되어야 한다. 그러나 지나친 정도의 각성은 사람들이 새로운 자극을 적절히 다루는 데 방해가 된다. 공포로 조성한 각성의 효과를 연구한 결과가 이러한 사실을 지지한다(Weiss & Fine, 1956). 약간의 공포는 태도 변화를 증진시키지만, 지나친 공포는 태도 변화를 거의 유발하지 않는다(McGuire, 1969). 이러한 사실은 특히 처벌의 공포가 부하를 설득하는 데 효과적이라고 믿고 있는 리더에게 중요한 시사점을 제공한다.

(2) 성격

성격은 지각과 태도 변화에 대한 경향에 영향을 미친다. 예를 들어, 자존심이 낮은 사람은 자존심이 높은 사람에 비해 설득이 용이하고, 자존심이 높은 사람은 더 자주 설득을 시도한다(Freedman, Carlsmith, & Sears, 1970). 지능은 직접 관련되지는 않지만, 다른 성격 변인과 상호작용한다. 예를 들어, 앞에서 소개한 바와 같이 결론을 말하지 않고 논쟁의 양면을 말해 주었을 때 만약 부하가 그 논쟁의 논리를 이해할 만큼 지적인 경우 자신의 결론에 이를 수 있다. 그러나 지능이 낮은 사람은 이러한 논쟁에 당황하여 적절한 대응을 하지 못할 것이다.

(3) 관여와 의지

인지 부조화 이론에 대한 설명에서 사람들은 자신의 세상이 일치하고 조화되기를 바란다고 하였다. 그래서 사람들은 자신의 의지에 따라 어떤 행동을 하면 그 행동을 지지하는 입장을 바꾸기가 어렵다. 이와 유사하게, 자신의 의향을 공개적으로 진술하게 하면 그것을 바꾸기가 어렵다. 어떤 실험에서 사람들에게 불쾌하고 달갑지 않은 과제를 수행하게 하고 20달러 또는 1달러가 보수로 주어졌다. 과제를 수행한 후에는 그 과제에 대한 호감도와 만족감이 측정되었다. 실험 결과, 그들이 수행했던 불쾌한 과제에 대한 호감도는 낮은 보수를 받은 집단이 높은 보수를 받은 집단에 비해 높았다.

왜 그럴까? 인지 부조화 이론에 의하면, 낮은 보수를 받은 집단은 과제 수행으로 인해 관여가 일어나서 '이렇게 낮은 보수를 받고 이 일을 하는 사람은 이 일을 실제로 즐겨서 했을 것이다. 나도 이 일을 즐긴 것이다.'라고 생각한다. 같은 논리로, 높은 보수를 받은 집단은 자신의 행동을 단지 돈 때문에 그 일을 했다고 합리화할 것이다. 그러므로 내적인 일치감을 유지하기 위해 태도 변화가 일어날 필요가 없는 것이다(Festinger & Carlsmith, 1959). 따라서 리더는 부하들을 자신들의 의지에 따라 어떤 행동을 하도록 납득시킬 수 있거나 그 행동을 공개적으로 지지하도록 할 수 있다면, 그 행동에 대한 태도 변화의 가능성은 높아질 것이다.

7. 갈등 관리 및 해결

앞에서 언급한 것과 같은 효과적인 의사소통은 의미의 왜곡을 최소화하고 정확한 피드백을 통해 개인 간, 집단 간 그리고 조직 간 갈등을 없애는 기능을 수행한다. 그러나 효과적인 의사소통에도 불구하고 갈등을 완전히 해소하는 것은 한계가 있다. 오히려 최근에는 갈등을 없애기보다 적절한 갈등을 통하여 개인과 집단, 조직의 변화와 혁신을 유도하려는 노력이 등장하고 있다. 따라서 이 장에서는 갈등의 명확한 개념 이해와 이를 관리하고 해결하기 위한 노력을 살펴봄으로써 효과적인 의사소통에 대한 이해를 돕고자 한다.

1) 갈등의 정의 및 역할

갈등(conflict)은 라틴어 'confligere'라는 단어에서 유래된 말로, 원래는 '서로 때린다'의 뜻으로 신체적 대립만을 의미하였다(Wright, 1990). 그러나 산업화 시대를 거쳐 조직이 발달하면서 조직 내에서 발생하는 갈등에 대한 관심이 높아졌고 많은 학자에 의해서 갈등에 대한 개념과 갈등의 역할에 대한 연구가 이루어졌다.

의사소통에 대한 정의가 학자마다 다양하듯이 갈등에 대한 정의도 다양하다. 〈표 9-2〉는 갈등에 대한 학자들의 정의를 정리한 내용이며, 이 정의들을 종합해 볼 때 갈등은 '송신자와 수신자의 상호작용 과정에서 양립 불가능한 대상(요소)으로 인하여 발생하는 부정적인 영향을 지각하는 것'이라고 정의할 수 있다. 이때, 중요한 것은 '상호작용'이라는 개념과 '양립 불가능성' 그리고 '지각'이라는 개념이다(Putnam, & Poole, 1987). 갈등은 어느한 시점에 한정된 것이 아니라 송신자와 수신자, 당사자 간에 계속되는 의사소통 속에서 상호작용을 통해서 발전하는 개념이다. 또한 갈등은 당사자 간의 상이한 목표의 대립, 외부 사실에 대한 해석의 대립, 행동에 따른 상이한 기대 대립 등 서로 양립 불가능한 요소 때문에 발생한다. 마지막으로 갈등은 아무리 대립되는 상황이나 사건이 있더라도 어느 한

당사자가 지각하지 않는다면 발생하지 않는 특성을 가지고 있다. 따라서 갈등의 정의에서 '상호작용' '양립 불가능성' 그리고 '지각'은 중요한 개념이다.

〈표 9-2〉 갈등에 대한 다양한 정의들

구분	정의
Thompson(1960)	조직 구성원이 다른 구성원에 반대하여 나타나는 행동
Jones & Gerard (1967)	개인이 두 개나 그 이상의 상호 부조화되는 반응들을 행하려는 동기가 있을 때에 존재하는 하나의 상태
Raven & Kruglansk(1970)	실제적이거나 원했던 반응의 부조화에서 생기는 둘이나 그 이상의 사회적 실체들 (개인, 집단 또는 큰 조직체) 사이의 긴장
Deutsch(1973)	양립될 수 없는 제 활동이 일어날 때마다 나타나는 현상
Thomas(1976)	상대방이 욕구불만을 경험하고 있거나 혹은 좌절할 가능성이 있는 것을 지각할 때 나타나는 과정

그렇다면 송신자와 수신자 간 의사소통 과정에서 나타난 갈등은 어떤 역할을 수행하는 것일까? 갈등의 역할에 대한 설명은 크게 역기능적인 역할과 기능적인 역할로 구분된다(예: Robbins & Judge, 2008). 역기능적인 역할은 기본적으로 갈등은 나쁜 것으로 가정한다. 이는 갈등에 대한 전통적인 관점으로 갈등은 대인관계와 집단, 조직 간의 관계에서 부정적인 영향을 미치는 것으로 회피해야만 하는 대상으로 간주한다. 좋은 대인관계나 성공한 조직은 어떤 갈등도 발생해서는 안 된다는 것이다. 따라서 조직의 리더는 모든 갈등의 요소를 해결하고 갈등이 'Zero'인 상태의 조직을 만들어야 한다는 것이다.

그러나 1940년대 이후 등장한 갈등의 역할에 대한 행동주의적 관점은 갈등을 당위적인 것으로 해석하였다. 이러한 관점은 갈등의 존재를 자연스러운 현상으로 바라보고 갈등을 완전히 해소하는 것은 불가능하다는 것을 인정하면서 문제를 해결하려 한다. 따라서 역기능적인 관점보다 기능적인 관점에 더 가깝다. 그리고 최근에는 상호작용주의적 관점이 기능적인 역할을 더욱 강조하며 설득력을 얻고 있다. 상호작용주의 관점에서의 갈등은 새로운 아이디어를 촉진하며 집단 내의 응집력을 향상시키고, 다양한 의견의 투입을 통하여 보다 탁월한 의사결정을 유도하고, 또 욕구불만을 해소할 수 있는 탈출구를 제공한다. 따라서 갈등은 조직 발전에 필요 불가결한 것이며, 이러한 갈등은 반드시 존재해야 한다고 주장한다.

2) 갈등의 유형

갈등 유형은 〈표 9-3〉에서 보는 바와 같이 크게 관계갈등과 과업갈등으로 구분된다. 관계갈등은 대인 간 관계에서 나타나는 것으로, 송신자와 수신자 간 정서적·감정적 마찰과 대인 간 적대감의 충돌로 나타난다. 관계갈등은 상호이해를 감소시켜 조직의 과업완수를 방해한다. 대부분의 연구에서 관계갈등은 조직 효과성에 역기능적으로 작용한다. 즉, 관계갈등이 높으면 높을수록 조직 효과성에 부정적인 영향을 미친다는 것이다. 따라서 관계갈등은 갈등에 대한 전통적인 관점에 기반한다고 볼 수 있다.

〈표 9-3〉 갈등 유형에 대한 다양한 분류

구분	관계갈등	과업갈등
Guetzkow & Gyr(1954)	정서적 갈등 (Affective conflict)	실질적 갈등 (substantive conflict)
Priem & Price(1991)	사회적−감정적 갈등 (Social−emotional conflict)	인지적−과업 관련 갈등 (Cognitive−task related conflict)
Coster(1956)	감정적 갈등 (Emotional conflict)	목표 지향 갈등 (Goal−oriented conflict)
Jehn(1995)	관계 중심 갈등 (Relationship focused conflict)	과업 중심 갈등 (Task focused conflict)
De Dreu & Weingart(2003)	관계갈등 (Relationship conflict)	과업갈등 (Task conflict)
Xin & Pelled(2003)	감정적 갈등 (Emotional conflict)	과업갈등 (Task conflict)

* 출처: Jehn(1997)의 연구 결과와 갈등 관련 연구를 종합하여 정리하였음

과업갈등은 과업과 관련된 것이다. Jehn(1997)은 이 과업갈등을 과업 목표 및 내용과 관련된 갈등과 과업을 달성하기 위한 방법 및 절차와 관련된 갈등으로 구분하였다. 과업갈등은 관계갈등과는 달리 적절한 수준의 갈등은 조직에 순기능적인 역할을 수행한다고 보았다. 과업을 수행함에 있어 적절한 수준의 갈등은 다양한 아이디어에 대한 논의를 통해 조직 효과성에 기능적으로 작용한다는 것이다. 그러나 과업갈등이 아주 낮거나 전혀 없을 경우에는 급변하는 전략 환경 변화에 대응하여 조직을 혁신해야 하는 조직의 효과를 향상시키는 데는 한계가 있다는 것이다. 특히 작업 수행 방법과 관련된 과정갈등은 적절

한 수준으로 유지될 때 조직에 기능적인 역할을 한다.

Robbins(1974)은 과업갈등의 기능적·역기능적인 역할을 [그림 9-3]과 같이 갈등의 수준에 따라서 구분하였다.

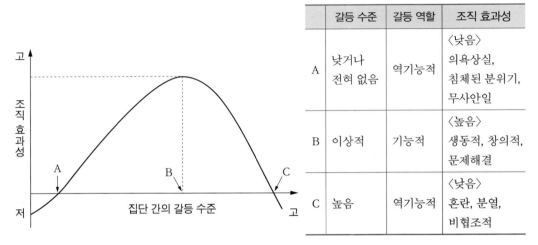

	갈등 수준	갈등 역할	조직 효과성
A	낮거나 전혀 없음	역기능적	〈낮음〉 의욕상실, 침체된 분위기, 무사안일
B	이상적	기능적	〈높음〉 생동적, 창의적, 문제해결
C	높음	역기능적	〈낮음〉 혼란, 분열, 비협조적

[그림 9-3] 집단 간의 갈등 수준과 조직 효과성

먼저 갈등의 수준이 아주 낮거나 전혀 없을 경우, 조직 구성원의 의욕이 상실되고, 침체된 분위기 속에서 무사안일을 추구하기 쉽다. 그리고 갈등이 아주 높을 경우에도 조직 내에 혼란과 분열이 발생하고, 상호 간 비협조적인 태도로 조직의 유효성이 낮아질 수 있다. 그러나 이와 반대로 적절한 수준의 갈등은 조직을 생동감 있고 창의적이게 만들며, 개인과 집단, 조직의 문제해결력을 높인다고 설명하였다. 결과적으로 과업갈등은 갈등의 행동주의 또는 상호작용주의 관점에 기반하고 있다.

3) 갈등의 해결 및 관리 방법

갈등의 해결 및 관리 방법은 갈등의 유형에 따라 다르게 적용될 수 있다. 관계갈등의 경우 갈등의 요소를 최대한 해결할 수 있는 방향으로 방법을 찾아야 하고, 과업갈등은 적절한 수준의 갈등이 될 수 있도록 관리하면서도 아주 높은 갈등이 발생하지 않도록 조치해야 한다.

〈표 9-4〉 갈등유형별 해결방법

구분	갈등 해결 방법
관계갈등	고충상담 시스템, 공식적인 권한 관계, 신뢰의 상호작용 촉진
과업갈등	상위 목표의 도입, 단위 부서들 간의 상호의존관계 제거, 자원의 확충, 문제의 공동해결, 평가 기준과 보상 시스템, 부서 간의 조직합병

* 출처: Robbins(1974)의 갈등 해결 및 촉진방법을 관계와 과업갈등으로 구분하여 정리하였음.

먼저 관계갈등을 해결하는 방법으로 첫째, 고충상담 시스템을 통하여 송신자와 수신자 간 잘못된 의사소통의 문제를 해결할 수 있는 창구를 만드는 것이 필요하다. 이를 통해 상호 간 이해하지 못한 부분들을 제3자(또는 집단)을 통해 듣고 상호 간 행동과 말을 변화시켜 간다면 관계갈등이 해소될 수 있다. 과거 신문고 제도나 소리함, 고충 상담관 등의 제도는 이러한 관계갈등을 해소하는 방법이다. 둘째, 공식적인 권한 관계를 명확히 하는 것이다. 송신자와 수신자 간 권한 관계가 명확하지 않으면 서로 간 명령과 지시, 복종의 관계가 모호해지고, 책임 범위도 애매하기 때문에 관계갈등이 증폭될 수밖에 없다. 따라서 직책에 맞는 권한을 부여하고 권한에 따라 책임을 다할 수 있는 정확한 규정과 절차가 관계갈등을 최소화시킬 수 있다. 셋째, 신뢰의 상호작용을 촉진하는 것이 필요하다. 갈등은 상호작용을 통해서 더욱 증폭될 수도 있고 해소될 수도 있다. 불신의 상호작용은 갈등을 증폭시키지만, 신뢰의 상호작용을 통해 갈등을 해소시킬 수 있다(Katz, 1977). Robbins(1974)은 상호작용을 촉진시키는 방법으로 부서 간 교환 근무를 제안하였다. 교환 근무를 통해 타 부서의 상황과 업무를 이해하고 잘못된 편견과 오해가 풀리면 관계갈등이 해소될 수 있다는 것이다.

과업갈등을 해결하는 방법으로는, 첫째, 상위 목표를 도입하는 것이다. 상위 목표는 송신자와 수신자들이 달성해야 할 공동 목표로서 한 개인에 의해서 달성되는 것이 아니라 구성원들의 협력을 통해서 달성될 수 있는 목표를 말한다. 갈등이 송신자와 수신자 간 상호 양립할 수 없는 과업 목표로 유발된 것일 경우 상위 목표는 상호협력관계를 형성하여 갈등을 해결하고 협동력을 증진시킨다고 하였다(Sherif, 1966). 조직의 비전이나 핵심가치, 리더의 복무방침 등은 상위 목표로서의 갈등 해결 역할을 수행한다고 볼 수 있다.

둘째, 상호의존관계를 제거하는 것이다. 상호의존관계는 업무상 인과적 관계에서 나타난다. 즉, 송신자와 수신자 간 상호 간 입력물(예: 물리적 재원)이 상대방의 출력물(예: 업무성과)에 영향을 미칠 때 상호의존성은 증가한다. 그리고 증가된 상호의존성은 과업갈등의 원인이 된다. 따라서 송신자와 수신자 간 상호의존성을 제거하기 위하여 완충물(예: 완충재원)을 두어 갈등을 제거하는 것이 필요하다(Robbins, 1974).

셋째, 과업갈등의 해결요소인 자원의 확충은 이러한 관점에서 중요한 해결요소가 될 수 있다. 충분한 자원은 과업을 수행하는 주체들 간의 자원획득을 위한 충돌을 최소화하고 자원획득 노력을 결과물에 투자함으로써 보다 높은 성과를 창출할 수 있다.

넷째, 문제의 공동해결은 과업갈등 해결의 중요한 수단이 된다(Blake, Shepard, & Mouton, 1964). 과업갈등에서 과업의 목표와 내용뿐만 아니라 과업 수행 방법의 차이도 과업갈등의 주된 원인이 된다. 과업갈등이 증폭되는 것은 과업 수행 과정에서 이러한 차이점이 너무 부각되기 때문이다. 그리고 상호 공통점이 있음에도 불구하고 공통된 의견은 무시되는 경향이 있는데, 이를 갈등의 그레샴 법칙(Gresham's law of conflict)이라고 한다(Coleman, 1957). 문제의 공동해결은 갈등의 그레샴 법칙을 와해하는 효과가 있다. 즉, 과업을 수행하면서 나타나는 과업갈등은 문제를 공동으로 해결하면서 차이점보다는 상호 간 공통된 의견에 더욱 초점을 맞추도록 유도한다. 이는 스포츠 경기에서도 발견된다. 자국 내 리그 경기에서 적이었던 선수들이 국가대표로 만났을 때 승리를 위해 함께 노력한다. 조직에서도 과업갈등이 심한 단위 부서 또는 개인들을 공동의 문제해결을 위해 한 팀으로 구성해 준다면 과업갈등의 요소가 완화될 것이다.

다섯째, 평가 기준과 보상 시스템을 보완하는 것이다. 예를 들어, 성과급 보상 및 연말 부서별 평가에서 부서별(개인별) 평가뿐만 아니라 다른 부서와의 갈등 해결 능력 또는 협력 노력에 대한 평가 기준을 새롭게 정립하거나, 파격적으로 결과에 대한 평가보다 과정에 대한 평가 기준을 마련한다면 보다 협력적인 조직 분위기 개선에 도움이 될 것이다.

여섯째, 부서 간의 조직합병은 구조적으로 갈등의 원인을 제거하는 방법이다. 최근 기업이나 공공조직의 구조조정 사례들은 조직의 성과를 향상시키기 위한 특단책이기도 하지만 전체 상위 목표에 부합되지 않는 하위 단위 부서를 제거하거나 통합하여 조직의 목표를 더 잘 달성하기 위한 갈등 관리의 측면도 있다.

참고문헌

김남현, 김정원, 류태모, 송경수(2004). 경영학의 이해. 서울: 경문사.
차배근(1989). 커뮤니케이션학 개론(상). 서울: 세영사.

Bennis, W. G., & Nanus, B. (1985). *Leaders: The strategies for taking charge*. New York:

Harper & Row.

Blake, R. R., Shepard, H. A., & Mouton, J. S. (1964). *Managing Intergroup Conflict in Industry*, Houston: Gulf Publishing.

Coleman, J. S. (1957). *Community Conflict*, New York: Free Press.

Coser, L. A. (1956). *The functions of social conflict*. New York: Free Press.

Davis, K. (1967). *Human Relations at Work*. NY: Mcgraw-Hill Book Co.

De Dreu, C. K. W., & Weingart, L. R. (2003). Task Versus Relationship Conflict, Team Performance, and Team Member Satisfaction: A Meta-Analysis, *Journal of Applied Psychology, 88*, pp. 741-749.

Deutsch, M. (1973). *The Resolution of Conflict: Constructive and Destructive Processes*, New Haven, Conn: Yale University Press.

Downs, A. (1967). *Inside Bureaucracy*. Boston: Little Brown Co.

Dunham, R. B. (1984). *Organizational Behavior: People and Process in Management*. NY: Irwin.

Faban, D. (1968). *Communications: The transfer of meaning*. Glencoe Press.

Festinger, L., & Carlsmith, J. M. (1959). Cognitive consequences of forced compliance. *Journal of Abnormal and Social Psychology, 58*, 203-210.

Festinger, L. (1957). *A theory of cognitive dissonance*. Stanford CA: Stanford University Press.

Freedman, J. L., Carlsmith, J. M., & Sears, D. O. (1970). *Social Psychology* (pp. 308-309). Englewood Cliffs, NJ: Prentise-Hall, Inc.

Gross, I. H., & Knoll, M. M. (1980). *Management for Modern Family*, Englewood Cliffs, NJ.: Prentice Hall

Guetzkow, H., & Gyr, J. (1954). An analysis of conflict in decision making groups. *Human Relations, 7*, 367-381.

Hage, J., Aiken, M., & Marrett, C. (1971). Organizational structure and communication. *American Sociological Review, 36*. 860-871.

Householder, F. J. (1954). A railroad check on its communications. *Personnel Psychology, 32*. 413-415.

Ivancevich, J. A., Szilagyi, A. Jr., & Wallace, M. Jr. (1977). *Organizational behavior and communication* (pp. 400-401). Scott: Foresman and Company.

Jehn, K. (1995). A multimethod examination of the benefits and detriments of intragroup conflict. *Administrative Science Quarterly, 40*, 256-282.

Jehn, K. (1997). Affective and cognitive conflict in work groups: Increasing performance through value-based intragroup conflict. In C. K. W. De Dreu & E. Van de Vliert (Eds.), *Using conflict in organizations* (pp. 87-100). London: Sage.

Jones, E. E., & Gerard, H. B. (1967). *Foundations of social psychology*. New York: Wiley.

Katz, R. (1977). The influence of group conflict on leadership effectiveness. *Organizational Behavior &Human Decision Processes, 20*, 265-286.

Kelman, H. C., & Hovland, C. I. (1953). Reinstatement of the communicator in delayed measurement of attitude change. *Journal of Abnormal and Social Psychology, 48*, 327-335.

Kirkpatrick, D. (2005). Throw It at The Wall and See If It Sticks. *Fortune* (December, 12). 142-150.

Klimoski, R. J., & Haynes, N. J. (1984). Leader behavior and subordinate motivation. *Personnel Psychology, 33*, 543-555.

Knezevich, S. J. (1975). *Administration of Public Education* (3rd ed.). NY: Harper & Row Publication Co.

Leavitt, H., & Mueller, R. (1951). Some effects of feedback on communications. *Human Relations, 4*, 401-410.

McGuire, W. J. (1969). The nature of attitudes and attitude change. In G. Lindzey & E. Aronson (Eds.), *The handbook of social psychology*. Reading, Mass.: Addison-Wesley.

Mehrabian, A. (1968). Communication without words. *Psychology Today*, 52-55.

Nadler, D. (1979). The effects of feedback on task group behavior : A review of the experimental research. *Organizational Behavior and Human Performance, 23*, 309-338.

Priem, R., & Price, K. (1991). Process and outcome expectations for the dialectical inquiry, devil's advocacy, and consensus techniques of strategic decision making. *Group and Organization Studies, 16*, 206-225.

Putman, L. L., & Poole, M. S. (1987). Conflict and Negotiation, in F. M. Jablin, L. L. Putman, K. H. Roberts, & L. W. Porter (Eds.), *Handbook of Organizational Communication: An Interdisciplinary Perspective* (pp. 549-599), Newbury Park, CA: Sage Publications.

Raven, B. H., & Kruglanski, A. W. (1970). Conflict and power. In P. G. Swingle (Ed.), *The structure of conflict* (pp. 69-109), New York: Academic Press.

Robbins, S. P. (1974). *Managing Organizational Conflict: A Nontraditional Approach.*

Englewood Cliffs, NJ: Prentice-Hall.

Robbins, S. P., & Judge, T. A. (2008). *Organization Behavior* (13th ed.). Upper Saddle River, New Jersey: Pearson Prentice Hall.

Satir, V. (1976). *Making Contact*, Berkeley, CA: Celestial Arts.

Schramm, W., & Roberts, F. (1971). *The Nature of Communication Between Humans in The Process and Effects of Mass Communication*. IL: University of Illinois Press.

Scott, W. G., & Mitchell, T. R. (1976). *Organization Theory: A Structural and Behavioral Analysis*. Homewood, IL: Richard D. Irwin.

Sears, D. O., & Freedman, J. L. (1967). Effects of expected familiarity of arguments upon opinion change. *Journal of Personality and Social Psychology, 2*, 420-425.

Sherif, M. (1966). *Commen Predicament: Social Psychology of Intergroup Conflict and Cooperation*. Boston: Houghton Mifflin.

Simon, H. A. (1950). *Public Administration*. New York: Knopf.

Snyder, R. A., & Morris, J. H. (1984). Organizational communication and performance. *Journal of Applied Psychology, 69*, 461-465.

The U.S. Army. *Leadership*. Field Manual FM 22-100.

Thomas, K. W. (1976). Conflict and Conflict Management in M. D. Dunnette (Ed.), *Handbook of Industrial and Organizational Psychology*, Chicago: Rand McNally.

Thompson, J. (1960). Organizational Management of Conflict. *Administrative Science Quarterly, 389*.

Thompson, J. (1967). *Organizations in Action*. New York: McGaraw-Hill.

Walter, E., Aronson, E., & Abraham, D. (1966). On increasing the persuasiveness of a low prestige commander. *Journal of Experimental Social Psychology, 2*, 325-342.

Weiss, W., & Fine, B. J. (1956). The effect of induced agressiveness of opinion change. *Journal of Abnormal and Social Psychology, 52*, 109-114.

Wright, Q. (1990). The nature of Conflict, In John, B. & Frank, D. (Eds.), *Conflict: readings in management and resolution*. USA: Macmillan.

Xin, K. R., & Pelled, L. H. (2003). Supervisor-subordinate conflict and perceptions of leadership behavior: A field study. *Leadership Quarterly, 14*, 25-40.

여성과 리더십

1. 성 차이와 고정관념

이 장에서는 연구자들이 관심을 갖고 있는 연구 문제 중에서 최근에 의식과 관점이 급속히 변화하고 있으며 앞으로 지속적 관심과 주목을 받을 것으로 생각되는 여성과 리더십에 관한 내용을 소개하고자 한다.

리더십의 연구에서 여성에 대한 관심을 갖기 시작한 것은 1970년대 이후이다. 과거에는 여성이 리더십을 발휘할 수 있는 분야가 간호사, 학교 교직원, 전화 교환원 등 특정 분야에 제한되었다. 그러나 1980년대 이후 세계 각국에서는 많은 여성이 정치, 경제 및 산업, 교육, 국방, 의료 등의 분야에서 중요한 리더의 역할을 맡게 되었다. 미국의 경우 1980년대 중반에는 하원의원의 5%와 상원의원의 2%를 여성이 차지하였고, 2021년 기준 미 의원 중 여성 비율은 27% 수준에 달했으며 여성이 국무장관직을 수행하기도 하였다. 더 나아가 현재는 여성들이 주요 국가의 대통령직이나 수상직을 수행하는 것을 심심찮게 볼 수 있다. 성별에 근거한 차별이나 차이가 완전히 없다고 가정한다면 기업이나 정보의 최고경영자 직위를 차지하는 여성은 50%에 가까워야 할 것이지만 현실은 이 수치와 많은 차이를 보이고 있다.

우리나라에서도 여성의 활동은 교육계, 의료계, 정·관계, 법조계 등 다양한 영역에서 활발히 이루어지고 있다. 예를 들면, 국회위원 중 여성 의원의 비율은 20, 21대 국회를 거치면서 20%에 육박하고 있다. 군대에서도 여군의 숫자와 그들의 활동 영역이 지속적으로 확장되어 이제는 육·해·공군사관학교 모두 여자 생도를 선발하기에 이르렀으며, 첫 여자 졸업생을 배출한 지도 벌써 20년이 되었다. 따라서 우리 사회 전반적으로 여성의 리더십에 대한 관심과 연구의 필요성이 더욱 증대되고 있다고 할 수 있다.

일반적으로 리더 역할을 수행하고 리더로서 성공적인 경력을 쌓아 가는 과정에서 남성 리더에 비해 여성 리더가 경험하는 환경상의 차이점은 크게 성 관련 고정관념(Gender stereotype & Gender-role stereotype)과 유리천장(Glass ceiling)의 두 가지 측면에서 볼 수 있다.

1) 성 차이에 대한 이해

성별과 관련된 행동들이 어떻게 습득되거나 발현되는지를 설명하려는 많은 이론적 접근이 있지만, 이들은 크게 생리학적 접근, 사회화 접근, 구조적/문화적 접근의 세 가지 주요 범주로 구분해 볼 수 있다. 이 접근이 반드시 상호배타적이지는 않지만, 각 접근은 남성과 여성 간에 발생하는 상이한 행동의 근원과 변화 가능성에 대한 특정한 가정을 가지고 있다(〈표 10-1〉 참조).

〈표 10-1〉 성별 간 비교점을 이해하기 위한 여러 관점별 주요 특징

접근 관점	주요 특징
생리학적 관점	−남성과 여성 간에 무조건적으로 차이가 존재함을 가정
	−차이점은 유전적, 호르몬적, 물리적 요인들에 의해 기인
	−차이점은 불변하는 것
	−차이점은 생존을 위해 필요한 것
	−연구 중점: 남녀 간 차이점을 탐지해 내는 연구가 중요
	−제한점: 차이점이 과장될 수도 있음
사회화 관점	−남성과 여성 간에 관찰된 차이가 있음을 인정
	−학습의 결과로 인해 남녀가 다르게 행동함을 가정
	−관찰된 차이점은 불변하는 것이 아니고 변화 가능한 것
	−차이점은 사회적/인지적 발달 과정의 일부분으로 드러나는 것
	−연구 중점: 관찰된 차이점을 발생시키는 성 정체성과 사회적 규칙을 배우는 방식을 설명하는 데 중점
	−제한점: 남성과 여성 사이에 실존하는 작지만 체계적인 생리학적 차이를 무시할 수 있음
구조적/ 문화적 관점	−남성과 여성 간에 일부 내재적 차이가 있음을 가정
	−관찰된 차이점들은 (현재 권력위계를 강화하기 위해) 차이점을 증강시키는 사회적 구조와 체계의 결과물
	−차이점은 변화 가능함
	−차이점은 권력자들이 통제력을 갖고 비권력자들이 권력이 없는 상태를 유지하기 위해 존재
	−연구 중점: 유사하거나 동일한 맥락에서 남녀 간 유사성과 동일성을 규명하는 데 연구 중점을 둠
	−제한점: 남성과 여성 사이에 존재하는 작지만 실존하는 차이를 무시할 수 있음

〈표 10-1〉에서 볼 수 있는 것처럼, 생리학적 관점은 남성과 여성의 행동을 결정하는 유전적 · 호르몬적 · 물리적 요인들을 규명하는 데 중점을 둔 접근으로 남녀 간의 행동 차이는 생존에 필요하며 불변하는 것으로 가정한다. 주로 생물학자, 생리학자, 또는 정신생리학자들에 의해 연구되었으며, 이 접근을 통해 연구자들은 남녀 간의 차이점을 기대하고

확정하는 경향이 있으며, 이 차이점을 바탕으로 '남녀 간 차이가 크고, 사회적으로 중요하며, 남성이 우위에 있다'는 것을 함축해 줌으로써 남성 우월성과 지배성을 설명하는 데 사용하기도 한다. '뇌의 크기는 지능의 직접적 지표이다. 따라서 평균적으로 남성보다 뇌의 크기가 작으므로 여성은 남성보다 덜 똑똑할 것이다(Hyde, 1990)'는 주장이 대표적인 예가 될 수 있다. 하지만 남녀 간의 신체 크기 차이를 보정하면 남성과 여성 간 뇌 크기의 차이는 유의미하지 않다(Unger & Crawford, 1992).

사회화 관점은 남성과 여성 간 행동의 차이가 관찰되기는 하지만, 그런 행동 차이와 성 정체성은 상이한 발달적 단계를 거치는 과정에서 학습된 결과물로 보는 접근으로 남녀 간 차이가 사회적 발달 과정의 일부로 발현되는 것이므로 변화 가능한 것으로 가정한다. 예를 들면, 유치원에서 대학생으로 성장해 가면서 성 고정관념에 대한 지식이 증가할 뿐 아니라, 사회적으로 수용되는 행동을 학습하기 위해 소년들은 다른 소년이나 남성을 관찰하고 소녀들은 다른 소녀와 여성을 관찰하는 등 동성의 행동에 대한 모방(modeling)도 이 기간 동안 증가한다(Bussey & Bandura, 1984). 이 접근은 사회학습이나 사회화 이론을 주장하는 심리학자들에 의해 주장되었다.

마지막으로, 구조적/문화적 관점은 성별 차이를 정의하고 지지하는 사회적 구조, 체계, 장치(예: 제도)에 초점을 두고, 그것들이 어떻게 남녀 간에 권력과 지위의 차이를 만들어 내는지를 밝혀내고자 한다. 이 관점에 의하면, 다양한 사회기관(교육, 정치, 군사, 종교 등)은 그 기능을 발휘하는 전통적 방식이 존재하며, 이러한 전통이 옳은 운영 방식이라는 것으로 공고화되었다고 본다. 따라서 사회의 구성원인 남성과 여성들은 그것을 자연스러운 것으로 받아들일 수밖에 없다는 관점으로 사회학자나 인류학자들에 의해 많이 연구되었으며, 심리학자들 사이에서도 관심을 받고 있는 접근이다.

남성과 여성이라는 성 간의 차이 또는 비교를 위해 사용되는 '성'이란 용어는 sex와 gender라는 두 가지 관점에서 이해될 수 있으며, 이 용어들의 부적절한 사용은 과학적 측면과 정치적 이유에서 논란을 동반하는 경우가 있다.

일반적으로 이 두 용어는 상호 호환적으로 사용되지만, 'sex'라는 용어는 '남성의 평균 신장이 여성보다 크다' 등과 같이 유전적 구성이나 개체 생산을 위한 기능에 기반한 생리학적 차이, 또는 객관적이고 양적인 측면의 실제적 차이를 반영하거나 표현하기 위해 사용되는 경우가 많다. 반면에 'gender'라는 용어는 '여성 관리자들이 동일 직급의 남성 관리자들보다 경청 능력이 뛰어나다' 등과 같이 생리학적 성별과 결합된 특성에 기반하여 구성되거나 또는 그것에 대한 사회적 · 문화적 해석을 반영하는 것이다. 저자들은 두 용어를 호환적으로 사용하기보다는 구분하여 사용하는 것이 더 바람직하다고 생각하며, 이를 권장하고 싶다. 그 이유는, 첫째, 두 용어를 혼용할 경우에는 사회적 · 문화적 요인에 기인하여 나타나는 특성이나 행동의 차이를 가지고 생리적으로 결정된 불변하는 남성과 여성의 차이로 쉽게 믿어 버리는 오류에 빠질 가능성이 있기 때문이다. 둘째, 이 두 용어를 구분하여 사용함으로써 인간의 행동이 매우 복잡한 방식으로 형성되고 결정된다는 사실을 마음에 새길 수 있기 때문이다.

2) 성 관련 고정관념

일반 대중이나 연구자들이 남녀 리더 사이의 리더십 효과성 또는 잠재력을 비교하고 평가할 때는 그 비교가 남녀 리더에 대한 고정관념에 기반한 것인지 또는 관찰된 행동, 특성, 리더십 유형에 기반한 것인지를 염두에 두고 결정(확인 · 평가 · 판단)하는 것이 중요하다. 왜냐하면 많은 경우 비전문적 일반인을 성 고정관념적 사고에 기반하여 합리적이지 못한 평가 · 판단을 내릴 가능성이 항상 열려 있기 때문이며, 설사 그 비교가 '편향되지 않은' 객관적 관찰에 기반하고 있다고 하더라도 그 리더가 처한 상황적 단서나 역할 요구 등에 의해서 리더십 관련 행동이 영향을 받을 수 있기 때문이다. 달리 말하면, 남성과 여성은 어쩌면 그들이 처한 상황이 상이한 유형의 리더십을 요구하기 때문에 다른 방식으로 리드할 수 있다는 말이다.

1970년대 이후, 연구자들은 경영 관리나 리더십과 관련된 많은 특성이 남성적 특성(즉, 경쟁추구, 리더십 잠재력, 자기확신감, 책임감 욕구 등)과 관련이 있다는 사실을 반복적으로 검증하였다(Powell & Butterfield, 1979; Schein, 1973). 리더에 대한 우리의 일반적 고정관념은 남성에 대한 고정관념과 상당 부분이 중첩되며, 특히 여성 리더는 성공적인 여성 리더를 '다른 유형의 여성'으로 간주하는 경향이 강하다. 이러한 고정관념으로 인해 발생하는 남녀 리더에 대한 평가상의 차이는 많은 연구사례가 있으며 심지어 객관적으로 제시된 이력서, 작업 결과물, 복무 기록 등이 동일한 경우에도 통상 여성이 덜 유능하고, 덜 효과적이며, 남성보다 관리자 잠재력이 떨어지는 것으로 간주되었다(Goldberg, 1968; Paludi & Strayer, 1985). 리더 직책자를 대상으로 한 다양한 장면의 연구에서도 생산물이나 직무 수행 수준이 동일한 경우에 여성 리더에 비해 남성 리더를 호의적으로 평가하는 경향이 일관되게 나타났다(Swim, Borgida, Maruyama, & Myers, 1989). 비록 남성 우호적 편향의 크기가 크지 않은 경우도 많이 있지만, 특히 고정관념적으로 남성적 직업이나 직무군(예: 관리직)을 대상으로 한 연구에서는 이런 남성 우호적 편향이 두드러지게 관찰되었다.

이처럼 명백히 나타나는 남성 우호적 편향 이외에 보다 잠복된 유형의 편향까지도 함께 작용하고 있다는 점은 여성 리더에게 더욱 불리한 짐을 얹어 주고 있다. 예를 들면, 남성적인 직무와 과업에서 보여 주는 여성의 성공은 능력보다는 행운이나 노력 탓으로 귀인하는 반면, 여성의 실패는 불행이나 불운보다는 능력의 부족 탓으로 귀인하는 경향이 강하다(Deaux & Farris, 1977; Deaux & Taynor, 1973). 뿐만 아니라 여성 리더는 남성보다 단조롭고 비도전적인 과업을 부여받는 경향이 강하다는 사실(Mai-Dalton & Sullivan, 1981)은 여성 리더들의 승진가능성에 관해 심각한 함의점을 제공한다.

오늘날에는 직무 수행 평가에서 발생하는 남녀 간 차별 문제에 대한 사회적 관심과 경각심이 강해지고 차별방지를 위한 법적인 장치들이 증가하면서 객관적 직무 수행 판단 자체에서의 성 차이에 따른 편향은 줄어들고 있다. 이러한 법적 제도와 장치의 보완을 통해 남녀 리더 간 차이와 차별에 관한 이슈는 거의 사라졌다고 볼 수 있을까? 그렇지는 않다. 비록 객관적으로 평가되고 기록되는 내용이나 결과물에서의 차이는 줄었을 수도 있지만, 성 고정관념은 남녀 리더에 대한 부하들의 반응에서 미묘하고 잘 드러나지 않는 방식으로 여전히 영향을 미치고 있다. 예를 들면, Butler와 Geis(1990)가 수행한 실험실 연구에서 남녀 리더들은 통제된 실험과제에 대한 수행 역량 측면에서 집단 멤버들에 의해 거의 비슷한 수준으로 평가를 받았다. 하지만 각 집단 활동을 관찰하도록 임무를 부여받은 관찰자들은 남녀 리더에 대한 부하들의 비언어적·감정적 반응에서 일관된 차이가 존재한다는 사실을 발견하였다. 즉, 남성 리더에 비해 여성 리더는 자기 부하들로부터 긍정적인 비언어적 반응들(예: 고개 끄덕임, 동의를 표현하는 눈맞춤 행위 등)은 덜 받았으며 부정적 반응을 더 많이 받았다. 게다가 여성 리더가 보다 적극적이고 활동적인 리더십 역할을 수행하고자 하는 경우에 이러한 부하들의 반응패턴은 더 강해졌다. 이런 결과가 발생한 이유는 아마도 여성이 적극적인 리더 역할을 수행하는 것이 전통적인 성 역할 기대와 상반되고, 이로 인해 부하들에게 부정적 감정을 유발하였기 때문일 것이다. 이런 연구 결과를 보면, 집단 구성원이 비록 남녀 리더가 동일하게 효과적일 수 있다고 언어적으로 표현하기는 하지만 실제로는 비언어적 반응 측면에서 여성 리더에게 보다 부정적인 반응을 보이는 경향이 있음을 보여 준다.

리더십 관련 다양한 주제에 대한 연구 결과를 보면, 고정관념에 의해 남성과 여성 리더에 대한 평가나 판단에서 차이가 발생하는 일반적 조건이 존재하는 것 같다. 일반적으로 그들의 성별(여성)이 특출성이 높아 보일 때 여성 리더가 남성에 비해 보다 고정관념적으로(덜 유능하게) 보이는 것으로 나타나는데, 다음과 같은 세 가지 상황이 일반적이다. 첫째, 평가자들이 짧은 이력서를 검토하거나 직무 수행과 관련된 짧은 영상을 시청하는 것같이 직무와 관련한 충분한 정보 없이 판단을 해야 하는 경우, 둘째, 직무후보자들이 고정관념적으로 상대 성별의 특성이 강한 직무를 수행하면서 평가를 받아야 하는 경우(즉, 여성이 경영직과 같은 남성적 직무에서 평가받거나, 남성이 간호직과 같은 여성적 직무에서 평가받는 경우), 마지막으로 조직 내 남성의 숫자보다 여성이 너무 적어 그들이 '토큰'처럼 보이는 상황(예: 여성 해병대나 여성 소방수) 등이다.

3) 성 차이와 유리천장

비록 리더나 관리자 직책을 수행하는 사람은 성별에 상관없이 매우 많은 스트레스에 노출되는 것이 현실이지만, 일-가정 갈등 문제, 성희롱, 임금차별 문제 등을 고려한다면 여성 리더는 남성 리더보다 스트레스의 내용이 매우 복합적이다. 일반적 수준에서 보면 직업 현장에서 여성 인력의 숫자와 비율은 급속하게 증가하고 있는 것이 사실이지만, 최고 직급, 최고 봉급, 또는 최고 권력을 보유한 최상위 경영층과 지도층에서 여성의 비율은 이상하리만치 낮은 것도 사실이다. 현대의 직업인력 구성을 보면 하위직 또는 중간 관리직에서는 여성들이 30~40%까지 차지하고 있으며, 70년대 초반의 20%와 비교하면 많이 증가하였지만, 최고경영층의 경우에 여성은 겨우 2~5% 수준에 머무르는 현상을 지칭하여 '유리천장(Glass ceiling)'이라는 용어를 사용하고 있다. 유리천장이란 용어는 '여성 또는 소수자가 경영직급 위계상 상위로 진출하는 것을 막는, 보이지 않는 잠재적이면서도 강력한 장애물(Morrison & Von Glinow, 1990, p. 200)'로 정의된다. Morrison 등(1990)은 『포춘』이 선정한 500대 기업의 경영진 중 여성의 비율은 겨우 2.6%일 뿐 아니라 회사 규모가 커질수록 이 비율이 더 낮아진다고 제시하였으며 500대 기업 중에서 여성 CEO의 수는 한 손으로 꼽을 수 있는 정도라고 지적하였지만, 시간의 흐름과 함께 고위직 비율은 지속적으로 증가하는 추세를 유지하고 있다. 하지만 2016년 기준 대한민국의 고위직 여성 인력 비율을 10% 수준으로 OECD 평균인 30.2%보다 현저히 낮아 조사대상 33개국 중 31위를 차지하였고, 남성임금 대비 여성임금의 비율 측면에서도 OECD 평균인 77.1%보다 현저히 낮은 57.6%로서 조사대상 국가 중 최하위를 차지해 남녀 간 불평등이 강하게 존재한다는 사실을 보여 주고 있다(기획재정부, 2015).

이러한 유리천장 현상에 대한 인적자본 이론(Human capital theory)적 관점의 설명은 여성들이 남성 리더들과 동일한 수준의 교육이나 직무경험을 갖지 못했거나 동일한 수준의 리더십 기술과 능력들을 개발하지 못했기 때문에 남성처럼 최고 직위로 승진하지 못한다는 것이다. 하지만 많은 연구 결과가 남녀 리더의 자질 측면에서 차이는 거의 없으며, 있다 하더라도 그 차이는 크지 않다고 제시하고 있다. 따라서 최고의 직위로 승진하는 데 있어서 여성이 남성보다 더 많은 장애물에 봉착한다고 보는 것이 타당할 것으로 생각된다.

여성들이 경험하는 장애물이란 측면에서 Morrison과 Von Glinow(1990)는 성 고정관념화와 제도적 장애물의 두 가지 요인을 제시하였다.

첫째, 고정관념화 이론은 여성이 상위 경영 직위에 대한 적합성이 떨어진다고 생각하는 조직 내 권력자의 고정관념에 의해 여성이 차별을 받는다고 설명한다. 이러한 관점을 지닌 의사결정자들은 자신들이 지닌 가치와 부합되는 직위에 여성을 배치할 가능성이 높다. 따라서 그들이 진행하는 승진심사 과정에서 존재하는 체계적 편향에 의해 여성이 남성과 같은 비율로 승진해 갈 기회를 갖지 못하는 불공정한 의사결정이 이루어진다는 것이다. 최고위 경영층에서 여성의 숫자가 극도로 적은 것은 여성 리더에 대한 고정관념과 편향에 의한 것이라는 컴퓨터 시뮬레이션을 사용한 연구(Martell, 1998)의 결과가 이런 설명을 지지하고 있다.

둘째, 유리천장을 확산시키는 '제도적 장애물'은 전체 사회의 편견을 반영하는 조직적 조건과 관련이 있다. 다시 말하면, 이런 장애물은 개개인의 고정관념이나 편견에 직접적으로 귀인시키기보다는 좀 더 광의적 관점의 '제도'에 귀인시켜야 한다는 것이다. 조직 내 제도가 여성이 고위직으로 경력 개발을 해 나가는 그들의 노력 과정에 체계적인 불이익이 부과되도록 짜여 있기 때문에 차별이 발생한다고 보는 것이다. 일반적으로 최하위직에서 시작한 사람이 최고위직으로 승진하는 것이 어려운 것처럼 조직 내 소수자인 여성이 경력 개발을 통해 고위직으로 승진해 나가는 것이 어렵다. 경영 관리 경력에 도달한 여성조차도 최고경영진으로 올라가는 것은 여전히 어려운데, 그 이유는 아마도 남성 동료와 동일한 개발 기회가 주어지지 않기 때문일 수 있다. 단지 경영층으로 승진시켜 주는 것만이 중요한 게 아니라 그들의 의사결정 능력을 보여 줄 수 있는 도전적 직무 부여가 이루어지는 것도 또한 중요하다.

최고경영층으로서 적합성을 보여 주는 데 중요한 자기계발 기회는 크게 세 가지 범주로 나누어 생각해 볼 수 있다. 첫째는 직무의 내용과 지위, 지역을 변화시킴으로써 새롭고 친숙하지 못한 상황에서 효과적으로 구조화하고 해결하도록 도전을 제공하는 직무이동이다. 둘째는 문제가 있는 업무절차를 혁신적으로 변화시키는 등을 통해 새로운 행동 방식을 연습하고 학습하도록 하는 것과 같이 기존 직무에 위험과 도전요소를 포함시켜 주는 과업 관련 특성을 변화시키는 것이다. 셋째는 까다로운 상사나 인적자원의 부족 등과 같이 직무 과정에서 경험하는 어려움인 장애물을 극복하도록 하는 것이다.

4) 리더 선출 과정에 대한 고정관념의 영향

혼성 집단에 대한 여러 연구에서 여성보다 남성이 리더가 되는 경우가 많다는 사실이 보고되었고(Aries, 1977), 소집단을 대상으로 한 실험 연구에서는 여성의 활동과 영향력이 남성과는 다르다는 사실을 보고하였다(Lockheed & Hall, 1976).

리더십에서 중요한 측면 중 하나는 타인들에 의해서 리더로 인식되어야 한다는 것이다. 이와 같은 구성원 인식을 연구하는 자연스런 방법은 리더 역할을 지정하지 않은 상태에서 집단을 형성한 후에 누가 리더 역할로 부각되는지를 관찰하는 것이다. 이와 같은 상황에서 부각된 리더를 확인하는 방법은 누가 그 집단을 리드하고 있거나 리드하였는지에 대한 집단 참여자나 독립된 관찰자들의 인식을 확인하는 것이다. 일반적으로 남성성은 경쟁적 성향, 과업 구조화, 자기주장성 등과 같은 역할적·도구적 특성과 연합되는 반면, 여성성은 도움성, 표현성, 배려성 등과 같은 공유적·표현적 특성과 연합되기 때문에 남성과 여성이 차별적으로 리더로 부각되는 상황의 유형을 구분하는 것이 중요해진다.

Megargee(1969)가 수행한 고전적 연구에서는 실험 이전에 성격 검사를 실시하여 지배성(dominance)이 높은 사람과 낮은 사람으로 집단을 구분한 후 성격적으로 지배성이 높은 사람과 낮은 사람이 하나의 짝이 되도록 묶고, 리더십이 요구되는 과제를 수행하게 하였다. 두 사람에게는 실험을 위해 특별히 디자인한 패널과 다양한 색깔의 볼트가 주어졌으며, 둘 중 한 사람은 다른 사람에게 어떤 색깔의 볼트를 합판에 꽂을 것인지를 지시하도록 하였다. 부하 역할을 하는 사람은 리더 역할을 하는 사람 쪽이 패널을 볼 수가 없었으므로 리더의 지시에 의존해야 하는 상황이었다. 남성이든 여성이든 동일한 성별의 쌍에서는 지배성이 높은 사람이 리더 역할을 맡는 경우가 그 반대 경우보다 더 많았다. 이와 유사하게 지배성이 높은 남성이 지배성이 낮은 여성과 짝이 된 경우에도 남성이 리더가 되는 경우가 더 많았다. 하지만 흥미로운 연구 결과는 지배성이 낮은 남성과 지배성이 높은 여성이 짝을 이룬 경우에도 남성이 리더 역할을 수행하는 경우가 유의미하게 더 많았다는 것이다. 특이한 점은 비록 이 쌍에서 지배성이 높은 여성들이 리더로서 부각되지는 않았지만, 다른 집단의 여성들에 비해 그들은 상대방 남성이 리더 역할을 수행하도록 적극적으로 의건을 표현하는 모습을 보였다는 것이다. 다른 말로 하면, 지배성이 높은 여성들은 누가 리더가 될 것인지를 적극적으로 선택하는 행동을 보임으로써 자신들의 지배성을 표현한 것이라는 사실을 고려해 보면, 성격적으로 강한 지배성을 가진 여성조차도 남성과 함께 있는 상황에서 여성이 리더 역할을 맡는 것이 부적절해 보인다는 생각을 갖고 있음을 보여주는 것이다. 이 연구는 이후의 연구자들에 의해 반복 검증되었으며 유사한 결과들을 보였다(Nyquist & Spencer, 1986).

일반적으로 남성과 여성이 어떻게 행동할 것인가에 대한 기대와 관련된 규범이 그들의 행동에 강력한 영향을 미친다. 패널에 볼트를 끼우는 것 같은 남성적 장면의 경우에는 여성의 성 역할은 순종적으로 행동해야 한다는 점을 강하게 제시해 주고 있다. 따라서 비록 지배성이 강한 여성 참여자들이 적극적으로 리더를 지명하는 행동을 통해 자신들의 지배성을 표현하려는 노력을 보이기는 했지만, 그들도 이러한 성 역할 압력에 순종하는 태도를 보여 준 것이다. 남녀의 리더 부각 여부에 성 역할과 연계성이 있는 과제 유형이 영향을 주는지를 검증한 연구의 결과를 보면 매우 흥미롭다. 바느질로 단추를 부착하는 것처럼 여성적 과제라는 고정관념이 있는 과제를 수행할 때는 남녀 성별에 상관없이 지배성이 강한 참가자가 리더로서 부각되는 경향을 보였다(Carbonell, 1984). 하지만 중립적인 과제에서 개인별 과제 수행 능력에 대한 사전 평가치를 리더 결정 이전에 피드백해 주기 전에는 집단참가자의 지배성 정도에 상관없이 남성이 리더로 선출되는 경향을 보였다. 이런 결과들을 종합해 보면, 과제 수행 능력과 같은 특출한 정보를 갖기 전에는 남녀 모두 남자가 리더가 되어야 한다는 성 고정관념에 따라서 일관성 있게 반응하고 있다.

고정관념에 관한 이론들은 성별이 매우 눈에 띄는 상황에서 성 역할 고정관념이 우리의 행동을 유도한다고 제시한다. 예를 들면, 실험실 실험과 같이 과업집단이 새로 만들어졌거나 인공적인 상황, 여성이 토큰이 되어 있는 상황 등에서 여성이 리더로 선출될 가능성이 매우 낮다고 제시해 준다. 구체적으로 보면, 집단 내 상호작용할 수 있는 시간이 짧은 경우, 현장 연구보다 실험실 연구의 경우, 성별 중립적 과제나 여성적 과제보다는 남성적 과제의 경우, 수행할 과제가 사회적으로 복잡하지 않은 집단의 경우 등에서 여성보다는 남성이 리더로 부각되거나 선출될 가능성이 더 높았다(Eagly & Karau, 1991). 하지만 실제 작업집단처럼 집단이 비교적 긴 시간을 상호작용한 경우에는 선출되는 리더의 성차이가 없었으며, 더 나아가 사회적 관계가 중요한 집단이나 수행할 과제에 동반되는 사회적 복잡성이 높은 경우에는 여성이 리더로 부각될 가능성이 더 높았다. 따라서 이런 결과들은 성 역할 고정관념적 요구가 강한 경우에는 리더의 선출 과정에서 성별에 따라 차이가 발생한다는 점을 제시해 준다. 아울러 비록 선출 과정에서 약간의 성 차이가 존재하지만, 집단에게 적절한 정도의 상호작용 기간을 제공하면 거의 사라진다는 점도 중요하다.

2. 여성과 리더십

1) 리더십 행동과 스타일에서의 남녀 차이

이 책의 앞 부분(제3장)에서 가장 일반적인 두 가지 리더 행동 차원/유형을 설명했다. 과연 리더의 행동 유형 측면에서 남녀 간 차이가 존재하는 것인가? 업무 선도와 배려의 행동 차원은 개념적으로 상호독립적이지만, 그 차원 각각은 남성성과 여성성이라는 고정 관념적 관점을 반영하는 경향이 있다. 따라서 연구자들은 남성과 여성 리더가 각각 업무 선도와 배려의 행동을 사용하는 데 있어서 차이가 존재하는지를 검증하고자 하였지만, 그 결과는 일정한 패턴이나 결론을 도출하기에는 다소 어려움이 있었다. 예를 들면, 어떤 실험실 연구에서 여성 리더보다는 남성 리더가 업무 선도적 행동을 채택할 경우에 보다 긍정적 평가를 받는 경향이 있었지만(Bartol & Butterfield, 1976), 이를 검증하고자 하는 현장 연구에서는 리더 행동에 관한 성 차이의 효과는 관찰되지 않았다. 게다가 리더가 부하들과 대화한 녹취록을 피험자들에게 주고, 그들이 사용한 단어들을 관계 지향적 또는 과업 지향적 주제로 코딩하도록 요구하여 분석한 실험 연구(Winther & Green, 1987)에서는 고정 관념적 성 차이의 효과가 발견되지 않았을 뿐만 아니라 오히려 남성 리더가 여성 리더보다 관계 지향적 언어를 더 많이 사용하는 경향을 보였다.

업무 선도 대(對) 배려의 행동 차원과 별개로 언급되고 연구된 또 다른 리더십의 차원은 리더가 의사결정 과정에서 민주적이고 참여적 리더십을 사용하는가 또는 전제적 리더십을 사용하는가 하는 차원이다(제3장의 미시간 대학교 리더십 연구 결과 참조). Powell(1993)은 통합분석을 통해 업무 선도나 배려 차원보다는 참여적 대(對) 전제적 차원에서 훨씬 큰 성차가 관찰된다는 사실을 보고하였다. 즉, 여성 리더가 남성 리더보다는 더 민주적인 리더십을 사용한다는 것이며, 이러한 성 차이는 아마도 부분적으로는 여성 리더가 전제적인 리더십을 사용할 경우에 수반되는 부정적 평가의 문제와 관련이 있을 것으로 보인다. 부하들은 참여적 리더십을 남성이나 여성 리더 모두에게 적절하고 유용한 리더십 스타일로 평가하였지만, 전제적 리더십은 오로지 남성 리더가 사용할 경우에게만 적절하다 평가하는 경향을 보였으며(Jago & Vroom, 1982), 여성 리더는 남성 리더에 비해 의사결정 스타일을 선택하는 범위에 있어서도 상대적으로 제한을 받고 있음을 알 수 있다.

전체적으로 볼 때, 부하들은 리더가 남성이든 여성이든 상관없이 전제적 의사결정보다는 참여적 의사결정을 하는 리더를 더 긍정적으로 바라본다. 아울러 여성이 남성보다는 민주적인 리더십을 발휘하는 경향이 있으며, 부하들은 여성이 전제적 의사결정 스타일을 보일 경우에 더 부정적으로 평가하고 이런 결과들은 성 고정관념 이론이 제시하는 설명과 일관되는 것이다.

현대의 많은 리더십 이론이 참여적이고 민주적인 리더십의 중요성을 강조한다는 점을 고려할 때, 어린 시절의 성 역할 사회화 과정에서 참여적으로 리드하는 재능을 더 많이 배양할 기회가 있었던 여성 리더가 더 효과적인 리더가 될 것이라고 추정할 수도 있고, 현대의 리더 직책은 여성에게 더 유리하지 않은가라고 반문할 수도 있을 것이다. 하지만 리더의 의사결정 스타일을 참여적 또는 전제적 유형으로 구분하는 이론적 기반이 리더가 처한 특정 상황에 따라서 두 유형의 의사결정 스타일이 모두 효과적으로 작동할 수 있다는 상황 부합적 관점(Jago & Vroom, 1982)에서 나온 것이라는 점을 고려할 때, 부하들이 여성 리더에 대해서는 오로지 한 가지 유형의 의사결정 스타일만을 납득하고 받아들인다는 사실은 여성 리더에게 분명히 불리한 사실이다. 리더가 가진 리더십 재능을 최대한으로 발휘하기 위해서는 여성 리더에게도 남성 리더에게 주어진 것처럼 행동의 선택폭이 넓게 부여되는 것이 가장 바람직하다.

그렇다면 리더로서 성공하는 데 영향을 미치는 남녀 간의 성차는 과연 존재하는 것일까? 우선 의사소통 기술의 측면에서 보면, 남성과 여성 사이에는 대화 양식과 의사소통 양식에 있어서 체계적인 차이가 존재하는데, 그 이유는 아마도 차별화된 사회화 때문일 것이다. 또한 의사소통 기술에 대한 문화적 고정관념에도 성 차이가 존재한다. 여성은 우아한 의사소통자처럼 보이려는 경향이 있다. 어떤 연구는 관리학을 공부하는 학생들로 구성된 혼성 모임에서 이루어진 대화를 녹음하여 정밀하게 분석하였다(Case, 1985). 그 결과, 남성들은 대화 사이에 불쑥불쑥 끼어들고 공격적이며 경쟁적인 대화를 하는 등 대화 양식이 단정적이고 권위적인 반면, 여성들은 대화를 연결하려 하고 수동적인 동의를 하며 개인적 경험으로 입증하려 하는 등 개인적이고 촉진적인 특징을 보였다. 또한 뇌과학자인 Gur와 Gur의 연구에 의하면, 여성이 남성보다 정서적 단서와 단어의 뉘앙스에 대해 훨씬 더 민감하며, 이로 인해 여성 리더는 집단 구성원의 감정에 대해 더 적절하게 반응할 뿐 아니라 그들이 언급하는 것이 정확히 무엇을 말하는지를 이해하는 데 더 뛰어나다.

의사소통과 관련된 능력에 있어서 남녀 간의 차이를 연구한 결과는 일반적으로 여성이 남성에 비해 의사소통 기술이 우세함을 보고하였다. 예를 들어, 미국의 전신 회사인 AT&T의 관리자를 대상으로 언어 능력 검사를 실시한 연구에서는 구두 발표에서 여성이 우세함을 보였다(Howard & Bray, 1988). 여성은 서면 의사소통 기술에서도 남성보다 우수하였으나, 가상적인 관리상의 문제에 대한 해법을 다루는 구두 발표에서는 남녀 간에 차이가 없었다.

남녀 간의 인지적 능력을 비교 연구한 결과는 남성이 여성에 비해 수학 능력이 우수함을 보고하였다. 그러나 수학 영역에서 매우 높은 점수를 받는 사람은 주로 남성이 많지만, 수학 능력에 있어서 남녀 간의 평균적인 차이는 크지 않았다(Maccoby & Jacklin, 1974; Benbow & Stanley, 1983).

리더가 되는 여성은 그들이 상대하는 남성의 성격과 유사해지는 경향이 있다. 일반적으로 성격에 있어서 성 차이는 남녀 관리자를 비교했을 경우에는 그 차이가 미미하다. 그러나 정체감, 자기확신, 도덕적 가치, 대인 간 관심 그리고 권력의 사용에 있어서는 성차가 존재한다. 평균적으로 남성은 여성에 비해 공격적이다. 그러나 다른 여러 가지의 성별 특성의 차이는 학생이나 미성년자에게서 나타나며, 관리자로 성장한 이후에는 거의 성 차이가 없어진다(Morrison, White, & Van Velsor, 1987).

동기와 흥미의 측면에서는 일반적으로 여성들은 남성에 비해 예술, 음악, 드라마, 문학, 사회과학, 자연에 더 많은 관심을 보이고, 실제적이고 기계적인 활동에 관심이 덜하다.

2) 리더십 유형에서의 남녀 차이

선행연구들은 여성 리더가 남성 리더에 비해 관계 지향적 행동을 더 많이 하는 것으로 보고하고 있다. Bender는 실험 연구에 기초하여 리더십 과정은 남녀 간에 차이가 있다고 결론내리고 있다. 대학교의 여학생 클럽 리더들은 남학생 클럽 리더들에 비해 권위적이지 않은 것으로 기술되었다. 학교의 교사는 여자 교장이 남자 교장에 비해 강제적 리더십 행동을 더 적게 한다고 기술하였다. 또한 여성들은 집단에서 성공적인 대인관계를 형성하고 조화를 유지하려는 데 비하여, 남성들은 성공적인 업무 수행과 개인적인 성과에 더 큰 관심을 보인다(Deaux, 1976).

한편, 다른 연구에서 리더의 행동을 그들의 부하나 리더 자신들로 하여금 기술하도록 하였을 때 남녀 간의 리더십 유형에 차이가 없다고 보고하고 있다(Muldrow & Bayton,

1979). 강제적 권력 사용의 선호도나 보상과 처벌의 사용에 있어서도 남녀 간에 차이가 없었다(Baker, DiMarco, & Scott, 1975). 결국, 리더십 유형에서의 남녀 차이에 대한 연구 결과는 분명하고 일관성 있는 결론을 내리지 못하고 있다.

3) 여성 리더의 성공과 효과성

여성이 감독자나 리더십 역할을 맡았을 때 부하들은 그들을 얼마나 잘 수용하고 추종할까? 여성 리더의 성과에 대하여 그들의 상급자는 어떤 평가를 내릴까? 리더가 여성인 집단의 성과는 어떠할까? 이러한 질문에 대하여 답을 하기는 쉽지 않다. 주관적 평정에는 성에 의한 편향이 작용할 수 있기 때문이다. 여성 관리자가 그들과 비교되는 남성 관리자와 동일한 방식으로 행동을 하더라도 평가는 다르게 나올 수 있다.

리더의 성별과 집단의 성과 간의 관계는 혼재된 결과를 보이고 있다. 어떤 연구는 여성이 리더인 집단이 더 나은 성과를 보인다고 하고, 남성이 더 낫다고도 하며, 남녀 간 차이가 없다는 보고도 있다. 1978년부터 1984년 사이에 이 문제를 검증한 연구들을 개관한 연구는 창조적 과업에 대해서는 여성 리더 집단이 남성 리더 집단에 비해 더 우수하였다고 결론을 내리고 있다. 어떤 연구는 여성 리더의 부정적 측면을 지적하는데, 한 종업원 태도조사에서는 여성 감독자가 남성 감독자에 비해 조직의 분위기에 대한 영향이 약한 것으로 나타났다(Hansen, 1874). 한편, 실험 연구 결과들을 개관한 연구는 일반적으로 리더의 성별은 집단의 생산성을 일관성 있게 결정하는 요인이 아니라고 지적하였다(Bartol, 1978).

여성의 리더십에 대한 상황이 급속하게 변화하기 때문에 이전에 이루어졌던 연구들은 이러한 시대적 흐름을 참작하여 해석되어야 한다. 사회화, 지위 갈등, 고정관념 등으로 인하여 리더십의 지위를 확보하는 데 많은 어려움이 계속되고 있음에도 불구하고, 상황은 점차 진전되어 가고 있다. 어렸을 때에는 남녀 간에 일관성 있는 차이가 존재하지만 성인 관리자와 리더에 있어서의 남녀 차이는 크지 않다. 보통 남자다움과 관련된 특성들이 아직 효과적인 관리를 하는 데 요구되고 있다. 그럼에도 불구하고, 남성 리더와 여성 리더 간 차이점의 대부분은 남성과 여성의 본질적인 차이라기보다는 다른 통제 가능한 요인들에 의해 설명되고 있다.

남성 리더와 여성 리더 간의 리더십 효과성 차이 가능성을 예언하는 이론들은 다양한 측면에서 존재한다.

첫째, 사회적 역할 이론(social-role thoery; Eagly, 1987)은 사람들이 자신의 성별에 대해 문화적으로 정의된 성 역할과 일관되는 활동에 몰입하도록 기대된다고 제시한다. 개인의 외부로부터 오는 사회적 압력은 주로 성 역할과 일관된 행동을 하는 방향으로 작용하고 그 개인은 어느 정도 자기 성별에 대한 문화적 기대를 내면화하고 그 결과 자기 성 역할과 일관된 방식으로 행동하도록 내적 동기가 유발된다는 것이다. 리더 역할은 전통적으로 남성의 행동이나 역할이라는 고정관념이 작동하고 있는 현실을 고려할 때, 자기 성별과 일관된 행동을 하도록 압력을 유발하는 이런 성 역할 기대는 리더나 경영자 위치에 있는 여성에게는 문제를 유발할 수 있다. 왜냐하면, 여성 관리자는 '리더'라는 역할 기대를 충족시킴으로써 '여성 행동'이라는 관습과 관념을 위반하는 것이 될 수도 있기 때문이다. 이러한 성 역할 기대의 위반은 주변 사람들에게서 직무 수행 평가의 불이익 편향이나 미래 직무 수행에 대한 부정적 선입견 같은 편견적 반응을 유발할 수도 있다. 이런 편견적 반응 또는 이에 대한 예측은 자기충족적 예언(self-fulfilling prophecy) 효과를 유발하거나 자기확신감을 저하시키는 등을 통해 실제로 여성 리더에게 다양한 부정적 결과를 초래할 수 있다. 이에 반해, 남성 리더는 여성 리더가 안고 시작해야 하는 이런 편견적 반응의 가능성이 상대적으로 적기 때문에 평균적으로 남성보다 여성의 리더십 효과성이 떨어질 것으로 예측할 수 있는 것이다. 따라서 여성 리더는 이러한 전통적 성 역할 기대 위반을 감소시키기 위해 상대적으로 여성적인 리더십 스타일을 도입함으로써 역할 갈등을 감소시키려고 시도할 것이라고 예측할 수 있다. 이러한 논리적 추정은 다수의 연구에 의해 지지를 받았는데, 한 실험 연구에 의하면 리더들이 고정관념적으로 여성적(민주적 또는 대인관계 지향적)인 리더십 스타일을 활용할 경우에는 남성 리더나 여성 리더 모두 호의적으로 평가를 받았지만, 고정관념적으로 남성적인 리더십 스타일을 사용한 경우에는 남성 리더보다 여성 리더가 더 낮은 평가를 받았다. 특히 독재적이고 지시적인 리더십 스타일을 사용할 경우에 그 평가가 더 낮아졌다.

둘째, 구조적 관점(structural perspective)의 이론은 집단이나 조직의 공식적 역할 구조만을 고려하는 접근이며, 역할 수행자의 성별과 같은 요인과 상관없이 리더 또는 경영자 역할들이 행동의 가이드를 강력하게 제공한다고 본다. 이 관점은 자신의 지위와 권력에 대한 동일한 접근과 활용이 가능하다면 동일한 리더십 역할을 수행하는 리더가 남성이든 여성이든 상관없이 타인들에게서 동일한 반응을 유발할 뿐만 아니라 동일한 효과성을 보일 것이라고 제안한다. 하지만 경험적 연구는 관리자 행동에 대한 사람들의 기대가 어느 정도는 리더의 성별과 관련이 있다는 사실을 보여 줌으로써 구조적 관점의 접근이 부적합하다는 점을 제시해 주고 있다(Heilman, Block, Martell, & Simon, 1989) 이처럼 성별에 기반한 사회적 기대가 일터로 넘어오는 현상을 성 역할 넘침(gender-role spillover)이라는 개념으로 제시되기도 하였는데, 이는 순수히 조직 위계로만 정의되어야 하는 리더 역할에 최소한 어느 정도는 사회적 성 역할적 개념이 넘쳐 들어오거나 오염시킬 수 있음을 보여 주는 것이다.

셋째, 리더십 직무에 대해 남성과 여성을 차별적으로 선발(differential selection)하는 것이 문제라는 관점인데 이 주장은 리더십 직위로 승진해 나가는 데 남성보다는 여성이 강한 장애물에 직면하기 때문이라는 가정에서 나온다. 리더 없는 집단 상황에 대한 연구 결과들을 보면 상황이 덜 구조화된 실험 조건에서도 여성보다는 남성이 리더로 부각될 가능성이 더 높았고, 실제 조직 장면의 경영자 직위에 남성이 더 선호된다는 점은 여러 자료에서 확인되고 있으며, 유리천장을 인식한 여성들이 조직 내에서 리더십 직위에 지원할 가능성은 동일한 자질을 갖춘 남성들보다 더 낮아질 것이라고 예상할 수 있다. 이를 바탕으로 추정해 보면, 이와 같은 강력한 장애물들을 모두 극복하고 리더 직위로 실제 승진한 여성은 동일한 직위의 남성 리더보다 더 자질이 우수하고 유능할 가능성이 있다.

또 다른 관점인 리더십의 상황적합 이론은 상황의 요소와 상호작용하는 과정에서 리더들의 리더십 스타일에 의해 그 효과성이 영향을 받는다고 제시한다.

남성이 더 효과적인 리더인가? 여성이 더 효과적인 리더인가? 아니면 남성과 여성 모두 비슷하게 효과적인가? 이에 관해서는 학자들 사이에 다소의 논쟁이 있다. 전반적인 리더십 효과성에서 남성과 여성의 차이와 유사성 존재 여부에 대한 해답을 찾기 위한 가장 포괄적인 연구는 Alice Eagly와 동료들에 의해 수행된 다양한 통합분석 연구가 대표적이다(Eagly & Johnson, 1990; Eagly, Johannesen-Schmidt, & van Engen, 2003). 162개의 연구에서 드러난 남녀 리더십 스타일 차이를 비교분석한 Eagly 등(1990)의 결과에 의하면, 실험실 연구나 리더 직위에 있지 않은 사람들을 대상으로 수행한 연구의 경우는 어느 정도 성 고정관념적 리더십 스타일을 보이는 경향이 있었다. 즉, 실험 연구나 평가 연구의 경우에 여성은 대인관계 지향적이고 민주적 스타일을 사용하려는 경향이 있는 반면, 남성은 상대적으로 과업 지향적이고 전제적 스타일을 사용하려는 경향을 보였다. 하지만 실제 조직에서 리더들의 스타일을 조사한 연구에서는 그 차이가 훨씬 작아지며 유일한 차이점은 여성 리더가 남성 리더보다 민주적이고 참여적 스타일을 조금 더 많이 사용하고, 전제적이고 지시적 스타일을 덜 사용한다는 것이었다. 또 다른 분석 연구에 의하면 여성 리더가 전제적이고 지시적 리더십 스타일을 보일 경우에 사람들이 특히 부정적으로 반응하는 경향을 보이므로, 여성들은 자기 행동에 대한 선입견적 평가를 유발할 수 있는 리더십 스타일을 덜 채택할 것이라고 추정할 수 있다.

　Eagly 등(1992)은 또한 남녀 리더의 효과성을 비교한 출판 논문, 미출판 논문, 책 장절, 학위 논문 등 다양한 연구 결과물을 수집하여 분석하였다. 리더십 연구에서의 리더십 효과성은 퍼즐 해결 속도, 경영지식 검사나 부하들의 생산성 측정치 등과 같은 객관적 지표를 사용해서 평가할 수도 있다. 하지만 이들이 수집한 연구에서 사용된 측정치는 리더의 전반적인 효과성, 리딩 능력, 높은 수행성과 달성을 위한 노력이나 동기 유발 정도, 또는 리더에 대한 만족도 등에 대한 부하, 동료, 상사의 주관적 평가치가 주류를 이루고 있었다. 분석 결과를 보면, 우선 평가자가 누구인가에 따라서 다소 상이한 결과를 보였다. 리더의 부하나 외부 평가자에 의한 효과성 평가에서는 남성보다 여성 리더가 높은 평가를 받았지만, 다른 평가자들(즉, 리더 자신, 리더의 상관, 리더의 동료들, 기타)이 평가한 연구들에서는 남성이 여성 리더보다 유의미하게 높은 평가를 받았다. 측정값 유형에 따른 남녀 차이도 발견되었다. 주관적 측정치가 사용된 연구들에서는 남성이 여성 리더보다 더 효과적인 것으로 나타났지만, 그 효과의 크기가 작았을 뿐만 아니라 객관적 측정치가 사용된 연구들에서는 성별 간 효과성 차이가 전혀 없는 것으로 나타났다. 주관적 측정치 내에서도 유형별로 효과의 차이가 많았다. 즉, '리딩 능력'을 측정치로 사용한 연구에서는 남성이 여성 리더보다 매우 높은 평가를 받았지만, 다른 측정치(즉, 효과성, 동기 유발 정도, 기타)들의 경우는 남성이 여성 리더보다 미미하게 긍정적인 평가를 받는 경향이 있어도 통계적으로 유의하지 않은 차이였다. 주관적 평가의 값으로 '직무 수행'과 '만족'을 나누어 보았을 때 남녀 리더 간에 극명한 차이를 보였는데, 직무 수행에 대해서는 남성 리더가, 만족도에 대해서는 여성 리더가 유의하게 상대 성별보다 높은 평가를 받았다. 표집된 연구의 주류를 이루는(약 75%) 조직 장면에서 수행된 연구들에서는 조직의 유형별로 흥미로운 차이점이 관찰되었다. 세부적으로 보면, 군 조직에서는 남성 리더에 대한 매우 강한 긍정 편향이 존재하였으며, 최일선 관리직군에서도 남성 리더가 더 긍정적 결과를 보였다. 하지만 교육기관, 정부기관, 사회봉사 조직, 또는 일부 기업 장면에서는 여성 리더가 오히려 더 긍정적 결과를 보여 주었으며, 중간 관리직에서도 여성 리더가 더 긍정적 평가를 받았다. 이러한 결과를 바탕으로 Eagly 등은 "전체적으로 볼 때 리더십 측면에서 남녀 모두 효과적이며, 군 조직과 같이 매우 남성 지향적이고 남성이 다수를 차지하는 조직에서는 남성 리더들이 효과적이다. 비록 여성 리더들은 사회봉사나 교육기관과 같이 여성이 다수를 차지하는 조직에서 보다 효과적인 것으로 평가받을 뿐만 아니라 전통적으로 남성 영역으로 인식되었던 일부 장면에서도 효과적인 평가를 받고 있다."라고 결론을 내렸다.

Eagly 등(2003)은 또한 변혁적 리더십과 그 효과성에 대한 45개 연구 결과를 바탕으로 남녀 리더 간의 차이를 비교하였는데, 그 결과는 변혁적 리더십의 다양한 하위 차원과 거래적 리더십 등에서 남녀 리더 간 유의미한 차이가 있었고 사회적 역할 이론의 가정과 일관된 패턴을 보여 주었다. 구체적으로 보면, 비록 집단 차이 효과 값의 크기는 작았지만, 이상화된 영향력(행동) 차원을 제외한 모든 변혁적 리더십 하위 차원과 부합보상(거래적 행동) 차원에서 여성 리더가 남성 리더보다 유의미하게 높은 평가를 받았고, 남성 리더는 적극적 및 수동적 예외 관리 차원과 무관심 리더십 차원에서 여성 리더보다 높은 평가를 받았다. 부하들의 평가 자료에 기반하여 남녀 리더의 변혁적 리더십에 관해 연구한 Bass의 연구 결과에 의하면, 여성 리더가 예외 관리 행동을 사용할 가능성은 상대적으로 낮으며, 예외 관리 행동을 사용하는 경우에도 통상적으로 긍정적 피드백을 함께 사용함으로써 비판의 강도를 완화시키는 경향을 보였다.

다시 요약하자면, 성별과 상관없이 리더는 비슷한 수준의 효과성 평가를 받았으며, 아울러 주관적 또는 객관적 평가치에 상관없이 비슷한 수준의 효과성을 보였다. 단지 '리딩 능력'이란 평가에서만 남성 리더가 여성 리더보다 약간 높은 평가를 받는 경향을 보였지만, '만족도' 측면에서는 여성 리더가 오히려 남성 리더보다 높은 평가를 받았다.

아울러 변혁적 리더십 하위 차원에 대한 평과 결과에서도 여성 리더가 남성 리더보다 긍정적 평가 결과를 얻었다는 점은 남녀 리더십 효과성 평가에 관해 많은 것을 생각해 보게 한다.

참고문헌

Aries, E. (1977). Male-female interpersonal styles in all male, all female, and mixed groups. In A. G. Sargent (Ed.), *Beyond sex roles* (pp. 292-299). New York: West.

Baker, L. D., DiMarco, N., & Scott, W. E. (1975). Effects of supervisors' sex and level of authoritarianism on evaluation and reinforcement of blind and sighted workers. *Journal of Applied Psychology, 60*(1), 28-32.

Bartol, K. M. (1978). The sex structuring of organizations: A search for possible causes. *Academy of Management Review, 3*(4), 805-815.

Bartol, K. M., & Martin, D. C. (1986). Women and men in task groups. In R. D. Ashmore & F. K. Del Boca (Eds.), *The social psychology of female-male relations: A critical analysis of central concepts* (pp. 259-310). Orlando, FL: Academic Press.

Bartol, K. M., & Butterfield, D. A. (1976). Sex effects in evaluating leaders. *Journal of Applied Psychology, 61,* 446-454.

Benbow, C. P., & Stanley, J. C. (1983). Sex differences in mathematical reasoning ability: More facts. *Science, 222*(4627), 1029-1031.

Bussey, K., & Bandura, A. (1984). Influence of gender constancy and social power on sex-linked modeling. *Journal of Personality and Social Psychology, 47,* 1292-1302.

Butler, D., & Geis, F. L. (1990). Nonverbal affect responses to male and female leaders. Implication for leadership evaluation. *Journal of Psychology, 58,* 48-59.

Carbonell, J. L. (1984). Sex roles and leadership revisted. *Journal of Applied Psychology, 69,* 44-49.

Case, S. S. (1988). Cultural differences not deficiencies; An analysis of managerial women's language. In S. Rose & L. Larwood (Eds.), *Women's careers: Path-ways and pitfalls* (pp. 41-63). Praeger: New York.

Deaux, K. (1976). *The behavior of women and men.* Monterey, CA: Brooks/Cole.

Deaux, K., & Farris, E. (1977). Attributing causes for one'w own performance: The effects of sex norms, and outcomes. *Journal of Research in Personality, 11*(1), 59-72.

Deaux, K., & Taynor, J. (1973). Evaluation of male and female ability: Bias works two ways. *Psychological Reports, 32*(1), 261-262.

Eagly, A. H., (1987). *Sex differences in social behavior: A social-role interpretation.* Hillsdale, NJ: Lawrence Erlbaum Associates.

Eagly, A. H., & Johnson, B. T. (1990). Gender and leadership style: A meta-analysis. *Psychological Bulletin, 108,* 233-256.

Eagly, A. H., Johannesen-Schmidt, M. C., & Van Engen, M. L. (2003). Transformational, transactional, and laissez-faire leadership styles: a meta-analysis comparing women and men. *Psychological bulletin, 129*(4), 569-591.

Eagly, A. H., & Karau, S. J. (1991). Gender and the emergence of leaders: A meta-analysis. *Journal of Personality and Social Psychology, 60*(5), 685-710.

Eagly, A. H., Makhijani, M. G., & Klonsky, B. G. (1992). Gender and the evaluation of leaders: A meta-analysis. *Psychological Bulletin, 111,* 3-22.

Goldberg, P. (1968, April 5). Are women prejudiced against women? *Transaction, 5,* 28-30.

Hansen, L. S. (1978). Promoting female growth through a career development curriculum.

In L. S. Hansen & R. S. Rapoza (Eds.), *Career development and Counseling of women*. Springfield, IL: Thomas.

Heliman, M. E., Block, C. J., Martell, R. F., & Simon, M. C. (1989). Has anything changed? Current characterizations of men, women, and managers. *Journal of Applied Psychology*, *74*(6), 935-942.

Howard, A., & Bray, D. W. (1988). *Managerial lives in transition: Advancing age and changing times*. Guilford Press.

Hyde, J. S. (1990). Meta-analysis and the psychology of gender differences. Signs: *Journal of Women in Culture and Society*, *16*, 55-73.

Jago, A. G., & Vroom, V. H. (1982). Sex differences in the incidence and evaluation of participative leader behavior. *Journal of Applied Psychology*, *67*, 776-783.

Lockheed, M. E., & Hall, K. P. (1976). Conceptualizing sex as a status characteristic: Applications to leadership training strategies. *Journal of Social Issues*, *32*(3), 111-123.

Maccoby, E. E., & Jacklin, C. N. (1974). *The psychology of sex differences*. Stanford, CA: Stanford University Press.

Mai-Dalton, R. R., & Sullivan, J. J. (1981). The effects of managers sex on the assignment to a challenging or dull task and reasons for the choice. *Academy of Management Journal*, *24*, 603-618.

Martell, R. F. (1998 June). *When just a little gender bias hurts women a lot: A computer simulation*. Paper presented at the Society for the Psychological Study of Social Issues Annual Convention, Ann Arbor, MI.

Megargee, E. I. (1969). Influence of sex role stereotypes on personnel decisions of Black managers. *Journal of Applied Psychology*, *53*, 377-382.

Morrison, A. M., White, R. P., & Van Velsor, E., & The Center for Creative Leadership. (1987). *Breaking the Glass Ceiling: Can women reach the top of America's largest corporations?* Reading, MA: Addison-Wesley.

Morrison, A. M., & Von Glinow, M. A. (1990). Women and minorities in management. *American Psychologist*, *45*(2), 200-208.

Muldrow, T. W., & Bayton, J. A. (1979). Men and women executives and processes related to decision accuracy. *Journal of Applied Psychology*, *64*(2), 99-106.

Nyquist, L. V., & Spencer, J. T. (1986). Effects of dispositional dominance and sex role expectations on leadership behaviors. *Journal of Personality and Social Psychology, 50,* 87-93.

Paludi, M. A., & Strayer, L. A. (1985). What's in an author's name? Differential evaluations of performance as a function of author's name. *Sex Roles, 12,* 353-361.

Powell, G. N. (1993). *Women and men in management.* Newbury Park, CA: Sage.

Powell, G. N., & Butterfield, D. A. (1979). The "good manager": Masculine or androgynous? *Academy of Management Journal, 22,* 395-403.

Schein, V. E. (1973). Relationship between sex role stereotypes and requisite management characteristics. *Journal of Applied Psychology, 57,* 95-100.

Swim, J., Borgida, E., Maruyama, G., & Myers, D. G. (1989). Joan McKay vs. John McKay: Do gender stereotypes bias evaluations, *Psychological Bulletin, 105*(3), 409-429.

Unger, R., & Crawford, M. (1992). *Women and gender: A feminist psychology.* New York: McGraw-HIll.

Winther, D. A., & Green, S. B. (1987). Another look at gender-related differences in leadership behavior. *Sex Roles, 16,* 41-56.

제11장

군과 리더십

군 조직은 일반 사회 조직과 비교해 볼 때 조직의 목표, 기능, 상황 조건 등에서 일반 사회의 조직과 구분되는 다양한 특성을 갖고 있다. 특히 전장 환경은 불확실성과 급격한 변화가 빈번하게 발생하며, 사람들은 죽음과 부상에 대한 공포와 불안 그리고 극도의 피로 등 다양한 위협요인과 맞부딪힌다. 이러한 특수성을 고려할 때, 군 리더십은 일반적인 리더십과 다를 것이라는 가능성을 갖는다. 이에 이 장에서는 먼저 군 조직의 특성과 전장 환경의 심리적 특성을 살펴보고자 한다. 그리고 이어서 군 리더십에 대해 개념적으로 살펴 본 다음, 미국이나 독일을 비롯한 외국군과 한국군에서 군 리더십이 실제적으로 어떻게 운용되고 있는지에 대해서 알아보고자 한다. 그리고 위기상황에서 효과적인 리더십에 대해 논의해 보고자 한다.

1. 군 조직의 특성과 전장 환경

군대는 인류의 역사와 함께 늘 존재하여 왔지만, 군대가 갖는 사회적 의미는 시대와 더불어 변천해 왔다. 봉건주의와 제국주의 체제하에서의 군대는 '국가 속의 또 하나의 국가'라는 특징을 갖고 있었던 반면에, 민주주의 체제하에서의 군대는 사회 조직의 일부분으로서 사회와 동떨어진 집단이 아니라 사회 속에 존재할 것을 강조한다. 하지만 이러한 시대적 변화에도 불구하고 군의 존립 목표는 변함이 없다. 즉, 군대의 절대적 목표는 '전쟁에 대비한 상시 전투력의 유지와 전쟁 발발 시 성공적인 전쟁 수행'이다. 이러한 목표를 수행하기 위해 형성된 군 조직은 조직의 목표와 구성원 그리고 조직 환경 등 여러 면에서 기업과 같은 일반 사회의 조직과 다른 독특한 특징을 갖는다.

1) 군 조직의 특성

군 조직은 기업과 같은 일반 사회의 조직과 비교하여 여러 면에서 차이가 있다. 가장 대표적인 차이는 군 조직이 갖는 이념과 목표이다. 군 조직은 국민의 군대로서 국가를 방위하고 자유민주주의를 수호한다는 이념을 갖고 있으며, 전투 행위와 전쟁 억제의 수단으로서 국토를 적으로부터 방위할 수 있는 전투 역량을 구비해야 한다는 목표를 갖고 있다. 이러한 목표를 달성하기 위해서 군 조직의 구성원들에게는 민주주의 사회에서 시민에게 부여되는 개인의 자유와 평등과 같은 권리가 제한되는 반면, 상대적으로 절대적인 복종이 요구된다. 전투상황에서는 국지적인 소규모 전투라 하더라도 종국에 가서 많은 인명 피해가 초래되며 고통과 피로, 경악과 공포와 같은 원하지 않는 상황에 노출되는데, 이러한 상황 속에서도 군의 리더는 구성원들이 전투에 응하도록 동기화시키고, 때로는 이를 강요해야만 한다.

두 번째 차이는 조직의 구성이다. 군 조직은 다른 조직에 비하여 공식적 위계, 집권화 정도가 높은 구조를 갖고 있으며, 그 구성원의 특징은 매우 다양하다. 즉, 학력, 성격, 성장 배경, 직업 등 심리적·사회적·인구학적 측면에서 이질성이 높다. 군대 집단의 구성원은 크게 전문적 직업 군인으로 복무하는 장교 및 하사관 집단과 의무적으로 국방 임무를 수행하는 병사 집단으로 양분된다. 장교와 하사관 집단은 비록 상이한 성장 배경과 경험을 가졌으나 군 복무 동기나 가치관의 측면에서 어느 정도의 동질성을 갖는다. 청년기를 지내고 어느 정도의 가치관이 형성된 후 직업 군인으로서 인생을 택한 장교 집단의 경우, 자발적이고 의욕적인 태도로서 조직 활동에 참여하며 스스로 조직을 이끌어 나간다. 그러나 병사 집단의 경우는 단순한 의무 복무로서 일정 기간 동안 군에 봉사하도록 되어 있기 때문에, 집단 내에서의 동질성이나 자기실현, 소속감 등을 갖기가 어렵다. 또한 일정 기간 동안만 복무하면 제대를 하는 영구성을 갖지 못하는 집단이라는 속성 때문에 조직 활동에의 참여 태도가 자발적이지 못하고 수동적이며 소극적인 경향을 보일 가능성이 높다. 군 조직의 주요 구성원인 병사들은 대체로 발달 과정상 청년기에 해당하는 연령층으로 신체적·정서적·도덕적·사회적 기능에 커다란 변화를 경험하는 시기이며, 자아와 외적 현실을 인식해서 책임 있는 사회 구성원으로서 자기를 완성해 나가는 시기이기도 하다. 청년기에는 관심 분야가 확대되고 제반 욕구가 크게 일어나지만, 군대 상황은 상대적으로 이를 억압하고 제한된 범위 내에서의 표출만 허용되기 때문에 현실에 대한 회의와 부정적인 자세가 형성되기 쉽다. 이러한 불만족 요인이 군 조직이나 상급자에 대한 불만, 불신 또는 비협조적 행동으로 나타나기 쉽다.

세 번째 차이는 조직 환경이다. 조직 환경이란 조직을 구성하고 있는 개인의 행위, 가치관, 태도뿐만 아니라 조직의 활동 및 기본 원칙에 영향을 미치는 제반 물리적·심리적 환경으로서 병영 생활, 근무 조건, 각종 제도와 의식, 무기체계와 전쟁 운영 방식 등이 이에 해당된다. 군 조직은 성공적인 전투 수행이라는 절대적인 목표 달성을 위하여 전장 상황을 고려한 교육훈련이 강조되는 등 일반 사회의 환경과 상당히 동떨어진 여건 속에 존재한다. 외부 생활과 차단된 채 다양한 사회적 신분을 가진 구성원이 오로지 계급에 의한 새로운 위계 질서 속에서 24시간 함께 활동한다. 개인에게 허용된 면적도 협소하거니와 모두가 획일적인 관물 진열로 내무반 분위기는 단조로우며, 개인적인 비밀 보장도 어려워 비교적 안정감을 갖기 어렵다. 또한 군생활은 엄격한 조직과 규율이 요구되며 명령 복종에 대한 절대성과 단체원으로서의 행동이 요구된다. 이는 일반 사회의 분위기와는 크나큰 차이가 있어, 입대 전의 가치관이나 개인 행동에 익숙해 온 병사들로서는 군대의 모든 것이 불합리하고 자유롭지 못하며 구속감으로 느껴진다. 뿐만 아니라 군 복무 과정에서 개인적 욕구가 최대한 억제되며 군에서의 교육과 훈련의 내용이 각 개인의 발전에 무관한 것으로 판단됨으로써 군대 생활을 생애의 공백 기간, 심지어는 자기발전을 방해하는 기간으로 여겨 피해의식과 자기퇴보감에 빠지기도 한다.

2) 전장 환경의 이해

전장은 인간의 가장 기본적인 욕구가 위협받는 곳이다. 시시각각으로 돌발 사태에 적응해야 하며 욕구 충족 수단의 고갈에 시달려야 하고, 신체적 · 정신적 능력이 극도로 소모되는 곳이 전장이다. 전장에서는 인간의 생리적 욕구 결핍으로 인한 좌절과 공격성의 증가, 생명의 위협에 대한 불안과 공포, 지각 능력의 저하 등 평시와는 전혀 다른 현상이 인간 행동을 지배하므로, 지휘관이 극한 상황에서의 인간 행동에 대하여 이해하지 못한다면 전투를 승리로 이끌 수 없다. 다음에서는 전장 환경과 그곳에서의 인간 행동에 대한 이해를 바탕으로 전투 저해 요소를 극복할 수 있는 효과적인 지휘 통솔 방책을 모색해 보고자 한다.

(1) 전장 환경의 개념

전장은 전투원이 직면하는 특이한 생활 공간으로서 개인의 행동이 크게 영향을 받는 심리적인 환경이다. 전장은 분명히 그곳에 속해 있는 사람들의 치열한 생존 욕구가 작용하는 하나의 생활 공간이다. 동시에 갖가지 공포와 불안, 극도의 육체적 피로가 극한까지 치닫는 한계 상황이 인간의 모든 가면을 벗기고 적나라한 본성을 드러내는 특수한 공간이기도 하다.

그러면 전장의 범위는 어느 정도로 규정해야 할까? 재래식 전쟁이라면 실제 전투가 수행되고 있는 일선 지역만을 전장이라고 할 수 있을 것이다. 그러나 전후방이 없는 국민 총력전의 개념이 일반화되어 있는 현대전과 정규전 및 비정규전을 배합하는 장차전의 양상을 고려할 때, 전장의 범위는 전후방을 포함하여 전쟁 당사국의 전 지역, 즉 지상, 공중,

해상에까지 해당된다고 할 수 있고, 나아가 우주 전쟁까지 고려한다면 전장의 범위는 우주로까지 확대될 수 있다.

그러나 전장은 지역적으로 범위를 정할 수 있는 것이라기보다는 전장에 임해 있다는 특수한 심리가 작용하는 곳을 모두 전장으로 보는 것이 더 합당할 것이다. 예를 들어서, 전방 지역에서 상당한 기간 동안 피아간에 총격전이 있었다고 하자. 총격전에 직접 참여했던 당사자들은 물론 전장 심리를 체험하였을 것이다. 나아가 이러한 총격전의 소식이 매스컴을 타고 전 국민에게 전파되고, 그 결과로 전쟁이 일어날 것이라는 느낌을 국민들이 갖는다면 전장 심리는 전 국민에게 파급될 것이고, 이 순간에 있어서 전장은 국가의 전 지역이 될 것이다. 결론적으로 전장은 전쟁이라는 특수한 상황 속에 처해진 사람들이 그 상황으로 인해 어떤 식으로든 영향을 받는 심리적 공간이다.

(2) 불확실성

군인은 전장에 임하는 순간부터 상황의 불확실성 때문에 불안감을 갖게 된다. 전장에서는 익숙하지 않은 지형과 기후에 적응해야 되고, 피아의 목표와 배치, 정확한 능력이 파악되지 않는 상황에서 전투가 전개되기 때문에 근본적으로 전투상황은 불확실하다. 그러면 전장 환경을 불확실하게 만드는 요인은 무엇일까? 첫째, 전장을 형성하고 있는 자연 환경의 영향을 고려해 볼 수 있다. 지형의 기복은 천차만별이라서 새로운 지역에서 지형을 정확하게 판단한다는 것은 매우 어렵다. 둘째, 적이 의도를 감추기 위해 사용하는 위장과 기만, 기도비닉이 전장 상황을 불확실하게 만든다. 셋째, 아군의 불확실한 상황 판단이나 태만 또는 오만한 마음도 상황을 불확실하게 한다. 넷째, 자기의 책임을 회피하기 위한 허위보고와 전달 과정에서의 왜곡도 전장의 불확실성을 심화시킨다.

(3) 생명의 위협

전장 환경이 극한 상황으로 심각하게 느껴지는 것은 전투가 생명과 직결되어 있기 때문이다. 전장에서는 지위의 고하를 막론하고 적의 공격이나 포탄에 의한 위협에서 예외일 수가 없다. 전투가 얼마나 위협적인가는 전쟁 당사국이 적의 인명과 물자의 파괴를 위해서 쓴 경비를 통해서도 알 수 있다. 전장에서 생명을 위협하는 요소는 적의 각종 무기체계뿐만이 아니다. 자연 환경과 우군의 무기 및 작전도 생명을 위협하는 요소가 된다. 자연의 험준한 지형 및 극도의 기상 조건은 수많은 인명을 일시에 빼앗아 가거나 또는 활동 능력을 마비시킨다. 특히 혹한과 혹서의 위력은 대단한 것이다. 1812년 Napoléon은 러시아

원정군 60만 명 중 30만 명을 직접 지휘했는데, 시베리아의 혹한과 진창으로 모스크바에 도착한 병력은 10만도 못 되었다고 한다.

(4) 피로와 고통

전장 환경이 제공하는 가장 견디기 힘든 고난 중의 하나는 정신적 및 육체적 피로이다. 전장에서의 길고도 험난한 행군, 적과의 치열한 교전과 경계 그리고 여기에서 비롯되는 수면의 부족, 혹독한 더위와 추위, 보급의 불충분으로 생기는 식량과 물자의 결핍 등은 평시에는 예상할 수 없는 고통을 안겨 주며, 그 결과로 전투병의 의지와 건강을 점점 악화시킨다. 아무리 높은 사기와 전투력을 가졌던 부대도 전투를 오래 하다 보면 부대원의 정신적·육체적인 힘이 점점 마멸되어 가는 것을 볼 수 있다. 이러한 현상은 전투에서 승리를 쟁취한 부대나 패배한 부대 모두가 마주하는 현상이다.

(5) 낯선 자연 환경

전투는 자기가 원하지 않은 지형과 기후 조건, 질병과 해충, 야음 등 악조건의 자연 환경에서 이루어지는 경우가 많다. 지나친 더위나 추위는 인간의 육체적 활동을 제한하고 심리 상태를 위축시켜 전투 능력을 감소시키거나 심지어는 대열에서 이탈하게 만든다. 이러한 기후 조건에서 가장 무서운 것은 병사들이 전투 의지를 상실하고 모든 것을 포기해 버리는 것이다.

(6) 유언비어

유언비어는 전혀 근거가 없거나 어느 정도 근거가 있더라고 터무니없이 왜곡·과장되어 입에서 입으로 전달되는 출처 미상의 소문을 말한다. 대체적으로 유언비어는 상황이 불리하거나 유동적일 때, 사건의 근원에 접근하기 어렵거나 적시 적절한 홍보가 결여되었을 때 발생하기 쉽다. 특히 유언비어는 전장에서 여러 가지 중요한 사실에 대하여 비밀이 요구될 때 만연한다. 사람들은 알고 싶은 것이나 의혹이 생기면 자기 나름대로의 가용 수단을 선택하게 되는데, 이런 가운데서 유언비어가 만연하기 쉽다. 유언비어는 심혈을 기울여 준비한 계획을 뿌리부터 뒤엎어 버리고, 심할 경우 공황과 패배를 초래한다. 특히 상황이 불확실하고 변화가 많은 전장에서는 대수롭지 않은 유언비어가 허위 조작되어 장병의 심리적 동요를 유발하고 당황하게 하며 사기를 저하시킬 우려가 있다. 실제 상황처럼 그럴듯한 유언비어는 비교적 빨리 전파되어 장병의 신뢰감을 저하시키고 불안을 야기한다.

3) 전장에서의 심리적 장애

생명이 위협받고, 언제 어떤 일이 전개될지 예측하기 힘들며, 상황을 통제하기 힘들고 육체적인 피로가 과다하여 정상적인 심신 상태를 유지하기 힘든 전장 상황에서 가장 쉽게 갖는 심리 상태는 불안이다. 불안은 대상이 분명치 않은 막연한 걱정이며(May, 1977), 자기개념에 대한 위협이 지각된 결과이다(Rogers, 1951). 불안은 우리에게 혐오적 사상이 곧 발생하리라고 경고해 주는 일군의 자극에 대한 학습된 반응이기도 하다(Mowrer, 1950). 불안은 사고나 행동의 폭을 좁히며 위협에서 벗어나 안전한 곳으로 피하려는 본능에서 유발된 삶의 느낌이다. 불안은 공포와 공황, 외상 후 스트레스 장애(PTSD)의 주요 원인이다. 그 외에도 전장 환경에서 나타날 수 있는 심리현상으로는 전투 신경증, 전투 피로증, 지각 능력의 저하 등이 있다.

(1) 공포

공포는 불안과 가장 잘 혼용되어 사용되는 용어이다. 공포는 실제적인 위험이 없지만 어떤 대상이나 상황에 대한 불안감에서 야기되어 강박적으로 나타나는 신경증적 증상으로서 사람의 행동을 제한시킨다. 공포는 때로 실제적인 불안 경험을 동반하기도 한다. 공포는 전쟁 그 자체와 전쟁에서의 패배보다는 죽음과 부상에 대한 불안이나 예기치 못한 사태의 발생으로 인한 불안이 주원인이 된다. 특히 공포는 생명에 대한 애착심이 강하거나, 생명을 포기해도 좋은 만큼 가치 있는 이유를 갖지 못한 사람에게서 더 크게 나타난다. 또한 예기치 못한 시간에 예기치 못한 강한 자극을 받았을 때 심리적인 균형이 와해되어 적절한 대응책을 강구하지 못하고 공포에 떨며 우왕좌왕할 수 있다.

(2) 공황

공황(Panic)은 불안 장애 중 불안한 상태의 유형으로서 갑자기 매우 심하게 놀란 나머지 정신이 없는 상태를 말하며, 특히 많은 인원이 극도의 불안 상태에서 혼란스러운 도피 반응을 보일 때 사용되는 용어이다(Dorsch, 1991). 공황은 크게 두 가지 행동 유형으로 나뉜다. 한 유형은 불안에 떨며 이리저리 정신 없이 오가는 행위이며 주로 청각적인 자극에 의해 유발된다. 다른 유형은 놀라움으로 꼼짝하지 못한 채 부들부들 떠는 행위로서 주로 시각적 자극에 의해서 유발된다. 공황에 빠지는 정도에 있어서 개인차가 있는데, 어떤 이는 특별히 놀랄 만한 이유가 있는 경우에 간혹 한 번 정도 공황 상태에 빠지는가 하면 선천적인 비관론자들은 쉽게 공황 상태에 빠진다.

(3) 외상 후 스트레스 장애(PTSD)

폭풍이나 홍수, 지진, 눈사태 등과 같이 자연적으로 발생한 재앙에 비교하여 전쟁, 테러, 인질 납치, 강도, 강간, 자동차 및 항공기 사고 등과 같이 인간에 의해 저질러진 재앙은 해당되는 사람들에게 보다 더 조기에, 보다 더 자주 심적 장애를 일으킨다. 반면, 대부분의 병사는 외상적 경험의 극복 전략을 갖고 있지 않기 때문에 전투 중과 전투 후에 정신적 장애가 발달할 가능성이 매우 높은 위험 집단이 된다.

(4) 전투 신경증

이것은 전장에서 생기는 견디기 힘든 불안을 신체적 증상으로 전환시킴으로써 불안을 방어하는 신경증으로 전환 신경증이라고도 한다. 이러한 전환 반응에는 손, 발, 기타 신체 부위의 마비, 눈이 안 보이거나 귀가 들리지 않는 등의 감각 상실 증세를 보인다. 실제로 전장에서 전투를 두려워하는 병사가 부분적인 실명을 보이거나 다리 또는 손가락이 마비되는 경우가 있다. 이 경우 증세를 호소하는 병사는 실질적으로 신체 조직이 잘못된 것은 아니며 순전히 심리적인 방어를 목적으로 증세가 나타나는 것이다.

(5) 지각 능력의 저하

전장에서 겪는 과도한 피로와 수면 부족, 흥분과 긴장은 감각 기관의 기능을 저하시키고 판단력을 저하시킨다. 작렬하는 포와 폭탄의 섬광과 폭음은 인간의 시각과 청각의 기능을 저하시키며 순간적으로는 기능을 마비시키기도 한다. 또 격렬한 행동에 의한 피로와 밀려오는 수면은 신체의 전체적인 기능을 저하시키고, 연관된 감각 기관의 기능을 저하시킨다. 전장에서의 각종 굉음은 청각을 피로하게 할 뿐 아니라, 주의를 집중시킬 수 없게 만든다.

(6) 전투 피로증

전투에 참여한 사람들에게서 때때로 극단적인 형태의 정서 반응이 나타나는데, 대개 어려운 임무를 끝내고 난 후에 나타난다. 이런 반응을 전투 피로증이라고 부른다. 초기의 증상은 증가된 정서성, 민감성, 수면장애 및 과장된 놀람 반응으로 퉁명스러운 태도와 욕설, 쉽게 성을 내는 등 흥분 상태를 보여 준다. 어떤 경우에 병사들은 심한 전율, 침묵, 환각,

히스테리성 실명, 혼미, 또는 통제할 수 없는 공포를 보여 주기도 한다.

2. 군 리더십에 대한 개념적 이해

이 책의 앞에서 우리는 일반적인 리더십(leadership)에 대해 개념적으로 살펴보았으며, 리더십에 대한 연구 모델을 리더십의 효과 차원에서 개략적으로 살펴보았다. 이 장에서는 일반적으로 언급되는 리더십과 군에서 요구되는 군 리더십(military leadership)은 어떻게 구분되는지에 대해 알아보고자 한다. 일반적으로 사람들은 군 조직의 경우 생사가 걸려 있는 전투상황에서 상관에 대한 절대복종이 요구되는 등 일반 사회와 다른 조직문화를 갖고 있기 때문에 군 리더십은 일반 사회에서 통용되는 리더십과 다르게 정의되어 있을 것으로 추정한다. 실제로 군 리더십은 일반적인 리더십과 전혀 다르게 정의되고 있는가? 군 리더십은 일반적인 리더십과 전혀 다른 특성을 갖고 있는가? 군에서 통용되는 지휘(command)는 리더십과 어떤 관계에 있으며, 더 나아가서 지휘, 통솔, 지휘통솔, 리더십 등의 개념은 어떻게 구분되는가? 등에 대해서도 살펴보고자 한다.

1) 군 리더십이란

일반적인 리더십과 군 리더십을 비교하는 첫 번째 방법은 양자에 대한 개념적 정의를 살펴보는 것이다. 일반적으로 리더십은 '집단의 목표를 달성하기 위하여 구성원들을 동기화시키고, 그들에게 영향력을 발휘하는 과정'으로 정의한다. 그렇다면 군 리더십은 어떻게 정의되고 있는가? 〈표 11-1〉에는 한국군을 비롯하여 미군과 캐나다군에서 군 리더십을 정의한 내용이 제시되어 있다.

최병순(2010)은 다음의 표에 제시된 바와 같이 미군과 캐나다군, 한국군에서 사용되는 군 리더십에 대한 정의들을 살펴본 결과, 군에서의 리더십에 대한 정의나 일반적인 리더십에 대한 정의는 본질적인 측면에서 차이가 없다고 주장한다. 그에 의하면, 언뜻 보기에 외국군와 한국군의 리더십에 대한 정의가 서로 다르고 한국군 내에서도 각 군마다 리더십을 서로 다르게 정의하고 있는 것처럼 보이지만 모두가 다 '목표' '팔로워' '영향력'의 요소를 정의에 포함하고 있고, '리더가 목표를 달성하기 위해 영향력을 행사하는 과정이 리더십'이라는 전제를 공유하고 있다는 점에서 군 리더십은 정의적인 측면에서 볼 때 일반적인 리더십과 차이가 없다고 할 수 있다. 즉, 리더십의 본질적인 측면에서 보면 거의 유사하다고 보는 입장이다.

그러나 리더십 정의의 차원보다 조금 더 구체적으로 살펴보면, 군 리더십은 일반적인 리더십과 사뭇 다르게 접근해야 한다는 점을 발견할 수 있다. 먼저, 목표 차원에서 살펴본다면 일반적인 리더십에서는 조직의 목표 추구와 구성원의 목표 추구 양자 모두를 중시한다. 오늘날 리더십에서 개인의 목표 추구를 무시하고 오로지 조직의 목표 추구를 우선시하는 것은 어려운 일이 되었다. 다행스럽게도 일반 사회의 기업이나 공동체의 경우, 조직의 목표와 개인의 목표가 이윤 추구 내지는 이익 추구라는 유사성을 더 많이 갖고 있기 때문에 조직과 개인에게 공통된 목표를 설정하는 것은 어려운 일이 아니다. 그러나 군대 조직의 경우 조직의 목표와 개인의 목표가 매우 이질적인 구조로 되어 있다. 부대는 전투력을 강하게 유지하고, 때에 따라서는 전투 임무를 수행해야 한다. 이 경우, 군인들은 생명의 위협을 받으면서도 임무를 수행할 것을 요구받는다. 군의 리더는 부하들의 개인적 이익에 반하는 방향임을 알면서도 그들을 이끌고 나가야 한다. 근본적으로 군 조직에서는 임무의 특성상 조직의 목표와 개인의 목표를 동일하게 유지해 나간다는 것은 매우 어려운 과업에 해당된다. 이처럼 목표 차원에서 이질적인 군대의 특성은 군의 리더에게 일반 사회의 리더와는 다른 특성과 행동을 요구한다.

〈표 11-1〉 각 군의 군 리더십에 대한 정의

구분	정의
미 육군	부여된 임무를 완수하고, 조직을 발전시키기 위해 목표와 방향을 제시하고, 동기부여시킴으로써 구성원들에게 영향력을 행사하는 과정(Department of the Army, 2006)
캐나다군	임무 완수에 기여하는 역량을 개발 또는 향상시키면서 다른 사람들이 직업적 전문성과 윤리성을 바탕으로 임무를 완수하도록 명령하고, 동기부여시키며, 실현 가능하도록 지원하는 것(Canadian Forces Leadership Institute, 2005)
한국군 육군	전·평시 임무를 완수하고 조직을 발전시키기 위해 구성원에게 목적과 방향을 제시하고, 동기를 부여함으로써 영향력을 행사하는 과정(육군본부, 2017)
한국군 해군	조직의 목표를 달성하기 위해 구성원들과 상호작용하면서 영향력을 미치는 과정(해군본부, 2018)
한국군 공군	핵심가치를 기반으로 공군인에게 나아갈 방향을 제시하고 자발적이고 지속적으로 공군 목표와 임무 달성을 위해 노력하도록 영향력을 행사하는 기술과 과학(공군본부, 2020)

출처: 최병순(2010).

　　군 리더십의 또 다른 차이점은 군의 리더에게 요구되는 특성과 행동 차원이다. 일반적인 리더십 연구들을 살펴보면, 어떤 연구들은 효과적인 리더의 특성을 다루는 한편, 다른 연구들은 리더의 행동을 분석한다. 또는 특성이나 행동들이 상황에 의해 어떻게 그 효과가 달라지는지에 대해 살펴본다. 특히 일반적인 리더십에서는 리더들에게 가치(Values), 자질(Atrributes), 품성(Character) 등과 같은 항목을 잘 요구하지 않는다. 그러나 미군과 한국군에서 다루는 리더십에서는 군의 리더들이 갖추어야 할 요소로서 자질(Attributes)과 역량(Competency)을 모두 다 요구한다. 특히 조직의 핵심가치를 강조하고 있는데 미 육군의 7대 가치와 한국 육군의 3대 가치가 그 예이다. 이러한 특징은 조직의 목표와 이질적인 목표를 갖고서 군 조직에 들어온 구성원들을 이끌고 나가야 하는 군 리더의 실질적인 상황을 반영한 결과로 보아야 한다.

　　군 리더십은 리더가 영향력을 미치는 과정에서도 차이를 갖는다. 일반적인 리더십에서는 Forsyth가 언급하였듯이 영향력을 미치는 과정이 상호적 · 교환적 · 변혁적 · 협동적 과정으로 이루어진다. 특히 교환적 과정은 매우 일반적으로 나타나는 영향력 과정이다. 그러나 군 조직에서는 교환적 과정을 표방한다는 것 자체를 꺼려한다. 군 조직에서는 군 구성원들이 '위국헌신' '봉사' '헌신' '충성' 등과 같은 보다 더 고차원적인 가치를 추구하는 것을 매우 중시한다. 군의 리더에게는 교환적 과정보다는 오히려 변혁적 과정이 더 강하게 요구된다.

　　이처럼 군 조직에서 나타나는 목표의 이질성과 리더에게 요구되는 속성들에서의 차이를 고려할 때, 군 리더십은 일반적인 리더십과 분명 다르게 이해되어야 할 필요가 있다.

2) 지휘, 통솔, 지휘통솔, 리더십의 관계

　　앞서 우리는 리더십과 관리의 구분에 대해 논의하면서, 리더십을 관리와 질적으로 다르며 상호배타적인 개념으로 보는 입장(Bennis & Nanus, 1985; Zaleznik, 1977)과 리더십을 관리의 한 범주로 보는 입장(Mintzberg, 1973)에 대해 소개하였다. 리더십을 관리의 한 범주로 보는 견해는 리더십을 매우 협의의 관점에서 바라보는 입장이다. 이와 유사하게 리더십은 영향력 행사 유형에 의해 두 가지 관점으로 설명한다. 먼저, 하나의 관점은 리더십을 협의의 관점에서 보는 것으로서 리더가 자신의 카리스마나 준거 권력 혹은 전문성에 기초하여 부하들로 하여금 진심에서 우러난 자발적인 복종을 행하도록 유도하는 것을 진정한 리더십이라는 보는 입장이다. 반면, 광의의 입장은 보상이나 처벌을 비롯한 합법적인 권한을 사용하여 부하를 통제하고 강제하는 것까지도 포함하여 모든 영향 방법을 리더십으로 인정하는 견해이다.

한국 육군에서 지휘(Command)는 미 육군의 개념을 그대로 차용하여 사용하고 있다. 한국 육군에서는 미군의 것과 동일하게 지휘란 '지휘관이 지휘권에 입각하여 합법적으로 부대를 이끌어 가는 일체의 행위'로 규정하고 있다. 여기서 지휘권이란 지휘관이 계급이나 직책을 통해 예하부대에 대해 합법적으로 행사하는 권한을 의미한다. 지휘에는 가용한 자원의 효과적인 이용, 부여된 임무 달성을 위한 부대의 운영계획, 편성, 지도, 협조, 통제를 위한 권한과 책임이 포함된다. 또한 예하 병력의 건강, 복지, 사기, 규율에 대한 책임 역시 포함된다. 미 육군은 『미 야교 6-0 임무형 지휘』에 명확하게 지휘의 주요 요소에 권한, 결심 수립, 리더십을 포함시키고 있다. 여기서 리더십은 '목적, 방향, 동기를 부여함으로써 장병들에게 영향을 미침과 동시에 그들이 임무를 달성하고 조직을 향상시키도록 이끄는 것'이다. 지휘관은 모범, 설득, 강요의 방법을 결합하여 부대를 이끌어 가며, 리더십은 궁극적으로 '의지의 강요'임을 강조한다. 이렇듯 미군을 비롯한 한국군에서는 지휘를 리더십을 포함한 개념으로 보고 있다. 다시 말해서 리더십을 협의의 관점에서 보고 있다.

군에서의 '통솔'은 '부하에게 믿음과 감동을 주어 동기를 유발하는 것'으로 정의하고 있다. 이렇게 보면 통솔은 협의의 리더십 개념과 완전히 일치한다. 그런데 한국군에서는 리더십을 '지휘통솔'과 같은 개념으로 사용하고 있다. 지휘가 더 넓은 개념으로서 리더십을 포함한다고 했는데, 지휘통솔을 리더십과 동격으로 사용한다면 개념의 혼돈을 초래하는 것이다. 따라서 리더십을 '지휘통솔'에 상응하는 개념으로 사용하는 것은 타당치 않으며, 오히려 '통솔'이라는 개념으로 사용하는 것이 타당하다.

독일연방군에서도 리더십을 협의의 개념으로 보고, 임무형 지휘가 효과적으로 이루어지기 위한 전제조건으로 규정하고 있다. 독일연방군에는 지휘원칙 내지는 지휘철학으로 강조되고 있는 내적 지휘(Innere Führung, 영어로 leadership and civic education의 의미)가 있으며, 내적 지휘는 임무형 지휘가 효과적으로 발휘될 수 있는 여건 조성의 기능을 수행한다. 내적 지휘에는 10개 하위 영역으로 구분되는데, 이들 중 한 영역이 리더십과 연관성이 가장 높은 인간 통솔(Menschenführung)이다. 이러한 입장은 앞서서 Mintzberg가 관리자의 10개 역할 중 하나로서 리더의 역할을 제시한 것과 같은 맥락이다. 독일연방군에 의하면 인간 통솔은 부하의 인격을 존중하고 솔선수범함으로써 자발적인 복종을 유도하는 기술이라고 정의한다. 일반 기업이나 사회 조직에서는 하급자가 상급자의 요구에 응하는 경우가 반드시 절대적인 복종을 의미하는 것은 아니다. 그러나 군에서의 지휘권은 부하로

하여금 절대복종을 요구한다. 전장과 같이 생사가 걸려 있는 위급한 상황에서 상급자의 명령에 대한 절대복종은 선택사항이 아니라 필수적인 전제조건이기 때문이다. 군 리더십은 이러한 절대복종이 강압에 의해서 이루어지기보다는 부하들의 자발적인 의지에 의해서 이루어지도록 만드는 기능을 수행한다. 결론적으로 독일연방군은 리더십의 개념을 통솔과 같은 개념으로 보고 있다.

결론적으로 종합하여 생각해 볼 때, 군에서는 지휘의 개념을 넓은 개념으로 사용하며 리더십은 통솔과 유사한 개념으로 지휘를 위한 하위 개념으로 보는 것이 타당하다. 따라서 군에서는 지휘통솔이라는 용어의 사용을 자제함으로써 개념상의 혼돈을 제거해야 한다.

3) 평시 리더십과 전장 리더십

앞서 우리는 군 리더십이 일반적인 리더십과 어떻게 다른가에 대해 살펴보았다. 그렇다면 군 리더십에는 평시 리더십(Leadership in Garrison)과 전장[1] 리더십(Leadership on the battlefield)이 구분되어 있는가? 이에 대해서는 다양한 의견이 있다.

첫 번째 의견은 전장 리더십과 평시 리더십을 구분하지 않는 것이다. 미군에게 전장 리더십에 대해 질문을 하면, 미군은 항상 전투를 하고 있는 군대이기 때문에 평시 리더십과 전장 리더십을 구분하지 않는다는 대답을 듣는다. 육군본부가 2016년도에 작성한 교범 『육군리더십』에서는 전장 리더십을 별도의 장으로 편성하였으나, 전장 리더십은 평시 리더십과 본질적으로는 동일하다고 보고 있다. 즉, 리더에게 요구되는 기본 자질과 핵심 역량은 평시 리더십과 전장 리더십 발휘에서 공통적으로 요구되며, 리더십 원칙도 공통적으로 준수된다고 보고 있다.[2]

두 번째 의견은 전장 리더십과 평시 리더십을 리더십 상황에 따라 구분하는 것이다. Quinn(1984, 1988)은 기존의 연구가 너무 결정론적이며 단순화된 시각에서 리더십을 연구한다고 논하면서 리더들이 상황에 따라 변화된 가치를 추구해야 한다는 경쟁가치 모델(competing values framework)을 제시하였다. 그는 리더들이 당면하는 상황을 크게 두 차

---

1) 전장(battlefield)이란 "작전, 전투, 교전이 전개되고 있거나 이와 직·간접적으로 관련되어 영향을 받을 것으로 예상되는 공간"을 의미한다. 전장리더십과 같이 사용되는 용어로서 전시 리더십이 있다. 전시 리더십은 전투 시기라는 시간에 한정된 리더십으로 볼 수 있다. 하지만 '전시'라는 개념에는 교전행위가 중단된 시기도 있기 때문에 오히려 시간 개념보다는 공간 개념에 따라 '전장(battlefield)'이라는 용어의 사용이 더 적절하다(육군본부, 2016).

2) 육군리더십 교범에서는 평시 리더십과 전장 리더십의 본질은 동일하다고 명시하면서도, 이어서 제시된 항목에서는 평시 리더십과 전장 리더십에는 분명한 차이가 있다고 명시하고, 전장 리더십이 상황적합적으로 발휘되어야 한다고 말한다.

원(집중화/통합-분권화/세분화, 사회기술시스템의 유지-전체 시스템의 경쟁)으로 분석하였다. Hunt와 Phillips(1991)는 Quinn의 상황분석 모델을 토대로 군사적 임무 수행 환경을 크게 두 차원(특이성-정례적, 고위험-저위험)으로 구분하고, 각 사분면에 처한 리더들이 어떤 역할을 수행해야 하는가에 대해 [그림 11-1]에서와 같이 명세하였다. 이 모델에 따르면, 특이하고 위험성이 높은 1사분면이 전투상황으로서 리더는 혁신자와 중개자의 역할을 수행해야 한다. 이때, 혁신자는 통찰력, 혁신, 적응력이 요구되며, 중개자는 외부 지원 및 자원의 획득과 조직의 성장에 대한 요구를 받는다. 반면에 정례적이고 위험성이 낮은 3사분면에서는 평시 부대를 지원하는 상황으로서 리더는 평가자와 조정자의 역할을 요구받는다. 이때, 평가자는 측정, 문서화, 정보 관리의 요구를, 조정자는 안정성 유지, 통제, 지속성의 요구를 받는다.

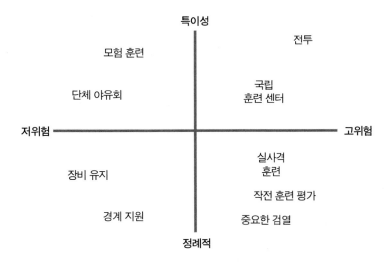

[그림 11-1] 평시와 전시 리더십 모델(Hunt & Phillips, 1991)

세 번째 의견은 군사적인 임무 수행과 군대의 특수한 환경과 여건을 고려하여 전장 상황에 적합한 리더십을 설정하는 것이다. 이러한 입장의 연구는 대부분 전투, 재난, 해외파병 등과 같은 위기상황에서 요구되는 리더의 특성과 행동 역량을 조사하여 모델을 구성하거나, 위기상황에서 성과를 보인 리더를 연구한다. 오윤진(2003)은 월남전 참전용사를 대상으로, 최병순(1988)은 월남전과 6·25 참전용사를 대상으로 전장에서의 효과적인 리더 행동을 조사하였으며, Anderson(1980)은 소방대원을 대상으로 모의 극한 상황에서의 리더십을 연구하였다. 또한, Kolditz(2007)는 이라크전, 고산 등반, 정글 탐험, 고공 낙하 등과 같은 위험한 상황에서의 효과적인 리더십을 연구하였다.

이처럼 평시 리더십과 전시 리더십의 관계에 대해 여러 가지 관점이 제기되고 있지만, 여전히 우리에게 중요한 과제는 전시를 대비하여 평시에 어떻게 리더십을 발휘하여야 하는가에 대한 답을 구하는 것이다. 이에 Ötting(1988)은 평시에 장병들의 근무 동기를 유발시키는 방안을 다음과 같이 제시하였다.

첫째, 군대는 실존적 의미를 명확히 해야 한다. 실존적 의미는 앞에서 언급하였듯이 이전의 사회적 자명성이다. 오늘날도 위협이 상존하는 지역의 국가에서는 국가 방위와 그에 따른 목표 설정의 합법성이 자동적으로 의미를 갖지만, 민주주의적 산업 국가에서 이러한 자명성은 이미 1차 대전 이후부터 사라져 버렸다. 현대 산업 국가의 시민들은 과거에 비하여 자유롭고 영화로운 삶 속에서 성장하였기 때문에 그들의 자유와 번영이 외부로부터 위협받는 것을 기피하려는 경향이 있다. 이 때문에 최소한 군대 자체 내에서 합법성의 문제에 답하려는 시도가 제한된 효과만을 갖는다.

둘째, 가시적인 위험이 존재하지 않는 민주주의적 산업 국가에서 사람들로 하여금 군에 관심을 갖게 하고 군대 활동에 참여하게 만드는 것은 경제적인 요소, 즉 복지 개선을 통하여 가능하다. 여기에는 일반 사회와 비교하여 봉급체계를 개선하고, 자유시간의 요구를 충족시켜 최소한이나마 군 복무 후 사회 직업에 적용 가능한 교육, 사회적 신분 상승의 기회 제공 등이 해당된다. 무엇보다도 병사들을 흡수하기 위해서는 상급자와 하급자 간의 관계에서 적절한 대화가 요구되고, 익숙하지 않은 근무 요구에 접근하는 것을 배려하고 잘못된 행위 시 적절한 제재 조치를 가하는 것이 필요하다.

셋째, 교육과 훈련 분야에서는 끊임없는 교육학적 개선이 이루어져야 한다. 성인을 대상으로 하는 교육에서는 참가자들의 자발성이 매우 중요하다. 의무 복무로 군에 온 병사들을 대상으로 한 교육에서는 최소한 어느 정도의 개인적인 유용성이 내포되어야 하고 무엇보다도 흥미롭게 구성되어 병사들이 자발적으로 참가하도록 유도하여야 한다. 이를 위해서는 상당한 노력이 요구된다. 물론, 군 복무를 지루한 것이 아니라고 느끼게 하는 데는 한계가 있다. 그렇지만, 교육 시스템을 잘 조직화함으로써 하위급 제대에 더 많은 재량을 부여하고 시간 때우기라는 인식을 뜯어고치는 노력을 통하여 군생활에 대한 만족도를 향상시킬 수 있다.

넷째, 전우애의 고취이다. 전우애는 전투 시에만 중요한 것이 아니라 평시 근무에도 필수적인 요소이다. 전우애는 부대 생활과 근무를 통하여 어느 정도 자동적으로 생성되지만 교육을 통하여 더 강도 있는 전우애의 형성을 고취시킬 수 있다.

3. 위기상황에서 효과적인 리더십

이 장에서는 전장 리더십을 평상시의 리더십과 다르게 설정한 의견에 기초하여 위기상황에 효과적인 리더십에 대해 살펴보고자 한다. 여기서 위기상황이라 함은 전투상황 뿐만 아니라 해외파병, 테러, 공황, 천재지변에 의한 재해 상황 등을 의미한다.

위기상황에서 효과적인 리더십을 다루는 연구들은 연구방법 면에서 크게 세 가지 유형으로 구분된다.

첫 번째 유형은 전쟁이나 위기상황에서 성공적인 업적을 남긴 리더들을 분석하는 것이다. 전쟁 중에 활약한 명장의 사례를 연구하면서, 성공과 실패 사례에 나타난 리더의 특성이나 행동을 파악하는 것이다. 이러한 접근 방식은 효과적인 리더십에 대한 경험적이고 요소적인 접근이라고 볼 수 있다. 이 접근이 갖는 한 가지 문제점은 사례에서 관찰되지 않은 특성이나 행동에 대한 논의가 없다는 점이다.

두 번째 유형은 상황 부합 이론 차원에서 효과적인 리더십 유형을 분석하는 것이다. 그 예로서 카리스마 리더십과 변혁적 리더십 중에서 전시에 더 효과적인 리더십은 무엇인지를 살펴보는 방법이다. 또한 부하의 성숙도에 따라서 리더가 취하는 관계 지향적 행동과 과업 지향적 행동의 정도가 달라져야 한다는 Hersey와 Blanchard의 상황적 리더십 이론을 살펴볼 수 있다. 하지만 이러한 접근 방식은 리더 변수를 이분법적 혹은 삼분법적인 방식으로 구분하기 때문에 리더의 특성이나 행동을 너무 단순화시키고, 아울러 지휘행동 범위를 부하와의 상호작용에만 한정시키고 있다는 지적을 받기도 한다.

세 번째 유형은 보다 다양한 리더의 행동 유형을 설정하고 전시에 효과적인 행동 유형들을 선택하는 방식이다. 즉, 평시에 강조되는 리더의 자질과 역량 중에서 전시에 더 강조되는 요소를 구분하는 방법이다. 이러한 방식의 연구는 일반적으로 전투 참가 경험이 있는 사람이나 훈련 경험이 풍부한 사람들을 대상으로 이루어진다. 다음은 앞서 언급한 각각의 유형에 대하여 좀 더 자세히 살펴보도록 한다.

1) 전사 기록의 분석을 통한 연구방법

전사 기록을 통하여 전시에 효과적인 리더십을 도출하는 방식은 크게 두 가지로 구분된다. 한 가지 방법은 전사에 기록된 성공적인 전투 사례를 분석하여 전투를 승리로 이끌었던 리더의 결정적인 행동 특징을 도출하는 것이다. 이 방식은 리더의 특성과 행동에 관한 기존의 틀을 바탕으로 접근하기보다는 다소 귀납적인 방식으로 접근하는 것으로서 경험적 관찰 자료가 다양하게 구축될 수 있는 반면에, 리더의 특성과 행동 분야 전체에 대한 평가에 한계가 있다. 다른 한 가지 방법은 기존에 잘 정립된 리더상의 구성 요인을 전사 기록을 통하여 검증해 나가는 방식이다. 이 방식은 리더상에 대한 전체적인 평가가 가능하다는 장점이 있지만, 한편으로는 분석의 다양성에서 다소 제한된다는 단점을 갖는다.

〈표 11-2〉에 제시된 내용은 앞에서 설명한 두 가지 방식 중에서 첫 번째 방식에 의한 것으로서, 육군대학의 지휘통솔 교육과정에서 사례분석을 통하여 도출한 리더 특성과 행동 특징을 예시한 것이다. 예시된 일부 요소는 리더의 역할이나 행동과 관련된 것들이지만, 일부 다른 요소는 리더 차원이 아닌 리더십 효과 차원에서 언급되기도 하였다.

〈표 11-2〉 전사 사례연구에서 도출된 리더의 특성과 행동

전투 사례	효과적인 리더의 행동과 특성
장진호 전투	비전, 의사소통, 솔선수범, 단결/사기, 책임감
유학산 전투	솔선수범, 신뢰, 언변력, 의사소통, 책임감
진천지구 전투	카리스마, 의사소통, 신뢰, 사기, 솔선수범
현리 전투(패인)	솔선수범, 책임감, 단결/사기, 건전한 판단 등이 부재
이순신의 노량해전	솔선수범, 창의성, 신뢰, 책임감

〈표 11-2〉을 보면, 전사 기록 분석에서 가장 우선적으로 언급되고 가장 빈번하게 언급되는 것은 '리더의 솔선수범'이다. 전투상황에서 지휘관의 솔선수범은 진두지휘를 말한다. 솔선수범의 중요성은 6·25 전쟁 경험에서만 언급되는 것이 아니라 동서를 막론하고 역사적인 경험에서 공통적으로 강조되고 있다. 『평상시의 지휘관, 유사시의 지휘관』을 저술한 Sassa Atsuyuki(1995)는 위급한 상황일수록 리더는 '현장 지휘관'이라는 의미로서 'Hands on manager'가 되어야 하며, '손을 더럽히지 않는 지휘관'이라는 의미로서 'Hands off manager'가 되는 것을 경계해야 한다고 주장한다(조학제, 1999). 두 번째는 책임감이다. 아무리 어려운 상황에서도 임무를 완수하겠다는 지휘관의 의지와 부하의 안위에 대한 지휘관의 책임 있는 행동은 리더와 부하 간의 군건한 상호 신뢰를 구축하고 강한 단결력을 형성하는 원동력이 된다. 세 번째는 의사소통이다. 상하 간의 긴밀한 정보교환은 구성원 전체가 집단이 처한 상황을 정확하게 인식하게 해 주며, 비전을 공유하고 공감하기 위한 기초가 된다. 아울러 의사소통은 같은 계층 내에서도 상호 간의 의사소통을 통하여 공

고한 단결을 구축하게 해 준다.

한편, 박연수와 심재광(2006)은 앞서 설명한 첫 번째 방식과는 달리 리더의 자질과 역량의 구성요소에 관한 준거 틀을 기준으로 이순신 장군의 지휘통솔 원칙을 평가하였다. 이연구에서는 이순신 장군의 가치관이 검증되고, 특성으로서의 인격적 속성과 행동화 역량이 검증되었다. 이들은 이순신 장군의 가치관을 충성, 정의, 인간애, 책임과 의무, 용기 차원에서 검증하고, 인격적 속성은 지성, 정서, 의지 차원에서 고찰하였다. 그 결과 창조적지성, 부동의 침착성, 필승의 신념과 불굴의 정신이 강조되었다. 이순신 장군의 행동화 특징으로는 합목적적 지휘통솔, 인재의 존중과 활용, 개방적 지휘통솔, 기강 확립과 사기 고양, 솔선수범, 합리적 지휘통솔 등이 언급되었다.

2) 상황 부합 이론에 기초한 연구방법

모든 상황에서 효과적인 리더 특성과 행동 특징을 찾으려고 시도되었던 리더십 특성 이론이나 행동 이론과는 달리, 리더십의 상황 부합 이론은 리더 특성과 행동의 효과가 상황 변인들에 의하여 영향을 받는다고 전제하고 있다. 특성이론에서 대표적인 상황 부합 이론은 Fiedler의 LPC 모델이며, 행동 이론에서는 House의 경로−목표 이론, Hersey와 Blanchard의 상황적 리더십 이론, Kerr와 Jermier의 리더십 대체 이론, Yukl의 다중 연결 모델 등이 있다. 예로서, Hersey와 Blanchard의 상황적 리더십 이론은 부하들의 성숙도 수준을 4단계로 구분하고 각각의 수준에 효과적인 리더의 행동 유형을 제안한다. 전투상황에서 새로 충원된 신병들이 주류를 형성하는 부대 지휘 상황은 부하 성숙도 수준이 가장 낮은 1단계 상황이므로 리더는 부하들에게 일하는 방법에 대해 일일이 '지시(telling)'해 주어야 한다. 즉, 역할을 명시해 주고 목표와 기준, 절차를 설정해 주는 등 주로 과업 지향적 행동에 주력해야 한다.

일부 연구는 위기상황에서 효과적인 리더십으로 카리스마 리더십을 제안한다. 이들에 따르면, 극단적으로 존경을 받고 부하들로 하여금 무조건적으로 복종하고 신뢰하게 하는 카리스마적인 리더들이 비정상적인 육체적 · 감정적 노력을 요구하는 상황이나 위기가 항상 존재하는 전투상황에서 높은 리더십 효과를 나타낸다고 한다. 아울러 카리스마적 리더십은 부하들의 과업이 중요한 이념적 요소를 갖고 있을 때 더 적절하다고 본다. 어떤 군조직이건 간에 그 목표는 국가적인 이상과 목적을 수호 · 유지하고, 개인보다는 집단의 가치를 추구하며, 또한 임무완수에 있어서는 무조건적인 복종을 요구하기 때문에 카리스마적인 리더십은 특히 군대 장면에서 효과적이라는 주장이다(신응섭 외, 1999).

House(1977)가 제시하는 카리스마적인 리더의 주요 특징은 다음과 같다. 먼저 카리스마적 리더는 극단적으로 높은 수준의 자기신뢰성, 지배성에 대한 강한 욕구, 자기 신념의 도덕적 정당성에 대한 강한 확신 등이 있다. 카리스마적인 리더는 부하들이 리더를 능력 있고 성공적인 리더로 보도록 인상을 관리한다. 카리스마적인 리더는 부하들의 가치나 이상을 조직 목표와 관계된 이상적인 목표로 결집시킨다. 카리스마적인 리더는 부하들이 모방하도록 자신의 행동 모델을 제시한다. 카리스마적인 리더는 부하들의 수행에 대해서 높은 기대를 가지고 의사소통을 하는 동시에 부하들에 대한 자신감을 표현한다. 카리스마적인 리더는 집단 업무에 관련된 동기들을 고양시키는 방향으로 행동한다.

3) 전장 리더십에 대한 설문조사 연구

최병순(1999)은 전투상황에서 효과적인 지휘행동에 관한 연구 문헌을 조사한 결과, 다음 〈표 11-3〉에 보는 바와 같이 리더가 과업과 인간관계 양 차원 모두에 관심을 가져야 함을 시사하고 있다.

〈표 11-3〉 전투상황에서 효과적인 지휘행동(최병순, 1999에서 인용)

연구대상	효과적인 지휘행동	연구자
공군	관심, 구조 주도	Haplin(1966)
소방대원	과업 지향적인 행동	Anderson(1980)
해군/공수부대	전문적 권력의 행사	Mulder(1971)
모의전투상황	단호한 대응, 명확한 지시, 솔선수범, 관심	Heleme et al. (1971)

박호순(2002)은 전시 및 전투상황에서의 지휘행동을 진단하고, 부하의 특성이 리더의 지휘행동 효과에 미치는 영향 정도를 검증하였다. 이를 위해 월남전에서 실전 경험이 있는 무공훈장 수훈자들을 대상으로 설문조사를 하였으며, 6 · 25 전쟁과 월남전 그리고 국내의 대 간첩 작전 기록에서 자료를 발췌하였다. 그 결과, 지휘행동 유형에 있어서는 과업 지향적 행동과 배려적 행동 모두가 리더십 효과에 영향을 미치는 것으로 나타났다. 특히 과업 지향적 행동은 배려적 행동보다 상대적으로 더 효과적인 것으로 밝혀졌다. 이 연구를 통하여 검증된 전투상황에서 효과적인 리더 행동은 문제해결과 위기 관리, 동기 유발,

부하에 대한 관심, 인화단결 등 네 가지로 나타났다.

최병순(1999)은 Yukl의 지휘행동 분류법을 채택하여 지휘행동 유형을 13개 차원으로 분류하고 전시와 평시에 효과적인 지휘행동 유형을 계급에 의한 계층별(소대장, 중대장, 대대장)로 조사하였다. 연구에 사용된 13개 지휘행동 유형은 다음과 같다.

- 정보의 전파
- 계획 및 조직화
- 문제해결 및 위기 관리
- 역할 과업의 명확화
- 동기부여
- 인정 및 보상
- 교육훈련과 훈계
- 권한 위임 및 참여
- 확인 감독
- 부하에 대한 관심
- 인화단결
- 대표로서의 역할
- 섭외 활동

조사 결과 평시 상황에서 효과적인 지휘행동은 인화단결, 인정 및 보상, 교육훈련 및 훈계 행동 등 주로 대인관계와 관련된 행동이었으며, 전투상황에서는 역할 및 과업의 명확화, 계획 및 조직화, 확인 감독, 문제해결 및 위기 관리 등과 관련성이 높은 지휘행동이 효과적인 것으로 나타났다.

4) 야전 교범 및 리더십 전문가 의견

육군 지휘통솔 교범(야교 6-0-1)은 역사적으로 성공한 전투지휘 사례를 통하여 위기상황에서의 리더십이 갖추어야 할 요소에 대해 설명한다. 그 첫째는 도덕적 용기이다. 전투 시 전장의 상황을 올바르게 판단하여 자신의 안전에 집착하지 않고 더욱 위험한 임무를 스스로 찾아서 행하는 도덕적 용기는 지휘관이 구현할 수 있는 책임감의 중요한 요소이다. 두 번째는 과단성이다. 지휘관은 가능한 한 정확한 정보를 수집하고 예상치 않았던 상황이 발생하였을 경우 짧은 시간에 결단을 내릴 수 있도록 준비해야 한다. 세 번째는 고도의 용기이다. 전장에서 지휘관은 몸을 사리지 않고 부하들에게 앞장서는 용기로써 전투의지를 보여 주어야 하고 그러한 지휘관의 행동에 의하여 부하들의 신뢰와 사기가 높아진다. 네 번째는 냉정과 침착이다. 지휘관은 어떠한 상황에서도 침착하고 여유가 있는 모습을 부하들에게 보임으로써 그들이 자기가 처해 있는 상황이 그렇게 두려워할 정도는 아니라는 확신을 갖게 해야 한다. 다섯 번째는 인기에 영합하지 않는 것이다. 부하들의 기호에 맞춰서 임무를 부여하는 소심한 지휘관, 일시적인 인기와 불평에 동요하는 지휘관의 태도는 책임을 망각한 행동이며 유사시 자신과 부하들의 생명을 보장할 수 없다.

김세영(2003)은 전시 리더의 효과적인 리더십 행동 전략으로 다음의 네 가지를 제안하였다. 그중 첫째는 미래에 대한 공유할 수 있는 비전의 제시이다. 비전은 조직의 핵심가치와 믿음, 목적, 사명을 제공하기 때문에 비전의 공유가 없이는 전쟁에서 리더의 어떤 리더십도 효과적일 수가 없다. 둘째는 원활한 의사소통을 통한 의미의 창출이 중요하다. 비전의 불가피성과 그 내용을 몇 번이고 조직 구성원들에게 전달하여 여기서 파생되는 조직의 핵심가치, 진정한 임무와 사명을 이해하도록 하여야 한다. 셋째는 신뢰의 구축이다. 신뢰는 조직 구성원에게 개방적인 태도, 위험을 기꺼이 감수하고자 하는 자세, 혁신적인 생각과 행동을 이끌어 주며, 높은 수준의 협력을 가능케 하는 가장 본질적인 요소이다. 넷째는 자기관리이다. 전쟁에서 성공적인 리더는 군인의 인격에 손상됨이 없도록 스스로를 관리하며, 자신의 강점과 약점을 알아서 약점을 강점으로 보완하여 나가야 한다.

Kolditz(2007)는 이라크전 참전부대, 고산 등반대원, 정글 탐험대, 고공낙하팀, 특수전부대, FBI 대원을 대상으로 위험상황에서 효과적인 리더십을 연구하였다. 그는 위험상황에서는 부하를 동기부여시키는 데 큰 노력을 들일 필요가 없다고 본다. 그 이유는 위험상황 자체가 전투에 몰입하게 만들기 때문이라고 설명한다. 또한 위험상황에서 효과적인 리더는 진두지휘하고 부하들과 동고동락하며 임무 수행 능력을 갖추고서 부하와의 신뢰를 형성하고 서로 간에 충심을 갖는 지휘관이라는 점을 강조한다.

5) 기존 문헌연구 결과 종합

지금까지 우리는 전사 기록에서 강조되는 리더의 행동과 리더십 이론 측면에서 효과적인 것으로 평가된 리더십 유형과 전시상황에 효과적인 리더의 특성과 행동에 대한 설문조사 결과에 대하여 살펴보았다. 연구접근 방법에 따라 제각기 다른 리더 특성과 행동을 제안하고 있으며, 일부 연구 결과는 리더십의 원인이 되는 리더의 행동이나 특성에 대해서 언급하기보다는 리더십의 결과에 해당하는 '인화단결'이나 '사기'에 대해 언급하기도 하였다. 지금까지 설명한 전시에 효과적인 리더십에 대한 연구 결과들을 종합하면 [그림 11-2]와 같다.

[그림 11-2]에는 리더가 갖추어야 할 가치관과 특성, 리더의 행동 방략, 리더십의 중간 목표, 리더십의 궁극적인 목표가 제시되어 있다. 리더의 가치로서 도덕적 용기, 책임감, 신념이 제시되고, 속성으로는 판단력, 표현력, 창의성, 침착함, 과단성, 강인함, 자신감이 언급되었다. 리더의 행동 방략은 문제해결 및 위기 관리 능력, 계획 및 조직화, 역할 및 과업의 명료화, 합리적인 업무 처리와 같은 과업 지향적인 행동과, 개방적 마인드, 의사소통, 부하에 대한 관심, 솔선수범과 같은 관계 지향적 행동이 강조되었다. 동기유발을 하고 비전을 제시하며 카리스마적인 리더십을 발휘해야 한다는 주장도 있다. 리더십의 결과로 신뢰 구축, 사기, 인화단결이 선정되고 궁극적인 목표는 안전과 승리로 나타났다.

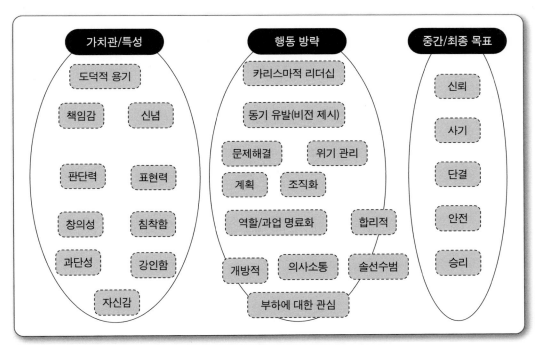

[그림 11-2] 전시 리더십 관련 기존 연구 문헌에 나타난 리더의 특성과 행동

4. 군에서의 리더십 역량 모형

1) 리더십 역량

이 책의 전반부에 해당되는 이론 분야에서는 주로 효과적인 리더의 특성이나 행동에 대

해 논의하였다. 그러나 최근까지 군에서 다루어지는 리더십 관련 문헌에서는 특성이나 행동이라는 표현보다는 '역량(competency)'이라는 표현을 더 즐겨 사용한다.

역량이라는 개념은 1970년대에 하버드 대학교 심리학과의 사회심리학자인 McClelland가 당시 지적 능력 중심의 선발이 갖는 문제점을 비판하고, 대안으로서 제시한 개념이다(최병순, 2010). 역량은 전공 분야와 연구 목적에 따라서 각기 다르게 정의되고 있지만, McClelland에 의하면 역량이란 "조직이 추구하는 가치나 비전을 달성할 수 있도록 업무를 성공적으로 수행해 낼 수 있는 조직원의 행동 특성"을 의미한다. 역량은 업무 성과의 연계성을 가지며, 관찰과 측정이 가능하게 표현되고, 기술이나 특성, 동기와 태도 등을 포함한다. 리더에게 요구되는 역량은 직위에 따라 상이하며, 나라별로 군에서 강조되는 역량에 조금씩 차이가 있다.

직위에 따라 수행하는 업무의 성격이 다르고 상호작용하는 대상이 달라지기 때문에 직위별로 요구되는 역량이 다르다. 여기에 가장 잘 알려진 이론은 Katz(1974)의 세 가지 기술 유형론이다. Katz는 모든 리더에게 공히 개념 능력과 실무 능력 그리고 대인관계 능력이 다 요구되지만, 효과적으로 리더십을 발휘하기 위해서는 세 가지 능력의 요구 정도가 직위에 따라 달라져야 한다는 것을 강조한다. 군에서 직위의 구분은 다소 의견 차이가 있지만, 하급 관리자는 위관과 부사관을, 중간 관리자는 영관장교를, 상급 관리자는 장군급을 의미한다. 미군과 한국 육군은 리더에게 요구되는 특성으로 자질(Attributes)과 역량(Competence)을 제시하고 있다. 그러나 독일군의 경우에는 역량 개념을 구체적으로 언급하지는 않고 있다.

2) 미 육군 리더십

미 육군은 평시 리더십과 전장 리더십을 구분하지 않고 단일한 리더십 모델을 발전시켜 왔다. 미 육군은 1999년도에 『ARMY LEADERSHIP: BE, KNOW, DO』라는 제목으로 교범 FM 22-100을 발간하였다. 이 교범에서 리더들은 "인성(Character)과 역량(Competency)을 갖추고 전장에서 승리할 수 있는 힘을 키움으로써 최우수성을 보이고 국가방위에 헌신"해야 한다는 점이 강조되었다. 여기에서 'BE'는 인성(Character)으로서 미 육군의 7대 가치(Value)와 신체적ㆍ정신적ㆍ정서적 특성을 포함한 품성(Attributes)을 의미하고, 'KNOW'는 개념적 기술, 대인관계 기술, 전문적 기술, 전술적 기술을 포함하는 기술(Skill)을 의미하며, 'DO'는 영향력을 미치고 임무를 수행하며 향상시키는 활동을 지칭한다. 즉, 미 육군의 리더십은 리더가 익히고(Be), 배우는(Know) 데 그치지 않고 결국은 행동으로 실천(Do) 해야 한다는 것을 강조한다. [그림 11-3]은 Be-Know-Do 개념에 기초하여 구성된 리더십 요구 모델이다.

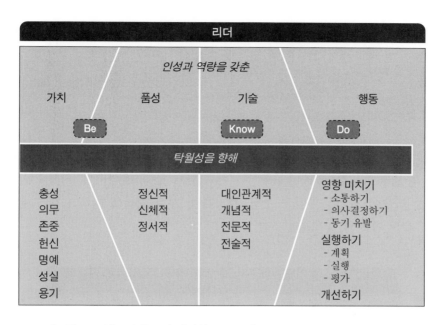

[그림 11-3] 미 육군의 리더십 요구 모델(미 육군 FM 22-100, 1999)

미 육군은 2006년에 기존의 모델을 다소 수정하여 [그림 11-4]와 같이 새로운 리더십 모델을 제시하였다. '육군 리더십(Army Leadership)'이라는 표제는 동일하나 부제가 수정되었다. 1999년에는 'Be, Know, Do'라는 부제를 사용하였으나, 2006년도에는 '유능하고, 자신감 있고, 명민한(Competent, Confident, and Agile)'이라는 부제를 사용하였다. 아울러 리더에게 요구되는 종합적인 상(像)으로서 '리더십 요구 모델'이라는 명칭을 사용하였는데, 이 명칭은 2006년도에도 동일하게 사용하였으나 세부적인 구성에서는 상당한 변화가 있었다. 먼저 1999년도에는 품성과 역량이라는 범주를 사용하였으나, 2006년도에는 오히려 품성(Attributes)과 핵심 역량(Core Competencies)이라는 범주를 사용하였다. 1999년도에는 인성(Character)이 품성(Attributes)을 포함하는 상위 범주로 명시되었는데, 2006년도에는 인성이 품성의 하위 범주로 수정되었다. 즉, 품성(Attributes)을 상위 개념에 두고 그 안에 인성과 기술에 해당되는 요인들을 포함시켰다. 과거에 구분하던 'Be'와 'know'를 합쳐서 품성(Attributes)으로 표현하였다. 1999년에 'Be'에 해당되었던 영역과는 달리 2006년

도에는 '품성'에 해당되는 영역에 종전까지 언급되지 않았던 두 가지 요인이 새롭게 부각
되었다. 하나는 '전사 정신(Warrior ethos)'이고 다른 하나는 '회복탄력성(Resilience)'이다.
또한 1999년에 'Know'에 해당되었던 네 가지 기술(개념적, 대인관계적, 전문적, 전술적)은 원
래 Katz의 세 가지 기술 유형론의 개념에 기초하였는데, 이 부분이 2006년도에는 자질의
세 번째 항목인 '지적 능력을 갖춘 리더'로 표현되었다. 비록 외형적인 모습은 달라졌으나
본질적으로는 기존의 세 가지 기술을 표현하고 있다. 정신적 민첩성과 건전한 판단 그리
고 혁신 능력은 기존의 개념적 기술에 해당되며, 대인관계 능력과 분야별 업무지식은 그
대로 유지되었다.

행동화(Do)에 해당되는 부분인 역량은 핵심 역량으로 개칭되었으며, 내용면에서도
'Leads-Develops-Achieves(이끌기-개발하기-성취하기)'로 새롭게 정리되었다. '이끌기
역량'에는 타인을 이끌기, 지휘 계통을 넘어선 영향력 확대, 솔선수범, 의사소통이 요구되
었다. '개발 역량'에는 긍정적 환경 조성, 자기계발, 부하 개발(상담, 코칭, 멘토링) 등이 요
구되었다. '성취 역량'에는 결과 도출이 요구되었다.

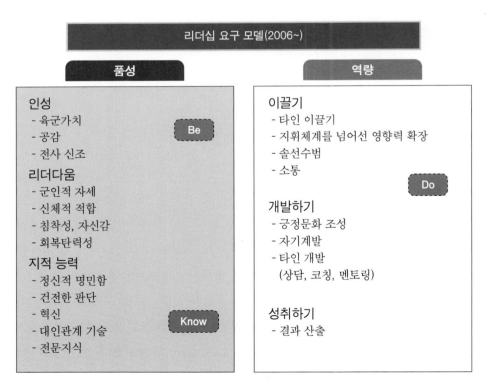

[그림 11-4] 미 육군의 리더십 요구 모델(미 육군 FM 6-22, 2006)

미 육군의 리더십 개념은 1999년도의 모델과 비교하여 볼 때 상당한 수준으로 발전되었다고 볼 수 있다. 혼돈스러운 개념을 정리하고 위계 관계를 제대로 정립하였으며, 전사 정신이나 군인으로서의 외적 자세와 같이 군 리더십에 특수한 요인들을 강조하였다. 개발 역량은 변혁적 리더십의 개념을 도입하여 자기계발과 더불어 부하들을 개발시키고 여건을 조성하는 것을 강조하였다. 이러한 변화를 살펴보면 미 육군의 리더십 개념 체계는 군 조직에만 적용되는 요인뿐만 아니라 일반 사회의 리더십 개념까지 통합하여 정립된 것이라는 것을 알 수 있다.

3) 독일군 리더십

독일연방군의 리더십은 크게 두 가지 측면에서 살펴볼 수 있다. 하나는 독일연방군을 이끌어 가는 지휘철학과 지휘원칙에 관한 것이며, 다른 하나는 리더십 역량에 관한 것이다.

(1) 독일연방군의 지휘철학과 지휘원칙

독일연방군의 지휘철학과 지휘원칙을 이해하기 위해서는 독일연방군을 이끌어 가는 두 가지의 지휘원칙 내지는 지휘철학에 해당되는 개념에 대한 이해가 필요하다. 하나는 임무형 전술의 개념에서 진화적으로 발전된 '임무에 의한 지휘(축약하여 임무형 지휘)' 개념이며, 다른 하나는 임무형 지휘가 효과적으로 작동되게 하는 기반 조성으로서 '내적 지휘'이다.

임무형 지휘는 "주어진 임무를 효과적으로 달성하기 위하여 지휘관은 명확한 의도, 부하의 달성 가능한 임무 및 목표를 포함한 임무형 명령을 제시하고, 가용한 자원을 제공하며, 부하는 임무형 명령에 기초하여 자율적이고 창의적으로 임무를 수행하는 개념"이다(국방부, 2016). 기본적으로 임무형 지휘는 모든 것을 상급 부대가 세세하게 지시하고 관리하는 통제형 지휘가 제대로 작동되지 않는 상황, 예를 들어 통신체계가 원활하게 유지되지 않는 전투상황 등에서 효과적으로 작동되는 지휘방식이다. 임무형 지휘가 유사시에 제대로 작동되기 위해서는 평시에도 임무형 지휘에 익숙해져 있어야 한다. 임무형 지휘를 구사하는 데 반드시 유지되어야 하는 원칙 여섯 가지가 있는데, 그 원칙들은, ① 상호신뢰 형성, ② 전술적 공감대 형성, ③ 명확한 지휘관 의도 전달, ④ 보장된 주도성 발휘, ⑤ 임무형 명령 사용, ⑥ 발생 가능한 위험 감수이다. 임무형 지휘의 원칙은 평상시에 원활하게 작동되어야 위급한 상황에서도 작동될 수 있는데, 이러한 원칙들이 실제적으로 작동되는 데 결정적인 영향을 주는 것이 바로 내적 지휘이다.

[그림 11-5] 임무형 지휘와 내적 지휘 그리고 리더십의 관계

독일어로 내적 지휘(Innere Führung)는 영어로 '리더십과 시민화 교육'을 의미한다. 내적 지휘의 목적은 군 조직 차원에서 '문민통치'를 구현하고, 구성원 차원에서는 '제복을 입은 시민'의 개념을 정착시키는 것이다. 이는 과거 나치 정권에 의해 군이 이용당하는 과오를 다시는 반복하지 않아야 한다는 역사적 반성에서 출발하였으며, 의회에 의해 군이 감독되어야 한다는 정신을 반영하고 있다. 또한 내적 지휘는 구성원들이 군인이면서도 독일 기본법에 의해 시민의 권리를 보장받는 자유로운 인격체인 '제복을 입은 시민'이라는 개념을 구현시키고자 한다. 엄밀하게 보면 독일연방군의 내적 지휘는 미국식의 관점에서 정의하는 '협의의 리더십'과 더불어 부대를 관리하는 지휘관이 지켜야 하는 원칙을 규정한 것이다.

내적 지휘는 크게 정당화(Legitimation), 통합(Integration), 동기화(Motivation), 내적 질서 형성(Gestaltung der Innere Führung)이라는 네 가지 목표를 갖고 있으며, 군의 제반 업무가 이 네 가지 목표에 조율되어 있다. 첫째로 정당화는 군 구성원들이 군사적 임무, 군인 각자의 임무, 나아가 부대의 임무 등을 명확하게 이해하도록 하고, 군 복무에 대한 윤리적 규범, 정치적·법적 근거와 이유를 인식토록 하는 것이다. 둘째로 통합은 군과 사회의 통합을 의미하는 것이다. 연방군이 국가와 사회에 소속될 수 있도록 지속적으로 도와주고, 독일의 안보와 국방정책에 따른 연방군의 임무에 대해 국민이 이해할 수 있도록 도와준다. 셋째로 동기화는 장병들이 성실하게 군 복무를 수행할 수 있도록 준비시키며, 자발적인 규율 준수, 책임감, 협동력을 강화하고 부대의 규율과 단결을 유지하게 하는 것이다. 넷째로 내적 질서 형성은 군의 질서를 법 질서에 조율하고 효율적인 임무 수행 능력을 배양하는 것이다. 또한 이것은 군법, 규정, 군인참여법, 징계규정 등과 교범, 방침 등을 통하여 인권을 보장하고 자유를 최소한으로 침해하며 효과적이고 합법적으로 운영되도록 한다(김용주, 채정민, 2016).

내적 지휘는 인간 통솔(Meschen Führung)이라는 협의의 리더십 교육, 군사적 활동의 정당성과 필요성을 자각케 하는 정치 교육, 지휘행동이 법과 규정에 의해 이루어지도록 하는 군법 교육, 교육과 훈련에 관련된 지휘원칙, 부하의 복지에 관한 원칙들, 종교행사와 의무활동에 관한 원칙들, 조직 및 인사운영과 관련된 원칙들 그리고 구성원들에게 충분한 정보 제공에 관한 원칙들을 교육시키고 실제 부대 관리에 적용될 것을 요구한다. 내적 지휘는 인간 통솔을 포함하여 모두 10개 영역에 대해 행동지침을 제공하고 있다(〈표 11-4〉).

〈표 11-4〉 독일연방군 내적 지휘 적용 10개 영역과 내용

영역	내용
인간 통솔	협의의 리더십이며 기본법에서 강조되는 인권, 평등, 공정, 책임, 관용의 개념을 강조한다. 또한 신뢰 구축, 공감 능력, 부하들을 이해하려는 노력, 부하들과의 교감과 참여 등을 강조한다.
정치 교육	군 복무 및 군사적 활동의 정당성을 인식시킨다. 자유민주주의의 질서와 가치 및 규범을 교육시켜 사회적 · 정치적 책임을 인식시킨다. 역사적 인식을 심화시키고, 정치적 연관성을 설명하며 정치적 판단 능력을 배양시킨다.
법적 권리/ 군 질서	군 내부의 질서를 유지하고 장병의 권리를 보호하여 국가 질서 유지를 도모한다. 국가와 국민 또는 군대와 군인 간에 권리와 의무의 균형을 유지한다. 상급자가 법과 규정에 의거, 지휘를 하도록 한다.
업무구성/ 훈련	미래 예측을 통해 도달 가능한 목표를 제시하고, 부하에게 충분한 시간적 여유를 보장하며, 임무 완수에 필요한 수단을 제공한다. 교육과 훈련을 통해 전문지식, 준비태세, 능력배양을 도모하되 인권보장과 안전수칙을 준수한다.
정보 제공	국방부 의도와 연방군의 제반 상황, 임무와 투입에 대한 정보를 제공한다. 연방군은 사회와 결속된 조직임을 강조하며, 정보는 단순한 전달 방식이 아니라 면담이나 토론의 기회를 통해 이루어진다.
조직 및 인사운영	명확한 조직 기준과 투명하고 공감되는 계획을 설정하고 변동 시 충분한 시간적 여유를 제공한다. 우수 인력을 선발 및 관리하고 인원의 적재적소 배치에 관심을 갖는다. 주도적인 업무 수행 여건을 보장한다.
후생 복지	부하와 그 가족의 복지에도 책임을 진다. 후생복지는 작전 투입 시 성공적인 인간 통솔의 해결 단서이다. 부하들이 손상이나 불이익을 당하지 않도록 배려한다.
가족 보호	가족의 생활보호가 곧 직업 만족도와 작업 동기를 고양시켜 준다. 복지 관련 정보를 제공한다. 특히 해외파병 중인 장병의 가족들에게도 군의 관심과 보호 기능을 작동시킨다.
종교 활동	종교의 자유를 보장하며, 종교 활동이 장려되고 지원된다. 종교적 · 개인적 문제를 상담한다.
의무 지원	최상의 의료 지원을 제공하기 위해 전문의료진과 밀접하게 협력하며, 장병들이 질병 예방, 건강 유지, 건강 회복을 할 수 있도록 모든 수단을 동원한다.

미 육군의 리더십 모델과 유사한 교육은 인간 통솔 교육인데, 여기에서 통솔은 부하의 인격을 존중하고 솔선수범함으로써 자발적인 복종을 유도하는 기술을 일컫는다. 자발적인 복종 유도는 크게 두 가지 방향에서 이루어진다. 첫째는 인지적인 것으로서 인격 존중, 성인 대우, 신뢰 형성, 정보 제공, 참여 고취 등이며, 둘째는 행동적인 것으로서 솔선수범, 원활한 의사소통, 복지 개선, 의무에 대한 요구 등이다.

독일연방군은 내적 지휘에 관한 내용들을 독일연방군의 구성원 모두에게 교육시키고 있다. 특히 후보생 시절 또는 군경력 초기부터 상당한 시간을 이 교육에 할애하고 있다. 독일연방군에서 리더의 역할은 구성원에게 주어지는 두 가지 상충된 요구의 조화를 이루는 것이라고 볼 수 있다. 두 가지 요구 중 하나는 전투 준비가 갖추어진 전투원이어야 한다는 것이며, 다른 하나는 자유로운 인격체로서 민주시민의 권리와 의무를 지닌 존재라는 것이다. 즉, 리더는 가능한 한 개인의 기본권 보장에 최선을 다하면서도 전투원으로서의 요구를 충족시키도록 해야 한다. 리더는 인간 통솔에서 강조되는 원칙들을 준수하면서 구성원들로 하여금 자발적으로 충성하도록 만들어야 한다. 이러한 배경에서 내적 지휘를 영어로 '리더십 및 시민화 교육'이라고 번역한다.

(2) 독일연방군 리더 역량

독일연방군에서 군을 이끌어 갈 장교단에게 요구하는 역량은 장교 후보생 선발 과정에서 찾을 수 있다. 독일연방군의 장교선발은 일원화되어 있으며, 선발에 관한 모든 업무는 국방부 소속의 '장교 선발 센터'에서 연중 담당하고 있다. 장교 선발 센터는 민간 심리학 전문가들이 중심이 되고, 선발업무 교육을 받은 현역 장교들이 함께 근무하는 방식으로 운영된다. 장교 선발 센터에서 지원자들을 대상으로 장교 후보생들을 선발할 때 사용되는 평가 요소는 〈표 11-5〉에 제시된 열 가지이다.

〈표 11-5〉 독일군 장교 후보생 선발 시 10대 평가 기준

평가 요소	평가 내용
성실성	시민행동, 규정 준수, 자발성
리더십	주도성, 끈기, 지배성
사회성	융화력, 협동심, 대인관계 능력
정신적 내구성	회복탄력성, 스트레스 내구성, 심리적 안정성
표현 능력	의사소통 능력, 자기주장, 유창성

사고 능력	지적 능력, 이해력, 논리력
판단력	분석력, 상황판단력, 비판 능력
학습역량	목표 지향적, 탐구력, 활동적
계획 및 결정력	계획력, 결정 능력
직업관	직업적 관심, 직업 이해도

4) 한국군 리더십

한국 육군은 2005년에 육군 리더십 센터를 창설하면서 군 리더십에 대한 연구와 교육 활동을 본격적으로 시작하였다. 리더십 센터의 창설 이후 초기에는 주로 교육 업무에 집중하였으며, 연구활동은 사관학교, 한국국방연구원, 국방대학교, 일반 대학 등 외부의 전문가 집단에 의존하여 왔다. 리더십 센터의 자체적인 연구는 주로 미 육군의 리더십을 벤치마킹하는 수준에 머물렀다. 2011년도 이후부터는 초급장교의 리더십 평가, 대대장 및 연대장 리더십 평가, 사/여단장 리더십 평가 등 리더십 역량 평가도구의 개발에 관심을 가졌으며, 자체적으로 리더십 교육 콘텐츠 개발에 주력하였다. 최근 들어 육군은 '육군 리더십 규정'을 통하여 리더십에 대한 개념을 정립하고자 노력하고 있다. 육군 리더십 규정에 의하면, 한국 육군은 육군의 바람직한 리더상으로 '위국헌신의 강한 리더'를 설정하고 육군의 리더에게 다음과 같은 사항을 요구하고 있다.

- 헌법에서 명시하고 있는 자유민주주의, 국민주권주의, 시장경제주의, 기본권 존중주의 등 대한민국의 기본 가치를 수호
- 국군의 이념을 구현하고 사명을 완수하기 위해 육군의 임무와 목표를 달성
- 임관선서를 통해 국가와 국민에 충성할 것을 다짐
- 내면의 인격도야와 심신수련을 통해 높은 인격과 도덕성, 강건한 신체를 갖추고 임무 수행에 필요한 전문능력을 구비

[그림 11-5]의 내용은 육군 교육참고 8-1-9『육군 리더십』(육군본부, 2017)에서 제시하고 있는 '리더 요구 자질 및 핵심 역량'에 관한 것이다. 내용면에서 보면 미 육군의 리더십 모델과 거의 대동소이하다고 볼 수 있다. 미 육군과 차이를 보이는 몇 가지 사항은 다음과 같다. 첫 번째는 품성에 윤리의식과 공정성을 포함시켰다. 아마도 이 부분은 한국군의 정

서적 특성을 고려한 것으로 판단된다. 두 번째는 미 육군의 경우 '관계 유지'는 지적 능력의 범주에 포함되어 있으나, 한국 육군은 주도적 이끌기 역량의 하위 범주에 포함시키고 있다. 세 번째는 미 육군의 경우 성취 역량에 '결과 도출'이라는 개념만을 사용하고 있는 반면에, 한국 육군은 '임무 수행'을 강조하여 하위 항목을 '목표 설정−방향 제시−상황 조치−지도와 평가'로 세분화하면서 지휘관의 실제적이고 구체적인 역할을 강조하고 있다.

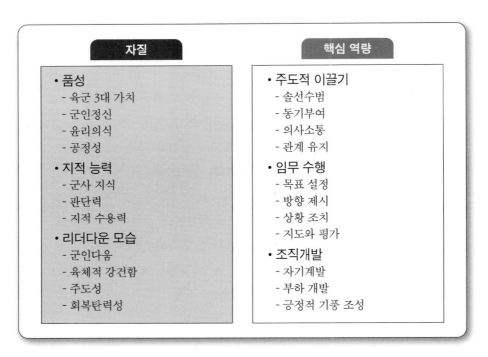

[그림 11−6] 한국 육군의 리더십 요구 모델

5. 팔로워십

1) 왜 팔로워십인가

군에서 팔로워십에 대해 관심을 가져야 하는 이유는 무엇인가? 그것은 군에서 지휘관인 리더가 해당 제대에서 부하들을 지휘하는 리더이면서, 동시에 상급 제대 지휘관의 부하에 해당되기 때문이다. 군에서의 리더는 동전의 양면처럼 항상 리더의 역할과 부하의 역할을 동시에 수행해야 한다. 이러한 역할은 계급과 직책이 다를지라도 대부분의 군 리더에게 동일하게 적용된다. 팔로워십에 대한 관심을 기울여야 하는 또 다른 이유는 갈수록 부하의 역할이 증대되는 추세이기 때문이다. 일반기업의 경우 구조조정 등으로 리더가 관리해야 할 대상이 확대됨에 따라 리더에 의해 행해지던 기능이 팔로워들에 의해 이루어지는 추세이며, 조직이 수평화되면서 조직 내의 파워가 리더 중심에서 구성원들에게 분산되고 있다. 특히 군대장면의 경우 급변하면서도 신속하게 대응해야 하는 전장 환경에서 부하들 개개인의 역할이 더욱더 중요한 기능을 차지하고 있다. 과거에는 리더 중심의 리더십이 강조되고 부하들의 역할을 수동적이며 피동적인 모습이었다면, 오늘날 리더십에서는 리더와 부하 간의 상호작용을 강조한다. 리더와 부하가 하나가 되었을 때 보다 더 큰 시너지 효과를 나타낸다. Kelley(1994)는 조직의 성공에 기여하는 리더의 비율은 불과 20%이며, 나머지는 팔로워들에 의해 이루어진다고 하였다.

그렇다면 왜 팔로워십을 별도로 다루어야 하는가? 그 이유는 훌륭한 리더가 반드시 훌륭한 부하가 되는 것은 아니기 때문이다. 예를 들어, 어느 소대장은 부하로부터 존경을 받고 있으나 중대장으로부터는 인정받지 못하는 경우가 있다. 또 부하와 상관이 소대장을 인정하고 있으나, 동료 소대장들은 그를 인정하지 못하는 경우도 있다. 그런데 리더십의 상당 부분은 부하로서의 역할에 관한 것을 가르쳐 주기는 하지만 훌륭한 부하로서의 모든 것을 제공하지는 않는다. 팔로워십은 리더십과 다른 차원에서 별도의 교육이 필요하다.

한국군에서 팔로워십에 대해 관심을 갖고 중요성을 강조하기 시작한 것은 불과 몇 년 되지 않는다. 팔로워십에 대한 연구 자료도 거의 찾아보기 어려운 실정이다. 여기에서는 지금까지 제시된 팔로워십에 대한 연구 결과에 대해 간략하게 살펴본 다음, 군 특성에 맞는 팔로워십을 새롭게 정의해 보고자 한다.

2) 팔로워십에 대한 연구 결과

팔로워십에 대한 대표적인 연구는 Robert Kelley가 제시한 팔로워십 유형 분류이다. Kelley는 Abraham Zaleznik, Carnegie Mellon, Ira Chaleff 등과 함께 하버드 비즈니스 스쿨에서 활동한 연구자이다. Kelley(1994)는 [그림 11-6]에 제시된 것과 같이 '적극적-소극적'과 '독립적-의존적'이라는 두 개의 차원을 이용하여 팔로워들의 유형을 모범형(exemplary), 순응형(conformist), 수동형(passive), 소외형(alienated), 실용주의형(pragmatist)으로 분류하였다.

모범형은 가장 바람직한 팔로워 유형으로 적극적으로 참여하면서도 비판적인 사고와 건설적인 대안을 제시하는 팔로워이다. 즉, 리더의 결정을 무조건적으로 수용하는 것이 아니라 조직 차원에서 분석하고 파악된 문제를 적극 건의하며, 반대 의견만을 제시하는 것이 아니라 대안을 함께 제시한다. 또한 이들은 솔선수범하고 주도적이며 매우 협력적이다.

순응형은 적극적으로 참여하지만 독립적인 사고가 부족하고 리더에 의존적이며 비판적 사고가 다소 약한 팔로워이다. 소위 말하는 '착하고 성실한 예스맨'들이다. 이들은 리더의 결정이 잘못된 경우에도 침묵하면서 순종하는 경우가 많다. 조직이 독재적이고 지나치게 까다로운 문화를 갖고 있는 경우, 이러한 문화에 순종적인 구성원들만 남은 결과일 수 있다.

수동형은 소극적이면서 무비판적이고 리더에게 의존적인 팔로워이다. 이들은 일에 대한 열정이 부족하고 결단력도 약하며 책임감이 결여되어 있고 솔선하지 않는다. 리더들이 보기에 유용성이 떨어지는 부하로 여겨지는 팔로워들이다.

소외형은 독립적이며 비판적 사고를 하지만, 적극적으로 참여하지 않는 팔로워이다. 이들은 습관적으로 다른 사람들의 부정적인 측면을 비판하고 불평이 많으며 냉소적이다. 그러면서도 스스로는 노력을 하지 않으며 자기 잘난 맛에 사는 듯한 존재이다.

실용주의형은 두 개의 축에서 중앙에 해당되는 팔로워들로서 실리를 추구하는 모사꾼에 해당한다. 타인과의 대립을 가급적 최소화하고, 실패하지 않으려고 무리하지 않으며, 실패한 경우를 대비하여 변명할 거리를 준비한다. 경험에 기초하여 모험하지 않는 보신주의적인 업무 스타일을 보인다.

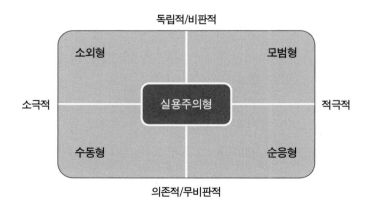

[그림 11-7] Kelley가 제시한 팔로워 유형

Kellerman(2007)은 팔로워의 유형을 구분하는 새로운 기준으로 '몰입 수준(level of engagement)'을 제시하였다. 즉, 그는 팔로워들이 조직이나 리더의 일에 얼마나 몰입하고 헌신하느냐에 따라 팔로워의 유형을 고립형(isolates), 방관형(bystanders), 참여형(participants), 행동형(activities), 골수분자형(diehards) 등 다섯 가지 유형으로 구분하였다.

고립형 팔로워는 조직에 무관심하고 오로지 자기 할 일만 하는 유형이다. 이러한 유형은 조직이 큰 경우에 더 많이 나타난다. 방관형 팔로워는 대부분의 조직 활동에 무관심하고 수동적이나 자기의 관심사와 조금이라고 일치하면 관심을 갖는 유형이다. 이들은 고립형과 달리 주변 일에 대해서는 잘 알고 있으나 관심이 없는 무임승차자이다. 참여형 팔로워는 참여는 하지만 적극적이지 못한 유형이다. 이들은 통상 시간과 돈을 투자하지 않으며, 개인적인 희망이나 열정에 따라 움직인다. 하지만 이들은 개인적인 생각이 리더의 비전과 일치할 경우에는 적극적인 지지자가 된다. 행동형 팔로워는 리더의 의견에 동조할 경우 발 벗고 나서서 도와주나, 반대할 경우에는 사임시키고 물러나게끔 다양한 행동을 취한다. 마지막으로 골수분자형 팔로워는 리더에게 전적으로 의존하고 동조하는 유형이다. 이들은 경우에 따라서 '내부고발자' 형이 되어 리더를 축출하거나 조직의 암적 현상을 외부로 드러내는 역할을 한다.

Latour와 Rast(2004)는 Kelley 등이 제시한 팔로워의 유형 분류 연구와 추가적인 연구들을 검토한 결과, 성과 주도성(performance initiative)과 관계 주도성(relationship initiative)이라는 두 가지의 이상적인 팔로워 역량 차원을 조명하였으며, 이상적인 팔로워는 리더-부하 관계에서 파트너와 같이 행동하는 부하임을 강조하였다. 성과 주도성은 타인과 효과적으로 작업을 하고(타인의 관심과 개인적 관심의 균형을 유지하면서 공통된 목표를 발견), 변화를 수용하며(지속적인 개선, 모든 낭비요소를 감소, 솔선수범), 성과를 보이고(기대에 부응하여 최선을 다함), 자신을 자원으로(자신의 조직적 가치를 인식하고 자기를 관리) 여기는 것을 의미한다. 관계 주도성은 신뢰를 형성하며(정직한 피드백과 진행 과정을 공유), 용기 있는 소통을 하고(조직을 위해 불쾌한 진실을 말함), 리더를 발견하며(리더의 성공에 만족해하고, 파트너에 충성), 리더의 비전을 수용하는(리더의 관점에서 큰 그림을 봄) 것을 의미한다. 두 연구자는 팔로워십과 관련된 자료들을 종합적으로 분석하고, 역동적이며 성공적인 팔로워가 갖추어야 할 요소들에 대해 다음과 같이 언급하였다.

• 충성심: 조직에 관심을 보이고, 리더의 비전과 의도를 지향하며, 개인의 목표를 조직의 목표에 조율

- 변화 지향적 환경에 잘 기능: 변화원으로 기능하고, 리드와 추종 사이를 유연하게 이동
- 팀에 잘 기능: 협력하고 신뢰를 공유하며, 책임감 있는 행동
- 독립적, 비판적 사고: 용기 있는 부동의와 주도성, 자기관리를 실천
- 정직성을 최선으로 중시: 신뢰를 확보하고 진실되며, 최상의 표준을 갖되 실수를 허용

한편, 미국 육군사관학교에서는 생도들이 지향해야 할 장교상으로서 여덟 가지 원칙을 제시하고 리더와 부하들이 이 원칙을 어떻게 행해야 하는지를 명시하고 있다. 이 여덟 가지 원칙은, ① 의무(Duty), ② 명예(Honour), ③ 충성(Loyalty), ④ 봉사(Service), ⑤ 노력(Effort), ⑥ 팀워크(Teamwork), ⑦ 복종(Subordination), ⑧ 리더십(Leadership)이며, 이에 대해 다음과 같은 행동강령을 요구한다.

- 리더와 팔로워는 윤리적 표준을 준수해야 한다.
- 리더와 팔로워는 상호 직업적 충성과 팀워크를 표출해야 한다.
- 리더와 팔로워는 타인의 희생을 통한 이득을 추구하지 않는다.
- 리더와 팔로워는 존엄성과 가치를 존중해야 한다.
- 리더와 팔로워는 자신의 행동에 책임을 진다.
- 리더는 도달 가능한 목표를 설정하고, 팔로워는 임무 완수를 위해 최선을 다한다.
- 리더는 부하를 동기화하고 신뢰를 구축하며, 팔로워는 규정을 준수하고 상급자의 합리적 지시를 이행한다.
- 리더는 의사소통을 가능케 하고 팔로워는 정성을 다해 지지한다.

미 해군은 외부 연구팀의 도움을 받아서 높은 수행 성과를 보이는 팀이나 조직의 특징을 조사하였다. 그 결과 답은 매우 간단하였다. 좋은 성과를 보이는 조직은 훌륭한 리더와 훌륭한 팔로워들이 있었다. 팔로워들 중에서도 특히 젊은 장교 집단이 매우 중요한 역할을 하였다. 먼저, 훌륭한 팔로워 집단은 단결되어 있었다. 이들은 업무를 팀 단위로 수행하였으며, 서로 차이가 많음에도 불구하고 상호작용을 많이 하였다. 높은 성과를 보인 함정의 젊은 장교들은 함장의 리더십에 적응하고 순응하려 했으며, 함장의 지휘 목표와 철학을 잘 알고 추종하였다. 이들은 의문점을 풀기 위해 질문을 하고 관심을 보였으며 업무에 대한 경과보고를 잘하였다. 또한 성공적인 성과를 보인 함정의 젊은 장교들은 매우 주도적이었으며, 팀의 성과에 대한 책임의식이 강하였다(Whiteside, 1985).

Chen과 Kuan(2013)는 〈표 11-6〉에 제시된 것과 같이 훌륭한 팔로워에 대한 다양한 연구 결과를 살펴본 다음, 조직 환경에서 효과적인 팔로워가 되기 위한 세 가지 핵심 요소를 제안하였다. 첫째는 직무 관련 지식인데, 특히 창의적이고 비판적인 사고 기술을 제안하였다. 팔로워는 리더가 정확하고 합리적인 의사결정을 할 수 있도록 도와주는 역할을 수행해야 한다. 이를 위해서는 창의적인 대안을 제시하고, 대안들을 평가할 수 있어야 한다. 둘째는 의사소통 기술이다. 팔로워가 좋은 생각을 갖고 있다고 하더라도 리더에게 전달되지 않으면 소용이 없다. 정직하고 긍정적인 태도를 취하고서 공동된 목표를 위해 관심과 흥미를 보이는 것이 중요하다. 셋째는 동기이다. 강한 동기가 없이는 과업을 수행할 수 없다.

〈표 11-6〉 훌륭한 팔로워에게 요구되는 특성과 역량

연구자	팔로워에게 요구되는 특성/역량
Howell & Mendes(2008)	세 가지 적극적인 역할: interactive, independent, shifting
Lundin & Lancaster(1990)	조직에 대한 높은 이해도, 합리적인 의사결정, 과업에 대한 열정, 업무에 대한 강한 개입, 강한 책임감
Nolan & Harty(1984)	지능, 협동성, 사교성, 사회성
Barrette(2010)	인간성, 충성심, 정직, 성실성, 신뢰성, 유용성, 통합성
Chaleff(2008)	모험감수, 도덕적 행동에 용기, 책임감, 리더에 관심과 지지

출처: Chen & Kuan(2013).

Leadership Excellence를 이끄는 Thomas(2003)는 인터넷 사이트를 통하여 훌륭한 팔로워가 갖추어야 할 행동지침에 대해 다음과 같이 기술하고 있다.[3]

- 자신에게 기대되는 것을 파악하라.
- 주도성을 갖고서 리더에게 정보를 제공하라.
- 정확한 정보를 제공하고 피드백하라.
- 리더가 긍정적인 변화를 이룰 수 있도록 지원하라.
- 결점이 있는 리더의 계획이나 전략에 도전하라.
- 적절한 인정을 보이고 리더의 진가를 인정하라.
- 필요한 경우 상향식 상담과 코칭을 제공하라.

---

3) https://www.linkedin.com/pulse/good-followership-qualities-part-1-greg-l-thomas

• 필요한 경우 'No'라고 말하라.

3) 팔로워십 모델

가장 효과적인 팔로워십은 어떤 것인가? 이에 대한 답을 찾는 방법으로 앞에서 논의된 팔로워십의 유형에 대한 논의와 훌륭한 팔로워의 행동수칙을 종합적으로 검토하여 일관되게 강조되는 특성을 정리해 보았다. 그 결과, 이상적인 팔로워(Good Follower)는 "조직과 리더 중심의 사고를 견지하면서 열린 마음으로 자기개념이 확실한 부하"로 요약되었으며, 이들에게 요구되는 특성과 행동은 크게 조직차원과 리더와의 관계 차원, 개인 차원으로 정리되었다.

먼저 개인 차원에서는 개인의 능력과 성실, 주도성에 관한 요인들이 요구되었으며, 리더와의 관계 차원에서는 리더 지향적인 추종과 비판적인 사고, 건설적인 대안 제시가 주된 요인으로 나타났다. 조직 차원에서는 헌신과 리더의 목표 지향, 창의성 지향이 요구되었다. 이를 구체적으로 살펴보면 [그림 11-7]에 제시된 것과 같다.

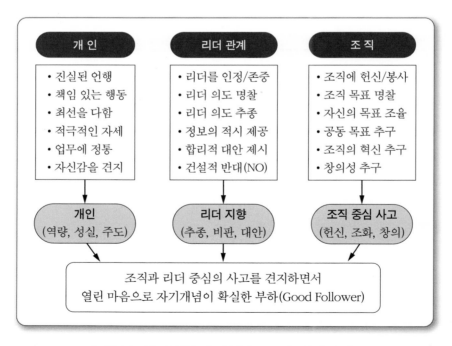

[그림 11-8] 훌륭한 팔로워에게 요구되는 특성 및 행동

참고문헌

김세영(2003). 전시리더십과 평시리더십. 합참, 23, 264-275.

김용주, 최정민(2016). 민주주의 이념의 군사적 구현. 정신전력연구, 48.

박연수, 심재광(2006). 이순신 장군의 지휘통솔 원칙의 근거. 육사논문집, 62(1).

신응섭, 이재윤, 남기덕, 문양호, 김용주, 고재원(1999). 리더십의 이론과 실제. 서울: 학지사.

오윤진(2003). 월남전에서 얻은 리더십. 자유지, 358.

육군본부(2016). 육군리더십(초안).

최병순(1988). 상이한 상황하에서의 효과적인 지휘 행동에 관한 연구: 군대조직을 중심으로. 연세 대학교 대학원 박사학위논문.

최병순(1999). 한국군에서의 효과적인 지휘행동. 오점록 외 공편, 한국군 리더십(pp. 43-70). 서울: 박영사.

최병순(2010). 군 리더십: 이론과 사례를 중심으로. 서울: 북코리아.

Anderson, J. W. (1980). The Prediction of Combat Effective Leadership. Doctorial Dissertation. Univ. of Washington.

Bennis, W. G., & Nanus, B. (1985). *Leaders: The strategies for taking charge*. NY: Harper & Row.

Chen, T. Y., & Kuan, C. T. (2013). *Followership: An Important Partner of Leadership*. Business and Management Horizons, Vol. 1, No 2.

Department of The Army. (1983). *Military Leadership* (FM 22-100).

Department of The Army. (1999). *Miltary Leadership* (FM 6-22).

Department of The Army. (2006). *Military Leadership* (FM 6-22).

Dorsch Psychologisches Woeterbuch (1991). *Hans Huber*.

Forsyth, D. R. (2013). 집단역학(5판) (*Interpersonal process in therapy*). (남기덕 외 공역). 서울: 센게이지러닝코리아.

Forsyth, D. R. (1991). *Group Dynamics*. Boston: Cengage Learning.

Hersey, P., & Blanchard, K. H. (1988). *The Management of Organizational Behavior* (5th ed.). NJ: Prentice Hall.

House, R. J. (1977). A 1976 theory of charismatic leadership. In J. G. Hunt & L. L. Larson (Eds.), *leadership: The cutting edge*. Carbondate: Southern Illinois University Press.

Hunt, J. G., & Phillips, R. L. (1991). Leadership in Battle and Garrison: A Framework For

Understanding The Differences and Preparing For Both. In R. Gal & A. D. Mangelsdorff (Eds.), *Handbook of Military Psychology*. NY: John Wiley & Sons.

Katz, R. L. (1955). Skills of an effective administrator. *Harvard Business Review*, Jan.-Feb., 33-42.

Kellerman, B. (2007). Followers What Every Leader Need to Know about Followers. *Harvard Business Review*, December, 84-91.

Kelley, R. E. (1994). *The Power of Followership*. NY: Double Day.

Kolditz, T. A. (2007). *In extremis leadership*. San Francisco: Jossey-Bass.

Latour, S. M., & Rast, V. J. (2004). *Dynamic Followership: The Prerequisite for Effective Leadership*. Air & Space Power, Winter.

Mintzberg, H. (1973). *The nature of managerial work*. New York: Harper & Row.

Mowrer, O. H. (1950). *Learning theory and personality dynamics*. New York: Ronald.

Ötting, D. W. (1988). *Motivation und Gefechtswert*. Report Verlag GmbH, Frankfurt am Main.

Quinn, R. (1984). Applying the competing values approach to leadership: Toward an integrative framework. In J. G. Hunt, D. M. Hosking, C. A. Schriesheim, & R. Stewart (Eds.), *Leaders and Managers: international perspectives on managerial behavior and leadership*. Elmsford, NY: Pergamon.

Quinn, R. (1988). *Beyond rational management: Mastering the paradoxes and competing demands of high performance*. San Francisco: Jossey-Bass.

Rogers, C. R. (1951). *Client-centered therapy*. Boston: Houghton Mifflin.

Sassa, A. (1995). 평상시의 지휘관 유사시의 지휘관. (조학제 역). 서울: 연경문화사.

Thomas, G. L. (2006). *52 Leadership Tips*. California: Wingspan Press.

Whiteside, D. E. (1985). *Command Excellence: What It takes to Be the Best!* Department of Navy, Washington, D.C.: Leadership Division, Naval Military Personnel Command.

Zaleznik, A. (1977). Managers and leaders: Are they different? *Harvard Business Review*, 55(5), 67-78.

제12장

리더십 개발

지금까지 우리는 리더십의 효과성 관점에서 다양한 리더십 이론에 대해 살펴보았다. 효과적인 리더가 되기 위해서 갖추어야 할 리더의 권력 유형에 대해 논의하였으며, 리더에게 요구되는 다양한 특성과 행동에 대해서도 살펴보았다. 아울러 리더와 관련된 변인이 상황 변인과 상호작용하여 리더십의 효과성에 어떻게 영향을 미치는지에 대해서도 알아보았다. 그리고 리더가 조직의 구성원들에게 영향을 미치는 실제적인 활동, 즉 동기 유발, 의사소통, 상담, 의사결정 등에 대해서도 살펴보았다.

그런데 정작 '리더십 개발' 혹은 '리더 개발'을 위한 자료를 검색해 보면 기대했던 것과는 달리 공개된 참고자료가 그리 많지 않다는 것을 알게 된다. 어떤 특성과 행동 역량을 갖추어야 하는가에 대해서는 매우 많은 논의와 연구가 수행되어 왔으면서도 필요한 특성들을 함양시키고 개발시키는 실제적인 방법에 대해서는 상대적으로 적게 연구되었다.

따라서 이 장에서는 앞서 논의되었던 성공적인 리더에게 요구되는 특성과 행동들을 개발시키는 방안에 대해 살펴보고자 한다. 여기에서는 특정한 행동의 개발에 대해 논하기보다는 제반 특성이나 역량을 향상시키는 프로그램의 개발과 운영에 관한 가이드라인을 중점적으로 다루고자 한다.

1. 리더십 개발에 대한 이해

1) 리더십 개발의 필요성

리더가 조직의 성패에 미치는 영향력은 매우 지대하다. 특히 리더에게 결정권한이 집중될수록 영향력은 더욱 더 커진다. 우리는 역사적 경험을 통하여 왕이나 군주 또는 최고경영자의 잘못된 생각과 행동이 한 나라를 패망하게 만들고, 한 조직을 와해시키는 사례를 어렵지 않게 보아 왔다. 아울러 리더가 어떤 리더십을 발휘하느냐에 따라 조직의 성과는 물론 구성원들의 행복도도 달라질 수 있다. 이러한 경험은 사람들로 하여금 올바른 리더와 올바른 리더십 그리고 올바른 리더십 교육에 대한 관심을 증대시킨다. 사람들은 리더십 효과가 우수한 리더들을 원한다. 여기서 리더십 효과가 우수한 리더란 업무 성과를 높이고 목표를 달성하며 조직을 성장시키는 리더를 의미한다. 또한 리더십 효과가 우수한 리더는 구성원들의 만족도를 높이고, 그들의 복지 수준을 향상시켜 주기도 한다.

조직에서 리더십 효과가 높은 리더는 크게 두 가지 방법으로 얻을 수 있다. 그중 하나는 유능하고 효과적인 리더를 선발하는 방법이다. 잘 갖추어진 선발 시스템을 통하여 훌륭한 리더십을 발휘할 수 있는 사람을 뽑는 것이다. 다른 하나는 선발된 인재들의 리더십을 교육을 통하여 개발시키는 방법이다. 잘 만들어진 리더십 개발 프로그램을 통하여 리더와 리더 후보자들을 양성하는 것이다.

오늘날 치열한 경쟁구도 속에서도 일류 기업의 위상을 유지하고 있는 기업 대부분은 우수 인적자원의 획득과 양성에 많은 노력과 재정적 지원을 아끼지 않고 있다. 기업의 경영자원에는 인적자원, 물적자원, 재정자원 등 여러 가지가 있지만, 그중에서 가장 중요한 것은 인적자원이다. 왜냐하면 다른 자원은 불변자원이지만 인적자원은 가변자원으로 무한한 가능성을 지닌 경영자원이기 때문이다(이준학, 최항성, 이성호, 2014). 세계적인 조직일수록 인재육성 시스템을 갖추고, CEO를 포함한 고위직 리더들이 교육에 적극적으로 참여한다. 세계적 기업들은 조직에서 요구하는 인재상을 설정하고 그에 합당한 인재를 선발하기 위해 자체적으로 고안한 선발 시스템을 운영하고 있으며, 선발된 직원들을 대상으로 자체적으로 운영되는 리더십 교육기관에서 직급에 상응하는 리더십 개발 교육을 실시하고 있다. Arther Andersen, General Electric, Hewlett-Packard, Johnson & Johnson, Royal Dutch Shell 등 세계적으로 성공적인 대기업을 비롯하여, 삼성, 현대, LG, 롯데 등의 국내 대기업도 리더십 개발 프로그램을 자체 개발하여 운영하고 있다.

또한 일반 사회에서도 리더십이 사회생활을 하는 데 있어서 매우 중요한 능력으로 인식되고 있으며, 다양한 계층을 대상으로 한 리더십 교육 프로그램이 확산되고 있는 추세이다. 대학들도 이러한 사회적 요구를 인식하여 교과과정에 리더십 과목을 정규과목으로 개설하고, 자체적으로 리더십 센터를 설립하여 대학생들을 대상으로 리더십 교육을 실시하고 있다.

군에서도 리더십에 대한 관심도가 높게 나타나고 있다. 국방대학교 리더십 학과는 다양한 계층을 대상으로 하는 리더십 프로그램을 개발하였고, 여러 기관에서 그 효과성을 검증하였다. 또한 2006년부터 각 군의 리더십 센터가 본격적으로 활동을 실시하여 장병들의 리더십 개발을 위해 다양한 프로그램을 개발하고 있다. 각 군의 사관학교는 이미 오래전부터 장교들의 리더십이 무형전력의 핵심요소라는 점을 인식하고 생도들의 리더십 함양을 위한 프로그램을 지속적으로 개발하여 왔다. 각 군의 사관학교는 교과목을 통한 리더십 교육을 실시하고, 생도생활 속에서 리더십을 실천할 수 있는 다양한 기회를 제공하고 있다. 사관학교의 생도들은 생도 지휘근무제도와 군사훈련 실습을 통해 리더로서의 활동을 시험적으로 체험해 볼 수 있다. 또한 다양한 평가제도를 통하여 리더로서의 역량을 진단받고, 그 결과를 피드백받는다.

이처럼 기업이나 일반사회는 물론 군에서도 관심을 갖고 있는 '리더십 개발'은 이제 모든 조직체에서 수행해야 하는 필수 과업이 되었다. 그렇다면 리더십 개발은 어떤 유용성을 제공하여 주는가? 리더십 개발의 의미, 즉 필요성을 정리한다면 다음과 같이 요약할 수 있다.

첫째, 리더십 개발 교육은 조직의 인재상에 적합한 자원을 확보하는 데 있어서 선발과업과 더불어 중요한 역할을 수행한다. 인재선발 과정만을 통해서 조직의 임무 수행에 적합한 인재를 획득하는 데는 한계가 있다. 선발 과정에서는 조직에서 요구하는 특성과 역량을 중심으로 잠재력이 우수한 지원자들을 선발할 수는 있지만, 선발 과정에서부터 선발 이후의 다양한 직책에서 요구되는 역량을 모두 갖춘 자원을 선별한다는 것은 거의 불가능하다. 따라서 임무 수행을 위해 요구되는 역량 개발은 선발 이후 구성원들을 위한 별도의 프로그램을 통해 이루어져야만 한다. 오늘날과 같이 무한경쟁 상황 속에서 지속적인 성장을 유지하고 있는 기업들을 살펴보면, 조직의 리더들이 급격하게 변화하는 상황에서 효과적으로 행동할 수 있도록 필요한 역량을 개발시키는 교육과 훈련에 많은 노력과 재정지원을 아끼지 않고 있다는 것을 알 수 있다.

둘째, 리더십 개발 교육은 시대 상황에 적합한 리더십을 개발시켜 준다. 사회적 환경이나 조직 환경의 변화에 부응하여 리더십 스타일도 함께 변화해 나가야 한다. 과거에 '나를 따르라!' 식의 리더십 스타일은 오늘날 구성원들에게 별다른 영향력을 미치지 못하는 구태의연한 리더십이 되었다. 따라서 리더들은 상황에 따라 요구되는 리더십 특성을 지속적으로 개발해 나가야 한다. 예를 들어서 '코칭'은 과거의 리더십 교육에서 고려되지 않는 역량이다. 그러나 오늘날 미군과 독일군의 경우 리더십 교육의 일부분으로 '코칭' 교육을 강조하고 있다. 시대가 요구하는 리더의 행동 스타일은 경쟁에서 협동으로, 평가에서 권한위임과 능력배양으로, 반응적이기보다는 주도적으로, 지시하기보다는 경청하는 것으로, 직접지휘보다는 코칭을 구사하는 것으로 변화하고 있다.

셋째, 리더십 개발 교육은 잠재역량이 우수한 인적자원 풀(Pool)을 유지시켜 준다는 점에서 특정 직책의 후계자 양성을 위해 매우 중요한 의미를 갖는다. 현재의 리더들은 일정한 시간이 지나면 그 자리를 떠나고, 새롭게 그 자리를 이어 갈 차세대 리더들이 임무를 수행하게 된다. 후계자 양성을 위한 리더십 교육 프로그램은 직무 교대가 자연스럽게 이루어지게 해 주며, 새롭게 활동하는 리더들의 개인적 목표가 조직의 목표와 조화를 이룰 수 있는 여건을 제공해 준다.

넷째, 리더십 개발 교육은 리더들의 역량을 개발시켜 주는 것뿐만 아니라 조직의 공동체적 문화를 유지하는 데 있어서 중요한 기능을 수행한다. 리더십 개발 교육은 참가자들에게 조직의 비전과 임무, 가치와 목표 등을 공유시켜 준다.

다섯째, 리더십 개발 교육은 우수한 인적자원을 확보하고 유지하는 데도 기여한다. 인적자원을 중시하는 조직에서는 우수한 역량을 갖춘 리더들에게 투자하는 것이 경쟁시장에서 우위를 유지하는 핵심요인이라는 점을 강조한다. 이러한 분위기는 성공 가능성이 높은 사람들로 하여금 그 조직에 관심을 갖고 지원하게 하며, 조직에 계속 남아 있게 하는 유인으로 작용한다.

2) 리더십 개발 관련 세 가지 주요 이슈

리더십의 중요성을 인식하고 리더십을 개발하고자 할 때, 고려해야 할 중요한 이슈 세 가지가 있다.

첫째는 '무엇을 개발할 것인가?'라는 질문으로, 리더십 개발의 대상에 관한 것이다. 미군과 한국군의 경우 품성과 역량을 갖춘 리더를 이상적인 리더상으로 설정하고 있다. 어떤 기업은 도덕적이고 책임감과 도전의식을 갖춘 창조적 인재를 원할 수도 있다. 하지만 조직마다 요구하는 리더상이 다르며, 시대 흐름에 따라 효과적인 리더의 행동도 다르다. 어느 일류 대기업에서 강조되는 인재상을 중소기업에서 그대로 받아들여 실천하고자 할 때, 그 효과를 보장할 수는 없다. 조직이 구성원이나 중간 관리자들의 리더십을 개발시키고자 할 때, 반드시 무엇을 개발할 것인가에 대한 답을 찾기 위해 상당한 노력을 기울여야 한다.

둘째는 '어떻게 개발할 것인가?'라는 질문으로, 리더십을 개발하는 데 사용되는 도구와 방법을 의미한다. 리더십 개발의 효과를 증대시키기 위해 다양한 리더십 개발 활동을 활용해야 한다. 직급과 개발 목표에 따라 효과적인 방법을 선택적으로 활용해야 한다. 리더십을 개발시키는 데 활용할 수 있는 개발도구에는 조직의 공식적인 개발 프로그램들을 비롯하여, 개별화된 경험학습과 자기조력 활동 등이 있다.

셋째는 '과연 성과가 있는가?'라는 질문으로, 리더십 개발 활동의 성과에 관한 것이다. 리더십을 개발한다는 목적과 목표를 설정하고 리더십 교육 프로그램들을 실행하였다면 반드시 그 성과에 대한 평가와 분석 그리고 피드백이 주어져야 한다. 평가 활동 또한 매우 체계적으로 준비되어야 하는 과업이다. 대부분의 조직에서는 리더십 개발 프로그램이 종료된 직후 실시하는 평가에 의존한 채, 추가적인 평가에 대해서는 무관심한 경우가 많다. 평가는 교육 내용에 대한 평가뿐만 아니라, 학습 내용, 팀과 조직 내에서의 활동의 변화,

팀과 조직의 성과에 미치는 영향, 목표 달성에의 기여도 등 다양한 영역과 주제에 대해 종합적이며 체계적으로 이루어져야 한다.

3) 리더십 개발의 시스템화

리더십 개발은 단순한 과업이 아니다. 조직에서 리더십 개발 활동이 성공하기 위해서는 리더십 개발과 관련된 제반 활동이 전문 부서에 의해 주관되어야 한다. 리더십 개발을 주관하는 전문 부서가 있어야 교육의 일관성을 유지할 수 있으며, 교육 개념의 통일성을 유지할 수 있다. 조직은 전문 부서를 통해 교육 내용을 지속적으로 개선하고 발전시켜 나갈 수 있다. 아울러 교육-실행-평가-피드백의 순환적 시스템이 운영되기 위해서도 전문 부서의 존재가 필요하다. 그렇게 때문에 리더십 개발에 관심을 갖고 리더십 개발 교육을 실천하고 있는 대부분의 기업은 리더십 센터와 같은 전문 부서를 설치하여 운영하고 있다.

리더십 개발은 연계성과 연속성을 유지해야 한다. 계층별로 다양한 수준의 교육 프로그램이 구비되어서 리더십 교육의 파이프라인이 형성되어야 한다. 또한 리더십 교육이 일회성 교육으로 그치지 않고 지속적으로 이루어지도록 해야 한다. 분기별, 반기별 혹은 연간 계획에 의해 주기적으로 실시되어야 한다.

리더십 개발은 조직 전체의 관심 속에서 이루어질 때 가장 효과적이다. 기업에서 리더십 개발 교육이 효과적으로 운영되기 위해서는 최고경영자로부터 가장 하부 조직의 구성원에 이르기까지 전체적인 관심과 참여활동이 이루어져야 한다. 흔히 최고경영자나 임원들은 리더십의 중요성을 인식하면서도 리더십 개발 교육은 중간 관리자들의 업무라고 생각한다. 이들은 리더십이 중요하다는 점을 강조하지만, 정작 자신들의 리더십에는 문제가 없다고 생각한다. 최고경영자 혹은 임원들의 관심과 참여가 부족한 리더십 개발 활동은 중간 관리자 혹은 구성원들의 참여 동기를 떨어뜨리고 리더십 개발 프로그램의 효과를 저하시키며, 궁극적으로는 리더십 개발 활동의 지속성을 약화시킨다. 특히 의사결정권이 리더에게 집중된 조직일수록 최상위 리더의 참여는 리더십 개발 활동의 성공 여부에 더욱더 큰 영향을 미친다. 개인의 리더십 개발 효과는 최고경영자의 관심뿐만 아니라 직속상사에 의해서도 영향을 크게 받는 것으로 나타났다. 현실적으로 상사들은 자신에게 필요한 일들을 제대로 수행하지 못하는 경우가 많다. 지도와 후견의 중요성을 이해하지 못하는 상사는 부하에게 많은 것을 제공하지 않으려 하며, 당면한 위기나 자신의 승진에 몰두하는 상사는 부하 개발에 많은 시간을 쏟지 않으려고 한다. 또한 불안정한 상사는 잠재적 경쟁자인 부하를 개발하지 않으려 하며, 부하의 실수를 개인적 실패로 간주하는 상사는 부하의 리더십 개발을 방해한다.

2015년을 기준으로 미국에서는 한 해에 약 1,600억 달러가 리더십 개발을 위해 지출되었으며, 세계적으로는 약 3,560억 달러가 지출되었다. 하지만 지출한 돈에 비해 그 성과는 기대 수준에 미흡한 것으로 조사되었다고 한다. 2011년에 미국 기업리더십위원회가 50개 기관의 고위 관리자들을 대상으로 인터뷰한 결과, 이들의 상당수는 사내 학습과 개발 담당부서에 대해 불만을 갖고 있었다. 이들은 사업성과를 내는 데 있어서 리더십 개발 담당부서가 핵심 역할을 수행하였다는 점에 대해서 인터뷰 대상의 25%만이 동의하였다.

그렇다면 막대한 예산 투입에도 불구하고 그 효과가 저조한 이유는 무엇일까? 교육효과가 저조한 이유가 교육과정 자체에 있는 것일까? 조사 결과는 교육을 통하여 변화된 교육생이 오히려 조직 환경에 부적응한 경우가 많았으며, 희망이 절망으로 바뀌며 학습된 무기력감에 빠지는 경우도 많은 것으로 나타났다. 이러한 조사 결과는 교육의 성과가 저조한 이유가 교육과정 그 자체보다는 직무 환경에 그 원인이 있을 가능성을 제기하였다. 조직이 열악한 여건으로 인해 리더십에 대한 관심 여력이 미약하거나, 새로운 리더십 문화에 대해 부정적인 반응을 보였을 가능성이 크다. 또한 정확한 평가가 실시되지 않고 이루어지는 교육과정으로 인해 추상적인 기대감에 젖어 있으며, 허구적인 목표를 추구하고 있을 가능성도 높다.

조직에서 리더십 개발을 방해하는 요인은 여러 가지가 있겠지만 대표적으로는 다음과 같다. 첫째, 전략과 가치에 관한 방향이 불명확한 경우이다. 추구하는 가치들 간의 충돌이 일어나거나, 비현실적인 가치 또는 실현 가능성이 낮은 가치를 추구하는 경우이다. 가치에 대한 공유가 되지 않은 경우도 이에 해당된다. 둘째, 고위급 임원의 팀워크가 부족하거나 새로운 방향 모색에 무관심한 경우이다. 대부분 이러한 임원은 자신의 변화 필요성을 인정하지 않는다. 셋째, 리더가 하향식 방식의 리더십 스타일을 구사하거나 자유방임형인 경우이다. 이러한 리더들은 구성원들과의 정직한 대화가 어렵다. 넷째, 조직설계가 잘못되어 기능별·사업부문별·지역별 조정이 힘든 경우이다. 다섯째, 경영진이 인재 확보에 시간과 관심이 부족하거나 인재 관리에 대한 마인드가 부족한 경우이다. 여섯째, 직원들이 시니어 팀에 문제점을 허심탄회하게 말할 수 있는 분위기 조성이 되지 않은 경우이다. 이처럼 리더십 교육의 성공 여부는 리더십 교육과정 그 자체도 중요하지만, 개발 교육의 성과를 저해하는 요인을 어떻게 해결하느냐에 따라서 다르게 나타날 수 있다(하버드비즈니스 리뷰, 2016).

아울러 조직의 학습풍토는 리더십 개발 프로그램의 실효성과 크게 연관되어 있다. 개인의 리더십 개발이 조직의 효과성에 매우 중요하다고 간주될 경우, 더 많은 리더십 개발 노력이 시행될 수 있다. 리더십 개발을 위한 학습 활동이 공개적으로 측정되고 보상될 경우, 관리자들은 더 많은 지도와 후견을 제공할 것이다. 할당된 업무의 수행을 과제의 성공과 더불어 기술 개발 여부를 함께 평가할 경우, 참가자들은 어렵고 위험한 업무를 받아들일 가능성이 더 높아질 것이다. 지지적인 조직 풍토와 문화는 관리자들에게 학습 기술이나 개발 경험의 적용을 고무시켜 줄 것이다. 조직에서 지속적 학습과 개발을 지지하는 풍토를 조성하기 위해 다음과 같은 활동이 권장된다.

- 흥미를 일으키고 새로운 기술을 학습하게 해 주는 직무를 관리자들에게 할당한다.
- 새로운 방법으로 실험할 충분한 자유시간을 허용한다.
- 지속적 교육을 위한 재정을 지원한다.
- 특별강사와 워크숍을 지원한다.
- 안식 휴가 프로그램을 수립하여 재충전의 기회를 제공한다.
- 경력 상담 프로그램을 수립한다.
- 자발적 기술 평가와 피드백 프로그램을 수립한다.
- 기술 개발에 다른 급여를 인상한다.
- 혁신과 개선에 대해 포상한다.

리더십의 평가가 배치 결정을 위한 준거로 활용될 경우, 리더십 개발에 대한 조직적 관심도가 높아진다. 전통적으로는 선발과 배치를 위해 관리자의 기술과 직무요건을 결합시키고, 특정 활동의 전문가는 동일 유형의 활동이나 과제를 부여한다. 그러나 리더십 개발을 위한 새로운 접근 방식에서는 리더십 개발을 위해 직무를 할당하고, 심각한 실수나 실패를 범할 위험을 감수하도록 한다. 어려운 일에 대한 도전을 통해 성장할 수 있는 기회를 갖도록 조직 차원에서 배려해야 한다.

2. 리더십 개발 내용

일반적으로 기업이나 공조직에서 리더십을 개발하려는 시도는 여러 가지 계기를 통하여 시발된다. 그중 한 가지 계기는 기업의 CEO나 리더가 스스로 특정 리더십 이론에 감명을 받고 이를 해당 조직에 도입하려는 경우이다. 이 경우 조직에서는 지휘부가 관심을 준 리더십 이론을 학습하고 조직 내부적으로 확산시키려는 노력을 기울인다. 다른 계기는 외부적으로 리더십이 강조되는 상황에서 특정 조직에 리더십 개발 시스템이 새롭게 구축되는 경우이다. 이 경우 조직은 내부적으로 TF를 구성하고 전문가들의 자문을 구하는 등의 노력을 통하여 초보적인 수준에서 리더십 개발 프로그램들을 운영한다. 또 다른 경우는 기존의 리더십 개발 시스템을 새로운 변화를 통하여 발전시키고자 하는 것이다.

이처럼 조직에서 리더십을 개발시키려는 노력들은 다양한 계기를 통하여 이루어지는데, 무엇을 개발시킬 것인가에 해답을 찾아가는 과정은 크게 세 가지로 유형으로 구분할 수 있다. 첫 번째 유형은 리더십 개발을 위한 내용들을 리더십 이론에 기초하여 선정하는 것이다. 두 번째 유형은 특정한 이론을 고려하지 않고 해당 조직에서 요구하는 인재상에 근거하여 리더십 개발 내용을 선정하는 것이다. 세 번째 유형은 앞에서 제시한 두 가지 유형과 함께 이루어질 수 있는 것으로서, 조직의 위계 수준에 따라 리더십 개발 내용을 구분하는 것이다. 이 경우에는 리더십 개발 내용이 하위직, 중간직, 고위직 등 계층별로 구분되거나, 개인, 팀, 조직 등 조직의 규모 또는 영향력 범위 차원에서 구분된다. 다음에서는 이 세 가지 접근 유형에 대해 구체적으로 살펴보고자 한다.

1) 이론에 기초한 리더십 개발 내용 선정

리더십 개발 프로그램에서 무엇을 교육시킬 것인가?에 대한 답은 기존의 리더십 이론들에서 찾아볼 수 있다. 이 책의 전반부에서 우리는 리더십의 효과성을 검증하기 위해 리더의 권력 유형, 특성, 행동 등에 대해 살펴보았다. 또한 변혁적 리더십, 카리스마적 리더십, LMX 이론, 기타 다양한 리더십 이론을 살펴보면서 각각의 이론에서 효과적인 것으로 강조되는 리더의 특성이나 행동들을 살펴보기도 하였다.

먼저, 권력 유형 연구에서는 리더가 점유하는 권력 유형들을 살펴보고 각각의 권력 유형이 가지고 있는 영향력 정도를 리더십 효과 차원에서 살펴보았다. 리더의 권력에 관한 연구들은 리더들로 하여금 합법적 권력, 보상 권력, 강제 권력과 같은 직책 권력보다도 준거 권력이나 전문성 권력과 같은 개인적 권력의 강화를 권고하였다. 또한 권력 연구들은 권력의 정도보다도 권력의 사용방식에 따라 리더십 효과가 더 크게 달라진다는 점을 강조하면서, 리더들이 권력의 사용방식에 유의할 것을 제안하였다.

특성 연구에서는 효과적인 리더의 특성들로서 리더의 성격, 능력, 기술 등에 대해 살펴보았다. Stogdill(1974) 특성 연구 결과들을 종합적으로 분석하여 다음과 같은 특성이 효과적인 것으로 제시하였다.

- 결단성, 사회적 민감성, 상황적응력, 스트레스 내구력
- 신뢰성, 자기주장성, 자신감
- 지배성, 책임감, 성취 지향성
- 대화 유창성, 설득력, 사교술
- 창조성, 직무지식, 지능 등

미국의 창조적 리더십 센터는 실패한 관리자의 특성을 연구한 결과, 이들은 성공한 관리자들과 비교하여 정서안정성, 자기방어 정도, 진실성, 대인관계 기술, 전문적 기술, 인지적 기술 측면에서 부족한 것으로 나타났다. 그렇다면 관리자들을 성공적인 리더로 개발시키고자 할 경우 이러한 측면을 고려해야 할 것이다(McCall & Lombardo, 1983). Katz(1955)는 리더가 적합한 성격 특성과 동기만 갖추었다고 해서 성공적이 될 것이라는 보장은 없으며, 성공적인 리더가 되기 위해서는 직무 수행과 관련된 능력이나 기술을 구비해야 한다고 주장하였다. 그가 제시한 세 가지 기술은 전문성 기술, 대인관계 기술, 개념적 기술이다.

리더의 행동을 연구한 결과에 의하면, 리더의 행동을 크게는 과업 지향적 행동과 관계 지향적 행동으로 대분할 수 있으며, 연구에 따라 참여적 리더십 행동도 추가적으로 분류된다. 리더의 행동에 관한 초기 연구에서는 가장 효과적인 리더 유형으로서 관계 지향적인 행동과 과업 지향적인 행동 모두에 노력하는 리더를 언급하였다. 또 다른 연구에서는 리더의 행동 그 자체도 중요하지만, 부하들의 기대감과 자기효능감, 부하와 과업의 특성과 같은 변인의 영향도 크다는 점을 강조하였다.

전통적인 리더십 이론들에서 강조되는 리더의 특성이나 행동과 더불어 1980년대 이후에 새롭게 제시되는 리더십 이론들에서는 각기 다른 요인을 강조하고 있다. 카리스마적 리더십에서는 리더의 카리스마적 특성의 효과를 언급하였으며, 변혁적 리더십에서는 4'I', 즉 개별적 관심, 지적인 자극, 영감적 동기화, 이상적인 영향력 등이 강조되었다. 임파워먼트 리더십에서는 권한 위임과 부하 개발이 주된 내용을 이루었다. 진성 리더십 이론은 긍정심리자본, 긍정심리풍토, 자기인식, 자기규제, 균형 잡힌 정보처리, 진성 행동,

전성 관계 지향, 투명성 등을 강조한다. 셀프 리더십은 자기성찰, 자기보상, 자기암시, 내적 자기보상, 건설적 사고 구축 등을 강조하고 있다. 한국적 리더십을 주장하는 연구에서는 자기긍정, 솔선수범, 성취열정, 수평조화, 하향 온정, 상향 적응, 환경 변화, 미래상 등을 언급한다.

이처럼 전통적인 리더십 이론들과 그 이후 새롭게 제시된 리더십 이론들에서는 각기 나름대로 중요하다고 생각하는 리더의 특성이나 행동 등에 대해 언급하고 있다. 그런데 여기서 문제점은 '어느 이론에 근거해서 개발 프로그램을 만들어 가야 하는가?'이다. 이러한 관점에서 볼 때, 이론에 근거해서 리더십 개발 내용을 선정하는 접근 방법은 여러 가지 제한점을 갖는다. 먼저, 제시된 특성과 행동 유형의 효과가 이론에 따라서 상이하다. 연구마다 제각기 다른 특성이나 행동을 제시한다면 누구의 주장이 옳다는 것인가? 또한 조직마다 특성이 다른데, 이 연구에서는 조직의 특성이 반영되지 않고 있다는 점도 문제가 된다.

2) 인재상에 기초한 리더십 개발 내용 선정

리더십 개발 내용을 선정하는 또 다른 방법은 조직에서 설정한 인재상에 기초하여 리더십 개발 내용을 선정하는 것이다. 일반적으로 조직에서 설정한 인재상을 보면 크게 품성과 역량으로 구분된다. 품성(attribute)에는 가치관, 인성, 외적 자세, 재능 등이 포함되며, 역량(competency)에는 영향력 미치기, 상담/코칭/멘토링 기술, 성취활동, 계획력 등이 포함된다. 그런데 리더십 개발 차원에서 품성은 객관적 관찰이나 평가가 어려울 뿐만 아니라 개발하는 것 자체도 어렵다고 보기 때문에 대부분의 조직에서는 품성보다 역량을 강조한다.

조직마다 환경과 특성이 다르기 때문에 해당 조직에서 '가장 효과적인 리더에게 요구되는 요인들은 무엇인가?'에 대한 의견을 수렴하여 가장 바람직한 인재상을 설정한다. 이러한 의견수렴 과정에서 고려되어야 하는 중요한 사안은 조사 대상(누구에게 물어볼 것인가?) 선정과 조사 방법(어떤 방식으로 조사할 것인가?)의 선택이다. 조사 대상으로는 현직 실무자, 시니어 그룹, 최고경영층, 외부 전문가 등 다양한 그룹이 고려될 수 있다. 조사 방식으로는 면접, 설문지, 문헌조사, 직무관찰 등의 방법이 사용될 수 있다.

미 육군은 바람직한 장교상으로서 '품성과 역량을 갖춘' 장교를 제시한다. 미 육군은 장교와 부사관들로 하여금 품성을 갖추고(Be), 다양한 지적 기술을 학습하며(Know), 타인에게 영향을 행사하는(Do) 리더가 될 것을 강조한다. 미 육군에서 강조되는 품성과 역량은

〈표 12-1〉 미 육군에게 리더에게 요구하는 요인들

품성(Attributes)		역량(Competencies)	
인성 (Character)	• 육군 7대 가치 • 공감 • 전사 신조	이끌기 (Lead)	• 타인 이끌기 • 영향력 확장 • 솔선수범 • 소통
리더다움 (Presence)	• 군인적 자세 • 신체적 적합 • 침착성, 자신감 • 회복탄력성	개발하기 (Develop)	• 긍정적 환경 조성 • 자기를 준비 • 타인 개발(상담, 코칭, 멘토링)
지적 능력 (Intellectual Capacity)	• 정신적 명민함 • 건전한 판단 • 혁신 • 대인관계 기술 • 영역별 지식(전문성)	성취하기 (Achieve)	• 성과 나타내기

〈표 12-1〉과 같다.

한편, 국제연합 관리부에서는 [그림 12-1]에서 보는 바와 같이 바람직한 인재상으로 가치와 역량을 구분하고 있으며, 여기에는 핵심가치 역량, 핵심 역량, 관리 역량이 포함된다. 또한 미 고위공무원에게 요구되는 요소를 살펴보면, 역시 전인적인 인재상을 추구하고 있음을 알 수 있다([그림 12-2] 참조).

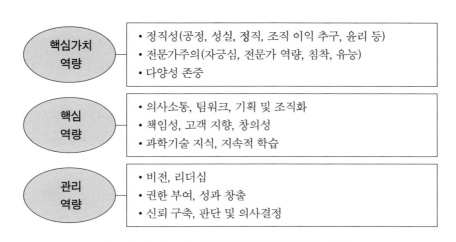

[그림 12-1] 국제연합 관리부에서 요구하는 요인

출처: 천대윤(2014).

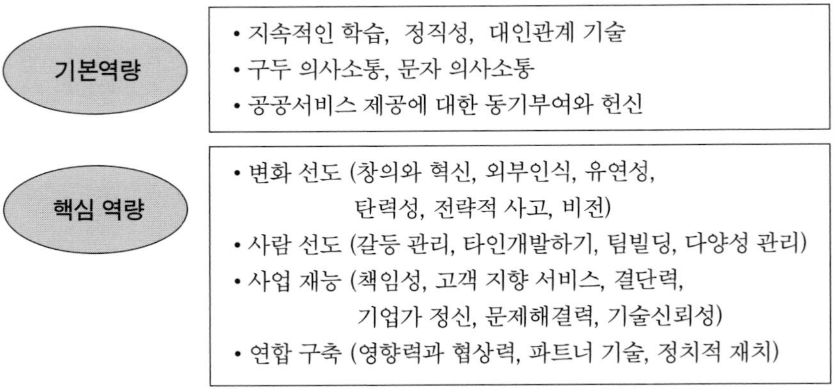

[그림 12-2] 미 고위공무원들에게 요구되는 역량

출처: 천대윤(2014).

리더들에게 요구되는 요인들은 직급에 따라 구분되기도 한다. 가장 대표적인 입장으로 이미 특성 연구에서 설명한 바 있는 Katz(1955)의 세 가지 기술유형론을 예로 들 수 있다. 이 이론에서는 리더에게 요구되는 세 가지 기술유형(개념적 기술, 대인관계 기술, 전문적 기술)이 직급에 따라 달리 요구된다. 하위직에서는 전문적 기술이 더 많이 요구되고 상위직에서는 개념적 기술이 더 많이 요구되며, 대인관계 기술은 직급에 상관없이 유사한 정도가 요구된다. 이러한 주장은 현재 미 육군의 품성 부분에 그대로 반영되어 있다. 미 육군은 직접지휘가 이루어지는 중·소대장과 간접지휘가 이루어지는 연·대대장 그리고 조직적 지휘가 이루어지는 사단장급에 요구되는 리더십 요인들에 있어서 항목은 거의 동일하나, 항목별 내용에 있어서는 조금씩 다크하게 정의하고 있다.

리더들에게 요구되는 요인을 영향력 범위에 따라 구분하기도 한다. 예를 들면, 영향력 범위를 개인 차원, 사회적 차원, 조직적 차원으로 구분하는 것이다. 개인 차원에서는 자기 인식, 상충된 요구 조율 능력, 학습 능력, 리더로서의 가치 등을 요구한다. 사회적 차원에서는 관계 형성 및 유지 능력, 효과적인 직무그룹 구축 능력, 의사소통 능력, 타인 개발 능력 등이 요구된다. 조직적 차원에서는 전략적 사고 및 행동 능력, 창의적 사고 능력, 변화 주도 및 실현 능력이 요구된다(최은수, 2016).

3. 리더십 개발 프로그램 유형

리더십 개발의 내용이 결정되었다면 그다음에 해결해야 할 문제는 '어떻게 개발하느냐?' 이다. 리더십 전문가들은 리더십을 개발할 수 있는 기회들을 크게 세 가지로 대분한다. 첫째는 조직 차원에서 운영하는 공식적인 교육 및 훈련 프로그램이다. 둘째는 대부분 개인 차원에서 이루어지는 경험학습 프로그램이다. 셋째는 개인이 스스로 수행하는 자기조력 활동이다.

일반적으로 앞서 언급한 세 가지 유형의 프로그램이 통합적으로 운영되는 경우는 그리 많지 않다. 그러나 교육의 효율성과 효과성을 높이기 위해서는 이 프로그램들이 목적에 맞게 통합적으로 운영되는 것이 바람직하다.

1) 조직의 공식적인 프로그램

공식적인 프로그램은 조직에서 리더십을 개발시키기 위해 널리 사용하는 방식이다. 공식적인 프로그램은 최고경영자보다는 중간 계층의 관리자들을 대상으로 설계되는 경우가 많다. 대부분의 조직에서 운영되고 있는 공식적인 프로그램들은 상위 직위를 수행하기 위한 준비 차원에서 이루어지기보다는 현재 직위에 필요한 기술의 습득에 더 중점을 두는 경우가 많다. 조직의 공식적인 리더십 개발 프로그램은 짧은 일정의 워크숍부터 일 년 이상의 기간이 소요되는 포괄적인 프로그램에 이르기까지 다양한 형태가 있다. 조직에 따라 자체 경영연수원이나 기업대학(사내대학)을 운영하거나 경영 관리 훈련 프로그램을 운영한다. 외부 세미나와 초청강의가 활용되기도 하고, 대학의 비정규 경영 관리 개발 프로그램에 참여하는 경우도 있다. 또는 교육대상자들이 외부 컨설팅 회사의 프로그램에 참여하는 방식을 사용하기도 한다. 이 프로그램들을 구체적으로 살펴보면 다음과 같다.

(1) 기업대학(사내대학)

기업대학은 기업 또는 특정 직무에 특화된 훈련을 위해 기업 내부에서 자체적으로 운영하거나 외부 대학과의 협력을 통하여 운영되는 교육 프로그램이다. 오늘날 기업대학은 Leadership college, Sales college, Operational effectiveness college, Business skills college, Customer service college 등 다양한 명칭으로 운영되고 있다. 기업대학은 학위를 주는 것이 주목적이 아니라, 특수한 그리고 직무를 고려한 훈련을 기업에 제공하는 것으로서 순전히 기업의 전반적인 전략적 계획에 연계되어 있다. 기업대학의 강의는 온라인과 오프라인의 두 방식으로 운영된다. 기업대학에서는 선임 관리자들이 교육장면에 적극 참여하여 진행요원 또는 촉진자로서 역할을 수행하는 경우가 많다. 현직의 관리자층에서 프로그램에 참여할 경우 리더십 개발 교육의 효과를 한층 더 높일 수 있다. 선임 관리자들은 교육과정에서 참가자들과 조직적 차원은 물론, 개인적 차원에서도 교류와 공감이 기회를 가지며, 실제적인 주제에 대한 논의가 활발하게 이루어질 수 있다. 또한 강의자원의 고정적인 확보와 더불어 선임 관리자들 스스로 다양한 스킬을 학습할 기회를 가질 수 있다.

(2) 세미나와 초청강연

세미나와 외부 강사를 활용하는 것은 대부분의 조직에서 보편적으로 사용되는 방법이다. 중요한 것은 세미나와 강사의 강의내용이 조직의 경영 철학과 요구되는 리더십 역량과 실제를 반영하는 것이어야 한다. 세미나와 외부 강사를 통한 리더십 개발은 리더십 이해, 의사소통과 영향 미치기, 동기 유발과 유지, 변화 유도, 갈등 해결, 위임, 코칭, 성과관리, 효과적인 회의 구성, 직원 개발, 스트레스 관리 등 다양한 주제를 통해 이루어질 수 있다. 세미나와 외부강사를 활용하는 방안들이 가장 큰 효과를 발휘하기 위해서는 온전하게 하루 정도의 시간을 활용해야 한다.

(3) 외부 컨설팅 회사 프로그램 활용

자체적인 교육 및 훈련 프로그램을 갖출 여건이 어려운 경우 조직 차원에서 외부의 공인된 기관의 프로그램을 활용하는 방법이 있다. 이 경우에는 적합한 외부기관의 선정이 중요한 관건이 된다. 다양한 채널을 통하여 프로그램의 효과를 검증하고, 내부와 외부의 전문가들을 통하여 해당 프로그램에 대한 검증 과정이 선행되어야 한다. 외부 컨설팅 회사와 협력할 경우 기존의 판매용 프로그램을 사용하는 방법이 있고, 고객이 되는 조직의 특성에 맞는 프로그램을 주문하여 사용하는 방법이 있다.

조직에서 공식적인 교육 및 훈련 프로그램들을 운영할 때 사용되는 기법에는 다양한 유형이 있다. 전문적인 기술의 학습의 경우, 강의, 시범, 절차 매뉴얼, 지침서, 비디오테이프, 장비 시뮬레이션 등이 활용될 수 있다. 개념적 관리 기술의 학습에는 사례실습, 경영 게임, 모의 게임, 비디오테이프 등이 사용될 수 있다. 대인 기술의 학습에는 강의와 시뮬레이션, 역할 연기, 집단 실습 등의 방법이 사용될 수 있다. 다음에서는 가장 대표적인 방법으로 행동역할 형성 훈련, 사례 토의, 경영/모의 게임에 대해 살펴보기로 한다.

행동역할 형성 훈련은 시범을 본 후 역할 연기를 통해 행동을 학습하는 방법을 말한다. 이 방법은 Bandura의 사회학습 이론에 기초한다. 이 방법은 단순히 행동지침을 제시하고 시범을 보이는 것으로는 불충분하며, 실제적인 연습과 피드백이 함께 이루어져야 한다. 시범을 보일 경우 가능한 긍정적 행동과 부정적 행동이 보이도록 한다. 역할 연기는 학습 요점을 적용하는 학습이며 다양한 출처의 피드백이 활용되는 경우 가장 효과적이다.

사례 토의는 조직에서 일어날 가능성이 높은 사례들에 대해 전문적인 강의자가 교육생들과 토의를 진행하는 것이다. 사례들로는 조직에서 일어난 사건이나 리더의 생활사건, 조직의 경쟁 전략과 재무성과를 기술한 것 등을 소재로 하여 교육 참가자들에게 분석적 기술과 의사결정 기술을 함양시키는 방법이다. 토의는 학급 전체가 토의하는 방식과 소집단별로 토의를 진행한 후에 전체 토의를 하는 방법이 있다. 이러한 사례 토의는 관리자의 당면 상황에 근접한 상황 조치 훈련이 가능하다고 타인의 생각과 관점에서 사안을 이해할 수 있으며, 효과적인 관리자의 행동에 대한 이해를 증진시킬 수 있다는 장점을 갖는다.

경영 게임과 모의 게임은 지필방식으로 이루어지거나 컴퓨터에 기반을 두어 이루어진다. 진행은 먼저 복잡한 문제를 분석하고 결정을 내리고, 그 결정의 결과에 대한 피드백을 받는 방식으로 이루어진다. 가령 가격 책정, 광고, 생산 산출물, 제품 개발, 경영 관리 결정 등의 문제를 다룰 수 있다. 대단위로 이루어지는 모의 게임에서는 인지적 기술과 의사결정 기술뿐 아니라 대인관계 기술도 강조된다. 모의 게임의 효과를 극대화시키기 위해서는 단기간에 시행되는 것보다 여러 차례의 시행을 통해 피드백의 기회를 확대할 수 있다.

2) 경험학습 프로그램

효과적인 리더십에 필수적인 기술의 많은 부분은 공식적인 교육 및 훈련 프로그램보다 경험을 통해 학습된다. 대표적인 경험학습으로는 중다출처 피드백, 개발을 위한 업무할당, 직무순환 프로그램, 실천학습, 멘토링, 경영자 코칭 등이 있다.

경험학습의 효과는 도전의 크기, 과제의 다양성, 피드백의 적절성, 상위 계층의 상급자 유형 등에 의해 다르게 나타난다. 경험학습의 수준은 생소함, 어려움, 위험성에 따라 구분될 수 있다. 경험학습에 활용되는 도전적인 상황의 예로는 합병이나 조직개편, 특별 과업팀 이끌기, 전면적인 변화 시행, 불리한 사업 조건에 대처하기, 취약한 조직 단위를 전환시키기, 다른 유형의 직위로의 전환, 다른 문화를 가진 국가에서의 관리 업무 수행 등 다양하다. 도전적인 상황을 통한 경험학습은 리더에게 새로운 정보를 추구하게 하며, 새로운 방식을 이해할 수 있으며, 새로운 관계를 구축할 수 있는 기회를 제공한다. 또한 경험학습은 새로운 행동을 시도하고 새로운 기술을 학습하는 과정에서 자기 자신을 더 잘 이해할 수 있게 해 준다.

(1) 중다출처 피드백

중다출처 피드백은 360도 피드백, 중다평정자 피드백, 다면 평가 등 다양한 명칭으로 불리는 방법으로, 개인의 활동에 대한 평가 결과를 피드백해 주는 것이다. 피드백의 정보는 표준화된 설문지를 통해서 산출될 수 있으며, 자신과 타인의 평가를 비교한 결과에 기초할 수 있다. 또한 숙련된 촉진자가 진행하는 워크숍을 통해서도 피드백이 주어질 수 있다. 피드백의 원천은 직장상사, 동료, 부하, 코치 등이 다양한 집단으로부터 수집되도록 한다.

(2) 업무할당

개발을 위한 업무할당은 현행 직무를 수행하면서 추가적으로 특별한 업무를 할당하는 방법이다. 특별한 업무는 신규 프로젝트를 관리하게 하거나, 조직 단위 훈련 프로그램의 개발 및 실시, 상사가 처리했던 행정 관리 활동에 대한 책임 부여, 평가 센터에서의 업무 수행, 다른 부분의 탁월한 리더를 위해 참모 업무 수행 등의 다양한 방식이 활용될 수 있다.

(3) 직무순환

직무순환 프로그램은 6개월에서 3년에 이르기까지 다양하며, 조직 내에서 다른 기능의 하위 단위에서 근무하는 경우를 말한다. 직무순환 프로그램은 협력관계 기술을 개발시켜 주고, 새로운 과제에 도전하는 경험을 함양시켜 주며, 조직 내 타 부서를 이해할 수 있게 해 준다. 또한 이 방식은 조직 내 부서 간의 상호의존성을 인식하게 해 주며, 넓은 인맥 구축의 기회를 갖게 해 주는 장점이 있다. 그러나 다른 한편으로는 직무순환으로 인하여 개인의 생산성이 저하될 가능성이 있으며 지원부서의 구성원들이 희생에 대한 불만을 토로할 수 있다는 문제점들이 있다.

(4) 실천학습

실천학습은 직무에서 일어나는 실시간 학습 체험으로서 조직의 요구와 더불어 개인의 발전이라는 두 가지 목적을 추구할 수 있는 프로그램이다. 실천학습에서는 문제상황이나 프로젝트가 주요 학습 경험이 된다. 실천학습 집단은 일반적으로 4~8명으로 구성하는 것이 효과적이다. 실천학습은 참가자들로 하여금 창의적으로 문제를 해결하는 능력을 배양시켜 주고, 효과적인 팀원이 되는 방법, 조직의 생산활동에 대한 지식 획득, 발표 및 촉진 능력, 의사소통 기술, 대인관계 기술, 새로운 관점 갖기 등 다양한 경험을 제공한다. 실천학습(action learning)은 수개월의 기간에 걸쳐 실시되는 방법으로 현장 프로젝트 업무를 수행하면서 기술훈련 세미나에 참가하는 경우를 예로 들 수 있다. 세미나를 통하여 현행 직무의 생산성을 향상시키고 시스템을 개선할 수 있는 전략 수립에 도움을 받을 수 있다.

(5) 멘토링

멘토링은 직무상의 유경험자가 경험이 부족한 사람을 도와주는 것이다. 멘토링은 리더십 개발에서 그 중요성과 유용성이 점점 더 증대되고 있는 활동이다. 멘토링은 면대면, 유/무선, 화상, 이메일 등을 통해 이루어지며, 단방향적인 도움 활동보다는 협동적인 관계 속에서 활동이 이루어진다. 멘토는 신뢰받는 조언자, 코치, 교사, 역할 모델, 스폰서로서 활동하게 된다. 멘토는 대상자의 상사가 되어서는 안 된다. 멘토와 멘티는 멘토링 과정에서 어떻게 행동해야 하는가에 대해서 교육을 받을 필요가 있다.

(6) 경영자 코칭

경영자 코칭은 개별화된 활동 중에서 가장 대표적인 활동이다. 경영자 코칭은 일대일로 진행되는 과정으로 경영자들의 관리 역량과 대인관계 기술을 향상시켜서 성과향상을 저해하는 장애물들을 극복하고 더 큰 역량과 자기확신을 갖게 해 준다. 경영자 코칭에서는 강점을 강화시키고 부정적인 상황을 재구성하여 자기를 제한하는 사고와 행동들을 제거함으로써 더 높은 성과를 나타내게 한다. 코칭을 하는 사람은 심리치료자도 아니며, 상담자나 멘토도 아니다. 코치는 청취하고 지지와 격려를 통해 도전하게 하며 자기확신을 갖게 한다.

3) 자기조력 활동

자기조력 활동은 개인이 자기 자신의 기술을 개발시키기 위해 시도하는 활동을 의미한다. 자기조력 활동의 예로는 실무서적 독서, 상업용 영상 시청, 대화형 프로그램 활용 등의 방식이 있다. 자기조력 활동은 공식적인 교육 및 훈련 프로그램과 병행되거나 경험학습의 촉진을 위해 이루어질 경우 더 효과적이다.

리더십의 대가인 Yukl은 자기조력 활동이 효과적으로 이루어지기 위해 필요한 다음과 같은 지침을 제시한다(이상욱, 2004).

- 경력 목표의 개인적 비전을 수립하라.
- 적합한 후견인을 찾으라.
- 도전적인 업무과제를 추구하라.
- 자기감독을 개선하라.
- 관련된 피드백을 추구하라.
- 실수로부터 배우라.
- 여러 관점에서 사건을 이해하는 법을 배우라.
- 쉬운 해결책을 믿지 말라.

4. 리더십 개발 프로그램 평가

조직에서 이루어지는 제반 활동들은 철저한 계획에 의해 실행되며, 실행 후 평가를 통해 해당 활동의 성과를 가늠하고, 평가 결과는 향후 활동 계획에 피드백 정보로 활용된다. 만약 조직의 사업이나 활동에 평가 과정이 반영되지 않는다면, 그 사업이나 교육의 효과를 실질적으로 증명할 수 없으며, 잘못된 방향 또는 허구적인 활동으로 진행되더라도 수정 및 보완할 수 없다.

리더십 개발 프로그램의 평가는 회기(session) 또는 프로그램 종료 직후에만 실시되는 것은 아니다. 평가는 프로그램의 진행 과정 중에 실시되기도 하며, 교육을 이수한 후 직무에 복귀하여 일정 시간이 지난 시점에서도 실시한다. 통상 리더십 개발 과정에서 평가 활동은 프로그램의 종료 후에 성과분석 개념으로 실시하는 경우가 대부분이다. 그러나 리더십 개발 프로그램의 실질적인 효과를 보고자 한다면, 프로그램의 실시 전과 실시 후에 평가를 실시하고 두 평가 결과 간의 차이로서 효과를 입증해야 한다. 가장 바람직한 모습은 평가활동이 개발 프로그램 운영 전반에 걸쳐 계획 단계에서부터 면밀히 검토되는 것이다.

1) 평가 기능의 이해

(1) 프로그램 평가의 정의와 장점

리더십 개발에서 프로그램의 평가는 '정책이나 프로그램에 관한 의사결정을 목적으로 사회과학적 조사 방법을 사용하여 정책 또는 프로그램의 수행 과정과 결과를 측정하는 일련의 절차'로 정의할 수 있다(Rutman, 1984). 리더십 개발에서 평가는 여러 가지 장점을 갖는다. Hannum, Martineau와 Reinelt(2007)는 평가 활동이 가져다줄 수 있는 장점을 다음과 같이 제시한다. 첫째, 평가는 참여자, 해당 조직, 공동체가 어떻게 하면 리더십 개발 프로그램을 완전하게 경험할 수 있으며 그 효과를 최대화할 수 있는지를 말해 준다. 둘째, 평가는 제안된 혹은 이미 존재하는 리더십 개발 활동이 개발 목표에 더 가깝게 도달하도록 조율해 준다. 셋째, 평가는 리더십 개발 경험에 참여하는 것이 조직성과의 향상과 더 나은 조직사회로의 변화에 어떻게 연결되는가를 보여 준다. 넷째, 평가는 어떤 리더십 역량이 특정 상황에서 가장 적합한 것인지 여부를 밝혀 준다.

(2) 평가자 구성

일반적으로 평가는 내부 평가자 혹은 외부 평가자로 구분된다. 내부 평가자는 프로그램 담당자나 조직 혹은 공동체의 내부 인원을 의미하며, 외부 평가자로는 조직 외부의 평가자가 고용된다. 내부 평가자는 통상 프로그램이나 평가의 맥락을 잘 이해한다는 장점이 있으며, 그동안의 신뢰와 믿음을 통하여 더 중요한 자료들을 수집할 수 있다. 그러나 내부 평가자는 그들 스스로가 조직에 소속되어 있기 때문에 도전적이거나 심도 깊은 평가를 하지 못하고 주어진 맥락 속에서만 평가할 가능성이 크다. 반면, 외부 평가자는 내부 평가자보다 덜 편향된 기준을 갖고서 객관적으로 평가를 할 수 있다는 장점이 있다. 하지만 외부 평가자들은 프로그램이나 평가의 맥락을 충분히 이해하지 못하기 때문에 잠재적으로 공격적인 용어에 덜 민감하고(의미 불명확) 덜 중요한 사항을 추천하거나 선택할 가능성이 높다. 따라서 가능하다면 내부 평가자와 외부 평가자 모두를 활용하는 것이 최선의 방책이다.

(3) 평가자의 다양한 역할

평가자는 평가 상황에서 다양한 역할을 수행한다. 첫째, 순수한 평가자 역할이다. 평가자는 리더십 개발 프로그램이 부정적인 영향을 미치지 않고 원하는 성과를 얻었는지를 여부를 결정한다. 둘째, 계획 입안자와 설계자 역할이다. 평가자는 평가의 결과를 통해 이해당사자가 새로운 프로그램을 설계하거나 기존의 것을 개선시키는 일을 지원한다. 셋째, 교육자의 역할이다. 평가자는 이해당사자들이 평가를 효과적으로 설계하고, 실행하며, 사용할 수 있도록 교육시킨다. 넷째, 전환자의 역할이다. 평가자는 다차원적인 관점과 해석을 위해 경계를 넘나들며 자료를 수집한다. 다섯째, 홍보자의 역할이다. 평가자는 평가에서 발견된 사항들을 공론화하여 프로그램이나 정책의 방향 혹은 자원의 배분을 결정하는데 영향을 미친다. 여섯째, 반성적 실행자의 역할이다. 평가자는 체계적인 상호작용 과정이나 의문, 반성(reflection)을 통하여 그들 자신의 생각이나 반응, 경험들로부터 학습한다.

(4) 평가 영역

리더십 개발 프로그램의 결과가 측정될 수 있는 영역은 다양하다. 첫째는 개인의 영역에서 리더십 개발 여부를 평가할 수 있다. 이들은 개인의 지식, 기술, 가치, 신념, 정체성, 태도, 행동과 능력에서의 변화를 찾는다. 둘째는 집단과 팀 영역이다. 이들은 작업집단의 분위기, 협동성, 생산성 등에서의 변화를 찾는다. 셋째는 조직 차원의 영역이다. 리더십 개발 프로그램은 전략, 생존 가능성, 생산품의 양과 질 혹은 제공되는 서비스에 영향을 주고자 한다. 이에 따라 평가자들은 의사결정에서 리더십 파이프라인, 공유 비전, 전략과 활동의 정렬 등에서의 변화를 찾는다. 그 밖에도 평가는 공동체 영역이나 학문 영역, 사회망 시스템에서의 변화를 찾기도 한다.

(5) 평가 주체에 따른 평가 관점의 차이

마지막으로 평가는 평가자 혹은 평가 주체의 관점에 따라 평가의 내용과 방법이 다르게 이루어진다. 예를 들어, 교육 프로그램을 평가할 때 무엇을 중심으로 평가할 것인가의 문제는 다양한 이해당사자 중 누구의 관점으로 바라보는가와 직결되어 있다. 백순근(2006)은 자신이 제시한 PUPA 모형에서 교육 프로그램의 주요 이해당사자로서 공급자(Provider), 수요자(User), 전문가(Professionals), 당국자(Authority)의 네 가지를 설정하고 있으며, 특정 프로그램을 체계적이고 종합적으로 평가하기 위해서는 상기한 네 가지 관점에서 평가한 결과를 분석하고 종합하여 합의점을 도출해야 한다고 주장한다.

공급자 입장에서는 프로그램의 기획, 운영, 지속 여부 등 운영과 관련된 의사결정에 필요한 평가 정보를 필요로 하기 때문에 투입된 비용 대비 효과나 의도한 성과 달성 여부 등에 관심을 갖는다.

수요자 입장에서는 교육 프로그램을 소비하는 사람으로서 해당 프로그램을 지속적으로 선택할 것인지를 결정하는 데 필요한 평가 정보를 요구한다. 전문가는 교육 프로그램과 관련된 전문적 판단을 내리기 위하여 평가 정보를 필요로 한다. 이들은 프로그램의 원활한 운영이나 효과성에 관심을 갖는다.

교육당국은 교육 프로그램의 관리 및 감독을 위해 필요한 평가 정보를 필요로 한다. 이들은 목표 달성도를 확인하거나 혹은 성과나 결과가 무엇인지에 중점을 둔다. 이러한 백순근의 PUPA 모형은 교육 프로그램에 대한 평가가 다양한 관점에서 이루어지고 각각의 평가 결과가 종합적으로 분석되어 최종 결과가 얻어져야 한다는 점을 강조하는데, 이러한 메시지는 리더십 개발 프로그램의 평가 시에도 교육을 주관하는 교육자 입장뿐만 아니라 수요자인 학생의 시각에서, 프로그램을 승인하고 지원하는 주관 기관의 입장에서 평가가 이루어져야 한다는 점을 시사한다.

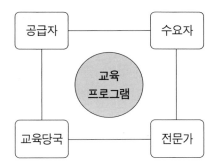

[그림 12-3] 교육 프로그램 평가의 이해당사자

2) 평가 활동 설계 가이드라인

평가를 계획해야 하는 가장 이상적인 시기는 리더십 개발 프로그램이 설계되는 시점이다. 프로그램의 설계와 평가 계획이 통합적으로 이루어질 경우, 평가 질문들이 리더십 개발 계획의 설계에 도움을 주어서 원하는 결과를 더욱더 향상시킬 수 있다. 그러나 리더십 개발 계획을 설계하는 동안에 평가를 설계하는 것이 항상 가능한 것은 아니다. 통상적으로는 리더십 개발을 설계하면서 평가의 필요성을 인식하지 못하거나 개발 계획이 수립된 후에도 평가에 관심을 갖지 않는다. 다음에서는 평가 활동이 올바르고 효과적으로 운용되기 위해 참조해야 할 가이드라인에 대해 설명하도록 하겠다.

(1) 평가 활동 설계 시 고려사항

리더십 개발 과정에서 평가 활동을 계획할 때 고려되어야 할 사항은 다음과 같다.

첫째, 평가 활동에 관계되는 사람들을 식별한다. 여기서 관계자는 평가되는 항목들과 평가의 결과에 의해 영향을 받는 사람들을 의미한다. 이들의 관여가 없다면, 평가 설계가 아무리 거창하게 이루어진다 하더라도 소기의 목적을 달성하기 어려워진다. 따라서 평가의 질적 개선과 가용한 중요자료 획득을 위해서도 관계자들을 파악하고 이들을 평가 계획에 포함시키는 것은 매우 중요한 일이다. 관계자들로 하여금 평가가 통상적으로 변화를 위한 수요를 창출한다는 것을 인식시키고, 이들이 평가 결과를 적극 활용한다는 동의를 얻는 것도 매우 중요하다. 아울러 이들과 함께 평가의 목적과 요구를 명확하게 정해 나가는 것 또한 중요한 일이다.

둘째, 평가 활동이 리더십 개발 프로그램 운영의 목적에 기여한다는 점을 명확히 정의한다. 평가를 통하여 리더십 개발의 영향을 어떻게 측정할 것인가를 정의한다는 것은 추상적인 목적을 실제적인 용어로 기술하는 것을 의미한다. 평가를 진행하는 사람은 관계자들이 리더십 개발의 목적에 대해 갖고 있는 가정을 충분히 이해해야 한다. 리더십 개발이 어떤 특정한 도전을 나타내는지? 조직의 사업 전략이나 공동체의 목적 혹은 사회변화 전략을 어떻게 지지하는지? 이를 위해 어떤 특정한 리더십이 요구되는지? 리더십 개발 이슈가 제안되는 데 있어서 내·외적 압박이 있는지? 참가자들이 그들의 개발을 위해 책임감을 갖고서 임할 것인지? 개발 활동을 통하여 증진하고자 하는 성취 수준은 어떤 것인가? 어떤 자료들이 개발 활동이 이루어지는 동안 수집될 것인지? 등에 대한 명확한 설명이 요구된다.

셋째, 평가에 소요되는 자원을 결정한다. 이는 평가를 지원하기에 충분한 자원들, 즉 재정, 시간, 스텝 그리고 평가 검사와 기제들이 구비되어 있는가에 답하는 것이다. 효과적이고 집중된 평가를 위해서는 가용한 비용, 시간, 진행 인력, 평가용 검사 등에 대해 알아야 한다. 평가를 위해서는 리더십 개발을 위한 전체 예산의 대략 5~20%를 할당한다. 여기에서 관심을 갖고 검토되어야 할 사항은 다음과 같다. 관계자들이 결과를 보기 원하는 시기가 언제인가? 평가 수행을 위해서 어떤 전문성을 갖춘 진행 인원들이 요구되는가? 평가를 통해 얼마나 많은 자료가 수집되어야 하는가? 평가 결과들이 어떻게 활용되는가?

넷째, 리더십 개발 프로그램에 의해 원하는 영향력 유형을 확립한다. 무엇이 원하는 성과인가? 리더십 개발 계획은 개인, 집단, 조직, 혹은 공동체에 영향을 주는 것으로 기대되고 있는가에 대해 답을 구하는 것이다. 일반적으로 사람들은 리더십 개발의 가시적인 효과를 기대하지만, 그렇다고 해서 모든 수준(개인, 집단, 팀, 조직, 공동체)에서의 효과를 기대하는 것은 아니다. 하지만 개발 활동이 의도하는 영향의 유형과 관계자들이 기대하는 영향의 유형을 충분히 이해할 경우, 측정하고자 하는 목적을 명확하게 함으로써 평가 설계를 강화할 수 있다.

다섯째, 리더십 개발 프로그램의 영향이 나타날 것으로 기대되는 시간 주기를 설정한다. 리더십 개발의 효과가 단기, 중기, 장기에 걸쳐 어떻게 나타날 것인가를 구상하는 것이다. 개발 활동의 영향이 시간이 경과함에 따라 일어날 것으로 예상한다면, 측정을 단기, 중기, 장기 영향을 설명하도록 설계할 수 있다. 단기 영향은 참가자들이 개발 활동의 종료 직후에 무엇을 생각하는지를 포함하거나, 참가자들이 개발 활동을 통하여 얻은 새로운 아이디어나 자기인식이 무엇인지를 다루게 된다. 중기 영향은 대략 3~6개월 후의 효과를 측정하는데, 주로 개인의 기술 향상, 행동 변화, 팀 개발 등과 연관되어 있다. 장기 영향은 9개월에서 1년에 걸친 기간에 나타나는 효과로서 성과향상이나 다양한 복잡 기술의 획득, 조직 수준에서의 변화 등을 포함한다.

여섯째, 리더십 개발 과정의 표면적인 기대를 정의한다. 리더십 개발 프로그램의 결과로 나타나기를 기대하는 것은 무엇인가? 리더십 개발 프로그램의 성공을 위해 어떤 연결이 중요한가? 다양한 집단이 취하는 가정은 무엇인가에 답을 구하는 것이다. 흔히 조직에서는 기대에 부응하였는지를 판단하기 위해 평가를 실시한다. 가끔은 가시적인 성과가 있을 것이라는 기대가 있지만, 어떤 경우에는 구체적으로 정의되지 않는 기대들이 있다. 또한 다양한 관계자가 있는 만큼 리더십 개발 계획에 대한 기대도 다양하며 갈등적일 수도 있다. 평가 활동이 이러한 기대를 잘 이해하지 못한 채 이루어진다면 부정적인 결과가 나타날 수 있다. 공통된 기대는 아마도 참가자들이 더 훌륭한 리더가 되는 것이며 리더십의 공용어를 공유하여 어떻게 효과적으로 작업할 수 있는지를 알게 되는 것이다. 잠재력이 우수한 후보군을 발견하거나, 상하관계가 개선되고, 더 좋은 상품을 생산하며, 시장에 효과적으로 반응하는 등의 긍정적인 효과를 기대한다.

일곱째, 평가 질문과 질문의 우선순위를 결정한다. 일단 평가자가 리더십 개발 활동과 평가에 대한 모든 핵심 관계자의 기대를 이해하였다면 평가에서 답해야 하는 질문을 정의할 수 있다. 여기서 두 가지 질문 유형의 차이를 아는 것이 중요하다. 그중 하나는 포괄적이나 의도된 방향을 갖는 질문이며, 다른 하나는 분석을 위한 자료를 생성하기 위해 특별히 만들어진 문항이다. 질문 자체가 명확하지 못하면 해석이 곤란하고 결과를 갖고서 소통하기 어렵게 된다. 평가 문항들의 우선순위를 결정하는 것은 두 가지 기능을 갖는다. 하나는 전체 질문의 개수를 줄여 준다. 다른 하나는 다양한 질문의 상대적 장점을 결정할 수 있다. 어떤 질문은 중요한 반면, 어떤 질문은 관심 정도를 나타낸다. 질문의 우선순위는 관계자들로 하여금 투표나 점수를 부여하게 하는 등 다양한 방법이 가능하다.

여덟째, 평가를 위한 표집과 자료 수집 방법을 선택한다. 어떤 집단이 원하는 자료를 제공해 줄 수 있을 것인지를 판단해야 한다. 이를 위해 관계자 명단을 검토해 보는 것도 도움이 된다. 리더십 개발 활동에 대한 문항이라면 참가자들을 대상으로 조사하는 것이 타당하나, 예를 들어 조직인력 정책과 리더십 개발 성공과의 관계성과 같은 내용을 참가자들에게 물어보는 것은 적절치 않다. 자료 수집 방법 선정에서 유념할 사항은 어떠한 단일한 방법도 완전한 정보를 제공해 주지 못한다는 것이다. 즉, 여러 유형의 자료 수집 방법을 통해서 얻어진 정보가 더 높은 신뢰도와 타당도를 갖는다.

아홉째, 평가 결과의 활용 계획을 수립한다. 아무리 좋은 평가가 수행되었다 하더라도 그 결과가 효과적으로 활용되지 않는다면 무용지물이다. 평가 결과의 활용 계획은 사전에 평가의 목적과 장점을 구체적으로 명확하게 설정했다면 쉽게 수립할 수 있다. 평가를 통해 얻은 정보는 학습을 증진시키는 데 사용되어야 한다.

(2) 올바른 평가의 구비 조건들

평가 목적이나 장점 그리고 평가 결과의 활용 등에 대해 충분히 검토가 되었다면 이제 평가 활동을 설계할 시점이다. 이제 사용하게 될 특정한 평가 방법을 선택하고, 이 방법을 평가가 계획한 특정한 요구에 상응하도록 조율하고, 그러고 나서 평가를 실행하면 된다. 다음은 올바른 평가를 위해 갖추어야 할 요소에 대해 설명하고자 한다.

첫째, 평가는 다양한 관점에서 영향 정도를 살펴보아야 한다. 다양한 관계자 집단이 다양한 관점을 갖고 있으며, 개발 활동에 참여한 사람들도 다양한 직책을 갖고 있기 때문에 타당한 평가를 위해서는 평가자가 제반 관점을 고려하는 것이 가장 바람직하다.

둘째, 평가는 관찰될 수 있는 여러 유형의 변화를 평가한다. 리더십 개발 프로그램으로 인하여 참가자들에게 일어날 수 있는 변화는 지식, 인식, 개별 행동 양식 등 다양하다. 수행성과 또한 개인 차원에서의 성과와 집단과 조직 차원에서의 성과로 구분될 수 있다. 장기적으로는 조직의 문화가 변화하는 것도 교육의 영향으로 판단할 수 있다. 리더십 개발 교육의 효과는 다양한 유형의 변화를 포괄하기 때문에 어디에서 효과가 있었는지 어디서 미흡하였는지 이해하는 것은 효과적인 평가를 위해서 매우 중요하다. 왜냐하면 개인들은 다양한 유형의 학습을 하고 다양한 시점에서 변화가 나타나기 때문에 변화가 일어났을 때를 포착할 수 있도록 평가를 설계하는 것이 중요하다.

셋째, 다양한 자료 수집 방법을 사용한다. 어떤 방법도 완전할 수 없으며, 각각의 방법은 나름대로의 장점과 단점을 갖고 있다. 다양한 방법을 사용하도록 설계된 평가는 다양한 종류의 영향에 대한 정보를 수집할 수 있다. 예를 들어, 행동 변화는 360도 다면평가를 활용하는 것이 효과적이며, 행동 변화의 방해요소를 이해하기 위해서는 대면 인터뷰를 실행하는 것이 효과적이다.

넷째, 평가는 다양한 시간대를 기준으로 계획한다. 리더십 개발 프로그램의 효과는 단기, 중기, 장기적으로 나타날 수 있다. 따라서 참가자의 즉각적인 반응에만 평가를 한정할 경우, 장기간에 걸쳐 나타나는 효과를 놓치게 된다.

다섯째, 다양한 수준에서의 변화를 측정한다. 개인 수준에서부터 집단 수준 그리고 조직 수준에 이르기까지 다양한 수준을 고려하여 평가를 설계해야 한다.

여섯째, 비교를 위한 통제집단을 활용하는 것이다. 통제집단의 사용은 평가에서 관찰된 조직에서의 차이가 리더십 개발 프로그램에 의해 유발된 것이라고 말할 수 있게 해 준다. 만약 통제집단을 사용하지 않은 채 리더십 개발 교육과정의 참가 집단만을 대상으로 변화를 측정할 경우, 그 변화가 다른 가외 변인에 의해 유발되었을 가능성을 배제할 수 없다.

3) 평가 시기, 내용, 방법

(1) 평가 시기

평가 시기는 리더십 개발 프로그램 실행 전, 실행 중 그리고 실행 후로 구분할 수 있다.

프로그램의 실행 전에 실시하는 평가는 대부분 기대조사와 현 수준에 대한 평가를 의미한다. 기대조사는 리더십 개발 프로그램에 대해 참가자들이 기대하는 내용을 조사하는 것이며, 정략적 혹은 정성적으로 이루어질 수 있다. 부가적으로 기대조사 결과를 교육자와 참가자들이 공유할 경우 교육의 효과를 증대할 수 있다. 현 수준에 대한 평가는 프로그램에 의한 변화를 측정하기 위해 필수적으로 실행되어야 한다. 아울러 현 수준에 대한 평가는 실제 프로그램의 진행에도 도움을 준다.

프로그램의 진행 과정에서 실시하는 평가에는 일일 평가를 예로 들 수 있다. 일일 평가는 개별 프로그램의 경험 내용을 분석하고 일일 경험을 정리할 수 있는 기회를 제공하며, 프로그램의 긴급한 조정소요를 제공해 주는 유용성을 갖는다. 일일 평가는 가급적 간단한 형식으로 이루어지는 것이 권장된다.

프로그램의 실행 후에 실시되는 평가는 모든 세부 활동이 종료된 이후에 실시되는 평가이다. 프로그램 실행 후의 평가에서는 주로 특정 요소가 학습 목표에 부합하였는가? 참가자들은 학습 내용을 어떻게 응용할 것인가? 학습을 위한 지원은 적절하였는가? 등에 대해 조사한다.

(2) 평가 내용

리더십 개발 프로그램의 효과를 평가하는 것은 단순히 프로그램에 대한 만족도만을 평가하는 것은 아니다. 리더십 개발 프로그램을 통하여 이루어질 수 있는 제반 변화를 평가하도록 해야 한다. 여기에는 개별 학습 내용 조사, 개별 행동 양식 평가, 조직 분위기 조사, 조직 문화 조사, 투자 대비 회수율 조사 등이 있다.

개별 학습 내용 조사는 리더십 개발 프로그램을 통하여 새롭게 학습한 내용에 대해 알아보는 것이다. 이때, 프로그램 실행 전에 실시한 기대조사 결과와 통합하여 자료를 분석해야 한다. 즉, 프로그램 참가 전에 기대했던 학습 내용과 프로그램에 참가한 후 인식된 학습 내용을 비교하는 것이다.

개별 행동 양식 평가는 개발 교육을 통하여 일어난 행동상의 변화를 측정하는 것이다. 행동 변화는 양적으로 평가될 수 있지만 질적으로도 평가될 수 있다. 또한 행동상의 변화는 다양한 시점으로 구분하여 평가될 경우 더 효과적이다. 평가는 현장 관찰, 서면 평가, 다면 평가 등 다양한 방식으로 이루어질 수 있다.

조직 분위기 조사는 리더십 개발 프로그램의 경험을 통하여 참가자가 소속된 집단이나 조직의 분위기가 어떻게 변화되었는가를 분석하는 것이다. 조직 분위기 변화는 단기간에 나타나기 어렵기 때문에 중·단기적인 평가에 계획되는 것이 일반적이다.

조직 문화 조사는 조직이나 집단에 공유된 의식, 행동, 가치, 규범 등이 리더십 개발 프로그램의 경험으로 인하여 어떻게 영향받는지에 대해 알아보는 것이다. 문화의 변화는 단기간에 나타나지 않기 때문에 장기적인 평가 계획에 의해 이루어진다.

투자 대비 회수율 조사(Return On Investment: ROI)는 리더십 개발 교육을 위해 소요된 비용을 계산하고 리더십 개발을 통해 예상되는 성과향상 실적을 계산하여 그 비를 구하는 것이다. 투자 대비 회수율 조사는 이익을 추구하는 기업의 경우 매우 중요한 자료가 된다. 또한 ROI는 리더십 개발 프로그램의 지속적인 운영에도 도움이 되며, 최고경영자의 신뢰와 지지를 획득하는 데도 긴요하다.

(3) 평가 방법

리더십 개발 프로그램의 효과에 대한 평가는 개발 프로그램 참가자, 참가자의 상급자, 하급자, 관리자 등 다양한 계층을 대상으로 이루어진다. 일반적으로 프로그램에 참가한 대상만을 평가하는 경우가 많은데, 효과적인 평가가 되기 위해서는 참가자와 연관된 다양한 집단의 의견과 평가를 종합하는 것이 좋다. 다면 평가는 자기평가와 타인평가의 차이를 알 수 있으며, 상급자와 하급자들이 참가자에 대해 인식하는 차이를 관찰할 수 있다. 초점집단(Focus-group)을 대상으로 인터뷰 방식을 적용할 수도 있다. 6~10명 내외로 다양한 집단의 대표로 구성한 집단을 대상으로 인터뷰를 하는 방식이다. 이 방식은 질적으로 수준 높은 정보를 획득할 수 있다는 장점을 갖는다. 리더십 개발 프로그램의 효과는 다양한 방법으로 평가될 수 있다. 다음에서는 대체적으로 많이 사용되는 평가 방법에 대해 알아보도록 한다.

사전-사후 활동 평가(Pre-and Post-Initiative Assessments) 이 방법은 동일한 평가를 리더십 개발 활동 전과 후에 실시하는 것으로서 가장 많이 사용되는 방법이다. 사전-사후 활동 평가는 평가하고자 하는 것이 특수하고 구체적이어서 쉽게 관찰이 가능한 상황에서 잘 작동된다. 사전 평가와 사후 평가에서 평가 내용은 동일한 것을 사용하는 것이 일반적이나, 목적에 따라서는 다른 내용을 평가할 수도 있다. 사전-사후 활동 평가를 운영할 경우, 두 가지 평가에서의 차이가 리더십 개발 활동 이외의 변인(가외 변인)에 의해서 나타났을 가능성에 유의해야 한다.

회고적 사전 검사와 사후 평가(Retrospective Pretest and Posttest Assessments) 이 평가에서는 개발 활동이 종료된 후 두 가지 검사를 동시에 실시한다. 하나는 프로그램이 시작되기 전의 상태를 회고하여 반응하는 것이며, 다른 하나는 프로그램 종료 후 현재 평가받고 있는 시점을 기준으로 참가자 자신에 관한 내용을 응답하는 것이다. 평가에는 참가자 본인, 상급자, 다른 관계자가 참여할 수 있다. 이 방법의 장점은 다양한 관점에서의 평가를 포함한다는 것이다. 일부 연구자는 이러한 평가에서 과거 기술보다 현재의 기술에서 더 높게 평가하는 경향, 즉 '요구 특성(demand characteristic)'이 작용할 가능성이 높다고 한다.

변화도 평가(Degree-of Change Ratings) 이 방법은 리더십 개발 프로그램의 경험을 통하여 나타났다고 생각되는 참가자들의 인식, 가치, 행동, 기술 등에서의 변화를 평가하는 것이다. 변화도 평가는 참가자를 대상으로 실시하는 것이 일반적이지만, 참가자와 관련된 다양한 집단을 대상으로 실시할 경우 더 정확한 정보를 획득할 수 있다. 이 방식은 사전 검사를 실시하지 못한 경우를 보완해 준다.

4) 평가 모델

리더십 개발 프로그램의 평가에는 다양한 모델이 사용될 수 있지만, 이 장에서는 Kirkpatrick(1959)이 제시한 훈련 평가 프로그램을 먼저 소개한다. Kirkpatrick의 평가 모델은 크게 4개의 수준으로 이루어져 있다. 수준 1은 반응(Reaction)으로, 참가자들의 프로그램에 대한 호오도 내지는 만족도를 평가하는 것이다. 수준 2는 학습(Learning)으로, 어떤 지식과 기술을 습득하였는가에 대한 평가이다. 수준 3은 행동(Behavior)으로, 어떻게 다르게 수행하는가를 평가하는 것이다. 수준 4는 결과(Results)로, 기저에서 일어나는 효과를 측정하는 것이다.

(1) 반응(Reaction)

반응 평가는 프로그램 참가자들을 대상으로 실시된다. 반응 평가는 참가자의 만족도에 관한 것으로서 참가자들이 훈련 과정에서 얼마나 흥미를 느끼었는가를 측정한다. 반응 평가는 학습 내용이나 직무에의 응용 능력 등은 측정하지 않는다. 반응 평가에서 질문들은 트레이너의 지식을 측정하기보다는 트레이너의 소통 및 묘사 능력을 평가한다.

반응 평가는 일명 'smile sheets'라고 알려져 있으며, 간혹 평가에서 중요하게 생각되지 않고 생략되기도 한다. 반응 평가의 결과는 참가자의 만족도와 더불어 프로그램의 수정 소요를 말해 준다. 프로그램에 대한 흥미도는 프로그램에 대한 평판에 영향을 주며, 프로그램의 지속성에도 영향을 준다. 한 가지 문제는 반응 평가를 너무 의식하여 프로그램을 인기 위주로 구성할 가능성이 있다는 점이다.

(2) 학습(Learning)

학습 평가는 참가자 또는 트레이너를 대상으로 실시된다. 참가자를 대상으로 한 경우, 참가자가 리더십 개발 프로그램을 통하여 획득한 지식(인지 영역), 행동(기술 영역), 태도(정서 영역) 등을 평가한다. 평가 시기는 프로그램 실행 전, 중, 후로 구분된다.

학습평가는 교수자(Instructor)의 효과성을 중점적으로 측정한다. 즉, 교수자가 교육 내용을 성공적으로 전달하였는지 여부를 판별한다. 학습 평가는 검사(test)와 관찰

(observation)의 방식으로 이루어진다. 검사는 표준화된 측정도구를 사용하는데, 외부에서 제작된 것 혹은 내부에서 자체 제작된 것을 사용하여 프로그램의 실시 전과 실시 후에 평가하여 그 차이를 검증한다. 관찰은 훈련교관이 실제 직무 상황에서 참가자들의 실습과 응용 기술들을 관찰하는 것이다.

(3) 행동(Behavior)

행동 평가는 참가자, 관리자, 부하, 동료 등을 대상으로 실시된다. 행동 평가의 평가 내용은 참가자들이 어떻게 다르게 행동하는가? 참가자들의 직무 수행 방식에서 변화는 무엇인가? 등에 관한 답을 찾는 과정이다. 행동 평가는 교육이 종료된 후 약 3~6개월이 경과한 시점에서 이루어진다. 행동 평가는 참가자들이 학습 내용을 각자의 작업 환경에 적용하였는지에 대해 판단하는 것이다. 평가 방법으로는 조사, 인터뷰, 관찰, 수행 평가 등이 있다. 행동 평가는 시간이 많이 소모되고 비용 또한 많이 요구된다. 행동 평가에서 효과적이지 않게 나타난 경우, 운영자는 참가자들로 하여금 효과가 나타나지 않은 원인을 스스로 생각해 보도록 동기 유발시켜야 한다.

(4) 결과(Results)

결과 평가는 리더십 개발 프로그램의 효과를 결정하는데, 리더십 개발 프로그램이 조직의 목표와 목적을 어느 정도 달성하였는지를 나타낼 수 있다. 결과 평가는 참가자와 통제집단을 대상으로 실시되며, 평가 시기는 행동의 수준에 대한 평가가 종료된 후이다. 이때 평가 방법은 투입 대 효과를 분석하는 것이다.

결과 평가에서는 리더십 개발 프로그램의 설계 과정 초기에 실시한 요구분석(need analysis)의 내용을 포괄해야 한다. 결과 평가에서는 산출물, 판매, 실행 비용, 고객 만족도, 질적 기준, 안전 기록, 턴 오버 비율, 결근, 고용인 침체, 고용인 만족도, 부채 변화, 승진 등의 자료가 사용된다. 결과 평가는 시간 변화에 따라 달라질 수 있기 때문에 평가를 주기적으로 반복하는 것이 좋다. 결과 평가에서 측정하고자 하는 결과에 미치는 현실적인 요인이 많기 때문에 순수하게 훈련의 영향만을 판단한다는 것은 매우 어려운 일이다.

〈표 12-2〉 훈련 결과 측정

수준	무엇을	누가	언제	어떻게
1 (반응)	사람들이 좋아하였는가?	참가자	훈련 후	스마일 조사지
2 (학습)	어떤 지식/기술을 습득했는가?	참가자 훈련자	훈련 전 · 중 · 후	사전/사후 검사 역할 연기를 통한 기술 응용 사례연구, 실습
3 (행동)	어떻게 다양하게 수행하는가?	참가자, 동료 책임자, 부하	훈련 종료 후 3~6개월	조사, 인터뷰, 관찰, 수행 평가
4 (결과)	실제 장면에서의 효과는?	참가자 통제집단	수준 3 조사 이후	비용-이익분석, 추적조사, 실행 자료

출처: Lawson(2008).

5. 리더십 개발 프로그램 설계

앞서 우리는 리더십 개발 내용(무엇을 개발시킬 것인가?)과 개발 방법(어떻게 개발시킬 것인가?), 그리고 리더십 개발 프로그램의 효과를 어떻게 평가해야 하는가에 대해 살펴보았다. 이제 실제적으로 리더십 개발을 위한 프로그램이 어떻게 설계되어야 하는가에 대해 알아보고자 한다.

일반적으로 리더십 개발 프로그램을 설계한다고 할 때, 단순한 접근으로는 합의된 리더십 개발 내용을 다양한 개발 방법을 활용하여 계획을 수립할 것이다. 그런데 리더십 개발 프로그램의 설계가 이렇게 단순한 작업 과정으로 이루어질 경우, 실제로 프로그램의 실행과 효과면에서 기대한 목표 수준에 도달하지 않을 가능이 높다. 리더십 개발 전문가들은 리더십 개발 프로그램의 설계가 단순한 접근이 아닌 체제적 접근에 의해 설계될 것을 적극 권장한다. 여기서 체제적 접근이란 실질적인 프로그램 설계 작업뿐만 아니라 프로그램의 설계 작업이 진행되기 이전과 설계 작업이 진행된 이후에 일어나는 모든 활동 과정이 일관성과 연계성을 유지하여 이루어져야 한다는 것을 의미한다.

리더십 개발 프로그램의 설계를 체제적으로 접근할 경우 얻을 수 있는 유용한 점은 다음과 같다. 첫 번째는 교육과정의 전체적인 맥락을 조망할 수 있다. 준비 단계에서 평가를 통한 마무리 단계에 이르기까지 일련의 과정을 종합적으로 살펴볼 수 있다. 두 번째는 각 단계별 활동들을 효율적으로 조율할 수 있다. 프로그램들의 실행 과정에서 발생할 수 있는 시간과 공간의 충돌을 예방하고, 노력의 중복을 최소화할 수 있다. 세 번째는 교육과정의 정상적인 진행 여부를 판단할 수 있다. 현재 활동의 시기별 위치를 파악할 수 있으며, 다음 활동을 위한 준비 시간을 계획적으로 확보할 수 있다. 아울러 교육과정의 성공적인 적용 가능성을 향상시켜 주며, 교육과정의 시작과 지속적 유지에 도움을 얻을 수 있다.

이 절에서는 리더십 개발 프로그램을 설계하고자 할 때 어떠한 절차를 통해서 이루어져야 하는가에 대한 가이드라인을 제공하고자 한다. 이를 위해 먼저 일반적인 교육 프로그램의 설계에 활용되고 있는 대표적인 '교수 설계 모형'에 대해 알아본다. 전통적인 교육과정 설계 모형으로는 Tyler의 설계 모형과 Oliva의 종합적 교육과정 개발 모형에 대해 살펴본다. 그 다음 체제적 접근에 기초한 교육과정 설계 모형으로 ADDIE 모형과 Campbell의 직무분석에 기초한 교수체제개발 모형에 대해 살펴본다. 이렇게 교육 분야에서 교육과정 또는 교수체제 설계에 활용되고 있는 모형들에 대한 이해를 바탕으로 리더십 개발 프로그램의 설계에 대한 체제적 접근에 대해 설명하고자 한다.

1) 전통적인 교육과정 설계 모형

교육과정은 무엇을 가르치고 배울 것인가에 관한 문제를 중점적으로 그리고 체계적으로 다루는 분야이다. 교육과정은 '왜 그것을 가르치고 배우는가?'를 규정해 주는 교육 목표와 '어떻게 가르치고 배울 것인가?'에 관한 교수·학습, '제대로 가르치고 배우고 있는가?'를 말하는 교육 평가와 연관되어 있다(홍후조, 2002). 교육과정의 설계는 크게는 한 교육기관의 교육과정 전체에 대한 설계에서부터 계열이나 학부 수준의 교과 영역 개발, 특정 교과의 과목구성, 한 강좌의 단원별, 차시별 내용 결정에 이르기까지 다양한 수준에서 이루어진다.

교육과정 설계와 관련하여 가장 전통적인 교육과정 개발 모형은 Tyler(1949)의 모형을 예로 들 수 있다. 타일러의 설계 모형은 다음과 같이 네 가지 요소를 포함한다.

- 교육 목표 설정: 달성하고자 하는 교육 목표는 무엇인가?
- 교육 경험 수립: 교육 목표를 달성하는 데 유용한 교육 경험은 어떻게 선정하는가?
- 교육 경험 조직: 효과적인 수업을 위해 선정된 교육 경험은 어떻게 조직할 수 있는가?
- 교육 평가: 학습 경험의 효과성은 어떻게 평가할 수 있는가?

한편, Oliva(2001)는 조금 더 세부적인 설계 모형으로 종합적인 교육과정 개발 모형을 제시하였다. 이 모형에 따르면 교육과정 개발자들이 따라야 할 절차에서는 [그림 12-4]에서 보는 바와 같이 교육과정의 원천에서부터 평가에 이르기까지 12개의 구성요소를 포함한다.

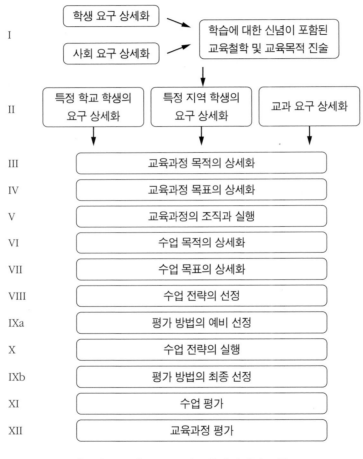

[그림 12-4] Oliva의 교육과정 개발 모형

출처: Oliva(2001).

2) 체제적 접근에 기초한 교육과정 설계 모형

교수 설계(Instructional Design)는 교수 활동과 학습 활동의 전체 과정을 최적의 조건으로 구성하는 것으로서 수업효과를 극대화하려는 교육 계획의 수립을 의미한다. 교수 설계에 체제(System)라는 개념이 추가되어 '교수체제 설계(Instructional System Design: ISD)'라고 하면, 수업 과정을 투입-과정-산출의 순환적 과정으로 구성하는 것을 의미한다. 이러한 과정을 더 세분화하여 나타낸 모형으로 ADDIE 모형을 소개한다.

ADDIE 모형은 [그림 12-5]와 같이 분석(Analysis), 설계(Design), 개발(Development), 실행(Implementation), 평가(Evaluation)라는 다섯 단계의 영어 알파벳 첫 글자를 따서 이름 붙인 것이다. 이 모형은 어느 한 사람이나 소수 학자에 의하여 개발되고 정교화된 것이 아니라 오랜 시간에 걸쳐 이루어졌다. 교수 설계 모형이라면 공통적으로 ADDIE 모형의 모든 요소 또는 일부 요소를 포함할 정도로 이 모형의 요소들은 교수 설계에서 핵심적인 활동으로 받아들여진다.

[그림 12-5] ADDIE 모형

분석은 학습과 관련된 요인들을 분석하는 것으로 학습 내용을 정의하는 과정이다. 분석에는 요구분석, 학습자분석, 환경분석, 직무 및 과제 분석이 포함된다.

설계는 분석 과정에서 나온 결과를 종합하는 과정으로서 교육과 훈련의 구체적인 명세서다. 수행 목표를 명세화하고, 평가도구를 설계하며, 프로그램의 구조화와 계열화를 완성하고 교수 전략의 수립과 교수 매체의 선정 등이 완성된다.

개발은 설계 단계에서 결정된 설계 명세서에 따라서 실제 수업에서 사용할 교수 자료나 교수 프로그램을 제작한다. 이 단계는 먼저 교수 자료나 교수 프로그램의 초안을 개발하여 교과전문가와 학습자를 대상으로 형성 평가를 실시하여 평가한 후 고쳐야 할 부분을 찾아 수정하여 수업현장에서 활용될 최종적인 산출물을 개발하는 과정을 포함한다.

실행은 개발 단계에서 완성된 최종 산출물인 교수자료나 교육훈련 프로그램을 실제 현장에서 적용하는 것이다. 여기에는 개발된 교수 자료나 프로그램이 교육과정 속에 설치되어 계속적으로 유지될 수 있도록 관리하는 활동이 필요하다. 또한 원활하게 실행될 수 있도록 시설, 기자재, 예산, 인적자원 등 필요한 지원체제도 포함된다.

평가는 개발 단계에서 교수자료나 교육훈련 프로그램의 질 개선을 위하여 실시하는 형성 평가와는 달리 평가 단계에서는 총괄 평가를 실시하는데, 이는 실제 수업현장에 투입되어 실행된 교수자료나 교육훈련 프로그램의 효과성과 효율성을 평가하는 것이다. 총괄 평가를 통하여 해당 자료나 프로그램의 계속 사용 여부, 문제점 파악, 수정사항 등을 결정한다.

체제적 접근에 기초한 교육과정 설계 모형으로서 또 다른 모형은 Campbell의 '직무분석에 기초한 수업체제개발(Instructional System Development: ISD) 모형'을 예로 들 수 있다. 이 모형은 분석, 설계, 개발, 실행, 평가의 5단계 구성에서는 ADDIE와 대동소이하나, 분석 과정에서 직무분석에 방점을 더 두고 있다는 차이가 있다. 이 모형의 세부 절차는 [그림 12-6]과 같다.

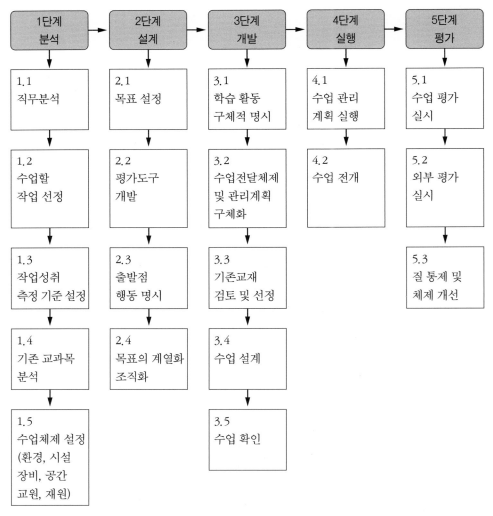

[그림 12-6] Campbell의 직무분석에 기초한 수업체제개발(ISD) 모형

출처: 김판욱 등(2010).

3) 리더십 개발 프로그램의 체제적 설계

앞서 전통적인 교육과정 설계 모형과 체제적 접근에 기초한 교육과정 설계 모형에 대해 살펴보았다. 이제 리더십 개발 프로그램의 설계를 체제적으로 접근하여 보자. 리더십 개발 프로그램을 체제 관점에서 설계한다는 것은 설계 작업이 리더십 개발 교육의 전체 과정 속에서 이루어진다는 것을 의미한다. 리더십 개발 프로그램의 체제적 접근에서 핵심 과정은 교육과정 설계와 마찬가지로 분석, 설계, 개발, 실행, 평가의 5단계로 구성된다. 그렇지만 리더십 개발 프로그램 설계에서는 5단계 중 분석 단계에 더 많은 노력을 기울인다. 병의 치료를 위해 정확한 진단이 중요한 것과 마찬가지로, 분석은 설계 작업의 토대가 되기 때문에 다른 단계보다도 더 중요하게 다루어진다.

(1) 체제적 접근에서 분석 단계

프로그램 설계의 처음에 해당되는 분석 단계에서는 리더십 개발 프로그램의 실제적인 설계에 앞서서 설계의 방향을 결정해 준다고 볼 수 있다. 분석 단계에서 수행되는 가장 중요한 것은 전단분석(Front-end analysis)이다. 전단분석은 현재 상태와 기대하는 바람직한 결과 상태 간의 차이를 분석하고 문제점과 해결 방안을 찾는 작업을 의미한다. 전단분석은 다시 과업분석(Performance analysis), 환경분석(Environment analysis), 학습자분석(Learner analysis), 요구분석(Needs analysis)으로 구성된다. 이 절에서는 우선적으로 요구분석에 대해 구체적으로 살펴보고자 한다.

요구분석은 바람직한 상태와 현재 상태의 격차를 결정하여, 그것의 본질과 원인을 점검하고 그 해결 방안을 모색하는 체계적인 활동을 의미한다. 요구분석은 일련의 단계를 통해 진행된다. 요구분석 절차는 연구자마다 조금씩 상이하나, 일반적인 절차는 [그림 12-7]에 제시되었다. Lawson(2008)은 [그림 12-8]과 같이 요구분석 절차를 5단계로 설명하고 있다.

[그림 12-7] 일반적인 요구분석 절차

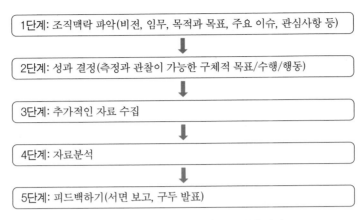

1단계: 조직맥락 파악(비전, 임무, 목적과 목표, 주요 이슈, 관심사항 등)

2단계: 성과 결정(측정과 관찰이 가능한 구체적 목표/수행/행동)

3단계: 추가적인 자료 수집

4단계: 자료분석

5단계: 피드백하기(서면 보고, 구두 발표)

[그림 12-8] Lawson의 요구분석 절차

분석 단계에서 상층부의 관여는 리더십 개발 프로그램의 운용에 있어서 매우 중요한 기능을 수행한다. 리더십 개발 활동의 성공 여부는 CEO와 다른 임원의 적극적인 지원에 의해 크게 영향을 받는다. 따라서 상층부의 이해와 지지는 리더십 개발 교육을 위한 재정 확보와 참가자들의 적극성 유도를 위해 매우 필수적이다. 뿐만 아니라 상층부가 교육과정에 참여하는 것도 매우 필요한 사항인데, 이들의 참여는 교육생들의 참가 열의를 높여 주고, 교육생들이 상층부의 비전을 공유할 수 있다는 유용성을 갖는다. 분석 단계에서 요구분석을 비롯한 전단분석이 이루어지고 상층부와의 소통이 이루어지고 나면 본격적인 프로그램 설계 단계가 시작된다.

(2) 체제적 접근에서 설계 단계

앞서 우리는 무엇을 개발할 것인가? 어떻게 개발할 것인가? 효과는 어떻게 평가할 것인가? 등에 대해 논의하였으며, 전단분석과 상층부와의 소통이 이루어졌다. 이제 개별 프로그램을 목적에 따라 효율적으로 설계해야 하는 단계에 이르렀다. 설계와 관련하여 Lawson(2008)은 다음과 같은 원칙을 제안하였다.

- 리더십 개발 프로그램은 조직 임무, 비전, 가치, 목적, 전략적 우선순위에 조율한다.
- 리더십 개발 프로그램은 성과에 기초하고, 측정할 수 있어야 하며, 높은 ROI를 제시한다.
- 리더십 개발 프로그램은 조직의 장기적인 성공에 기여해야 한다.
- 리더십 개발 프로그램은 역량에 기초해야 한다.

- 리더십 개발 프로그램은 자기관리와 성인학습의 원리에 기초한다.
- 리더십 개발 프로그램은 다층의 학습 수준을 설정한다.
- 리더십 개발 프로그램은 개별 학습 계획을 포함한다.
- 리더십 개발 프로그램은 조직의 학습문화를 통해 조직 전체에 의해 완전히 지원되도록 해야 한다.

아울러 리더십 개발 프로그램을 설계할 때, 협동 학습(Cooperative Learning)과 능동적 학습(Active Learning)을 최대한 활용한다. 협동 학습은 단순한 짝짓기 배치가 아니라 계획된 상호작용이 일어는 학습 과정을 의미한다. 협동 학습은 숙련된 교육자가 프로그램을 진행할 때 더 효과적이다. 능동적 학습을 위해서는 강의를 최소화하고, 학생들의 참여 기회를 확대하며, 실제적인 적용을 위한 논의를 가급적 많이 활용한다.

또한 리더십 개발 프로그램을 설계할 때, 조직에서 강조되는 개념들을 최대한 활용하도록 한다. 리더십 개발, 평생학습, 인적자원 개발, 지속성 등의 개념들을 사용하고, 리더십 개발 프로그램의 운용이 조직의 전략적 목표와 직결되어 있다는 생각을 강화시킨다. 리더십 개발 프로그램에 의한 성과를 홍보하는 것도 매우 중요하다. 경영진이 보기를 원하는 행동(역량)들을 제시하고, 리더십 개발 활동에 대한 전체적인 관점을 이해하기 쉽게 제시하도록 한다.

[그림 12-9]은 Byrne과 Rees(2006)가 제시한 설계 알고리즘이다. 이 알고리즘은 새로운 개발 프로그램의 설계에 적용할 수 있을 뿐만 아니라, 기존의 개발 프로그램이 적절하게 설계되어 있는지를 평가할 때도 사용할 수 있다. 알고리즘의 각 단계에서는 검토되어야 할 사항들을 질문 형태로 제시하고 있다. 물론 프로그램 개발자들이 여기에 제시된 알고리즘의 세부 항목과 순서를 그대로 따를 필요는 없다. 경우에 따라서는 일부 단계의 순서가 바뀔 수도 있으며, 특정 단계가 생략될 수도 있다.

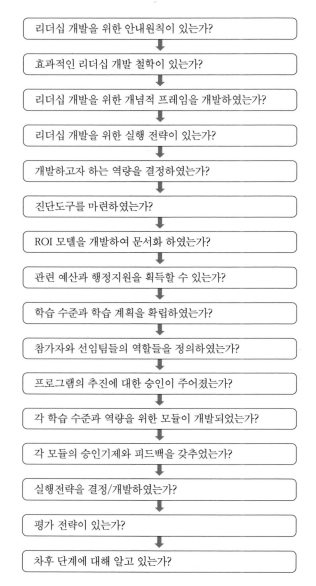

리더십 개발을 위한 안내원칙이 있는가?

효과적인 리더십 개발 철학이 있는가?

리더십 개발을 위한 개념적 프레임을 개발하였는가?

리더십 개발을 위한 실행 전략이 있는가?

개발하고자 하는 역량을 결정하였는가?

진단도구를 마련하였는가?

ROI 모델을 개발하여 문서화 하였는가?

관련 예산과 행정지원을 획득할 수 있는가?

학습 수준과 학습 계획을 확립하였는가?

참가자와 선임팀들의 역할들을 정의하였는가?

프로그램의 추진에 대한 승인이 주어졌는가?

각 학습 수준과 역량을 위한 모듈이 개발되었는가?

각 모듈의 승인기제와 피드백을 갖추었는가?

실행전략을 결정/개발하였는가?

평가 전략이 있는가?

차후 단계에 대해 알고 있는가?

[그림 12-9] Byrne와 Rees의 리더십 개발 프로그램 설계 알고리즘

4) 리더십 개발 프로그램 사례

이 절에서는 특정 조직에서 운용하고 있는 리더십 개발 프로그램에 대해 소개하고자 한
다. 프로그램에 대한 설명은 최은수(2016)가 요약한 내용을 참조하였다. 지금까지 앞에서
설명하였던 프로그램 설계와 관련된 제반 가이드라인과 원칙을 상기하면서 이곳에서 소

개되는 리더십 개발 프로그램을 평가해 보도록 한다.

(1) 셀프 리더십 개발 프로그램

이 프로그램의 개발은 우선적으로 급격한 환경 변화와 어려운 경제상황 속에서 기업의 경쟁력을 높이고, 자율 중심의 관리체제로의 변화를 위해 개발되었다. 아울러 이 프로그램은 기존의 성과향상 중심의 리더십 개발에서 벗어나, 개인의 삶과 직장생활 간의 균형을 유지하는 데 도움을 줄 수 있도록 구성되었다. 프로그램 설계에 앞서서 요구분석은 실행되지 않았지만, 타 기업에서의 적용사례를 참조하였다. 이 프로그램의 목적은 효과적인 삶을 영위하고 직장에서의 원만한 인간관계를 유지시키는 데 있다. 이 프로그램은 강의를 통해 이루어진다. 강의는 개념을 먼저 설명하고 사례를 제시하거나, 본인의 경험을 토의하고 발표하는 방식을 적용한다. 또한 다양한 게임을 통해 흥미를 증가시키기도 한다. 이 프로그램의 세부 내용은 〈표 12-3〉에 제시되었다.

〈표 12-3〉 셀프 리더십 개발 프로그램

기본 개념				
1. 성품과 성격	2. 패러다임	3. 원칙	4. 성숙의 연속성	5. 효과성
습관 1	주도적이 되라			
습관 2	목표를 확립하고 행동하라			
습관 3	소중한 것부터 먼저 하라			
습관 4	상호 이익을 추구하라			
습관 5	경청한 다음에 이해시키라			
습관 6	시너지를 활용하라			
습관 7	심신을 단련하라			

(2) 팀장 리더십 개발 프로그램

이 프로그램은 회사 내부에 정확한 역량 평가표가 부재하고 핵심 역량에 대한 정의도 존재하지 않아서, 인재 평가에 대한 정확한 기준 제시가 곤란한 문제를 해결하기 위해 개발되었다. 이 프로그램은 그룹의 인재상을 구축하고, 핵심 역량에 기반을 두어 팀장과 조직원의 역량을 강화시키는 데 목적을 두었다. 회사는 프로그램 개발과 팀장들의 리더십 역량을 향상시키기 위한 요구분석을 실시하였으며, 전 직원을 대상으로 사전 설문조사를 실시하였다. 그 결과, 핵심 역량으로 인재육성, 성과 관리, 동기부여, 공정성의 네 가지를 도출하였다. 프로그램은 2일에 걸쳐 14시간 동안 진행되며, 주요 내용은 〈표 12-4〉와 같다.

〈표 12-4〉 팀장 리더십 개발 프로그램

1일차	2일차
시작/분위기 조성 핵심 역량 교육	코칭 & 피드백
중식	중식
자세의 비밀 핵심 역량 교육 교류시간	코칭 & 피드백 과정 마무리 / 설문

(3) 여성 리더십 개발 프로그램

이 프로그램이 개발된 배경은 다음과 같다. 여성 활동비율은 지속적으로 증가하고 있는 반면에 여성 인력에 특화된 교육은 미흡한 상태이다. 이러한 상황에서 여성의 리더십 역량을 증대시켜야 한다는 요구가 계속 증가하고 있다. 이 문제를 해결하기 위해 토론자들을 통해 요구분석을 실시하였다. 프로그램의 세부 내용은 〈표 12-5〉와 같다.

〈표 12-5〉 여성 리더십 개발 프로그램

구분		교과목	주요 내용	교수법
1일차	오전	여성 리더십과 경력 관리	– 비전/목표 설정 – 젠더 이슈 이해, 일과 삶의 균형	강의 사례특강
	오후	리더십 출발선 나와 타인 이해	– 자기이해와 조직 이해 – 다양성 관리	사전진단 토론 강의
2일차	오전	고민 나누기 노하우 더하기	– 전략적 소통 및 커뮤니케이션 – 선배 여성/인사 담당자와의 대화	실습 강의 멘토링
	오후	리더십 실천 역량 업! (모의과제 실습)	– 비전 제시 – 동기부여/갈등 관리/조직 관리 – 일, 가정 양립 등의 주제 실습	토론 발표 사례특상

참고문헌

김판욱, 이규욱, 김희필, 손주민, 임완성(2010). 능력중심 교육과정의 이해와 개발. 경기: 양서원.

문채봉, 이종인, 최광표, 최광현, 김인국(2007). 리더십 체득화 프로그램 개발. 연구보고서 인07-2390, 한국국방연구원.

백순근(2006). 학교정책평가의 필요성 및 지향점. 학교경영, 19(9), 46-51.

백현정, 최미례, 김용주(2011). 군 인성교육 프로그램 핸드북. 서울: 황금알.

이준학, 최항석, 이성호(2014). 인적자원개발론. 경기: 공동체.

천대윤(2014). 조직 및 인적자원 역량 개발과 역량 강화. 서울: 삼현출판사.

최은수(2016). 리더십 개발 프로그램 이론과 사례. 경기: 공동체.

홍후조(2002). 교육과정의 이해와 개발. 서울: 문음사.

하버드비즈니스 리뷰(2016). 리더십 교육은 왜 실패를 거듭할까? 10월호.

Byrne, J. C., & Rees, R. T. (2006). *The successful leadership development program: How to build it and how to keep it going*. Pfeiffer.

Hannum, K. M., Martineau, J. W., & Reinelt, C. (Eds.) (2007). *The Handbook of Leadership Development Evaluation*. Jossey-Bass.

Katz, R. L. (1955). Skills of an effective administrator. *Harvard Business Review*, January-February, 33-42.

Kirkpatrick, D. L. (2007). The Four Levels of Evaluation. *Infoline*, Jan. Issue 0701. Alexandria, VA: ASTD Press.

Lawson, K. (2008). *Leadership Development Basics*. ASTD Press.

McCall, M. W. Jr., & Lombardo, M. M. (1983). *Off the track: Why and how successful executives get drailed* (Technical Report No. 21). Greensboro, NC: Center for Creative Leadership.

Oliva, P. F. (2001). *Developing the Curriculum* (5th ed.). New York: Longman.

Rutman, L. (1984). *Evlauation Research Method: A Basic Guide*. SAGE Publications.

Stogdill, R. M. (1974). *Handbook of Leadership: A survey of theory and research*. New York: Free Press.

Tyler, R. W. (1949). *Basic Principles of Curriculum and Instruction*. Chicago: University of Chicago Press.

Yukl, G. (2004). 현대조직의 리더십 이론 (*Leadership in organizations*). (이상욱 역). 서울: 시그마프레스.

제13장

집단의 본질 및 분석

앞서 우리는 개인적인 차원에서 리더십의 개발에 대해 살펴보았다. 이 장에서는 개인과 개인이 모여서 구성된 집단 차원에서 리더십과 연관된 제반 이슈에 대해 논의하고자 한다. 리더는 자신뿐만 아니라 구성원들로 이루어진 다양한 집단을 이끌어 나가야 하며, 집단 자체의 발전적 변화를 지속적으로 주도하거나 유도해 나가야 한다. 이를 위해서는 집단과 집단역학의 본질에 대한 이해가 필요하며, 개인 차원이 아닌 집단 차원에서 이루어지는 다양한 심리적 과정에 대해서도 충분히 이해해야 한다. 아울러 리더는 집단의 역학 관계를 측정할 수 있는 다양한 방법을 통해 자신이 이끄는 집단의 역동적인 상호작용 구조를 파악하고 리더십 효과를 극대화하는 데 도움이 되는 방향으로의 변화를 추구해야 한다.

1. 집단과 집단역학

1) 집단이란 무엇인가

집단(group)이란 무엇인가? 사람들이 모여 있는 집합을 집단이라 말할 수 있는가? 군에서 분대나 소대와 같이 형식적으로 소속된 사람들을 집단이라 부르는가? 인터넷상에서 특정한 목적을 위해 결성된 단체나 동호회를 집단이라 할 수 있는가?

이론가들은 집단을 다양하게 정의한다. 일부는 집단을 '서로서로 연결되어 있는 개인들의 집합'(Cartwright & Zander, 1968), 또는 '구성원들 사이의 정형화된 관계를 지닌 한정된 집합'(Arrow, McGrath, & Berdahl, 2000)으로 정의하며, 또 다른 연구자들은 집단을 '사회적 관계에 의해서 그리고 그 관계 내에서 연결되어 있는 둘 이상의 개인'(Forsyth, 2018), 또는 "서로 상호작용하는 둘 또는 그 이상의 사람들"(Shaw, 1981)로 정의한다. 이처럼 다양한 정의에서 나타난 공통적인 속성은 '상호작용하는 사회적 관계'와 '둘 이상의 무리'라는 점이다. 그렇다면 집단은 '사회적 관계 속에서 서로 영향을 미치는 관계로 연결된 둘 이상의 무리'라고 정의할 수 있다.

집단은 2명에서부터 수백 명, 수천 명에 이르기까지 그 크기가 다양할 수 있다. 아울러 집단은 구성원들 간에 상호작용이 이루어지고, 서로 영향을 미치는 관계로 연결되어 있다. 정류장에서 버스를 기다리는 사람들의 무리는 개개인 사이에 상호작용도 없고 상호 간에 미치는 영향도 미미하므로 집단이라 할 수 없다. 이와 달리, 학생회장 선거를 준비하기 위해 모인 사람들은 선거 규칙 및 절차 등을 마련하는 회의 과정에서 구성원 상호 간에 상호작용이 강하게 일어날 것이기 때문에 집단이라 할 수 있다.

2) 집단의 특성

집단의 크기와 형태는 비록 다양할지라도 다음과 같은 몇 가지 공통된 특징을 갖고 있다(Forsyth, 2018).

첫째, 집단은 그 구성원들 간 상호작용이 있다. 집단 구성원들은 언어적 또는 비언어적 의사소통을 통하여 상호 간에 정보를 교환한다. 이들은 상이한 의견으로 인하여 대립하기도 하고, 서로 도와주기도 하며, 때로는 토론과 논쟁을 통해 결정을 내리기도 한다. Bales(1950)는 집단 내에서의 상호작용을 두 가지의 형태로 구분하였다. 하나는 관계 지향적인 상호작용으로서 다른 사람에 대해 지지적인 표현을 하거나 도움을 주기도 하고 때로는 비판적인 피드백을 주기도 한다. 다른 하나는 과업 지향적인 상호작용으로서 집단의 작업이나 과제, 목표 등에 초점을 둔 행동이다.

둘째, 집단은 목표를 갖는다. 예를 들어, 학습 집단은 좋은 성적을 받는 것을 목표로 하고, 운동 팀은 다른 팀과의 경기에서 이기는 것을 목표로 하며, 제약회사 연구팀은 신약을 개발하는 것에 목표를 둔다. 집단이 추구하는 목표는 과제해결 방식에 따라 달라질 수 있는데, McGrath(1984)는 생성, 선택, 협상, 실행이라는 네 가지 기본적인 집단 목표를 제시했다. 생성은 집단의 목표를 성취하기 위하여 사용할 전략이나 계획을 세우거나 새 아이디어를 창조하는 것이다. 선택은 문제에 대한 다양한 방안을 탐색하고 올바른 해결책을 결정하는 것이다. 협상은 목표나 결정과 관련된 구성원들 사이의 의견 차이를 해소하는 것이며, 실행은 경쟁에 참가하는 것을 포함하여 산출물을 만들어 내거나 집합적 행위를 하는 것이다.

셋째, 집단은 구성원들 간에 상호의존성을 갖는다. 즉, 구성원들은 서로 의존하고 있으며 개인의 사고와 행위는 집단 내 타인에 의해 영향을 받는다. 상호의존성은 집단 유형에 따라 각기 다른 수준으로 존재한다. 또한 대부분의 상호의존성은 상호 간에 동등한 영향력을 갖기보다는 구성원들의 지위에 따라 차별적인 강도의 영향력을 갖는다. 리더가 구성원에게 미치는 영향력은 구성원이 리더에게 미치는 영향력보다 훨씬 더 강하다.

넷째, 집단은 구조를 갖는다. 집단 구성원들은 서로 무의미하게 연결되어 있는 것이 아니라 체계적이고 예측 가능한 방식으로 연결되어 있으며, 다른 집단과 구별되는 안정된 특성을 갖는다. 집단은 구성원들에게 기대되는 역할, 준수해야 할 규범 및 구성원 간의 지위관계 등으로 조직되어 있는 복합체이다.

다섯째, 집단은 통합된 대상으로 인식된다. 집단은 각 구성원들이 독립적으로 합쳐져 있는 단순한 집합체가 아니라 하나의 통합된 존재로 인식되는 실체성을 갖고 있으며, 각 구성원이 집단원들과 연결되어 있는 응집성을 갖고 있다.

3) 집단 참여 동기

리더는 사람들이 집단에 참여하는 원인을 이해함으로써 구성원들의 욕구를 만족시켜 성과를 향상시킬 수 있으며, 조직에 대한 충성심에 악영향을 미치거나 시간을 낭비하는 등의 부정적 효과를 유발하는 것을 차단할 수 있다. 사람들이 집단에 참여하는 원인은 다양하다. 여기에서는 크게 네 가지로 정리해 본다.

첫째, 사람들이 집단에 참여하는 이유는 바로 소속의 욕구 때문이다. 인간의 기본적 욕구 중의 하나는 소속의 욕구이다. 일반적으로 사람들은 외톨이가 되는 것을 두려워하고 고립되는 것을 불편하게 여긴다. 그래서 사람들은 다른 사람들과 함께 있고 싶어 하며, 집단은 사람들이 필요로 하는 사회적 지지를 제공해 준다. 만약 집단이 이러한 욕구를 충족시켜 준다면, 사람들은 그 집단에 계속 소속되어 있으려고 노력할 것이다. 반면에 어떤 기능적 집단이 사회적 지지를 제공해 주지 못한다면, 아마도 지지를 제공해 줄 다른 집단을 찾을 것이다.

둘째, 집단 활동에 대한 관심 때문이다. 사람들은 어떤 집단에서 실시하는 활동에 이끌려 그 집단에 참여하기도 한다. 테니스를 좋아하는 사람은 테니스 동호회에 참여하고, 낚시를 좋아하는 사람들은 낚시 동호회에 가입한다. 이 경우 회원들이 하는 다른 사회적 활동과는 상관없이 자신이 좋아하는 활동을 하기 위해 해당 집단에 참여한다. 사람들에게 여러 집단 중 어떤 집단의 참여 여부를 선택하게 하면, 일반적으로 자신이 선호하는 활동을 할 수 있는 집단에 참여한다. 여름 캠프에 참여한 소년들을 대상으로 한 집단 형성 연구에 따르면, 이전에 같이 지낸 경험이 별로 없었던 소년들 사이에서 활동에 대한 관심이 비슷한 사람들끼리 집단을 형성하는 경향이 있었다(Sherif & Sherif, 1953).

셋째, 대인매력 때문이다. 우리는 흔히 어떤 집단의 구성원으로 있는 사람들에게 매력을 느껴서 그 집단에 참여한다. 그러나 이 연합은 그렇게 간단한 것은 아니다. 당신이 속한 집단을 떠올려 보고, 당신을 그 집단에 참여하도록 유인한 사람이 있었는지, 만약 있다면 그 사람의 어떤 점이 매력적이었는지를 생각해 보자. 당신이 특정 집단에 참여하게 된 이유는 무엇인가? 단순히 그들과 시간을 함께할 수 있기 때문인가? 그 회원이 영향력이 있거나 육체적 매력이 있어서인가? 아니면 당신과 회원들 사이에 공통점이나 유사성(태도, 성격, 경제적 수준, 또는 지각된 능력 등)이 많기 때문인가? 이러한 모든 요인이 대인 간 매력을 증진시킨다.

넷째, 사람들은 회원이 되기 위해서 집단에 참여한다. 예를 들어, 정치인들은 수많은 단체와 조직에 참여한다. 그들이 여러 단체에 가입하는 이유는 특정 활동에 관심이 있어서라기보다는 회원 자격을 얻는 것이 자신의 정치적 야망을 달성하는 데 도움이 되기 때문이다. 소규모 여자 대학에서 학생들이 클럽에 참여하는 이유를 조사한 한 연구는, 클럽활동이 대학 사회에서 명성을 증대시켜 주기 때문에 학생들이 클럽에 참여한다는 사실을 밝혔다(Willerman & Swanson, 1953). 이 두 가지의 예에서 집단의 회원이 되는 것은 그 집단의 외부에 있는 욕구의 만족과 관계가 있다. 다시 말하면, 집단은 다른 목적(예를 들어, 승진이나 지위 향상)을 얻기 위한 수단으로 기능할 수 있는 것이다.

집단에 참여할 때, 어느 한 가지 동기만 작동한다기보다는 다양한 동기가 함께 영향을 미칠 수 있다. 예를 들어, 테니스 동호회에 참여하는 경우 이는 테니스라는 운동을 좋아해서 참여하기도 하지만 동호회 회원 중 친한 지인이 속해 있기 때문일 수도 있고, 동호회 회원이 됨으로써 어떤 목적(예: 정치적 야망 달성, 승진 등)을 달성하고자 할 수도 있다. 대학생을 대상으로 스포츠 활동에 참여하는 동기의 우선순위를 조사한 연구에서, 스포츠 활동을 통해 얻는 즐거움과 도전 정신뿐 아니라 친구와 친밀한 관계 형성도 상위의 참여 동기 요인으로 나타났으며, 사회적 인지도를 얻기 위해서라는 항목도 비록 우선순위가 낮긴 하지만 중요한 참여 동기로 보고되었다(Kilpatrick, Hebert, & Bartholomew, 2005).

4) 집단역학

집단역학(group dynamics)은 '집단과 개인들이 변화하는 상황에 행위를 가하고 대응하는 방식'으로 정의되기도 하고(Lewin, 1952), '집단의 본질과 발달 법칙, 개인이나 다른 집단, 더 큰 기관과의 상호관계에 관한 지식을 연구하는 분야'로도 정의된다(Cartwright & Zander, 1968). 집단역학은 인류학, 심리학, 사회학 등 사회과학 분야에서 주요 관심사가 되어 왔다. 사회학 분야에서는 사회질서 유지에 대한 집단의 역할에 대해서, 문화를 연구하는 인류학자들은 소규모 부족 집단 사이의 유사점과 차이점에 대해서, 정치학자들은 긴밀히 연결된 개인들로 구성된 소규모 집단과 개인이 집단에 가입하여 변화는 과정 등에 대해서 관심을 갖는다.

집단은 시간에 걸쳐 변화한다. 변화에 소요되는 기간이 집단에 따라 상이하지만 공통적으로 집단은 형성 단계, 갈등 단계, 규범화 단계, 수행 단계, 해체 단계에 이르는 과정을 거친다. 또한 집단은 개인과 사회에 영향을 미친다. 개인으로 있는 경우보다 집단에 속한 경우 성과를 빠르게 달성할 수 있으며, 때로 과제의 난이도에 따라 부정적인 결과를 초래하기도 한다. 사람들은 집단에 소속되어 행동할 경우 개인이 홀로 있는 경우와 비교하여 전혀 다른 모습으로 행동할 수도 있는데, 이는 집단이 한 개인의 행동뿐만 아니라 신념이나 사고에도 영향을 미치기 때문이다. 집단은 구성원들에게 소속감을 제공하고 집단의 가치와 규범을 확인시켜 주며, 구성원들 간의 유대를 공고하게 해 주기도 한다(Forsyth, 2018).

2. 집단의 발달과 사회화

1) 집단의 발달 단계

집단은 어떤 단계들을 거쳐서 발달되어 가는가? 집단의 발달 단계는 연구자들에 따라 다소 차이가 있지만, 일반적으로 오리엔테이션 단계, 갈등 단계, 응집 단계, 과제 수행 단계, 해체 단계를 포함한다(Tuckman, 1965; Tuckman & Jensen, 1977).

(1) 오리엔테이션 단계

집단이 형성되는 초기 단계는 오리엔테이션(orientation) 기간이다. 이 단계에서는 구성원들이 서로 잘 알지 못하는 사람을 대하기 때문에 불편한 느낌을 주고받으며 조심스러운 상호 긴장을 보인다. 구성원들은 서로 경계와 감시를 하고, 서로 잘 알지 못하는 사람들과는 개인적인 견해와 가치를 말하려고 하지 않는다. 이와 같이 집단 형성 초기의 상황이 애매한 것은 상호작용과 목표 달성에 관한 규범이 존재하지 않고 사람들의 역할이 불분명하기 때문이다.

시간이 지남에 따라 긴장이 사라지고 서로를 알게 되며, 점차 자신과 각자의 목표에 관한 정보를 교환한다. 개인들이 한 집단으로 기능하기 시작하면서 범주화 과정이 일어나고, 이를 통하여 그들은 자신들을 개인보다는 집단 구성원으로 정의하기 시작한다. 또한 구성원들 사이에 상호의존적 감정이 증가하고, 서로에 대하여 초보적인 수준의 신뢰감을 느끼게 된다. 집단 성원들 사이의 상호의존성이 빠른 속도로 증가하면서 성원들 사이의 행동이 양립하지 못하고 저항을 받으면 오리엔테이션 단계가 끝나고 갈등 단계로 들어간다.

(2) 갈등 단계

갈등 단계에서는 자신들이 갈등 상태에 있다는 것을 알게 되고, 집단 환경을 개선하기 위한 해결책을 찾는다. 갈등은 구성원들 사이의 의견과 행동이 양립하거나 일치하지 못하고 저항을 받을 때 발생하며, 집단의 긴장을 증가시킨다. 의견의 불일치는 한 집단에 가입하면 생기는 당연한 결과이며 모든 유형의 집단에서 흔히 관찰된다(Bales, Cohen, & Williamson, 1979). 집단은 역동적인 특성 때문에 끊임없이 변화하지만, 그러한 변화와 더불어 스트레스와 긴장이 발생하고, 이것들이 갈등의 형태로 나타난다.

어떤 갈등은 집단을 파괴시킬 수도 있으나 적대자들의 긴장을 적절히 해소할 경우 갈등은 관계를 통합시키고 집단의 통일성을 촉진시킬 수 있다(Coser, 1957). 집단은 집단 내 적개심이 표면화되고 저항을 받으며, 그것이 해결되어야만 구성원들 간의 상호의존과 안정성이 비로소 깊어질 수 있다(Deutsch, 1969). 어떤 집단에 갈등 수준이 낮다는 것은 긍정적인 대인관계가 형성되어 있는 것이라고 볼 수도 있으나, 다른 한편으로는 구성원들이 집단에 몰입하지 못하고, 동기 유발이 되지 않으며, 지루함을 느끼기 때문일 가능성도 있다. 응집성이 강한 집단일수록 집단 내 갈등은 더 크다(Coser, 1957). 갈등을 통해 집단 구성원들은 개인적인 적개심을 배출한다. 만일 어떤 집단에서 적개심이 전혀 표현되지 못한다면, 그 적개심은 집단의 존재를 위협할 정도까지 커질 수도 있다.

(3) 응집 단계

응집 단계에서는 행동을 규제하는 규범과 역할이 발달하고, 집단은 보다 큰 통일체를 이룬다. 집단 구성원들 사이의 갈등은 표출되어 조정되고 해소되면서 응집성으로 대치된다. 집단 응집성이 증가된다는 사실은 집단 내부의 역동을 규제하고 안정시키는 집단 규범이 형성되었음을 반영한다. 집단 응집성이 증가함에 따라 나타나는 변화는 다음과 같다.

첫째, 통일체 의식이 고양된다. 구성원들 사이에 '우리 의식'이 생겨나면서 집단 소속감을 발달시키고, 목표나 성과 등과 같은 중요한 가치들을 공유하고 있다고 느끼기 시작한다. 또 자신을 집단 구성원들과 동일시하며 외부로부터의 비난이나 공격에 대해 방어한다.

둘째, 집단을 안정적으로 유지하려 한다. 집단 응집성은 집단 구성원들이 집단에 남으려는 욕구의 정도로 정의되기도 한다(Cartwright, 1968). 집단 응집성은 다른 구성원에 대한 매력보다는 한 단위로서의 집단에 대한 헌신에 기초할 때 가장 강하다.

셋째, 집단 구성원들의 만족도가 증가한다. Stokes(1983)는 집단 응집성이 높을수록 소속에 대한 만족도가 증가하였으며, 응집성이 약한 집단에 비해 응집성이 강한 집단은 만족과 즐거움, 긍정적 자존감, 안전감이 더 높았고, 불안 수준은 더 낮았음을 밝혔다. 일반적으로, 응집성이 강한 집단의 분위기는 협동적이고 다정하며 성취에 대하여 서로 칭찬을 주고받는 반면에, 응집성이 약한 집단에서는 적개심과 공격성이 드러나고 다른 구성원들을 비판하는 경향을 보인다(Deutsch, 1968; Shaw & Shaw, 1962).

넷째, 집단의 내부 역동이 강렬해진다. 그 이유는 응집성이 있는 집단의 구성원들은 그 집단의 목표, 결정, 규범들을 보다 쉽게 받아들이기 때문이다. 응집성이 강한 집단에서 동조 압력은 더 크게 나타나며, 동조 압력에 대한 개인적 저항은 약하게 나타난다. 또한, 응집성이 강한 집단에서는 집단 내 사회적 압력이 매우 강하여 개개 구성원들이 이에 압도된다. 구성원들은 때때로 어떤 종류의 의견 차이도 참지 못하고 가혹한 조치를 취해서 반대자를 자신과 일치시키려 한다.

(4) 과제 수행 단계

집단이 성숙해짐에 따라 생산성의 시기로 돌입한다. 이 시점에서는 바라는 목표를 성취하기 위해 하나의 단위체로서 생산적인 수행을 할 수 있는 시기이다. 다양한 집단의 활동을 연구한 결과는 대부분의 긍정적인 성과가 회의의 끝 무렵 이틀 간의 기간에 이루어짐을 보여 주었다(Hare & Naveh, 1986). 집단 구성원들의 행동 유형을 분류한 연구는 과제에 초점을 둔 행동들이 집단 생애의 후반기에 자주 나타남을 밝혔다(Bales & Strodtbeck, 1951). 만남, 훈련, 성장을 위한 집단에서와 마찬가지로 감수성 훈련 집단과 같은 개인의 성장이나 치료적인 목적의 집단일 경우에도 오리엔테이션, 갈등, 응집성 구축의 단계를 거친 후에야 치료적인 진보를 보이기 시작하였다(Hill, 1977).

집단이 과제 수행 단계에 이르기 위해서는 시간이 필요하지만, 시간이 있다고 모든 집단이 이러한 생산적인 단계에 도달하는 것은 아니다. 전투부대 단위를 대상으로 한 연구에서는 63개의 소대 중에서 13개의 소대만이 효과적인 수행을 하는 집단으로 분류되었다(Goodacre, 1953).

(5) 해체 단계

집단이 목표를 달성하거나 자원을 소진하면 마지막으로 해산한다. 한 집단이 해체 단계로 들어가는 것은 계획된 것일 수도 있고 자연 발생적일 수도 있다. 계획된 해체는 집단이 이미 규정된 목적을 달성했거나, 활동 시한이 지났거나, 자원을 다 소모한 경우에 일어난다. 자발적 해체는 예상하지 않았던 문제가 발생해서 지속적인 집단 상호작용이 불가능하게 된 경우에 일어난다. 집단이 계속하여 실패할 때, 집단이 구성원들의 요구를 만족시켜 주지 못할 때도 집단은 해체된다. 또 구성원이 집단에 속함으로써 받는 보상이 감소하고 부담이 증가하는 경우, 만약 개인이 다른 집단을 선택할 수 있다면 그 집단은 소멸된다.

2) 집단 사회화 과정 및 목표

사회화 과정을 이해하기 위해서는 인간의 발달적 맥락에서 생각해 보는 것이 도움이 된다. 정상적인 인간의 발달 과정에는 생물학적 발달과 사회적 발달이 모두 포함된다. 사회적 발달이 진행되는 동안 우리는 사회 내에서 살아가는 방법을 배운다. 예를 들어, 유아기 때 우리는 지켜야 할 간단한 규칙들을 배운다. 초등학교를 다니면서 우리는 수업 중에 발표를 하기 위해서는 손을 들고 선생님의 허락을 받아야 한다는 것을 배우며, 놀이터에서는 공정한 게임을 하는 기술도 배운다. 이와 같이 초기의 사회적 발달은 일반적으로 사회 적응에 필요한 역할을 배울 수 있는 능력을 길러 준다.

한 사람이 성인으로 성장하여 직장에 들어가면, 조직에서의 여러 가지 역할을 효과적으로 수행할 수 있는 독특한 사회적 기술들을 발달시킨다. 예를 들어, 사람들은 조직의 일반적인 규범, 가치관 및 자기 직장에 알맞은 태도를 배운다. 한 조직에서 다른 조직으로 이동할 경우에는 이렇게 습득한 지식을 활용함으로써 효과적으로 적응할 수 있다. 사람들은 어떤 문화나 조직 세계의 한 부분을 형성하면서 동시에 그 조직의 문화를 배워야 한다. 그래서 사회화는 한 개인이 어떤 조직의 역할을 수행하는 데 필수적인 사회적 지식을 획득하는 전체적인 과정이다(Van Maanen & Schein, 1979).

사회화 과정 동안 다양한 사회화 책략이 사용될 수 있다. 예를 들어, 집단적인 수준에서 신입 과정 프로그램을 운영할 수도 있고, 개인적인 수준에서 업무에 필요한 지식을 전수해 줄 수도 있다. 또한 사람들은 조직에 들어올 때 나름대로의 기술, 행동, 태도 및 가치관을 지닌 채 들어온다. 조직은 이러한 개인적인 태도나 경험을 활용하는 경우도 있고, 조직의 규범에 맞춰 개인적인 태도나 가치관들을 무시하는 경우도 있다.

사회화 과정을 통해 나타는 결과적 산물(output) 또는 사회화의 목표는 개인의 조직에 대한 몰입, 새로운 조직의 가치에 대한 내면화, 그 집단에 대한 혁신 등이다. 궁극적으로 사회화의 최종 산물은 새로운 구성원과 그 집단 사이의 '심리적 계약'으로 간주될 수 있다. 그러나 이 계약이 실현되기 위해서는 일반적으로 개인적인 적응이 요구된다.

3) 사회화의 단계

(1) 초기 사회화

초기 사회화(entry socialization)는 개인이 집단에 참여하기 이전과 참여의 초기 단계에서 일어나는 것이다. 초기 사회화는 예기 사회화(anticipatory socialization), 직면(encounter), 변화와 습득(change and acquisition) 단계로 나뉜다.

예기 사회화는 집단의 실제 구성원이 되기 이전에 일어나는 것이다. 개인이 집단 구성원이 되기를 기대할 때는 통상 잘 모르는 집단의 구성원들을 유심히 눈여겨보며 그들의 행동을 관찰하고 어떤 태도가 중요한가를 배운다. 그들은 집단에 공식적으로 받아들여지기 이전부터 그 집단에 속한 사람처럼 행동하기 시작한다. 예를 들어, 장교가 되기를 열망하는 사람은 장교 생활에 대하여 대단한 관심을 보이며, 예상하는 장교의 행동을 모방하고, 성적뿐만 아니라 장교가 되는 데 필요한 신체 및 체력 조건을 갖추기 위해 노력할 것이다. 그들은 자기도 모르게, 집단에 가입하기 이전부터 자기가 속하고 싶은 집단이 갖고 있다고 생각하는 태도, 가치관, 지식을 내면화한다.

집단에 실제로 직면하면 예기 사회화 단계는 끝난다. 리더의 입장에서 볼 때, 직면의 목표는 예기 사회화 단계에서 아직 변하지 않은 가치관, 태도, 행동을 변화시켜서 집단에서의 각자의 역할에 알맞은 형태로 바꾸도록 하는 것이다. 어떤 경우에는 직면을 통해 개인의 자기개념을 수정하고 이전의 가치관을 버리도록 요구하는 경우도 있고, 행동의 변화만을 요구하는 경우도 있으며, 개인의 변화는 요구하지 않으면서 자아상의 강화만을 필요로 하는 경우도 있다.

그래도 가치관, 태도 및 행동이 충분히 변화되지 않을 때, 개인은 변화와 습득 단계로 들어간다. 이 단계는 이전의 가치관, 태도 및 행동을 집단 구성원에게 필수적으로 요구되는 형태로 바꾸는 단계이다. 이 단계에서 부하들은 그들의 기대를 변화시키고, 리더는 심리적 계약을 조정할 수 있다. 리더는 격려와 지지적 상담을 통해서 중요한 태도를 내면화하도록 촉진할 수 있다. 한편, 바람직하지 않은 행동은 처벌 전략을 사용하여 감소시킬 수 있다.

사회화는 계속 진행되는 현상이다. 이 점은 개인이 진급을 하고 새로운 직무를 맡으며 구성원의 이동이 일어나는 조직의 맥락에서는 특히 그러하다. 경력 변화가 일어날 때마다 예기 사회화는 다시 시작된다.

(2) 지속적 사회화

초기 사회화 단계는 통상 집단 가입 시 받는 훈련이나 의식을 마칠 때 종결되고 이후에 는 지속적 사회화가 시작된다.

① 경력 개발과 사회화

경력 개발은 지속적 사회화의 발달적 측면에서 네 가지의 연쇄적 단계로 구분할 수 있다. 첫 번째 단계는 개인이 성과를 올려서 중요한 조직 구성원으로 인정받는 데 일차적인 관심을 쏟는 단계이다. 일반적으로 리더는 이 시기에 사회화를 추진하는 것이 가장 효과적이다. 두 번째 단계는 진급과 성취에 일차적인 관심을 쏟는 시기이다. 이 시기에 개인은 부가적인 자율성을 추구한다. 세 번째 단계는 개인이 진급에 한계를 인식하면서 시작되는데, 일반적으로 경쟁 욕구가 감소되고 자발성에 대한 욕구가 증대된다. 만약 개인이 이 시기에 성공적이라고 느낀다면 다른 구성원이 발전하도록 도우며 개인적 성장을 지속할 수 있다. 반면, 만약 개인이 이 시기에 성공적이라고 느끼지 못하고 좌절감을 느끼면, 부하를 돕는 데는 거의 관심을 두지 않음으로써 침체될 수 있다. 마지막으로 네 번째 단계는 능력이 저하되고 성과가 감소하는 시기이다.

② 동일 직위에서의 사회화와 혁신

각각의 사회화 경험이 계속됨에 따라 개인에게 급진적인 변화가 요구되는 정도는 감소한다. 왜냐하면 집단에 대한 초기 참여 단계에서의 변화가 집단에서의 성공적인 지위를 확보하는 기초가 되기 때문이다. 초기 단계를 거쳐 집단 내 지위가 확보되면 개인은 보다 혁신적으로 변화되며, 자존감을 확립하고 경력에 대하여 전반적으로 만족한다. 사회화와 혁신의 관계에서 한 가지 주목할 점은, 이임하는 사람은 이임 직전에 간혹 조직에 대한 영향력을 상실하고 혁신이 감소된다는 것이다. 그 이유 중 하나는 역할 점유자가 조직에 잔류하는 사람들에게는 '레임덕(lame duck)'으로 인식되기 때문에 시간이 지난 후에 전체 집단에 영향을 미치는 의사결정에는 별로 영향력을 갖지 못하기 때문이다. 또 다른 이유는 이임하는 사람이 현재의 직책보다는 새로운 직책과 직무로의 성공적인 전환에 주로 관심을 갖기 때문이다.

③ 직위 이동과 사회화

직위 이동은 세 가지 방향으로 일어난다.

첫째는 집단의 핵심 방향으로의 내적 이동이다. 전문성을 갖추어 핵심적인 의사결정 집단의 일원이 된다는 것은 그들이 믿을 만하고 중요한 성원이라는 사실을 의미한다. 이러한 방향으로의 이동은 개인의 자존감을 고양시킨다. 리더는 핵심 방향으로 이동하는 사람에게 자율성을 부여하고, 자신의 작업환경을 통제하는 것을 허용한다. 자율성은 강력한 동기적 특성을 가지고 있다.

둘째는 상향 이동이다. 이러한 이동은 개인이 보다 중대한 책임을 맡을 자격이 있음을 집단으로부터 인정받아 진급을 할 때 일어난다. 상향 이동을 할 때 개인은 계급, 지위, 급여 및 기타 혜택을 얻고, 집단에 대한 몰입감을 증대시킨다.

셋째는 조직 간 횡적 이동이다. 예들 들어, 어떤 개인은 교육훈련 관련 부서(교육훈련참모부)에서 작전 관련 부서(작전참모부)로 이동할 수 있다. 횡적 이동은 개인에게 새로운 기술과 능력을 개발하고 경험을 쌓을 수 있는 기회가 될 수 있다. 그리하여 몰입감을 증대시키고 자존감을 고양시킨다. 한편, 어떤 경우의 횡적 이동은 승진 기회가 거의 없는 한직으로 밀려난 것으로 인식되기도 한다.

상향 이동과 수평 이동은 항상 사용할 수 있는 사회화 수단은 아니다. 상향 이동은 공석이 있어야 가능하고, 공석이 있을 때도 경쟁이 치열할 수 있다. 횡적 이동도 개인이 준비를 하고 있지 않거나, 단기간에 배울 수 없는 기술을 필요로 하는 경우 일어나기 어렵다. 그러므로 리더가 경력 이동을 통해 지속적인 사회화를 제공할 수 있는 가장 유용한 수단은 내적 이동이다.

4) 사회화 책략

Van Maanen과 Schein(1979)은 문헌연구를 통해 사회화 책략을 다음과 같이 여섯 가지 차원으로 제시하였다.

(1) 집합적 vs. 개인적

집합적(collective) 사회화는 새로 모집한 구성원들을 집체교육을 통해 광범위하게 교육

하는 것을 의미한다. 군대의 경우 입대한 병사들이 신병교육대에 편성되어 군생활에서 필요한 군대 예절, 제식동작, 병영생활 방식 등을 배우는 과정이 이에 해당된다. 여러 사람을 동시에 교육할 수 있기에 경제적이며 구성원들끼리 동료애를 발달시켜 응집력을 향상시킬 수 있다. 개인적(individual) 사회화는 도제(徒弟) 방식이나 멘토링과 같은 방식을 사용하는 것을 의미한다. 구성원이 습득해야 할 과업이 매우 복잡하거나 장기간의 시간이 필요할 때 개인적 사회화가 유용하게 사용될 수 있다.

(2) 공식적 vs. 비공식적

공식적(formal) 사회화는 신입 구성원이 어떤 특정한 직위를 갖게 되거나, 배워야 하는 지식이 방대할 때, 또는 어떤 구성원의 실수가 타인에게 큰 위험을 초래하게 될 때 사용된다. 주로 전문직에서 일하는 법률가들이나 의료인들에게 적용되며 공식적 사회화를 통해 모든 신입 구성원은 표준적인 경험을 갖는다. 공식적 사회화는 앞서 언급한 집합적 사회화의 형태로도 진행되나 개인적인 수준(예: 박사과정 학생들의 공식적인 교육과정 이수)에서도 사용될 수 있다. 비공식적(informal) 사회화는 신입 구성원이 어떤 기술이나 작업 방식을 빨리 배워야 할 때, 또는 구체적인 실무 기술을 배워야 할 때 사용된다. 가장 일반적인 형태는 직무교육(On-The-Job: OTJ)이며, 편의점 직원이나 식당 종업원이 일을 배우는 과정도 비공식적 사회화에 해당한다.

(3) 순차적 vs. 무선적

순차적(sequential) 사회화는 구성원들이 위계적 구조를 갖는 조직에서 상위 직급으로 올라가기 위해 사회화될 때 사용된다. 군 장교의 경우 위관장교 기간을 거쳐 소령, 중령, 대령 장교로 순차적으로 진급하는데, 상위 계급으로 승진하기 위해 반드시 하위 계급을 거쳐야 하며, 해당 계급에서 요구하는 참모 직책과 지휘관 직책을 수행해야 한다. 무선적(random) 사회화는 위계적 단계의 경계가 모호하거나 그러한 단계의 순서가 변경되는 경우에 발생한다. 구성원들은 자신의 역할에 대해 고정된 관점을 갖기보다 유연한 관점을 갖게 된다.

(4) 고정적 vs. 변동적

고정적(fixed) 사회화는 신입 구성원이 언제 특정한 변환점이 일어날지 알고 있는 경우에 발생한다. 예를 들어, 대학교에 전임직 교원으로 임용된 사람은 자신이 언제 조교수에서 부교수로 승진할 수 있는지 알 수 있으며, 부교수가 되기 위해 해야 할 일들을 알고 준비할 수 있다. 변동적(variable) 사회화는 언제 특정한 변환점이 일어날지 모르는 경우에 발생한다. 일반적으로 변동적 사회화는 신입 구성원들에게 불안감을 조성하며, 이러한 불안감은 조직에 더 순응하게 만드는 요인으로 작용하기도 한다.

(5) 연속적 vs. 단절적

연속적(serial) 사회화는 경험이 많은 구성원이 신입 구성원에게 직무에 필요한 기술이나 지식, 업무 노하우, 조직 문화 등을 전수해 주는 경우이다. 반면에 단절적(disjunctive) 사회화는 신입 구성원이 선임자의 전철을 따르지 않거나, 롤 모델이 될 선임자가 없을 경우 발생한다. 또는 신입 구성원이 새로 만들어진 업무를 담당하거나, 한동안 공석으로 있었던 자리를 맡는 경우에 발생한다. 신입 구성원이 조직에 안착(embeddedness)하는 데는 연속적 사회화가 단절적 사회화보다 더 효과적이나, 조직의 혁신을 촉진하는 데는 단절적 사회화가 더 효과적일 수 있다.

(5) 지지적 vs. 박탈적

지지적(investiture) 사회화하는 신입 구성원이 가지고 있는 독특한 기술이나 가치, 태도 등을 조직에서 최대한 활용하는 것을 의미한다. 박탈적(divestiture) 사회화는 신입 구성원들이 기존에 가지고 있었던 가치나 태도를 드러내는 것에 부정적이며, 조직에서 요구하는 가치나 태도를 수용시키는 것을 의미한다. 예를 들어, 군대에 입대한 신병들은 개인의 기존 가치(예: 개인 발전)보다는 군에서 요구하는 가치(예: 단체생활, 희생정신 등)를 더 수용하도록 요구받는다.

5) 사회화의 결과

(1) 몰입

한 개인이 어떤 조직에 몰입(commitment)한다는 것은 그 개인이 조직의 다른 구성원에 대한 유대감과 충성심이 강해지거나, 지금까지 많은 시간과 노력을 들인 결과로 그 조직에 계속 잔류하여 조직을 위해 보다 열심히 일하려고 하는 것을 말한다(Porter, Crampon, & Smith, 1976). 몰입이 이루어진 사람은 단지 가시적인 보상을 얻기 위한 수단으로서 일을 하는 것이 아니라 생산적인 노력 자체가 만족의 근원이 된다. 그러므로 몰입은 리더뿐만 아니라 구성원 모두에게도 바람직한 목표가 된다. 집단의 성취는 사람들이 어떤 활동에 대하여 상당한 노력을 바친 결과로 얻은 것이다. 예를 들면, 부대에서 전투 검열을 통과하기 위해서는 많은 시간을 들여 준비를 해야 한다. 더욱이 어떤 검열에서 특별히 우수한 성적을 올리기 위해서는 '통상적인' 검열 준비에 비해 훨씬 더 많은 시간을 들여야 한다. 집단 구성원 각자가 자기 의사에 따라 이러한 열성적인 노력에 참여하는 상황에서는 그들이 속한 집단에 대한 몰입의 정도에 따라 노력의 정도가 달라진다.

(2) 내면화

내면화(internalization)는 개인의 가치관이나 태도를 다른 사람이나 집단에서 요구하는 그것과 일치시키는 것을 말한다. 리더는 부하를 자기가 원하는 방향으로 유도하기 위해 실질적이거나 암시적인 처벌 또는 외적인 보상을 사용하여 순응(compliance)을 유도한다. 이는 비록 효과적인 방법일 수는 있지만, 어떤 리더에게는 많은 노력과 비용이 들 수도 있다. 왜냐하면 리더가 부하로 하여금 만족스런 성과를 달성하도록 하기 위해서는 항상 그들과 함께하면서 부하의 근무 상태를 확인해야 하기 때문이다. 그렇게 되면 리더는 다른 중요한 기능을 수행하기가 어렵다.

부하를 원하는 방향으로 유도하기 위한 다른 대안은 부하들로 하여금 자신의 업무 수행과 태도를 집단과 일치하게 하여 스스로 열심히 일하도록 만드는 것이다. 이러한 상황은 부하들이 자기가 속한 집단의 태도와 가치관을 내면화한 경우이다. 즉, 내면화가 일어나면 리더는 부하들의 태도나 가치관을 믿을 수 있고 부하들이 열심히 일하는가를 직접 확인하지 않아도 된다.

(3) 혁신

사회화의 세 번째 목표는 혁신(innovation)이다. 리더의 입장에서 어떤 사람이 집단에 참여함으로써 얻을 수 있는 바람직한 결과는 그가 새롭고 혁신적인 아이디어나 가치관을 제공하여 집단에 활력을 불어넣음으로써 집단이 번창하는 것이다. 사회화는 조직에서 일어나는 혁신의 정도에 중요한 영향을 미친다. 만약 사회화 과정에서 너무 높은 수준의 동조(conformity)를 요구하면 혁신은 일어나기 어렵다. 물론, 혁신이 지나친 것은 혁신이 전혀 없는 것만큼 집단에 역기능적일 수 있다. 개개인이 사회화 과정 전체를 거부하거나 집단의 합법적인 역할 요구를 거부하는 경우에는 큰 혼란이 발생하여 집단이 점진적으로 해체될 수 있다. 그러므로 집단은 혁신을 필요로 하지만, 본연의 과제를 특정한 방식으로 수행하기 위하여 동조도 필요로 한다. 결국, 혁신과 동조의 균형을 유지하는 것이 리더가 풀어야 할 도전적 과제 중의 하나이다.

(4) 심리적 계약

사회화의 네 번째 목표는 구성원 개인과 집단 사이에 서로가 만족하는 심리적 계약을 형성하는 것이다. 이는 개인의 몰입, 내면화 그리고 혁신을 포괄하는 사회화의 우산과 같은 목표라고 할 수 있다. 구성원 개개인은 아마도 이미 달성한 성취에 대하여 인정을 받고, 자기발전이나 승진을 위한 기회를 가지며, 감독이나 간섭을 최소화하면서 자유로이 일하기를 원할 것이다. 이에 비해, 리더는 이미 확립되어 있는 방침을 유지하고 자기의 직책 권한을 인정받으며 집단의 목표를 달성하고자 할 것이다. 리더와 구성원 개개인이 어떤 기대들을 갖고 있는 상태에서 상호작용이 일어나는 초기에는 각자의 기대를 표현하여 이를 확인하고, 거부하거나, 수정하기도 한다. 그러나 이러한 상호작용의 초기에 모든 기대 사항을 협의한다는 것은 쉽지 않으며, 모든 기대 사항을 파악하기조차도 쉽지 않다. 그러므로 심리적 계약을 위해서는 계속적인 재검토가 가능하도록 개방적인 상태가 되어야 한다. 그래서 심리적 계약은 양자 간의 관계를 조절하는 암묵적인 상호기대의 연쇄적 조정 과정이라 할 수 있다(Levinson, Price, Munden, & Solley, 1962).

심리적 계약을 위한 협상은 리더와 집단 구성원 사이의 관계성에 있어서 중요한 함축적 의미를 지닌다. 리더의 시각에서 볼 때, 심리적 계약에 따라 구성원이 집단에 대하여 쏟는 노력의 정도가 달라질 수 있다. 개인의 관점에서 심리적 계약은 만족감과 자존감의 정도, 자기개념의 인식, 또는 개인의 집단 잔류 여부의 결정에 중요한 영향을 미칠 수 있다. 예를 들어, 한 대대에 신임 작전과장이 부임하여 그 대대가 전투 검열에서 우수한 성적을 거두는 데 중요한 기여를 했다면, 대대장은 작전과장을 흐뭇하게 생각할 것이고 작전과장의 업무 처리 방식이나 제안을 별 문제 제기 없이 수용할 것이다. 이 경우 작전과장과 대대장은 상호 간에 도움을 주고받을 것이라는 기대를 공유하게 되므로, 성공적인 심리적 계약이 이루어졌다고 할 수 있다. 그러나 상황이 바뀌어서 조직의 기대가 달라지고 개인이 조직에 기여한 내용을 파악할 수 없으면, 이전의 심리적 계약은 효력을 상실하고 새로운 계약을 위한 협상이 요구된다.

3. 집단 구조의 분석(Ⅰ): SYMLOG

집단을 연구하고자 할 때 사람들은 집단 내 상호작용, 구조, 응집력, 사회 정체성, 목표 등과 같이 집단의 공통된 특징을 고려한다. 특히 사회적 상호작용은 집단의 역동성을 이해하고 집단역학을 분석하는 데 있어서 빼놓을 수 없는 특징이다. 사회적 상호작용에 대한 이해는 주로 관찰이나 자기보고 측정과 같은 과학적 측정 기법의 발전과 더불어 발전되어 왔다. 사회적 상호작용을 다룬 대표적인 초기 연구로는 Whyte(1943)가 관찰 방법을 사용하여 미국 보스턴의 중심부에 있는 이탈리아계 미국인들을 대상으로 시행한 인구학적 연구가 있으며, Moreno(1934)가 집단 구성원 간의 사회적 관계를 측정하기 위해 고안한 사회측정(Sociometry)이 있다. Lewin(1948)은 집단역학이라는 용어를 사용하여 복잡한 사회 과정이 집단 구성원들에게 미치는 강력한 영향을 기술하였다. SYMLOG(심로그)는 바로 Lewin의 집단역학 개념을 확장하여 만든 새로운 장 이론(field theory)으로서 미국 하버드 대학교의 Bales를 중심으로 연구 · 발전되어 온 집단 연구방법이다. 이 절에서는 SYMLOG에 대해서 살펴보도록 한다.

1) SYMLOG의 기원

SYMLOG는 'A SYstem for the Multiple Level Observation of Groups'의 약자로서 Bales와 Cohen(1979)이 그들의 저서인 『SYMLOG』를 통하여 공식적으로 사용하였다. 그러나 SYMLOG의 바탕이 되는 기본 개념은 1950년에 이미 Bales의 저서인 『Interaction Process Analysis』에서 시작되었다. Bales는 사람들이 집단에 속해 있을 때 무슨 일을 하는가에 대해 관심을 갖고서, 자연적으로 존재하는 집단이나 실험실에 인위적으로 구성한 집단을 관찰하였다. 그 결과, 사람들의 모든 행위가 상호작용적인 영향력의 장(field)에서 일어난다는 사실을 알게 되었다. 그 이후 Bales와 Cohen(1979)은 성격 검사 자료, 가치관 기술 자료, 자기지각과 타인지각에 대한 평정, 그리고 다양한 집단을 대상으로 수천 회 이상에 걸쳐 실시된 관찰과 다차원적인 변량분석 결과에 기초하여 모든 사회적 상호작용을 3개의 차원으로 표현할 수 있음을 알게 되었다. 이들이 도출한 3개 차원은 지배성−복종성 차원(Upward−Downward), 우호성−비우호성 차원(Positive−Negative), 그리고 업무 지향성−감정 지향성 차원(Forward−Backward)이다.

SYMLOG에서 관찰자료의 수집은 형용사 평정법(adjective rating)과 상호작용 측정법

(interaction scoring)을 통하여 이루어진다. 형용사 평정법은 상호작용 과정에서 경험된 특징적인 행동에 대해 회상적으로 평정하는 방법으로서, 2~3개의 형용사로 구성된 26개의 문항에 대해서 응답하는 형식이다. 상호작용 측정법은 잘 훈련된 관찰자가 집단 구성원들이 상호작용하는 실제 상황에서 구성원들의 언어적 행동과 비언어적 행동, 의사표현 등을 표준화된 기록 방법에 의해 측정하고 평가하는 방식으로서 상당한 전문성과 노력이 요구된다(김희선, 1998). 이 때문에 리더십 개발을 위해서 손쉽게 사용할 수 있는 방식으로는 상호작용 측정법보다 형용사 평정법이 더 선호된다.

2) SYMLOG의 활용

SYMLOG라는 개념과 용어가 처음 사용되었던 1979년 이후부터 지금에 이르기까지 SYMLOG는 매우 다양한 분야에서 연구되어 왔다. 기업 조직 장면에서 SYMLOG를 사용하여 집단의 구조와 응집성을 측정하고 집단 성과와 어떤 관계성을 갖는지에 대해 연구하였으며(Polley & Jessup, 1988; Kelly & Duran, 1985; 김희선, 1998), 조직 성과를 개선하기 위하여 조직 구성원들과 조직이 갖는 문제점들을 체계적으로 분석하는 데도 SYMLOG가 활용되었다(박재호, 1988). 미국에서 활동하는 SYMLOG 컨설팅 그룹은 가장 효과적인 리더(Most Effective Leader: MEL)의 행동 특성에 대해 연구하고, 이를 토대로 리더십 개발 프로그램과 직업특성 진단 프로그램 등을 운영하고 있다.

SYMLOG는 이미 기업과 군대의 다양한 조직 장면에서 유용하게 활용되고 있으며, 교육학적 측면에서도 유용하게 활용될 수 있는 잠재력을 갖고 있다. 학급과 같은 소규모 집단에서 구성원들 간의 사회적 상호작용을 분석하여 오늘날 사회적으로 문제가 되고 있는 '왕따'를 식별할 수 있으며, 집단의 융합 내지는 분열 정도를 진단하여 건전한 상태로의 변환을 시도할 수 있다. 아울러 SYMLOG는 26개 문항에 사용되는 특성을 바탕으로 각 개인의 문제점과 개선할 사항을 매우 구체적이고 세부적으로 지도할 수 있다는 장점을 갖고 있다.

SYMLOG는 학교 장면에서 학생들의 리더십 교육과 생활지도에 매우 유용하게 활용될 수 있다. SYMLOG 컨설팅 그룹에서 제시한 가장 효과적인 리더 좌표(MEL-point)는 리더십 교육의 방향성을 제시해 주기 때문에, 학생들에게 어떤 방향으로 리더십을 개발해 나가야 할 것인지를 가리켜 준다. SYMLOG는 자기 자신에 대한 평가와 더불어 타인에게 인식된 자신을 비교하여 자신과 타인 간의 인식 차이를 비교해 볼 수 있다. 타인의 평가를 기준으로 볼 때, 자신에 대한 스스로의 평가가 일치하는 경우도 있지만 자신을 과대평가하는 사람들도 있고, 자신을 과소평가하는 사람들도 있다. 이러한 평가 결과는 자신에 대한 정확한 이해를 도와준다는 의미에서 리더십 개발에 매우 유용한 자료로 활용될 수 있다.

3) SYMLOG의 구조 및 형용사 평정표

SYMLOG 형용사 평정법의 기본적인 아이디어는 모든 사회적 상호작용은 3차원의 장(field)을 통하여 가시화할 수 있다는 것이다. SYMLOG의 3차원은 [그림 13-1]에서 보는 바와 같이 27개의 작은 입방체로 구성되어 있으며, 모두 8개의 사분면을 갖는다. 27개의 입방체 중에서 3차원의 속성을 모두 갖고 있는 입방체는 8개의 사분면에 위치하고 있는 소입방체이다(UPF, UNF, UNB, UPB, DNB, DNF, DPB, DPF). 2개 차원의 속성을 갖고 있는 소입방체는 12개이며, 1개 차원의 속성만을 갖고 있는 소입방체는 6개(U, D, B, F, N, P)이다. 그리고 가장 중앙에 있는 소입방체는 어떠한 방향성도 갖지 않는 중립적인 소입방체이다. SYMLOG에서 사용되는 형용사 평정표는 27개의 소입방체 중에서 방향성을 갖지 않는 중앙의 소입방체 1개를 제외한 26개의 소입방체의 특성을 2~3개의 형용사로

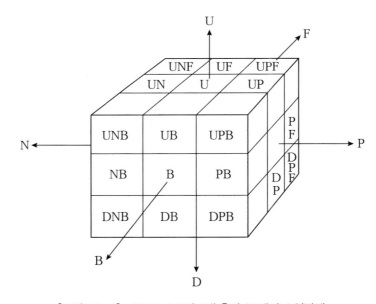

[그림 13-1] SYMLOG의 6개 축과 27개의 소입방체

출처: 김용주(2008).

표현한 것이다. 예를 들어 'DNB 소입방체'는 복종적(D), 비우호적(N), 감정 지향적(B) 특성이 조합된 것이다. Bales가 사용한 형용사 평정표는 3점 척도방식을 사용하여 평가하도록 되어 있다. 〈표 13-1〉에는 김용주(2008)가 평가자의 평가 용이성을 고려하여 5점 척도방식으로 번안하여 사용한 SYMLOG의 형용사 평정표가 제시되어 있다.

〈표 13-1〉 SYMLOG 형용사 평정표의 26개 문항(김용주, 2008)

방향	행동 특성	전혀	거의	가끔	자주	항상
U	적극적, 지배적, 발언이 많은	0	1	2	3	4
UP	외향적, 개방적, 긍정적	0	1	2	3	4
UPF	의욕적, 민주적, 임무 우선적	0	1	2	3	4
UF	자기주장이 강한, 사무적	0	1	2	3	4
UNF	권위주의적, 주도적, 완고한	0	1	2	3	4
UN	오만한, 거친, 압도적인	0	1	2	3	4
UNB	선동적, 자기중심적, 과시적	0	1	2	3	4
UB	익살스러운, 표현이 강한, 잘 꾸며대는	0	1	2	3	4
UPB	낙관적, 사교적, 따뜻한	0	1	2	3	4
P	친절한, 차별을 하지 않는	0	1	2	3	4
PF	협조적, 긍정적	0	1	2	3	4
F	분석적, 임무 지향적, 문제해결 지향적	0	1	2	3	4
NF	원리 원칙적, 차가운, 융통성이 없는	0	1	2	3	4
N	불친절한, 부정적, 이기적	0	1	2	3	4
NB	회의적, 비협조적, 화를 잘 내는	0	1	2	3	4
B	감정과 기분에 민감한, 일을 놓치는	0	1	2	3	4
PB	정이 있는, 호감이 있는, 재미있는	0	1	2	3	4
DP	남을 존중하는, 감사하는, 남을 잘 믿는	0	1	2	3	4
DPF	깔끔한, 책임지려는, 남을 배려하는	0	1	2	3	4
DF	복종적, 주어진 일을 다 하는	0	1	2	3	4
DNF	자학적인, 너무 열심히 하는	0	1	2	3	4
DN	의기소침한, 풀이 죽은, 기피적인	0	1	2	3	4
DNB	소외된, 단념하는, 체념한	0	1	2	3	4
DB	주저하는, 자신감 없는, 불안한	0	1	2	3	4
DPB	따르는, 상냥한, 의존적	0	1	2	3	4
D	수동적, 내성적, 말수가 적은	0	1	2	3	4

※ U : Upward, D: Downward, P: Positive, N: Negative, F: Forward, B: Backward

SYMLOG에서는 연구자의 의도에 따라 형용사 평정표를 사용하여 다양한 평가를 할 수 있다. 먼저 자기 자신에 대해 평가를 할 수 있다. 두 번째는 자신이 포함된 소규모 집단 내의 타인을 평가할 수 있다. 세 번째는 현재의 자신뿐만 아니라 자신이 집단에서 보이기를 희망하는 행동에 대해 평가할 수도 있다. 네 번째는 자신이 속한 조직이나 다른 특정 조직에서 가장 이상적인 리더의 행동을 평가할 수 있다.

4) SYMLOG의 평가 결과 제시

SYMLOG에서 평가결과는 [그림 13-2]과 같이 3개 차원으로 표시되는 장 다이어그램(field diagram)으로 나타내거나, 26개 문항에 대한 응답 결과를 막대그래프로 나타낼 수 있다. 장 다이어그램은 SYMLOG의 3개 차원을 직교좌표로 표시한 것이다. Y축에는 업무 지향적-감정 지향적 차원을 표시하고, X축에는 우호적-비우호적 차원을 표시한다. 지배적-복종적 차원은 원의 직경으로 표현하되 지배적일수록 원의 직경을 크게 나타내고, 복종적일수록 원의 크기를 작게 나타낸다.

SYMLOG에서 각 축의 값은 각 축에 해당되는 문항들에 대한 응답 값을 합하여 해당 문항수로 나눈 값이다. 예를 들어, 지배적 성향을 나타내는 U축의 값은 U를 포함한 모든 문항의 응답 값을 합한 것이다. SYMLOG에서 26개의 문항은 6개 축에 중복되어 있으며, 각 축은 26개 문항 중 9개의 문항과 연관되어 있다.

SYMLOG에서는 기본적으로 'UPF' 사분면을 기준으로 결과를 제시한다. 따라서 업무지향적 차원(F-B차원)의 Y축 좌표 값을 얻기 위해서는 F축 값에서 B축 값을 빼야 한다. 예를 들어, F축 값이 20이고 B축 값이 8이라고 하면 업무 지향적 차원의 값은 12가 된다. 이러한 방식으로 우호적 차원(P-N 차원), 업무 지향적 차원(F-B 차원), 지배적 차원(U-D 차원)의 값을 결과 값으로 활용한다.

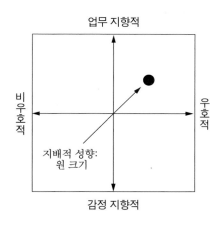

[그림 13-2] SYMLOG 평가결과를 나타내는 장 다이어그램(좌)과 바그래프(우)

출처: 김용주(2008).

4. 집단 구조의 분석(Ⅱ): 사회측정

사람들은 성격, 능력, 적성, 관심 분야, 영향력의 정도 등에서 개인 간 차이가 있으며, 집단을 형성하여 상호작용을 할 때 이와 같은 개인차가 나타난다. 개인차의 존재와 집단에서의 상호작용은 집단의 구조를 형성하는 원인이며 기초가 된다. 집단의 구조는 두 가지 측면에서 접근할 수 있다. 하나는 상위 집단, 하위 집단 등과 같이 집단과 집단의 외부적 관계 구조를 파악하는 것이고, 다른 하나는 집단을 구성하는 구성원의 내부적 관계 구조를 파악하는 것이다. 이 절에서는 집단의 내부적 관계 구조를 분석하는 구체적인 방안으로 Moreno(1934)가 발전시킨 사회측정(sociometry)을 중심으로 집단의 사회적 관계망(social network)을 분석하는 방법을 소개하고자 한다.

1) 사회측정의 개념

사회측정(sociometry)이란 용어는 원래 집단 내 거리를 측정하는 것을 뜻하는 광의의 개념으로 사용되었지만, 일반적으로는 시카고 대학의 Moreno를 중심으로 한 학자들이 발전시킨 인간관계의 측정에 관한 방법을 지칭하는 협의의 개념으로 사용된다(Moreno, 1934;

Jennings, 1947; Gronlund, 1959). 사회측정은 집단 구성원 사이의 친소관계를 파악하여 집단의 성질, 구조, 역동성을 분석하는 일련의 방법이다(Moreno, 1934). 사회측정은 질문지나 면담을 통하여 집단 내 구성원들 상호 간의 선택, 거부, 무관심의 정도를 평가하여 동료관계를 측정한다. 즉, 집단 구성원 상호 간에 경험하는 감정이나 느낌에서 어떤 개인이 차지하는 위치를 평가하고, 사회적으로 수용되는 정도를 평가하여 집단의 내부 구조를 측정하는 기법이다.

사회측정의 목적은 집단의 내부 구조를 분석함으로써 집단 내 개인들이 조화된 인간관계를 형성하여, 분열을 최소화하고 능률을 최대화하는 협동적인 집단을 창조하려는 것이다. 집단을 효과적으로 운용하기 위해서는 집단 구성원 사이에 화목한 인간관계가 존재해야 하고, 구성원 각자는 사회 활동의 공동 참여자로서 타인을 받아들여야 한다. 그러므로 구성원 개개인이 사회 활동에 누구와 함께 참여하고 싶은지를 파악하는 것은 협동적 집단을 창조하는 데 중요한 기초 자료가 된다.

2) 사회측정의 기본 원리

사회측정의 기본 원리는 다음과 같다(Moreno, 1934). 개인이 타인과 함께 존재하면 관계가 형성된다. 즉, 어떤 상황에 두 사람 이상이 존재하면 처음에는 상대방의 의도를 모르더라도 자발적인 감정이 발생하여 일방향적 관계(one-way relation)가 형성되고, 이것이 점차 상호 간에 투사됨으로써 역할이 분화하며 쌍방향적 관계(two-way relation)가 형성된다. 역할의 분화가 일어남에 따라 집단이라는 단위의 성격이 명료해지며, 이때 집단 구성원 사이에는 어떤 정서적 흐름이 존재하게 된다.

구성원 상호 간에 흐르는 감정을 텔리(tele)라고 하는데, 이는 유인, 배척, 무관심 등의 다양한 형태로 나타나며 측정이 가능하다. 텔리를 수렴하는 핵을 사회적 원자(social atom)라 한다. 즉, 사회적 원자는 더 이상 나눌 수 없는 최소의 기능적 단위로서 각 개인은 모두 사회적 원자로 존재한다.

인간관계는 끊임없이 변화하는 역학적인 끌림과 반발의 힘이 작용하는 긴장체계이며, 그것이 집단의 형태를 결정짓는다. 일상적인 인간관계를 생각해 보면, 우리가 단순히 의례적으로 인사만 하는 사람, 중요한 문제에 대하여 상의를 하는 사람, 또는 개인적인 비밀까지도 털어놓을 수 있는 사람이 항상 같은 사람은 아닐 것이다. 그러나 집단이 어느 정도 안정되면 일정한 형태의 인간관계가 존재하며 비교적 일관성을 지니게 된다. 이와 같이 집단 구성원 사이의 끌림과 반발의 형태, 강도, 빈도를 측정하여 집단 내에서의 개인의 관계와 집단의 구조를 분석하고 기술하며 평가하는 방법이 사회측정이다.

3) 사회측정의 적용 대상 및 시기

사회측정은 어느 정도 인격적인 접촉이 있고 심리적 관계가 형성되어 있는 집단을 대상으로 적용해야 한다. 전혀 안면이 없거나 피상적인 이해 수준에 불과한 사람들의 집합체에 이를 적용하기는 어렵다. 따라서 사회측정의 실시 시기는 집단 구성원 사이에 감정적 유대가 형성될 만큼 충분한 시간이 경과한 후에 실시하여야 한다. 일반적으로 학교 장면에서는 학기가 시작된 지 약 4~8주가 경과한 뒤에 실시하는 것이 좋다. 군대 조직의 경우는 구성원의 유동성을 고려하여야 한다. 즉, 창설 부대의 경우 부대원 사이에 감정적 유대가 형성될 만큼 충분한 시간이 경과한 후에 실시하여야 하며, 기존 부대의 경우 부대원들의 전입 기간을 고려하여 측정 대상을 선정하고, 결과를 해석할 때에도 이를 고려하여야 한다.

사회측정의 실시 횟수는 결과의 활용 목적에 따라 한 번 할 수도 있고 여러 번 반복해서 할 수도 있다. 측정 결과를 단지 어떤 집단을 구성하는 데 활용하려고 한다면 집단을 구성하는 초기에 실시한다. 그러나 집단의 구조 변화나 집단 구성원 개개인의 집단에 대한 수용의 정도를 파악하려고 한다면 정기적으로 측정을 실시하여야 한다. 검사 간의 간격은 7~8주 정도가 적당하다(Jennings, 1947). 또한, 집단 내에서의 사회적 관계에 영향을 줄 만한 사건이 있었는지를 고려하여 사회측정의 실시 시기 및 횟수를 결정한다.

사회측정을 적용할 수 있는 집단의 크기는 조사 목적에 따라 다르지만 최대 100명 이내가 적당하다. 앞서 사회측정은 어느 정도 인격적인 접촉이 있는 심리적인 집단을 대상으로 적용해야 함을 언급하였다. 집단의 크기가 지나치게 크면 대인관계가 피상적인 수준에 그칠 수 있으므로 사회측정의 적용이 제한될 수밖에 없다. 한편, 사회측정의 결과 처리 측면에서, 적용 집단의 크기가 크면 자료 처리가 대단히 복잡해지므로 선택자의 수를 적게 하여야 한다. 예를 들어, 소규모 집단에서는 3~5명까지 우선순위에 따라 선택하게 한 후 가중치를 두어 분석하면 중요한 정보를 얻을 수 있으나, 규모가 큰 집단에서는 특별한 이유가 없는 한 선택자의 수를 한 명으로 제한하는 것이 좋다.

4) 사회측정의 가치와 활용

집단에서 개인의 행동, 동기, 성취 그리고 구성원 상호 간의 관계(리더-성원, 성원-성원)는 집단의 사회적 구조, 특히 비공식적 집단의 구조에 의해 영향을 받는다. 그러므로 리더는 사회측정 기법을 사용하여 집단 구성원들 사이의 사회적 관계를 파악해야 한다. 사회측정은 다음과 같은 목적에 활용될 수 있다.

첫째, 리더는 사회측정 결과를 활용하여 개인의 사회적 적응을 도울 수 있다. 사회측정 결과가 집단 내 어떤 개인의 사회적 적응을 위한 구체적 방안을 제공해 주는 것은 아니지만, 집단에서 잘 적응하지 못하여 도움이 필요한 사람을 분명히 가려내 준다.

둘째, 새로운 집단을 조직할 때 도움을 줄 수 있다. 예를 들어, 어떤 토론 집단을 조직할 때는 가능하면 서로 가깝게 지내는 구성원들로 구성하는 것이 바람직하다. 집단의 응집성을 높이기 위해 집단을 재조직할 때는 고립자에서부터 시작하여 선택을 많이 받은 사람 순으로 옮겨 가면서 하는 것이 좋다. 즉, 고립자를 먼저 선택하고 그 사람이 선택한 다른 사람을 포함시켜 나가면 집단 전체에 바람직한 사회적 관계를 형성하는 데 도움을 줄 수 있다.

셋째, 조직의 사회적 구조를 개선하려고 할 때 도움을 줄 수 있다. 사회측정을 통해 구성원 개개인의 선택과 배척 정도를 파악할 수 있으며, 이러한 자료들은 집단의 사회적 구조를 개선하는 데 활용될 수 있다. 즉, 리더는 집단 구성원의 상호 선택적 교우관계, 파벌관계, 분열 정도를 파악하여 집단의 응집력을 높이는 데 기초 자료로 활용할 수 있다.

넷째, 집단의 특정 활동이나 구성 요인이 조직 구성원의 사회적 관계에 미치는 영향을 평가하는 데 활용될 수 있다. 예를 들어, 집단 구성원 사이에 빈부의 차이에 의한 배타적 현상이 발생하는지를 사회측정을 통하여 파악할 수 있다.

이와 같은 이유로, 사회측정은 군대 및 교육 장면에서의 활용 가치가 대단히 크다. 군대 장면에서는 특히 소규모 부대의 지휘관이 효과적으로 부대 지휘를 하는 데 필요한 중요한 정보를 얻을 수 있다. 사회측정 결과는 대면 활동이 빈번하게 이루어지는 소부대 구성원 상호 간의 관계, 내부 구조, 의사소통 및 상호작용 형태를 분석하는 데 활용할 수 있으며, 부대의 단결과 응집력을 강화하기 위하여 효과적인 조치를 취하는 데도 기초 자료가 된다.

사회측정은 학교 장면에서도 널리 활용될 수 있다. 또래 집단이 특별히 중요한 의미를 갖는 초·중·고등학교를 포함한 청소년기에 친구에 의한 평정으로부터 얻은 정보를 바탕으로 교사는 학급 내 학생들의 친소관계를 파악할 수 있다. 이 결과는 급우들로부터 소외된 고립자가 누구인지를 파악하여 그들이 탈선학생이 되는 것을 사전에 방지하고 지도하는 데 중요한 자료가 된다. 또한 사회측정을 실시하여 집단을 분석함으로써 청소년의 집단 따돌림을 사전에 예방할 수 있으며, 학생들의 미래의 적응 문제를 예언해 주는 중요한 자료가 될 수 있다.

이와 같이, 사회측정은 집단 내 개인의 사회적 위치 및 집단 구조를 진단하여 인사 행정 및 지도에 유용한 자료를 제공해 준다. 그러나 사회측정의 결과를 바탕으로 단순히 누가 어떠한 위치에 있다라든가, 어떤 집단에 파벌이 형성되어 있다라는 사실을 확인하는 것으로 만족해서는 안 된다. 리더는 사회측정의 결과를 기초로 하여 집단 내에서 어떤 개인이 특정한 사회적 관계 유형을 보이는 원인이 무엇인지, 파벌이 형성된 이유는 무엇인지 등을 개별 면담이나 행동 관찰, 그리고 다른 사용 가능한 자료들을 종합적으로 분석하여 규명하고 이에 적절한 대응책을 찾아야 한다.

5) 사회측정의 실시 방법

(1) 목적 설정

앞에서 소개한 바와 같이, 사회측정은 다양한 측면에서 사용될 수 있지만, 어느 경우에도 인간관계의 한 측면을 파악한다는 사실을 유념해야 한다. 그러므로 어떤 집단에 이 기법을 적용하기 위해서는 먼저 측정의 목적이 확실히 설정되어야 한다. 즉, 사회측정을 적용하여 인간관계의 어떤 측면을 파악하고자 하는 것인지, 측정의 결과를 어떤 목적으로 활용할 것인지가 미리 고려되어야 한다. 같은 집단 내에 있어서도 파악하려는 인간관계가 업무 수행과 관련된 것인지, 아니면 일상적인 교제 관계를 파악하려는 것인지가 결정되어야 한다. 또한 공식적 조직에서 실시하는 것이라면 상하의 종적 관계를 포함하는 것인지, 횡적 관계를 포함하는 것인지, 아니면 양자를 모두 포함하는 것인지가 결정되어야 한다. 사회측정을 통하여 파악하려는 인간관계가 어떤 것인지 규정되면, 이에 따라 구체적인 실시 방향을 결정할 수 있다.

(2) 질문의 구성

사회측정의 실시 목적이 설정되면, 다음에는 그 목적을 고려하여 적절한 사회측정 질문(sociometric question)을 구성하여야 한다. 사회측정 질문은 사회측정 준거(sociometric criterion)라고도 하며, 선택의 기초가 된다. 사회측정의 핵심은 개인의 선택에 있으므로, 어떤 준거의 선택을 요구하느냐가 대단히 중요하다. 이 질문은 일반적인 것일 수도 있고 구체적인 것일 수도 있다.

Gronlund(1959)는 사회측정 질문을 구성할 때 유의해야 할 사항을 다음과 같이 제시하였다. 첫째, 동료를 선택하는 상황이나 활동의 본질을 명백하게 제시해야 한다. 즉, 어떤 상황에서 무엇을 위한 선택인가를 규정해 주어야 한다. 둘째, 질문을 구성하는 상황은 집단 구성원들에게 친숙한 활동 상황이어야 하고, 실제로 그러한 선택의 기회가 주어질 수 있는 것이어야 한다. 셋째, 구체적인 활동과 관련된 일시적 상황 요인의 영향을 최소화해야 한다. 넷째, 상대적으로 강하고 근본적이고 지속적인 관계에 기초해야 한다.

사용할 질문의 수는 하나일 수도 있고 둘 이상일 수도 있다. 일반적으로 연구 목적일 경우는 하나의 질문을 사용할 수도 있지만, 개인 상호 간의 관계나 개인이 집단에 수용되는 정도를 측정하기 위해서는 둘 이상의 질문을 사용하는 것이 좋다.

부정적 질문의 사용은 신중을 기해야 한다. 부정적 질문이란 어떤 활동 또는 사태에 있어서 동반자가 되기를 가장 꺼려하거나 싫어하는 사람을 선택하는 질문, 즉 배척의 질문을 말한다. 이와 같은 질문의 사용은 신중을 기해야 하며, 특히 학교의 학급 상황에서는 피하는 것이 좋다. 왜냐하면, 그러한 질문을 사용하면 집단 구성원 사이에 부정적 감정이나 적개심을 부추길 수 있으며, 이로 인하여 개인의 정서와 집단의 조화를 해칠 수 있기 때문이다. 그러나 부정적인 준거의 사용이 불가피한 경우도 있다. 예를 들어, 구성원 사이에 이미 존재하고 있는 갈등 상태를 파악해야 하는 경우가 있다. 이 경우에는 긍정적 준거와 부정적 준거를 함께 사용하면 보다 정확하고 유용한 결과를 얻을 수 있다(Peery, 1979).

사회측정의 목적상 부정적 준거의 사용이 불가피한 경우에는 '~한 사람을 반드시 선택하라'는 식의 질문을 사용하는 것보다는, '~한 사람이 만약 있다면 선택하라'는 식의 질문을 제시하는 것이 바람직하다. 왜냐하면, 이와 같은 접근법은 평가자들이 평가 대상이 되는 사람들 중 누군가를 반드시 거부해야 한다는 감정으로부터 보호해 주면서, 현재 집단 내에 존재하고 있는 거부 감정의 실체를 파악하게 할 수 있기 때문이다.

부정적 질문을 사용할 때 발생될 수 있는 부작용을 최소화하는 또 다른 대안은 긍정적 질문을 사용하면서 가장 나중에 선택할 사람을 고르도록 하는 것이다. 예를 들면, '같이 놀기 싫은 사람은 누구인가?'라는 질문보다는 '같이 놀고 싶은 친구 중 가장 나중에 선택하고 싶은 사람은 누구인가?'라는 식의 질문을 사용하는 것이 좋다.

질문을 작성할 때에는, 첫째, 파악하고자 하는 인간관계의 측면이 가장 잘 나타나는 형태, 장면, 행동이 무엇인지를 분석하고, 둘째, 그러한 행동에 수반되는 정서가 무엇인지를 분석해야 한다. 셋째, 그러한 행동이나 정서를 표현하는 관용어구를 찾아야 한다. 만약, 포괄적인 친소관계를 파악하려 한다면, 구체적인 장면이나 경우를 가정하지 말고, '당신이 소속한 소대(또는 분대)에서 가장 마음에 드는 사람은 누구입니까?' 또는 '당신의 반에서 가장 좋아하는 사람은 누구입니까?'라는 식의 일반적인 형식을 취하는 것이 좋다.

이에 비하여, 특수한 경우와 관련된 인간관계를 파악하려면, 어떤 가상적인 상태를 선정하여 질문하는 것이 좋다. 이러한 질문의 예를 들면 다음과 같다.

- 만약 귀관이 소대원 중 한 사람을 선택하여 그와 함께 적진 정찰 임무를 수행하라는 명령을 받았다면, 누구를 선택하겠습니까?
- 만약 같은 과 동료 직원 한 사람을 선택하여 그와 함께 해외 출장 임무를 수행해야 한다면, 누구를 선택하겠습니까?
- 만약 상급자가 특정 업무와 관련된 중요한 직책에 과원 중 한 사람을 추천하라고 한다면, 누구를 추천하겠습니까?

이와 같이 질문이 요구하는 가상적인 상황은 응답자에게 현실성 있도록 구성하는 것이 좋다. 다시 말해, 가상적인 상황으로 질문을 설정할 경우에는 그 상황이 응답자에게 실제로 있을 수 있는 것이어야 하며, 전혀 현실성이 없는 것이어서는 안 된다는 것이다. 예를 들어, 앞에서 예로 들었던 '만약 당신의 소대장이 당신에게 다른 동료 한 사람을 선택하여, 그 사람과 함께 적진 정찰 임무를 수행할 것을 명령하였다면, 누구를 선택하겠습니까?'라는 질문을 여대생에게 요구한다면 이에 대한 응답은 무의미할지도 모른다. 그러므로 가상적인 상황을 설정하여 질문을 할 때는 선택 대상의 범위를 분명히 하는 것이 좋다. 공식 조직상의 상하관계를 포함할 때는 이를 반영하는 상황을 구성해야 한다. 예를 들어, '만약 당신이 소속한 해외 영업과 사람들 중 한 사람과 함께 해외 출장 임무를 수행하게 되었다면, 누구와 동행하고 싶습니까?'라고 질문하였다면, 어떤 상관과 아무리 친하다고 할지라도 모시고 다녀야 하는 불편 때문에 선택하지 않을 수도 있는 것이다. 또한, '직장에서 일신상의 어떤 문제가 생겼다면 누구와 상의하시겠습니까?'라는 질문을 한다면, 문제해결 능력을 고려하여 어느 정도의 영향력이 있는 상사를 선택할 가능성이 높을 것이다. 그러므로 선택 대상 범위에 상관을 포함해야 하는지, 아니면 포함하지 말아야 하는지를 분명히 해야 한다.

　이와 같이 사회측정에서 질문의 형식과 가상적 상황을 결정하는 것은 대단히 중요하며, 이는 사회측정을 실시하는 목적에 비추어서 결정되어야 한다. 또한 가상적 상황을 활용할 경우 응답자가 그 상황을 명확하게 이해할 수 있도록 적확한 용어와 표현을 사용해야 한다. 가능하면 예비 조사를 실시하여 응답자가 질문을 잘못 이해하는 경우가 없도록 해야 한다.

　가상적 상황을 포함한 질문의 예를 다음에 제시하였으며, 소대장이 소대원의 친소 관계와 적응의 문제를 파악하기 위해 적용할 수 있는 사회측정 질문지 구성의 예를 〈표 13-2〉에 제시하였다.

- 당신의 생일에 같은 반 친구들을 초대하여 파티를 열려고 한다면, 누구를 초대하겠습니까?
- 당신의 개인적인 사정을 가장 잘 아는 같은 반 친구는 누구입니까?
- 다음 휴가 기간에 동료와 함께 배낭여행을 간다면 누구와 함께 가고 싶습니까?
- 당신이 병원에 입원해 있다면 소대원(직장 사람) 중 누가 문병을 오기를 가장 바라겠습니까?
- 휴식시간에 커피를 마실 때는 소대원(직장 사람) 중 주로 누구와 함께 마시고 싶습니까?
- 소대원(직장 사람) 중 당신의 능력을 가장 잘 이해하는 사람은 누구입니까?
- 소속 소대(과)에서 당신의 신상이나 성격에 대하여 물어 보면 가장 잘 대답할 수 있는 사람은 누구입니까?
- 상관이 어떤 과제를 부여하여 분대(과) 내의 다른 사람을 선택하여 함께 수행하도록 한다면 당신은 누구를 선택하겠습니까?
- 당신과 성격이 맞지 않아 같이 있고 싶지 않은 사람이 있습니까? 만약 있다면 누구입니까?

〈표 13-2〉 사회측정 질문지의 예

실시 일자: _____

소　　속: _____

성　　명: _____

지시사항: 다음의 질문에 해당하는 세 사람의 이름을 우선 순서에 따라 적어 주십시오. 여러분은 전 소대원을 대상으로 계급에 관계없이 누구나 선택할 수 있습니다. (본 조사에 대한 응답내용은 소대원은 물론 어느 누구에게도 알려 주지 않습니다.)

선택사항: 1. 자유시간이나 휴식시간에 함께 있고 싶은 세 사람을 선택하여 우선순위에 따라 적으시오.
① _____　　　　② _____　　　　③ _____

2. 자유시간이나 휴식시간에 함께 있고 싶은 사람을 선택할 때 가장 나중에 선택하고 싶은 세 사람을 순서대로 적으시오.
① _____　　　　② _____　　　　③ _____

(3) 조사의 실시

사회측정의 목적에 합당한 질문이 구성되면, 다음에는 이것을 실제로 대상 집단에 적용하여 응답을 받는다. 조사 방법은 개별적인 면접에 의한 개별 조사와 집단 전체를 한 자리에 모이게 한 상태에서 조사하는 집합 조사로 구분할 수 있다. 집합 조사의 경우는 통상 조사표를 미리 준비하여 사용한다. 물론, 조사 방법의 선택은 사회측정의 실시 목적과 대상 집단의 특성을 고려하여 결정해야 한다.

조사 방법들은 효율성 측면에서 다를 뿐만 아니라 각각 나름대로의 장단점을 가지고 있다. 일반적으로, 효율성 측면에서는 집합 조사가 개별 조사에 비해 유리하지만, 응답의 정확성 측면에서는 개별 조사가 더 유리하다. 예를 들면, 어떤 학급에서 교우 관계를 파악할 때는 학생들을 한 자리에 집합시켜 놓고 조사하는 것이 시간과 비용을 절약할 수 있으므로 효율적이지만 무성의하게 응답할 가능성도 있다. 즉, 집합 조사를 하는 경우에는 다른 사람이 보고 있다고 생각하여 솔직한 응답을 하지 않을 수 있다. 따라서 이때에는 조사표에 기입하는 방법을 사용하면서, 다른 사람의 응답 내용을 서로 보지 못하도록 장소를 조정하여야 한다. 일반적으로 조사표에 의한 집합 조사가 가장 많이 사용된다. 그러나 어떤 기관에서는 조사 대상을 한 자리에 집합시키기가 쉽지 않은 경우가 있으며, 이 경우는 불가피하게 개별적인 면접을 해야 한다. 개별 면접에 의한 방법은 질문에 대한 응답자의 이해 여부, 응답의 성실도 등에서 유리할 수 있지만, 시간과 노력이 많이 소요된다.

　사회측정을 실시할 때 특별히 유의해야 할 사항은 응답자의 익명성을 보장할 수 있는 비밀 유지 방책을 수립해야 한다는 것이다. 응답자의 익명성은 두 가지 측면에서 생각할 수 있다. 하나는 응답자가 누구를 선택하였는지를 조사자를 포함한 모든 사람에게 알리고 싶어하지 않는 경우, 즉 조사자와 응답자 사이의 문제이다. 다른 하나는 응답자가 자기의 응답 내용을 다른 응답자가 아는 것을 꺼리는 경우, 즉 집단 구성원 상호 간의 문제이다.

　조사자와 응답자 사이의 문제는 사회측정의 근본적인 문제에 영향을 준다. 왜냐하면, 응답자가 질문에 대한 응답을 회피하거나 불성실한 응답을 할 가능성이 있고, 이 경우에 사회측정의 결과는 의미가 없기 때문이다. 그러므로 조사자는 응답자로부터 확실한 신뢰를 얻을 수 있는 방안을 먼저 강구하여야 한다. 이를 위하여 조사자는 응답자에게 사회측정의 실시 목적, 결과의 활용, 비밀 유지 방책 등을 자세히 설명하고 이해를 구해야 한다.

　응답자 상호 간의 익명성 문제는 집합 조사의 경우에 특별히 문제가 된다. 집합 조사를 할 경우에는 좌석의 배치를 조사자가 지정하도록 하고, 어떤 사람이 옆 사람의 응답 내용을 볼 수 없도록 충분한 공간을 확보하여야 한다. 또한, 인원이 많은 경우에는 선택 대상자에게 미리 무작위로 번호를 부여한 명단을 배포하고, 선택할 사람과 응답자 자신을 그 명단에 있는 번호로 기입하게 한 후에 명단을 회수하는 것도 좋은 방법이다.

(4) 조사 결과의 처리 및 분석

　사회측정 조사를 실시하여 자료를 수집한 다음에는 그 결과를 의미 있는 형태로 분석하고 요약하여, 일목요연하게 이해할 수 있도록 제시해야 한다. 사회측정의 결과 처리 방법은 사회행렬표(sociometrix)에 의한 분석, 사회도(sociogram)에 의한 분석, 표적 사회도(target sociogram)에 의한 분석 등이 있다.

① 사회행렬표에 의한 분석

　사회행렬표에 의한 분석은 가장 보편적으로 사용되는 분석 방법이다. 이 방법은 누가 누구를 선택(또는 배척)하였는가, 그리고 어떤 사람이 얼마나 많은 사람으로부터 선택(또는 배척)을 받았는가를 행렬표를 사용하여 나타낸다. 사회행렬표에 의한 분석은 개개인의 집단 내 사회적 위치를 잘 보여 준다. 예를 들어, 집단에서 좋아하는 사람을 제한 없이 선택하게 한 경우, 한 개인이 다른 사람으로부터 선택받은 수가 많고 적음에 따라 그 사람이 그 집단에서 수용되는 정도를 파악할 수 있다. 또한 한 개인이 다른 사람을 선택한 수가 많고 적음에 따라 그 사람이 어느 정도 사교적인가를 짐작할 수 있다.

사회행렬표에 의한 분석 방법은 다음과 같은 장점을 가지고 있다. 첫째, 이 분석 방법은 명료하기 때문에 누가 분석하더라도 동일한 결과를 얻을 수 있고, 반복 검증이 가능하다. 둘째, 선택, 배척, 무관심 등을 한 개의 행렬에 포함시킬 수 있다. 셋째, 선택자의 수가 많은 경우에도 다른 분석 방법에 비해 간편하고 용이하다.

사회행렬표에 의한 구체적인 분석 방법은 다음과 같다. 먼저 사회행렬표의 행에는 선택하는 사람을 표시하고 열에는 선택을 받은 사람을 표시한다. 사회측정을 실시한 집단의 구성원 수가 n이라고 하면 n×n의 행렬을 얻을 수 있다. 선택자와 피선택자의 번호를 행과 열에 각각 순서대로 나열하면 선택의 형태를 쉽게 파악할 수 있다. 만약 집단 구성원에 남녀가 포함되어 있다면 남녀를 구분하여 순서대로 표시하는 것이 좋다. 그러면 남자 → 남자, 남자 → 여자, 여자 → 여자, 여자 → 남자 등의 선택 유형을 집단별로 볼 수 있다.

여러 사람을 선택하게 한 경우에는 선택한 우선순위를 행렬표 속에 숫자로 기록하여 나타낼 수 있다. 좋아하는 사람과 배척하는 사람을 함께 조사한 경우에는 숫자에 동그라미나 삼각형, 또는 숫자의 색깔을 달리하여 표시하면 결과를 이해하는 데 용이하다. 또는, 선택과 배척을 분리하여 각각 다른 행렬표에 제시할 수도 있다.

사회행렬표에 의한 분석의 예를 〈표 13-3〉와 〈표 13-4〉에 제시하였다. 사회측정은 〈표 13-2〉에 제시된 질문지를 사용하여 실시하였으며, 28명으로 구성된 한 개 소대를 대상으로 하였다. 즉, 자유시간이나 휴식시간에 함께 있고 싶은 세 사람을 우선순서대로 응답하게 하였으며(선택), 가장 나중에 선택하고 싶은 세 사람을 순서대로 응답한(배척) 결과를 사회행렬표에 나타낸 것이다.

〈표 13-3〉은 응답한 순서에 무관하게 동일한 비중을 적용한(가중치 미부여) 사회행렬표를 표시하였다. 이 표는 한 개인이 전반적으로 얼마만큼 선택을 받고 있으며, 어느 정도 배척을 받고 있는가를 보여 준다. 〈표 13-3〉에 나타난 결과를 살펴보면 23번이 가장 많은 선택을 받았으며, 6번, 13번, 22번이 그 뒤를 이었다. 반면에 배척은 16번이 가장 많이 받았으며, 26번이 그 뒤를 잇고 있다. 16번, 26번, 24번은 소대원으로부터 선택을 전혀 받지 못하면서 많은 배척을 받고 있으므로 그 원인에 대한 심층적인 분석이 필요하다.

〈표 13-4〉의 응답 점수는 선택받은 순서에 따라 선택은 각각 3점, 2점, 1점의 가중치를 부여하고, 배척은 각각 -3점, -2점, -1점의 가중치를 부여한 것이다. 〈표 13-4〉에 나타난 결과를 살펴보면 〈표 13-3〉에서 본 바와 같이 23번, 6번, 13번의 선택 점수가 높게 나타났다. 그러나 〈표 13-3〉에서는 22번이 21번보다 선택을 많이 받았지만, 가중치를

부여했을 경우 〈표 13-4〉에서는 21번이 22번보다 더 높은 선택 점수를 얻은 것을 볼 수 있다. 배척 점수를 보면 16번이 -54점으로 가장 많은 배척을 받았을 뿐만 아니라 제1배척을 많이 받았음을 알 수 있다.

〈표 13-3〉 사회행렬표에 의한 분석 (가중치 미부여)

선택자＼피선택자	1	2	3	4	5	6	7	8	9	10	11	12	13	14	15	16	17	18	19	20	21	22	23	24	25	26	27	28
1						○									×	×	×		○		○							
2								○								×	×						○	×				○
3														×		×		○			○				○	×		
4							○									×	×	○					○	×				
5												×	○			×			○							×		○
6		×			○								○		×	×			○									
7	×											○				×	○						○			×		
8				○		○										×	×		○					×				
9	×												○			×	×				○		○					
10							×						○	○		×					○			×				
11													○			×						○	○	×		×		
12	○									×						×		○			○					×		
13						○									×	×	×				○							
14		○				○			×							×	○							×				
15					○								○			×	×						○			×		
16	○		×												×		×		○				○					
17	×	×				○								○				○									×	
18									×										○	○	○			×		×		
19				○	○									○		×								×		×		
20			○													×	×				○	○				×		
21	×	×									○	○				×						○						
22								○		×	○					×					○					×		
23			×	○		○								○	×	×												
24		×		×												×							○	○	○			
25													○	×		×			○				○			×		
26						○			×						×	×					○	○						
27				○				○								×	×						○			×		
28				○												×							○	×		×	○	
선택받은 수	2	1	1	2	5	8	1	2	1	0	1	3	8	2	1	0	2	5	7	1	6	8	12	0	2	0	1	2
배척받은 수	4	4	2	1	0	0	1	0	3	1	1	1	0	2	9	23	9	0	0	0	0	0	0	9	0	13	1	0
선택-배척	-2	-3	-1	1	5	8	0	2	-2	-1	0	2	8	0	-8	-23	-7	5	7	1	6	8	12	-9	2	-13	0	2

〈표 13-4〉 사회행렬표에 의한 분석 (응답 순위에 따른 가중치 부여)

• 선택: 1순위 3점, 2순위 2점, 3순위 1점
• 배척: 1순위 -3점, 2순위 -2점, 3순위 -1점

피선택자 / 선택자	1	2	3	4	5	6	7	8	9	10	11	12	13	14	15	16	17	18	19	20	21	22	23	24	25	26	27	28
1					3										-3	-2	-1		1		2							
2							2									-3	-2						3	-1				1
3												-1				-3	3		1						2	-2		
4						3										-2	-1	1						1	-3			
5												-1	1			-3			2							-2		3
6		-1				2							3		-3	-2			1									
7	-1											1				-2	3					2					-3	
8			3		2									-1		-3		1						-2				
9	-1												3			-3	-2				1	2						
10					-2								1	2		-3					3			-1				
11													2			-2						1	3	-3		-1		
12	3						-1									-2		1				2				-3		
13						2									-1	-3	-2		3			1						
14		1				3			-3							-1								-2				
15					2									3		-3	-2					1				-1		
16	3		-1												-2		-3	2				1						
17	-3	-1				3								2			1										-2	
18									-3							1	3	2						-2		-1		
19					1	2							3		-3									-2		-1		
20			3													-3	-2				1	2				-1		
21	-2	-1									1	3				-3						2						
22										1	-2	2				-1					3					-3		
23			-1	2		3								1		-3	-2											
24		-3		-1												-2						1	2	3				
25												2	-1			-2			3				1			-3		
26						2			-1						-3	-2						3	1					
27				1			2								-3	-1							3			-2		
28						3										-2							2	-1		-3	1	
선택 점수	6	1	3	5	9	20	3	4	1	0	1	6	18	2	1	0	5	8	13	3	13	11	23	0	5	0	1	4
배척 점수	7	6	2	1	0	0	2	0	7	1	2	1	0	0	21	54	17	0	0	0	0	0	0	17	0	26	2	0
선택-배척	-1	-5	1	4	9	20	1	4	-6	-1	-1	5	18	2	-20	-54	-12	8	13	3	13	11	23	-17	5	-26	-1	4

② 사회도에 의한 분석

사회행렬표에 의한 분석을 통해 집단의 사회적 구조를 어느 정도는 볼 수 있으나, 집단의 사회적 구조를 시각적으로 명확히 이해하기 위해서는 사회도에 의한 분석이 더 효과적이다. 사회도에 의한 분석은 집단 구성원의 선택관계와 배척관계를 도식으로 나타내는 방

법이다. 이는 구성원 개개인을 표시하는 기하학적 도형(사회적 원자)과 이 도형을 연결하여 선택 또는 배척을 표시하는 선(텔리)으로 이루어진다. 일반적으로 실선의 화살표는 선택관계를, 점선의 화살표는 배척관계를 나타낸다. 사회행렬표에서는 1순위, 2순위, 3순위의 선택 및 배척을 모두 표기할 수 있으나, 사회도에 의한 분석에서는 세 가지 응답을 모두 도시할 경우 사회도가 복잡해질 수 있다. 분석 대상자의 인원수를 고려하여 가중치가 가장 높은 제1순위 선택 또는 배척을 도시하거나, 제1순위 및 제2순위 응답을 함께 도시하는 방법을 사용할 수 있다.

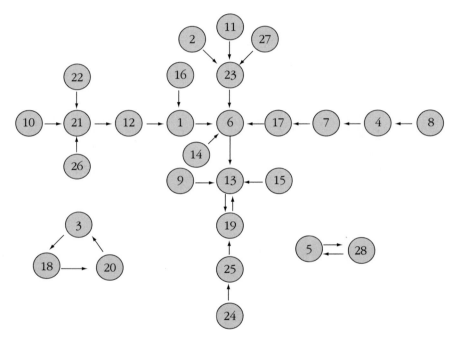

[그림 13-3] 사회도에 의한 분석

　[그림 13-3]은 〈표 13-4〉에 제시된 사회행렬표의 응답 내용 중 제1순위 선택을 사회도로 도시한 예이다. 이 그림을 보면, 앞의 사회행렬표 분석에서 나타난 바와 같이 6번, 13번, 23번, 21번이 관계 구조의 중심에 있으며, 독립적으로 분리된 두 개의 집단을 시각적으로 분명하게 볼 수 있다. 이와 같이 사회측정 결과를 사회도로 도시하면 집단에 존재하는 여러 가지 관계 유형을 시각적으로 볼 수 있다. 사회도에 의한 분석에서 나타나는 대표적인 관계 유형은 다음과 같다.

- 고립형(isolated type): 이는 자신이 어느 누구도 선택하거나 배척하지 않았을 뿐만 아니라 누구로부터도 선택이나 배척을 전혀 받지 못하는 형태이다. 고립형은 다른 사람의 관심을 끌지 못하고 타인에게 자극이 되지 못하는 경우이다. 이런 사람은 집단 내에서 느끼는 소외감과 좌절감으로 인해 부정적인 결과를 초래할 수 있다. 그러므로 리더는 집단의 상황과 정보를 종합적으로 검토하고, 면담이나 행동 관찰을 통하여 그 구성원이 집단의 다른 구성원들로부터 고립된 이유가 무엇인지를 알아내어 합당한 대응책을 적극적이면서도 조심스럽게 강구하여야 한다.

  완전한 형태의 고립형은 선택자의 수를 강제하지 않을 때 나타나며, 〈표 13-4〉에서와 같이 세 명을 반드시 선택하도록 한 경우에는 나올 수 없다. 선택자의 수를 무제한으로 했을 때, 선택을 매우 적게 하거나 선택받은 수가 매우 적은 경우를 소외형이라 하며, 실제로 완전한 고립형이 나타나는 경우는 매우 드물기 때문에 소외형을 고립형에 포함시켜 설명하는 경우가 많다.

[그림 13-4] 고립형

- 단짝형(pair type) 또는 상호 선택형(mutual type): 이는 두 사람이 상호 선택을 하고 있는 경우이며, 상호 결합형이라고도 한다. 이 유형은 사춘기에 있는 청소년들에게 흔히 나타난다. 단짝형은 당사자에게는 심리적인 안정감을 갖게 한다는 긍정적인 측면이 있다. 즉, 서로 깊은 사회관계를 맺고 지속하는 것은 좋다. 그러나 이것이 극단적인 형태로 발전하면 폐쇄적인 인간관계가 될 위험성이 있고, 심할 경우 집단 분열의 원인이 될 수도 있으므로, 리더는 단짝형의 관계를 개방적이 되도록 유도해야 그 집단 전체의 응집성을 높일 수 있다.

[그림 13-5] 단짝형

- 연쇄형(chain type): 연쇄형은 선택의 방향이 한쪽으로만 나타나는 경우이며, 일방 선택만이 존재할 뿐 상호 선택이 존재하지 않는 형태이다. 흔하지는 않지만, 배척의 방

향이 한쪽으로만 나타나는 연쇄형도 있을 수 있다. 일반적으로, 연쇄형이 많이 나타나는 집단은 응집력이 약하다. 이러한 관계 유형에는 해당 구성원의 역할을 조정하는 방법으로 응집력을 개선할 수 있다.

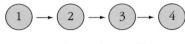

[그림 13-6] 연쇄형

• 삼각형(triangle type)과 사각형(square type): 이는 세 사람 또는 네 사람의 선택이 연쇄형으로 되어 있거나 상호 선택을 하고 있는 경우이다. 서너 사람의 선택이 연쇄형으로 되어 있는 경우는 선택이 무제한으로 허용되었을 때 흔히 나타나며, 이 형태가 많으면 집단의 응집력이 약하다. 서너 사람이 상호 선택을 하고 있는 경우는 파벌이 조성된 경우로서 폐쇄적이고 배타적이기 때문에 집단의 전체적인 응집과 단결을 위해서는 바람직하지 않다. 집단 내에 이러한 유형이 많을 경우 리더는 조별로 임무를 부여할 때 특별히 유의해야 한다.

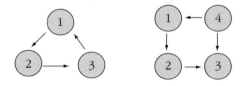

[그림 13-7] 삼각형과 사각형

• 배척형(rejectee type): 이는 집단 구성원들로부터 배척을 지나치게 많이 받은 경우이다. 이러한 형태는 대개 정서적·지적·신체적 발달에 중대한 결함이 있는 경우에 나오며, 또한 집단 따돌림을 반영하는 결과일 수도 있다. 이 유형은 집단의 응집성에도 바람직하지 않을 뿐만 아니라 배척 받은 개인이 느끼는 소외감으로 인해 매우 부정적인 결과를 초래할 수 있다. 따라서 리더는 배척형에 대해서는 추가적인 면담이나 행동 관찰을 통해 신중하고 철저하게 그 원인을 규명하여, 적절한 대응책을 강구하여야 한다.

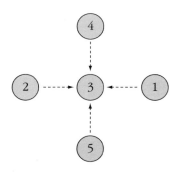

[그림 13-8] 배척형

• 인기형(star type): 이는 한 사람이 집단 구성원의 다수로부터 선택을 받는 경우이다. 집단의 공식적인 지도자가 인기형으로 나타나는 경우도 있지만 비공식적인 지도자가 인기형이 되는 경우도 있다. 한 집단에 인기형이 전혀 없는 것도 좋지 않지만, 선택이 한 사람에게 지나치게 집중되는 것도 바람직한 것만은 아니다.

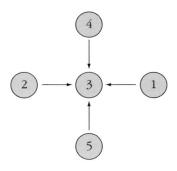

[그림 13-9] 인기형

• 망상형(network): 이는 여러 사람의 선택 결과가 서로 망을 이루어 결합하고 있는 형태이며, 집단의 응집력이 가장 강한 사회적 관계 유형이다.

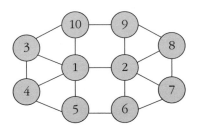

[그림 13-10] 망상형

③ 표적 사회도에 의한 분석

Moreno가 고안한 사회도를 Northway(1940)가 변형시켜 발전시킨 것이 표적도(target diagram)인데, 이를 다시 Bronfenbrenner(1944)가 보완하여 표적 사회도를 개발하였다. 표적 사회도는 크기가 다른 동심원을 과녁처럼 그린 기본 틀에 선택이나 배척의 상태를 도시한 것이다. 동심원의 크기는 통상 네 개를 그리며, 집단의 크기를 고려하여 증감한다. 표적 사회도는 사회도에 비해 집단의 사회적 관계 양상을 더 명확하게 드러내 준다. 특히 중심인물과 주변인물이 뚜렷하게 드러나는데, 안쪽 동심원에 있는 사람이 중심인물이고 바깥쪽 동심원에 있는 사람이 주변인물이다. 사회행렬표에 기초하여 표적 사회도를 제작하는 절차는 다음과 같다.

A. 집단 구성원의 수를 고려하여 동심원을 그린다. 보통 네 개 정도가 적당하지만, 집단의 크기와 선택 빈도의 분포 등을 고려하여 증감한다.

B. 가중치를 부여한 사회행렬표를 사용하여 개인별로 1순위로 선택받은 횟수를 종합한다. 이때, 집단 구성원 수가 많지 않다면 2순위와 3순위로 선택받은 횟수를 모두 고려하는 방법을 사용할 수도 있다.

C. 개인별 선택받은 횟수를 종합하여, 종합된 최고 점수에서 최저 점수를 빼고 여기에 1을 더하여 얻은 수를 동심원의 수로 나눈다.

D. C의 결과를 기준으로 각 개인을 네 개의 집단으로 구분하여, 점수가 높은 순서대로 안쪽 동심원에서 바깥쪽 동심원으로 분배한다.

E. 각각의 동심원에서 적절한 위치에 각 개인의 번호를 표시하고 선택 방향을 표시한다. 동심원의 안쪽에서부터 바깥쪽으로, 많은 선택을 받은 사람부터 적게 선택받은 사람 순서로 그려 나가는 것이 좋다. 상호 선택된 사람은 가까이 두어야 한다.

F. 필요에 따라 성별 등 집단의 특성을 구분하여 표시한다. 남녀 상호 간의 선택 빈도가 아주 낮은 경우는 각각 분리하여 따로 그리는 것이 좋다.

[그림 13-11]은 〈표 13-4〉에 제시된 사회행렬표의 응답 내용 중 구성원들의 1순위 선택을 도시한 표적 사회도이다. 선택을 가장 많이 받은 6번과 13번, 이어서 23번과 21번은 동심원 안쪽에 도시되어 있으며, 선택을 받지 못하고 타인을 선택하기만 한 2번, 11번, 27번 등 12명은 바깥쪽 동심원에 도시되어 있어 집단 내 중심인물과 주변인물을 쉽게 파악할 수 있다.

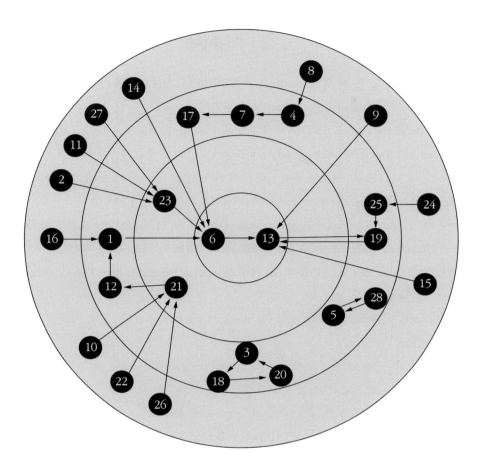

[그림 13-11]   표적 사회도에 의한 분석

참고문헌

김용주(2008). SYMLOG의 형용사 평정에서 응답자의 반응연구. 한국교육심리학회, 22, 317-332.

김희선(1998). 조직내 작업집단유형이 집단유효성에 미치는 영향: SYMLOG 접근법을 중심으로.
　　서울여자대학교 대학원 박사학위논문.

박재호(1988). 신 장이론 SYMLOG: 이론적 측면과 응용적 측면. 인문연구, 10(1), 181-214.

Arrow, H., McGrath, J. E., & Berdahl, J. L. (2000). *Small groups as complex systems:
    Formation, coordination, development, and adaptation.* Sage Publications.

Bales, R. F. (1950). *Interaction process analysis.* Chicago: University of Chicago Press.

Bales, R. F., & Cohen, S. P. (1979). *SYMLOG: A manual for the case study of groups*. NewYork: Macmillan

Bales, R. F., Cohen, S. P., & Williamson, S. A. (1979). *SYMLOG: A system for the multiple level observation of groups*. Free Press.

Bales, R. F., & Strodtbeck, F. L. (1951). Phases in group problem-solving. *The Journal of Abnormal and Social Psychology, 46*(4), 485-495.

Bronfenbrenner, U. (1944). A constant frame of reference for sociometric research: Part II. Experiment and inference. *Sociometry, 7*(1), 40-75.

Cartwright, D., (1968). The nature of group cohesiveness. In D. Cartwright & A. Zander (Eds.) *Group Dynamics Research and Theory*, Evanston, IL: Row, Peterson & Co.

Cartwright, D., & Zander, A. (1968). *Group Dynamics: Research and Theory*. New York: Harper and Row.

Coser, L. A. (1957). Social conflict and the theory of social change. *The British Journal of Sociology, 8*(3), 197-207.

Deutsch, M. (1968). The effects of cooperation and competition upon group process. *Group Dynamics: Research and Theory, 3*, 461-482.

Deutsch, M. (1969). Conflicts: Productive and destructive. *Journal of Social Issues, 25*(1), 7-42.

Forsyth, D. R. (2018). *Group Dynamics* (7th ed.). Boston: Cengage Learing

Goodacre, D. M. (1953). Group characteristics of good and poor performing combat units. *Sociometry, 16*(2), 168-179.

Gronlund, N. E. (1959). *Sociometry in the classroom*. Harper.

Hare, A. P., & Naveh, D. (1986). Conformity and Creativity: Camp David, 1978. *Small Group Behavior, 17*(3), 243-268.

Hill, F. (1977). Hill Interaction Matrix (HIM) The Conceptual Framework, Derived Rating Scales, and an Updated Bibliography. *Small Group Behavior, 8*(3), 251-268.

Jennings, H. H. (1947). Leadership and sociometric choice. *Sociometry, 10*(1), 32-49.

Kelly, L., & Duran, R. L. (1985). Interactions and performance in small groups: A descriptive report. *International Journal of Small Group Research, 1*(2), 182-192.

Kilpatrick, M., Hebert, E., & Bartholomew, J. (2005). College students' motivation for physical activity: Differentiating men's and women's motives for sport participation and exercise. *Journal of American College Health, 54*(2), 87-94.

Levinson, H., Price, C. R., Munden, K. J., & Solley, C. M. (1962). *Men, management, and mental health*. Cambridge: Harvard University Press.

Lewin, K. (1948). *Resolving social conflicts; selected papers on group dynamics*. New York: Harper

Lewin, K. (1952). *Field theory in social science*. Lon-don: Tavistock Publications.

McGrath, J. E. (1984). *Groups: Interaction and performance* (Vol. 14). Englewood Cliffs, NJ: Prentice-Hall.

Moreno, J. L. (1934). *Who shall survive?: A new approach to the problem of human interrelations*. Washington, D.C.: Nervous and Mental Disease.

Northway, M. L. (1940). A method for depicting social relationships obtained by sociometric testing. *Sociometry, 3*, 144-150.

Peery, J. C. (1979). Popular, amiable, isolated, rejected: A reconceptualization of sociometric status in preschool children. *Child Development, 50*(4), 1231-1234.

Polley, R. B., & Jessup, L. M. (1988). *Beyond cohesiveness: Assessing group effectiveness*. In Academy of Management Meeting, Anaheim, CA.

Porter, L. W., Crampon, W. J., & Smith. F. J. (1976). Organizational commitment and managerial turnover: A longitudinal study. *Organizational Behavior and Human Performance, 15*, 87-98.

Shaw, M. (1981). Group Dynamics: *The Psychology of Small Group Dynamics* (3rd ed.). New York: McGraw-Hill.

Shaw, M. E., & Shaw, L. M. (1962). Some effects of sociometric grouping upon learning in a second grade classroom. *The Journal of Social Psychology, 57*(2), 453-458.

Sherif, M., & Sherif, C. W. (1953). *Groups in harmony and tension; an integration of studies of intergroup relations*. Harper & Brothers

Stokes, J. P. (1983). Predicting satisfaction with social support from social network structure. *American Journal of Community Psychology, 11*(2), 141-152.

Tuckman, B. W. (1965). Developmental sequence in small groups. *Psychological Bulletin, 63*(6), 384-399.

Tuckman, B. W., & Jensen, M. A. C. (1977). Stages of small-group development revisited. *Group & Organization Studies, 2*(4), 419-427.

Van Maanen, J., & Schein, E. H. (1979). Towards a theory of organizational socialization. In B.

M. Staw (Ed.), *Research in Organizational Behavior,* vol. 1 (pp. 209–264). Greenwich, Gonn.: JAIPress.

Whyte, W. F. (1943). *Street corner society: The social structure of an Italian slum.* Chicago: University of Chicago Press.

Willerman, B., & Swanson, L. (1953). Group prestige in voluntary organizations: A study of college sororities. *Human Relations, 6*(1), 57–77.

제14장

조직변화 관리

　급속도로 변화하는 다양한 외부 환경의 도전 가운데 조직에게 변화는 필수적인 것이 되었다. 그러나 조직에게 발생하는 이러한 일반적 변화는 조직 내부의 구성원에 의해 진행되는 '계획된 변화(planned change)'와는 구별된다. 즉, 이 장에서 논의하는 변화는 조직의 필요에 의해 변화를 발생시키는 계획된 변화를 의미한다. 조직개발이란 조직 효과성을 증대시키고, 조직 자체를 변화시킬 수 있는 능력을 증가시키는 계획된 변화를 가능하게 하는 것이다. 이는 일반적으로 조직 내외의 조직개발 실행자들의 도움을 받아 경영자와 같은 리더들이 주도하여 실행한다. 조직개발 실행자는 조직개발을 직업으로 하여 전문성을 가진 사람, 조직개발 실무와 관련된 조직 내 부서에 근무하는 사람, 조직개발의 능력을 가지고 적용하는 경영자나 리더 등으로 다양한 영역의 인원이 포함될 수 있다. 그러나 여기서는 조직개발 실행자의 의미를 조직변화를 이끌어 조직을 개발시키는 리더로 보는데, 이는 변화를 이끈다는 것은 가장 중요하고 어려운 리더십 책임의 하나이기 때문이다. 변화를 주도하는 일은 리더십의 핵심이며, 효과적인 리더십은 변화를 통해 조직에 새로운 활력을 불어넣는다. 이처럼 리더의 주도로 변화하는 조직은 계획된 변화를 통해 문제를 해결하고, 경험으로부터 학습하며, 공유된 인식을 재구성하고, 변화하는 외부 환경에 적응하며, 조직의 성과를 향상시켜 미래의 변화에 올바르게 대처할 수 있다.

1. 조직변화의 본질

　조직개발에 대한 여러 접근법의 근거인 조직변화 이론은 조직변화가 조직에 영향을 미치는 여러 단계에 대하여 설명해 주며, 조직 구성원들이 변화를 관리할 수 있도록 도와주는 조직개발 기법의 적용 과정을 알려 준다. 여기서는 조직변화에 대한 주요 이론을 설명하고 비교한 후, 이들 초기 모델을 통합하고 이를 바탕으로 조직변화에 대한 일반 모델을 소개한다. 이 일반 모델은 다양한 조직변화 활동에 적용 가능하며, 여러 내용을 조직화하는 데 도움을 준다. 또한 다양한 변화 유형과 변화 과정이 상황에 따라 어떻게 달라지는지에 대해 살펴보고, 끝으로 조직변화에 대한 비판점을 소개한다.

1) 조직변화 이론

　조직변화의 개념은 '조직 내에서 변화가 어떻게 실행될 수 있는가'에 초점을 두고 있다.

변화에 대한 이해에 도움이 되는 기본 틀을 제공하는 이 이론들은 성공적인 조직변화를 실행하는 데 필요한 활동에 대해 설명해 준다. 이러한 변화 이론에는 대표적으로 Lewin의 변화 모델 액션리서치 모델, 긍정 모델 등이 있다. 이들은 조직개발에서 널리 주목받았으며, 조직변화의 일반 모델에 있어서 중요한 기초를 제공한다.

(1) Lewin의 변화 모델

Lewin(1951)은 조직변화의 초기 기본 모델 중에 하나를 제시하였다. 그는 변화란 '시스템의 행위를 안정적으로 만들고자 하는 힘(forces)의 수정'이라고 정의하였다. 특히 어느 시점에서 나타나는 조직 내 특정한 행위는 현상을 유지하고자 하는 힘과 변화를 추구하는 힘, 이 두 개의 힘이 서로 부딪힌 결과로 나타나는 것이라고 하였다. 두 개의 힘이 동등할 때는 소위 '준안정적 평형 상태(quasi-stationary equilibrium)'라고 불리며 현재 조직 내에서 나타나던 행위들이 유지된다. 이러한 평형 상태를 변화시키기 위해서는 변화를 추구하는 힘을 높이거나 현 상태를 유지하는 힘을 줄이거나, 또는 이 두 가지를 병행하여야 한다. Lewin은 변화를 추구하는 힘을 높이는 것보다는 현상을 유지하는 힘을 바꾸는 것이 조직 내 긴장과 저항을 줄일 수 있기 때문에 더 효과적인 변화 전략이라고 제안하였다. Lewin은 이러한 변화 과정이 3단계로 진행된다고 제시하였다([그림 14-1] 참조).

해빙 이 단계는 조직에서 이루어지는 행동을 현재의 수준에서 유지하려는 힘이 줄어드는 것을 포함한다. 해빙은 때로는 '심리적 불일치(psychological disconfirmation)'를 통해 달성되는데, 조직 구성원들이 원하는 행동과 실제 나타나는 행동 간의 차이를 보여 주는 정보를 제공함으로써 구성원들이 조직변화 활동에 참여하도록 동기를 부여한다.

이동 이 단계는 조직 또는 부서, 개인들의 행위를 새로운 수준으로 이동시킨다. 조직의 구조나 과정의 변화를 통하여 새로운 행위, 가치, 태도를 개발하도록 시스템이 개입하는 기법이 포함된다.

재동결 이 단계는 조직이 새로운 평형 상태에서 안정화되도록 하는 것이다. 이는 주로 새로운 조직 상태를 강화시키는 지원체계로서 조직 문화, 규범, 정책, 구조 등을 활용하여 달성된다.

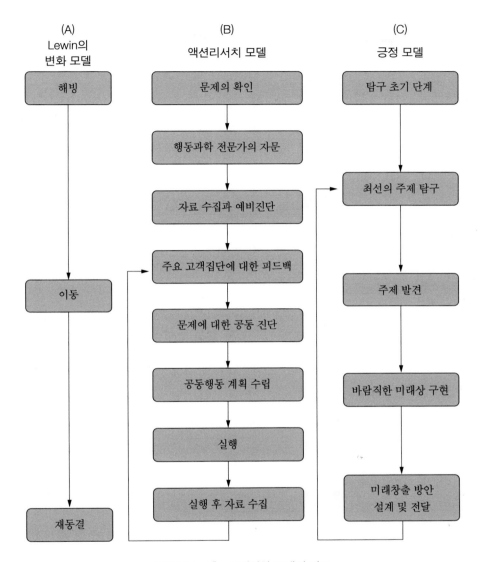

[그림 14-1] 조직변화 모델의 비교

    Lewin의 모델은 조직변화를 이해할 수 있는 일반적 준거틀을 제공해 주지만, 변화 3단계의 각 단계가 너무 광범위해서 학자들에 의해 여러 형태로 수정이 이루어져 왔다. 예를 들어, Lippitt, Watson과 Westley(1958)는 Lewin의 모델을 7단계로 나누어서 탐색, 진입, 진단(해빙), 계획, 실행(이동), 안정화 및 평가, 종료(재동결)로 정리하기도 하였다.

(2) 액션리서치 모델

액션리서치 모델(Action Research Model)은 조직에 대한 초기 연구를 통해 제공된 정보가 결과 행동에 영향을 주는 순환적인 과정으로서 조직변화를 설명하고 있다. 즉, 조직에서 이루어진 행동의 결과에 대하여 평가함으로써 다음의 활동을 이끌어 갈 정보를 파악하고 있다. 이와 같이 리서치와 행동(액션)이 반복되는 사이클은 조직 구성원과 리더 간의 상당한 협력을 가져오게 된다. 이는 행동 후 결과에 대한 주의 깊은 평가뿐만 아니라, 계획이나 실행에 앞서 자료 수집과 진단을 강조할 수 있기 때문이다.

액션리서치는 전통적으로 특정한 조직이 조직변화를 실행할 수 있도록 도울 뿐만 아니라 다른 상황에도 적용될 수 있도록 일반화된 지식을 개발하는 두 가지 목표를 갖고 시작되었지만, 조직개발에 적용되면서부터 지식 창출보다는 조직변화에 주된 강조점을 둔 방법으로 알려졌다. [그림 14-1]은 액션리서치 모델에서 정의된 조직변화의 8단계 순환 과정을 보여 주고 있다.

문제의 확인 이 단계는 조직의 경영진과 같은 핵심 요원이 조직이 가진 몇 가지 문제를 조직개발(Organization Development: OD) 실행자의 도움을 받아 해결할 수 있다고 느끼는 것에서 시작한다.

행동과학 전문가의 자문 최초 접촉 단계에서 조직개발 실행자와 고객 조직은 서로에 대해 조심스럽게 평가한다. 조직개발 실행자는 규범적이고 개발적인 이론 또는 준거틀을 가지고 있으며 그것이 가지는 가정이나 가치들을 잘 알고 있어야 한다. 이러한 내용들을 변화 대상 조직과 시작 단계에서부터 공유함으로써 개방적이고 협조적인 분위기를 형성한다.

자료 수집과 예비 진단 이 단계는 주로 조직개발 실행자에 의하여 진행되는데, 때때로 조직내부 담당자와 함께 협력하기도 한다. 조직이 가지고 있는 문제의 근본적인 원인을 파악하기 위하여 적절한 정보를 수집하고 분석한다. 면접, 과정 관찰, 설문, 조직성과 자료 활용 등 네 가지의 기본적인 자료 수집 방법이 사용된다.

주요 대상 집단에 대한 피드백 액션리서치는 공동작업의 결과이기 때문에 분석적 자료는 변화 대상에게 피드백되어야 하는데, 이는 대개 집단 또는 과업 팀에서 이루어지는 회의 형식으로 전달된다. 조직개발 실행자는 변화 대상들에게 적합하고 유용한 자료를 모두 제공하며, 이러한 피드백 과정을 통해서 각 조직 구성원은 자신들의 조직과 부서의 강점과 약점을 파악하는 데 도움을 받는다. 피드백 과정에서 제공되는 정보의 원천은 사생활 보호 및 윤리적 측면을 고려하여 보안을 유지해야 하며, 제공 여부도 제공받는 조직이나 부서의 의견을 반영하여 결정한다.

문제에 대한 공동 진단 이 단계에서는 조직 구성원들이 피드백 자료에 대하여 토론하고 조직개발 진행자와 함께 지금까지 과정에서 드러난 조직의 문제점들을 해결하기 원하는지 여부를 결정한다. 조직개발 진행자는 조직 구성원으로부터 받은 기초 자료를 요약정리하고, 그 자료의 검증과 향후 진단을 위하여 이를 조직 구성원들에게 제공하기 때문에 자료 수집, 피드백, 진단 과정들 간에 밀접한 상호 관련성이 나타난다. 여기서 유념할 것은 조직개발 진행자와 고객조직 간의 공유되는 준거틀을 만들어 내지 못한다면 조직에 대한 잘못된 진단과 의사소통의 장애가 발생하여 진단을 신뢰하지 않거나 처방을 수용하지 않을 수도 있다(Schein, 1987).

공동행동 계획 수립 이 단계에서는 조직개발 실행자와 고객 조직이 추가적으로 해야 할 행동에 대한 합의가 이루어진다. 이 단계는 Lewin의 변화 모델에 있어서 '이동' 과정의 시작에 해당하는데, 이때 조직은 또 다른 평형 상태로 이동하기에 가장 좋은 방법을 결정한다. 조직의 문화, 기술, 환경, 문제의 진단 그리고 변화를 위한 개입(intervention)의 시간과 비용에 근거하여 특정한 행동을 시행한다.

실행 이 단계에서는 특정한 조직 상태에서 다른 조직 상태로의 실질적인 변화가 일어난다. 여기에는 새로운 방법과 절차의 적용, 조직 구조나 과업 설계의 재조직, 새로운 행동의 강화 등이 포함된다. 이러한 행동들은 대개 즉각 실천에 옮기기는 어려우며, 조직의 현재 상태에서 바람직한 미래의 상태로 이동하기 위해서는 전환 기간이 필요한 경우가 대부분이다.

실행 후 자료 수집 액션리서치는 순환 과정이기 때문에 조직의 변화가 실행된 이후의 효과를 측정하고 분석하여 이를 다시 고객 조직에 피드백하도록 관련 자료 수집이 반드시 진행되어야 한다.

최근에 액션리더치 모델은 조직변화를 위한 거의 모든 접근법에서 활용되고 있으며, 조직개발과 동의어로 여겨지고 있다. 최근 액션리서치 모델은 더 정교화되고 새로운 분야에까지 확장되고 있다. 따라서 연구자나 조직개발 진행자들은 액션리서치의 기본 틀을 현실에 맞게 적절하게 적용할 필요가 있다.

(3) 긍정 모델

긍정 모델은 Lewin의 모델과 액션리서치 모델이 조직의 문제점에 초점을 두고 이를 해결하기 위한 효과적 조직 운영 방식 개선에 관심을 둔 것과 달리 조직의 현재 강점과 올바르게 운영되는 내용에 초점을 두고 있다. 긍정 모델은 구성원들이 그들의 조직이 어떨 때 가장 잘 운영되고 있는지에 대하여 이해하고, 이러한 역량들을 이용하여 더 나은 성과를 달성할 수 있도록 도와준다. 조직에 대한 긍정적인 기대는 이러한 믿음이 발생할 수 있도록 행동에 힘을 불어 넣고 방향을 제시하는 기대감을 창출하는 것이다.

긍정 모델은 주로 '강점 탐구(Appreciative Inquiry: AI)'라는 과정을 통하여 조직변화에 적용되었는데, 사회구성주의의 '개혁적·저항적' 형태로서 강점 탐구는 조직의 분석과 변화를 긍정적인 가치 지향으로 이끌었다. 사회구성주의는 주된 가정은 조직 구성원들의 공유된 경험과 상호작용이 그들이 조직을 어떻게 인식하고 그 안에서 행동하는지에 대하여 영향을 미친다고 가정한다. 이러한 공유된 의미가 조직원들의 조직변화에 대한 접근에 영향을 미치기 때문에 강점 탐구는 변화를 어떻게 계획하고 관리해야 하는가에 대한 긍정적 지향성을 강조하고 있다. 강점 탐구는 조직의 긍정적 잠재력에 대한 공유 비전을 창출함에 있어서 구성원들의 광범위한 참여를 촉구하고 있다. 이와 같이 공유된 이해를 통하여 조직이 어떠해야 하는가에 대한 강력하고 지도적인 이미지를 가질 수 있다. 강점 탐구의 영향 속에서 조직변화의 긍정 모델은 [그림 14-1]에 제시된 것처럼 5단계로 진행된다.

탐구 초기 단계 이 단계는 변화의 대상을 결정하고 조직 구성원들이 참여해서 자신들의 에너지를 쏟아 부어야 할 문제들을 파악한다. 만약 탐구 초점이 현실적이고 조직 구성원들에게 중요한 것이라면 변화 과정 그 자체가 긍정적인 속성을 가질 수 있다.

최선의 주제 탐구 이 단계에서는 '조직 내 가장 최선인 주제'에 대하여 정보를 수집한다. '조직혁신'이라는 주제를 선정했다면, 구성원과 협력하여 조직 내에서 개발되고 적용된 새로운 아이디어들을 수집하는 면담 내용을 개발한다. 그 면담 과정은 조직 구성원들이 진행하는데, 서로 대화하면서 자신들이 참여했던 혁신 일화를 공유한다. 이러한 일화를 모아서 혁신 시스템으로서의 조직을 설명하는 정보 집합이 만들어진다.

주제 발견 구성원들은 일화를 검토하고 구성원들의 공통적 경험과 대표적 주제를 파악한다. 예를 들어, 혁신의 일화는 경영자가 구성원들에게 새로운 아이디어를 보장하는 자유를 어떻게 주었는지, 조직 구성원들이 자기 동료들에게 받은 지원 또는 고객에 대한 노출이 어떻게 창의적 사고를 특별하게 하였는지 등에 대한 주제를 담고 있다. 이러한 주제들은 '무엇이냐'에서 '무엇이 될 수 있느냐'로 변화되는 기초를 제공한다.

바람직한 미래상 구현 구성원들은 파악된 주제들을 검토한 후 함께 현 상태보다 도전적이고 희망적인 조직의 미래를 구상하고 '가능성 제안(possibility propositions)'을 정리한다. 가능성 제안이란 현재 조직의 최선의 관행과 미래 조직의 이상적인 가능성을 연결하는 것이다. 구성원들은 흥미롭고 도전적이며 가능성이 있는 미래상이 담긴 제안들을 기초하여 구체화된 미래상이 실현되도록 관련 이해관계자와 핵심적인 조직 과정이 무엇인지를 파악하고, 구체적으로 이루어야 할 비전에 대하여 서술하게 된다.

미래 창출 방안 설계 및 전달 이 단계에서는 미래를 창출하는 방식의 설계와 전달을 포함하는데, 비전을 달성하기 위해 필요한 활동이나 계획들을 수립한다. 그리하여 행동과 평가 단계로 넘어가는데, 이는 앞서 살펴본 액션리서치 과정과 유사하다. 구성원들은 변화를 만들고 그 결과를 평가하고 필요한 조정을 하며 조직이 비전을 향해 나아가도록 만든다.

2) 조직변화의 일반 모델

앞에서 서술한 조직변화에 대한 세 가지 모델인 Lewin의 변화 모델과 액션리서치 모델, 긍정 모델을 통해 [그림 14-2]와 같은 조직변화에 대한 일반적인 준거틀을 제시할 수 있다. 이 일반 모델은 조직개발 실행자와 조직 구성원들이 조직개발을 진행하는 동안 함께 수행하는 네 가지 기본적 활동을 보여 준다. 이 모델에서 각자 다른 활동 사이를 연결하는 화살들은 사건의 전형적인 흐름을 보여 주는 것으로서, ① 진입과 계약, ② 진단, ③ 변화 계획과 실행, ④ 변화의 평가와 제도화 등으로 단계화할 수 있다. 각 활동을 연결하는 선은 조직개발이 일방적이고 단순한 과정이 아니라 각 활동 간에 다양한 중복과 피드백이 있음을 강조한다.

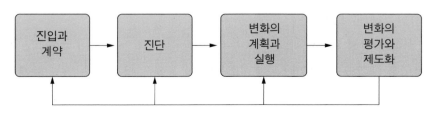

[그림 14-2] 조직변화의 일반 모델

(1) 진입과 계약

조직변화의 첫 번째 활동은 진입(entering)과 계약(contracting)이다. 이 활동을 통해서 조직개발 실행자는 조직변화 프로그램을 진행할 것인가와 조직의 변화 과정에 조직이 보유한 자원을 투입할 것인가를 결정한다. 조직에 진입하는 것은 조직이 현재 처한 문제를 이해하거나 설문조사의 범위를 정하기 위한 초기 자료를 수집하는 것을 포함한다. 이 정보를 수집한 이후에 조직변화를 위한 계약이나 협약을 맺기 위해 발견된 문제점이나 기회에 대하여 경영진과 구성원의 토의가 이루어진다. 이때, 계약 내용에는 미래의 변화 활동과 이 과정에 필요한 자원, 조직개발 진행자와 구성원의 참여 방식 등이 구체화된다. 대부분의 경우에 조직변화의 시도는 이 첫 단계에서 중단되는 경우가 발생하는데, 이는 변화 필요성에 대한 불일치, 자원의 제약, 더 효과적인 변화방법에 대한 이견 등에 의해 더 이상 나아가지 못하는 것이다. 조직이 기존에 유지되었던 전통과 다르거나 글로벌 차원에서 다른 국가와 연관되어 조직개발이 수행되는 경우에는 이러한 진입과 계약 과정은 더욱 민감하게 진행될 것이다.

(2) 진단

진단 단계에서는 대상 조직의 시스템에 대한 주의 깊은 연구가 이루어진다. 원인과 결과를 포함하여 조직의 문제를 이해하는 데 진단의 초점을 맞추거나 조직의 바람직한 속성에 대한 일화를 모을 수도 있다. 이러한 진단 과정은 조직개발에서 가장 중요한 활동 중의하나이다. 여기에서 조직에 대해 이해하고, 조직의 문제점이나 기회를 수집·분석하고, 경영진과 구성원들에게 피드백하는 데 적합한 모델을 선택한다.

문제분석을 위한 진단 모델은 조직이 활동하는 세 가지 수준에서 살펴볼 수 있다. 먼저 조직 수준은 가장 복잡한 분석 수준이며 조직 전체 시스템이 포함된다. 다음으로 집단 수준은 각 부서와 집단의 효과성에 관한 것이며, 마지막으로 개인 수준은 개인의 직무가 설계되고 수행되는 방식에 관한 것이다.

(3) 변화의 계획과 실행

변화의 계획과 실행 단계에서는 조직 구성원과 조직개발 실행자가 공동으로 조직개발의 개입 방법을 계획하고 실행한다. 조직의 비전과 목적을 성취할 수 있도록 개입을 설계하고 이를 실행에 옮길 수 있는 행동 계획을 수립하는데, 개입을 설계하는 데는 변화에 대한 조직의 준비성, 현재의 변화 역량, 조직 문화와 권력 배분, 변화를 담당하는 리더의 기술과 능력 등과 같은 몇 가지 기준이 적용되며, 진단 결과에 따라 다음의 네 가지 유형의 조직개발 접근 중에서 가장 적절한 주제나 유형이 결정된다.

- 개인, 집단, 전체 시스템 수준에 대한 인간 과정(human process) 개입
- 조직의 구조와 기술을 수정하는 개입
- 구성원의 성과와 복지를 증진시키려고 노력하는 인적자원(human resource) 개입
- 외부 환경에 대한 조직의 관계성과 사업 전략을 지원하기 위해 필요한 내부 구조와 과정을 관리하는 전략적 개입

(4) 변화의 평가와 제도화

조직변화의 마지막 단계는 개입의 효과를 평가하고, 성공적 변화 프로그램이 지속되도록 제도화하고 관리하는 것이다. 조직 구성원들에게 개입 결과에 대하여 피드백하는 것은 변화의 지속, 수정 또는 중지 여부에 대한 정보를 제공한다. 아울러 성공적 변화의 제도화는 피드백, 보상, 훈련 등을 통하여 강화된다.

3) 조직변화의 다양한 유형

실제 과업 현장에서 이루어지는 조직변화는 일반 모델에서 보여 주는 전형적인 조직개발의 모습처럼 질서정연하게 전개되지는 않는다. 따라서 조직개발 실행자는 상황에 맞게 각 단계를 조정 및 수정하여야 하며, 조직변화의 단계는 조직의 욕구와 목표, 조직개발 실행자의 기술 및 가치, 조직의 환경 등에 따라 다양한 방법으로 실행될 수 있다. 조직변화는 상황, 즉 변화 강도, 구조화 강도, 국내 또는 국제 환경인가에 따라 다른 양상을 나타낸다.

(1) 변화강도

조직변화는 미세한 조정만이 있는 점진적 변화로부터 급진적인 조직 운영 방식의 변화가 있는 근본적 변화에 이르는 변화의 연속선상에서 어느 한 지점에 위치한다. 점진적 변화는 과업 조직의 의사결정 과정과 같이 제한된 최소한의 영역이나 수준에서 나타난다. 이는 조직의 현재 사업 전략, 구조, 문화의 범위 안에서 일어나며 현 상태의 개선이 목표다. 이와 달리 급진적 변화는 조직 운영 방식을 의미 있게 바꾸는 것이 목표인데, 구조, 문화, 보상체계, 정보처리 과정, 작업 설계 등 조직의 다양한 차원과 최고경영층으로부터 부

서 및 과업 조직, 개별 직무까지 여러 계층의 변화를 동시에 포함한다.

과거의 조직변화는 주로 점진적 변화와 관련된 상황에서 이루어졌는데, 규모와 복잡성이 커지면서 나타나는 문제를 해결하기 위해 관료적 구조를 미세하게 조정하는 데 관심을 두었다. 따라서 조직변화는 제한적이고 특정한 문제해결 활동을 중심으로 진행되었으며, 진단과 변화 활동도 특정 이슈로 제한되었다. 또한 변화 과정도 특정 문제를 가지고 있는 조직 단위에 초점을 두고, 문제가 해결되면 그 과정도 종료되었다.

최근 조직개발에서는 치열한 경쟁과 불확실성이 높아지는 환경으로 인해 근본적 변화에 보다 많은 관심을 갖고, 조직의 운영 방식을 급격히 변화시키고 있다. 따라서 조직변화는 점진적 변화보다 더 복잡하고, 범위가 넓어지며, 보다 오랜 기간에 걸쳐 진행되는 특성을 지닌다. 근본적 변화는 조직의 대부분 영역과 계층을 포괄하기 때문에 대개 기업 전략과 가치를 결정하는 최고경영층에 의해 주도되며, 조직개발 실행자는 이들이 바람직한 미래 조직변화를 관리하도록 돕는 추진위원회나 재설계팀 같은 구조를 개발한다.

근본적 변화가 전략적 방향이나 운영 방식의 급진적 변화와 수정, 한계사업을 없애고 관리 계층 축소를 통한 다운사이징, 관리나 재무적 측면에서의 통제 강화 등을 행하기도 한다. 또한 개발론적 관점에서 근본적 변화를 전개할 수도 있는데, 인적자원 개발, 문제해결 및 혁신 과정에 구성원 참여 확대, 유연성과 개방적 의사소통 강조 등을 통해 조직경쟁력을 향상시킨다는 것이다. 조직개발을 통한 근본적 변화는 오늘날과 같이 급변하는 환경에서 특히 유용하다.

(2) 구조화 정도

조직개발은 조직의 구조화된 정도에 따라 다양하게 나타난다. 구조화 정도가 과도한 기계적·관료적 조직에서는 리더십 스타일, 직무 설계, 조직 구조, 정책과 절차 등이 매우 경직되고 엄격하게 정의되어 있어, 경영자와 근로자 간의 의사소통이 제한되고 갈등은 회피되며, 이에 구성원들은 무관심한 반응을 나타낸다. 반면, 구조화가 덜된 조직에서는 통제하는 제약이나 규제가 거의 없고, 리더십, 구조, 직무 설계, 정책 등이 제대로 정의되어 있지 않다. 또한 조직의 방향성이 명확하지 않기 때문에 의사소통은 통합되지 않고, 책임은 모호하며, 구성원의 에너지도 분산된다. 덜 구조화된 조직은 대개 제품 개발, 프로젝트 관리, 지역공동체 개발 등과 같이 복잡하고 불확실한 과업을 둘러싸고 다양한 집단과 참여자가 서로 협력해야 하는 상황에서 나타나기 쉽다.

조직개발은 대부분 구조화가 과도한 상황에서 실행되는데, 이때의 조직변화는 구성원의 행동 제한을 완화시키는 것을 목표로 한다. 리더십, 직무 설계, 구조 등의 변화를 통해 구성원이 눌려진 에너지를 발산시키고, 경영자와 구성원 간의 적절한 정보의 흐름을 증가시키며, 효과적인 갈등 해결을 증진시키고자 한다. 조직변화 과정을 통해 폐쇄적 조직은 자기진단과 재활성화를 통해 개방적이도록 만드는 데 초점을 둔다. 조직개발 실행자와 경영진은 조직 관리와 연관하여 변화 과정에 대한 리더십을 공유하며, 구성원으로 하여금 조직과 관련하여 개방적 의사소통, 갈등 해결, 지속적인 융통성 유지 등을 독려한다.

　조직개발을 구조화가 덜된 조직에 적용할 때의 조직변화는 리더십 역할의 명확화, 경영자와 구성원 간 의사소통 구조화, 직무나 부서의 책임 구체화 등에 목적을 둔다. 이러한 활동들은 기존의 조직변화 단계를 수정하여 다음과 같은 네 가지 단계를 포함한다.

- 1단계: 명확화 - 이 단계는 변화 프로그램에 참여할 필요가 있는 관련자나 집단을 명확히 하는 단계이다. 대개 구조화가 덜된 상황에서는 구성원 역할이나 부서체계가 명확하지 않아 문제해결 과정에 누가 포함되어야 할지 모호한 경우가 많다.
- 2단계: 회합 - 이 단계는 조직 내 관련 인물이나 부서가 과업 성과를 위해 함께 모이는 단계이다.
- 3단계: 조직화 - 이 단계는 다양하게 조직화된 체계가 구성원 혹은 부서 간 새롭게 요구되는 상호작용을 구조화하기 위해 만들어진다. 여기에는 새로운 리더십 지위의 창출, 의사소통 채널 구축, 적절한 계획과 정책의 구체화 등이 포함된다.
- 4단계: 평가 - 마지막 단계는 조직화 과정의 성과를 평가한다. 평가는 조직화 과정에 대한 확인이나 회합, 조직화 과정에 대한 조정이나 추가 조직개발 활동 등을 포함한다.

　이처럼 덜 구조화 상황의 조직변화 단계에서는 조직개발 실행자와 조직 구성원 간의 관계도 구조화 과정을 강화하는 방향으로 전개되어야 한다. 조직개발 실행자는 리더십의 역할도 잘 규정화되도록 발전시켜야 되는데, 이러한 리더십은 변화 프로그램의 초기 단계에서는 지시와 감독 위주일 수도 있다. 마찬가지로 조직개발 실행자와 조직 구성원의 관계도 명확하게 구체화되어 서로의 상호작용을 통하여 모호한 상황을 바로 잡아가야 한다.

(3) 국내와 국제 환경

　조직변화는 전통적으로 북미와 유럽 지역 등의 서구사회에서 적용되어 왔는데, 따라서 조직개발은 문화적으로 평등, 참여, 단기 성과 중시 등의 가치와 가정을 반영하고 있다.

특히 미국에서 진행되는 조직개발의 밑바탕에는 모호함에 대한 인내, 평등, 개인주의, 성취 동기 등의 문화적 가치가 포함되어 있고, 개인 간 개방성, 높은 수준의 참여, 성과 지향적 행동을 강조하는 조직개발이 중시된다. 조직개발 실행자 역시 이러한 가치를 지니고 있으며, 조직변화 과정에서 이러한 가치를 반영한다.

반면에 이런 서구사회와 달리 대부분의 아시아 국가는 위계적이고 개인 이슈에 대해 논의하기를 꺼려하며, 체면과 장기 성과를 중시한다. 이러한 문화적 차이는 조직개발의 실행을 어렵게 만드는데, 특히 사회적으로 깊게 스며 있는 문화적 규범과 가치를 모를 경우에는 더욱 그렇다.

조직개발이 북미나 유럽 이외의 지역에 적용될 때, 액션리서치 과정은 문화적 맥락에 따라 조정되어야 한다. 예컨대 조직의 현재 상태를 이해하는 진단 단계에서도 구체적 방식은 문화적 맥락에 따라 다양하게 변형될 수 있다. 진단에 많은 구성원을 참여시킬 수도 있고, 단 한 사람의 최고경영자만 참여할 수도 있다. 또 최고경영층이 진단 과정을 주도하거나, 조직 외부나 내부의 조직개발 실행자가 지휘할 수도 있다. 대면면담 방식이나 문헌 자료분석을 통해 진행할 수도 있다. 조직변화의 일반적 모델의 각 단계는 문화적 맥락에 따라 조심스럽게 진행되어야 한다.

국제적 환경에서 조직개발을 실행하는 것은 조직개발 실행자에게 큰 스트레스를 유발할 수 있다. 성공적 조직개발을 진행하기 위해서는 자신의 문화적 편견을 알고, 다른 관점에서도 이슈를 볼 수 있도록 개방적이어야 하며, 타국의 가치나 가정 그리고 경제적·정치적 환경을 잘 이해하고 있어야 한다.

4) 조직변화에 대한 비판

조직변화에 대한 모델과 관행이 지속적으로 정교화되어 왔으나, 여전히 발달과정에 있으며 개선의 여지가 많다. 조직개발에 대한 비판으로 조직변화의 개념화와 실행 방식 두 측면에서 몇 가지 문제점이 지적되고 있다.

(1) 조직변화의 개념화

첫째, 조직변화는 조직개발을 효과적으로 수행하기 위한 여러 활동을 의미하는데, 현재 모델에서는 일반적 단계는 설정되어 있으나, 특별한 상황에 맞추어 각 단계를 수행하기 위해서는 더 많은 정보가 필요하다. Porras와 Robertson(1992)은 조직변화 활동에 필요한 정보로서 조직변화의 특성, 변화를 통해 기대하는 결과, 결과 달성 메커니즘, 성공적 변화를 위한 조건 등이 요구된다고 하였다. 특히 조직변화의 핵심은 각 구성원의 행동 변화인데, 이러한 개인적인 변화를 이끌어 내는 원인체계에 대한 유용한 정보를 얻기가 쉽지 않다는 것이다.

둘째, 조직변화의 각 단계가 상황에 따라 어떻게 달라져야 하는지에 대한 충분한 지식이 부족한 실정이다. 대부분의 모델에는 변화 시 적용할 수 있는 일반 단계에 대해서는 명시하고 있다. 그러나 변화 활동은 변화 강도, 구조화 정도, 국제적 환경 여부 등에 따라 달라진다. 따라서 이러한 과정을 통해 특정 상황 조건에 적합한 다양한 조직변화 모델을 형성할 수 있을 것이다. 이러한 상황에 적합한 사고는 조직변화에서 매우 필요한 요소라 하겠다.

셋째, 조직변화가 합리적으로 통제되고, 질서정연한 과정인 것처럼 설명되지만, 이러한 관점이 조직변화를 심각하게 오도할 수 있다고 비판한다. 조직변화란 목표 수정, 비연속적 활동, 갑작스런 사건, 예상치 못한 변화의 조합 등이 포함되는 혼란스러운 특성을 가지고 있다. 예컨대 경영자는 전략과 목표를 명확하게 설정하지 않은 채 변화를 시작하기도 한다. 변화가 진행됨에 따라 새로운 이해관계자가 나타나 사전에 알지 못했던 사항을 반영하여 수정을 요구하기도 한다. 이와 같은 상황에서는 조직변화가 우리가 알고 있는 것보다도 더 무질서하고 역동적인 과정이 된다.

넷째, 조직변화 모델은 대부분 초기-전개-결과의 과정으로 설명되는데, 여기서 평가와 제도화를 진행하는 조직변화 모델은 조직이 미래의 새로운 균형 상태로 '재동결'할 것이라는 믿음을 갖게 한다고 비판한다. 가속화되는 세계화와 기술 변화의 현실에서 조직변화가 어느 시점에서 끝날 가능성은 거의 없다. 조직 구성원 모두는 다양한 조직 분야에서 변화를 계속적으로 추구할 수 있도록 준비하여야 한다.

다섯째, 조직변화와 조직성과 및 효과성의 관계가 명확히 검증되지 않았다. 조직개발에서 개입이 가시적인 성과를 가져왔는지 평가하는 것은 어려운 문제이다. 변화의 복잡한 상황, 정교한 분석 결여, 장시간 소요되는 결과 도출 등은 조직개발의 노력에 대한 평가를 저조하게 만든다. 게다가 경영자들은 사건 경험담, 미래 편익 보고서, 당연한 조치 등으로 조직개발의 노력을 옹호하는 경향이 있다. 엄격한 평가와 측정 없이는 조직변화 프로그램에 대한 자원 할당 의사결정이나 특정 상황에 맞는 효과적 개입 선택이 매우 어렵다.

(2) 조직변화의 실행 방식

조직변화를 실행하는 방식에도 몇 가지 문제가 있는데, 조직변화를 수행하는 방식이나 조직개발 실행자의 자질 및 활동에 대해 문제를 제기하고 있다.

첫째, 팀 빌딩, 전사적 품질 관리(TQM), 강점 탐구(AI), 대규모 집단 개입, 성과 분배 등 다양한 개입 전략 중 특정 기법에만 전문화되어 제한적 능력만 보유한 조직개발 실행자가 점점 더 많아지고 있다. 기법별로 전문화되는 것이 필요하기는 하지만, 원래 조직개발이 다양한 방법을 포괄한다는 측면을 고려할 때 매우 근시안적 관점만을 갖게 할 수도 있다. 따라서 조직개발 실행자는 조직 문제해결에 더 적합할 수 있는 다른 전략을 무시하고 특정 기법을 선호할 수도 있다. 일부 조직개발 실행자의 경우, 조직 문제와 상관없이 자신이 선호하는 방법으로 접근하려는 경향도 종종 볼 수 있다.

둘째, 효과적인 변화가 추진되려면 조직 기능에 대한 주의 깊은 진단이 필요하다. 진단은 저조한 품질이나 구성원 불만족 등 조직 문제의 근본 원인을 규명하고, 개선에 필요한 긍정적 기회를 결정하게 된다. 이 과정에는 시간과 돈이 소요되는데, 어떤 조직의 경우에는 이러한 필수적 투자를 꺼려하기도 한다. 조직 문제에 대한 조심스런 진단 없이 선입견에 의존하여 조직개발을 진행하기도 한다.

셋째, 복잡한 조직변화를 요구하는 상황에서 이루어지는 조직변화는 상당한 혁신과 현장 학습을 포함하는 장기간의 과정이다. 많은 시간을 투자하고 몰입해야 하며, 조직 여건에 따라 변화를 수정하고 정교화하려는 의지도 필요하다. 그럼에도 일부 조직에서는 조직개발 실행자에게 좀 더 신속한 해답이나 묘책을 제공해 줄 것을 요구하며, 일부 조직개발 실행자는 필요 이상의 패키지 프로그램을 제공하기도 한다. 이러한 프로그램은 대개 조직이 따라야 할 명시적 처방, 표준 훈련 자료, 시간 및 비용 한도 등을 구비하고 있어 경영자의 마음을 끌 수 있다. 그러나 즉각적인 묘책은 조직의 다양한 지원과 몰입을 이끌어 내기 어렵고, 긍정적 결과도 달성하지 못하는 문제점이 발생되곤 한다.

넷째, 어떤 조직은 변화가 본질적으로 시스템적 특성을 갖는다는 것을 잘 알지 못하는 경우도 많다. 이런 조직은 종종 한 부분 혹은 하위 부분 개입만으로도 조직 문제를 해결할 수 있다고 보고, 이러한 개입을 지원하기 위해 필요한 다른 변화에 대해서는 전혀 준비하지 않는 경우도 있다. 조직의 어떤 부분을 바꾸면 적절한 일관성을 유지하기 위해 다른 부분에서의 조정이 요구된다. 그러므로 빠른 묘책이나 조직의 어떤 한 부분에 초점을 두는 변화 프로그램은 어느 한 부분의 변화를 가져올 수는 있으나 조직 전체의 복잡한 변화를 이끌거나 조직 구성원의 변화 역량을 증대시키지는 못한다.

2. 조직변화의 실행

조직개발 연구에서는 변화를 관리하는 데 많은 관심을 가진다. 이 중 대다수의 연구는 리더가 어떻게 조직변화를 계획하고 실행해야 하는지에 대한 처방적인 조언을 하고 있다. 변화 관리는 전형적으로 변화에 대해 저항하는 원인을 밝히고, 이를 극복하는 방법을 제공하는 데 초점을 맞추었다. 그러나 최근 경향은 비전이나 원하는 미래상을 제시하고, 이를 달성하기 위한 정치적 지지를 확보하고, 조직이 변화해 나가는 과정을 관리하는 데 관심을 두고 있다.

변화 관리를 위한 실질적인 조언은 [그림 14-3]에서와 같이 다섯 가지의 주요 활동으로 정리할 수 있다. 이 활동들은 효과적인 변화 관리를 위한 것으로 조직에서 일반적으로 수행되는 순서에 따라 나열되어 있다. 여기에 소개된 각 활동들은 변화를 관리하는 리더십의 핵심요소이다. 첫 번째 활동은 변화에 대한 동기를 부여하는 것으로 조직 구성원들이 변화에 대해 준비하고 조직개발 실행자는 이들의 저항에 대처할 수 있도록 한다. 두 번째 활동은 비전을 제시하는 것으로, 리더십 활동과 밀접하게 연결되어 있는 부분이다. 세 번째 활동은 변화에 대한 정치적인 기반을 구축하는 것이다. 네 번째 활동은 현재의 상태로부터 바람직한 미래 상태로의 이행을 관리하는 것이다. 다섯 번째 활동은 변화의 동력을 유지하는 것이다. 변화 관리에 있어서는 각각의 활동이 모두 중요하다. 따라서 리더는 조직의 변화를 계획하고 실행할 때 각각의 활동에 관심을 가져야 한다. 이제부터는 조직변화의 계획 및 실행에 있어서 각 활동이 미치는 영향에 대해 자세히 살펴보고자 한다.

1) 변화에 대한 동기부여

조직변화는 현재 알고 있는 것으로부터 미지의 불확실한 것으로의 이동을 의미한다. 조직 구성원들은 미래가 불확실하고 자신들의 역량, 가치, 대처 능력에 부정적인 영향을 줄 수 있다고 생각하기 때문에 일반적으로 변화를 지지하지 않는다. 조직도 현상유지를 위해 많은 투자를 하고 있기 때문에 미래의 수익에 대한 확신이 없는 한 변화에 대해 저항하기 마련이다. 결과적으로 활동 계획의 핵심 이슈는 어떻게 변화에 몰입하도록 동기부여할 것인가이다. [그림 14-3]에서 보듯이 변화에 대한 동기를 부여하기 위해서는 상호 연관된 두 가지의 과업, 즉 변화에 대해 준비하고, 변화에 대한 저항을 극복하는 것에 주의를 기울일 필요가 있다.

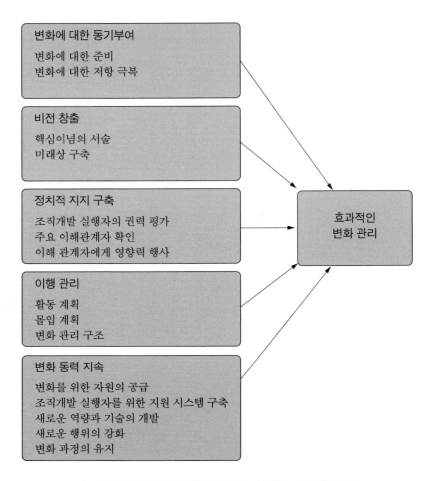

[그림 14-3] 효과적 변화 관리에 기여하는 주요 활동들

(1) 변화에 대한 준비

변화에 대한 구성원들의 준비도(readiness)는 변화에 대한 감정적 필요 인식이 생기느냐에 달려 있다. 이를 위해서는 구성원들이 현 상태에 대해 불만족하도록 자극하고, 새로운 과업 과정, 기술, 행위 방식 등을 시도해 보도록 동기를 부여해야 한다. 그러나 이러한 불만족 상태를 만드는 것은 매우 어렵기 때문에 구성원들과 조직이 의미 있는 변화를 진지하게 실행하기 위해서는 변화하지 않으면 안 되는 깊은 수준의 어려움을 경험할 필요가 있다. 다음은 변화의 필요성을 느끼기에 충분하도록 불만족을 만들어 내는 데 도움이 되는 세 가지 방법이다.

① 조직을 변화 압력에 민감하게 만들라

조직에 영향을 미치는 변화에 대한 압력은 외부적으로는 국제적인 경쟁, 급변하는 기술, 글로벌 시장의 등장 등이 있고, 내부적으로는 새로운 리더십, 낮은 품질, 높은 생산비용, 종업원의 과도한 결근, 이직 등이 끊임없이 작용한다. 그러나 조직은 이런 압력들이 변화의 계기로 작용하기 전에, 변화를 요구하는 현상 자체에 민감해야 한다. 변화에 대한 압력에 민감한 조직을 만들기 위한 방법으로는 리더 주변에 악역하는 사람을 두기, 서로 다른 관점을 가진 사람들로 이루어진 외부 네트워크를 형성하기, 새로운 아이디어를 얻고자 다른 조직을 방문하기, 과거의 성과 기준을 사용하기보다는 경쟁자의 발전이나 벤치마크와 같은 외부의 성과 기준을 사용하기 등을 활용할 수 있다.

② 현 상태와 바람직한 상태 간의 차이를 드러내라

변화에 대한 감정적 필요 인식을 만들어 내려면 조직의 최근 기능에 대한 정보를 수집하여 바람직한 상태와 비교한 결과를 보여 주도록 한다. 여기서 바람직한 상태란 조직의 바람직한 미래상, 목표, 기준 등이 포함되는 것을 의미한다. 조직 현실과 이상적 모습 간의 차이가 크다면, 조직 구성원들은 이를 바로잡기 위해 변화를 시도하도록 동기가 부여될 것이다. 이처럼 진단의 주요 목표는 구성원에게 현재의 조직 운영에 대한 피드백을 제공하여 바람직한 미래 상태나 목표와 비교할 수 있도록 하는 것이다. 이러한 피드백은 조직을 개선시키고자 하는 행위에 활력을 줄 수 있다.

③ 변화에 대한 믿을 만한 긍정적 기대를 전달하라

구성원은 언제나 조직변화의 결과에 대한 기대를 가지는데, 이러한 기대는 변화에 대해 동기부여하는 데 있어 중요한 역할을 한다. 즉, 기대가 자기충족적 예언(self-fulfilling prophecy)으로 작용하게 되어 성공할 것이라 기대되는 변화 프로그램에 구성원들로 하여금 에너지를 쏟게 한다. 성공을 기대하는 구성원은 변화 과정에 더 많은 몰입을 하고, 변화를 실행하는 데 필요한 건설적 행위에 더 많은 에너지를 투입한다. 이러한 긍정적 효과를 얻는 데 있어 중요한 것은 조직변화에 대한 현실적이고 긍정적인 기대를 전달하는 것이다.

(2) 변화에 대한 저항 극복

조직 수준에서 변화에 대한 저항은 세 가지 원천으로부터 발생한다. 첫째는 기술적 저항으로, 이는 일상적인 절차를 따르는 습관과 현 상태에 투자된 매몰 비용에 대한 우려 때문에 발생한다. 둘째는 정치적 저항으로, 이는 조직의 변화가 최고경영진이나 스탭과 같은 영향력을 가진 이해관계자를 위협하는 경우, 또는 리더가 과거에 결정한 사항에 대해 의문을 제기할 때 발생할 수 있다. 셋째는 문화적 저항으로, 이는 현상유지를 강화하려는 시스템과 절차로 구성원들이 현재의 가치, 규범, 가정에 대해 강하게 동의하고 있을 때 발생한다. 이러한 변화에 대한 저항을 해결하는 세 가지 전략은 다음과 같다.

① 공감과 지지

저항을 극복하기 위해서는 구성원들이 어떻게 변화를 경험하고 있는지를 파악해야 한다. 이를 통해 변화를 수용하는 데 어려움을 겪는 구성원이 누구이고, 변화에 대한 저항의 본질은 무엇이며, 이를 극복하기 위해 할 수 있는 방법이 무엇인지 등을 파악할 수 있다. 그러나 이 과정에서 굉장한 공감과 지지가 필요하다. 자신의 판단을 미루고 타인의 관점에서 상황을 바라보는 적극적 경청(active listening)이 요구된다. 구성원들은 조직개발 실행자가 진실로 자신들의 감정과 인식에 관심을 가지고 있다고 느낄 때, 변화에 대한 방어적인 태도를 줄이고 자신의 두려움과 걱정을 기꺼이 공유하고자 한다. 이러한 개방된 관계는 저항에 대한 유익한 정보를 제공할 뿐 아니라 변화에 대한 장애물을 극복하는 데 필요한 공동 문제해결의 기초를 정립할 수 있다.

② 의사소통

구성원들은 변화의 결과에 대한 확신이 없을 때 변화에 저항하게 되는데, 적절한 정보의 부족은 소문과 불안을 만들어 낸다. 변화와 결과에 대해 효과적으로 의사소통이 이루어지면 이러한 추측을 감소시키고 근거 없는 두려움을 경감시킬 수 있다. 의사소통은 구성원이 변화에 대해 현실적으로 대처하도록 돕는다. 그러나 의사소통은 변화를 관리하는 데 있어 가장 혼란스러운 부분 중 하나이기도 하다. 구성원은 지속적으로 현재의 조직 운영과 미래 계획에 관련된 정보와 사람, 변화, 정책에 관한 비공식적 소문을 접한다. 경영자와 조직개발 실행자는 이러한 정보 흐름을 어떻게 관리할 것인지에 대해 진지하게 생각해야 한다. 하나의 전략으로는 새로운 또 다른 의사소통 채널을 이용함으로써 변화에 대한 정보가 두드러져 보이도록 의사소통하는 방법이다.

③ 참여와 관여

변화에 대한 저항을 극복하는 데 가장 전형적이면서도 가장 효과적인 전략 중 하나는 구성원이 직접 변화를 계획하고 실행하도록 하는 것이다. 참여는 높은 수준의 변화를 가능하게 하고 또한 변화 실행에 대한 저항을 극복하게 한다. 구성원은 변화를 효과적으로 수행하는 데 필요한 다양한 정보와 아이디어를 제공할 수 있다. 이들은 또한 실행에 장애요인도 제시할 수 있다. 구성원들이 변화 계획에 관여하면서 조직 구성원의 관심과 욕구를 개입 과정에 고려할 수 있는 가능성도 높아진다. 이에 따라 참여자는 변화 실행에 몰입할 수 있다. 그렇게 하는 것이 자신의 욕구나 관심을 만족시킬 수 있기 때문이다. 관여 욕구가 강한 조직원의 경우에는 참여 자체로 변화에 대한 동기를 부여할 수 있다.

2) 비전 창출

변화 관리의 두 번째 활동은 구성원이 조직에게서 원하는 것을 비전으로 만드는 것이다. 일반적으로 비전이란 변화가 지향하는 미래상과 조직의 핵심가치 및 목적에 대해 기술한 것을 말한다. 비전은 변화를 설계하고, 실행하며, 평가하는 데 있어 가치 있는 방향을 제공한다. 또한 구성원에게 공동의 목표와 변화의 합리성을 제공함으로써 변화에 몰입하도록 만들어 준다.

대부분의 리더십 연구에서는 비전 제시를 리더십의 핵심요소로 보고 있다. 조직 전체 또는 하부 조직의 리더는 효과성에 대한 책임을 가지고 있기 때문에 바람직한 미래를 제시하고 이에 몰입하도록 하는 역할을 적극적으로 수행해야 한다. 리더는 구성원의 폭넓은 참여와 지지를 확보하기 위해 이들을 비전 개발 작업에 참여하도록 격려한다. 바람직한 미래를 제시하는 것은 작은 부서나 작업집단의 변화 담당자에게도 중요한 부분이다. 조직의 하위 수준에서도 비전 개발 과정에 구성원들을 직접적으로 관여시킬 수 있다.

(1) 핵심이념의 서술

변화를 위한 비전의 근본적인 기초는 조직의 핵심이념(core ideology)이다. 이러한 핵심이념은 조직의 핵심가치와 목적을 설명하며, 비교적 안정적이다. 핵심가치(core value)는 조직을 상징하는 가장 대표적인 서너 개 정도의 기본 원칙과 신념을 포함한다. 비전이란 궁극적으로는 바람직한 미래에 대한 생각이지만 조직의 역사적 측면도 반영해야 한다. 핵심가치는 무조건 받아들여야 하는 가치가 아니라, 실제로 구성원에게 조직 내에서 무엇이 중요한지를 알려 줄 수 있는 현재의 가치이다. 이러한 가치는 조직의 본질을 정의하는 것이고, 조직으로부터 분리될 수 없다. 따라서 핵심가치는 결정되고 설계되는 것이 아니라, 탐구의 과정을 통해 발견되고 서술되는 것이라 할 수 있다.

구성원은 조직의 역사, 주요 사건, 창립자의 신념, 조직의 실제 업무, 조직을 하나로 묶는 요인 등에 대한 논의를 통해 조직의 핵심가치를 발견하고, 이를 위해 상당한 시간과 에너지를 소모한다. 여러 면에서 조직은 현재 보유하고 있는 핵심가치가 지금과는 다른 것이 되기를 바라는 경향이 있다.

조직의 핵심목적(core purpose)은 조직의 존재 이유이지만, 전략과는 다른 것이다. 목적은 조직의 존재 이유를, 전략은 이러한 목적을 어떻게 달성할지를 말해 준다. 조직은 자신들이 존재하는 이유를 나타낼 수 있는 슬로건을 만들기도 한다.

핵심이념은 시간이 지나도 변하지 않는 안정성과 더불어 조직이 스스로 변화하는 것을 도울 수 있다. 핵심가치와 목적은 조직정체성의 실질적인 본질에 비교하여, 어떠한 전략이 효과적으로 실행될 수 있을지, 혹은 실행되지 못할지에 대한 전략적 선택의 지침을 제공한다. 미래상은 조직의 핵심가치 및 목적을 지지할 때에만 구성원을 이끌 수 있는 감정적인 힘을 가질 수 있다.

(2) 미래상 구축

핵심이념은 미래상(envisioned future)에 대한 맥락을 제공한다. 핵심가치와 목적이 조직의 안정적인 측면과 추구해야 하는 개념이라면, 미래상은 변화 프로젝트에 대하여 즉각적이고 구체적인 내용으로 만들어져야 하는 것이다. 미래상은 현재 고려하고 있는 변화에 따라 그 복잡성과 범위가 다양하게 나타난다. 문서관리 소프트웨어의 업그레이드와 같이 상대적으로 단순한 변화는 정부 관료 조직의 변화보다는 덜 복잡한 미래상을 필요로 한다. 미래상에 대해 구성원들과 의사소통할 때는 다음의 전형적인 요소가 포함된다.

① 대담하고 가치 있는 결과물

미래상에 대한 기술은 조직이나 과업 단위 부서가 달성하고자 하는 구체적인 성과 및 인적 결과물을 나타낸다. 이러한 가치 있는 결과물은 변화 과정의 목표뿐만 아니라 발전 평가의 기준이 될 수 있다.

② 바람직한 미래 상태

미래상의 구체적 구성요소는 조직이 대담하고 가치 있는 결과물을 얻기 위해서는 어떠해야 하는지에 대한 세부적인 내용이다. 이는 구성원을 미래로 이끄는 열정적이고 매력적인 선언문이다. 여기에 제시된 조직의 특성은 변화 활동이 지향해야 하는 바람직한 미래 상태를 정의하는 데 도움이 된다. 비전 개발 과정의 이러한 측면은 구성원들을 흥미진진하게 하고 마음을 끌어당긴다. 이는 조직 구성원들이 감정적인 힘을 가지고 변화에 대해 동기부여하도록 만드는 언어로 된 그림을 그리는 것이다.

3) 정치적 지지 구축

정치적 관점으로 보면, 조직은 서로 다른 선호와 관심을 가지고 있는 개인 및 집단이 느슨하게 구조화되어 있는 연합으로 볼 수 있다. 따라서 조직을 변화시키려는 시도는 집단 간의 권력균형을 위협하고, 이로 인해 정치적 갈등이나 투쟁의 결과를 낳는다. 개인과 집단은 변화가 자신의 권력과 영향력에 미치는 것에 관심을 갖고 행동한다. 변화로 인해 권력에 위협이 가해진 집단은 방어적으로 행동하고 현상유지를 추구하여 변화가 불필요하다거나 단지 약간의 변화만이 필요하다고 주장할 것이다. 반면, 변화로 인해 권력을 얻게 되는 집단은 변화의 필요성을 정당화하기 위해 조직개발 실행자를 불러들여 변화를 밀어붙인다. 따라서 중요한 조직변화에는 이해관계의 대립, 왜곡된 정보, 정치적 소동이 동반된다.

오늘날 조직개발 실행자는 조직 내 전략적 변화를 담당하는 경우 정치적 활동에 주의를 기울인다. 또한 어떤 리더는 권력과 조직개발이 병행하는 데 관심을 가져, 권력의 긍정적인 방향을 조직개발에 사용한다. 이들은 조직 내에서 영향력을 사용함으로써 변화 과정을 촉진하고 영향력의 소유자들이 정치적 교섭이나 속임수보다는 더욱 창조적이고 긍정적인 전략을 세울 수 있도록 돕는다. 조직개발 실행자가 자신의 권력을 건설적으로 사용할 수 있지만, 아울러 권력의 사용이 조직개발의 가치와 윤리를 장려하는지, 아니면 파괴적이고 부정적인 권력의 측면을 나타내지는 않는지 균형을 지키려 노력해야 한다. [그림 14-4]에서 보듯이 변화에 대한 정치적 역동을 관리한다는 것은 변화담당자의 권력을 평가하고, 주요 이해관계자를 인식하며, 이해관계자에게 영향력을 행사하는 활동들을 의미한다.

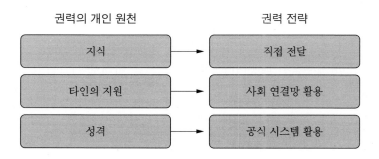

[그림 14-4] 조직개발 간 권력과 권력 전략의 원천

출처: Greiner & Schein(1988).

(1) 조직개발 실행자의 권력 평가

첫 번째 과업은 조직개발 실행자가 자신의 권력 기반을 평가하는 것이다. 조직개발 실행자가 자신의 권력의 기반을 평가함으로써, 구성원이 변화를 지지하도록 하려면 어떻게 영향력을 발휘해야 하는지를 결정할 수 있고 또한 자신의 영향력의 기반 중에 좀 더 강화가 필요한 영역을 확인할 수 있다.

Greiner와 Schein(1988)은 개인 권력의 기반으로 지식, 성격, 타인의 지지 등 세 가지 유형을 제시하였다. 지식에 기반한 권력은 타인이 가치 있게 여기는 전문지식을 가지는 것 혹은 중요한 정보를 통제하는 것을 의미한다. 조직개발 실행자는 보통 조직변화에 대한 전문지식을 통해 권력을 얻는다. 성격에 기반한 권력은 조직개발 실행자의 카리스마, 명성, 신용으로부터 발생한다. 카리스마적 리더는 추종자들의 변화에 대한 헌신과 열정을 고무시킬 수 있다. 뛰어난 명성과 전문가로서의 신뢰성을 가진 조직개발 실행자는 조직변화 과정 동안 상당한 권력을 행사할 수 있다. 타인의 지지에 기반한 권력은 정보 및 자원 네트워크로의 접근을 제공함으로써 발생하며, 타인도 또한 자신의 권력을 조직개발 실행자를 위해 사용할 수 있다.

(2) 주요 이해관계자 확인

조직개발 실행자는 자신의 권력 기반을 평가함으로써 참모 집단이나 노조, 부서관리자, 임원진 등 변화에 관심을 가지고 있는 영향력 있는 개인과 집단을 확인할 수 있다. 이러한 주요 이해관계자는 변화를 방해하거나 지원할 수 있기 때문에 하나의 이익집단이 변화를 막을 위험을 최소화하도록 넓은 지지 기반을 얻는 것이 중요하다. 주요 이해관계자를 확인하는 것은 변화로 인해 누가 이익이나 손해를 보는지를 살펴보면 된다. 이해관계자가 확인된 후에는 이들의 영향력 지도를 만들어 보는 것도 유용하다. 이 지도는 누가 누구에게 영향을 미치고 각각은 어떤 이해관계가 있는지 등에 대한 이해관계자들 간의 관계를 알려 주며, 조직개발 실행자에게 어떤 사람과 집단에게 변화를 수락하고 지지하도록 영향력을 발휘해야 하는지에 대한 정보를 알려 준다.

(3) 이해관계자에게 영향력 행사

이 활동은 중요한 변화를 위해 주요 이해관계자의 지지를 얻는 것이다. 조직개발에 있어 타인에게 영향력을 미치기 위해 권력을 사용하는 대표적 전략이 세 가지 있다. [그림 14-4]에서는 이러한 전략과 개인의 권력 기반을 연결해 보여 주고 있다.

직접적 전달 전략은 조직개발에서 가장 많이 사용되는 전략으로서 특정한 이해관계자의 욕구를 파악하여 변화가 어떻게 이들에게 이익이 될 수 있는지를 알려 주는 것이다. 이 전략의 성공은 조직개발 실행자의 지식 기반에 달려 있는데, 즉 조직개발 실행자는 이해관계자에게 새로운 변화가 이들의 욕구를 만족시키는 합리적 선택이라는 것을 설득할 수 있는 전문지식과 정보를 가지고 있어야 하는 것이다.

사회적 네트워크 전략은 다른 유력한 개인 및 집단과 연합을 형성하고, 주요 의사결정자와 직접적으로 관계하며, 정보를 얻기 위해 공식적 및 비공식적 관계를 사용하는 것이다. 이 전략에서 변화담당자는 변화에 대한 지지를 얻기 위해 사회적 관계를 사용하고자 시도하게 된다. [그림 14-4]에서처럼 변화담당자는 변화를 실행하는 데 필요한 자원, 몰입, 정치적 동력을 얻기 위해 개인적 권력 기반을 사용하는데, 유력한 집단과의 만남이나 연합 형성과 같은 예가 이러한 사회적 네트워크에 포함된다.

공식적 시스템을 회피하는 권력 전략은 조직개발에서는 거의 사용되지 않는 것으로, 변화를 이루기 위해 의도적으로 조직과 구조 및 절차를 우회하는 것을 의미한다. 현재의 조직 배치가 변화의 장애물이 될 수 있으므로 이러한 장애물을 피하는 것이 이를 제거하기 위해 시간과 노력을 들이는 것보다 더욱 효과적인 경우들이 있다. [그림 14-4]에서처럼, 이 전략은 성격에 근거한 권력에 의존한다. 조직개발 실행자의 카리스마, 명성, 또는 신용으로 인해 현 시스템을 회피할 수 있고, 부정적인 보복의 가능성도 줄일 수 있다. 이 전략은 상대적으로 남용되기 쉽기 때문에 조직개발 실행자는 윤리적인 문제와 공식적인 정책을 무시함으로써 발생할 수 있는 의도치 않은 결과에 대해 고려해야 한다.

4) 이행 관리

조직변화의 실행이란 현재의 조직 상태에서 바람직한 미래 상태로의 이동을 의미한다. 이러한 이동은 즉각적으로 일어나는 것이 아니라 [그림 14-5]에서 보듯이, '이행 상태(transition state)'를 필요로 하게 된다. 이행 상태에서 조직은 바람직한 미래에 도달하기 위해 요구되는 조건들을 어떻게 실행하는지에 대해 학습하게 된다. Beckhard와 Harris(1987)에 따르면, 이행 상태는 현재의 조직 상태와는 다른 것이고, 그에 따른 특별한 관리 구조 및 활동을 필요로 하게 된다. 조직의 이행을 촉진시키는 데 필요한, ① 활동 계획, ② 몰입 계획, ③ 변화 관리 구조의 세 가지 활동과 변화 기간에 필요한, ④ 학습 과정 관리에 대해 살펴보겠다.

[그림 14-5] 조직변화에서 이행 과정

(1) 활동 계획

활동 계획은 변화에 대한 이행이 성공적이라면 그 결과로 나타나야 하는 구체적인 활동과 사건들에 대해 알려 주는 '변화의 안내서'이다. 활동 계획은 별개의 변화 과업과는 구분되어야 하고, 분산된 변화 과업을 통합시켜야 하며, 이러한 과업들은 조직의 변화 목표나 우선순위에 분명하게 연결되어 있어야 한다. 활동 계획은 최고경영진의 승인을 얻어야 하고, 비용이 적게 들며, 변화 과정 동안 받은 피드백들을 잘 수용할 수 있는 융통성이 있어야 한다.

활동 계획의 중요한 특성은 비전과 바람직한 미래 상태를 변화 이행의 현실과 비교해 보면 이들에 비해 상당히 일반적일 수 있다는 것이다. 따라서 활동 계획의 한 부분으로 중간 목표를 제공하는 것이 필요할 수 있다. 이러한 중간 목표는 현재 상태와 미래 상태의 사이에 있는 바람직한 조직의 조건을 나타낸다. 중간 목표는 바람직한 미래 상태보다 더욱 명확하고 상세하기 때문에 변화에 대해 더욱 구체적이고 관리가 가능한 단계와 벤치마킹을 제공한다. 활동 계획은 이러한 중간 목표를 사용하여 조직 구성원에게 바람직한 미래를 위해 일해야 하는 확신과 목표를 제공할 수 있다.

(2) 몰입 계획

몰입 계획은 변화가 일어나는 데 필요한 주요 사람들과 집단의 몰입을 인식하여 이들의 지지를 얻기 위한 전략을 형성하는 것이다. 몰입 계획은 일반적으로 정치적 지지를 끌어내기 위한 한 부분이지만, 변화 과정의 초기에는 변화에 대한 주요 이해관계자가 누구인지 확인하고 이들의 몰입을 얻기 위한 구체적인 계획이 세워져야만 한다.

(3) 변화 관리 구조

조직변화의 이행은 방향이 필요하기 때문에 이러한 변화 과정의 관리를 위하여 특별한 구조가 만들어져야 한다. 이러한 관리 구조는 변화를 촉진하는 자원을 활용할 수 있는 영향력을 가지고 있고, 현재의 관리자 및 변화지지자의 존경을 받으며, 변화 과정을 이끌어 갈 수 있는 대인관계 및 정치적 기술을 가진 사람을 필요로 한다. 대안적인 관리 구조는 다음과 같다.

- 최고경영자 혹은 상위급에서 변화 노력을 관리한다.
- 프로젝트 관리자는 일시적으로 이행 조정의 책임을 맡는다.
- 변화에 관련된 주요 후원자의 대표들로 구성된 강력한 위원회가 프로젝트 관리에 참여한다.
- 조직 구성원의 대다수의 신뢰를 얻고 있는 리더를 선발하여 이행을 관리하도록 한다.
- 서로 다른 조직 기능과 수준을 대표할 수 있는 사람들이 변화를 관리한다.
- 최고경영자가 자문을 구하고 신뢰할 수 있는 독립적 고문단이 변화 노력을 관리한다.

(4) 학습 과정

대부분의 조직변화는 새로운 행동을 지지하기 위한 새로운 지식과 기술 습득이 이루어지며, 리더가 변화 이행에 적용하는 학습 과정을 적극적으로 설계할 때 계획적 변화는 보다 쉽게 실행될 수 있다. 지속적인 대화와 토론의 과정에 의해 이루어지는 네 가지 학습 실행이 변화 이행을 가속화시킬 수 있다. 첫째는 조직의 시스템 관점의 창출이며, 이는 구성원 개인으로 하여금 그들의 노력이 어떻게 조직의 기능과 성과에 기여할 수 있는지를 알 수 있도록 과업과 변화 모델을 만들어 내는 것이다. 둘째는 공유된 의미 창출로서 구성원으로 하여금 변화를 성취할 수 있는 방법을 제공하는 모델, 언어, 도구, 과정의 활용을 설명해 준다. 셋째는 사후 강평이나 변화 경험을 평가하는 다른 과정과 연관된 것이다. 넷째는 조직의 최하급 부서에서도 가능한 실행 과정과 의사결정의 분산화이다. 이러한 학습실행은 주로 대화와 토의로 이루어지는데, 변화를 이끄는 것은 구성원들에게 조직변화 활동에 대하여 토의할 수 있는 기회를 얼마나 많이 부여하느냐에 달려 있다.

5) 변화 동력 지속

조직변화가 시작되면, 변화를 실행하기 위한 조직의 에너지와 몰입이 지속적으로 투입되도록 확실하게 관심을 가져야 한다. 초기의 흥분과 변화 활동은 새로운 운영 방식을 배워야 한다는 현실적 문제에 직면하면서 약해지는 경우가 많다. 구성원들은 변화를 끝까지 수행하는 것에 대한 지속적인 지지와 강화를 받지 않으면, 자신이 배워 왔고 또 잘 아는 방식으로 돌아가려는 회귀 경향이 강하다. 여기서는 변화의 동력을 지속하도록 도와주는 다섯 가지 활동에 대해 살펴보고자 한다.

(1) 변화를 위한 자원의 공급

조직변화가 실행되면 추가적인 예산 및 인적자원이 필요해지는데, 특히 조직이 일상적인 운영을 지속하면서 변화를 시도할 때는 더욱 그러하다. 이러한 추가자원은 교육훈련, 자문, 자료 수집, 피드백, 특별모임과 같은 변화 활동에 필요하다. 또한 추가자원은 조직변화의 이행 기간에 발생할 수 있는 조직의 일시적 성과 저하를 완충하는 역할을 하기도 한다. 조직은 이러한 특별자원의 공급을 불필요하다고 볼 수도 있지만, 중요하고 의미 있는 조직변화를 보면 항상 조직개발의 전문가 자문 이외에 상당한 관리 시간과 에너지가 요구된다. 자본 및 운영예산과 함께 따로 독립된 '변화예산(change budget)'으로 조직 구성원의 교육훈련, 변화 프로그램의 평가 및 수정에 필요한 자원을 충당해야 한다. 그런데 만약 이러한 추가자원의 지원 계획이나 제공 노력이 없으면 의미 있는 변화가 일어나기는 쉽지 않다.

(2) 조직개발 실행자를 위한 지원 시스템 구축

조직변화는 변화 프로그램에 참여하는 구성원뿐 아니라 조직개발 실행자에게도 어렵고 긴장되는 일이다. 그런데도 조직개발 실행자는 조직 구성원에게 감정적 지원을 제공해야 하지만, 정작 자신들에 대해서는 거의 지원을 받지 못하고 있다. 이들은 변화 과정을 이끄는 데 필요한 전체적인 시야를 갖기 위해서 다른 사람들로부터 '심리적 거리(psychological distance)'를 유지해야 된다. 이러한 분리는 이들로 하여금 상당한 긴장과 고립감을 느끼게 하고, 조직개발 실행자는 이러한 문제에 대처하기 위해 이들을 위한 지원 시스템을 만들 필요가 있다. 지원 시스템은 일반적으로 조직개발 실행자와 가까운 인간관계를 가진 사람들의 네트워크로 이루어지는데, 이런 관계를 통해 감정적 지원을 얻고, 아이디어와 문제에 대해 공명판(sounding board)을 얻으며, 검증되지 않은 가정에 대해 확인해 볼 수도 있다.

(3) 새로운 역량과 기술의 개발

조직변화는 종종 구성원에게 새로운 지식, 기술, 행위를 요구한다. 이는 구성원이 새로운 역량을 얻지 못하면, 변화는 실행되기 어렵기 때문이다. 예를 들면, 종업원 관련 프로그램에서 관리자는 새로운 리더십 유형과 문제해결에 대한 새로운 접근법을 학습하도록 요구받는데, 조직개발 실행자는 그러한 학습이 일어났는지를 확인해야 한다. 조직개발 실행자는 구성원에게 전통적 훈련 프로그램, 직장에서의 상담 및 코칭, 시뮬레이션 등과 같은 다양한 학습기회를 제공해 주어야 한다. 또한 조직개발 실행자는 구성원이 변화를 실행하는 데 필요한 사회적 기술을 획득할 수 있도록 특별한 시간과 자원을 투자해야 한다. 또한 모든 부서의 선임 관리자는 새로운 문제해결 기술, 팀 행위, 품질 철학에 대한 몰입 등을 학습하는 교육과정에 참여하도록 요구받는다.

(4) 새로운 행위의 강화

구성원들은 일반적으로 그들에게 보상을 가져다 주는 일들을 하기 마련이다. 따라서 변화의 동력을 지속하는 가장 효과적인 방법 중 하나는 변화를 수행하는 데 필요한 행위를 강화하는 것이다. 이는 공식적 보상과 바람직한 행위의 직접적 연계를 통해 달성될 수 있다. 또한 바람직한 행위는 비공식적인 인정과 격려, 칭찬 등을 통해 더욱 자주 강화될 수 있다. 아울러 변화 초기에 이를 위한 노력의 성공을 통해 구성원이 경험하는 내재적 보상도 중요하다. 이처럼 초기에 성공을 달성하는 경험은 구성원 자신과 자기 행동에 대해 긍정적으로 느끼게 하고, 이를 통해 변화의 추진력을 강화할 수 있다.

(5) 변화 과정의 유지

변화에는 시간이 걸리고, 변화로부터 얻을 것이라 기대하는 재무적 · 조직적 이익의 대부분은 즉시 나타나지 않는다. 만약 조직이 너무 빨리 다시 변화를 시도하거나 계획했던 변화를 완전히 실행하기도 전에 이를 포기한다면, 바람직한 결과는 결코 실현될 수 없다.

관리자가 변화 실행에 대해 지속적인 관심을 유지하지 못하는 이유는 두 가지를 들 수 있는데, 첫째는 많은 관리자가 변화의 실행으로 인한 성과, 생산성, 또는 만족의 감소를 사전에 예상하지 못한다는 것이다. 구성원은 새로운 행위를 실천하고 개발하며 학습하는 데 시간이 필요하고, 하루아침에 예전의 방식을 포기하고 새로운 행위를 수용하지는 않는다는 것을 기억해야 한다. 아울러 교육훈련, 추가 모임, 자문 지원과 같은 변화 활동은 현재의 운영 비용에 부가되는 추가 비용이다. 따라서 조직의 효과성이 일시적으로 감소하는 것은 별로 놀라운 일이 아니다. 하지만 단기적 성과 감소에 대해 의문을 가진다면, 완벽한 변화 프로젝트를 포기하는 경우가 발생할 수 있다. 따라서 진단 및 개입설계에 있어 인내와 신뢰는 필수적인 요소이다.

둘째는 많은 관리자가 새로운 아이디어를 적용하려 함으로 변화에 대한 관심을 지속하지 못한다는 것이다. 조직이 꼭 변화하여야 하는 필요성에 의해서가 아니라 단순히 최신 경영 기법에 대한 반응으로 변화가 이루어진다면 구성원으로부터 냉소적인 반응을 받을 수 있다. 그 결과, 구성원은 현재의 변화가 지속되지 않을 것이라는 생각으로 변화에 대해 겉으로만 지지를 보일 것이다. 성공적인 조직변화를 위해서는 흔들리지 않는 꾸준하고 일관된 리더십을 필요로 한다.

참고문헌

Amis, J. Slack, T., & Hinings, C. R. (2002). Values and organizational change. *The Journal of Applied Behavioral Science, 38*(4), 436-465.

Armenakis, A. A., Harris, S. G., & Mossholder, K. W. (1993). Creating readiness for organizational change. *Human Relations, 46*(6), 681-703.

Bateman, T. S. (1980). Organizational change and the politics of success. *Group & Organization Studies, 5*(2), 198-209.

Beckhard, B., & Harris, R. (1987). *Organizational Transition: Managing Complex Change* (2nd ed.). Reading, MA: Addison Wesley.

Beer, M., Eisenstat, R. A., & Spector, B. (1990). Why Change Programs Don't Produce Change. *Harvard Business Review, 68*(6), 158-166.

Benjamin, R. I., & Levinson, E. (1993). A framework for managing IT-enabled change, *Sloan Management Review*, 23-33.

Bennis, W. (1966). *Changing Organization*. New York: McGraw Hill.

Brown, L. D. (1993). Social change through collective reflection with Asian nongovernmental development organizations. *Human Relations, 46*(2), 249-265.

Brown, S. L., & Eisenhardt, K. M. (1997). The art of continuous change: Linking complexity theory and time-paced evolution in relentlessly shifting organizations. *Administrative Science Quarterly, 42*(1), 1-34.

Bunker, B. B., & Alban, B. T. (1992). Conclusion: What makes large group interventions effective? *The Journal of Applied Behavioral Science, 28*(4), 579-591.

Charan, R. (1999). Why CEOS fail. *Fortune, 139*(12), 68-78.

Cobb, A. T., & Margulies, N. (1981). Organization development: A political perspective. *Academy of Management Review, 6*(1), 49-59.

Cobb, A. T. (1986). Political diagnosis: Applications in organizational development. *Academy of Management Review, 11*(3), 482-496.

Cooperrider, D. L., & Pasmore, W. A. (1991). Global social change: A new agenda for social science? *Human Relations, 44*(10), 1037-1055.

Cosier, R. A., & Schwenk, C. R. (1999). Agreement and thinking alike: Ingredients for poor decisions. *Academy of Management Executive, 4*(1), 69-74.

Dent, E. B., & Goldberg, S. G. (1999). Challenging "resistance to change". *The Journal of Applied Behavioral Science, 35*(1), 25-41.

Dunphy, D. (1996). Organizational change in corporate settings. *Human Relations, 49*(5), 541-552.

Eden, D. (1986). OD and self-fulfilling prophecy: Boosting productivity by raising expectations. *The Journal of Applied Behavioral Science, 22*(1), 1-13.

Elden, M., & Chisolm, R. F. (1993). Emerging varieties of action research: Introduction to the special issue. *Human Relations, 46*(2), 121-142.

Frohman, M., Sashkin, M., & Kavanaugh, M. (1976). Action research as applied to organization development. *Organization and Administrative Sciences, 1*, 129-161.

Gale, S. F. (2003). Building frameworks for six sigma success. *Workforce, 82*(5), 64-69.

Greenwood, D. J., Whyte, W. F., & Harkavy, I. (1993). Participatory action research as a process and as a goal. *Human Relations, 46*(2), 175-192.

Greiner, L., & Schein, E. (1988). *Power and Organization Development.* New York: Addison Wesley.

Hatch, M. J., & Schultz, M. (2002). The dynamics of organizational identity. *Human Relations, 55*(8), 989-1018.

Lewin, K. (1951). *Field Theory in Social Science*. New York: Harper & Row.

Lippitt, R., Watson, J., & Westley, B. (1958). *The Dynamics of Planned Change*. New York: Harcourt Brace.

Macrì, D. M., Tagliaventi, M. R., & Bertolotti, F. (2002). A grounded theory for resistance to change in a small organization. *Journal of Organizational Change Management, 15*, 292-310.

Meyer, A. D., Brooks, G. R., & Goes, J. B. (1990). Environmental jolts and industry revolutions: Organizational responses to discontinuous change. *Strategic Management Journal, 11*, 93-110.

Morgan, G., & Ramirez, R. (1984). Action learning: A holographic metaphor for guiding social change. *Human relations, 37*(1), 1-27.

Murrell, K. L. (1993). Evaluation as action research: The case of the management development institute in Gambia, West Africa. *International Journal of Public Administration, 16*(3), 341-356.

Neck, C. P. (1996). Thought self-leadership: A self-regulatory approach towards overcoming resistance to organizational change. *The International Journal of Organizational Analysis, 4*(2), 202-216.

Nutt, P. C. (1986). Tactics implementation. *Academy of Management Journal, 29*(2), 230-261.

Porras, J. I., & Robertson, P. J. (1992). Organization development: Theory, practice, and research. In M. D. Dunnette & L. M. Hough (Eds.), *Handbook of industrial and organizational psychology* (2nd ed., pp. 719-822). Palo Alto, CA: Consulting Psychologists Press.

Schein, E. H. (1988). *Process consultation: Its role in organization development* (2nd ed.). Reading, MA: Addison-Wesley.

Susman, G., & Evered. R. (1978). An assessment of the scientific merits of Action research. *Administrative Science Quarterly, 23*(4), 582-603.

Szamosi, L., & Duxbury, L. (2002). Development of a measure to assess organizational change. *Journal of Organizational Change Management, 15*, 184-201.

Tichy, N. (1974). Agents of planned social change: Congruence of values, cognitions, and actions. *Administrative Science Quarterly, 19*, 164-182.

Trader-Leigh, K. E. (2002). Case study: Identifying resistance in managing change. *Journal of Organizational Change Management, 15*, 138-155.

Walleck, A. S., O'Halloran, J. D., & Leader, C. A. (1991). Benchmarking world-class performance. *McKinsey Quarterly, 1*, 3-24.

Wolfram Cox, J. R. (1997). Manufacturing the past: Loss and absence in organizational change. *Organization Studies, 18*(4), 623-654.

찾아보기

저자 소개

강성록(Kang, Sungrok)
육군사관학교 학사
연세대학교 심리학 석사
미국 Oregon State University HDFS 박사
현 육군사관학교 심리학 교수(심리학/리더십)

고재원(Ko, Jaewon)
육군사관학교 학사
서울대학교 심리학 학사 및 석사
미국 University of Arizona 경영학 박사
현 육군사관학교 심리학 교수(심리학/리더십)

김용주(Kim, Yongju)
육군사관학교 학사
서울대학교 심리학 학사 및 석사
독일 University of Giessen 심리학 박사
현 육군사관학교 심리학 교수(심리학/리더십)

박희태(Park, Heetae)
해군사관학교 학사
국방대학교 리더십 석사
서울대학교 경영학 박사
전 해군사관학교 리더십 교수
현 동아대학교 경영학과 교수(인사조직/리더십)

이민수(Lee, Minsu)
육군사관학교 학사
연세대학교 경영학 석사
미국 State University of New York 경영학 박사
현 육군사관학교 경영학 교수(경영학/리더십)

이현엽(Lee, Hyunyup)
육군사관학교 학사
서울대학교 심리학 석사
미국 Oregon State University HDFS 박사
현 육군사관학교 심리학 부교수(심리학/리더십)

임유신(Im, Yooshin)
육군사관학교 학사
서울대학교 교육학 석사
서울대학교 경영학 박사
현 21세기군사연구소 연구본부장

정원호(Jeong, Wonho)
육군사관학교 학사
미국 University of Missouri 경영학 석사
미국 University of Nebraska 경영학 박사
전 국방대학교 국방관리대학원 교수(경영학/리더십)

리더십의 이론과 실제 그리고 개발
Leadership: Theory, Practice, and Development

2021년 8월 20일 1판 1쇄 발행
2023년 8월 10일 1판 3쇄 발행

지은이 • 강성록 · 고재원 · 김용주 · 박희태
　　　　 이민수 · 이현엽 · 임유신 · 정원호 공저
펴낸이 • 김 진 환
펴낸곳 • (주) **학지사**
　　　　 04031 서울특별시 마포구 양화로 15길 20 마인드월드빌딩 5층
대표전화 • 02) 330-5114　　　 팩스 • 02) 324-2345
등록번호 • 제313-2006-000265호
홈페이지 • http://www.hakjisa.co.kr
인스타그램 • https://www.instagram.com/hakjisabook/

ISBN 978-89-997-2480-0　93180

정가　25,000원

출판미디어기업 **학지사**

간호보건의학출판 **학지사메디컬** www.hakjisamd.co.kr
심리검사연구소 **인싸이트** www.inpsyt.co.kr
학술논문서비스 **뉴논문** www.newnonmun.com
원격교육연수원 **카운피아** www.counpia.com